AMBASSADE EN TURQUIE

DE

JEAN DE GONTAUT BIRON

BARON DE SALIGNAC

1605 A 1610

CORRESPONDANCE DIPLOMATIQUE & DOCUMENTS INÉDITS

PUBLIÉS ET ANNOTÉS

PAR LE

Comte THÉODORE DE GONTAUT BIRON

PARIS

HONORÉ CHAMPION	ALPHONSE PICARD
ÉDITEUR	ÉDITEUR
9, Quai Voltaire, 9	82, Rue Bonaparte, 82

M DCCC LXXXIX

ERRATA

Page 97, ligne 27, au lieu de : *reconstitution*, lisez : *reconstruction*.
Page 111, ligne 5, au lieu de : *devait*, lisez : *devrait*.
Page 116, ligne 15, au lieu de *sar*, lisez : *sur*.
Page 123, ligne 29, ajoutez une *virgule* après *assuré*.
Page 132, ligne 40, au lieu de : *1565*, lisez *1555*.
Page 137, ligne 30, ajoutez une *virgule* après *l'Empereur*.
Page 203, ligne 1, au lieu de *taut,* lisez : *tout*.
Page 208, ligne 7, au lieu de : *eroit*, lisez *croit*.
Page 218, ligne 8, au lieu de : *la*, lisez : *là*.
Page 227, ligne 21, au lieu de : *père*, lisez *frère*.
Page 254, ligne 23, après : *Sgr,* fermez la parenthèse.
Page 282, ligne 36, au lieu de : *1*, lisez : *2*.
Page 286, ligne 40, au lieu de : *1* lisez *2*.
Page 295, ligne 7, au lieu de : *Jaffer Bassa*, lisez : *Jaffer Genevois*.
Page 305, ligne 25, au lieu de : *sante*, lisez : *santé*.
Page 335, ligne 5, au lieu de : *Tunis*, lisez : *Tauris*.
Page 374, ligne 18, au lieu de : *par ce Sgr*, lisez : *pour ce Sgr*.
Page 396, ligne 28, au lieu de : *surte*, lisez : *surté*.
Page 404, ligne 18, au lieu de : *Monseigneur*, lisez : *Monsieur*.
Page 419, ligne 7, au lieu de : *suit*, lisez : *soit*.
Page 420, ligne 40, au lieu de *présents avoit*, lisez : *présents qui avoit*.

AMBASSADE EN TURQUIE

DE

JEAN DE GONTAUT BIRON

PAR LE

Comte Théodore de GONTAUT BIRON

Gers. 1.

B

MACON, IMPRIMERIE PROTAT FRÈRES

PRÉFACE

Dans un livre précédent, nous avons retracé en détail la vie du baron de Salignac. Nous l'avons vu s'attachant dès son plus jeune âge à la personne de Henri de Navarre, l'accompagnant dans toutes ses expéditions, prenant sa large part des fatigues et des souffrances endurées pendant près de trente années par tous les vaillants serviteurs de la cause royale. Lorsque la paix fut rétablie, Salignac, dont les qualités diplomatiques s'étaient révélées en maintes circonstances, fut chargé par Henri IV de représenter la France en Levant. Son voyage en Turquie et les incidents de son séjour à Constantinople ont achevé de nous faire connaître cette physionomie curieuse à plus d'un titre.

En publiant ce deuxième volume, qui renferme la correspondance de l'ambassadeur et différentes pièces ayant rapport à sa mission, nous souhaiterions que cette partie de notre travail offrît quelque intérêt, non seulement à ceux qui ont fait de nos relations avec le Levant une étude spéciale, mais encore à tous ceux qui, ayant le goût des questions historiques, préfèrent, aux œuvres d'imagination susceptibles de fausser les idées, celles plus sérieuses qui permettent d'envisager les faits comme ils se sont réellement accomplis.

Les jeunes générations accueillent avec empressement ces publications rétrospectives qui, remontant aux sources

mêmes de l'histoire, en font connaître les détails les plus
secrets. C'est par le recours aux pièces originales, par la
consultation des actes authentiques émanant des chancel-
leries qu'on peut faire revivre les évènements dans toute
leur réalité. Certes ces documents n'offrent pas toujours
le charme des chroniques; par leur caractère dénué d'artifice ils ne prêtent guère à l'émotion et n'ont pas l'attrait
puissant que comporte un récit dramatique, mais ils con-
servent du moins, dans leur sècheresse administrative, ce
cachet de vérité qui leur donne un prix inestimable.

Ce même cachet de vérité se retrouve dans les correspondances diplomatiques et permet de les classer parmi les
pièces dont la valeur est indiscutable. L'ambassadeur raconte, presque jour par jour, les faits relatifs à sa mission :
s'il a rempli son rôle avec éclat et s'il est doué d'une réelle
perspicacité, ses lettres pourront offrir le plus vif intérêt,
car elles réflèteront toujours les impressions du moment.
La pensée originale sera traduite sans dissimulation ni
réticence, et les appréciations devront être justes puisque
le personnage se trouve dans les meilleures conditions
pour connaître les hommes et les choses.

Les chroniques et les mémoires seront aussi consultés
toutes les fois qu'on voudra porter sur une époque un
jugement impartial. Mais peut-on accorder à ces documents la même autorité qu'à ceux dont nous venons de
parler ? Souvent rédigés sur des notes ou même de
mémoire, ces souvenirs pleins d'attrait n'ont pu toujours
échapper aux retouches et aux corrections. Les transfor-
mations qu'ils ont subies leur ont alors enlevé ce caractère tout spontané qu'ils avaient à l'origine. Que de
préoccupations égoïstes, que de colères mal dissimulées
dans ces pages destinées à dépeindre le passé; quelle abon-
dance de renseignements lorsqu'il s'agit pour l'auteur de
se mettre en évidence, de s'attribuer un rôle brillant ;
mais que de faits oubliés, que de détails omis lorsqu'ils
pourraient intéresser un rival, dont il est utile de diminuer

la renommée ! Assurément les mémoires ont une valeur historique incontestable, mais nous croyons qu'ils doivent être l'objet d'un examen contradictoire avant de servir de base à des appréciations définitives.

Parmi tant d'écrivains qui ont avec passion évoqué les siècles disparus, il en est un dont le nom ne peut être passé sous silence lorsqu'il est question de la diplomatie en Orient. Rendons ici hommage à M. Charrière, le patient chercheur, le savant consciencieux qui entreprit de reconstituer l'histoire de nos relations avec le Levant depuis les croisades et que la mort est venue malheureusement surprendre avant l'achèvement de son travail? Pénétré de l'utilité et de l'importance de cette œuvre, il ne négligea rien pour atteindre le but qu'il s'était proposé. Fouillant nos dépôts publics, dépouillant les collections relatives à l'Orient, il fit une récolte abondante de pièces inédites. Les quatre volumes qu'il nous a laissés sous ce titre : *Négociations de la France dans le Levant*, contiennent tous les actes revêtus d'authenticité, les correspondances de nos envoyés, les lettres des princes, les pièces diplomatiques ayant trait à ces temps lointains. C'est là, pour notre histoire, un des monuments les plus précieux et les plus intéressants. L'édifice élevé au moyen de matériaux si solides subsistera dans son intégralité et défiera toutes les contradictions [1].

L'œuvre de M. Charrière, interrompue à l'avènement de Henri IV, n'a pas encore trouvé de continuateurs. Nous aurions bien souhaité marcher sur les traces de ce savant historien, mais notre rôle a dû être plus modeste. L'époque qui nous intéressait particulièrement ne comprenant que les dernières années du règne de Henri IV, force a été de borner notre ambition et de laisser une lacune que d'autres devront combler ; mais, fidèle aux exemples qu'il nous a donnés, nous nous sommes efforcé de procéder

---

1. M. Charrière a publié cet ouvrage dans la *Collection des documents inédits sur l'histoire de France.*

suivant sa méthode, et nous serions heureux si nous avions pu, en faisant connaître un des plus intelligents et des plus zélés serviteurs de la France, ajouter en même temps quelques pages à l'histoire glorieuse de notre pays.

Le règne de Henri IV a été, plus que tout autre, l'objet de recherches savantes. Cependant les relations diplomatiques de ce prince avec le Levant sont peu connues : un nuage épais plane au dessus de cette terre inexplorée, et personne n'a sérieusement tenté jusqu'ici de déchirer le voile qui en obscurcit l'horizon. A la vérité, l'Orient ne fut, pendant les dernières années du xvie siècle, le théâtre d'aucun évènement mémorable, et, depuis le désastre de la flotte turque à Lépante, l'histoire n'a pas eu à mentionner de ces faits qui, par leurs conséquences, sont de nature à produire des bouleversements chez les peuples. Néanmoins l'empire turc, dont le territoire était immense et qui, par ses envahissements périodiques, menaçait constamment l'Occident, tenait une place trop importante dans les préoccupations du monde, pour qu'il ne soit pas aujourd'hui du plus grand intérêt de connaître la ligne de conduite adoptée par Henri IV dans ses rapports avec ce puissant pays. Resta-t-il fidèle à la politique de François Ier et des Valois, ou bien, rêvant une nouvelle croisade, conçut-il le projet, après avoir uni les peuples chrétiens en un faisceau compact, de se mettre à la tête des armées coalisées pour refouler en Asie ces barbares depuis si longtemps la terreur de l'Europe ? Les mémoires contemporains affirment que telle fut la pensée de Henri IV, et Sully nous a transmis les bases du *grand dessein* dont le dernier acte devait être la ruine de l'empire ottoman.

Ces assertions du célèbre ministre n'ont soulevé aucune contestation lorsqu'elles se sont produites, les historiens les ont accueillies avec complaisance, en déplorant

que le bras d'un assassin vulgaire eût par un coup fatal
réduit à néant les plans grandioses dont le succès semblait assuré.

Nous ne voudrions pas contredire une opinion si généralement accréditée; cependant, la dernière partie de ce
vaste programme laisse, malgré tout, un doute dans notre
esprit. Nous croyons que la pensée du Roi a été considérablement amplifiée, que, si sa politique extérieure eut
toujours pour objectif l'abaissement de la maison d'Autriche, ses projets contre l'empire turc n'ont jamais
dépassé les bornes d'un désir lointain. Peut-être, dans
l'intimité du cabinet, des idées furent-elles échangées à
ce sujet entre le Roi et ses ministres : elles exprimaient
alors une simple aspiration vers un idéal ne comportant
à brève échéance aucune disposition politique ou militaire.

Il est certain que, pendant la première partie de son
règne, les difficultés que Henri IV eut à surmonter à l'intérieur et les embarras que lui suscita la maison d'Autriche ne lui permirent de songer qu'à la sécurité de son
trône. Les défiances qu'il rencontra du côté de l'Espagne,
même après la paix de Vervins, et les ménagements qu'il
fut obligé de garder avec ses alliés ne lui laissèrent pas le
loisir de songer à de si hasardeuses entreprises. Loin
d'avoir des visées contre la Turquie, nous le voyons au
contraire, en 1598, menacer de son courroux M. de Brèves,
son ambassadeur en Levant, qui, malgré ses instructions
formelles, avait pris à Constantinople une attitude hau-
taine et de nature à amener des complications diplomatiques. Quelques années plus tard, en 1604, il refusait de
recevoir l'envoyé du sophi de Perse qui venait réclamer
l'appui de la France contre l'empire ottoman [1].

---

1. « A cause que le roy de Perse qui l'envoyoit, faisoit la guerre à ce seigneur, avec
« lequel Sa Majesté estant en paix, elle ne vouloit rien faire qui la put altérer, mais
« au contraire se monstrant amye de ses alliés se faire aussy paroistre ennemye des
« ennemys d'yceulx. » Voir : *Instruction au baron de Salignac, envoié par le Roy
ambassadeur à Constantinople*, 1er vol. de *l'Ambassade en Turquie du baron de
Salignac*, p. 144.

Henri IV ne modifia pas sa politique lorsqu'il chargea M. de Salignac de le représenter à Constantinople. Il était enjoint à celui-ci d'être conciliant et d'écarter autant que possible tout sujet de conflit. L'ambassadeur eut grand soin de se conformer à ces instructions. Il poussait même la prudence si loin que bien rarement il faisait intervenir le nom du Roi dans les doléances qu'il portait au Divan, réservant pour lui seul tout l'odieux d'un échec qu'il fallait toujours prévoir. Que de fois M. de Salignac, s'étonnant de la patience et de la longanimité de son maître, le pressa de prendre une attitude énergique et de revendiquer hautement les droits de la France que les Pachas foulaient aux pieds sans scrupule. Henri IV resta toujours insensible à ces objurgations. Peut-être, à la fin de 1606, fut-il un instant disposé à céder aux instances de l'ambassadeur qui le suppliait à nouveau de réprimer, au moyen d'une expédition maritime contre la Barbarie, les déprédations que commettaient journellement les pirates turcs, et de tirer une éclatante vengeance des désastres que ceux-ci infligeaient au commerce de la France ; mais l'état de la flotte ne semble pas avoir permis de poursuivre alors une pareille idée.

Nous ne prétendons pas trancher une question qui mériterait un examen plus approfondi, mais nous pensons que, si Henri IV avait véritablement caressé les grands projets qu'on lui prête contre l'empire ottoman, il en eût entretenu son ambassadeur qui pouvait, plus que tout autre, lui fournir les renseignements nécessités par cette expédition. Or, nous n'avons trouvé dans la correspondance de M. de Salignac aucune allusion à ces préoccupations du Roi. Henri IV ne semble pas avoir eu en Orient une politique bien tranchée. Il hésita à suivre l'exemple de ses prédécesseurs et à profiter des bonnes dispositions de la Porte toute prête à seconder ses desseins contre les ennemis de la France. D'un autre côté, il ne voulut pas davantage rompre avec l'empire turc, qui eût pu lui créer de graves embarras au moment où il prévoyait la nécessité de conserver intactes toutes les forces de son Royaume. Au contraire, M. de Salignac, plus confiant dans la puissance de la France et enflammé du désir de chasser d'Europe les infidèles, se désespérait à la pensée que le Roi laissait échapper les occasions propices, et s'irritait de voir s'anéantir les espérances qui passionnaient son cœur de chrétien.

Les lettres de l'ambassadeur donnent les détails les plus circonstanciés touchant sa mission en Levant; aussi ne signalerons-nous que sommairement les principales affaires qu'il eut à traiter : la reconstruction du bastion de France en Barbarie, démoli par les pirates ; les négo-ciations pour la mise en liberté des chevaliers de Malte et des esclaves français, et celles ayant trait au maintien à Constantinople des Jésuites envoyés par Henri IV et persécutés par le Vizir, à l'instigation des Vénitiens. Rappelons aussi les démêlés si longs et si acerbes que M. de Salignac eut avec l'ambassadeur d'Angleterre à propos des capitulations violées, et qui se terminèrent au plus grand avantage de la France ; enfin les démarches qu'il fit en faveur des Grenadins chassés d'Espagne. A chaque page de la correspondance on reconnaît le sens droit de l'ambassadeur, on retrouve cette persévérance et cette énergique tenacité qui faisaient le fond de son carac-tère, et surtout cet amour pour la France et pour son Roi dont ses lettres après la mort de Henri IV nous offrent un si touchant témoignage.

La correspondance diplomatique du baron de Salignac se trouve en grande partie réunie à la Bibliothèque natio-nale dans deux volumes du Fonds français, sous les n°s 16145 et 16146. Elle embrasse une période de cinq années, de novembre 1605 à septembre 1610.

Avant d'expédier ses dépêches au Roi, l'ambassadeur les faisait presque toujours transcrire en chiffres : arrivées à destination, elles étaient traduites par des secrétaires qui intercalaient le nouveau texte entre des lignes déjà très rapprochées. De là une certaine difficulté dans la lecture de ces lettres dont quelques phrases ont même été pénibles à interpréter par suite d'une orthographe tout à fait fantaisiste et aussi à cause de la décoloration de l'écriture. Cependant, pour conserver au document toute sa sincérité, nous n'avons pas voulu modifier le texte, quelque défectueux qu'il fût, et nous avons seulement annoté un petit nombre de passages dont le sens ne semblait pas d'une clarté suffisante. Nous avons mis à leur place et par ordre de date quelques lettres inédites de Henri IV, de Marie de Médicis et de Louis XIII dont nous avons eu la bonne fortune de découvrir les minutes. Une lacune regrettable subsiste dans la correspondance, les lettres du 6 février au 24 novembre 1605 n'ayant pu être retrouvées. Pour y remédier, nous avons dû emprunter au *Journal du S^r d'Angusse*, dont nous avons déjà fait usage dans le premier volume de l'*Ambassade en Turquie*, la relation abrégée des faits qui se passèrent pendant cette période de neuf mois.

Rappelons brièvement dans quelle situation se trouvait la Turquie lorsque le baron de Salignac vint y représenter la France.

Les territoires soumis à la domination des Ottomans formaient alors un des plus vastes empires du monde. En Europe, les possessions du Grand Seigneur s'étendaient de la Méditerranée et de l'Adriatique jusqu'au cœur de l'Autriche, englobant la Grèce, la Turquie actuelle avec l'Albanie, la Roumanie, la Servie, la Valachie et la Moldavie, la Bosnie, l'Esclavonie, une partie de la Hongrie jusqu'à Bude sur la rive gauche du Danube, la Transylvanie inférieure, puis la petite Tartarie sur les rives de la mer Noire jusqu'au Caucase. En Asie, le sultan possédait l'Asie Mineure jusqu'à la Perse et le golfe Persique, ainsi que l'Arabie. En Afrique, il était maitre de l'Egypte, de la Barbarie, de Tunis et de Tripoly.

Quelques-unes de ces provinces étaient seulement tributaires, mais elles devaient prêter leur concours dans toutes les guerres qu'entreprenait le Grand Seigneur.

Les Turcs étaient également très puissants sur mer. Ils possédaient Chypre, Rhodes, et une partie des îles de l'Archipel. Cependant ils ne s'étaient jamais relevés complètement de l'échec qu'ils avaient essuyé à Lépante, en 1571, et la flotte des chevaliers de Malte, ainsi que celle du Grand Duc de Toscane, qui parcouraient sans cesse la Méditerranée, leur faisaient subir souvent de cruels revers.

L'année précédente, Achmet Ier, âgé de quinze ans, avait succédé à son père Mehemet, mort de la peste en décembre 1603. A son avènement au trône, ses armées étaient dispersées, faisant la guerre : en Hongrie à l'Empereur Rodolphe, en Perse au Schah Abbas, et en Asie Mineure aux rebelles qui infestaient cette contrée.

Pendant l'année 1604, le Roi de Perse avait remporté sur les Turcs des avantages signalés. Après avoir repris Tauris, il avait fait avancer ses troupes jusqu'à l'Euphrate et s'était emparé de Bagdad. Le meilleur général ottoman, *Cicala* (ou Cigale), à la tête d'une nombreuse armée, avait été complètement défait, et s'était enfermé dans Aden. Abbas avait mis le siège devant cette ville et s'en était rendu maître.

En même temps, les rebelles sous les ordres d'un certain *Tanild* continuaient leurs ravages dans l'Asie Mineure, et, faisant des courses jusqu'aux portes de Constantinople, jetaient l'épouvante dans la ville. *Nassin Bassa*, envoyé contre eux, était honteusement battu à deux reprises différentes.

En Hongrie, l'armée turque avait eu quelques succès.

Pesth était tombée en son pouvoir, et la place de Gran
(ou Strigonie), située au confluent du Gran et du Danube,
allait être bientôt forcée de se rendre (octobre 1604).
Les Turcs avaient trouvé un puissant auxiliaire dans
Etienne Botskay qui, à la tête des révoltés hongrois,
avait conquis une partie de la Hongrie et dévasté les provinces autrichiennes. Botskay, continuant ses exploits,
s'était fait proclamer prince de Transylvanie.

Le premier vizir *Haly*, ancien Bassa d'Egypte, effrayé
des victoires du Roi de Perse et de l'audace des rebelles,
aurait voulu disposer de toutes ses forces pour les envoyer
en Asie. Il s'entendit avec Botskay et fit des propositions
de paix à l'Empereur qui, à la suite des revers essuyés
par ses armées, paraissait disposé à traiter. Des députés
se réunirent à Bude afin de discuter les conditions d'une
trêve; mais les exigences turques firent traîner les négociations en longueur; et lorsque le baron de Salignac
arriva en Levant, elles n'avaient pu aboutir.

Sur ces entrefaites, le Bassa Haly étant mort en Hongrie, *Mehemet* fut nommé premier Vizir [1].

1. On trouvera dans le 1ᵉʳ volume de l'*Ambassade en Turquie*, page 139, les
instructions données par le Roi au baron de Salignac avant son départ pour Constantinople, et, page 73 du même volume, la harangue prononcée par l'ambassadeur lorsqu'il fut introduit près du Grand Seigneur.

Bibliothèque Nationale. — Fonds français, 16171, fol. 340 (copie).

Journal de plusieurs choses mémorables advenues à Constantinople ès années 1605 et autres suivantes durant l'Ambassade de Monsieur de Salagnac. Faict par Monsieur Danqus gentilhomme françois résident lors à Constantinople, à la suitte dudit S^gr de Salagnac, année mil six cens cinq.

Le dixiesme jour de janvier quatre jours après notre arrivée, Mustapha Bassa[1] second visir eut la teste tranchée; le jour précédent au soir Monsieur de Brèves l'avoit esté voir et visiter et entr'autres familiers discours qu'ils avoient eus ensemble, ce bassa luy avoit dit qu'il se desplaisoit de vivre et qu'il vouloit quitter le monde et se retirer pour faire vie solitaire.

Le IXe de février Mehemet[2] nouveau premier visir retournant de l'armée de Hongrie où il estoit général fit son entrée à Constantinople où il fut receu avec une grande pompe et solemnité.

Le cinquiesme mars Monsieur de Salagnac fut baiser les mains au Grand Seigneur[3].

1. Voici ce que nous trouvons sur Mustapha et Mehemed dans la relation du *Voyage en Turquie*, écrite par Bordier : Mustapha Pacha nommé G^d Visir en remplacement de Cigale, « pour ses mauvais déportemens ne fut lon- » guement en ceste charge, où il acquit tant de malvueillance du G^d S^gr » et du peuple que l'on luy coupa la teste; et aussy tost ses biens pris et confis- » qués au G^d S^gr. Lequel mit en sa place *Mehemed Pacha*, quy de tout » temps avoit esté occupé aux guerres de Hongrie, grandement estimé parmy les » Turcs, à raison de sa prudence, justice et valeur. Néanmoins ne dura-il guères » en ceste qualité sans estre fort envié de ses haineux, desquels l'on tient qu'il fut » ensorcelé, estant atint d'une longue et très violante maladye, de laquelle lan- » guissant 6 mois, il mourut à Constantinople, au grand regret de tous ses amys » et mesme du G^d S^gr quy l'aimoit fort pour sa valeur; et néanmoins ne » layssa de luy faire saysir et prendre tous ses biens et richesses, n'ayant encor » les yeux clos. » (Ambassade en Turquie de Jean de Gontaut-Salignac. Bibl. nat. Fr., 18076. — L. II, chap. 73.)

2. Mehemed mourut le 24 mai 1606 (*Journal de d'Angusse*).

3. Voir les détails que nous avons donnés sur cette cérémonie dans le 1er volume de l'*Ambassade en Turquie*.

Le dix sept et dix huitiesme may, Monseigneur l'Ambassadeur fut voir le susdict Bascha Mehemet, quelque deux mille hors la porte d'Andrinople où il estoit campé attendant le reste de son armée pour retourner en Hongrie, duquel lieu il se leva et partit quelques trois ou quatre jours après.

Le vingt-trois juillet Mr de Fresnes [1] *donnoit advis que le Grand Moscovite estoit mort et. lui estoit succédé le jeune Demetrius* [2]*.*

Le 19 aoust Sinan Bassa [3] *de Hiemen qui est l'Arabie heureuse, vint trouver le Grand Seigneur à Constantinople apportant avec soy trois millions qu'il avait vallant. Il luy baisa les mains le vendredy 20 du dict moys et luy fit de très riches présens, lesquels furent reçeus de bon œil. L'on avoit eu beaucoup de peine pour le faire venir à la Porte ; et pour l'attirer, l'on luy avoit promis la charge de Premier Visir.*

Le sabmedy vingt un, il s'assit au Divan en cette Place, donnant audiance à un chascun en cette qualité.

Le dimanche vingt deux, on luy coupa la teste. Et tout son bien selon la coustume, lui fut confisqué.

Le quatriesme septembre les rebelles de l'Asie deffirent pour la seconde fois Nassin Bassa [4] *faisant demeurer sur la place près de deux mil janissaires qui luy avoient esté envoiés de secours.*

Le XIIIe de septembre les nouveaux Ambassadeurs de Raguse baisèrent les mains du G^d S^{gr}, lui demandant entr'autres choses

---

1. M. de Fresne Canaye, ambassadeur à Venise.
2. Il est nécessaire de donner ici quelques détails sur l'élévation au trône de ce faux *Demetrius* dont il sera plusieurs fois question dans la suite. — En 1598, un usurpateur, *Boris Federvitz*, monta sur le trône de Moscovie après avoir fait assassiner Demetrius, fils de son prédécesseur *Ivan IV*. Un intrigant, *Grégoire Otrepieff*, mettant à profit sa grande ressemblance avec cet enfant, se fit passer pour le vrai Demetrius, qui aurait échappé à la cruauté de Boris, un autre enfant ayant été tué à sa place. Poursuivi par Boris, il se réfugia en Pologne chez le palatin de Sandomir, *Georges Mniszeck*, qui lui procura les moyens de lever des troupes avec lesquelles il entra en Russie. Il y remporta des succès, et Boris étant mort en avril 1605, Otrepieff fut reconnu par les Moscovites qui le proclamèrent Empereur, le 31 juillet 1605. Mais, l'année suivante, à l'instigation d'un gentilhomme, *Zehuiski*, une vaste conspiration se forma contre lui, sous prétexte qu'il favorisait la religion catholique et s'entendait avec le pape. Demetrius fut assassiné, et Zehuiski nommé empereur.
3. Voir *Pièces justificatives*, 1.
4. Ce Nassin (Nassub ou Nassan) fut toujours malheureux à la guerre ; mais il sut, peut-être à cause de son courage, conserver dans l'esprit des Turcs un renom de grand général que les défaites ne purent lui enlever. Il fut plus tard élevé à la dignité de premier visir. — Voir dans la lettre du 13 mars 1607, le jugement porté sur lui par le baron de Salignac.

raison contre les Vénitiens pour l'isle d'Augusta [1] *qu'ils retenoient.*

Le dix huit octobre, la nouvelle arriva de la prise de Strigonie [2] *du 3me dudict mois sur les Chrestiens par le premier Visir Mehemet, Général pour lors de l'Armée; soubs le quel avoit esté pris premièrement Maxime :* « que les subjects du Grand Seigneur quels » qu'ils soient, n'adressent jamais à luy leurs lettres, et ce, par » signe d'humilité et d'esclavitude à quelque particulier. »

1. Ile d'Agosta. — Voir la lettre que le baron de Salignac écrit à ce sujet au roi, le 22 mai 1606. Ce fut par l'entremise de l'ambassadeur de France que l'affaire s'apaisa; et les Vénitiens se décidèrent à rendre cette ile aux Ragusiens.

2. Strigonie ou Gran, au confluent du Gran et du Danube, à 45 kilom. N.-O. de Bude. — Les Turcs prirent cette ville en 1540; Jean Sobieski et Charles de Lorraine la reprirent sur les Turcs en 1683.

1605 (24 NOVEMBRE).

Orig. Bibliothèque nat^le. Fonds français. 16.145 fol. 3.

LE BARON DE SALAGNAC AU ROY[1]

SOMMAIRE : Nassin Bassa vaincu par les rebelles de l'Asie se présente devant le G^r S^gr pour implorer sa grâce. — Causes de sa défaite. — Il supplie le G^r S^gr de se mettre à la téte de ses troupes. — Mort de la mère du G^r S^gr. — Le Sultan part pour l'armée. — Révocation de plusieurs Bassas. — Imposition que les douaniers d'Alep veulent établir sur les marchandises françaises.

Sire, le sixiesme de ce moys, qui fust le jour de la dernière despêche que j'ay faite à Vostre Majesté, Nassin Bassa, général contre les rebelles de l'Asie arriva icy à l'improviste, se presenta à ce Prince[2]. Je ne le manday point à V. M^té, parce que j'en attendois le succès, la plus part croyant icy sa mort toute resolue. Sa venue esmeut le G^d S^gr, qui luy dit d'abordée, s'il ne se contentoit pas de tant de fautes qu'il avoit faictes, dignes de le faire mourir, sans y adjouster encores ceste cy d'avoir laissé sa charge et son armée sans commandement. Nassin estonné de ses parolles et de la sévérité avec quoy elles estoient dites, s'en troubla et en perdit la parole ; enfin, rassuré, il dit que les advis que l'on luy donnoit tous les jours que sa mort estoit résolue, l'avoit poussé à luy porter soy mesme sa tête ; et, se mettant à genoux, et jetant son épée à terre, suplioit que ce fust de sa main ; qu'il desiroit seulement luy pouvoir dire la vérité des choses, afin, qu'avant qu'il mourust, Sa Grandeur les peut sçavoir. Luy estant commandé de parler, il ne s'excusa point des deux routes[3] qu'il avoit receues, mais accusa tous ceulx qui gouvernoyent icy, et de trahison, et de trop grande ignorance ; prouvant le premier, pour luy avoir manqué toutes les provisions qui lui avoient esté ordonnées ; et le second, pour les commandements qu'il recevoit de la Porte, tous contraires à ce

---

1. Toute la correspondance provenant du Fonds français de la Bibliothèque nationale et se trouvant réunie dans deux volumes, nous n'indiquerons à l'avenir que le numéro du folio ; et lorsqu'il y aura un changement de volume, nous le signalerons.

Nous ne donnerons également que l'adresse du destinataire : *Au Roy*, à *M. de Villeroy*, etc., puisque l'on sait que les lettres sont écrites par le baron de Salignac.

2. Le Grand Seigneur.

3. Route, c'est-à-dire *déroute*.

qu'il falloit faire, et aux advis qu'il en donnoit à toutes heures;
qu'il ne pouvoit pas tesmoigner cela par escript, ayant perdu et
les ditz commandemens, et tout ce qu'il avoit, aux deux routes
qu'il avoit receues, par la faute d'autruy et non par la sienne,
comme il feroit voir clairement, si Sa Grandeur vouloit prendre la
peyne de le sçavoir; que il s'assureroit que le Bassa qui avoit les
ditz commandements, ne le nyeroit devant luy... Soudain le G^d S^{gr}
envoya quérir tous les Bassas et tous principaux de la Porte. Eux
arrivéz, Nassin continua son mesme langage, les blasma generale-
ment tous; puis, se tournant vers le G^d S^{gr}, luy dit que le seul
moyen contre ces rebelles estoit que Sa Grandeur y alast luy
mesme, y amenant tous les hommes, et quil luy pleust voir luy-
mesme, et comme les affaires s'estoyent passés, et comme ils se
passeroient doresnavant, et dit beaucoup de bonnes raisons pour
faire veoir que ce voyage ruineroit entierement les dictz rebelles.
Le G^d S^{gr}, sans prendre l'advis d'aucun, se resolut soudain à ce
voyage, et comanda à tous de s'apprester pour partir dans deux
jours. Quelques uns le voulurent divertir de ce dessein; il se cour-
rouça asprement, et son coja[1] (c'est son precepteur), qui a voulu
continuer, s'en trouve disgracié; aveques ceste mesme chaleur, il
a poursuivy ce partement, fist partir tous les Bassas, tous les Grands,
généralement tous, et fut party luy mesme, sans la mort de
sa mère qui intervint en ce temps là, qui le retarda. Il a témoigné
beaucoup de regret de sa mort, et après avoir faict leurs céremonies
accoustumées, il partist le quatorziesme de ce moys allant par mer
jusques à Montaine[2] qui est à une demy journée de Boursia[3], qui
est le lieu estably pour demeure. Il a laissé icy le Bostangi Bassa[4],
pour pourvoyr à toutes choses, se promène tous les jours avec
des bourreaux, pour voir s'il rencontrera quelques uns de

---

1. *Coja, Coza*, précepteur du fils du G^d S^{gr}, qui lui était donné dès l'âge de 5
ans et qu'il gardait jusqu'à 12 ou 13 ans. Le Coza entrait tous les jours au sérail des
femmes, où il était conduit par des eunuques noirs, sans en voir aucune. Il ins-
truisait le prince en présence de deux vieilles gouvernantes. (Voir : *Tableau de
l'Empire Ottoman*. Paris, chez Duchesne, 1757.)

2. *Montanée*. Petit port sur la mer de Marmara, en face et à 60 milles de
Constantinople.

3. *Brousse* en Anatolie, à 95 kilom. S.-E. de Constantinople, sur le flanc de l'ancien mont Olympe.

4. Les *Bostandjy* sont des gardes du sérail qui ont pour fonctions de surveiller
les jardins, et qui, en outre, servent de rameurs au G^d S^{gr} quand il se promène
sur le détroit. Le *Bostandjy bassy* (ou bassa) est leur chef; c'est lui qui tient le
gouvernail. *Dervis Pacha* était alors Bostandjy bassy.

ceulx qui doivent marcher, qui soient demeurés derrière. Ce commandement de partir est si général et exprès, que nous n'avons
mesmes peu retenir les Jannissaires que nous avions de garde, de
sorte qu'il nous a fallu prendre des Chameglans[1]. Il a faict partir
d'icy Bassa Bóstangi, lequel tient icy Divan. C'est celuy qu'il
aime le mieulx, et pense qu'il le poussera plus avant qu'il pourra.
Le G[d] S[gr] sceut que l'on disoit la mort de son frère ; il s'en est fort
fasché comme d'une matière inventée malicieusement, desorte que,
à ceste heure, on est en doubte de sa mort ou non ; quoique ce soit,
l'on sert au serail comme s'il vivoit. On parle de force changemens faictz à Bursia, tout plain de gens faictz Mansulz[2] et dautres
esleuz aux charges ; mais n'en ayant encores rien de certain, je ne
le mande point à V. M[té], mais je le scauray au retour de l'interprète Olivyer[3] que j'ay esté contraint d'y envoyer, par ce que
les douanyers d'Alep[4] veulent remuer de nouveau quelque chose
sur le faict des deux pour cent de l'imposition qu'ilz avoient mis
sur la monnoie, et pensent renverser les commandements que j'ay
obtenuz, lesquelz jusques icy, ont esté bien observéz. Je me trompe
fort, ou les dits douanyers n'y gaigneront rien, cela estant exprès
contre les capitulations qu'ilz ont avec Vostre Majesté[5]. Le G[d] S[gr] a
amené quand et soy[6] ceste esclave, que je luy ay desjà mandé qu'il

---

1. *Ajamoglans, icoglans.* Enfants esclaves qui servent de pages au sultan. Une
garde d'honneur était alors affectée au service de l'ambassadeur.

2. *Mensul* veut dire : révoqué, ou simplement : mis hors de charge.

3. Voir les renseignements que nous avons donnés sur *Olivier*, dans le 1er
volume de l'*Ambassade en Turquie*.

4. *Alep,* ville de Syrie, à 201 kilom. N.-E. de Damas, était considérée comme
l'une des premières places de l'Empire ottoman par sa richesse, son industrie et
son commerce.

5. L'article IX des *Capitulations* qui furent accordées par le sulan Achmet à la
France en 1604, porte : « *Que les monnoyes que les François apportent par les
lieux de nostre Empire ne puissent estre prises de nos thrésoriers ny de nos mon-
noyeurs, sous prétexte et couleur de les vouloir convertir en monnoye othomane,
et ne voulons qu'il se puisse prendre aucun droit sur icelles.* » Et nous trouvons à
la suite de la : *Relation du voyage de M. de Brèves en Levant,* la raison pour
laquelle l'ambassadeur réclame ce droit : « Anciennement, dit l'auteur de cette
Relation, les marchands françoys qui alloient trafiquer par les mers du Levant,
au lieu d'y porter de l'argent monnoyé, ils y conduisoient des draps et autres
marchandises, et payoient 5 pour 100 de ce qu'ils y apportoient et vendoient.
Pour s'exempter tant de ce droit, que par l'advantage qu'ils trouvent sur le prix de
leurs monnoyes, qui est grand, ils font entièrement leur négoce avec de l'argent
comptant. Les fermiers des havres du G[d] S[gr] se trouvant lésés, les ont assujettis
d'en payer un certain droit. D'autre part les Officiers des Monnoyes avoient pris
un usage de convertir au coin et marque de leur Prince celles qu'apportoient les
dits marchands lesquels, pour se redimer, s'estoient soumis à en payer quelque
droit. »

6. *Quant et soy,* c'est-à-dire : avec soi (Dictionnaire de Richelet).

avoit mené à Andriopoli[1], et qui avoit esté la cause des brouille-
mens avecques sa feue mère et sa femme. Il en est fort amoureux,
et luy a beaucoup acreu son train. Il n'est venu nulles nouvelles
de Perse. Il y a trois jours que un capigy vint d'Hongrie et en
diligence ; il ne resta à partir pour aler trouver le G[d] S[gr], qu'autant qu'il mit de temps à dire trois ou quatre centz parolles au dit
Bostangi Bassa. Les discours sont fort divers de ce voyage ; les
uns croient qu'il[2] est alé seulement à Bursia pour y conduire tout
le monde voir l'estat des choses là, et qu'il s'en retournera bientost ; d'autres croient qu'il y passera son hiver et davantage, selon
le succèz des affaires qu'ils y ont mené ; d'autres pensent qu'il va
jusques en Alep, estant en deffiance du Bassa qui est là, et ne
pouvant le punir s'il n'y va en personne, [ce Bassa] estant homme
de beaucoup de credit et de moyens, et infiniment aymé des
Arabes, dont il tirera le secours dont il voudra. Il est certain que
si ce Bassa veult, il peult faire beaucoup de mal. V. M[té] m'a
commandé de lui escripre particulièrement, cela excusera, s'il lui
plaist, la longueur de ma lettre. Je finiray ceste cy avecques mes
prières ordinayres à Dieu pour la santé, prospérité, grandeur, contentement et très longue vye de V. M[té], que j'ose suplier humblement vouloir quelqueffois se ressouvenir que plus que nul autre
du monde je suis

        Sire

Son très humble, très obéissant et plus fidelle sujet et serviteur.

                SALAGNAC

Aux vignes de Péra près Constantinople le 24 novembre 1605[3].

---

1. *Andrinople.* Cette ville, située en Turquie d'Europe (Roumélie) à 170 kilom.
N. O. de Constantinople, fut la capitale de l'Empire Ottoman, de 1366 jusqu'à la
prise de Constantinople en 1453.
2. Il : le G[d] S[gr].
3. Nous ne mentionnerons plus le lieu d'où ces lettres sont datées, afin d'éviter
les répétitions.

1605 (24 novembre).

Orig. autogr. fol. 5

LE Bᵒⁿ DE SALAGNAC A MONSʳ DE VILLEROY,

Conseiller du roy en ses conseils d'Estat et privé, et premier secretaire de ses commandements.

SOMMAIRE : Le Gᵈ Sᵍʳ, ne pouvant payer aux Janissaires le présent exigé par sa présence à l'armée, retourne à Constantinople. — Les Vénitiens règlent le départ des dépêches à leur fantaisie.

Monsieur, Despuis avoir escrit celle de Sa Majesté, Mustapha Bassa[1] est venu de Bursia. On a jugé là que le Bostangy Bassy seroit trop chargé, et de la garde de Constantinople et environs, et de rendre la justice au divan, cestui-cy est venu pour le dernier[2]. J'ay sceu par sa venue que le Gᵈ Sᵍʳ est pour revenir bientost, parce que les Janissaires luy ont demandé le présant acoutumé luy[3] estre fait au premier voyage de guerre que font leurs Empereurs. Il le leur a promis, s'il va plus loin pour la guerre ; mais que ce voyage n'a esté que pour donner ordre à quelques affaires. Ce présent monte beaucoup. La nécessité où ils sont d'argent, fait croire son retour. Le premier ordinaire vous en éclaircira[4]. J'atans en grand dévotion de vos nouvelles, y ayant six sepmaines que je n'en ay eu ; c'est comme il plaist à ces seigneurs Venitiens ; leurs humeurs ne m'ostent la peine de l'atente[5]. Mʳ de Brèves est toujours en Alexandrie[6], et je suis ici bien en peine sans votre faveur. Quoique ce soit, je suis,

Monsieur,

Votre serviteur bien humble et obligé.

SALAGNAC.

1. Ce Mustapha Bassa, qu'il ne faut pas confondre avec d'autres personnages de même nom, remplit à différentes reprises les fonctions de 1ᵉʳ visir, pendant l'absence du titulaire. Il épousa, en décembre 1605, la sœur du Gᵈ Sᵍʳ (voir la lettre suivante).

2. C'est-à-dire : *Mustapha est venu pour rendre la justice au divan.*

3. Luy est employé pour *leur.*

4. Le sʳ d'Angusse nous dit : « Le 2ᵉ décembre, le Gᵈ Sᵍʳ retourna de Bursia à Constantinople, ayant laissé Daout Bassa avec Nassub contre les rebelles. »

5. Les Vénitiens se chargeaient du transport des dépêches de Venise jusqu'à Constantinople. Les ambassadeurs en Levant, et notamment M. de Salignac, se plaignirent souvent des retards que faisait subir à ces dépêches la République de Venise, toutes les fois qu'elle y trouvait un avantage. Bordier nous a donné de curieux détails sur la façon dont s'expédiait ce courrier. (Voir *Pièces justificatives* II.)

6. *Alexandrie,* capitale de la Basse-Egypte, près de la Méditerranée, à 182

1605 (12 décembre).

Orig. fol. 7.

AU ROY

SOMMAIRE : Cadur, vice-roi d'Alger, a été étranglé. — Mustapha Bassa nommé vice-roi promet de favoriser les Français. — Le Gd Sgr traite avec les chefs des rebelles de l'Asie et leur accorde des charges. — Nouvelles contradictoires de la guerre de Perse. — Mariage de la sœur du Gd Sgr. Le premier Bassa Mehemet veut conduire le Gd Sgr à la guerre de Hongrie.. — Mauvais état des finances turques. — Ambition du Gd Sgr. — Le Mis de Sainte-Croix, amiral espagnol, intrigue contre la France. — Le Bon de Salignac déplore la révolte de quelques gentilhommes du Périgord.

Sire, le cinquiesme de ce moys, j'eus l'honneur de recevoir de V. Mté deux de ses lettres, l'une du dernier aoust, l'autre du 29 septembre. Le voyage qu'a faict le sr de Brèves, au partir d'icy, est long, les vents incertains; et encores, il a esté mallade en Alexandrie où il est encores, et d'où je le presse de partir afin que tant plustost V. Mté voye le succèz des affaires de Barbarye. Ce n'est pas peu que la mort de ce Cadur ennemy mortel des francoys[1]; et Murat Rays[2] est si vieil, quil ne peut plus gueres vivre. Ce Mustapha, qui est Vice Roy en Alger, est parant de Sinan Sophy qui ast heure est icy au lieu du premier Vizir[3], et j'ay fait qu'il luy a souvent escrit pour lui recommander tout ce

kilom. N. O. du Caire. Avant de rentrer en France, M. de Brèves avait obtenu du roi la permission de visiter les lieux saints. « Encore que je désire, lui écrit le roi, le 24 juin 1604, quand le baron de Salignac sera installé par delà en la charge que je luy ay commise... que vous vous rendiez auprès de moy au plus tost qu'il vous sera possible..., toutefois puisque vous voulés devant, voir ces Lieux Saincts de Hiérusalem, je vous permets de vous donner le contentement de faire ce voyage..., et suis assuré que, s'il y a moyen d'y profiter pour mon service, vous n'en perdrez l'occasion. J'auray bien agréable que vous favorisiez autant qu'il vous sera possible, le repos et la seureté du St Sépulchre, comme des religieux qui y résident et des pelerins qui s'y vouent... » (Lettres missives d'Henri IV, tome VI, p. 259). M. de Brèves alla en effet à Jérusalem et quitta la ville sainte le 7 août 1605, puis il s'embarqua pour l'Egypte. Arrivé le 12 septembre à Alexandrie, il y tomba malade, ce qui le contraignit d'y rester fort longtemps.

1. Ce *Cadur* (ou *Cader*), ancien vice-roi d'Alger, fut disgracié à cause des mauvais traitements qu'il avait infligés aux Français, et étranglé par ordre de Mustapha Bassa qui avait été envoyé pour le remplacer.

2. *Morat Rais* était capitaine des galères d'Alger; il avait contribué à la démolition du Bastion d'Alger.

3. *Sinan Sophi*, qui remplaçait le 1er visir, ne doit pas être confondu avec *Sinan Bassa* dont nous avons lu plus haut la fin tragique. (Voir *Pièces justificatives I.*)

qui importe le contentemènt de V. M[té] aux désordres qui s'y sont passéz ; lui mesme, il m'assura que le Bastion seroit rebasty, mais me pria fort d'escripre que l'on le feist avec nulle forteresse, pour les jalousies et soupçons que cela donnera ; je luy dis que V. M[té] ne le vouloit que pour retirer les hommes et les marchandises, et pour s'oposer à une violance de quelques mutins ; et que sans doubte, il le commanderoit, et aussi que ces jalousies seroient raisonnables de se prendre, si c'estoient Espagnolz qui gagnoient païs de ceste facon, mais non des François qui détestoient toutes espèces de tromperies, il ne m'a point parlé de ceux[1] qui ont esté pris a L'Escluse. Je leur avois desjà dit la faveur qu'ils avoyent receue de V. M[té], et en avois mené un avecques moy qui le leur assura aynsy ; de quoy ilz reçurent un grand contentement, et monstrèrent plaisir de celuy que j'avois mené ; s'ilz me parlent de ceux qui sont retenuz à Marseille, je respondray comme V. M[té] m'a commandé, et ils ne sçauroient se plaindre de ce qu'elle en a ordonné. Ma dernière du vingt quatre novembre a advisé V. M[té] de ce qui se passoit alors icy ; le voiage que ce seigneur a faict, n'a esté que de dix huict jours, desquelz il en a passé quinze à Boursia[2] d'où il a faict partir encores Daout Bassa avec un corps de sept ou huit mil hommes contre ces rebelles ; et Nassub en a un autre de pareil nombre, avec commandement de se joindre ensemble, quand il sera besoin. Il essaia, estant là, par la douceur, d'apaisér ces troubles, et mesmes, fist représenter[3] à Tacnild chef des dits rebelles quelque gouvernement, mais cela n'a point reussy, de sorte que ce mal va croissant ; et les dits rebelles monstrent ne s'efraier point de l'ordre qui a esté mis contre eux, et se vantent de combattre ces deux Bassas ensemble. Je pense que cest hiver empeschera qu'il ne s'y face grand chose, la guerre d'Hongrie est finie pour cest heure, bien malheureusement pour l'Empereur, par la perte de Strigonia ; et sans cela, ces gens icy estoient fort abbatuz. On atend jeudy prochain, la résolution du Janissaire Aga, et prépare-on son entrée. On dict a ceste heure, contre ce que l'on

---

1. *Ceux qui ont été pris,* c'est-à-dire quelques Turcs qui furent faits prisonniers par Maurice de Nassau au siège de l'Ecluse. Rendus à la liberté, ils reçurent de Henri IV un sauf-conduit pour traverser la France. Malgré cela, ils furent retenus prisonniers à Marseille. Nous verrons que les corsaires de Barbarie prirent prétexte de ce manque de foi pour piller les vaisseaux français et empêcher le commerce avec l'Afrique.

2. Brousse.

3. Représenter, c'est-à-dire : *offrir.*

croioit auparavant, que dans quinze jours ou trois sepmaines, le premier Bassa[1] arrivera icy ; nous pourrons sçavoir en quel estat sont leurs affaires, tant avec le Boscay, que pour les autres, tant de la paix que de la guerre, et j'en rendray compte à V. M^té, luy ayant, par cy devant, mandé tout ce que j'en ay peu scavoir de plus certain, et du costé de Polongue, et de Haly Bassa[2]. Il est certain, sire, qu'il se dict icy tant de mensonges que c'est pitié ; de sorte que, quelquefois ils viennent de tel lieu, que je les escriptz, mais sachant après, la verité, je la faictz aussitost scavoir à Vostre Majesté, que je supplie très humblement ne m'imposer ce default, qui est tout entier [dû] au païs où je suis. J'avois mandé aussi à V. M^té ce que le Sigale[3] et son fils avoient mandé de ceste grande sortie, que le dict filz avoit faict sur l'armée Persienne. Je luy ay aussy mandé comme j'avois sceu que la lettre avoit esté faicte icy. C'est la verité, et n'y a rien eu de tout cela. Le Roy de Perse se trouvant peu d'infanterie et peu de canons devant le dit Van[4], en leva le siège peu après, faisant travailler à fortifier Thauris[5] ; à ceste heure, il y a icy une nouvelle toute commune, qu'il s'est faict encores là un grand combat où le Roy de Perse a eu l'advantage, et où le filz du Cigale a esté tué ; mais ceste nouvelle est sans autheur, ny sans sçavoir d'où elle est venue. Les dernières, que l'on a eues du dict Sigale, estoient : qu'ayant ralié ses troupes, il s'estoit acheminé vers Thauris pour tascher à combattre le dit Roy de Perse, lequel s'estoit advancé deux jours vers luy, de sorte qu'il croioit la bataille. Nous en attendons des nouvelles. Le Prince de Mingrélie[6] a depuis quatre jours, envoié un Ambassadeur avecques quelques présens de jeunes garsons et quelques oiseaux, et a envoié deux Persiens que le Roy de Perse luy avoit envoyéz, pour traicter avec luy : C'est pour rendre tesmoignage de son affection et de sa fidelité. Il n'a point encores vu ce S^gr, et ne sçait-on ce qui se fera des dits Persiens. Le mariage de sa seur[7], qui espouse Mustapha, se fera dans cinq ou six jours. On la sortist hier du

---

1. *Mehemet*, qui se trouvait à l'armée de Hongrie.
2. *Haly Bassa*, qui commandait à l'armée de Hongrie un corps de troupes turques avec lesquelles ils s'empara de Strigonie.
3. Voir aux *Pièces Justificatives III*, de nombreux détails relatifs à Cigale et à la défaite qu'il subit près Tauris.
4. *Van*, en Turquie d'Asie (Arménie), sur la rive orientale du lac de Van.
5. *Tauris*, autrefois l'une des plus grandes villes de Perse, sur la frontière turque.
6. La province de *Mingrélie* est située entre le Caucase et la mer Noire.
7. De la sœur du G^d S^gr.

Serail, pour la mener aux lieux d'où elle doibt sortir, selon la coustume, pour se marier. Celuy qui espouse l'autre[1], et celuy qui espouse sa Tante[2], ne sont point icy : l'un estant demeuré pour commander à Boursia, et l'autre estant emploié contre les rebelles. A leur retour, les nopces se feront. On croit certainement que l'esté prochain, ce S^{gr} ira à la guerre, mais on ne sçait si ce sera en Hongrie ou en Perse. Le premier Bassa, qui revient d'Hongrie, veult fort tascher de l'y mener, et lui promet sans falir la prise de Vienne. D'autre côté, les affaires allant mal en Perse, font croire qu'il luy faudra courir là, comme à la chose plus importante. Il n'y a rien de résolu. Cependant ilz sont en telle nécessité d'argent, que c'est pitié. Leur trésor, amassé pour longues années, est presque épuisé. La guerre des rebelles perd tout le revenu de l'Asie. Ces guerres mangent infiniment, leur despence croissant journellement. Toutes choses y enchérissent de jour à autre, et ilz n'ont point d'homme de capacité pour rabiller tant de defaultz qu'ilz recongnoissent en leurs affaires. Ce S^{gr} est jeune, qui veult estre creu, et veult faire toutes choses et ne se lasse point de la peine que luy donnent ses affaires. S'il les desmelle, il n'aura point faute de desseins ny d'ambition, ce dict-on. Son voiage à Bursia n'a gueres pleu à personne, et s'il a flatté quelques rebelles contre[3] sa sincérité ordinaire, a esté mal pris de tous. Il emploie le temps à ceste heure à la chasse où il est tous les jours, ne manquant toutesfois guères jour de Divan sans se rendre icy. Voilà sire, tout ce qu'il y a de nouveau pour ceste heure ; j'ay faict entendre à V. M^{té} le misérable effect de ceste armée navalle et ce qu'elle aura causé. Le Marquis de Ste Croix[4], estant à l'isle du Mile[5], fait tout ce quil peult avec le Consul qui est là, par offices et par parolles, pour faire oster les armes de France, et y faire mettre celles d'Espagne. Ce que le dict Consul ne voulust jamais faire, et dict librement qu'il n'estoit que marry de ne le pouvoir empescher de le faire, s'il le vouloit, par force. Ce que le dict Marquis n'entreprist point, de sorte qu'elles demeurèrent toujours arborées en la maison du Consul. Bien dict-il forces parolles mal à propos, et à l'honneur

---

1. Peut-être *Daout Bassa.*
2. *Assan Bassa* avait épousé la tante du G^d S^{gr}.
3. Contrairement à sa sincérité.
4. Le Mis *de Santa Cruz*, amiral espagnol, fut tué au combat de la Mahomette en août 1606.
5. *L'île de Milo* dans l'Archipel, une des Cyclades méridionales.

de l'Espagne et à nostre mespris. S'il se fut souvenu combien il emploioit malheureusement l'armée qu'il commandoit, il n'eust veu que mespris pour lui ; enfin ce sont venteries espagnoles. Ce seroit peu s'ilz ne faisoient que cela ; mais ce que V. M^té m'a faict l'honneur de me mander sçavoir qu'ilz traictoient eu France, m'a faict beaucoup de mal pour le déshonneur dés françois, qui de jour à autre, se chargent d'infamie par leurs sottes trahisons. Sy est-il temps qu'ilz recognoissent que Dieu en votre faveur rendra tous leurs desseins vains donnant moyen à V. M^té et de praticquer sa miséricorde et clémence, et sa justice et sévérité, selon qu'il le jugera à propos. J'ay du desplaisir que ce soient des Perigordins, puisque Dieu m'a faict naistre de là [1]. Vostre prudence et bonheur a bien tost estoufé ce mal, qui ne donnera, à mon advis, la peine à V. M^té d'aller plus avant, et qui doibt randre plus sages et plus gens de bien ses subjectz. En quelque part du monde que je sois Sire, je n'auray que son service devant les yeux, et comme sa créature particulière, je vivray et mourray plain de fidélité et d'affection à son très humble service. Je me glorifie de croire que V. M^té en est très asseurée de laquelle je suis plus que nul autre du monde,

Sire,

Son très humble très obeissant et plus fidelle sujet et serviteur

SALAGNAC

1605 (30 DÉCEMBRE).

Orig. fol. 6.

AU ROY

SOMMAIRE : Les Turcs désirent faire la paix en Hongrie afin de concentrer leurs forces contre les rebelles. — Prise de quelques vaisseaux turcs par les galères de Malte. — Le G^d S^gr continue à traiter avec les rebelles. — Remplacement d'un visir. — Les Turcs se font payer tous les services qu'ils rendent.

Sire, nous n'avons rien de nouveau depuis ma dernière du douziesme de ce mois, du costé de Perse, et bien peu de Hongrie.

---

1. Vers la fin de l'année 1605, quelques gentilshommes du Limousin, du Quercy et du Périgord cherchèrent à soulever ces provinces, prétextant le bien du peuple et réclamant une administration plus équitable de la justice. Henri IV se rendit à

Le mauvais temps a retardé la venue de l'Aga des Jannissaires, que l'on pense estre samedy prochain. Celle du premier Bassa est encores incertaine[1], quoyque j'en ay mandé à Vostre Majesté ; ceux qui sont icy ses amis dient qu'il désire demeurer là, afin de pouvoir faire un grand effect l'esté prochain, et que si le S[er] le faict venir, il se prive d'une grande conqueste toute certaine. Ces gens[2] font semblant à ceste heure d'estre bien asseurez du *Boskay*[3], lequel fait continuer les ravages, que j'ay mandé à Vostre Majesté qu'il avoit commancez de Grah près Canise[4]. Si est-il certain que ces gens icy désirent la paix, mais ilz la désirent, s'il se peut faire, adventageuse. Les affaires qu'ilz ont ailleurs font que sagement ilz ont ce dessain, mais je ne croy pas que l'Empereur ne cognoisse le mal qui luy pourroit arriver, la faisant : il leur donneroit moien de pourvoir à leurs affaires, qui les travaillent beaucoup, ce qu'ilz feroient aysément, car ceste paix faicte, celle de Perse est infaillible, et les rebelles de l'Asie ne pourroient durer, et sans doute après, ils recommenceront la guerre en Hongrie. Les Vénitiens, qui craignent que ceste paix leur peust donner de la guerre, font ce qu'ils peuvent pour l'em-

Limoges avec des troupes. Les rebelles rentrèrent bientôt dans le devoir et quelques-uns des chefs furent pris et exécutés. On acquit la certitude que cette révolte était le fruit des menées espagnoles.

1. Nous avons vu que Mehemet était premier Bassa, et qu'il commandait l'armée turque en Hongrie.

2. *Ces gens* : c'est ainsi que le baron de Salignac désigne souvent les Turcs.

3. Vers la fin de 1604, *Botskay*, gentilhomme transylvain, sous prétexte d'empêcher la persécution contre ceux qui professaient la religion réformée, se révolta contre l'empereur. Il gagna à sa cause un certain nombre de seigneurs, et réunit une armée de cavaliers hongrois nommés *Heiduques*, au moyen desquels il parvint à se faire élire prince de Transylvanie. Il fut soutenu dans ses revendications par les Turcs, alors en guerre contre l'Empire. Les grands succès qu'il remporta, et les progrès que faisait son parti en Transylvanie et en Hongrie, effrayèrent l'empereur qui lui fit offrir la paix. Mais Botskay ne voulait traiter qu'à la condition d'être reconnu prince de Transylvanie et lieutenant pour l'empereur en Hongrie. On dut reprendre les armes, et les Etats de l'empereur continuèrent à être dévastés. Nous avons vu qu'en octobre 1605 les Turcs s'emparèrent de Strigonie ; puis la Moldavie et la Valachie tombèrent au pouvoir de Botskay. Mais celui-ci ne consentit à signer la paix qu'en septembre 1606, conjointement avec les Turcs ses alliés.

Botskay ne jouit pas longtemps de son triomphe. Il mourut quelques mois après (décembre 1606), empoisonné par son chancelier.

4. *Grah*, probablement *Grade* : Le Mercure français, tome I, page 145, rapporte qu'à cette époque « en la Croatie, une armée ramassée de Turcs, traversa la rivière de Coulpe, ruinant, pillant et mettant le feu partout : ils mirent en cendres le château de *Grade* ».

Canischa ou *Canise*, ville forte de la Basse-Hongrie, sur la rivière de Sala, aux frontières de la Styrie (Dict[re] de Trévoux).

pescher, et mesmes s'ilz ne trouvent autre moyen, ayderont l'Empereur de quelque bonne somme. Les Gallères de Malthe et celles de Florence ont pris un Galion et d'autres Caramussans [1] venuz d'Allexandrie ; la prise va à plus de deux millions d'or et incommode ceste grande ville, de toutes choses ; de sorte que ce S[er] a faict commandement à ses Gallères de ne venir point, que tous les Gallions ne fussent de retour. Il s'opiniastre fort à vouloir avoir quatre vingt ou cent gallaires à la saison prochaine ; mais, le manque qu'ilz ont d'argent, me faict croire qu'il ne le poura pas. Depuis qu'il est de retour icy, il a continué la praticque d'accommoder par douceur les affaires de ce rebelle Tanil [2], lequel y a entendu et a accepté un grand Belcibeyat (Beglerbeyat) aux confins de Babilone [3], avec douze Sanjacas aux environs, que l'on luy a accordéz pour autant des siens, avec cappitulations de ne pouvoir estre commandé d'aler à nulle guerre, ny de se rendre en aucune des armées de ce S[er]. Quelques uns des siens sont bien venuz ici, qui ont reçeu des présents ; mais ceux qui estoient allez vers luy sont revenuz, raportans que de sa part, il est très content et désire vivre en obéisssance ; mais qu'il a tant d'hommes de mérité et de qualité, lesquels il ne peult abandonner, qu'il luy fault encores cinquante Sanjacas pour les accommoder. Cependant ses troupes sont toutes ensemble, faisant mille maux et avec plus de liberté que jamais. L'on pense que ceste guerre se rendra bien forte l'année prochaine, et qu'elle sera fomentée et entretenue par le Persien qui le secourra d'hommes, s'il en a besoin. Pour ce qui est de ceste Porte, hier on osta la charge à Sinam Sophy, et mist-on en sa place Cadio Bassa [4]. On n'en dict poinct encores d'occasion particullière. Il est bien certain que l'on le vouloit, y a longtemps, et croy que la seulle incapacité en est cause. On dict que cestuy cy n'en a gueres moins. Je suis bien marry de ce changement : c'estoit un bon homme [par l'entremise] duquel je faisois partie de ce que voulois. Je me resjouis au moins que le

---

1. Le Caramoussal est un vaisseau dont la poupe est fort élevée.
2. *Tanil* ou *Tacnild :* « Au mois de décembre, Tanil, chef des rebelles, s'ac- « corda avec le G[d] S[gr], qui luy donna un Beglerbeyat (ou gouvernement de « 1er ordre) ès confins de Babilone et onze Sanjacquats (gouvernements infé- « rieurs) pour les siens. » (Journal du S[r] d'Angusse.)
3. *Babylone*, capitale de la Babylonie, sur l'Euphrate.
4. « Le 27 décembre, le deuxième visir, *Sinan*, fut faict mansul (hors de charge) ; et fut mis en sa place *Quedur Bassa* qui avoit espousé la sœur de Sultan Mehemet deffunt. » (Journal du S[r] d'Angusse.)

secrétaire qu'il avoit, le soit encores de cestuy-cy. C'est tousjours de la despense sire, car il n'est possible de veoir ces gens-cy, de traicter aulcune chose avec eux, sans leur donner ; je le faictz au meilleur mesnage que je puis, pas si peu Sire, que je ne sois contraint d'en faire présenter un petit cayer de fraiz, ayant esté contrainct de prendre tout à crédit. Je supplie très humblement V. M^té vouloir commander qu'ilz soient paiéz, puisque c'est une nécessité de son service. Je suis infiniment marry de ceste disgrâce, mais il n'y a moien de l'empescher ; ce que j'ay peu, c'est de la rendre beaucoup moindre que à ceux qui les ont faites devant moy, comme il est aysé de le veriffier. Ce S^gr est en une de ses maisons à dix ou douze mil d'icy en beau pays de chasse, où il emploie tous les jours fors ceux de Divan ausquelz il se rend icy le matin, et s'en reva le soir ; il continue tousjours de dire qu'il yra à la guerre, en personne, l'esté prochain ; nul ne sçait où ; et la plus part ne le croit pas, veu l'extrême despence que ce seroit, et ne voyant pas le moyen de la pouvoir faire. Sire, les commandements de V. M^té rendent mes lettres ainsi longues, puisqu'il luy plaist que je luy escrive de toutes choses, et la prie, etc...

SALAGNAC.

1605 (30 DÉCEMBRE).

Orig. fol. 8.

A M. DE VILLEROY

SOMMAIRE : *Caractère du nouveau Visir. — Les Prêtres Géorgiens veulent conserver la garde des Saints Lieux à Jérusalem. — M. de Salignac croit qu'on pourrait convertir ces schismatiques à la religion catholique.*

Monsieur, La demeure de M. de Brèves [en Egypte] me donne davantage d'ennuy, à ceste heure (que le visir Sinam Sophi, beau-frère de Mustapha, vise Roy d'Alger, [est] hors de charge), qu'elle ne bailloit auparavant ; car il désiroit que Sa Majesté fut contente de ce costé là, et en sollicitoit son beau-frère qui nous le promettoit. Je ne scay si cest-cy[1] aura la mesme bonne volunté. Je l'ay trouvé fort honneste, gracieux, et plain de fort bonnes

---

1. Cest-cy : c'est-à-dire *celui-ci*, *Cadio Bassa* qui remplaça Sinan comme deuxième visir.

qualités. On dict que c'est sa coustume, et qu'il fault se contenter
de cela.

Je vous disois, par une des miennes dernières, que je désirerois
vostre advis : s'il vous plaisoit de quelque chose que Monsieur de
Brèves avoit voulu faire en Hierusalem ; c'estoit d'oster des mains
des prêtres Georgiens le lieu où la sainte Croix fut portée, lorsque
Nostre Seigneur y mourut, et le faire mettre ès mains des prêtres
latins, et en avoit emporté d'icy quelque commandement. Cela
feist tant de rumeur là qu'il fut contraint d'en partir plus tost
qu'il ne vouloit, à cause des Janissaires de Damas qui y venoient
en dilligence, appeléz par les dicts prêtres Georgiens[1]. On m'avoit
escript cela assez obscurément lorsque je vous en escrivis. Depuis,
j'euz de ses lettres où il m'a mandé avoir cest affaire extrêmement
à cœur et avoir faict consentir le gardien de Hierusalem à y despendre bien deux mil sequins, et pour cest effect, m'en avoir
envoyé des lettres de change. Delors que je vous en escrivis, je
voiois une grande animosité que les prêtres Georgiens en avoient
et les estranges plainctes qu'ilz faisoient de nous ; qui me faisoit
penser, qu'il valoit mieulx laisser les choses en leur premier estat
que diviser encores davantage ceste Eglise de la nostre ; et de
cela, désirois-je vostre advis. Mais depuis, tous les patriarches de
ces quartiers là ont envoyé icy, de sorte que j'euz peine que nous
ne fussions pour perdre tout ce que nous y avons, tant ilz estoient
animéz, et avoyent animé un chacun ; tellement que j'ay eu beaucoup de peine à radoucir ces espritz, et remettre les choses en
l'estat où le dict sieur de Brèves les trouva. J'ay renvoyé au dit
gardien sa lettre de change ; et si je me fusse embarqué à cela,
outre qu'assurément je n'eusse rien gaigné, j'eusse faict despencer
beaucoup à ces pères, quy leur faict bien besoin ailleurs, et eusse
causé une merveilleuse animosité en l'esprit de ces gens contre

1. Les prêtres Géorgiens étaient de religion grecque.
L'auteur de la *Relation des Voyages de M. de Brèves* fait, page 204, la des-
cription des chapelles de l'église du Saint-Sépulcre de Jérusalem. « Les Géorgiens, dit-il, peuples de la mer Noire, occupent la chapelle du Calvaire, et ne
permettent aux catholiques d'y célébrer la messe. M. de Brèves avoit des commandemens de la Porte pour la leur oster, et remettre ès mains des Catholiques,
sur lesquels ils l'ont usurpée, mais ils ne furent pas obéis. Car les Grecs à qui
les Géorgiens avaient laissé ce Lieu Saint en garde pendant leur absence, ne
voulans respondre sur ce faict, que les autres n'en fussent advertis, corrom-
pirent à force d'argent, le Cady de la Ville, de peur qu'il ne donnast sentence
définitive, et obtinrent de luy jusques à la venue de leur Patriarche, procureur
des dicts Géorgiens, lequel estoit à Damas, que le tout demeurast indécis. »

nous; qui Dieu mercy, s'adoucist; et de sorte que, si on y travailloit un peu à Rome, j'espérois ceste réunion. Voilà ceste affaire que j'ay esté contrainct finir, sans pouvoir attendre vostre advis.

Je vous suplie, très humblement Monsieur, me croyre plus que nul autre du monde[1],

Vostre plus humblè et obligé serviteur

SALAGNAC.

1606 (6 JANVIER).

Orig. Autogr. fol. 11.

AU ROY

SOMMAIRE : Grande défaite infligée à Cigale par le Roi de Perse.

Sire, Ceste depèche extraordinaire se fait, n'en ayant esté averti que sur le point du partement; de sorte que je ne puis mesmes avoir le tans de faire transcrire ny chifrer ceste cy; laquelle asseurera V. M^{té} de l'entière défaite de l'armée du Sigale par le Persien, où il est demeuré plus de trente et cinq mille hommes de mors, plus de huict ou neuf Bellebeis (Beglierbeys) et plus d'une douzène de Sanjacs. Le dict Sigale s'est sauvé à course de cheval, presque seul. Sur la retraite du Persien, il s'estoit avancé vers Thauris, espérant remporter l'honneur de la fin de la guerre de cest été. Le Persien l'attaqua deus heures avant le jour, et le surprit par cinq ou six grandes courvées qu'il fist[2]. L'on tient que l'on lui a osté le commandement de la Mer; mais cela n'est ny bien asseuré, ny celuy à qui l'on l'auroit donné. Par le premier ordinaire, V. M^{té} en sera avertie, Dieu aydant, etc...

SALAGNAC.

1. Désormais et afin d'éviter les répétitions, nous supprimerons les formules qui terminent les lettres.

2. Voir aux *Pièces justificatives* III de nombreux détails sur la vie aventureuse de Sigale.

1606 (11 JANVIER).

Orig. fol. 13.

AU ROY

SOMMAIRE : Détails sur la défaite de Cigale. — On croit que le G^d S^{gr} le fera exécuter. — Jugement porté sur le roi de Perse. — Mépris des Turcs pour l'empereur Rodolphe. — M. de Brèves a quitté l'Egypte. — M. de Salignac espère qu'il aura mené à bien la mission dont il avait été chargé en Barbarie. — Il prie le roi de faire payer les frais extraordinaires qu'il a faits de concert avec M. de Brèves. — Il demande au roi de faire présent de chiens de chasse au G^d S^{gr}.

Sire, Par le dernier ordinaire qui fut le 30e du passé[1], je disois à V. M^{té} ce que l'on faisoit icy. La défaite de Sigale à deux journées de Thauris, fist que le sixiesme du présent le Bayle de Venise fist une despeche fort secrète pour en advertir la seigneurie de Venise. Je le priay par mesme moyen, vouloir faire tenir celle dont j'advertissois V. M^{té} ; je ne scay s'il l'aura faict ; car, bien qu'il promet de le faire, si, est-ce que celuy qui luy porta mes lettres, me dit qu'il n'avoit peu cacher un grand desplaisir, de quoy j'avois sceu [qu'il envoyait] ceste depesche. J'avois sceu cette defaite plustost que luy, la luy manday, et par mesme, luy fist dire qu'il me sembloit que ceste nouvelle meritoit une depesche extraordinaire. Il me manda qu'il valoit mieulx atendre encores sept ou huict jours. Toutesfois, le lendemain, il fist celle dont je vous parle du sixiesme du present. Depuis, les lettres du Sigale sont venues : qui se sauva, ce dict-il, avec cinquante chevaulx ; seulement, il dit que ceulx de Damas qui estoient dans son armée commencèrent la charge, sans qu'il veuille assurer si c'estoit une intelligence desja prise avec le Roy de Perse, qu'ils se servissent de ceste occasion pour piller ou pour avoir meilleure part, commençant les premiers pour venger la mort du Bassa d'Alep nommé Ousseing, fils de Zambolat, lequel, peu paravant, il avoit fait mourir par commandement de cette Porte, lequel avoit grand credit en tous ces quartiers là, et y estoit chèrement aymé[2]. Cette defaite est des plus grandes que aye jamais reçeü ceste

1. La dépêche précédente datée du 6 janvier était, en effet, une dépêche extraordinaire.

2. L'éloignement où l'on était à Constantinople du lieu où se livra cette bataille et la diversité des nouvelles plus ou moins véridiques qui parvenaient à l'ambassade, donnèrent lieu de confondre le fils de Zambolat ou Gambolat avec Zambolat lui-même. Bordier nous raconte, livre II, chap. 73, la mort de ce Bassa et celle de Cigale. (Voir *Pièces justificatives* IV.)

là, car il ne s'est rien sauvé du tout. Il y a eu soixante canons pris.
Elle fut faicte environ le quinziesme ou vingtiesme de novembre.
Le G^d S^gr a tenu conseil là dessus trois jours de suite. Ce que j'en
ay peu aprendre est qu'il a envoyé quérir en dilligence le premier
Bassa en Hongrie pour l'envoyer en Perse[1]; a envoyé aussi quérir
le dict Sigale, pour aprendre de luy l'estat de ce pays là ; et
quelques uns pensent qu'il est pour recevoir du mal. Car il est
taxé de s'estre si mal gouverné avecq tous ceulx de l'armée, qu'il
les avoit rendus mal contens, mal affectionnez et qu'il s'est laissé
surprendre mal à propos ; et que, surpris, il n'a pas faict ce que
devoit un general d'armée. Voila la segonde que a eu le Cigale
depuis l'année passée. A la première, il s'y estoit perdu forces
hommes mais peu de canons, point de tentes, point de chevaulx,
ny presque rien de bagage de l'armée ; et en ceste dernière, rien
ne s'est sauvé ; qui est une incommodité qui coustera un million
d'or d'extraordinaire à l'armée, qu'il faudra y envoyer, ou peu
d'hommes iront de bon cœur, estonnéz de leurs défaictes passées et
du bonheur du Roy de Perse, et honorans beaucoup sa vertu.
Aussy à ce que j'en puis aprendre, c'est un tres gentil Prince, qui
a esté contraint conquérir pour son Royaume, ses subjectz revoltez
contre luy, lorsque son père mourut, parce qu'il ne se trouva
point lors au pays, estant chez un Prince voisin, où son dit père
l'avoit envoyé comme en garde, parce qu'il luy sembloit qu'il
estoit plus estimé que son frère aisné, auquel il desiroit laisser son
royaume[2]. Ce frère ne survequist guères. Leur père et les grandz du
dit Royaume qui avoient les charges, se liguèrent ensemble, se
resolvant de se rendre leurs gouvernemens en héritage pour eux.
Il a fallu que ce Prince les aye vaincuz ; depuis il n'a laissé les
armes[3], qu'il employe ast heure heureusement contre ces gens icy,
lesquelz en sont bien effrayez. Il semble que Dieu veuille donner
moyen à l'Empereur de réparer, l'esté prochain, les dommages

---

1. Nous trouvons dans le Journal du S^r d'Angusse : « Le 17 janvier, le Bostangy
bassi nommé *Dervis* fut faict, au lieu de Cigale, général de la Mer. Le 16 mars
Mehemet 1er visir, général en Hongrie, retourna icy et fit son entrée à Constantinople avec toute la milice quy luy estoit allée au devant.

2. Abbas Ier dit le Grand usurpa le trône de Perse en 1590, après avoir renversé
son père et avoir tué ses deux frères. Il agrandit son empire dont il transporta la
capitale à Ispahan, et mourut en 1628, couvert de gloire. Malheureusement il
avait souillé sa vie par d'horribles cruautés. (Dict^re de Bouillet).

3. C'est-à-dire ; *il a toujours été en guerre.*

qu'il a reçeus le passé[1]. V. M[té] ne sçauroit croire le mespris que ces gens icy font de sa conduicte et de sa personne[2]; c'est un de leur plus grandz reconfortz, croyans ne pouvant recevoir nul dommage de ce costé là, où il ne se dit point encores quel général ils envoyeront ceste année.

Il y a desjà assez longtemps Sire, que Monsieur de Brèves est party d'Alexandrie[3]; qui me fait espérer que V. M[té] ne tardera guères à voir ce qui se fera en Barbarie pour son contentement. Il y a un Françoys qui exerce en Alger l'ofice de Consul, et est tenu pour tel du Vice Roy d'Alger qui y est, mais je cuide que ce n'est celuy qui en a le commandement de V. M[té]. On me mande aussy que le Bastion de France se rebatist, de sorte qu'il y aura peu à faire à raccommoder les choses là, si on s'y conduit bien. Mais il faudroit que ceux de Marseille y envoyassent un homme plus sage que ce Castelane qu'ils y envoyèrent l'autre fois[4]; sur lequel les Jannissaires prennent prétexte de tout ce qu'ilz ont fait. Je les en ay advertiz, afin que le soing que V. M[té] prend pour eux ne le rende inutile par leur faute. J'espère que V. M[té], Sire, à l'arrivée du dit s[r] de Brèves, pourvoiera à ce que je ne sois en peyne de ce dont je

1. L'année 1605 avait, en effet, été désastreuse pour les armes de l'empereur :. Les Turcs, aidés de Botskay et des rebelles de Hongrie, avaient ravagé et pillé les provinces de l'Empire, et la ville de Gran était tombée entre les mains des Ottomans.

2. *Rodolphe II*, fils et successeur de Maximilien II, élu empereur en 1576, était un prince irrésolu et incapable. Continuellement malheureux dans les guerres qu'il eut à subir, il ne put parvenir à pacifier l'Allemagne, alors déchirée par les factions. Son frère Mathias conclut la paix malgré lui en 1606, et lui arracha une partie de ses Etats, puis le détrôna en 1611.

3. M. de Brèves, comme nous l'avons dit plus haut, était arrivé en Egypte vers la mi-septembre. Il tomba malade à Alexandrie, au moment de passer en Barbarie afin d'obtenir des Corsaires turcs le respect des Capitulations.

4. Dans le « *Mémoire des Capitulations, commandements, privilèges et autres pièces* », transmis par M. de Brèves au Bon de Salignac, le 15 mai 1605 (Biblioth. nat[le], fr. 16146, pièce III), nous trouvons au fol. 13 recto que « *Jehan de Castellane, député de ceux de Marseille* », fut chargé d'une enquête contre *Quedur*, Vice Roy d'Alger, « *pour les maux qu'il causa aux Françoys .*» La *Relation du voyage de M. de Brèves* nous apprend que ce *Quedur* ou *Cader* fut étranglé par ordre de celui qui vint le remplacer comme Vice-Roi.

Jehan de Castellane, dont il est ici question, est, selon toute apparence, celui qui épousa Marguerite de Pontevès. Il fut premier consul d'Aix en 1588 et 1610 (Bibl. nat[le]. Pièces originales. Généalogie manusc., fol. 125). Nous trouvons (même vol. fol. 31) une quittance du 20 novembre 1614 de Jehan de Castellane S[gr] de la Verdière, lieutenant de la Cie d'hommes d'armes de M. de Guise, qui confesse avoir reçu de « Me Boucher de Beaumarchais, cons[er] du Roy en son conseil d'Estat et trésorier de son Espargne, la somme de 500 livres, ordonnée pour la pension faite par Sa M[té] en considération de ses services ».

me suis engagé, comme il lui plaist de m'en asseurer; c'est à quelques uns de Marseille, à qui pour ce regard j'ay à faire, qui sont sy pressans, et impatiens, qu'il ne se peut davantage. Je me promets que V. M[té] se souviendra encores des suplications très humbles que je luy ay faites, qui ne sont que pour donner le moyen de continuer le très humble service que je luy dois, et où je me suis nourry toute ma vye[1]. Je me promets, Sire, que Monsieur de Villeroy en fera ressouvenir V. M[té], laquelle je suplie aussi se vouloir ressouvenir des *Levriers d'atache* pour le G[d] S[gr2]. J'ay deux *tagarotz* bien gentilz[3]. J'attendz quelque commodité pour les pouvoir envoyer à V. M[té] etc..

SALAGNAC.

1. Ces réclamations se renouvelleront fréquemment dans la suite. Aussi nous paraît-il nécessaire de donner dès maintenant des explications sur une dette dont le règlement tenait tant à cœur au baron de Salignac : .

A son arrivée à Constantinople, l'Ambassadeur avait dû, pour le service du roi, emprunter une certaine somme à des marchands marseillais, qui avaient déjà fait à M. de Brèves un prêt considérable. Au départ de ce dernier, Salignac consentit à prendre à son propre compte les deux dettes, que le Roi avait d'ailleurs promis de payer dès le retour de M. de Brèves. Mais celui-ci prolongea son voyage, et les Marseillais eurent alors recours contre Salignac, qui, pressé de remplir les conditions du contrat, s'adressa au Roi. Soit que le Trésor fût à vide, ou que des dépenses dans l'intérieur du royaume parussent plus urgentes à Henri IV, ce prince ne sembla pas disposé à fournir immédiatement les sommes réclamées par l'Ambassadeur. Il accordait pourtant à M. de Brèves, dès son arrivée en France, et en compensation de ces susdits frais, l'assignation du droit de 2 0/0 sur les marchandises de l'Egypte, droit qui était stipulé dans les Capitulations, en faveur de l'Ambassadeur près du Gr. Sgr, en vue de l'indemniser des dépenses qu'il était obligé de faire pour la protection des commerçants. Or, l'Egypte fournissait à elle seule la plus grande partie de ce subside. C'était donc enlever à Salignac une grande portion de son traitement. Telle fut la cause de ses plaintes réitérées. Malgré tout, il se soumit à la volonté du Roi : « J'avois fait, écrit-il, mes très humbles supplications à V. M[té]... Cependant mes désirs sont bornés de vos volontés, et n'auray pas seulement l'envie de quoy que ce soit quy ne luy agrée... Mais je vous jure, Sire, que je paye de gros intérêts des frais extraordinaires que j'ay faits... V. M[té] me fait l'honneur de me dire que ces frais seront payés, ils ne le sont pas encore, en sorte qu'ils me mangent, comme un chancre qui accroist à toute heure. » La question, portée devant le conseil du Roi, y subit de nouveaux retards. Les dettes ne furent pas payées ; et le baron de Salignac, au moment de mourir, fut encore forcé de rappeler à la Reine régente les promesses faites par Henri IV et qui n'avaient jamais été tenues.

2. L'Ambassadeur ne négligeait aucun des moyens qui pouvaient lui rendre le Sultan favorable. Connaissant son goût pour la chasse, il désirait lui procurer des chiens et des oiseaux de France.

3. Petits oiseaux dont on se servait à la chasse.

1606 (14 mars).

Orig. fol 16.

AU ROY

SOMMAIRE : Conspiration contre Henri IV. — Les Turcs sont effrayés du succès du Roi de Perse.. — Alliance de ce Prince avec les Rebelles de l'Asie. — Botskay fidèle allié de la Porte. — Activité du nouveau général de mer Dervis Bassa. — Le G^d S^{gr} ne peut se faire obéir.en Barbarie. — Il serait heureux que le Roi fît poursuivre, par son général des galères, les vaisseaux de Barbarie qui ruinent le commerce. — Envoi de Mustapha Aga en Barbarie pour faciliter la Mission de M. de Brèves. — Dervis Ba.sa est très bien disposé pour les Français. — M. de Salignac a le projet d'introduire les Jésuites à Constantinople. —. Jalousie des Sultanes. — Cruauté du G^d S^{gr}. — Affaire du duc de Bouillon.

Sire, Le 3 de ce mois j'euz l'honneur de recevoir trois lettres de V. M^{té} qui me furent rendues toutes ensemble. Elles sont du 24 Novembre, 21 Décembre et 3 Janvier. Toutes me convyent à lever les mains au ciel pour les faveurs qu'Elle en reçoit, faisant rester vains tous les dessains de ceux qui ozent entreprendre contre V. M^{té}. Le bruit de la mort de Meyrargues estoit déjà venu icy, on y avoit adjousté celle du Secrétaire de l'Ambassadeur d'Espagne[1] ; la nouvelle de lestrange conjuration d'Angleterre[2] y estoit aussy ; le tout par la voye de ceux de Raguse. Ces gens s'en réjouissent tout plain, esperans que la guerre pourra naistre de là ; et l'estat de leurs affaires faict qu'ils la désirent infiniment, pour perdre l'appréhension qu'ils ont, que les armes Crestiennes se tournent contre eux, esmeus à cela de l'occasion bien à propos qu'il semble s'en présenter. V. M^{té} aura sceu par les miennes du sixiesme Janvier, et encores du unziesme, et aussy du 4 Fevrier[3], l'entière deffaicte du Cigale par le Roy de Perse et lestonnement que ces gens en ont, qui s'augmente tousjours et davantage, voyans que l'accord qu'ils avoient faict avec les rebelles de l'Asie[4],

1. M. de Salignac veut parler d'un attentat commis le 19 décembre 1605 contre le Roi, par un jeune homme nommé Jean de l'Isle, et de la conspiration formée par le Sr de Mayrargues, gentilhomme provençal, qui avait conçu le dessein de livrer Marseille aux Espagnols, et qui, à cet effet, s'était abouché avec le Secrétaire de D. Baltasar de Cuniga, ambassadeur d'Espagne. Malgré les réclamations de l'Espagne, Mayrargues fut arrêté, et son procès se termina par une condamnation à mort. Il fut exécuté en Place de Grève.

2. Il s'agit du fameux complot connu sous le nom de *Conspiration des poudres.*

3. Nous n'avons pas retrouvé cette dernière lettre.

4. La lettre du 30 décembre 1605 avait signalé cet accord.

n'a esté que pour leur faire passer l'hiver plus à leur ayse, et qu'ils se préparent à faire bien du mal. Ilz craignent bien plus ceste guerre qu'ils ne souloient, ayant descouverts qu'ils[1] ont intelligence avec ledit Roy de Perse. Tout ce qu'ils ont à faire demeure irrésolu, et attendans l'arrivée du premier Bassa[2] qui debvoit estre hier ; mais ce qui est retardé pour trois ou quatre jours, à cause qu'il s'est trouvé un peu mal ; de sorte que l'on ne scait encores qui ira commander en Perse ny en Hongrie. Ils désirent de sorte la paix en Hongrie qu'ils se sont longtemps persuadez de l'avoir. Il semble qu'ils perdent ceste opinion à ceste heure, mais il ne paroist point encores qu'ils se deffient de Boskay, lequel envoye icy un des siens vers le premier Bassa pour continuer tousjours de donner l'assurance de sa foy. Si, est-ce que il traitte avec l'Empereur, je croy que c'est pour gagner temps, et éviter le danger qu'il pourroit courir avant que l'armée Turquesque soit arrivée là.

Ce nouveau général de mer travaille à toute force[3]. Je croy qu'il

1. *Ils* : c'est-à-dire les rebelles.
2. *Mehemet*, qui revenait de Hongrie.
3. Le 17 Janvier, *Dervis Pacha* avait été nommé Capoudan Pacha (ou Capitan Pacha). Bordier nous parle ainsi de ce personnage : « M. l'Ambassadeur avoit jà aquis plusieurs grands amis à la Porte du Gᵈ Sᵍʳ, desquels il recevoit faveurs et courtoisie d'eux lorsqu'il les en requiéroit ; en sorte que ceste mesme année quy estoit 1606, le Bostangy bachy quy lors s'appelloit *Dervis Pacha*, et lequel estoit grandement aymé du Gᵈ Sᵍʳ son maistre qui le fit Capoudan Pacha (quy est Grand Amiral de Mer) dont M. l'Ambassadeur fut fort joyeux, car il estoit son bon amy. Et ne manqua aussy tost de l'aller voir suivant la coutume, pour se resjouir de sa fortune, n'estant encore party du Sérail pour aller au Tarsenal (*Arsenal*), se faire recevoir en son Office, où en ce lieu proche le Quiosque (a), ils se saluèrent et bienvénièrent confirmant leur amitié et bienvueillance ensemble, quy dura jusqu'à la fin de l'un et de l'autre. » (Ambassade de Salignac, livre II, chap. 74.)

« Durant ce temps, *Dervis Bassa* fist merveille de restablir et faire mettre en ordre l'Arsenal du Gᵈ Sᵍʳ, le quel estoit espuisé de ce quy est nécessaire pour l'entretènement des galaires et autres vaisseaux de rames, dont les Chormes estoient faibles et desbilles, n'estant complettes, ny en estat de bien servir leur maistre. D'autant que Cigale son devancier avoit esté occupé ailleurs et n'y pouvoit entendre ; combien qu'il y aist tousjours un Aga ou Capitaine de l'Arsenal quy est comme Lieutenant du Capoudan Pacha, néanmoins le tout estoit en grand désordre lorsque Dervis Pacha très avisé et affectionné à son maistre tourna tout son penser de restaurer et amplifier, avec toute la diligence à luy possible, tant le lieu de l'Arsenal que les Vaisseaux de sa Charge. Et est presque incroyable de combien il avança et augmenta ceste affaire en peu temps. Et me

(a). *Kiosque*, petit pavillon séparé où l'on se retire pour prendre le frais, jouir de quelque belle vue. Le Gᵈ Sᵍʳ a des kiosques magnifiques à Constantinople ; l'or y brille en dedans de tous côtés. L'un d'eux se trouve à la pointe du Sérail. (Dictⁿᵉ de Trévoux, 1771.)

sortira d'icy avec soixante gallères ; outre cela, il y en a d'ordinaire vingt quatre dehors à la garde. Il faict partir une galiote pour aller en Barbariê faire venir celles qui y sont du nombre de neuf ou dix seulement. On ne s'atend pas qu'elles viennent, car ilz trouvent fort peu d'obéissance en ces quartiers là. Sy elles viennent, ce ne sera pas ensemble; car celles d'Alger et de Biserte viendront séparées ; de sorte, Sire, que si vostre général des Galères[1] se rend un peu diligent, il pourra en attraper quelque une. Ces gens le voudroient ; et à toutes mes plaintes, ilz disent que je congnois bien qu'ils ne font pas là ce qu'ils veulent, et qu'il est bien aysé, estans si faibles qu'ils sont, de les attraper et empescher de mal faire. A la vérité, il est bien mal aysé que respondre à cela, et je croy, Sire, que, faire ce qu'ils disent est le meilleur remède qui se puisse donner au mal qu'ils font. Ceux de Marseille ne m'ont rien mandé de la perte qu'ils ont receue par les Corsaires de Biserte[2]. Sy, est-ce que je l'avois sceu avant recevoir celles de V. M[te] ; j'ay tiré de bons commandemens pour le recouvrement de ceste perte et pour la punition de ceux qui l'ont causée. Je me résous d'y envoyer un des miens. L'espérance que j'ay que le viseroy Mustapha qui est en Thunis y fera ce qu'il pourra, me faict prendre ceste résolution, joint que ce Général de mer[3] estoit de telle

souvient que quand M. l'Ambassadeur l'aloit voir dans l'Arsenal où il luy faisoit beaucoup de caresses, quy estoit merveille, et contraignoit son naturel quy estoit fier et revesche, nous ne voyons de tous costés que gens quy travailloient après toutes sortes de vaisseaux, fut pour en monter de neufs où raccommoder les vieux ; en sorte que tout l'Arsenal sembloit d'une noire et très obscure fournaise, pour le feu et la fumée quy se voyoient de tous costés, avec tant de tintamare qu'il ne se pouvoit de plus. De sorte que cette vigilance estoit louée et approuvée de tous ; ayant rendu l'Arsenal quy auparavant n'eust sceu mettre cinquante galaires ensemble, à point de combattre en tel estat et équipage, qu'il en eust pour fournir aysément de cent et plusieurs vaisseaux de voile. Ce quy acrust grandement sa réputation vers le G[d] S[gr] quy le chérissoit et aymoit sur tous. De façon qu'il en abusa, et se rendit en peu de temps insupportable non seulement vers le peuple, auquel il estoit par trop sévère, mais de plus vers les plus grands magistrats et officiers de la Porte : quy luy causa puis sa ruine comme sera dict cy après. » (Ambassade de Salignac, livre II, chap. 76.)

1. *Philippe Emmanuel de Gondy*, fils de Albert de Gondy, duc de Retz, maréchal de France, et de Catherine de Clermont, succéda en 1598 à son frère aîné, Charles de Gondy, dans la charge de général des Galères du Levant.

Charles de Lorraine, duc de Guise, fils du duc Henri assassiné à Blois, était alors amiral de France. Né en 1571, il fut appelé au gouvernement de Provence lors de sa soumission à Henri IV, en 1594. Après la mort du Roi, il resta très attaché à la reine Marie de Médicis, dont il prit le parti, et fut forcé, en 1631, de quitter la France. Il se retira en Italie, où il mourut en 1640.

2. *Biserte*, au nord-ouest de Tunis, autrefois un des meilleurs ports de l'Afrique.

3. Dervis Bassa.

affection que, s'il s'en doit rien espérer, ce sera ast heure ; mais la négligence de ceux de Marseille à m'advertir, pourra nuire à ceste affaire, car je ne scay ny le nom des navires pris, ny en quoy consiste la perte, ny le temps, ny le lieu où elle fust faite. Lorsque le dit Vise-Roy partist, je lui avois baillé un des miens pour voir s'il se gouverneroit comme il me prometoit et recevoir aussy les chevaux[1], mais il fist naufrage par chemin et se sauva avec trois ou quattre sur l'arbre de sa gallère. Tous les autres se perdirent, et aussy celuy que j'envoyais avec luy ; depuis, on luy a voulu oster sa charge ; je la luy ay faite confirmer, et il me continue ses belles promesses. Nous verrons ce qui en sera. Sy Monsieur de Brèves fust arrivé au temps que je croyois, V. M[té] sçauroit, il y a longtemps, ce qu'elle doibt attendre d'Alger ; et si j'eusse sceu ce sy long retardement, j'eusse fait aler Mustapha Aga[2] par une autre voye. Je ne scay qui peut causer ceste demeure. Il n'a esté malade que deux jours son arrivée en Alexandrie. Je ne scay si ce seroit l'atente du retour de son navire. Toutesfois il m'avoit escript quil ne l'atendroit pas, me respondant à ce que je le pressois de faire, que au plustost, le dit Mustapha Aga passeroit en Alger[3]. Il semble que ce général de mer se sentant fort ceste

---

1. Les chevaux de Barbarie qu'on devait envoyer au Roi

2. Ce nom de Mustapha ayant été porté en même temps par plusieurs personnages, il est nécessaire de prêter une certaine attention afin d'éviter les confusions. Nous avons déjà eu l'occasion de parler de Mustapha qui, en décembre 1605, épousa la sœur du G[d] Sgr. Un autre Mustapha Bassa fût vice-roi d'Alger et de Tunis. Enfin ce troisième, dont nous retrouverons fréquemment la trace dans la Correspondance, était connu sous le nom de Mustapha Aga. Il avait été envoyé en Barbarie avec M. de Brèves, pour faciliter la mission de ce dernier. Mais nous verrons qu'il trompa la confiance qu'on avait eue en lui, et que, gagné à la cause de l'Angleterre, il suscita les plus grands ennuis à l'ambassadeur de France.

3. Après son voyage aux Lieux Saints, M. de Brèves devait aller en Barbarie et se mettre en rapport avec les chefs de ces peuplades barbaresques qui infestaient la Méditerranée, pillant les vaisseaux, et faisant esclaves les matelots, dont ils se servaient ensuite comme rameurs. L'objet principal de sa mission consistait à faire réédifier le Bastion de France, situé sur la côte, près d'Alger et « démoli par la Milice d'Alger, dit l'auteur de la Relation du voyage de M. de Brèves, à l'occasion d'une famine survenue au Roy[me], dont elle rejetoit la cause sur les traittes des bleds qui se faisoient au dit lieu. Ce Bastion estoit une maison plate édifiée par permission du G[d] Sgr pour retraite des François peschant le corail en Barbarie ; sous couleur de laquelle pesche ils enlevoient toutes sortes de marchandises. Il appartenoit premièrement à une Compagnie de marchands marseillais, et maintenant est ès mains d'un particulier nommé le S[r] de Moissac, par le mauvois mesnage duquel on tient qu'il a esté destruit ». M. de Brèves devait en outre « faire délivrer les François détenus esclaves contre la teneur des traités ; défendre les pirateries sur les navires et denrées de France ; faire restituer l'argent, vaisseaux et marchandises déprédées ».

année, veuille entreprendre quelque chose icy ; [on a] quelque opinion que ce soit au..... de Malthe. Il en veut aux Vénitiens qui en sont bien en alarme, et tascheront par tous moyens à luy nuire. Mais il continue d'estre fort aymé de son Maistre. Il continue aussy à me dire qu'il veut fort affectionner les affaires des Françoys ; et ces jours passez il me disoit qu'il voudroit fort que nous eussions guerre avec les Espaignols, par ce qu'il espéreroit aler leur faire du mal en nostre faveur ; qu'il feroit de bon cœur ce voyage si je y estois. S'il plaist à V. M^té de luy escrire, il en sera fort content à mon opinion, et cela pourra servir.

Sire, Comme j'ay desiré sçavoir vostre volonté et commandement touchant ce collège [1], aussy m'y gouverneray-je comme elle commande, c'est à dire que je n'en sonneray mot ; bien avois-je tousjours pensé que cela se devoit conduire sans le nom ny intercession de V. M^té pour les inconvéniens quelle a remarquez, et pensois qu'il estoit aysé d'en venir à bout ainsi. Ces jours passez, le G^d S^gr ala en une de ses maisons voisines d'icy la mer noire nommée *Candely*, et y mena les dames. Là il coucha avec une de ses esclaves qu'il n'avoit encore vue ; deux de celles qui pensoient avoir plus de crédit vers luy, en eurent telle jalousie que le lendemain, elles chargèrent à beaux coups de poing ceste dernière. Le G^d S^gr le sceut qui les accorda, faisant jeter ces deux jalouses à la mer. Voilà une des mignardises de ses amours. A son retour il alla voir quelques Santons [2] les priant de prier Dieu pour la conservation de son Empire. Il n'abandonne point le soin de ses affaires, mais il est le plus mal servy que Prince sçauroit jamais estre. Il le connoist bien, mais il ne scait que faire pour estre mieux, estant tout à fait desnué d'hommes de conduite et de commandement. Il ne laisse d'aller à la chasse, étant d'humeur fort active. S'il plaist à V. M^té envoyer les *levriers d'attache* qu'elle m'a mandé, le G^d S^gr en recevra un grand plaisir, il s'y attend et les attend. Voyla tout ce que nous avons icy de nouveau, Sire, et V. M^té me permettra, s'il luy plaist, de luy dire, puisque M. de Bouillon commence à se recognoistre et que V. M^té se résout à la clémence, j'espère que cela prendra fin. Et ayant dissipé les choses

1. Il s'agissait de l'établissement d'un collège de Jésuites que le baron de Salignac avait proposé au Roi de fonder à Constantinople. Ce projet fut mis à exécution l'année suivante. (Voir la lettre d'Henri IV à l'ambassadeur, du 26 mars 1607, et la réponse de ce dernier en date du 21 juin 1607.)

2. *Santons*, espèce de religieux que les Turcs regardent comme des saints.

de dedans, celles de dehors auront beaucoup moins de force. Je croy qu'il se résolura aysément à remettre èz mains de V. M[té], Sedan. Ce luy sera une grande descharge et un grand soulagement et une assurance de sa bonne volonté, que cela mesme empescheroit d'estre traversée de quelque autre mauvaise volonté[1]. Pour Dieu Sire, excusez-moi sy j'ose donner mon advis en telle chose, et sans y avoir commandement[2]. Je y suis, ne scay comment, contraint par ceste violente affection qui me faict désirer tout heur, prospérité, contentement et grandeur à V. M[té], laquelle je suplie très humblement daigner se ressouvenir que je suis sa créature, qui n'ay jamais respiré que son très humble service ; et ceste souvenance fera que ceux de Marseille ne pourront pas faire que je puisse estre icy, et sans honneur, sans moyen de la servir, et le plus misérablement qu'il seroit possible[3].

Les commandemens de V. M[té] excuseront la longueur de la présente, etc.

SALAGNAC.

1. Le duc de Bouillon, accusé de conspiration contre l'Etat, s'était retiré dans sa principauté souveraine de Sedan. Le Roi, craignant qu'il ne mît à exécution ses projets perfides, le fit sommer de remettre entre ses mains le château de Sedan, et de venir à la Cour implorer sa grâce. Après divers pourparlers qui ne purent aboutir, Henri IV se disposa à aller en personne assiéger cette forteresse. Bouillon fit alors sa soumission, promettant de laisser le château de Sedan pendant quatre ans entre les mains d'un gouverneur nommé par le Roi. Henri IV put alors entrer dans la ville. Des lettres d'abolition furent accordées au duc qui fut ensuite confirmé dans ses honneurs et qualités. (Voir plus loin les détails que le Roi écrit au baron de Salignac à la date du 25 avril 1606.)
2. Voir plus loin la réponse que le Roi fit à cette lettre, le 10 mai 1606.
3. Le baron de Salignac fait allusion aux prétentions des Marseillais de se faire exonérer du droit de 2 % sur les marchandises que percevaient les ambassadeurs et les consuls. Ce droit avait été établi par Henri IV à cause des dépenses considérables auxquelles étaient astreints ces représentants dans l'intérêt du commerce. Dans les instructions que reçut M. de Brèves lorsqu'il fut nommé ambassadeur en Turquie, nous lisons : « Sa M[té] s'est résolue, pour servir à son entretènement, d'envoyer au Sr de Brèves le pouvoir pour faire lever deux pour cent sur les marchandises, outre les deux du droit des Consuls. Mais le Roy désire que, moyennant ce, il se rende protecteur de la liberté et seureté du commerce..... et qu'il rende ceux qui y peuvent avoir intérêt si capables de l'utilité qu'il leur en reviendra par ce moyen, que plus facilement ils consentent ceste comodité au service de Sa M[té]... » (Voir Bibl. nat. fr. 16146, pièce I, fol. 19 et 20.)

1606 (29 mars).

Orig. fol. 19.

AU ROY

SOMMAIRE : Le premier visir Mehemet revient de Hongrie. — Il blâme la disgrâce infligée à Cigale. — Mort de Cigale. — Intrigues de Mehemet pour reprendre le commandement de l'armée de Hongrie. — Tous les Bassas appréhendent de commander l'armée contre le roi de Perse. — Morath Bassa général plein d'expérience. — On craint que le Fils de Cigale ne se révolte. — Fâcheuse aventure arrivée à l'ambassadeur. — Son énergique attitude. — Prétentions de l'ambassadeur d'Angleterre. — Le visir est irrité contre le Baile de Venise. — M. de Salignac fait exécuter Ozéas Halla. — Il prend la défense des Vénitiens. — Soldats français au service de la Turquie. — Artificier nommé Palier, recommandé au roi.

Sire, le premier Vizir[1] arriva icy le 16e de ce moys deux jours après le partement de l'ordinaire. Il fust fort honorablement receu, et bien veu de son Maistre, qui le caressa, et lui fist quelques présens. Il est venu, tout résolu de remuer toutes pierres pour s'empescher d'aler en Perse ; et à cest effet, dès lors qu'il fust venu, il commencea à blasmer ce que on avoit faict contre le Sigale et à excuser son malheur sur les accidents incertains de la guerre, faisant voir que nul ne la pouvoit mieux conduire que luy, que sa capacité en toutes choses causoit cela, mais encores particulièrement, l'exacte cognoissance qu'il avoit de ces pays là et des humeurs et ordres des Persiens, et afin, pour contenter le dict Sigale, de remettre le seau qu'il avoit entre ses mains, qui a accoustumé d'estres ès mains du premier ministre ; afin que le luy envoyant, il s'affectionnast davantage à bien servir, et perdist le degoust qu'il pouvoit avoir pris, luy ayant osté le commandement de la mer. Et fust de sorte, qu'il avoit faict resoudre le Gd Sgr a confirmer le Sigale en sa charge contre le Roy de Perse. Il croyoit estre venu à bout de son dessain, quand les nouvelles de la mort du dit Sigale sont arrivées icy. Il mourust le quatriesme jour de Caresme passé en une petite ville de Mesopotamie nommée Diarbequin[2], et sans avoir sceu que on luy eust osté la charge de la mer. On dit que son mal lui est venu d'un desplaisir extrême des malheurs qui luy estoient arrivez, dont il a esté si fort pressé, qu'il en est venu en un tel degoust, qu'il ne pouvoit supporter la

1. Mehemet Bassa qui revenait de la guerre de Hongrie.
2. *Diarbec,* ville importante de la Turquie d'Asie, sur le Tigre.

veue des viandes. Quelques jours avant mourir, il escrivist une
lettre pour son Maistre que l'on a aportée; par laquelle il recognoit
sa mort assurée, et dict qu'il la reçoit tellement en gré, veu son
affliction, que s'il plaisoit à Dieu luy alonger la vie et la luy donner aussy longue que a Noé, il ne la voudroit point. Ceste mort
fascha beaucoup le premier Bassa, et plus craignant ne pouvoir
eschaper d'aller en Perse, que pour autre chose. Mais il est arrivé
en mesme temps des hommes de Bostcay, et de tous les gouverneurs de ces quartiers là, qui portent nouvelles que l'Empereur
arme puissamment ceste année, et que si on n'y renvoye le premier Bassa, tout l'advantage gaigné l'an passé se perdra; et y aura
danger de beaucoup de mal; que luy seul peut remédier, non seulement à cela, mais à faire encores quelque bon progrès en ces
quartiers. On croit qu'il (le *Bassa*) avoit mené ces hommes
avecques luy, qu'il n'a faict voir que ast heure. Quoy que ce soit,
cela a peu ce qu'il voulust[1]. Il a esté resolu qu'il iroit en Hongrie
avecques forces capables de pouvoir entreprendre; il se vante de
faire en sorte qu'il gagnera autant que l'an passé, et se promet la
prise de Savarin[2] et d'une petite place nommée Prisboure[3] entre
Commarin[4] et Vienne; qui sera sans doubte la perte de Commarin;
et veut que on croye qu'il n'en peut estre empesché que par la
paix, qu'il s'assure que l'Empereur taschera par tous moyens de
faire, et qu'il conseille aussy de vouloir, afin de pouvoir porter
toutes forces contre le Roy de Perse, et le ruiner pour une bonne
fois. Il conseille de ne faire ceste année la guerre en Perse, que
en se défendant; disant qu'il y a de bonnes places aux frontières,
très aysées à defendre, le Roy de Perse sachant nullement comme
il faut assaillir; et que ce pays là est tellement ruiné, qu'il ne faut
point craindre qu'il puisse marcher avant; n'y ayant nul moyen à
un estranger d'y pouvoir nourir une armée. Cependant j'ay
quelques nouvelles d'Italie, où l'on croit pour resolue la paix de
l'Empereur avec le Boscay Hongrois, par l'intercession de quelques
princes Allemans. Mais ces gens n'en font nul semblant; et ce premier Bassa que j'ay veu, qui m'a parlé assez librement, privément

---

1. C'est-à-dire : cela a produit l'effet qu'il désirait.
2. *Samarien*, dans l'île de Schutt qui elle-même se trouve entre un bras du
Danube et la Vaag.
3. *Presbourg*, ville de Hongrie, sur la rive gauche du Danube, à 66 kilom. Est
de Vienne.
4. *Comorn*, ville de Hongrie dans l'île de Schutt, à 100 kilom. Sud de Presbourg.

de toutes choses, ne m'en a rien dit, et je ne cuide point cela vray. Quoy que ce soit, je croy que l'on n'en sçait rien icy ; bien est-il vray, que le moindre mescontentement que prendront les Hongrois, ils revont au service de l'Empereur, et tout plain y sont desjà retournez. Mais quelque facilité que le premier Bassa face à la conduicte de ceste guerre, ne fait pas que chacun ne recule d'y aler. Il y a trois qui sont sur le tapis pour en estre les chefz. L'un est Morat Bassa, fort vieux qui a autrefoys faict la guerre en Perse, et a esté longtemps esclave du Roy de Perse ; lequel depuis, a tousiours presque esté employé à la guerre de Hongrie, dont il revient l'an passé[1]; il s'en defend tant qu'il peut, et par sa pauvreté, ne pouvant fournir a la despence necessaire, et pour avoir esté esclave du Roy de Perse, lequel sans doute, l'aura en tel mespris, que son courage et des siens[2] s'en rendra de beaucoup plus fort, et celuy des siens[3] de tant plus abattu. L'autre est Nassin Bassa, qui a la charge de la guerre contre les rebelles de l'Asie ; et, ne doute-on point que celuy ne l'accepte gayement ; estant d'humeur qui ayme plus les grandes charges qu'il ne considère le mal et danger qui luy en peut arriver. On met aussy le fils de Sigale pour ceste charge; il est Bassa de ceste Porte. Il y a longtemps qu'il est à ceste guerre, où il a toujours bien faict. Les gens de guerre de ces quartiers là l'ayment beaucoup, et on luy donne tout plain de bonnes qualitez. Mais outre cela, on craint merveilleusement qu'il ne se révolte, ayant sceu, comme on avoit osté à son père et à luy la charge de la mer (car il en avoit la survivance), et à present encores, comme on l'a traitté icy après la mort de son père. Car le G^d S^gr s'est saisy entièrement de tous ses biens, n'en ayant fait nulle grace à aucun de ses enfants : ayant dit que avant toutes choses, il veut retirer six cens mil sequins, dont le dict Sigale luy estoit redevable. La crainte de ceste révolte faict parler ceux qui le proposent, disant que c'est le seul moyen de le retenir et arrester, et que, voyant l'honneur quon luy fera, il

1. *Murath Bassa* devint premier visir à la fin de l'année 1606. Il remporta de grands succès à l'armée de Hongrie et contre les rebelles de l'Asie. Bordïer nous dit, livre II, chap. 77 : « Murath Bassa était homme très sage et très advisé, ayant esté en la fleur de son âge longuement aux guerres de Perse, où il acquit autant de gloire et réputation qu'homme de son temps, tant durant sa liberté que du temps de son esclavage quy fut de quinze ans de suite : estant destenu, plus pour sa valeur quy estoit redoutable aux Perses, que pour manquemans de moyens et d'amis pour le rachepter. »

2. Son courage et des siens (les Perses).

3. Et celuy des siens (les Turcs).

verra par mesme moyen qu'il ne peut atendre que faveur, avance-
ment, et que tout cela l'encouragera à bien servir. Mais quoy que
ce soit, la plus part croyent que ce sera Nassin qui en aura la
charge ; lequel d'autre costé, pour estre ennemy juré de feu
Zambolat et de sa maison, pourroit bien estre cause que son
nepveu[1] (que j'ay desjà mandé à V. M^té avoir esté confirmé au
gouvernement d'Alep) seroit pour se révolter tout à faict. Voila ce
qui se passe, mais il n'y a rien de resolu ; cependant, on faict
commander à passer en l'Asie, de l'artillerie et autres choses
nécessaires pour ceste armée.

Sire, il m'est arrivé céans un très fascheux desplaisir, le mercredy de la sepmayne sainte, dont toutesfois je suis sorty fort
honorablement, et plus heureusement que l'on ne se pouvoit imaginer ; et, par ce que la chose est d'importance, je suis contraint
d'en importuner les oreilles de Sa Majesté, pour luy en faire
entendre la verité. Il arriva par malheur, que le mesme jour qu'un
vaisseau de Marseille vouloit partir d'icy, on trouva deux esclaves
Allemans de ceux du G^d S^gr à dire[2] avecques le gardien qui estoit
allé avecques eux ; de sorte que l'on imprima pour certain dans
l'esprit du Capitaine de la Mer, que je voulois les faire sauver dans
ce vaisseau ; et l'assuroit-on qu'on les avoit veu venir céans. Cela
fist qu'en dilligence, il envoya arrester le dit vaisseau, et le visiter
très exactement. Et n'y trouvant rien, on emmène le patron et
nocher du dit vaisseau et un passager anglois ; et soudain [il] les
fit mettre à la chaisne, laissant une grande garde au dit vaisseau,
aux despens de noz mariniers. J'en fus adverty, et soudain, je l'ay
été trouver, me plaignant de ceste action, et d'autant plus que,
plus il m'avoit voulu [faire] croire estre mon amy. Il m'en fist
quelque excuse ; me bailla le patron, me priant fort qu'il gardast
encores deux ou trois jours et le nocher et l'anglois ; fist sortir la
garde du vaisseau fors deux hommes. Je m'en remis avecques
cela, n'ayant pu davantage, et luy tesmoignant n'estre pas contant. Le lendemain bon matin, il m'envoya un homme pour me
prier de l'excuser de ce qu'il avoit fait, recognoissant davantage sa
faute, ayant sceu assurément que ces hommes n'estoyent point
céans, et qu'ils estoyent chez le Bayle de Venise : mais qu'il me

1. Il s'agit d'Aly Zamboulat, neveu de Zamboulat, qui lui-même avait été exécuté par ordre de Cigale. (Voir le récit de cette exécution aux *Pièces justificatives*
IV.)
2. *Dire* est mis là dans le sens de *quereller*.

3

prioit infiniment agréer que ces hommes qu'il avoit retenuz demeurassent encores deux jours entre ses mains, et qu'ils recevroyent très bon traitement. Soudain que cest homme fut parti de céans, j'en envoiay advertir le Bayle; et moins de demy heure après, le dit général de la mer les luy envoya demander. Il nya résolument de les avoir; le lendemain, le dit General y envoya encores, le priant de les rendre, et le nya encores; mais, estant pressé et menacé, il s'efroya et les lui bailla. Soudain, le dit general m'envoya ceux du vaisseau françois qu'il retenoit, avecques beaucoup d'excuses, et une permission pour laisser partir le dit vaisseau. Je ressentois quelque douleur de cholique, laquelle augmentant m'empescha d'aler à Tènèbres à l'Eglise, où alèrent les interprètes de céans, et la plus part de mes gens : de fortune, le mal qui me pressoit dans ma chambre, me poussa à sortir dehors dans le jardin, où je n'euz pas fait la moitié de l'alée que je vidz entrer par la porte quelque quinze ou vingts Turcqs; et, me tournant pour apeler un jeune garson de douze ou trèze ans qui parle Turcq et demeure céans, je vois une autre troupe de Turcqs qui vouloit passer par dessus la palissade du jardin; je courus là pour les empescher. A ma venue, ils s'arrestèrent, et, ce garson estant venu, je leur fis défendre d'entreprendre de passer par dessus la palissade; que, s'ilz avoyent à parler à moy, ilz vinsent par la porte qui estoit ouverte, ainsi, ils laissèrent ce desseing et prindrent un autre chemin. Soudain, me doubtant de quelque chose, je vais à ceux qui estoyent entrez par la porte qui estoyent arrestez à un logis que Monsieur de Brèves a fait bastir au haut du jardin. L'Aga de l'Arsenal[1] estoit là qui, me voyant, vint a moy, me faisant quantité d'excuses, d'estre venu ainsy sans m'adviser. Je le priay de me dire [ce] que c'estoit, et laisser ses honnestetéz. Il me dit que ces esclaves que le Bayle avoit renduz, avoyent tué leur gardien, et qu'un de mes gens en estoit consentant. Alors je me plaignis beaucoup, blasmant son indiscrétion et peu de jugement, de n'avoir pas considéré que c'estoit donner moyen à ce vallet de se sauver, et me donner desplaisir de ne le pouvoir pas faire pugnir. Il me dit que je ne m'en fachasse point, qu'il scavoit où il estoit, et qu'il me le feroit voir, tout astheure. Je montre estre bien ayse de cela, m'en vais pour le voir; il me montre une

---

1. L'Aga ou capitaine de l'Arsenal est l'officier qui remplace le général de mer lorsque celui-ci s'absente.

fosse dans la terre où il me disoit qu'il estoit, et où il avoit fait entrer quelqu'un des siens durant cela. Je vois tirer de là dedans le corps mort de ce gardien. Un tel effroy en prist aux Jannissaires de céans, qu'ils s'enfuyrent tous; ilz emportent cependant le corps mort. Tout le monde s'assembloit par les rues. Dieu sçait comme ils parloyent de ceste maison et de moy; et tous mes amys estoient aussy effroyéz que s'ils eussent veu ma ruyne; et la plus part craignant de se trouver embarrasséz en ce fascheux accident, n'ozoyent ny me voir, ny envoyer à moy. La nuit vint; et nos interprètes et mes gens revinrent, et la frayeur en augmentoit. Ce qui me faschoit le plus, estoit trouver ce valet à dire, lequel estoit Alemand et servoit un Gentilhomme Aleman que je menay icy, partant de Paris[1]. J'en fis une si forte et si vive inquisition que je sceuz qu'il s'en estoit fuy à Constantinople, sceuz la maison où il estoit. J'envoiay, dès avant jour, pour le trouver et m'en alai trouver le dit Capitaine de la mer.

Je me plains à luy de l'indiscrétion de l'aga, et de luy de ne l'avoir adverty de ce qu'il devoit faire; que cest homme échappé pourroit faire que quelque canaille me blasmeroit, et que ceste maison de V. M[té] resteroit tachée de ce meurtre; que j'avois sceu que ce coquin estoit passé à Constantinople; que j'avois quelque lumière du lieu où il estoit; mais non telle que je puisse avoir ce contentement d'être assuré de l'avoyr entre mes mains. Il me montra infiniment désirer pour l'amour de moy que je le trouvasse, et me faisoit demonstration de quelque peril, ne le trouvant point. Je l'accusois si cela arrivoit. Et, estant presque certain de le trouver, je luy dis que je desirois en faire la pugnition au logis. Il me dit que cela ne se pouvoit, qu'il falloit que je l'envoyasse au Divan. Je disois ma jurisdiction; et contestâmes longtemps, sans que je le puisse plier à ce que je desirois. Il me dit à la fin que le premier vizir et autres Bassas se trouveroyent ce matin à l'Arsenal, et que là, on ordoneroit ce qui s'en feroit. Ainsy, je le laissay, et, m'en revenant, je sceuz que l'on avoit atrapé ce valet, et qu'il estoit au logis. Sans y retourner, je me résoluz d'aler à l'Arsenal, et sceuz comme le vizir avoit envoyé à mon logis pour parler à moi, et mandé à l'Ambassadeur

1. Ce valet s'appelait: Ozéas Halla. (Voir le voyage de Salignac, livre I, chap. 5.) Le sieur d'Angusse nous dit dans son journal : « Le vingt quatriesme mars, Monsieur l'Ambassadeur fit pendre un Allemand nommé *Ozéa hala* de Francfort. Il estoit serviteur d'un gentilhomme Allemand nommé M[r] d'Echelin. »

d'Angleterre et au Bayle de se trouver à l'Arsenal ce matin. Le dit Ambassadeur y alla soudain, et le Bayle me demanda pour y venir quant à moi[1] ; ce que nous fismes. Le Vizir, les Bassas et le Capitaine de la mer estoyent en plain Divan, où il y avoit plus de deux mille personnes, et où l'on avoit porté le dit corps mort. Là fusmes nous apeléz le Bayle et moy ; et, l'Ambassadeur Anglois demeura dans une petite chambre à part, s'excusant à se présenter, ayant commandement de son Maistre de ne point quitter la préséance[2], et ne desirant point entrer en disputte avecques moy. Estant assis, le premier vizir commença un discours assez hautain contre nous. Je le cognus à sa façon, et ayant sceu de l'interprete Olivier comme il commençoit, je luy rompis la parole, luy disant que je ne scavois ou s'il se moquoit, ou s'il ne scavoit ce que je representois icy ; que s'il continuoit, je ne respondrois à un langage si mal pensé ; qu'au reste, on ne pourroit m'accuser de rien à quoy je ne sceusse bien respondre, estant asseuré de la justice de mes actions, mais que je desirois que l'on parlast à moy comme il falloit, et non autrement. Le Vizir se recognust soudain, et commença a rabiller son langage, et à me prier de ne m'en point ofencer, et se teust. Je commencay à me plaindre de ceux qui estoyent venuz à mon logis, dont l'indiscrétion avoit fait sauver ce valet, accusé d'avoir consenty à ce meurtre ; que je ressentois tellement ce desplaisir que je demandois que l'on m'en fist raison. Le Vizir et les Bassas se regardoyent l'un l'autre, lorsque le géné-

1. *Quant à moy* : avec moi.
2. Les instructions données au baron de Salignac, au moment de partir pour la Turquie lui enjoignaient de conserver la préséance sur tous les autres ambassadeurs. L'article 27 des Capitulations accordées à la France en 1604 était ainsi conçu : « *Et pour autant qu'iceluy Empereur de France est entre tous les Roys et Princes Chrestiens, le plus noble et de la plus haute famille et le plus fort amy que nos ayeux ayent acquis entre les dicts Roys et Princes de la croyance de Jesus et comme le tesmoignent les effects de sa sincère amitié. En considération de ce, nous voulons et commandons que son Ambassadeur, qui réside à notre heureuse Porte, ayt la préséance sur l'Ambassadeur d'Espagne et sur ceux des autres Roys et Princes, soit en nostre Divan public ou autres lieux où ils se pourront rencontrer.* »
Le prestige de la puissance et des honneurs avait la plus grande influence sur l'esprit des Turcs, et l'Angleterre, pour se faire valoir à Constantinople, ne craignait pas de s'attribuer des royautés et des titres tout à fait imaginaires. Le s[r] d'Angusse nous rapporte dans son *Journal* qu'en janvier 1606, « le roi d'Angleterre escrivant au G[d] S[gr] pour la liberté du s[r] Charlay quy estoit prisonnier aux *Sept Tours*, prend les titres suivants : « *Jacobus Dei optimi conditoris et rectoris. unici de mentiá magnae Britanniae, Franciae et Hibernae Rex : Verus fidei contra omnes idolatras falso Christi nomen profitentes invictus et potentissimus propugnator.* »

ral de la mer, en riant, me dit : à quoy servoit tout cela puisque
j'avois en ma puissance cest homme. Je luy dis que le desplaisir,
et cholère que j'avois en le trouvant à dire, me duroit encores ; et
que, l'avoir trouvé n'empeschoit pas que je n'eusse occasion de
me douloir de ceux qui avoyent fait ce qu'ils avoyent peu pour le
faire sauver. Lors le Vizir et Bassas commencèrent à tesmoigner
du plaisir de quoi je l'avois ; et le Vizir me dit pourquoi je ne
l'avois pas mené. Je luy dis, que s'estoit, parce qu'ayant fait une
telle faute au logis de V. M^{té}, je voulois que la pugnition en fut
faite là et par moy, afin que chacun sceust que moy et non eux le
faisoit pugnir. Que s'estoit de ma jurisdiction, que je ne la perdrois
point. Ilz respondirent que ceste jurisdiction n'estoit qu'en cas que
ce fust entre deux chrestiens ; mais que l'un de ceux-cy et le mort
estoit Turcq, que la jurisdiction estoit leur. Je replicque encores ;
et eux voyans que leurs raisons n'estoyent pas si fortes que les
myennes, ilz me dirent que, sans tant de dispute, il falloit le faire
venir. Je leur dis que je n'en ferois rien de bonne volonté ; qu'ils
avoyent la force pour le faire ; mais que je croiys qu'ilz y pense-
roient bien, avant que faire force à un Ambassadeur de V. M^{té} ; et,
qu'ayant reçu un tel outrage, veu et sceu de tous, je voulois aussy
que tous sceussent comme j'en aurois uzé ; que ce malheureux
arrivant devant eux pourroit se sauver, disant qu'il se vouloit faire
Turcq ; mais qu'ils ne penssassent pas que je ne le voulusse laisser sortir de céans, afin qu'il ne fust pas examiné ; qu'ils
envoyassent pour l'interroger, qu'ils s'aydassent du baston, des
cordes et du fer pour le faire parler, que tout m'agréeoit ; mais que
cela se fist chez moi, et que sa pugnition ne peut estre donnée à autre
qu'à moy. Le Vizir voyant ma resolution, se mit à attaquer le
Bayle de Venise par des paroles fort rigoureuses contre la Seigneurie de Venise, et en particulier contre luy. Lequel respond
quelque chose sur la souveraineté de la S^{ie} de Venise « qui ne
recognoist que Dieu seul ». Cela l'irrita davantage, de sorte que ce
langage alla sy avant, qu'il me sembla que je debvois tascher de
le rompre, bien que le dit Bayle n'eust sonné mot, tant qu'on
parla à moy. Ce que je fis, luy disant que le lieu où nous estions,
où il y avoit tant de personnes, n'estoit pas propre à ces disputes ;
qu'il valoit mieux les laisser, ou pour le moins les remettre à un
autre lieu : Ce que le Vizir fist, ce dit-il, « pour l'amour de moy : »
et tout d'un trait : « que puisque je voulois faire faire la pugnition
de ce valet, il en estoit content, et s'en remettoit à moy. » Je l'en

remerciay et priay envoyer quelqu'un pour l'interroger, et envoyer les esclaves qui l'accusoient afin de les confronter, et de n'oublier point d'envoyer quand et quand un bourreau. Ainsy se rompist ce divan, et chascun sen revint chez soi. On me vouloit faire donner aux parens du mort, pour apaiser leurs crieries; mais, je ne le voulus pas, ne le trouvant nullement à propos. Je n'euz pas achevé de disner que l'Aga de l'arsenal m'ameyne les esclaves et un bourreau. Je fiz confronter avec eux ce miserable, et confessèrent : comme avant aler chez le Bayle, ilz èstoyent venuz céans, aydéz et cachéz de lui ; et ensemble la nuyt, l'avoient tué céans et enterré au lieu ou l'on avoit trouvé le corps, et après, s'estoyent aler retirer chez le Baile. Cela ouy, il fust selon les solempnitez accoustumées icy, condamné à la mort, et le fis mettre ès mains du bourreau pour l'aler faire pendre à la porte de céans, priant le dit Aga de le vou·loir interroger et examiner paravant ; ce qu'il ne voulust point faire. Ainsi Dieu mercy, je suis sorty de ce malheureux accident, et avecques tant de benedictions de tout le monde, qu'il ne se peut dire davantage[1]. Le lendemain le Bayle de Venise m'est venu prier de vouloir voir le premier Bassa, et faire ce bon office à la seigneurie de Venise, de l'apaiser; que c'est un ofice qu'elle ne peut attendre que de l'Ambassadeur de V. M[té], laquelle elle ne faudra d'en remercier. Je creuz que V. M[té] l'auroit agréable ; cela me l'a faict faire, et de sorte qu'encores que je l'aye recogneu très animé, sy, m'a il promis n'en faire semblant au Bayle de Venize : ains pour l'amour de moy, qu'il taschera d'adoucir ce qu'il avoit aigry. Je m'asseure qu'il le fera ; et le dict Bayle de Venize à qui je l'ai redit, en a un contentement extrême et l'ira voir ; ce qu'il n'osoit en façon du monde. Il y a desja longtemps qu'il me semble que, sy ces gens estoyent un peu moins pressez d'affaires, ils aguasseroient la dicte S[ie] de Venize. Cecy me confirme bien ceste opinion. Mais d'autre part, je croy que c'est le premier Bassa et le general de mer qui ont seulement ceste fantaisie. Leur autorité et pouvoir changent si souvent icy, que cela est bien aysé à changer aussy, et puis l'argent ne manquera pour les ruiner ou pour les adoucir, la Seigneurie de Venise estant très liberalle à telle chose.

Sire, bien que je suplie très humblement V. M[té] d'excuser la

---

1. Dans la lettre inédite d'Henri IV à l'ambassadeur en date du 21 mai 1606, que nous publions plus loin, nous voyons que le roi félicite le baron de Salignac de la conduite qu'il tint en cette circonstance.

longueur de ceste lectre, sy, oseray-je l'alonger pour luy dire,
comme ces soldatz françois qui servent ce Seigneur[1] sont venuz
icy avecques le Vizir. Ilz sont deux cens; mais, outre six vingts
françois, les autres sont Alemans ou Italiens, ilz sont entrés à
Constantinople, leurs enseignes déployées, et sont aléz faire faire
une salve devant le Sérail. On les a logez dans Constantinople,
où seulz parmy tant de divers peuples qu'il y a, ilz portent l'espée ;
et ainsy vont, et au logis du Vizir, et par la ville, faisans tousjours quelque insolence, de quoy on ne leur sonne mot. S'ilz
estoient en plus grand nombre et eussent quelques capitaines à
qui ilz obéissent, ilz seroient honoréz et très bien traitez ; mais
ils en changent tous les ans, et leurs capitaines sont tellement
acoustuméz, que ceux qui le sont aujourd'huy ne se scandalisent
gueres de ne durer en ceste charge huict jours, se remetans à
estre soldatz comme paravant et obéir aux autres capitaines ; de
sorte qu'il ne tardera guères que tous ne se puissent vanter d'avoir
esté, et capitaine et Colonel. Je voy que tout cela périra icy ; et
à mon advis, ilz sont telz que en quelque part qu'ilz fussent, ilz
ne pourroient faire quelque bonne fin ; et est venu avec eux ung
soldat de Beaucaire nommé Palier qui est grand pétardier et a
d'assez beaux secrets tant pour la poudre et choses de feu qu'autres.
Après la prise d'Ostende[2], il s'en ala trouver le grand duc de
Toscane[3] et ce fust luy qui sur les gallères de son Altesse, pétarda
la Péruse ; et à son retour de là, fust en Hongrie où il fust bien
reçeu d'abordée, mais enfin par quelque soubçon, fust mis en
prison à Vienne, dont il se sauva miraculeusement. Il est venu
céans, ne voulant demeurer avecques ceste compagnie ; et me semblant aussy qu'il n'est bon qu'il y soit, et estant capable de faire
quelque bon service. Je l'ay retiré tout nud, et si misérable que
c'est pitié. Il me trompe fort Sire, ou il mérite d'estre entretenu
atendant l'occasion de l'employer. S'il plaist à V. M[té] se faire
enquérir de luy, je le guarderay jusques à la responce de ceste cy ;
il a esté avec M. de Guise, et luy proposa la prise de Morgues, de
quoy il se tenoit très assuré ; il est à mon advis, bien hazardeux
pour entrer dans une place pour la recognoistre, et a l'esprit tout

1. Bordier nous a fait (livre IV, chap. 10) l'historique de ce régiment ; nous en
donnons quelques extraits aux *Pièces justificatives* V.
2. *Ostende*, à 19 kilom. O. de Bruges sur la mer du Nord, soutint en 1601,
contre Spinola et les Espagnols, un siège mémorable qui dura 3 ans.
3. *Ferdinand Ier de Médicis*, grand duc de Toscane, de 1587 à 1609.

porté à des inventions pour les pouvoir prendre, et meurt d'envie de faire quelque chose. Monsieur de Peraux[1] le cognoist ce dit-il; il me semble tel, qu'il n'est bon de le laisser courir, car il pouroit bien estre gagné à faire du mal, estant misérable comme il est, d'esprit actif, et désireux d'estre employé, et n'ayant pas les autres qualitez qui luy aprènent ce qu'il doibt seulement vouloir. J'atendz avecques dévotion les nouvelles de l'acouchement de la Reyne, priant et faisant prier Dieu par tout icy pour le rendre heureux et au contentement de V. M[té] et sien, qui sera celuy de ses subjects, etc.

SALAGNAC.

1606 (25 AVRIL).

Lettre inédite (minute). Biblioth. nat[le]. Fr. 16145, fol. 28.

LE ROI AU B[on] DE SALAGNAC

SOMMAIRE : Henri IV désire savoir si le roi de Perse a profité de sa victoire contre les Turcs. — Paix conclue entre Botskay et l'Empereur. — Le Roi s'étonne de l'apathie de l'Empereur. — Le Roi d'Espagne prépare une flotte contre les Turcs. — Plaintes contre les Corsaires de Barbarie. — Le duc de Bouillon est rentré dans le devoir.

Monsr le baron de Salagnac.

J'ay veu par vos lettres du sixiesme Janvier et m'avez confirmé par celles du xi[e] du dit mois[2] la signalée victoire obtenue par le Persien contre le Sigale, et remarquable tant pour le nombre des morts que pour le grand attirail d'artillerie et autre suite et équipage qui y est demeuré. Je ne doubte point que cela n'ayt mis en arrière les affaires du G[d] S[gr], d'ailleurs jà assez descousues; mais j'auray à plaisir de sçavoir par vous si le dit Persien aura peu se servir à propos de l'heureux succèz de ses armes et s'il aura poursuivy sa pointe avec autant d'ardeur et de bonne conduite que la fortune luy en a présenté d'occasion; car ce sont des oportunités qu'à peine un siècle entier peult faire naistre; lesquelles si elles ne sont embrassées et mesnagées avec prudence,

---

1. *Humbert de Perault,* S[gr] de Montrevost, Chev[er] des Ordres du Roi, Gouverneur des Ville et C[té] de Mâcon. (Dict[re] de La Chesnaye des Bois.)

2. Voir ces lettres plus haut.

rendent les travaux d'un long temps infructueux ; et souvent la négligence ou mespris d'icelles donnent courage à l'ennemy et pareillement le moyen de regagner l'advantage qu'il avoit perdu. L'esprit et la générosité que vous me mandez estre en ce roy de Perse, me fait croire qu'il en usera autrement. L'empereur a fait la paix avec les rebelles d'Hongrie[1] ; et par icelle le Boskai qui estoit leur chef est demeuré prince de la Transilvanie et d'une partie de la dite Hongrie, en quoy il me semble que sa condition n'est pas empirée. Celle d'avec les Turcz[2] s'advance tousjours ; et s'il est ainsy, comme il y a apparence qu'ilz la désirent par delà, j'ay opinion qu'on en tombera bientost d'accord ; car je ne voy pas que pour ceste grande deffaite du dit Sigale et pour autres désordres et confusions qui règnent en plusieurs endroitz de l'empire du Gd Sgr, que l'Empereur et les autres princes d'Allemagne qui y sont les plus intéressez s'en eschauffent davantage. Je ne sçay toutesfois quelz plus piquans esguillons ilz attendent, pour les réveiller d'un si profond endormissement, que les pertes qu'ilz ont reçeues ces dernières années, non moins honteuses à leur particulier que désavantageuses à toute la Chrestienté ; avec ceste belle occasion qui se vient présenter à eulx, ou pour les accuser d'une extresme fénéantise s'ilz ne s'en esmeuvent, ou bien pour leur rendre avec honneur et advantage, s'ilz l'embrassent, ce qu'ilz n'ont peu conserver et deffendre avec force et courage. L'on m'a mandé que le Roy d'Espagne arme par mer, sur ce qu'il a entendu que ce Gd Sgr en faisoit autant de son costé. Ilz ont si mal traitté en Algier le consul qui y estoit par mon commandement, qu'ilz l'ont contrainct d'abandonner la place ; en laquelle celuy qui est de présent, exerce cependant la charge jusques à ce qu'il y soit pourveu d'un autre. Moissac m'a escript qu'ilz ne luy ont point voulu permettre de rebastir le bastion de France, mais seulement d'y restablir ses affaires ; et qu'il est bien empesché de tirer raison de ces gens-là. Il adjouste qu'ilz usent de grande insolence envers les marchans de mon royaume qui y vont traffiquer, et qu'ilz font peu d'estat des commandementz qu'ilz reçoivent du Gd Sgr pour la restitution des esclaves françois et des marchandises qu'ilz preignent sans aucune cause

1. L'Empereur était entré en négociations avec Botskai; mais celui-ci réclamait des avantages si considérables que la paix ne put être conclue. Elle ne se fit qu'en septembre 1606.
2. *La paix entre l'Empereur et les Turcs.*

légitime ; ce que continuant, je seray contraint d'y pourvoir, ainsy que je jugeray plus à propos pour le soulagement de mes subjectz et la liberté du commerce. Quand le Sr de Brèves sera de retour auprès de moy, j'adviseray de faire avec luy sur ce que demandez en sorte qu'ayez occasion d'en estre contant[1]. Le duc de Bouillon, qui de Sedan m'avoit accompagné à Mouson, et de là s'en estoit retourné en la dite place pour donner ordre à ses affaires particulières, est arrivé aujourd'huy en ce lieu, avec dessain de réparer le passé par les services qu'il me promet de me rendre à l'advenir, et de me suivre d'ordinaire partout, et de mériter mes bonnes grâces par tous les moyens desquelz il se pourra adviser. Je feray aussy qu'il aura occasion de persévérer en ceste volonté, par les effectz que je luy feray paroistre de ma bienveillance, ainsy qu'useray tousjours à l'endroit de ceulx qui par leurs actions s'en renderont dignes, etc.

1606 (2 MAI).

Orig. fol. 30.

A M. DE VILLEROY

SOMMAIRE : Naissance de Madame Christine de France. — Election d'un Roi des Romains. — Desseins du Ier Bassa contre les Rebelles.

Monsieur, J'ay sceu l'acouchement heureux de la Reyne, d'une fille[2]. Le Roy nous donnera un filz, Dieu aydant, dans l'année prochaine. Je n'ay rien à adjouster de nouveau. Ceste année prépare beaucoup de choses par tout. Un bruit court icy de leslection du duc de Bavière pour Roy des Romains[3]; mais ne le sachant

1. Le Roi veut parler des frais dont l'ambassadeur avait réclamé le paiement. (Voir la note 1 de la page 23.)

2. *Christine*, née le 10 février 1606, épousa en 1619 Victor-Amédée, duc de Savoie, et mourut le 27 décembre 1663.

A l'occasion de cette naissance et pour consoler la Reine de n'avoir pas mis au monde un garçon, le Roi voulut qu'on fît des réjouissances publiques. Le Mercure français, tome I, page 99, nous décrit tous les curieux détails d'un ballet à cheval ou Carrousel donné à cette occasion au Louvre par la noblesse et en présence de la Cour.

3. On sait que l'Empire d'Allemagne était électif. Mais pour assurer l'hérédité de la couronne dans leur maison, les empereurs faisaient couronner leurs successeurs de leur vivant ; l'héritier présomptif prenait alors le titre de *Roi des Romains*.

Au moment où écrit l'ambassadeur, les cours de l'Europe étaient très préoccu-

d'Italye ny d'ailleurs, je n'y ay point de foy. Les Polonais affligez des domages qu'ils reçoivent des Tartares, ont armé des hommes pour s'y opposer ; leur ambassadeur vient icy pour le leur faire trouver bon. Leurs affaires[1] sont en estat qu'ils ne voudront à mon advis irriter personne. Un nouveau rebelle nommé Cure Amorat commance à faire parler de lui et oster le nom de Thanild. Je croy que le principal effect du premier Bassa sera contre eulx, et qu'il ne passera point plus avant en Perse. Quoy que ce soit, c'est son dessein qu'il taschera de faire trouver bon, il l'a dict. Ils craignent tous ce Persien qui prend tous les jours plus grande réputation, etc.

SALAGNAC

1606 (10 MAI).

Lettre inédite (minute). Biblioth. nat^{le}. Fr. 16145 fol. 32.

LE ROI AU Bᵒⁿ DE SALIGNAC

SOMMAIRE : L'empereur est disposé à faire la paix avec les Turcs. — Le Roi demande des détails sur les choses de Turquie. — L'Espagne arme sa flotte contre les Turcs. — Henri IV se réjouit du repos que lui procure la paix.

Monsr de Salignac[2].

Je ne voy pas, par vostre lettre du XIIIIe mars que j'ay receue le 6e du présent, que les affaires de ce Seigneur se conduisent avec plus de soin et de prudence qu'elles ont esté jusques icy, pour les

pées de cette élection. L'avis d'Henri IV était fort recherché, et nous trouvons dans deux lettres qu'il écrit à M. de Beaumont, son ambassadeur en Angleterre, son sentiment sur les candidatures proposées : « La Germanie, dit-il, a faulte de Princes propres pour estre préférés et promus à ceste dignité, et combien que la Maison d'Autriche en soit aussi dépourvue que nulle autre, toutefois la commodité et l'advantage que leur donne les pays qu'ils possèdent, les rendent pour ce regard plus recommandables que les autres. Le duc de Bavière, Maximilien, est bon et vertueux Prince, qui pourroit y estre porté de l'Eslecteur Palatin, comme estant de sa maison et de son oncle l'eslecteur de Cologne ; mais je doute de la volonté des autres eslecteurs en sa faveur ; car il est Prince sans expérience des armes, et il n'a les reins si puissants que ceux de la Maison d'Autriche. Il est certain que les Espagnols y porteront s'ils peuvent, ou l'Archiduc (Albert), ou Ferdinand, beau-père de leur Roy. Il me semble que nous ne devons désirer l'un ny l'autre..... Ainsi j'estime que Mathias ou Maximilien, frères de l'Empereur, doivent estre préférés aux autres de la dicte Maison... (Voir Lettres missives, par Berger de Xivrey, t. VI, p. 520.)

1. Les affaires des Turcs.

2. Voir plus haut la lettre de Salignac au Roi datée du 14 mars 1606.

grandes pertes qu'il a faites en divers endroitz, par imprudence,
et faute de gens qui sceussent se servir à propos de ses forces et
de sa puissance; de sorte qu'il a occasion de désirer la continuation des divisions et partialitéz de la Chrestienté pour s'oster l'appréhension de ses armes, qui maintenant se pouroient tourner
assez commodément à son désadvantage; car il n'a pas besoin
d'avoir de nouveaux ennemys, estant assez empesché à contenir
ses subjectz en son obéissance et à se deffendre contre le Persien;
lequel, s'il n'y prend garde, tirera plus de proffit de la victoire qu'il
a obtenu contre luy, qu'il n'apportera de son costé de prévoyance
et d'ordre à ses affaires, du dommage qu'il en a reçeu. J'ay opinion qu'il sera deslivré de la crainte de la guerre d'Hongrie,
estant l'Empereur, autant désireux et disposé que luy à la paix et
peult estre autant nécessité, pour le mesme manquement de chefz
que vous dites estre parmy eux. L'on continue tousjours à en
traitter, et croit-on que l'issue s'en verra bientost, telle que l'une
et l'autre partie désire; ce qui estant, il fera ses effortz beaucoup
plus puissans contre les rebelles d'Asie, que vous m'escrivez se
préparer aussy plus que jamais à l'endomager; lesquelz il n'y a
pas aparence les pouvoir longuement soustenir, s'ilz ne sont puissamment assistéz du dit Persien, ou que la guerre qui se fera
contre luy, ne destourne l'orage de dessus leurs testes. Je seray
bien aise d'estre adverty par vous du succès de toutes choses, tant
pour le regard du dit Persien que des dits rebelles. L'on verra si
ce S^gr sera plus heureux aux exploits de son armée de mer qu'il
n'a esté en ceulx de terre. Le roy d'Espagne sur le bruit de la dite
armée navale, a voulu aussy armer ses galères en Italie. Je ne sçay
si ilz seront suffisants pour empescher les effectz de l'autre, ou s'il
a quelque dessain ailleurs. Il ne tardera guères que nous ne
voyóns à quoy elle sera employée. Je vous ay mandé ce qui s'est
passé en mon voyage de Sedan, duquel je suis maintenant de
retour et venu en ce lieu, pour y jouyr du repos que je me suis
acquis, en prenant doresnavant mon plaisir en mes jardins et en
mes chasses; toutes choses, grâces à Dieu, estant paisibles en
mon Royaume pour le présent; lesquelles j'espère maintenir de
telle sorte par ma vigilance et la sollicitude que je continueray à
y apporter, que selon les apparences, l'on n'aura point d'occasion
de prévoir et appréhender d'aucune part, du mal à l'advenir, etc...

1606 (21 MAI).

Lettre inédite (minute). Biblioth. nat¹. Fr. 16145, fol. 34.

LE ROI AU Bᵒⁿ DE SALAGNAC

SOMMAIRE : *Henri IV félicite M. de Salignac de son énergique attitude dans l'affaire d'Ozéas Halla. — Justes réflexions à propos de l'artificier Palier. — Le roi intervient dans le différend entre le Pape et Venise. — Les Hongrois qui avaient traité avec l'empereur reprennent les armes. — Difficultés pour l'élection d'un Roi des Romains. — Réflexions du roi sur la politique étrangère.*

Monsʳ de Salagnac.

Voz deux lettres du XXIXᵉ du mois de mars reçeues le XVᵉ du présent m'ont apris l'arrivée à Constantinople du premier Vizir, la mort du Cygalle, ce qui s'en est ensuivy, les conseilz qu'a donnéz le dit premier Bassa à ce sultan, et l'espérance qu'il a de profiter ceste année en Hongrie comme il a faict la dernière, et pareillement la continuation de leurs préparratifz par mer, le jugement que vous faictes du général d'icelle, la façon de laquelle vit par delà le reste des François qui est à leur service, et finallement la bourrasque que vous avez soustenue de laquelle j'ay eu à plaisir de sçavoir que vous soyez sorty si honorablement que vous avez faict[1]. Je vous sçay bon gré aussy des bons offices que vous avez faictz au bayle de Venize, et d'aultant plus qu'estant à présent cette seigneurie, affligée du costé de Rome, par un différend survenu entre le Pape et ce Sénat, je ne désire pas l'abandonner au besoing qu'elle aura de mon autorité et de vostre créance où vous estes[2]. Quand à ce soldat de Beaucaire nommé Pallier duquel il est faict mention en vostre dernière lettre, il n'y a pour le présent personne auprès de moi qui le cognoisse ; mais puisqu'il a en si peu de temps changé tant de sortes de parties et servy tant de maistres, comme j'ay apris par vostre dite lettre, je n'estime point qu'il soit besoin

1. Voir la lettre du baron de Salignac en date du 29 mars 1606.
2. La République de Venise ayant rendu un certain nombre de décrets que le pape jugeait contraires aux juridictions ecclésiastiques, une excommunication fut lancée par le Saint-Père contre cet Etat, et son territoire mis en interdit. De part et d'autre, on se disposait à prendre les armes, et les puissances étrangères étaient prêtes à soutenir l'un ou l'autre parti. Une nouvelle guerre religieuse allait ensanglanter l'Italie. Henri IV s'interposa et envoya à Rome le cardinal de Joyeuse. Une année entière se passa en négociations dont le roi lui-même voulut conserver la direction générale. Enfin un accommodement put s'établir sur les bases de concessions mutuelles, et la paix fut maintenue.

de se mectre en grand peyne de l'arrester, quelque expérience et vivacité d'esprit qu'il ayt; car ordinairement, tels coureurs s'estudient plus à tromper qu'à bien servir. Au reste vous sçavez que les révoltéz de Hongrie (lesquelz avoient convenu avec les députéz de l'Empereur des conditions et articles d'un accord) font contenance maintenant de n'avoir volonté de l'acomplir, voyant que la noblesse d'Austriche a commancé à s'esmouvoir pour rentrer en la jouissance de l'exercice de la religion nouvelle, dont ils avoient esté privéz depuis la mort de l'empereur Maximilian[1]. L'on estime aussy qu'ilz ne veulent traicter sans les Turcqs, tellement que si l'Empereur ne contante ces derniers, il..... difficilement les autres. Le pis est que l'Empereur n'est aucunement préparé à faire la guerre, mal contant et offencé mesmes contre ceux de sa maison, de quoi ilz veulent le contraindre d'eslire un roy des Romains, ayant jà obtenu un consentement des ellecteurs pour la convocation et tenue d'une diette impériale. Toutesfois si l'Empereur refuse de s'y trouver en personne comme l'on dict qu'il fera, les dits ellecteurs n'y comparoistront aussy que par leurs députéz: auquel cas il ne s'y résoudra rien d'importance, tous les princes de l'empire estans en très mauvaise intelligence avec le dit Empereur, et l'Empereur avec eux et principallement avec les protestans; lesquelz refusent les contributions ordinaires qu'ilz souloyent payer pour la guerre, à cause du prétexte de la religion; duquel le Bostkay et ses partisans se servent tellement que les affaires ne furent jamais en plus grande confusion qu'elles sont, ny plus mal préparées et dispersées pour soubztenir la guerre : de manière que les Turcqz obtiendront la paix facilement, à telles conditions quasi qu'il leur plaira, s'ilz prennent résolution de la faire ; mais il est fort à craindre que, recognoissant la débilité et faiblesse de l'Empereur, s'ilz sont asseuréz de la foy des ditz révoltéz, ilz veulent continuer la guerre et profiter des occasions qui se présentent à leur advantage ; car le roy de Pologne ny le duc de Moscovie, encores qu'ilz soient en bonne intelligence, ne s'en formaliseront : le premier est trop mal obéy de ses subjectz et mesmes par ceux qui font profession de la religion nouvelle; outre cela, il a la querelle de Suède sur les bras contre son oncle : et

---

1. *Maximilien II,* fils de l'empereur Frédéric I, succède à son père sur le trône impérial en 1564. Il mourut en 1576. Il était fort tolérant, et inclinait même vers le protestantisme.

quand à l'autre, il est trop freschement installé en son estat, pour s'engager en une si haulte entreprise [1]. Le roy d'Espagne aussy a trop d'affaires ailleurs pour secourir comme il convient la frontière de Hongrie ; et la susdite querelle qui est entre le pape et les dits Vénitiens, y est fort contraire ; tellement que si les Turcqz se mettent sur la deffensive du costé de Perse, et tournent toute leur puissance sur la Hongrie suivant le conseil du premier Bassa, sans doubte ilz y feront un grand progrès au préjudice de la chrestienté qui n'a besoin de cela.

Je prie Dieu, etc...

1606 (22 mai).

Orig. fol. 36.

AU ROY.

SOMMAIRE : *Le premier Bassa Mehemet prend le commandement de l'armée contre la Perse. — Difficultés de cette campagne. — On craint une révolte d'Aly Zambolat. — Condition de la paix entre l'Empereur et Botskay. — Entre l'Empereur et les Turcs. — Animosité du général de mer Dervis contre les Vénitiens. — Son amitié pour M. de Salignac. — L'ambassadeur choisi pour arbitre entre Venise et Raguse. — Mission de M. de Brèves en Barbarie. — Affaire du duc de Bouillon. — M. de Salignac intercède en sa faveur. — Réclamations des Marseillais contre le droit de 2 0/0. — Dépenses nécessitées par leur commerce. — Dervis Bassa est nommé premier Visir.*

Sire, je receuz hier tout tard les deux lettres de V. M[té], une du premier et l'autre du XIXe de Mars. C'est ordinaire tardant à venir plus longuement que de coustume, me tenoit en peine ; car les Vénitiens n'ont accoustumé ce retardement que pour quelque occasion nouvelle. Je n'ay failly d'advertir V. M[té] de tout ce qui se passe, et mes lettres se suivent l'une l'autre de quinze a dixhuict jours ; elle aura sceu par elles la mort du Sigale en Perse et le long temps que l'on a mis à prendre une résolution de celuy que l'on y envoyeroit commander : la mienne dernière du segond

---

1. En 1604, une révolution éclata en Suède où régnait Sigismond III, roi de Pologne. Sous prétexte que ce prince voulait rétablir la religion catholique dans ses Etats, le duc Charles de Sudermanie, son oncle, fomenta les troubles, et après une guerre qui tourna à son avantage, il fit déposer son neveu pour se faire élire lui-même roi de Suède. Sigismond, réfugié dans son royaume de Pologne, remporta ensuite de grands succès en Livonie contre le nouveau roi de Suède, qui fut alors forcé de regagner ses Etats. Sigismond s'allia étroitement avec Demetrius de Moscovie, et l'aida à conquérir le trône de Moscovie, comme nous l'avons vu plus haut.

de ce mois vous aura dict qu'enfin ce sera le premier Bassa, malgré toutes les ruses dont il s'est peu servir pour s'en empescher.
Depuis ceste resolution, il a presque toujours esté malade. Assez
de gens disent qu'il faict son mal plus grand, pour voir si le
temps luy donneroit quelque moyen pour le depestrer de ce voiage
qu'il faict à grand regret. Ses pavillons sont desja tenduz du côté
de l'Asie; qui est la coustume d'icy pour faire estre tous pretz à
ceux qui sont destinez pour son armée. Je croy certainement qu'il
passera ceste saison à nettoier l'Asie, des rebelles, (ainsy me l'a-
il dict), taschant à me faire trouver bon son dessein [1]. Mais je
croy bien qu'il craint infiniment de s'accoster de l'armée de
Perse, et qu'il desire estre mieux informé de sa force et de l'ordre
qu'elle tient; joint que la nécessité extrême, qui est en ceste frontière là, l'estonne et tous ceux qui vont avec luy. Il faudra y faire
aller de bien loing tout ce qui s'y mandera, et sur des chameaux
et des muletz n'y ayant ny mer, ny rivière qui luy puisse servir
pour cela. Ceste nécessité fera, par mon advis, que Van et Revan [2],
ou tous autres places de la frontière tenues par ce G^d S^{gr}, se
randront, estant maintenant assiégées toutes à la fois de l'armée
Persienne, qui empêche que nul secours de vivres y puisse entrer :
si cela arrive, le voila avant en pays, et donnera bien de la
peyne à Babilone, s'il marche de ce costé là. Mais il pourroit bien
pour plus de reputation, marcher vers la Mecque [3]; et encore
Aly [4] qui commande en Alep peut faire croire qu'il pourroit bien
tourner de ce costé là, s'il continue à vouloir se maintenir
par force au gouvernement de la ditte place. J'ay desja faict
entendre qu'il est nepveu de Jambolat que le Sigale fist estrangler
après avoir perdu la dernière bataille, se plaignant de son retardement à le venir trouver, et que s'il fust venu de bonne heure,
la chose fust autrement; dès lors, on disposa du dit gouvernement en faveur d'un autre. Mais le dict Aly ayant faict entendre
icy qu'il serviroit fidèlement, le laissant en ceste charge, et fai-

1. Mehemet Pacha, Ier visir, était réellement malade et ne put prendre le commandement de l'armée. Nous trouvons dans le journal du S^r d'Angusse : « *Le
24 may, Mehemet premier Visir mourut de maladie à Constantinople. Avant
qu'il fut expiré, le G^d S^{gr} fit saisir tout son bien et le prit.* »
2. *Revan* : c'est à dire *Erivan* dans la Turquie d'Asie, à 20 kilom. N. de l'Araxe,
à 55 kilom. N. E. du mont Ararat.
3. *La Mecque*, en Arabie, à 46 kilom. E. de la Mer Rouge, est le berceau des
traditions musulmanes. Mahomet y naquit. C'est la Ville sainte où tout fidèle
musulman doit faire un pèlerinage une fois en sa vie.
4. Aly Zamboulat. (*Voir Pièces Justificatives IV.*)

sant aussi congnoistre qu'il pouvoit s'y maintenir, on la luy avoit confirmée. Maintenant on la luy a ostée tout à faict, et s'est-on résolu à l'en chasser; s'il se résoust de se deffendre, ce ne peut estre sans le secours du Roy de Perse. Le chemin est long et fascheux; mais l'occasion est si grande et si belle, quelle y pourroit bien convier et pousser ce grand prince, de sa nature brave et courageux, nourry dans les armées, et jusques icy assisté d'une bonne fortune. S'il estoit venu là, il y auroit peu de remède pour empescher que l'Asie ne fust à luy. D'autre part, l'on pense que malaisément, le dict Aly soit pour prendre une si forte résolution, pour le danger qu'il auroit d'estre accablé avant d'estre secouru, et ne voulant ainsy bazarder et sa vie et son bien qui est très grand, n'ayant des forces capables de donner ceste résolution; car on ne peut croire que ces rebelles se puissent venir ensemble, estant commandez par divers chefz qui ont leurs desseins particuliers; et ce Thanild [1], qui estoit le plus grand et honoré d'entre eux l'an passé, ne l'est pas cestuy cy, bien qu'il se soit gouverné valeureusement et heureusement. S'il y comman-

---

1. Nous empruntons à la relation de *Bordier* les détails suivants sur *Tacnild* et sur *Aly Zambolat* : « Plusieurs rebelles s'élevèrent en divers lieux d'Asie, dont estoit chef un *Tacnid Beg*, homme très remuant et vigoureux. Lequel cherchant moyen de se venger de quelques Pachas dont il estoit mal mené, et ne le pouvant seul, s'avisa d'atirer à son party *Aly Zamboulat* (nepveu de celuy que Cigale avoit fait mourir), lequel estoit lors Pascha d'Alep, le persuadant à la vengeance de la mort de son oncle qu'il aymoit extressement. Et ne fut malaysé d'enflamer ce feu, formant un party sous prétexte de se saisir des Etats et Seigneuries de feu son oncle, à ce qu'ils ne tumbassent en mains de leurs enemys qu'ils desiroient exterminer. Donc ayant assemblé force gens de guerre, faignant vouloir conserver son pays, il s'allya et joygnit avec le dit *Tacnid Beg*, quy d'autre côté avoit fait grand amas de gens de guerre par toute l'Asie. Et fut *Zamboulat*, chef et conducteur de toute ceste armée quy pouvoit estre de 29 à 30 mille hommes. Car il estoit grandement estimé pour sa valleur et générosité de courage. Ceste armée estant sur pied couroit et raudoit toute la Sirie, prenant places et forteresses çà et là avec grand perte et dégast du pays où il dominoit. Ce que oyant le Beg de la Natolie, quy est comme vice-roy et supérieur de tous les autres Begs d'Asie, quy estoit assez occupé pour les continuelles guerres de Perse, ne manqua de faire savoir ceste révolte et soulèvement de gens de guerre à la porte du G⁴ Sgr affin d'y donner ordre et couper chemain à ceste gangraine quy infectait tant de pays. Ce quy troubla de plein abord Sa Hautesse, d'autant qu'elle avoit guerre de tous costés, tant en Hongrie contre l'empereur *Rodolphe*, et en Asie contre *Cha Abbas*, roy de Perse; pareillement en Moscovie, Russie et autres lieux; et prévoyant que la pire de toutes devoit estre la civile dans le plus beau et le meilleur de ses provinces, ne voulant perdre de temps pour le donner à ses haineux, ayant balancé sur les occurrences les plus nécessaires, il fut résolu au Grand Divan d'expédier au même Beg à ce qu'il eslut et choisit quelque bon chef et capitaines pour s'opposer aux pernicieux desseins de ces rebelles. »

doit, on craindroit davantage le dict Aly, parce que le dict
Thanild est sa créature. C'estoit son soldat, lorsqu'il se mist avec
les rebelles. On tasche fort à le gagner et à faire qu'il veuille tenir
l'accord qu'il fist l'an passé; et l'opinion que les dicts rebelles
ont eu, que ce fust sa volonté, est la cause de son moins de
crédit; toutes fois, il n'y paroist rien encores, et je tiens pour
certain qu'il continuera la guerre, tant pour le gain qu'il y faict
que pour le crédit et réputation qu'il y a gaigné. J'ay desja mandé
à V. M^{té}, comme le Roy de Perse lui avoit escript et envoyé des
présens. Les nouvelles d'Italie disent toutes l'accord du Boskay
avec l'Empereur, qui lui a accordé la Transylvanie, et à tous les
Hongrois, liberté de conscience. Mais il n'en paroist rien icy; et
ces gens ne le croient point; bien ont ilz sceu comme il s'est
saisy de Lipora en Transylvanie [1], qui estoit tenu par eux
et qui estoit un Sangjacquat. Ilz attendent un des principaux d'Hongrie, qui vient de sa part, qu'ilz disent estre
bien près d'icy, avec lequel ilz s'asseurent d'accommoder toutes
choses. Ilz voudroient fort la paix avec l'Empereur, mais ils ne
voudroient rien rendre, s'excusant sur leur loy, qui ne leur permet de rendre aucune place aux Crestiens, où ils ayent quelquefois
dressé Mosquée. Quoy que ce soit, ilz ne rendront aucunement
Agria [2], sans laquelle l'Empereur ne veult accorder. Leur raison
est qu'elle fust prise par l'un de leurs Empereurs, estant à l'armée.
(Ce fut le père de cestuy-cy.) A cela sont-ils très résoluz et obsti-
néz, de sorte que si l'Empereur s'obstine de sa part à la vouloir,
sans doubte la paix ne se fera point. Ce général de mer [3] a tellement faict travailler, qu'il a mis en estat de pouvoir marcher, le
nombre de Gallères que j'ai desjà mandé à V. M^{té}; mais il a si
peu de gens de rame, qu'il semble qu'elles demeureront inutiles
pour la plus part; et encores, sortiront-elles bien tard; car ils ont
grande nécessité d'argent, et il fault avant toutes choses, faire
partir le premier Bassa. Ceste despence est très grande, outre
qu'il fault payer les gens de guerre tant de cheval que de pied,
avant qu'ils partent; et monstrent contenance de sé mutiner si
l'on ne les paye, ne demandans pas mieux, tant ce voyage leur
est à contre cœur. A la vérité, je ne scay commént ilz pourront

1. Lippa.
2. *Agria* ou *Eger*, ville de Hongrie, à 108 kilom. N. E. de Bude. Les Turcs s'en
étaient emparés en 1596.
3. *Dervis Bassa*.

nourrir une arméé si grande ; car elle passera plus de six vingt mil hommes de guerre, estant de nécessité de faire voiturer de loing tout ce qui s'y randera. Ceste nécessité n'estant pas seulement sur la frontière, mais il faudra commencer à quatre journées d'icy, l'Asie estant du tout destruite et désolée ; de sorte, qu'avant d'estre là, ilz auront consommé tout ce qu'ils peuvent avoir faict de provision ; le peu d'argent fera que les nouvelles ne seront pas toujours à propos. Ilz ont si peu d'argent et tant d'affaires que, quoy qu'ilz monstrent le vouloir, si n'ont ilz peu me bailler, depuis que je suis icy, rien de ce qu'ilz ont accoustumé, de sorte que leur nécessité m'est fort fascheuse, outre la cherté de toutes choses beaucoup plus grande que de coustume[1]. Toutesfois le nom de V. M[té] est tel icy, et je ne scay comment j'y suis de sorte veu et visité, que je suis nécessairement obligé à une très grande despence qui me contrainct de supplier très humblement V. M[té] vouloir avoir quelque esgard et me pardonner ceste importunité. J'ay desjà mandé à V. M[té] la mauvaise volonté que ce Général de mer monstroit porter aux Vénitiens. J'en ay osté l'apparence, accommodant ce Bayle de Venise avec luy, mais non la volonté ; laquelle continue à mon opinion, mais dont le peu de moyen fera encor dormir les effectz ; les choses changeront bien, s'il peut sortir d'icy plus de gallères que l'an passé. Ce général de mer s'en meurt de desplaisir ; qui me faict penser pour avoir quelque dessein. Il continue tousjours à se monstrer fort affectionné à ce qui regarde V. M[té], et particulièrement, veut que je le tienne pour estre fort mon amy ; de faict j'ay opinion que si leurs forces de mer estoient

---

1. Dans le « *Mémoire des Capitulations, privilèges, etc...* », transmis par M. de Brèves au baron de Salignac lors de l'arrivée de ce dernier à Constantinople, nous retrouvons la trace des gratifications allouées par la Porte aux ambassadeurs de France. Au folio 6, recto du vol. coté Fr. 16146, pièce 3, nous trouvons l'indication de « *Deux commandemens l'ung donné du feu Sultan Mehemet et l'autre du Sultan Acmet au superintendant de la Cuisine de Sa Haultesse, pour donner deux escus et demy par jour pour l'entretènement de la Maison de l'Ambassadeur de France* ». Au fol. 6, recto : « *Deux commandemens des mêmes au Grand Escuyer pour faire donner à l'Ambassadeur de France pour la provision de ses chevaulx, par chascun moys deux cents et vingt quilots d'orge et cent quatorze charrettes de foing par an.* » Aux folios 8, 9, 10, etc... plusieurs commandemens au Vice-Roy d'Egypte ou autres Bassas « *aux fins que les Françoys ou autres qui trafiquent sous la bannière de France, ayent de payer le droit de deux pour cent à l'Ambassadeur de France, des marchandises qu'ils remportent des pays de l'obéissance du Sultan* ». Au folio 21, recto : « *Un commandement donné de Sa Hautesse par lequel il se voit ce qui doibt estre donné à l'Ambassadeur de France lorsqu'il fault qu'il marche quand le G[d] S[gr] va à la guerre d'Ongrie.* »

comme elles souloient, on pourroit en attendre soulz sa charge ce que l'on en désireroit.

Enfin les Vénétiens se sont résoluz à remettre l'Isle d'Auguste [1] ès mains de la S[ie] de Raguse à laquelle ils l'avoient enlevée. Ilz ne se pouvoyent accorder sur les formes, et finallement les uns et les autres ont trouvé bonne celle que je leur propose. Il y a quelque temps, la Seigneurie de Raguse me manda qu'ils la suivroient de point en point ; et aujourd'hui le Bayle de Venise m'a mandé que la Seigneurie de Venise l'agrée, et la [2] rend sans changer rien que ce soit à ce que j'en proposay. Cela possible rendra plus adoucy ce général en leur endroit, qui Esclavon de nation est affectionné Ragusois, tant pour cela que pour divers autres ofices qu'il en reçoit tous les jours.

Sire, il y a longtemps que j'ay mandé à V. M[té], le peu de pouvoir que l'on a icy sur la Barbarie et le peu de respect que l'on y porte aux commandements de ce G[d] S[gr]. Je les ay souvent aviséz que V. M[té], outre son gré, sera contrainte de leur [3] nuire ; que sa longue patience se convertira en plus de cholère. Il semble qu'ils le voudroient, espérant que ce chastiment les rendroit plus souples [4]. Mais ils seroyent bien empeschéz au dessein que V. M[té] me mande, dont j'aviseray de parler, de sorte qu'il n'en puisse que bien aller. J'ay veu la lettre du sieur de Moissac, mais j'en ay aussi veu d'autres venant de là, qui asseurent qu'ils laisseront rebastir le bastion, et je le croy, parce que c'est leur commodité.

1. Agosta.
2. L'île d'Agosta.
3. De nuire au peuples de Barbarie.
4. L'article XX des Capitulations portait : « Nous consentons et aurons « agréable, si les Corsaires d'Alger et Tunis n'observent ce qui est porté par « ceste ñostre Capitulation, que l'Empereur de France leur fasse courir sus, les « chastie et les prive de ses ports, et protestons de n'abandonner pour cela « l'amitié qui est entre nos majestés impériales. »
Et parmi les pièces transmises au baron de Salignac par M. de Brèves, nous trouvons : « *Une copie authentique d'un commandement donné du Sultan Acmat aux Vice-Roy et Milice d'Alger par lequel il leur est ordonné de faire rebastir le Bastion des francoys, qui a esté ruisné de la dite milice et d'Amourat Rays (ou Morat Rays), sur peine des chastiments où ils seront appréhendés s'ils n'obéissent à ce qui est de son intention, qui est que tous les Françoys et leurs esclaves soient faicts libres, et leurs facultés (biens) prises, restituées. Au deffaut de quoy Sa Haultesse desclaire et se contante que l'Empereur des Francoys se venge d'eux et leur face la guerre de voye d'armes et de faict, sans que cela altère l'amitié qui est entre leurs Majestés et Empires. Elle prie aussi Dieu, s'ils n'obéissent à ses ordres, qu'ils soient mauldits, comme le sont ceux qui n'obéissent aux commandements de leur Prince, et recquiert que son pain qu'ils mangent leur soit en damnation.* »

V. M^{té} sçaura bien tost tout ce qui en devra estre, parceque le sieur
de Brèves m'escript d'Alexandrie du viie du passé, comme il est
tout prest de s'embarquer, mais, qu'ayant tant demeuré, il s'est
résolu d'aller tout droit en Alger avec Mustapha Aga et les commandemens que je luy ay consignéz pour y faire ung grand effect[1].
Le dict Mustapha a bonne volonté et est de quelque qualité. Avec
les advis du dit Sr de Brèves, il pourra faire quelque chose ; et
s'il se peut jamais par autre voye que par la force, ce sera ceste
fois ; mais je my attens fort peu. J'ay un extrême regret, Sire,
que le mauvais conseil de Monsieur de Bouillon ayt peu enfin surmonter la patience de V. M^{té}, le contreignant, à bon escient d'armer contre luy ; j'avais creu qu'il seroit très content, pour tesmoignage de sa foi, de remettre Sedan ès mains de V. M^{té} ; s'il ne le
faict, son malheur le pousse à ne pouvoir pas prendre ce bon
party, qui, le remettant en vostre bonne grâce, feroit foy à tout le
monde de la sincérité avec laquelle il veut rendre service à V. M^{té} ;
ou persistant, il faict tout le contraire, tesmoignant ce qu'il vouloit
céler, et faisant voir la douceur de V. M^{té} en son endroit et sa
longue patience. Dieu donne à voz desseins, Sire, tout le bon et
heureux succèz qu'elle désire ; et plaise à V. M^{té} de me pardonner
si j'ose luy dire, et la supplier, très humblement que, si enfin le
dict sieur de Bouillon se recognoist, il lui plaise le recevoir et
oublier la peyne et la despénce qu'il lui cause[2]. J'ose cela par ma
passion à son très humble service, qui me faict désirer qu'il ne
reste aucun lieu aux malheureux et méchans françois, où se retirer,
pour effectuer leurs mauvaises volontez, et aussi par l'espérance
que j'ay que le dict Sr de Bouillon se recognoissant bien, pourra
rendre de bons et agréables services à V. M^{té} de laquelle je viens
encore tout à ceste heure de recevoir une lettre, favorisant les
affaires que les enfans du feu Sr Horatio Ruccellaï ont icy[3], je
feray ce qu'elle me commande ; mais cest affaire est tellement
ruiné, que j'ay fort peu d'espérance qu'il s'y puisse faire quelque

1. Mustapha Aga était le représentant du G^d S^{gr} envoyé avec de Brèves en
Barbarie. (Voir la note 2 de la page 27.)
2. L'ambassadeur n'avait pas encore reçu la lettre du Roi en date du 25 avril
1606, que nous avons publiée et par laquelle Henri IV annonçait la soumission
de Bouillon. Le baron de Salignac, se rappelant l'ancienne amitié qui le liait
avec le vicomte de Turenne, n'avait pas hésité à plaider sa cause.
3. *Horatio Rucelay*. Les Rucelay étaient de riches financiers florentins alliés
aux Médicis. Il s'agissait d'une contestation à propos de diamants que M. de
Brèves avait voulu laisser à Rucelay, en paiement d'une somme qu'il lui devait.

chose ; elle pourra mieux sçavoir en quel estat il est par le sieur
de Brèves qui l'a mesnagé, et est en procès maintenant avec les
héritiers du dict feu Ruccelay.

V. M^té me faict beaucoup d'honneur de commander le payement de ce peu de frais extraordinaires que j'ay faictz icy et que
j'ay esté contrainct de prendre à crédit, et ceux aussy qu'elle luy
a pleu m'asseurer de faire payer, que nous avons faicts, M. de
Brèves et moy ensemblement, dont toutesfois je suis obligé de le
dégager. Ceux de Marseille ont desjà commencé de m'en donner
de la peyne, et n'en exemptent pas pourtant le dict Sr de Brèves,
auquel ilz ont voulu saisir son navire à Marseille, qui a causé une
partie de son retardement. Je sers icy V. M^té, toutesfois le plus
de peyne que j'y ay et des despenses que j'y faiz, est à leur
occasion ; ilz le recognoissent si mal que je scay bien qu'ilz font
ce qu'ilz peuvent contre la levée de deux pour cent ; ce sont des
particuliers seulement, car les marchands traffiquans en ces mers
ne le veulent point, cognoissans assés et la despence que je fais, et
ce que j'entreprenz d'ordinaire en leur faveur. Je me soucie peu
de leurs fantaisies, asseuré que V. M^té ne voudra point les favoriser contre moy, qui seroit, du tout contre son service, comme
j'ay desjà escript quelque fois à V. M^té et à Monsieur de Villeroy ;
et lorsqu'il luy plairoit faire perdre ce droit à un Ambassadeur
(lequel est inséré dans les capitulations[1] que V. M^té a avec ce Seigneur, qui est obligé de le faire payer), il faudroit que ce fust
avant la venue d'un autre Ambassadeur, et trois ou quatre moys
avant le partement de celuy qui sera en charge ; et que cela se
face par luy et doucement ; autrement, ce luy seroit une telle
défaveur, qu'il luy seroit impossible de servir icy avec honneur ;
et je le dis véritablement et sans aucune affection particulière ; et
de moy, j'y suis avec une telle despence (venue par je ne scay
quel honneur que l'on me rend icy) qu'avec cela et ce qu'il plaist
à V. M^té me donner, il sera bien malaisé qu'il n'y aille du mien
plus que mes affaires ne le voudroyent.

Je supplie très humblement V. M^té excuser ce que je luy en
diz, et la longueur de ceste cy : l'un vient pour obéir à ses com-

1. L'article XXIII des Capitulations portait : « *Voulons que les marchands
françoys et ceux qui trafiquent sous leur banniére, ayent à payer les droicts des
Consuls sans aucune difficulté. Que nos subjects qui trafiquent par les lieux et
pays de l'obéissance de nos ennemys, soient obligés de payer les droits de l'Ambassadeur et Consul françois, sans contradiction.* »

mandemens, et l'autre vient de ma nécessité : si Dieu vouloit que j'eusse assez de quoy pour servir sans aucune importunité, je le ferois aussi volontiers et librement que j'exposeray à toutes occasions la vye que Dieu m'a donnée pour son très humble service, etc.

SALAGNAC.

1606 (22 JUIN).

Orig. fol. 43.

AU ROY

SOMMAIRE : Ferrat nommé général de l'armée contre la Perse. — Nouvelle défaite de Nassin Bassa. — Embarras de la Turquie. — Insinuations fausses du Bayle de Venise à propos de la querelle entre le Pape et Venise. — Le Gd Sgr s'est emparé des richesses de feu Mehemet. — Guerre entre les Polonais et les Tartares. — Chiens de chasse promis au Gd Sgr.

Sire, le dix neufiesme du présent[1], j'ay reçeu la despêche du xxvᵉ avril de V. Mᵗᵉ. Dès lors que le temps a permis au Persien, il s'est mis en campagne donnant tant d'incommoditéz à quatre ou cinq places que ce Sʳ tient en ses frontières, qu'il est presque impossible qu'elles s'eschapent de ses mains. Aussi depuis la mienne dernière du 4ᵉ de ce mois, tous les chefz et principaux de la milice qui y sont, ont envoyé un escrit signé de bien cinq cens, qu'ilz nomment *Massar* où ilz dient leurs incommoditez, et demandent ce qui leur fait besoin, et une protestation que l'on ne les peust accuser du mal qui succèdera. Pour quelque remède à cela, un nommé Ferrat[2], qui a esté fort ennemy de Mʳ de Brèves, fut déclaré général pour

---

1. Le 4 juin, Salignac avait écrit au Roi. Cette lettre, qui annonçait à Henri IV la mort du premier visir Mehemet, n'a pu être retrouvée. Le journal du Sʳ d'Angusse y suppléera : « Le 24 May arriva la nouvelle de la prise de *Moral Raïs* ᵃ par les galères de Florence, ainsi qu'il venait avec 4 galliotes se joindre avec l'armée de Modon. Le 25ᵉ May *Dervis Bassa* qui estoit Capitaine de la Mer fut faict Premier Visir. Le 27ᵉ May *Jaffer Bassa*, qui estoit gouverneur de Chypre fut faict Capitaine de la Mer. »

2. Le Sʳ d'Angusse a noté dans son journal : « *Le 16ᵉ juing Ferat Bassa passa à Scutari, accompagné du Gd visir et des autres grands de la Porte. Il y fut porté par 15 galères. Il y avoil 2 ou 3 jours qu'il avoit esté nommé général en Perse où il s'en alloit avec peu de forces pour résister au Persien, attendant la venue du premier visir Dervis, lequel devoit aller hyverner en Alep pour estre de bonne heure au prochain printemps vers l'Ennemy.* »

a. Morat Rats était chef des galères d'Alger et exerçait la piraterie sur une grande échelle. Il avait aidé à la démolition du Bastion de France, sur la côte de Barbarie.

la Perse. On escrivist bien dix mil Janissaires[1] pour aller avec un grand nombre de Spais, et lui promist-on beaucoup d'argent comptant et le revenu du Caire et provinces voisines ; et avec cela on les fist soudain passer en Asye et loger aux tentes. Ainsi, furent renvoyéz ceux qui avoyent porté ceste protestation, pour leur acroistre le courage ; mais le dict Ferrat est encores là, qui atend, et les hommes, et l'argent promis. Il est hay extrèmement de toute la milice. Il n'a jamais esté à la guerre ; et les rebelles de l'Asye se vantent de le combattre en passant. Il y a un bruict du tout commun qu'un chef des dicts rebelles nommé Calligoli[2] a surpris de nuict Nassing Bassa, que j'ay mandé à V. Mté, qu'on envoyoit gouverneur en Babillonne, [et qui a été] entièrement defaict. Ce seroit la troisiesme ou quatriesme qu'il auroit reçue des mesmes ennemis. Celui qui estoit janissaire Aga l'année passée[3], et qui a le commandement d'Alep, y est allé. On ne scait ce qu'il se fera là, bien que celuy qui y est[4], monstre de vouloir obéir, mais on craint que, ne sachant la mort du premier Bassa[5], il reprenne courage. Cependant le Bey de Tripoli[6] et un autre sien voisin qui avoyent charge de l'actaquer, s'il ne rendoit obéissance, sont entréz en telle querelle, qu'ils se font une bien furieuse guerre. Il sera malaisé que l'un d'eulx ne se ralye d'amitié avec le gouverneur d'Alep nepveu de feu Zambolat, et que ce renfort ne les encorage à la rébellion. De toutes parts les affaires de cest Empire vont en déclinant ; et peu de secousses en advanceront bien la ruine. De vray, la facilité, l'utilité et la gloire de ceste entreprise me faict estonner de ne voir autre chose ; ils se rejouissent infiniment du débat entre le Pape et la Sie de Venise ; laquelle se servant de ceste occasion, a asseuré le premier Bassa que ce différent estoit meu pour n'avoir voulu rompre avec eulx et entrer en la ligue que le Pape traite vifment contre eulx. Le Bayle me vient prier d'en vouloir autant dire. Je l'ay prié qu'il se contentât que je n'en parlasse poinct, ne voulant qu'il me trouva

---

1. Cette phrase, peu intelligible, a dû être mal transcrite par un secrétaire. Le sens doit être celui-ci : *On écrivit qu'on enverrait* 10.000 *janissaires.*

2. Probablement *Calender Ogli*, qui fit surtout parler de lui en 1608.

3. *Cossain Bassa*, comme nous l'apprend le journal du Sr d'Angusse.

4. *Aly Zambolat* commandait à Alep, comme nous le voyons quelques lignes plus loin.

5. *Mehemet* premier visir.

6. Le bey de Tripoli était alors *Yussuf,* dont on verra plus loin la révolte contre le Gd Sgr.

disant les choses autrement qu'elles ne sont. J'ay reçeu par ce mesme ordinaire, celle que V. M^té lui escript[1] ; et bien qu'il ayt changé de qualité, je la luy bailleray, ne l'ayant peu faire encores parce que depuis que je l'ay reçeue, le dict Bassa a esté empesché, à voir et visiter les richesses du dernier premier visir mort ; et, elles se sont trouvées à bien plus dun million, tant en ce qu'il avoit icy qu'à Bellegrade[2] que, soudain estre mort, on envoya chercher, et qui sont arrivés depuis troys ou quatre jours. Il s'y est trouvé troys cens mille sequins en comptant, bien pour autant de pierrerie, argenterie ou meubles qui ont esté portéz au serail, et dict on, que ce qui se vendra montera bien à quatre cens mil escuz, sans la bonne part qu'il a eue du premier Bassa. Ce S^gr s'est trouvé mal ces jours passéz, et les Juifz qui commencèrent à cacher bagages firent courir quelque mauvais bruit de fiebvre ; il se porte mieux mais on ne l'a point encores veu. Il est en une de ces Maisons, auprès vers la mer Noire, nommée *Candely*. Le Roy de Perse a un Ambassadeur en Pologne, de quoy ces gens en sont fort scandaliséz de voir les Polonoys arméz contre les Tartares, desquelz ilz ont reçeu tant de mal qu'il ne se peult davantage, bien que, par la paix qu'ilz[3] ont avec ceste Porte, ce S^gr soit obligé de les garantir de ces dommages. Le Prince Demetrius de Moscovie est dutout allyé avec eulx. On croit pour certain qu'il embrassera la religion catholique. Les marchands, qui en viennent, le disent ainsi. Ce seroit une grande chose et une grande ayde à qui voudra entreprendre [contre les Turcs].

Je supplieray encores V. M^té vouloir se ressouvenir des *levriers dattache* pour ce S^gr, qui les attend fort, et à qui le temps dure beaucoup de ne les voir point venir, etc.

SALAGNAC.

---

1. A *Dervis* qui venait d'être nommé premier visir en remplacement de Mehemet.
2. *Bellegrade*, petite ville située au nord et près de Constantinople.
3. *Ils*, c'est-à-dire les Polonais.

1606 (22 juin).

Orig. fol. 45.

A M. DE VILLEROY

SOMMAIRE : Le chevalier Rossi s'est fait mahométan. — Il demande la protection de l'ambassadeur et veut fuir la Turquie. — Soldats français au service du G^d S^{gr}. — Remède souverain contre la maladie de la pierre.

Monsieur, le dix neufiesme de ce mois, jay reçeu avec celles de Sa M^{té}[1], les vostres du X° et 25° avril. Il y a environ douze jours, qu'il arriva icy un chevallier de Malte qui est de Naples et a une commanderye près de Bourges que son homme ne m'a point sceu bien nommer ; il s'est faict Turc soudain estre arrivé, sans avoir voulu parler à personne. Son homme m'a dict qu'il est de la Maison des Rossy[2] de XXV mil ducatz de rente. Il servoit le Roy d'Espagne, et en avoit soixante escuz de pension le mois, estant à sa maison, et le double en servant. Il avoit une des compagnies que Spinola[3] mena en Flandres. Cest homme qui est venu avec luy, qui estoit enseigne d'une de ses dittes compagnies, dict que c'est un fort galant homme qui a esté poussé à ce qu'il a faict, par quelque mescontentement d'Espagne. Depuis avoir parlé à moy, il l'a retourné voir ; et, luy ayant parlé de ce que je luy avoys dict, il eut une très grande repentance de ce qu'il a faict, me pria de luy envoyer quelqu'un des miens. Mais il est encores tellement gardé, que l'on ne peult parler à luy. Il continua à me montrer sa repentance et la ferme résolution qu'il a de s'eschapper : cela ne luy sera pas trop aisé. Tout à ceste heure, escrivant ceste cy, on vient de me dire qu'il vient d'arriver un autre chevalier qui est Romain avec mesme dessain que l'autre. Je ne puis pour encore vous dire autre chose ; je ne scay comme le diable leur forme ces opinions ; car outre le mal de péché, c'est une misère que du traictement de ces gens là. Avec ceste nouvelle, on vient de m'asseurer celle de la

1. Voir plus haut, la lettre du roi datée du 25 avril 1606.
2. Voir plus loin la lettre de Salignac à Villeroy, datée du 26 juillet 1606, dans laquelle il est de nouveau question de ce chevalier.
3. *Ambroise, marquis de Spinola*, célèbre capitaine italien, né en 1571, mort en 1630, se mit au service de Philippe II, roi d'Espagne, et employa son immense fortune à entretenir des troupes avec lesquelles il soutint la cause espagnole dans les Pays-Bas. Il s'empara d'Ostende en 1604, après 3 ans de siège, et fut longtemps commandant de toutes les troupes espagnoles en Flandre.

défaicte de Nassan Bassa. Baptiste[1] dont je vous ay escript quelquefois, qui servoit à l'artillerie dans Bologne s'est faict Turcq aussi, mais ça esté pour sortir d'où il estoit; il me vient voir et me tesmoigne sa volonté ; le mal est que quelle quelle soit il est bien mal aisé de l'effectuer. Quelques soldats françois aussi qui estoyent dans ce régiment, se sont faitz Turcqs, et n'ont pas plustost eu pris le turban, qu'ils s'en voulurent icy plaindre ; car on leur promect auparavant, et après, on se moque d'eulx. Voilà des desplaisirs de ce lieu qui sont bien fascheux, etc.

SALAGNAC.

(Orig. autographe).

Monsieur, il y a un homme en ce pais qui fait des anneaux, de quoy on fait un merveilleux cas pour la cholique ; j'en porte un. Il y a 3 mois, cinq ou six jours apres l'avoir, j'en sentis du mal ; mais il ne dura pas le tiers qu'il avoit acoutumé, et fis une pierre beaucoup plus grande que je n'avois jamais fait ; despuis, je n'en ay rien senti : je vous en envoye un. Dieu veuille qu'il vous serve bien.

1606 (9 JUILLET).

Orig. fol. 47.

AU ROY.

SOMMAIRE : *Misérable état de l'armée d'Asie.* — *Plaintes de Ferat.* — *Jafer Bassa, général de mer.* — *Les Turcs avouent leur impuissance contre les Corsaires de Barbarie.* — *M. de Salignac demande au roi de faire poursuivre les Pirates par ses galères de Provence.* — *Le premier Visir Dervis voudrait que le roi intervînt entre les Turcs et l'empereur et que la paix se traitât à Constantinople par les soins du baron de Salignac.* — *Réponse de l'ambassadeur au Visir.* — *M. de Salignac juge que cette paix serait un mal pour la Chrétienté.*

Sire, le deffault que ces gens cy ont de toutes choses paroist tous les jours davantage. Après que Ferrat qui va général en Perse, a esté contrainct de partir avec forces assurances que l'on luy envoyeroit en diligence ce que l'on luy promet, il s'est arresté à quatre journées d'icy, ne voyant rien comparoistre de tout cela, et a escript, qu'encores qu'il voye bien que son séjour luy

---

1. Est-ce le même *Baptiste* qui, vers cette époque, faisait l'office de courrier? (Voir lettres d'Henri IV).

pourroit importer de la vye, il ayme toutesfois mieux la perdre
icy, et avant autre dommage que, allant plus avant, estre desfaict
par les rebelles, qui se prevaudroyent de l'équipage de l'armée,
de l'argent et de l'artillerie qu'il a; dont la perte outre cela porteroit beaucoup d'incommodité. Il a envoyé ceste lettre au sérail,
et avant la faire passer par les mains du premier Bassa; ce dont
il receut beaucoup de desplaisir [1]. L'on faict tout ce que l'on peult
pour luy envoyer les hommes destinéz pour l'armée qu'il commande; mais cela n'avance guères, tant chacun craint ceste
guerre, bien que l'on n'entende encores aucun progrès du
roy de Perse, qui s'attend que la nécessité luy face rendre les
places de la frontière, et qui ne s'advance point plus outre, le
pays estant ruiné tellement, qu'il ne trouve aucun moyen de
faire vivre son armée. Je croy que ceste saison se passera en ces
quartiers là sans grand progrès. L'armée navale n'est point encore
partie : Jafer Bassa [2] qui en est général, n'est point encores
arrivé; l'on l'attendra ceste sepmaine, et s'il ne vient dans ce
temps-là, on la fera partir, et quelqu'un la commendera jusques
à ce qu'il l'ayt trouvé pour la lui consigner. La faute d'argent a
bien autant empesché son partement que la venue du dit général
de mer. Deux ou troys fois, le jour de bailler le payement à la
ditte armée a esté donné, qui s'est passé sans le pouvoir. Ilz l'ont
remis à mardy prochain ; ilz ont esté contrainctz de désarmer
huict ou dix gallères, ne pouvant fournir à les faire partir toutes
armées. L'armée ne passera point cinquante cinq gallères mais
ilz font estat qu'elles seront bien pourvues tant de chiorme, que
de gens de guerre ; et n'ayant point ouy parler qu'il y'en ayt de
chrestiennes en leurs mers, ilz s'asseurent en avoir assez.

J'ay baillé au Visir la lettre de V. M^té qu'il a reçue avec beaucoup de contentement et démonstration d'honneur. Je pris encores
par elle, occasion de luy parler des insolences de ceux d'Alger; il
en monstre autant de desplaisir que je puis faire ; et de vray, je
recognois assez que c'est contre leur gré, et qu'ilz voudroyent bien
y porter quelque remède ; mais, ilz ne le peuvent, et ne le pou-
vans pas, ils se voyent assez contans que nous en puissions faire

1. Une ordonnance du grand Visir Mehemet prescrivait de ne pas écrire au
G^d S^gr directement, mais de faire passer les lettres par l'entremise du premier
Visir.

2. Jafer Bassa était gouverneur de Chypre lorsqu'il fut nommé général de la
mer, et n'avait pas encore eu le temps d'arriver à Constantinople.

quelque vengence. Je croy que le remède à cela sera lorsque
V. M^té aura un peu davantage de gallères, et que celuy qui les
commandera se face un peu voir et craindre, ce qui n'est guères
malaisé en la coste de Barbarie, où toutes leurs gallères, ensemble
tant de Thunis que d'Alger, n'en font pas dix, et ne se trouvent
jamais la moitié ensemble.

Par les dernières de V. M^té, je croy qu'elle croit la paix faicte
entre l'empereur et le Boscay, mais je n'en voy aucune apparence
jusques à ceste heure, que les ambassadeurs du dit Boskay s'en
sont retournez assez mal contans, pour n'avoir eu autre argent,
dont ilz ont faict beaucoup de presse, et pour toutes les autres
choses qu'ilz recherchoyent, n'ayant eu que des parolles, ayant
esté esconduits de tout secours. Lorsque je presentay à ce premier
Bassa la lettre de V. M^té, il me monstra désirer fort la paix avec
l'empereur, et me disoit qu'il voudroit que ce fust par l'entremise
de V. M^té, désirant par là, faire voir à son maistre combien l'amitié de la France luy est utile et me pressoit fort d'en ouvrir
quelques propos, me disant qu'elle se negotieroit en Hongrie,
mais qu'il y faisoit toujours naistre des empeschemens, affin
que ce fust luy et moy qui la traictassions icy. Je luy dis que,
lorsque V. M^té me despecha, elle me commanda d'en parler, et
de faire sçavoir à son Altesse que, si le bien de ses affaires la luy
faisoit desirer, et qu'il la voulust, V. M^té tascheroit de la faire
réussir; ce que je fiz assez entendre à mon arrivée[1] : ilz y
ont faict les sourdz; que l'occasion qu'il ne fault point laisser
perdre, lorsqu'elle se présente, s'est eschapée; que maintenant,
je ne scay en quel estat sont les choses; que lors, V. M^té le pouvoit; que possible ne le pouvoit-elle pas maintenant, et que, n'en
sçachant rien davantage, je ne pouvois en parler. Il me pria fort de
le faire entendre à V. M^té], et de la suplier d'y vouloir tascher.
Elle me mandera le langage qu'il luy plaist que j'en tienne.
Cependant ilz seront si généraux, qu'ilz n'y pourront prendre
aucun pied[2]. J'ay sceu depuis, que le dict premier Bassa a faict
dire à l'interprète de l'empereur qui est icy, si S. M^té désire la
paix, que le meilleur moyen est, que ce soit par l'entremise de
V. M^té, que cela luy rendra toutes choses plus faciles; et que de

---

1. Voir les instructions données au baron de Salignac, lors de son départ pour
la Turquie. *Pièces justificatives* du premier volume de l'*Ambassade en Turquie*.
2. Le sens de cette phrase est celui-ci : *En attendant, l'ambassadeur fera une
réponse si vague, que les Turcs n'y pourront trouver un appui.*

ceste sorte, luy et moy l'auront plustôt conclue qu'il ne se sçaura
qu'elle se negotie. C'est interprète qui la désire infiniment, a
pris cela fort à cueur, et l'a soudain escript. V. M^té sçaura plustost que moy comme ces choses auront esté prises.

Cependant, j'oseray luy dire que je croy certainement que n'y
le bien général de la chrétienté, ny le particulier de l'empereur,
ne la demandent point. Toutefois, je croirois que si l'empereur la
désire et la veult faire, il seroit bon que ce fust par le moyen de
V. M^té. Quoy que ce soit, ceste obligation luy en demeureroit, et
la réputation ne seroit pas peu qu'elle peust faire faire icy la
guerre et la paix, selon qu'il lui plairoit. L'on croit bien que ceste
guerre s'est rompue, V. M^té l'ayant ainsi voulu ; elle m'excusera
s'il luy plaist de ce peu que je luy en dis, asseurée que j'attendray
ses commandemens, lesquelz seuls sont la règle de mes volontez,
qui toutes dédiées à son très humble service, n'ont que luy seul
pour but, etc.

Salagnac.

1606 (26 juillet).

Orig. fr. 16146, fol. 4.

AU ROY.

SOMMAIRE : Le G^d S^gr est à la campagne. — Sévérité et cruauté de Dervis. —
M. de Salignac se plaint à Jafer, général de mer, des insolences de ceux de Barbarie. — Réponse de Jafer : malgré la défense du roi, les Français continuent à
monter sur les vaisseaux de course. — Perte de trois galères de Malte près
Biserte. — Le Visir craint que Botskay ne fasse la paix avec l'empereur. —
Prise de Bender par les Polonais. — Nouvelles de l'Asie. — Prise de Babylone
par un rebelle. — M. de Salignac croit que, dans l'état actuel de l'empire Turc,
il serait aisé d'entreprendre une expédition glorieuse contre les Ottomans. —
Cupidité du Trésorier des finances.

Sire, depuis la mienne dernière du neufiesme juillet, ce prince
qui s'estoit guéry d'une petite maladie se trouve maintenant avec
la fièvre quarte. Pour chercher plus d'air et de repos, il est allé
aux champz avec tous ses équipages de chasse et de plaisir, ayant
laissé icy son premier visir pour donner ordre à toutes affaires ;
mais je croy qu'il ne demeurera guères sans revenir, le visir le
désirant ainsy, tant pour l'avoir garand de ses actions que pour
ne le point esloigner, craignant que l'absence peust diminuer

quelque chose de l'affection qu'il luy porte qui est tousjours très
grande ; et le visir se monstre aussi de son costé affectionner fort
les affaires, se rendant soigneux autant qu'il peut à toutes choses ;
mesmes pour rendre la justice et remettre l'obéissance, usans pour
cela de rigueurs extraordinaires, faisant mourir toutes les nuictz
force personnes pour bien peu d'occasion à ce que l'on dict ; ce qui
irrite force gens contre luy, mesmes les Cadiz (qui sont ceux qui
rendent la justice) desquelz il ne demande point l'advis aux exécutions qu'il faict faire. Depuis quatre ou cinq jours, il a faict
estrangler dans son logis et depuis mettre au ganche[1] un juif des
principaux d'icy, riche de six ou sept cens mil escuz. Cependant il
met aux charges, les plus capables et gens de bien qu'il peut trouver ; mesmes ces jours passés, il fist donner les charges de Cadylesquier[2] de la Grèce et de la Natolie à deux frères, lesquelz on
avoit privés de charge dès que j'arrivay icy : ce sont des plus suffisans et gens de bien d'icy et qui estoyent très grandz amys de
M. de Brèves, et aymans et honnorans l'alliance qu'ilz ont avec
la France. Il tasche de remettre encore leur frère aisné en la
charge de Moufti[3] qu'il a eue d'autres fois, et que leur feu père a
gardé longuement, cela faict croire qu'il désire le bien, mais
d'autre part, on luy rend une infinité d'enuis et d'inimitiéz[4] ;
voilà l'estat présent de ceste porte. L'armée de mer sortist il y a
six jours : il est du nombre de gallères que j'ay desjà mandé à

1. *Ganche,* espèce de potence dressée aux portes des villes en Turquie, pour
servir au supplice des malfaiteurs. (Diction. de Trévoux.)
2. Le *Cadylesquier* était le premier fonctionnaire de la justice.
3. Le *Moufti* était le chef de la religion. Son autorité était si grande que, lorsqu'il avait décidé une chose le Gd Sgr lui-même n'y contredisait pas.
4. Voici comment Bordier juge le Gd visir *Dervis Pacha* : « Le Gd Sgr qui jà
estoit fort satisfaict de la bonne diligence et prévoyance qu'il voyoit estre en
Dervis Pacha, le fit lors son premier visir..... Celuy donc, bien qu'il fut très grand
amy de monseigneur l'ambassadeur, ne me fera palier sur ce quy est de la vérité.
Car il estoit homme fort rébarbatif et affreux de visage; quy desmontroit assé sa
fierre et mauvaise nature. Mais d'autant qu'il estoit grandement soygnéux de ce
quy despendait de sa charge, le Gd Sgr passoit en silence beaucoup de plintes de
la sévérité qu'il eusoit journellement à chascun. Ce quy le rendit d'autant plus
hautin et insupportable envers tous, que l'on ne parloit que de son inhumanité et
fierre cruauté, tant envers les chrestiens, sujets du Gd Sgr, qu'il faisoit mourir
pour chose légère, que pour les Turcs et autres nations qu'il n'espargnoit non
plus pour la moindre chose. Et osa bien par son arrogance et inconsidération,
s'attaquer au *Coja,* ou précepteur du Gd Sgr et de plus au *Moufti,* qui est comme
Gd patriarche ou législateur de leur loy. De sorte qu'il se rendist tellement odieux,
que les susdits en firent plainte partout et au Gd Sgr qui nonobstant pacifioit le
tout, fut qu'il l'aimast ou crut qu'il se rendroit plus docile et traictable..... »
(Ambassade en Turquie de Jean de Gontaut Biron de Salignac, livre II, chap. 76.)

V. M^{té}. Le général d'armée[1] estoit arrivé troys ou quatre jours auparavant. Je le fuz veoir pour luy recommander nos affaires : il me promist fort de les avoir en affection et me dit que le premier Bassa les luy avoit particulièrement recommandées. Je luy parlay de la Barbarie et des grandes plaintes qui viennent de là, que je craignois qu'enfin elles ne contraignissent V. M^{té} à y remédier, n'ayant veu jusques icy qu'on ayt tasché d'y donner remède que par des parolles. Il cognoist très bien l'humeur des gens qui y sont et du païs, pour y avoir longuement praticqué et commandé : il m'asseura qu'il travailleroit de tout son pouvoir à ce que V. M^{té} fust contente de ce costé là, il me fist de grandes plaintes de sa part de ce que tous les vaisseaux qui viennent courir ces mers ne sont chargés que de soldats français. Cela est bien vray ; et il s'en est nouvellement perdu un bon nombre qui estoient dans ces troys gallères de Malte qui se sont rompues près de Biserte, lesquelz demeurèrent en terre par le désordre qui se mist entre eux, lorsqu'ils s'embarquèrent sur un vaisseau qu'on leur envoya de Messine[2]. Ilz s'estoyent fortiffiéz en terre et combattirent vingt-huict jours là dedans, assailliz de grande quantité de Turcz, sans avoir eu autre secours du vice roy de Sicile, s'excusant sur le mauvais temps. Ces pauvres gens sont esclaves, et j'ay la bouche fermée de leur ayder ; plustost suis-je contrainct de leur nuire, ne pouvant que je ne die que c'est contre les expresses deffences de V. M^{té} ; excusant toutesfois cela, et sur l'humeur courageuse de la nation qui les faict chercher la guerre partout, et sur la grande paix dans laquelle V. M^{té} faict vivre ses subjectz, et sur le grand nombre de gens de guerre dont la France est remplie. Le dit général de mer gouste bien ces raisons ; mais il me pria fort d'escrire à V. M^{té} à ce qu'elle avisast d'y donner quelque remède. Je le refuse, jusques à ce que je visse quelque commancement de remède aux insolences de Barbarie ; et nous séparasmes avec force belles promesses qu'il me feist, dont ces gens cy ne sont aucunement avares. Depuis peu quelque subject m'a faict aller voir le premier visir, lequel me tinst encore le mesme langage pour la paix d'Hongrie que j'ay mandé à V. M^{té} qu'il avoit desjà faict. Je luy diz comme je lui avois escript l'asseurant qu'Elle rendroit à ceste Porte tous les offices de bonne amitié qu'il seroit possible ;

---

1. *Jaffer Bassa,* général de mer.
2. L'ambassadeur a déjà parlé sommairement de cette affaire dans sa lettre du 14 mars 1606.

mais qu'il falloit voir en quel estat estoyent de présent les choses, qui changent de visage pour bien peu d'occasion ; et que ne le sçachant pas, je ne luy en pouvois parler qu'à tastons ; qu'il falloit attendre ce que V. M^té en manderoit : il a tellement à cœur de faire ceste paix, qu'il ne peult prendre qu'avec impatience tout ce qui retarde son dessein. Il me sembla, par son langage, qu'il craignoit que le Boskay et les Hongrois s'accordàssent avec l'empereur[1] : jusques alors je n'avois peu recognoistre qu'il en eust aucune meffiance. Les ambassadeurs de Raguse, qui arrivèrent samedy dernier portans le tribut qu'ils doivent, croyent cest accord faict, et que les Hongres ayent repris sur les Turcs la ville de Lippa, et taillé en pièce quatre ou cinq mil Turcz qui marchoient pour en empescher l'effect. S'il est vray, c'est assez à mon advis pour oster à l'empereur toute envie qu'il pourroit avoir de faire la paix.

Cependant les Polonois se sont arméz assez puissamment pour remédier aux ravages qu'ils reçoivent des Tartares, et ont marché pour tascher de prendre Bender[2] et deux autres petites places qui sont à ce S^gr, qui est au passage des dits Tartares pour entrer en Pologne. Le roy de Pologne l'a escript à ce S^gr, disant qu'il y est contrainct pour n'en avoir peu avoir aucune raison, et pour ne pouvoir plus suporter tant de maux ; qu'il n'entend pas pour cela rompre la paix, ains la conserver et l'aliance qu'ilz ont ensemble plus estroite que jamais ; qu'il avoit faict partir son ambassadeur [pour] venir icy, mais qu'il l'a rapellé pour veoir le succèz de ceste entreprise et sa responce. Cela fàche fort ces gens-cy, toutesfois pour tant d'affaires qu'ilz ont, ce S^gr n'a point laissé d'envoyer à celuy qui commande à ceste province où sont les dites places, pour l'y faire aller avec toutes ses forces, et s'opposer aux desseings des Polognois. L'on ne tardera guères à veoir ce que ce sera. Il ne se dict rien de Perse, et on attend par les premières nouvelles la perte de quelque-une des places de ceste province. Le bassa Ferrat qui va en ces quartiers-là, marche fort lentement : l'on use de toutes rigueurs pour y pousser ceux qui sont destinéz à son armée ; mais cela n'advance guères : encores veult-on dire que les gens de cheval qui estoient avec luy, depuis avoir reçeu leur

---

1. Dans le traité d'alliance qui unit les rebelles Hongrois et les Turcs, il avait été stipulé que ni les uns ni les autres ne feraient séparément la paix avec l'empereur.

2. *Bender*, ville de Russie (Bessarabie) sur le Dniester.

paye, l'ont laissé, disans que c'estoit contre l'ordre et la coustume de cest empire, d'aller contre un roy qui est en personne en son armée, sans que leur empereur marchast aussi, et que sans cela ilz ne sont point obligéz de marcher. L'on dict aussy, mais je ne l'escris pas pour bien certain, que un certain Sanjac[1] s'est saisy de Babilonne, ayant chassé et tué l'aga Ruissy (?) qui y estoit et le Bassa qui y commandoit. Il dict que c'est pour servir son prince, celuy qui y estoit ne le faisant pas bien ; mais on crainct qu'il y ayt de l'intelligence avec le Roy de Perse ; pour le moins, il acroistra le nombre des rebelles ; car cest acte luy va trop assurément de la teste. Les ditz rebelles tiennent de sorte toute l'Asie, que un simple messager n'y peult passer sans estre volé ; ilz ont deffaict celuy qui aloit commander Alep[2] ; lequel, avec quarante hommes seulement de deux mil qu'il en avoit, s'est sauvé à Cogna[3]. Sans doute, s'ilz n'y pourvoient bientost, c'est la ruine de cest empire. Ce premier Bassa le cognoist bien ; il me disoit l'autre jour que ceste seule guerre le fachoit, à quoi il taschoit principallement de remédier ; que celles de la Hongrie et de la Perse, pour estre esloignées et sur la frontière, luy donnoient peu de peine. Il semble qu'il ayt dessein de faire aller son prince jusques à Cogna, ville assez bonne et bien avant dans l'Asie, et en lieu propre pour pourvoir au mal que font ces rebelles. Il croit bien que s'en soit le seul remède ; mais il fault tant de despenses quand ces gens vont à la guerre, que l'on ne peult croire qu'il le puisse encores ; et le mal est tel que, pour peu qu'il s'accroisse, il se rendra incurable. La nécessité toutesfois les fera efforcer à mon advis, espérant aussi, cela estant faict, d'accorder aisément avec le Persien ; lequel on dict qu'il se lasse de la guerre, bien que jusques icy elle ayt esté à son adventage, l'empereur faisant la guerre si laschement en Hongrie[4], contre la promesse qu'il luy

---

1. *Sanjacq,* ou gouverneur d'un district appelé *Sanjacquat.*

2. Le Sr d'Angusse nous donne dans son journal le nom de celui qui fut envoyé à Alep : « Le 7 aoust *Cossain Bassa,* Janissaire Aga, retournant de Hongrie, après la prise de Strigonie où il s'estoit porté valeureusement, fut faict mensul (mis hors de charge) et luy fut donné la bandière d'Alep rebellé contre le Gd Sgr par Aly bey Zemboulat. »

3. *Cogny* ou *Konieh,* une des principales villes de la Turquie d'Asie, capitale de la Caramanie.

4. A la fin de l'année 1604, le roi de Perse avait envoyé des ambassadeurs vers l'empereur. Ils devaient lui apprendre les succès qu'Abbas avait remportés sur les Turcs et négocier une alliance contre les Ottomans entre la Perse et l'empire. Rodolphe reçut très favorablement ces ambassadeurs auxquels il promit de pour-

avoit faicte, et ne voyant point que le Polonois rompe la paix icy comme l'empereur luy avoit promis. Si cela estoit, cest empire se pourroit remettre, auquel les maux croissent tous les jours ; et semble que Dieu monstre au doigt ce que l'on debveroit faire, qui possible courroucé quelquesfois d'avoir laissé perdre ceste belle occasion, en rendra le regret plus cuisant. Quoy que ce soit, il semble que la plus belle et honnorable ambition ayt de quoy se contanter icy, où l'on se peut payer de la despense la plus grande avec la plus honnorable gloire qui se puisse imaginer ; et semble que sans danger de honte, l'on pourra partager dans le logis le pain (sic) de l'ours, tant il se rencontrera de facilité à ceste belle entreprise. Pleust à Dieu, Sire, que monseigneur le dauphin eust vingt ans de ceux de V. M[té] ! J'ose la supplier très humblement de m'excuser de ce que j'en diz; j'y suis, je ne sçay comment, forcé, estant sur les lieux et voyant l'estat des choses[1]. J'avois oublié à dire à V. M[té] qu'il commance à naistre des rebelles dans la Grèce. On y a envoyé un thrésorier pour tascher d'en tirer l'argent, lequel est d'un naturel si tiran et si barbare, qu'il ne se peult qu'il ne face rebeller le pais[2], ou qu'il ne le ruyne tout à faict : leur nécessité les pousse à ces extrémités, etc.

SALAGNAC.

---

suivre avec vigueur la guerre en Hongrie, pendant que les Perses chercheraient à refouler les Turcs en Asie. Mais le désir de rétablir l'ordre dans ses états modifia ses dispositions belliqueuses et lui fit rechercher la paix. De là, le mécontentement de la Perse.

1. Quoique l'invasion des Turcs en Europe, datât déjà de plus de deux siècles les peuples chrétiens conservaient contre les Ottomans une haine héréditaire. L'empire disputait depuis longues années sa frontière contre la Porte; mais les rivalités et les troubles qu'avait suscités dans tous les états l'introduction de la religion réformée, avoient empêché qu'on lui prêtât un secours pourtant bien nécessaire. D'ailleurs, l'empereur Rodolphe n'était pas le monarque qu'il eût fallu pour grouper autour de lui les rois et les peuples dans une action commune, et le baron de Salignac regrettait qu'Henri IV, dont le courage était héroïque et la valeur incontestée, ne ralliât pas sous son étendard les nations chrétiennes, afin d'entreprendre cette nouvelle croisade.

2. Dans la suite, il sera souvent question de ce trésorier qu'on appelait : Le fils du Boulanger et qui commit de grandes exactions.

1606 (26 JUILLET).

Orig. fol. 5.

A M. DE VILLEROY

SOMMAIRE : Renseignements sur le chevalier Rossy. — Voyage de M. de Brèves.

Monsieur, Depuis le XIXᵉ du mois passé que je reçeuz les vostres du XXV avril je n'ay point eu l'honneur d'en recevoir. J'escriz ce qui se passe icy et quelquesfois je suis forcé, je ne sçay comment, de dire ce que j'en pense. Vous me ferez s'il vous plaist, monsieur, ce bien de m'en excuser, s'il est besoin, et la longueur de mes lettres aussi. Je le fais par commandement. Je vous ay desjà mandé d'un chevalier de Malte qui s'est faict Turc : j'ay esté depuis mieux informé de luy ; il n'est pas si riche ny de la maison que l'on m'avoit dict ; bien s'appelle-t-il : *Rossy*. Son père estoit médecin, qui pour avoir bien servy à Malte, eust de grace que son filz peult estre chevalier ; il vit encores. Cestuy cy a une commanderie en France appelée Farges qui est près de Bourges, il a esté avec le chevalier de la Romagne. Monsieur Dampierre[1] le cognoist bien aussy, ce dict il, par ce que [ce] fust luy qui fist faire la galère du dit chevalier de Romagne ; il est de XXVI à vingt sept ans, qui a bon esprit, parle diverses langues, a fort veu, et a de grandes blessures sur soy. Les Espagnolz le desbauchèrent de la France, et l'ont employé depuis, luy donnant cinquante escuz d'entretènement le mois, près du cappitaine général de l'artillerie. Il en partist soubz couleur d'aller servir en Flandres, et vinst icy, où il ne fust pas plustost arrivé, qu'il se fit turc. Il me manda dès lors qu'il me verroit, et qu'il me diroit ce qui estoit de luy ; je l'ay veu souvent. Depuis il a beaucoup de regret de ce qu'il a faict, mais venant icy assez légèrement, et se faisant tousjours nommer chevalier, il n'y fust pas plus tost qu'il fust descouvert. Le sçachant, pour se garantir du danger où il se voioit, il feist ce sault. De vray cela luy a sauvé la vie ; il dict qu'il désiroit fort voir à l'œil quelque chose en ce pais, pour y pouvoir faire une signalée entre-

---

1. *François de Cugnac Sᵍʳ de Dampierre*, fils de François de Cugnac et de Jeanne d'Avry. Il fut conseiller d'Etat, capitaine de cinquante hommes d'armes des ordonnances, maréchal de camp, lieutenant-général au gouvernement de l'Orléanais. Il devint chevalier des Ordres en 1595 et mourut en 1615.

prise, et que ce dessein trop fort dans sa teste, l'y amena, sans considérer où il se mettoit, et partant avec peu de soin d'y pourvoir. Il se repent beaucoup, et ne doubte point de se sauver quand il voudra, bien qu'il soit assez mal aisé. Il désire fort un pardon de Sa S^{teté}. J'en escriz par cest ordinaire à Monsieur l'ambassadeur qui est près d'elle, pour en user comme il en jugera. Il dit que Mr de Barrante le cognoist bien, et qu'il s'asseure qu'il rendra tesmoignage combien il est bon françois ; et que ce qu'il a esté en Espagne, faict qu'il l'est beaucoup davantage qu'il ne fust jamais. J'ay creu vous devoir escrire cela au long. Mr de Brèves partist d'Alexandrie le quatriesme may ; il passe par Thunis ayant nolé son vaisseau pour ce voyage : je croy qu'il passera aussi par Alger. Son retour apprendra en quel estat sont là les choses maintenant. J'ay reçeu il y a quatre jours, deux ou troys lettres de Mr de Moissac escriptes du mois de septembre dernier. Si je les eusse plustost reçeues, j'eusse tasché à ce qu'il désire ; mais ceste longueur en a fait perdre l'occasion. Quoy qu'il me mande, je croy qu'ilz laisseront rebastir le bastion, tous me l'asseurent ainsy, etc.

SALAGNAC.

1606 (12 AOUT).

Orig. fol. 6.

AU ROY

SOMMAIRE : *Nouvelles du Bassa de Babylone. — Pourparlers de paix avec la Perse. — Révolte des Polonais et des Moscovites. — Assassinat de Demetrius. — Le premier Bassa persiste à demander l'intervention du roi pour amener la paix entre l'empereur et les Turcs. — Appréciation de M. de Salignac sur les avantages de cette paix. — L'ambassadeur donnera son appui au Bayle de Venise, suivant le désir du roi. — M. de Salignac voudrait se trouver à Jérusalem vers Pâques. — Danger que le roi a couru au pont de Neuilly.*

Sire, Le neufiesme de ce mois j'ay reçeu tout à la fois troys dépesches de V. M^{té}, les deux du dix[1] et vingt deux may et l'autre du septiesme juin, qui respondent à celles que V. M^{té} avoit reçeues. La dernière des miennes est du XXVIe du passé. Les nouvelles que je mandois de Babilone sont certaines ; mais ilz sont hors de

---

1. Voir page 43 la lettre du 10 mai et page 45, celle du 21 mai 1606, qu'Henri IV écrivit au baron de Salignac.

l'appréhension qu'ils avoyent; celuy qui a faict le coup ayant envoyé asseurer icy de son affection et fidélité, et portant tesmoignage par escript que, ce qu'il en a faict, a esté par l'advis et presque forcé de ses fidels subjectz; l'autre qui y commandoit, estant du tout incapable pour la guerre. Les raisons ont esté icy très bien receues, tant pour la peine qu'ils avoient de pis, que pour avoir aussi receu par mesme moyen, nouvelles que, depuis cest acte, il a faict un assez bel exploict sur le Persien, qui de son costé, ne travaille qu'à réduire ces places de la frontière, en nécessité de se rendre; ce qu'elles n'ont faict encores et semble qu'elles prendront courage, par la résolution que ce Gd Sgr a, de vouloir publier d'y aller en personne l'année prochaine, et desjà on y faict les provisions fort abondamment. Sans doubte, comme V. Mté le juge très bien, il estouffera du tout le feu dont les rebelles bruslent la Natolie, et contraindra le Persien à se retirer bien avant en ses pais, ou à rechercher la paix, de laquelle il se parle sourdement, mais qui se traite assurément, ainsi que m'a dict un des principaux de ceste Porte, par le moyen du roy de Tartarie; lequel en a esté recherché par le roy de Perse; et il y est poussé voyant combien laschement la guerre se faict en Hongrie, contre les promesses que l'on luy avoit faictes, et ne voyant rien s'esmouvoir en Pologne, de quoy l'on l'avoit asseuré. Les nouveles qui viennent de Pologne disent que les Polonois sont fort mal contans de leur Roy, et disent qu'ilz traicteront pour en eslire un autre : un de leurs prétextes est son mariage, lequel ilz appellent inceste, et dont ilz sont plus picquéz par le renouvellement de l'alliance avec la maison d'Austriche, de laquelle ilz sont fort ennemys[1]. Il se dict aussi que les Moschovistes se sont eslevéz contre leur roy Démétrius, parce que avec plus de zèle que de prudence, il vouloit changer leur religion et establir la catholique. Les uns mêmes disent qu'ilz l'ont tué, et la Royne sa femme qui estoit grosse, avec quelques religieux catholiques; mais comme cela n'est pas bien asseuré, il ne l'est que trop qu'il y a pour ceste occasion quelque rumeur en ces quartiers là; le sçachant plus au vray, j'en tiendray V. Mté

---

1. Sigismond, roi de Pologne, avait épousé en 1605 Constance, fille de l'archiduc Ferdinand de Gretz, sœur de sa première femme. Ce mariage avait mécontenté un certain nombre de seigneurs à la tête desquels se trouvait le palatin de Cracovie, *Nicolas Zebrzidowicz*. Les mécontents reprochaient aussi à Sigismond d'avoir soutenu Démétrius de Moscovie, d'avoir fait un traité secret avec l'Autriche, et surtout de favoriser les catholiques au détriment de ceux qui professaient la religion réformée.

advertie[1]. Depuis ma dernière depesche, le Boscay a escript icy, assure toujours de sa fidélité, et dict qu'il a espérance que l'on le veult eslire roy de Pologne, et promect beaucoup cela estant. Ilz tiennent ceste nouvelle fort secrète, mais je la tiens de tel lieu que je la croy certaine, mais non que les Polonois fissent une telle eslection. La paix se traicte tousjours en Hongrie; et le désir d'appaiser la guerre des rebelles et de chasser bien avant dans son païs le Persien, la faict fort désirer; mais le premier Bassa a ceste fantaisie que ce soit par le moyen de V. M[té] et par son entremise; qui luy faict trouver des empeschemens à en presser la conclusion, attendant que V. M[té] m'en ayt mandé son intention. Je luy ay desjà escript les propos qu'il m'a tenus pour cela, il les continue avec beaucoup d'affection; et j'attens les commandemens de V. M[té] pour parler selon qu'ilz m'ordonneront. A la vérité, rien ne se peut faire plus à propos pour remettre ces gens cy, ny dont il peusse naître plus de mal à la crestienté; mais si elle se doibt faire, il me semble qu'il ne seroit que bien que V. M[té] en eust le gré de tous les deux partiz. Quoy que ce soit, ilz s'attendent à la paix de ce costé là où ont le moyen de n'y pouvoir recevoir de dommage, fortiffians ceste espérance par le débat de Sa S[teté] avec la S[rie] de Venise, duquel ilz ont un grand contentement et avec beaucoup de raison, car il semble que Dieu parlast luy mesme aux chrestiens pour dire ce qu'il faudroit qu'ilz disent en ce débat. Cela en esloingne l'appréhension qu'ilz en avoient bien grande. Je ne faudray selon les commandemens que me faict V. M[té] d'assister de tout mon pouvoir aux occasions qui s'offriront pour la dite S[rie] de Venise; je l'ai faict entendre à ce Bayle qui en a receu un contentement infini, et semble que c'est le plus grand désir de ladite S[rie] de Venise.

Sire, je pensois demander à V. M[té] congé pour quatre mois pour aler faire ces prochaines Pasques en Hiérusalem; mais voyant la résolution de ce G[d] S[gr] d'aller vers la Perse et tout droict prendre le chemin d'Alep, j'ay creu debvoir attendre ce que V. M[té] m'ordonneroit pour ce voyage. La pluspart du négoce de France est vers Alep, où sans doubte la nécessité qu'ont ces gens cy, pourroit faire changer quelque chose, au désadvantage des négotians, si quelqu'un n'y est assez fort pour s'opposer à telles mutations;

1. Le 27 mai 1606 (comme nous l'avons dit plus haut) éclata la conspiration qui se tramait depuis quelque temps. Démétrius fut assasssiné dans son palais ainsi qu'un grand nombre de ses partisans.

et aussi ne sçai-je si V. M^té voudra qu'en ces provinces loingtaines il s'y voye vostre ambassadeur, comme il s'est faict autresfois avec beaucoup de réputation des roys voz prédécesseurs. Si elle me commande d'y aler, je me prometcz bien que celle de V. M^té n'aura pas moins d'esclat ; mais ce voyage est de telle despense qu'il ne se peut sans que V. M^té y fournisse. Mr de Brèves qui, à mon advis, est maintenant près d'elle, luy en pourra dire ce qui en est. Je ne puis que luy dire, sinon que ces gens cy ne donnent rien plus de ce qu'ilz avoyent accoustumé de donner à vostre ambassadeur, le payant avec beaucoup de paroles et de promesses ; et croy que la nécessité les y contrainct. J'attendray ses commandemens pour les observer entièrement, ozant la supplier très humblement vouloir agréer les supplications que je luy ay paravant faictes et y donner quelque remède, comme à vouloir commander le payement des fraiz que nous avons faict ensemble Mr de Brèves et moy, dont je suis toutesfois seul respondant et les fraiz extraordinaires que j'ay esté contraint faire depuis[1] ; lesquelz sont de tant plus pesans qu'ilz sont de la bourse d'autruy. J'y suis allé le plus escharsement[2] que j'ay peu ; il semble toutesfois à V. M^té que l'on s'en puisse passer, ce que j'oze dire toutesfois mal aisé, je la supplie très humblement de me le commander exprès par une de ses lettres afin que l'on ne m'en puisse rien imputer.

. Ce pauvre Palié, dont V. M^té me parle[3], n'a bougé du lit depuis estre céans, mais il n'y demeurera guères d'avantage si Dieu ne luy assiste par miracle ; car les médecins le tiennent pour désespéré. C'est un jeune homme qui a couru pour apprendre, et qui à la vérité n'avoit pas mal employé ses pas, ayant appris beaucoup de bonnes et utiles choses, et dont toute l'ambition estoit de pouvoir rendre bon service à V. M^té : c'est faict de luy.

Le danger que V. M^té a couru au port de Neuilly[4] nous a tous

1. Voir la note 1 de la page 23.

2. *Le moins chèrement possible*, d'une manière chiche, dit le dictionnaire de Trévoux.

3. Voir pages 39 et 45.

4. « Le Roy, la Royne, Mme la Pcesse de Conty, M. de Montpensier et le Duc de Vendosme, dit le Mercure français, tome I, page 106, revenant de S. Germain le 9 juin 1606 estoient dans un mesme carrosse. Arrivés vis à vis de Neuilly, au bord de l'eau, ils ne voulurent descendre du carrosse pour entrer dans le bac, à cause de la pluye ; mais il advint qu'en entrant, les deux derniers chevaux tirans trop à costé tombèrent dans l'eau, et de leur poix emportèrent le carrosse, tellement qu'il fut incontinent plein d'eau. » On vint rapidement au secours du Roi, qui lui-même voulut ensuite aider à retirer de l'eau la Reine et le Duc de Vendôme « *tellement qu'en tout cet accident il n'y eut que de la peur et de la mouilleure.* »

esfrayéz ici, mais nous a rempliz aussy de contentement pour voir
le soin particulier que Dieu prend de V. M^{té} et de ce qu'elle
ayme : L'ange qui en a la garde se rend très soigneux de sa charge ;
et aussi solennellement que nous avons peu, nous en avons faict
chanter le Te Deum, où de toutes nations habitantes icy, il s'est
trouvé des personnes et des Turcż aussi, tous louans Dieu pour
vostre conservation, et le supplians pour sa prospérité, etc.

SALAGNAC.

1606 (12 AOUT).

Orig. fol. 7.

A M. DE VILLEROY

SOMMAIRE : Remède contre la maladie de la pierre. — Nécessité pour l'ambassadeur de recevoir le traitement qu'on donnait à M. de Brèves.

Monsieur, Celle que j'escris à S. M^{té} vous dira tout ce que
nous faisons icy ; et ceste-cy, que je ne vous vante plus cet anneau
d'argent pour la cholique de quoy l'on m'avoit fait tant de cas.
Depuis vous avoir escrit, j'en ay esté fort tourmenté ; et en faisant ceste dépesche, la douleur me presse, de sorte que je la laisse
beaucoup imparfaitte aux amys qui m'avoyent escrit et ausquelz
je désirois de respondre. Toutes les vostres, Monsieur, me font
voir de combien de chaisnes je vous suis attaché, aussi vous juré-
je sur mon honneur qu'un de mes plus violans désirs est de pouvoir vous rendre quelque agréable service. Je n'en laisseray jamais
passer nulle occasion, et estant icy je recercheray tout ce que je
pourray juger vous estre agréable. Je croy pour tout vray, que
M. de Brèves sera à vous plustost que ceste cy : c'est alors, Monsieur, que je me remetz du tout en voz mayns ; car la vérité est
que, si je ne jouys de ce que faisoit le dit Sr de Brèves estant icy,
il est impossible d'y demeurer. Toute l'ayde que les ambassadeurs
de S. M^{té} avoyent de ceste Porte, est convertie en bonnes et belles
paroles ; mais cela ne fait ny boyre ny manger. Je vous en ay si
souvent importuné que je n'oze continuer, etc.

SALAGNAC.

1606 (27 AOUT).

LE Sr DE BRÈVES A M. DE VILLEROY,
conseiller du Roy et premier secrétaire des commandemens et finances de Sa Majesté.

Orig. Biblioth. natle. Fr. 16145, fol. 49.

SOMMAIRE : *Arrivée de M. de Brèves à Tunis. — Situation en Barbarie. — Plaintes des Corsaires contre les Français. — Ils se soucient peu des commandements du Gd Ser. — Traité fait par M. de Brèves avec ceux de Barbarie. — M. de Brèves se loue de Mustapha Aga. — Défaite des Espagnols à la Mahomète.*

Monsieur, Comme j'arrivay en Thunis[1] j'y trouvay les gens de guerre fort mutinéz contre nous : leurs gallères qui estoient en courses avoient commandement de prendre tant de François qu'elles trouveroient, piller et saccager leurs marchandises en tout ce qu'ilz avoient : ce qu'elles firent, ayant prins deux vaisseaux de Marseille, faict la moitié des hommes esclaves et vollé dessus soixante et tant de mil escuz. Leurs frégates et brigantins d'autre costé, ont amené quatre ou cinq petittes saithies[2] ; enfin ilz nous avoient déclaré la guerre, et ce pour les Turcz, disent-ilz, que le Roy tient en ses gallères ; se servant de ce sujet, plus pour continuer à nous desrober et à s'enrichir de noz despouilles, que pour autre intention. Aussi me l'ont-ilz témoigné ; car comme je leur ay demandé la restitution de l'argent et marchandises qu'ilz avoient prinses, leur promettant la délivrance des Turcz, ilz m'ont entretenu deux mois avec espérance de m'en donner une partie ;

1. La lettre de M. de Brèves que nous publions ici indique bien quelle était la situation en Barbarie, et fait assez voir que l'autorité du Gd Ser y était à peine reconnue. A diverses reprises, d'ailleurs, la correspondance du baron de Salignac nous avait déjà éclairés à ce sujet.
En arrivant à Tunis, M. de Brèves se mit en rapport avec *Cara Osman*, l'un des chefs les plus influents de la Milice. Celui-ci écrivit à M. de Brèves pour lui expliquer les causes qui portaient les Janissaires à maltraiter les marchands français et « *énuméra*, dit l'auteur de la *Relation des voyages de M. de Brèves, les torts et griefs qu'ils prétendoient leur estre faits par nostre nation, comme l'esclavitude de plusieurs Turcs pris dans un galion de Constantinople et envoyés aux galères de Provence. Plus la destention ès dites galères de Provence de certains Turcs à qui le Cte Maurice (de Nassau) avait donné liberté à la Prise de l'Escluse (en 1604), lesquels bien qu'avec passeport du Roy, furent arrestés à Marseille et aujourd'hui y sont encore à la chaisne. Outre plus, il se plaignoit que tous les vaisseaux de guerre, faisant le cours en ceste mer sous les bannières des ennemis de son Prince..... estoient armés de François, ou au moins avoient les pilotes et capitaines de nostre nation.* »
2. *Sitie,* ou vaisseau rond.

puis à la fin, ne m'ont rien donné, ny mesmes vouloient délivrer
les François qu'ilz détiennent contre la foy publicque; m'ayant
dit pour toutte responce, que S. M^{té} fist le pis qu'elle pourroit
contre eux; que non seullement ilz se garderoient des effectz de
son inimitié aussy bien que de celle du Roy d'Espagne, mais
aussy qu'ilz avoient assez de forces pour aller ruiner et courir les
costes de la Provence, y mettre le pied, et d'y brusler et ravager
tout; qu'ilz aymoient mieux la guerre avec nous que la paix.
Voylà, Monsieur, le conte que ces gens font des commandemens
de leur G^d S^{gr}, duquel ilz se soucient en tant que ce qu'il leur
commande leur apporte du profit. Aussy disent-ilz ouvertement,
qu'il se doit contanter qu'ilz luy gardent ses païs; et que, quand il
les voudroit chastier, qu'il ne le peult faire. Ce n'est pas que le
Turcq que j'ay amené avec moy[1], ne se soit monstré en ceste occasion fort prompt et affectionné en ce qui nous advisoit, jusques à
les appeler rebelles et à les traicter encores plus rudement, mais
ilz n'en ont faict que rire. Quoy voyant, et considérant d'un costé
que je n'avois aulcun commandement de S. M^{té} de la rompre avec
eux, de l'autre qu'ilz avoient sept gallères touttes prestes pour
aller en course; que les quictant sans aulcune résolution, ils
avoient délibéré d'aller à la coste de Provence; et qu'ilz y pourroient bien faire une partie de ce qu'ilz disoient, pour n'estre la
dite cote de Provence pourveue de ce qu'il luy fauldroit pour les
repousser; que S. M^{té} avoit trop peu de gallères pour les entreprendre; que maintenant s'estoit la saison que les marchandz
françois alloient et venoient de Levant; joinct que les Consuls de
Marseille m'avoient escrit que je fisse en sorte de redresser leur
négoce et l'asseurer : que sans cela, ilz ne pouvoient vivre, et que
c'estoit l'âme de leur ville; touttes ces considérations me firent
résoudre de tirer de ces gens quelque temporisement à l'exécution
de leur mauvaise volonté, soubz quelque condition que ce fust,
pour ce pandant nous préparer contre eux; m'ayant semblé qu'il
n'y a point de déshonneur, pour chastier des meschants que l'on
ne peult réprimer, de leur accorder quelques fois une partie de ce
qu'ilz veulent. C'est pourquoy j'ay passé avec eux l'accord que
j'envoie au Roy et que vous verrez, le tout toutesfois soubz le bon
plaisir de S. M^{té}, qui pourra tousjours en me désadvouant, leur

---

1. *Mustapha Aga.*

déclarer la guerre, et se servir de cet accord pour s'y préparer[1] ;
et comme je vous ay dit cy dessus, le Turcq que j'ay amené avec
moy s'est monstré en touttes ces menées du tout porté à mes
recherches, ayant occasion de me louer de luy : je croy qu'il en
fera de mesme en Algier. Je trouverois à propos que S. M[té] luy
permist de passer jusques en sa court, tant pour luy rendre la
lettre qu'il luy porte de son G[d] S[gr], que pour le charger de dire à
Sa Haultesse de sa part, ce qu'elle se résoudra de faire. Je vous
supplie, monsieur, de me mander l'intention de S. M[té] là dessus
en Algier ou à Marseille, affin de la suivre. Sept gallères de Sicile,
commandées du Dalentade[2] avec trois de Malte, sont venues pour
prendre une autre fois la Mahomette, et ayant faict descendre
quelque mil ou douze cens harquebuziers en terre, trante ou quarante Mores à cheval les ont mins en desroute, s'estant presque
tous naïéz, exceptéz quelques quatre vingts qui ont esté faicts prisonniers[3], entre autres le Chevalier d'Olieure[4], celuy de Rambure[5]

1. L'auteur de la *Relation des voyages de M. de Brèves* raconte toutes les difficultés qu'eut à vaincre M. de Brèves. Les Janissaires ne voulaient pas rompre
complètement avec lui, mais ils cherchaient à lui arracher le plus de concessions
possible. « *Je scay bien, disait Cara Osman, si j'estois à Constantinople qu'il me*
« *seroit marqué logis à Balouchbaiar (c'est une place publique où sont dressées*
« *les ganches auxquelles s'attachent les criminels); mais je ne puy arracher le*
« *pain des mains de nos soldats.* »
Enfin on signa un compromis par lequel les Miliciens promettaient « *de ne*
plus molester à l'advenir les sujets du Roy, ne plus recevoir aux havres de leur
juridiction les Corsaires Anglois qui auroient déprédé les marchandises desdits
· *François. Et si aucun y abordoit, ils promettoient de faire rendre les dites mar-*
chandises ès mains du Consul de France. Luy réciproquement s'obligeoit de la
part du Roy, de faire ensevelir dans une generale amnistie toutes les hostilités par
la Milice exercées contre les nostres, l'asseurant qu'à l'advenir nous ne la recher-
cherions des prises faites sur nous : Que les esclaves Turcs destenus à Marseille,
tant bien que mal pris seroient remis en liberté dans un an, et que les vaisseaux
du Royaume de Tunis auroient libre entrée aux ports de France. » « *Quoy que,*
ajoute le narrateur, *cest accord sembla un peu desadvantageux, si est-ce que ne se*
pouvant mieux, il fut jugé plus expédient de le passer ainsi, que de quitter la par-
tie et s'en retourner sans rien faire. »
2. *Adelantade*, amiral des galères.
3. « Le marquis de *Santa Cruz*, général des galères de Naples, raconte de Thou,
ayant assemblé une flotte de 14 galères, et y ayant embarqué 8 compagnies d'infanterie, fit le 7 août 1606, une descente dans l'Albanie à trois milles de Durazzo,
et s'empara de cette ville, qui fut abandonnée au pillage. Santa Cruz cingla
ensuite du côté de l'Afrique, et ayant débarqué non loin de Tunis, il surprit *la
Mahomette*, qui avait été pillée quatre ans auparavant. Mais les Espagnols, charmés
de la beauté du pays, voulurent en goûter les délices, et ne se tinrent pas assez
sur leurs gardes. Attaqués par un petit nombre de Maures, ils perdirent trois
cents hommes dont la plupart étaient gentilshommes, et leur général, le marquis
de Santa Cruz. »
4. Le *chevalier d'Olieure*, gentilhomme provençal.
5. *Guillaume de Rambure*, gentilhomme picard, reçu chevalier de Malte en
1597. (Vertot, *Hist. de Malte.*)

et un autre appelé la Houssaye[1] ; il y est mort peu moings de cinquante gentilz hommes françois chevaliers de Malte dont il me desplaist grandement. Je viens d'apprendre que les dix-sept gallères de Naples ont aussy mis gens en terre près de Tripoly, ayant aussy esté mal traictéz. Je finiray la présante pour prier Dieu, monsieur, qu'il vous conserve en heureuse et longue vie.

De mon navire à la voile pour Algier ce xxviiᵉ aoùst 1606.

Vostre bien humble et obligé serviteur,

BRÈVES.

1606 (28 AOUT).

Orig. Fr. 16146, fol. 8.

LE BARON DE SALIGNAC AU ROY

SOMMAIRE : Le Roi de Tartarie fait demander à la Porte des secours contre les Polonais. — Le Gᵈ Sᵍʳ est sous la domination de ses femmes. — Incapacité de Ferat Bassa. — Il est abandonné par ses troupes. — Audace d'Aly Zambolat. — Honneurs rendus au Corsaire Morat Rays. — M. de Salignac le rencontre chez le Visir et l'interpelle énergiquement à propos du concours qu'il a prêté à la démolition du Bastion de France. — Morat essaie de se justifier. — Longue discussion. — Retour à la lueur des flambeaux. — Morat est éloigné de la Barbarie. — Il reçoit le Gouvernement de la Morée. — Les Vénitiens craignent son voisinage. — Promesses du premier Bassa.

Sire, ma dernière du douziesme de ce mois aura dict à V. Mᵗᵉ les nouvelles d'icy ; celle de la mort du prince Démétrius de Moschovie, de sa femme, de quelques religieux polonois qui estoyent avec luy, continue de sorte que je la tiens très certaine, comme celle de la révolte d'un grand nombre de Polonois contre leur roy, lequel de sa part est aussi assisté d'un nombre encores plus fort ; de façon que si cela ne s'appaise par quelque accord, la guerre s'y fera assez forte. Ce qu'ilz s'étoyent arméz contre les Tartares[2] après tant de maux qu'ilz en avoyent reçeuz, et que le roy mesme y marchoit en personne, faict que l'on[3] travaille à cest accord plus que l'on ne feroit sans cela. Celuy que l'on attendoit icy de la part du Tartare est arrivé, mais il ne dict rien de ce

---

1. *Jean de Monceaux la Houssaye*, gentilhomme champenois, reçu chevalier de Malte en 1602. (Vertot, *Hist. de Malte.*)

2. Voir la lettre du 26 juillet 1606.

3. *l'on*, c'est-à-dire : *la Porte.*

désir de la paix, que l'on publioit qu'avoit le Persien, ny ne parle point d'en traicter, à quoy on donnoit l'occasion de son voyage. Il est seulement venu afin de chercher remède contre les Polonois ; mais leurs dissensions luy en donnent de meilleurs qu'il n'en eust trouvé icy. Ce G^d S^{gr} continue tousjours le dessein de son voyage pour la prochaine saison ; cependant il passe son temps à ces maisons ès environs d'icy, où il est avec ses femmes, auxquelles il se donne tellement que ses subjectz commencent d'en prendre mauvaise impression et d'en parler assez librement ; mais ce voyage qu'il desseigne, appaisera ou accroistra ces parolles. Les rebelles, depuis ma dernière, sont venuz saccager icy auprès, beaucoup de villages, et s'y sont arrestéz et fortiffiéz, de sorte que l'on a esté contraint de lever des troupes pour s'y opposer ; elles sont tantost prestes, et seront commandées par le Béglier Bey de la Natolie[1]. Ferrat qui alloit vers le Perse, est arresté en quelque lieu de l'Asie, tellement abandonné de ceux qui estoient avec luy, qu'il n'ose s'hazarder d'aller plus outre, ny de tourner en arrière, et cognoist-on maintenant la mauvaise eslection que l'on a faict de luy. Les rebelles se fortiffient extrêmement de l'espérance qu'ilz ont que Aly neveu de Zambolat gouverneur d'Alep sera des leurs ; il a réuni force hommes ensemble, a mis garnison dans le chasteau ; et sçachant que deux ou trois gouverneurs des provinces voisines marchoient vers Alep pour l'ataquer, par le commandement de ce G^d S^{gr}, il a bien ozé se mettre aux champs et marcher droict pour les rencontrer, résolu de les combatre, ayant laissé deux ou trois mille hommes pour la garde de la dite ville d'Alep. Les premières nouvelles que nous aurons de là porteront ce qui s'y sera faict ; s'il estoit vainqueur, l'on juge que le nombre des rebelles sera si grand, que le G^d S^{gr} aura bien de quoy à penser sur le voyage qu'il a résolu et faict publier.

Ces jours passés, Morat Rays[2] est arrivé icy avec deux galiottes, auquel ce prince a faict tout l'honneur et bonne chère qu'il peut faire à qui que ce soit. Ce Visir luy en rend de mesme, de sorte que ce Coursaire se trouve infiniment honnoré et caressé. Je me trouvay l'autre jour chez le Vizir, luy y estant ; qui en vouloit par-

---

1. Voici ce que nous trouvons dans le journal de d'Angusse : « En ce temps fut faict Capitaine de quelques Compaignies, *Oussain Bassa*, Beglerbeg de la Natolie, et commandé pour aller repousser les rebelles qui estoient venus ravager jusques près de Scutari. »

2. Voir la note *a* de la page 55.

tir à mon arrivée, mais je fiz prier le premier Bassa de le retenir, désirant bien de parler à luy en sa présence, ce qu'il fist ; et je luy dis lors : « que cest homme estoit celuy qui pourroit faire rompre les alliances et confédérations qui estoient entre vostre empire et cestuy cy, parce que la pluspart de ce qui se faisoit en Barbarie estoit par son advis, ayant rendu toute la milice qui y estoit complice de ses actions ; et que les subjectz de V. M^{té} en recevant de là les dommages, dont ilz ont si souvent entendu les plainctes, et par mon prédécesseur en ceste charge et par moy, sans y avoir donné aucun remède, ne les veulent plus supporter davantage ; qu'il estoit temps maintenant de m'esclaicir de ce que nous en debvrions attendre ; que la punition de cestuy cy et de troys cens des plus mutins et meschans de la Barbarye qu'il avoit menéz avec luy, rendroit V. M^{té} assurée de leur amitié et bonne volonté, et remetroit la dite Barbarie en obéissance, qu'ilz m'ont dict si souvent estre toute perdue. » Le dict Morat Rays entendoit fort bien le langage auquel je parlois, et ne luy fallust point d'interprète. Le premier Bassa m'ayant entendu, dict que son maistre désiroit, à quelque prix que ce fust, entretenir l'amitié qu'il a avec V. M^{té}, et luy dict de respondre. Ce vieillard fist semblant de s'estonner extrêmement de mon langage, parce que, « ayant toute sa vye faict courtoisie à tous les François, il en attendoit bien autre recognoisssance. » Je luy dis « qu'il y estoit obligé en son particulier, outre l'obligation qu'il avoit de suivre les volontéz de son prince, parce que le port et la ville de Marseille l'avoient garanty de tomber ès mains de ceux desquelz il ne doubte point comme il eust esté traicté, et qu'il avoit adjousté aux maux qu'il avoit faict à voz subjectz, une particulière ingratitude contre ceux de Marseille ; ausquelz depuis ce bienfaict, il avoit faict plus de mal et de dommage que auparavant il n'avoit jamais faict ; que je ne sçaurais jamais comme il osoit dire ce qu'il disoit, estant cause que le bastion de France avoit esté abatu, et pillé tout ce qui estoit dedans ; ayant esté cause que le consul françois reçeust tant de coups de baston en plain divan ; et de nouveau y ayant des vaisseaux de Bretagne pris en Alger [1], et la pluspart des hommes retenuz esclaves ; et que luy mesme avoit dans ses galiotes quinze ou seize françoys esclaves ». Le premier Bassa baissa les espaules et luy dict de respondre. Luy, promptement dict que : « ce qu'il alla

---

1. Voir les détails sur cette prise dans la lettre du 12 septembre 1606...

à Marseille, fust seulement pour le service de V. M^té, ayant sceu que les Espagnolz désiroient s'en rendre maistres ; qu'il offrist aux Marseillois pour le service de S. M^té, et sa personne, et toute la milice qui estoit en Alger, et toutes les gallères qui y estoient ; et que si sa bonne volonté eust esté employée, il eust bien tesmoigné que ce n'estoyent point parolles en vain ; pour le bastion de France, qu'il fust abatu par une résolution de toute la Barbarie, parce que par là on emportoit tout le bled ; qui y rendoit une cherté et une famine extrême ; mais qu'il feist en sorte qu'il ne s'y perdist rien, et qu'il s'asseure que le Sr de Moissac le diroit aussy ; que pour le consul, il eust esté tué sans luy, parce que au dit divan il bailla un soufflet à un principal Mussulman. » Je fiz voir clair au premier Bassa que c'estoient excuses controuvées. Luy asseurément le soustenoit, et « qu'il vouloit mourir, si tout ce qu'il disoit [n]'estoit vray ; que pour les vaisseaux de Bretagne, il les avoit faict rendre, et mettre en liberté tous les Françoys, n'y ayant esté rien pris que ce qui estoit des Espagnolz, pour lesquelz ilz avoyent charge ; que les autres prises dont nous nous plaignons estoyent de telles choses, comme le Sr de Brèves qu'il avoit veu en Thunis avoit très bien vériffié, auquel il avoit rendu tous les esclaves françois qu'il n'avoit luy mesme jugés de bonne prise, ceux qu'il avoit retenuz, ayans esté pris sur des vaisseaux qui luy faisoyent la guerre » ; et compta force courtoisies qu'il avoit faict au dit Sr de Brèves qui n'en trouvoit en nul autre que en luy, comme il s'asseure qu'il ne l'aura point celé ; qu'il avoit tant faict que le rebastissement du dit bastion avoit esté résolu ; et que le consul que V. M^té voudra y envoyer, y sera bien reçeu et honnoré, et se mist à discourir de V. M^té particulièrement, avec tout l'honneur qu'il pouvoit. Je voyois bien, par les honneurs que l'on luy faisoit, que je n'en aurois pas autre justice ; qui me fist dire en riant, que « comme souvent l'on donnoit la garde de la bourse au plus larron, j'estois d'advis que l'on le fist Vice roy d'Alger ; mais que premier, il fist démonstration par effectz, de ceste bonne volonté ; qu'il preschoit tant par ses paroles, que je priois le premier Bassa penser à toutes ces choses et y apporter du remède à ceste heure qu'il se pouvoit ; que nous nous reverrions ensemble une autrefois après qu'il y auroit pensé ». Aussi estoit il troys heures de nuict, et fallust faire ouvrir les portes de Constantinople et m'en revenir aux flambeaux : il y a troys jours de cela. Le lendemain le bayle de Venise fust au premier Bassa pour une plainte fort aigre contre le dit Morat ; lequel s'y trouva présent, et en fist fort peu de cas, comme fist aussy le premier Bassa ; il la fist d'autant plus aigre qu'il avoit sceu que l'on luy vouloit donner le gouvernement de la Morée, et y joindre deux ou troys autres Sangjacaz voisins, avec le commandement de douze gallères qui ne bougeroient de son dit gouvernement. Cela est de très grande importance aux Vénitiens, tant y a que le dit Morat a maintenant ceste charge, et promet merveilleusement. Les Vénitiens se promettent de rompre ce coup avec une bonne somme d'argent. Toutesfois il semble que ce premier Bassa a quelque dessein qui leur rendra cest affaire plus difficile ; ilz n'espargneront rien pour en venir à bout ; car le Zante et le Cerigo n'ont vivres que de là, qui leur seront couppéz ; et la Candie en ressentira des incommoditéz qui troublera la S^{rie} de Venise. Depuis le dit Morat m'a envoyé offrir mille belles choses, et me promet merveilles. Sans doubte, Sire, si V. M^{té} se résould à leur faire du mal en Barbarie, ilz s'appaiseront, mais non autrement à mon advis ; car ilz croyent que, quoy qu'ilz facent, on ne se revanchera point ; et la vérité est que le commerce de France leur est si nécessaire, que s'il estoit deffendu et qu'on leur fist du desplaisir, ilz crieroyent miséricorde. J'oubliois à dire à V. M^{té} que le dit Morat Rays insista tousjours que la cause de tout le mal estoit de quelques esclaves Turcz mis en liberté en Flandres, lesquelz retournans en Barbarie avoyent passé par Paris, en passe port et mesme [avec] quelque argent de V. M^{té} ; lesquelz au partir de Marseille, avoyent esté par quelques Marsillois, la plus part tuéz, pris et vendus pour esclaves, et d'autres mis aux galères[1]. J'avois beau deffendre là dessus ; il dict tousjours qu'il ne vouloit que V. M^{té}, seule juge et tesmoin de cela ; et qu'il vouloit mourir, en cas qu'elle ne le dist ainsi ; qu'il sçavoit très bien qu'elle l'avoit trouvé très mauvais, s'en estoit courroucé, et avoit donné des commandemens pour y remédier, ausquelz on n'avoit point obéy. Je diz au premier Bassa « qu'il n'y en avoit point eu de tuéz, et que ceux qui furent retenuz, V. M^{té} les vouloit tous faire mettre en liberté ; et pour commencer en avoit envoyé vingt ou vingt cinq par le Sr de Moissac ; mais voyant que ceste courtoisie ne servoit de rien, et que au lieu de la recognoistre, ilz s'enorguillissoient, Elle avoit commandé de retirer les autres ; de sorte que c'estoit par exprès commandement qu'ilz

---

1. Voir la note 1 de la page 74.

estoient arrestéz, non par désobéissance, et qu'elle ne se trouvoit point parmy voz subjectz ; et que s'ilz n'y remédient, ce nombre si petit se grossira bientost, V. M^té ne voulant plus que l'on suporte les insolences de ce peuple ; de plus qu'il a souffert, tant qu'il a creu que l'on donneroist remède de deça ; et que ceste plainte seroit la dernière que j'en ferois, V. M^té m'en ayant faict commandement exprès ». Le premier Bassa promist fort d'y remédier, et Morat disoit qu'il estoit très nécessaire, et qu'il s'en trouveroit le moyen.

J'espère, Sire, dans deux ou troys jours voir encores le dit Morat en présence du Vizir ; et j'advertiray V. M^té de ce qui s'y fera, comme j'ay creu debvoir faire de ce qui se passa à ceste première veue. V. M^té m'excusera, s'il luy plaist, si je l'ay faict au long ; mais elle sçaura par le Sr de Brèves encores mieux ce qu'elle doibt attendre de ce costé là ; et luy estant près de V. M^té, elle daignera se souvenir de moy, qui de vray, ay plus de misère que je n'oze dire, et de tant plus fascheuse, que plus il me la faut cacher. Si c'estoit le service de V. M^té, elle me seroit agréable, mais il n'en va pas ainsy, Sire, et moy sa très humble créature me promectz la faveur de sa bienveillance qui chassera toutes ces importunes peynes, etc.

Salagnac.

1606 (28 août).

Orig. fol. 9.

A M. DE VILLEROY.

SOMMAIRE : Le bruit court qu'Aly Zambolat a défaict les troupes turques. — Règlement des frais payés par M. de Brèves et M. de Salignac.

Monsieur, Depuis que celle que j'escriz à Sa M^té a esté chiffrée, il est venu un messager d'Alep qui assure avoir trouvé par chemin les troupes des bassas de Damas, Tripoly et Gaze toutes deffaites, pris tout leur bagage et douze pièces d'artillerie, dict que tous ceux qui sont demeuréz entre ses mains, il les a renvoyéz vivans sans vouloir d'eux autre chose que les armes et que beaucoup de ceux là se sont ralliéz avec luy. Il en parle si asseurément que je ne puis le mescroire ; mes premières vous en donneront tout le dis-

cours, car on ne peut guères tarder à le sçavoir. Il y a desjà si
longtemps que Mr de Brèves est party de Thunis que je le croy
près de vous. Ce qu'il a pleu à S. M^té de l'attendre m'a donné des
nécessités cruelles ; elles me seroient agréables s'il en venoit
quelque service, mais estant au contraire, j'ose encores vous supplier
très humblement me vouloir sortir de ces peynes, et que je
puisse jouyr de ce que faisoit le dit Sr de Brèves. Je vous diray
avec vérité que depuis son partement toutes choses sont icy beaucoup
plus chères qu'elles ne souloyent : on ne tire du tout rien de
ces gens cy que des paroles ; et leur impudence et effronterie à
demander est tellement accreue que c'est pitié. Mon secrétaire qui
va dans huict jours à Paris pour la nécessité de quelques siennes
affaires vous en informera selon la vérité, etc.

Salagnac.

1606 (12 septembre).

Orig. fol. 10.

A M. DE VILLEROY.

*SOMMAIRE : Navire de Saint-Malo pris par les corsaires d'Alger.— Affection de
Dervis Bassa pour M. de Salignac et pour les Français. — Baptême des Princes.*

Monsieur, Il y a quelque temps que je reçeuz une despesche du
Roy faicte par monsieur de Gèvres[1], et m'envoyoit une lettre de
S. M^té addressante au G^d S^gr cachetée sans m'en envoyer de coppie
pour la faire traduire, de sorte que ne le pouvant, ne voullant
entreprendre d'en violer le cachet et n'en ayant point de nouvelles
de vous, j'ay laissé de la présenter : aussy y a il neuf moys qu'elle
est escripte. J'appris par celle qui s'addresse à moy que c'est pour
rechercher la raison de deux navires de St Malo pris par quelques
galliotes d'Algier. J'en avois eu quelque vent, de sorte que la
première fois que je veis Morat Rais en présence du premier
Bassa, je luy en parlay ; mais il jugea à mon advis, que j'en parlois
sans en sçavoir bien la vérité ; qui fit qu'il me respondit ce
que j'ay desjà escript par les miennes du vingt huictième d'aoust.
Depuis j'ay reçeu par une voye extraordinaire la ditte despesche

------

1. *Louis Potier, marquis de Gesvres,* secrétaire d'Etat, mourut le 25 mars 1630.
Son fils, René Potier, fut créé duc de Gesvres et pair de France en 1648.

faicte par Mr de Gèvres, et en ayant faict nouvelle plaincte comme m'estant commandée, sans parler de la dite lettre du Roy, j'ay sceu du dit Morat Reis que l'un des ditz navires fust soudain rendu avec touts les hommes et la marchandise qui estoit dedans, mais que l'autre ayant combattu et tué plus de trente cinq ou quarante Turcz, comme il vérifia par tesmoings qu'il avoit menés exprès, avoit esté jugé de bonne prise; et le tout avoit esté départy de sorte qu'il ne se pouvoit espérer en retirer rien que les esclaves qu'il tascheroit de faire en sorte que l'on laisseroit aller avec de l'argent. Ce n'est pas lui qui a faict la dicte prise, et n'y a auculne part. Le dit Morat s'en est retourné, tant pour aller quérir sa famille que pour remédier ès hommes qu'il avoit amenéz. Il doibt revenir avant l'hiver, ayant eu le gouvernement de la Morée que je vous ay mandé par mon austre despesche et reçeu icy beaucoup d'honneurs et de faveurs. Le premier Bassa me dit qu'il lui a faict donner ceste charge pour l'oster de Barbarie où il pouvoit trop, et qu'il le gardera bien de faire du mal icy; qu'il travaille pour en retirer ainsy touts les plus puissans et plus mutins, affin d'y avoir plus de puissance; qu'il espère d'en venir à bout, et qu'il le faict principallement à ce que le Roy et les Françoys soient contens de ce costé. Il me tesmoigne tousjours beaucoup d'affection. Celle de son maistre en son endroict continue, encores que touttes les devinations de ce peuple icy, qui y est fort addonné, menacent sa teste dans peu de temps[1]; ce n'est pas qu'ilz le désirent, car ilz l'affectionnent assez; pour estre bon justicier et tennir les choses en assez bon ordre, mais l'envie des grands est extrême contre luy.

Monsieur, vous m'obligez beaucoup de me faire sçavoir des nouvelles de delà qui sont nécessaires à la vérité d'estre sceues icy, veu les diverses que l'on y en ameine de touttes parts. Je vous croy à cest heure empesché aux apparats de ces baptesmes[2] où

1. Cette prophétie ne tarda pas à se réaliser. Dervis Bassa fut assassiné quelques mois après.
2. Le dauphin et les deux princesses, filles de Henri IV, furent ondoyés dès leur naissance, mais les cérémonies du baptême avaient été retardées jusque là. Enfin, l'on décida qu'elles auraient lieu le 14 septembre à Fontainebleau. Le pape, Paul V accepta d'être le parrain du dauphin et se fit représenter par le cardinal de Joyeuse. La duchesse de Mantoue était marraine. Le *Mercure français* nous a transmis une relation fort intéressante de ce baptême, qui se termina par un grand banquet et par des réjouissances auxquelles prirent part tous les seigneurs de la Cour.

je ne doubte point qu'il ne se face tout ce qui se pourra de beau. C'est la plus agréable et chère occasion qui s'offrira jamais à la France, car c'est une nouvelle naissance de Monseigneur le Daulphin, qui se fera desjà veoir grand. Dieu le maintienne par sa gràce, et luy veille donner encores un frère dans le bout de l'an, etc.

SALAGNAC.

1606 (13 SEPTEMBRE).

Orig. Bibl. nat^le. Fr. 16145, fol. 52.

AU ROY

SOMMAIRE : Détails sur la victoire remportée par Zambolat. — Effroi à Constantinople. — Prise de Durazzo par les galères espagnoles. — Ravages des rebelles de l'Asie. — Paix avec l'empereur. — M. de Salignac a envoyé des oiseaux de chasse au roi. — Entente entre le roi de Perse et les rebelles. — Les Turcs se félicitent des dissensions qui règnent en Europe.

Sire, Le second du present, je reçeuz la depesche de V. M^té du septiesme Juillet. Celle que l'on me porta, de la defaicte qu'auroit faict Haly Bey[1] gouverneur d'Alep, des troupes commandées et mises ensemble par les gouverneurs de Damas, Gaze et Tripoly, et que j'escrivis à M. de Villeroy, est certain. Ilz avoient deux fois autant d'hommes que le dict Haly, lequel pour cela ne laissa d'aller droict à eux, et se trouva à la pointe du jour, où ilz estoient campéz; et se commença dèslors une escarmouche qui se renforça bien grande, et dura jusques sur le midy, que la chaleur et la lassitude les fist retirer un peu du combat. Haly demeura où il avoit combatu, faict repaistre ses gens à la veue des autres; et, s'estant sur cela levé un petit vent fraiz qui les raggaillardist, il se resolut de retourner au combat, et donna advis à tous ses gens que, lorsqu'ilz verroyent qu'il avoit arboré une enseigne blanche qu'il n'avoit point encores desployée, ilz se ralliassent tous ensemble et allassent à luy, pour faire ce qu'il ordonneroit. Ayans ce commandement, ilz retournèrent à l'escarmouche, avec ce dessein de se rallier à la première veue de ceste enseigne blanche; ce qu'ilz firent fort promptement; et le dict Haly marcha droict pour combattre un

---

1. Aly Zambolat.

grand nombre de Mores et d'Arabes qui estoient au costé. gauche
de l'armée de ses ennemis ; mais Mores et Arabes qui ne s'atten-
doient point à combattre ainsi en gros, et aussy que ce n'est point
leur coustume, luy tournèrent le dos et se mirent à fuir ; Haly
ayant mis.à leur suite quelque petit nombre d'hommes, marcha
avec tout le reste de ses forces droict avec[1] les sus dits gouverneurs,
qui estoient ensemble au costé droict, et les chargea de telle furie,
qu'il les desfist et rompit entièrement. Il ne voulut point que l'on
tuast d'hommes que l'on pourroit prendre, les laissant tous aller
sans vouloir rien d'eux que leurs armes. Beaucoup en sont
demeuréz avec luy ; et ceux qui ne l'ont faict, lui en restent obligéz et affectionnéz, et font craindre que en une bonne occasion,
ilz ne s'en veullent revancher. Il ne mourust pas plus de quatre
ou cinq mille hommes en ceste bataille ; mais les munitions et
la plus part du bagage s'y est perdue. L'excuse des battuz a esté icy
qu'ilz avoient avec eux l'argent du Roy, tant celuy qui venoit du
Caire que de quelques autres endroitz, et que le soin qu'ilz eurent
de luy sauver comme ilz ont faict, a causé ceste perte ; l'excuse a
esté reçue et trouvée bonne ; mais cest victoire par cest homme que
l'on croyoit fort résolu[2], met icy tout en effroy. Le G^d S^gr qui

1. C'est *contre* qu'il faut lire, et non *avec*.
2. Voici comment *Bordier* raconte (livre II, chap. 73) la révolte des Gelalis ou
rebelles de l'Asie : « Le bey de la Natolie avait été chargé de prendre les dispositions nécessaires pour repousser les ennemis et leur avait opposé le bey d'Amasie
avec les Pachats de Damas, Daman, Tripoly et plusieurs autres des pays
circonvoisins. Lesquels s'étant ralliés ensemble avec leurs forces, dressèrent
armée suffisante pour attaquer les Gelalis, et se mirent en campagne pour les
desbeller, venant aux mains journellement par petites escarmouches et légers
combats où les gens des Pachats avoient tousjours du pire. Au moyen de quoy,
de jour en autre, elle alloit diminuant, pour n'estre composée la plus part que de
gens du pays qui se retiroient visiblement. Sy, qu'en peu de temps les Pachats
demeurèrent foibles et abandonnés, n'ayant d'autre recours qu'à une sûre
retraite de leurs Bachalics, encor que l'Emir *Yusuf* ne fut en surté au sien de
Tripoly, mais fut investy par Zamboulat, en sorte que ne pouvant résister, céda à
la force et au temps, et fut contrainct de se retirer en Chypre où de là il passa à
Constantinople. Aly Zamboulat se voyant la fortune en main et les affaires luy
succéder tant heureusement que d'avoir à sa dévotion la ville, chasteau et port
de Tripoly, il se promit chose plus grande tirant son armée vers Damas, pillant
et ravageant ses belles campagnes. Les habitants desquelles, se voyant réduits à
l'extrémité, requirent secours au susdit Bey d'Amasie ; lequel de rechef assembla
bon nombre de gens comme Spahis et Janissaires, et s'achemina pour résister à
l'ennemy. Mais en fin après avoir fait tous les devoirs d'un grand Capitaine, il fut
contrinct avec les Damatiens, de céder à la force et traicter avec Zamboulat
d'une bonne somme de deniers quy luy fust deslivrée pour avoir paix et liberté
en leur pays. Par ainsy, les affaires de Zamboulat aloient tousjours à souhet, et
son armée s'accroissant de jour en autre ; de sorte que pour sa valleur et bonne

estoit aux champs, est revenu pour aviser à cest affaire; et, après
divers conseils là dessus, ont envoyé un qu'ilz tiennent fin et
habile homme, nommé Mehemet Aga, vers le dit Haly pour
tascher à le regaigner. Il luy porte un pardon de ce qu'il a faict et
forces paroles, et luy faict entendre que, c'est à ce Prince à qui
seul il cèdera, et à qui il rendra obéissance, ne voulant point
qu'il ouvre sa ville qu'à sa seule personne. Ils se font acroire qu'il
obéira ; et les préparatifs de son voyage continuent toujours. . .
Cependant ilz ont envoyé commandement à leur armée de mer
pour marcher vers ces quartiers là, affin d'assurer toute ceste
coste; et en ces entreffaictes, la forteresse de Durasso en Albanie a
esté prise et saccagée par douze galleres Chrestiennes; ils y ont
trouvé force munitions et près de deux cens pièces d'artillerie, qu'ilz
ont emportées; avant d'en partir, ont abbatu et ruiné la ditte forteresse, dans laquelle il ne se faisoit presque point de garde. Seux
qui sont venuz apporter les nouvelles, disent fermement que ce
sont les gallères Vénitiennes, l'ont soutenu au Bayle de Venise qui
fust appellé pour cela ; lequel le nie bien fermement aussi, et
dict que ce sont gallères espagnolles parties de Messine[1]. Je ne
puis à la vérité encores, scavoir qui a faict cest exploict, mais cela
s'eclaircira bien tost. Les rebelles de l'Asie continuent de faire
mille maux, ont brulé tout entièrement une petite ville prèt
d'Angouri[2], et sont maintenant autour du dit Angouri. Trois ou
quatre chefz des dits rebelles, menassèrent de mesme ruine s'ilz
ne leur baillent cent mil thalars[3]. Un vieux Cady du dict Angoury
est mort en mesme temps. Ilz le tiennent icy pour un grand sainct,
et disent que durant sa vye, les dits rebelles sont venuz troys ou
quatre foys avec la mesme résolution d'avoir de l'argent d'eux, ou
de les ruiner; mais que ce Cady sortant parler à eux, ilz perdoient
soudain leur mauvais dessain, se jettoient à ses pieds, et les luy

conduicte, il atiroit à luy beaucoup de personnages de qualité, desquels il fortiffia
grandement son party, et s'assura aysément presque de toute la coste maritime
de Sirie, où il laissa partout sy bon ordre qu'il n'avoit suspect d'aucun ennemy.
Et retourna à Alep d'où il estoit Pacha pour donner ordre tant au Chasteau qu'à
ia Ville à ce qu'il n'y manquast choses nécessaires, cas advenant qu'il y fût atta-
qué. » (Voir la lettre de Salignac au roi, datée du 17 novembre 1606.)
  1. Voir à ce sujet la note 3 de la page 76, et la lettre suivante qui donne
des détails sur cette affaire.
  2. *Angouri* ou *Angora*, chef-lieu d'un district d'Anatolie dans la Turquie
d'Asie.
  3. *Thaler* ou *daller*, monnaie d'argent, à peu près de la valeur de l'écu de
France de 60 sous. (Dictionnaire de Trévoux).

baisoient, s'en retournans pleins d'estonnement et de vénération de cest homme. Puisqu'il plaist à V. M^té scavoir jusques aux moindres choses d'icy, j'ay creu luy debvoir dire cela. Ils commencent à dire que le Bostcain[1] s'accorde avec l'empereur, et mesme il se voit icy quelques articles de cest accord. Son ambassadeur qui est encores icy le nie toutesfois; il m'a mandé, il y a deux jours, qu'il désiroit me venir veoir. Je croy que ce sera demain. Il ne m'avoit encores jamais rien mandé. Si je le voy, je croy que j'apprendray, ce qui en sera au vray. Ce premier Bassa me continue sans cesse le langage que j'ay mandé à S. M^té, et sa précipitation tesmoigne bien fort combien ilz désirent ceste paix; aussy est-ce la chose qui peut porter plus de faveur à leurs affaires. J'attens ses commandemens[2] sur ce point particulier; lesquels, à mon opinion, deppendront de l'intention de l'empereur; car s'il se résoult à la paix, je ne puis croire qu'il ne soit très bon que ce fust par l'entremise de V. M^té, qui en accroistra icy de crédit, faveur et réputation. Mais à la vérité, je ne puis juger qu'un très mauvais et dangereux conseil pour l'empereur, s'il veut la paix maintenant.

Sire, je plains bien qu'il ne se soit peu conduire à V. M^té qu'un *tagarot*[3] des troys que j'avois bailléz à Campagnac[4]. J'en ay baillé autres troys à un faulconier qui a apporté icy des gerfaus; mais je l'avois chargé d'un d'eux pour monsieur le Connestable[5]. C'est merveille du courage et fierté de ces petits animaux, et chose estrange qu'ilz en prennent icy les plus gros oiseaux, et ne s'en servent que pour cela, cignes, grives, oies sauvages et une espèce d'aigles qu'ilz appellent icy *canaquons*; c'est leur gibier. Ces troys derniers que j'ay bailléz à ce faulconier, sont fort bien beaux et sains. Croyez, Sire, que les leveriers qu'il vous plaira envoyer icy seront très bien reçuz; et s'il plaist à V. M^té, Campagnac, qui me doibt revenir trouver, les conduira bien, ou les faire envoyer seulement à Marseille et les faire recommander au patron du premier vaisseau qui viendra en ça.

1. *Botskay.*
2. *Les commandements du roi.*
3. Dans sa lettre du 11 janvier 1606, le baron de Salignac lui avait annoncé qu'il lui enverrait ces oiseaux.
4. *Henri de Gontaut, S^gr de Campagnac.* Voir l'extrait généalogique aux *Pièces Justificatives* du 1er volume de l'*Ambassade en Turquie.*
5. *Henri Ier, duc de Montmorency,* connétable de France, fils du connétable *Anne* qui fut tué en 1567.

J'attenz aussi ce qu'il luy plaira me commander si ce S^{gr} faict le voyage [1], auquel il ne se faict nul doubte. Mais j'y en fais un peu, si le gouverneur d'Alep [2] s'obstine en sa rebellion. J'avois mandé à .V. M^{té}, comme l'on estoit icy hors de la peur que l'on avoit eu de celuy qui s'estoit saisy de Babilone, et en avoit chassé le gouverneur qui y estoit. Ceste crainte augmente beaucoup sur un soupçon qu'ils ont, qu'il s'entend avec le roy de Perse. Les nouvelles de Moscovie continuent telles que je les ay mandées à V. M^{té}, et la rebellion d'une partie des Polonois contre leur Roy. Tout cela agrée fort à ces gens-cy, mais davantage le différend du pape avec la S^{rie} de Venise [3] et la perte de la flotte du roy d'Espagne, portant l'argent des Indes Occidentales, que nous tenons pour certaine [4]. V. M^{té} s'acquiet une grande bienveillance en Italie par l'accord qu'elle travaille d'y faire, et de tant plus, que l'on y voit les oppositions qu'y font les Espagnolz, etc.....

SALAGNAC.

1606 (29 SEPTEMBRE).

Orig. fol. 55.

AU ROY

SOMMAIRE : M. de Salignac demande au roi de sévir contre les Corsaires de Barbarie. — Soliman nommé vice-roi de Tunis. — Ses protestations d'amitié à l'ambassadeur. — Révolte d'Aly Zambolat et de Yusuf, gouverneur de Tripoli. — Immense fortune laissée par feu Mehemet. — Découragement du G^d S^{gr}. — Le gouverneur d'Abdena a fait exécuter celui qui avait été envoyé pour le mettre lui-même à mort. — Soixante chevaliers de Malte ont péri dans l'affaire de Durazzo. — Grande situation de Dervis. — Brouille survenue entre ce Bassa et M. de Salignac.

Sire, il y a six jours que, par George Courtin [5], je receuz une lettre de V. M^{té}, une pour ce S^{gr}, et une pour son premier vizir ;

1. En Asie contre les rebelles.
2. Aly Zamboulat.
3. Voir la note 2, page 45.
4. Une flotte hollandaise fut équipée vers la fin de janvier 1606, afin de ravager les côtes d'Espagne et d'enlever la flotte des Indes qui rapportait en Espagne les trésors du Nouveau-Monde. Les Hollandais, d'abord heureux, firent quelques prises qu'ils envoyèrent en Zélande. Mais, le 14 octobre, treize de leurs vaisseaux ayant rencontré dix-huit bâtiments espagnols escortés de neuf galères, un combat acharné eut lieu, dans lequel la flotte hollandaise fut détruite à l'exception de trois navires.
5. *Georges Courtin,* conseiller à la cour du Parlement.

touttes du XXVIe novembre de l'année passée ; et, le XXVIe du présent, j'ay par le dernier ordinaire, celle qu'elle escript au premier vizir, et au général de la mer, et deux pour moy, l'une du 14 juillet et l'autre du 4 aoust dernier.

La première est pour les navires volés en Thunis. Il y a longtemps que j'escrivis à V. Mté, que je l'avois sceu, et obtins des commandemens de ceste Porte, les plus fortz qui se peuvent pour remedier, lesquelz j'y ay envoyés ; et, Mustapha Bassa, qui y est Vise roy, s'excuse sur la désobeissance de ses gens là, me promettant toutesfois, d'y faire tout ce qu'il y sera possible. Ce premier Bassa m'assure qu'il y donnera ordre, luy ayant déclaré comme V. Mté est resolue à leur faire du mal, et n'endurer plus leur volleries. Il dict qu'il en sera très content. Mais je voy bien qu'ilz ne croient point qu'elle le face. Et, c'est à mon advis le seul moyen pour en venir à bout. Ce général de la mer[1], aymant Soliman de Cataine, et, le voullant gratifier, luy a donné la charge de Tunis et faict Mustapha Bassa qui l'avoit, Mansoul (qui veult dire sans charge). Il me l'a escript, scachant que l'autre y estoit par mon moyen. Je m'asseure qu'il s'employera plus soigneusement que l'autre pour les françoys. Le premier Bassa m'en a parlé de mesme, et le dict Soliman me l'a escript, avec de grandes protestations ; et me mande que, Mr de Brèves, passant à Thunis, en a retiré beaucoup d'esclaves, avec promesse que les Turcz, qui sont ès gallères de V. Mté à Marseille, seront aussy délivréz[2], et que, pour cela on avoit envoyé à Marseille. Et de là, à mon oppinion, vient le retardement du dict sr de Brèves, lequel a retiré quelque argent aussy..... qui a esté volé à la prise, et dont V. Mté escript par ceste lettre portée par le dit sr Courtin. Le dit sr de Brèves vous en informera mieux ; mais, c'est ce que m'en escript le dict Soliman de Catagne. Bien que cela soit vieux, et que l'ordre s'y soit donné tel que l'on a peu, sy ne laisseray-je d'en présenter les lettres de V. Mté, afin que, la cognoissance du ressentiment qu'elle en a faict, les retiene, s'il se peult pour une autre fois.

Mes lettres, Sire, vous disent tout ce qui se passe icy ; et, la mienne dernière du XIIIe septembre, la victoire de Haly gouverneur d'Alep contre Emir Usuf, gouverneur de Tripoly[3], qui avoit

---

1. *Jaffer Bassa.*
2. On verra par la suite que l'on tint peu compte de cette promesse, et que les corsaires de Barbarie s'en prévalurent pour exercer des représailles. .
3. Voir la lettre du 13 septembre où il est question de la révolte d'Aly Zamboulat.

esté faict général d'une armée contre le dict Haly ; lequel on tasche de regaigner. Depuis ceste victoire, il (Haly) fist un tour en dilligence en Alep, pour y mettre ordre à quelques affaires, et soudain, retourna vers Tripoly, et fist en sorte qu'un autre des grands du dit pays nommé Aman Ogly, s'est joinct avec luy ; et, sont bien forts. Il marcha droict vers Tripoli, où estoit le dit Emir Usuf qui ne l'osa attendre, mais s'embarqua sur des navires Chrestiennes, et passa en Cipre ; et avec lui, sembarquèrent quelques marchands de touttes nations, qui eurent peur que la ville ne fust sacagée. Mais le dict Haly, ayant sceu que Emir Usuf s'en estoit fuy, n'y voulust entrer, et y envoya seullement un sien parent avec cent chevauz, pour scavoir s'il estoit bien vray[1]. Les portes luy furent soudain ouvertes ; et soudain estre dedans, il fist faire des commandemens à peyne de la vye, que, aucun des siens n'eust à faire mal, desplaisir, ny tort à personne de la ville ; et, après avoir demeuré dedans cinq ou six heures, s'en retourna, laissant les habitants fort affectionnez au dict Haly. On dict à cest heure qu'il marche vers Damas, espérant faire joindre à luy la milice qui y est, par amour ou par force ; et, dict-on aussy, que ung certain More, en ces environs-là s'est mis en campagne avec quinze ou vingt mil hommes et s'est déclaré rebelle ; s'ilz se joignent ensemble, ilz feront une armée de soixante mil hommes. Cependant, le dict Haly amuse le monde, dict icy qu'il n'est point

1. *Bordier* nous fait (livre II, chap. 73) un triste portrait de Yusuf : « En ce mesme temps, l'Emir *Yusuf Pacha* de Tripoly, homme autant perfide et déloyal pour sa tyrannie et méchante vie qu'il y en eust en Turquie, s'estoit retiré en Chypre, pour estre recherché de tant d'opressions qu'il a continuellement eusé vers le peuple, par Zamboulat qui lors estoit Pacha d'Alep, et s'estoit emparé par force de Tripoli, le peuple estant pour luy, lassé des pilleries et incursions de ce tyran (Yusuf) : qui n'eut d'autre recours sinon d'aller à Constantinople, soit que ce fut pour rendre compte de ce quy s'estoit passé en ceste guerre de Zemboulat, ou requérir secours pour rentrer en son Pachaly, ou d'en briguer un autre. Quoyque ce fut, son affaire ne réussit selon son désir. Ainsi, estant averty par quelques gens qu'il se devoit promptement retirer pour ne tomber au piège du Vizir-Azan, qui savoit la tyrannie de ce perfide, et de combien le peuple de Tripoly en estoit continuellement oppressé. Ce qu'ayant sceu, il ne tarda longuement de s'embarquer sur un brigantin, tirant de longue en Chypre, et ne fut plus tost en mer que Dervis Pacha lors Vizir-Azan fit son possible d'envoyer après et le retenir pour le mettre en mains du Gᵈ Sᵍʳ, et luy faire subir la peine de tous ses larcins et injustices. Se voyant ainsy pressé et chassé, il fit rechercher Zamboulat quy lors recommençoit à mettre son armée sur pié, luy faisant savoir sa disconvenue : A quoy Zamboulat presta l'oreille, et ne recherchoit rien, sinon l'atrait à son party, luy promettant le remettre en son Pachaly de Tripoly ; comme il fit, ne luy restant que peu de chose par la Natolie quy ne fut de son party. » (Voir la lettre de Salignac au roi datée du 17 novembre 1606.)

rebelle, et qu'il est seulement en campagne contre ses ennemys. Ceulx qui le cognoissent croient ses desseins bien autres, se dizant estre de la race des antiens princes de Syrie. Parmy les desplaisirs que ces choses donnent à ceste Porte ilz ont reçeu un plaisir qui les efface, qui est que le dit Emir Usuf se soit venu mettre en leurs filets. C'est un homme duquel ils se servoient par nécessité. Oultre cela, c'est le plus riche homme (sans estre des grands princes) qui se trouve, et, a mis ensemble quinze millions d'or; et y en a qui disent bien davantage. Il a une partye de cest argent avec luy et l'autre dans une forteresse, qu'il a dans les montaignes, asséz prèz de Tripoly, où il a mis celle de ses femmes qu'il aimoit le mieux et ses enfans. La garde à cheval est allée en grand haste pour le quérir. Voilla un merveilleux secours, à la nécessité d'argent qu'ilz ont, faisant bien estat que il ne leur eschapera pas un denier, ny sa teste. Après cela, une crainte les tient seulement que le dit Emir Usuf, après estre remis de la peur que lui a donné Haly, se soit sauvé en chrestienté dans les mesmes navires qui l'ont porté en Chipre. Il ne peult guères tarder que l'on n'en sache le vray. Sy on le meine icy, s'est bien autre chose que ce [que] l'on trouva à Mehemet dernier Vizir après sa mort, qui ne furent que trois cens mil sequins en contans, forces meubles, forces fourures et beaucoup de vaisselle d'argent. Et oultre ce qui en fut porté dans le Serail, il en a esté vendu pour bien cent mil sequins. On envoya à Belgrade où il avoit du bien, et faict-on compte que ce S^{gr} a profité, bien près, de huict cent mil sequins. On disoit davantage, au commencement; mais, c'est à peu près ce qui en est. Le Ferrat Bassa se trouve tousiours à Cogna ville de l'Asie, abbandonné de tous ses hommes; et, les Espais luy font tous les jours mille indignitéz, en revanche du mal qu'il leur avoit faict autresfois icy. Depuis deux jours, il a envoyé icy un chaoux, pour tascher à parler au G^d S^{gr}, et lui représenter comme les choses vont. Ce chaoux ne l'a peu encores veoir (le G^d S^{gr}); mais, à ceux qu'il parle s'est toujours avec larmes, disant : qu'il se veoit clairement que Dieu a abandonné la protection de cest Empire; que tout est en révolte et désobéissançe; que le dit Ferrat n'a en tout que trois cens Janissaires; que, à c'est heure que le temps de la paix approche, forces gens viendront pour la recepvoir, mais qu'il cognoist très bien que, après l'avoir reçeue, ilz le laisseroient là. Le dict Ferrat a faict déclarer un grand rebelle, qui est le gouver-

neur d'Abdena[1], à quatre journées d'Alep tirant en ça, et a faict
mourir un des meilleurs hommes de cest Empire. Le faict est que,
ayant le dict Ferrat, soubçon du dict gouverneur, envoya un
commandement à Cossain Bassa (Cest celuy qui estoit Janissaire
Aga à la prise de Strigonia) pour le faire mourir[2]; la fortune voulut que, celuy qui portoit le dict commandement, fust trouvé de ce
dict gouverneur, lequel se voyant condampné à mourir, et scachant celuy qui en avoit charge, le va trouver le lendemain bon
matin dès la pointe du jour, estant logé assez près de là, et le tua
avec partie de ses gens; et depuis, s'est confederé et alié avec Aly,
Gouverneur d'Alep. Il s'est trouvé vray, que ce sont les gallères de
Naples qui ont saccagé Duraisse[3]; et le général de mer a escript
icy depuis dix jours, que les dittes gallaires, joinctes à celles de
Malte, ayant faict une entreprise en Barbarie, et voulant les
hommes qui avoient mis pied à terre, emporter leur butin et se
retirer, ont esté assailliz, et tuéz sur le champ, quatre cens
hommes et soixante chevaliers de Malte[4]. Le G^d S^{gr} continue tousiours la résolution de son voyage pour la prochaine année, et les
apprêts s'en font très grandz; et croy sans doute qu'il le fera, s'il
n'est destourné des affaires de Hongrie. L'agent du Boscay vint
disner avec moy, ces jours passez, avec dessein d'appprendre de
moy ce qui s'en disoit. J'avois celluy d'apprendre de luy ce qui s'en
faisoit et en estoit, de sorte que je n'en peus rien tirer; il me dict
seullement au partir, qu'il m'advertiroit de tout ce qui s'y passeroit. On croit pour certain que la ville de Guinzen[5] soit perdue au
Persien : Et ce que ce filz du Cigale, qui est en ces quartiers là, a
envoyé demander assez hardiment la charge de général de mer luy
appartenant par la survivance qui luy en avoit esté donnée, faict
craindre qu'il soit pour s'accommoder avec le Persien, si on la lui
refuse; de sorte qu'il y a beaucoup de personnes qui croyent qu'il
l'emportera. Voilà les affaires du déhors. Sire icy tout se faict par le
seul premier Vizir qui, seul, a les oreilles de son maistre; qui,
cependant ne bouge d'avec les femmes. Ce visir pour avoir l'auctorité
entière, en a faict envoyer, soubz quelque pretexte, tous les Bassas

1. Autrement dit : *Ferrat a décidé le gouverneur d'Abdena à se déclarer rebelle.*
2. Le S^r *d'Angusse* nous dit : « Le 23e septembre, la nouvelle vint comme Cossain Bassa, auparavant Janissaire Aga avoit esté tué par le gouverneur d'Abdena. »
3. *Durazzo.*
4. Voir page 76.
5. Peut-être *Gangea* au nord-ouest d'Erivan.

qui avoient quelque credit, et faict chasser le précepteur du G^d S^gr qui pouvoit parler à luy quand il voulloit ; a faict un Mouphti de sa main, et se faict tellement craindre, et par ses autoritez et par ses cruautéz, que, luy seul parle icy et a bien osé publier, à peyne de la vye, que, aulcun n'eut à présenter requête au G^d S^gr. Il ne se passe nuict, qu'il ne fasse tuer ou jetter à la mer quelque un[1]. Son principal dessain est la paix de Hongrie. La dernière fois que je l'ay veu, il me continua le mesme langage sur ce sujet que j'ay déjà mandé à V. M^té. Depuis, il est arrivé un accident qui nous tient un peu brouilléz[2]. Je l'escrips à M. de Villeroy, etc.

SALAGNAC.

1606 (29 SEPTEMBRE).

Orig. fol. 59.

A M. DE VILLEROY.

SOMMAIRE : *Persécution du roi d'Angleterre contre les catholiques. — Colère de Dervis Bassa contre MM. de Maupeou et Birac. — M. de Salignac demande raison au visir. — Lettre du roi au visir. — Situation critique des Turcs. — Dépenses de l'ambassadeur.*

Monsieur, vous sçavez toutes noz nouvelles par celles que j'escriz à S. M^té. Ceste-cy sera pour vous mercier le plus humblement que je puis du soin qu'il vous plaist prendre de m'escrire, et de me faire entendre des nouvelles de delà. Le scavoir n'en est pas inutile icy. Il sera mal aysé que le roi d'Angleterre rompe les dessains qui se font contre luy, tant que la persécution qu'il

1: Voir sur *Dervis Bassa* la note 4 de la page 63.

2. Le journal du S^r d'Angusse nous informe que : « Le 23e septembre Dervis Bassa fit trancher la teste de nuict à un nommé *Quedur bey*, habitué à Négrepont, tant pour ce qu'il estoit fort riche, comme pour les vieilles plaintes que ceux du païs avoient icy faict de luy. Il y estoit venu avec une galliote pour y donner la nouvelle de la prise de Tripoly, et de la suitte d'Yusuf. — Le dict jour, le dit Dervis donna de sa propre main des bastonnades aux Sieurs *de Birac* et de *Maupeou*, lesquels s'estoient aprochés avec une perme près la susdite galliote qui estoit à l'Arsenal, dans laquelle estoit pour lors le dit Bassa, empesché tant de faire descharger ce que le dit Quedur bey avoit apporté dedans, comme à la faire réarmer pour l'envoier au dit Négrepont et en Cypre quérir quelqu'argent que avoit emporté le susdit Emir Yusuf. Ils s'estoient arrestés là assez longtemps à regarder les actions dudit Bassa, sans le saluer, lequel estoit pour lors en cholère, bastonnadant ceux à qui il avoit commandé d'armer cette galiotte, etc..... » (Voir dans la lettre suivante les détails sur cette affaire.)

faict aux catholiques, durera. Car ceste excuse ou ce prétexte est très agréable aux Espagnolz et capable de couvrir leurs mauvais dessains [1]. Dieu soit loué que nous vivons en paix. Ce qui a rompu les magnificences qui se preparoyent pour le batesme de monseigneur le daulphin et Mesdames ses seurs, possible, aura esté à propos ; car souvent ces occasions font naistre de mauvaises fantaisies [2].

Je ne puis que je ne vous die un accident qui est arrivé icy. C'est que ce visir, estant allé à l'arsenal, pour faire partir une galère pour aller en Cypre, quérir emir Jusuf, duquel je parle dans la lettre de S. M[té], un nepveu de monsieur de Maupeou [3] et le fils de Birat [4], qui sont céans passans à Constantinople voians le dit premier Bassa, qui battoit tout le monde dans la ditte gallère, s'en approchèrent un peu trop à son gré ; qui fust cause, estant desja eschauffé de cholère, qu'il les envoya quérir, et d'abord les charge de coups de baston, et leur en fist bailler par d'autres ; entendant enfin qu'ilz estoyent françois, il les laissa. Je m'en suis plaint à luy aussi tóst par l'interprète Olivier, contre lequel il se mist en grande cholère. Je luy ay escript, m'en plaignant encores, et luy en demandant raison ; et il me demande que je les chastie encores, et le dict Olivier aussi pour avoir parlé très arrogamment à luy. Je ne luy puis encore faire comprendre que les coups de baston soient injures. C'est affaire me donne de l'affaire, estant important et n'en pouvoir avoir raison que de celuy mesme qui a faict l'injure, qui est arrogant, cruel et présomptueux. Et tous moyens de s'en adresser au G[d] S[gr] en sont couppéz. Aussy, que je n'ose pas entreprendre de rompre tout icy

---

1. L'ambassadeur fait allusion à la *Conspiration des poudres* qui avait été provoquée par la persécution contre les catholiques, et dans laquelle l'Espagne paraissait avoir trempé. A la suite de cette conjuration, le roi d'Angleterre édicta une loi d'après laquelle tous les catholiques résidant en Angleterre devraient prêter un serment, dont les termes étaient en contradiction formelle avec les dogmes de la religion catholique. Le pape y répondit par un bref qui déclarait : « *qu'un tel serment ne pouvait estre presté sans endommager la foi catholique et le salut des asmes ; par quoy admonestons, ajoutait-il, que totalement vous absteniez de prester ny cesluy-cy, ny autres serments semblables.* »

2. La cérémonie ne se fit pas à Paris à cause de la peste qui sévissait à cette époque, et les fêtes eurent lieu à Fontainebleau.

3. « Maupeou, dit le S[r] *d'Angusse*, de son estoc paternel estoit fils d'un maître des Comptes, et neveu de l'intendant des Finances. Sa mère estoit sœur du Président de Verdun.

4. *Birac.* — Nous avons déjà donné des détails sur ce personnage, lorsqu'il a été question des compagnons de voyage du baron de Salignac dans le 1er volume de l'*Ambassade en Turquie.*

sans en avoir commandement. J'espère toutes fois de le faire venir
à la raison, malgré toutes ces humeurs. Mais ces occasions, qui
arrivent souvent, me font croire qu'il seroit très à propos que
j'eusse une lettre de V. M^{té} et à luy et à son maistre, par où il
face entendre, que l'amitié qui est entre nous et eux, s'est conservée jusques icy par mutuelz offices et par les respectz renduz à ces
ambassadeurs et à ceux qui sont de sa maison, et soubz la bannière
de France ; que si cela ne continue, il est impossible que leur
amitié continue aussy ; qu'il les veult bien advertir, afin
qu'ilz sçachent qu'il ne veult rien faire légèrement, sans
beaucoup de bonne raison. J'useray bien de ceste lettre[1], et ne
sera point sans fruict, s'il plaist à S. M^{té} que cette amitié continue. Je m'en remetz toutesfois à ce que vous en jugerez plus
sagement que je n'en puis parler. Mais ce dernier accident est tel
que, sans en avoir satisfaction, il ne se peult plus rien traitter ;
car il rompt toutes noz capitulations, met en danger tous ceux qui
sont icy, un mal en tire un autre. Leurs affaires sont en tel estat,
qu'ilz ne peuvent pas chercher bruict avec personne ; et, suis
assuré que qui les mettroit au pis, ilz s'adouciroient autant qu'ilz
sont présomptueux. Mais cela ne puis-je hazarder sans voz nouvelles et commandemens ; bien puis-je asseurer que cela se peult
hazarder, sans crainte qu'ilz nous prennent au mot. Je vous diz
ceci pour quelque autre occasion ; car j'espère venir à bout de
ceste-cy, et desja il a envoyé l'Ambassadeur d'Angleterre parler à
moy pour cest effect, et s'adoucist beaucoup. Au premier ordinaire,
vous sçaurez ce qui en sera ; et si mon secretaire, qui part
aujourd'huy arrive premier que celles cy, il vous informera particulièrement de tout et d'autres choses que je l'ay chargé de vous
dire. Je ne puis doubter de l'arrivée près de vous de M. de
Brèves, duquel vous apprendrez ce qu'il vous plaira, et de moy

1. Le 20 décembre 1606, le roi écrit au premier Bassa, comme le lui demande
M. de Salignac :
« Très illustre prince et nostre bon amy...... nous vous en avons bien voulu
« escrire ceste lettre afin que, aux occasions qui se présenteront, vous favorisiez
« en vostre possible la manutention de nostre dicte amitié, la conservation de
« l'auctorité, splendeur et respect deus à nostre ambassadeur, avec la liberté et
« franchise qu'ont accoustumé d'avoir par delà ceux qui ont résidé près la per-
« sonne de ceux que nous y avons envoyé en pareille qualité que le baron de
« Salignac, sans permettre qu'il y soit à l'advenir rien innové à la légère. Car les
« plaintes qui nous en ont esté faites venant à continuer il seroit impossible que
« nostre commune et parfaite amitié n'en reçeust quelque altération..... »
(Lettres missives, t. VII, p. 44.)

que, depuis son départ, toutes choses vont tousjours..... icy, ce qui rend ma despence beaucoup plus grande. Je desirerois de très bon cœur que ceux qui doubtent de ce que j'en diz, fussent icy pour six mois à ma place ; ce qu'ilz apprendroyent, leur ostroit le langage que la douceur de leur repos leur donne. C'est de vous Monsieur, qui cognoissez les choses, duquel j'attenz un peu de repos et de moyen de servir par ce que je demande. Je ne demande pas possible comme ceulz là de me veautrer dans les gains et les proufictz ; mais je desirerois bien ne continuer pas à me ruiner, comme de vray je fais tous les jours, si S. M^té n'y pourvoit ; et, cela attens-je de vous seul. Je ne sçay ce qui luy plaira que je face, si ce S^gr faict son voyage, duquel je ne doubte nullement ; la despence en seroit telle pour moy, que, sans secours, je ne la puis ; possible ne seroit elle pas inutile. Tous les marchands négotians icy payent le droict de deux pour cent librement, et m'ónt tous escript, que ce qui en a esté dit à la court, est contre leur volonté, et que c'est le Sr Marmery [1] seul qui en est cause ; lequel le m'a escript aussi, me disant qu'il ne s'en parlera ; c'est depuis avoir veu ce que je vous avois escript de son faict, à quoy je ne faudray point, je l'en ay encores asseuré par une des miennes, et de vous asseurer, monsieur, etc.....

SALAGNAC.

1606 (1er OCTOBRE).

Orig. Biblioth. nat^l°. Fr. 16145, fol. 61. (Extrait.)

LE S^r DE BRÈVES A M. DE VILLEROY

SOMMAIRE : *Arrivée de M. de Brèves à Alger. — Arrogance des Janissaires de Barbarie. — Difficulté d'obtenir la reconstitution du Bastion de France. — L'argent fait défaut.*

Monsieur, Le XXVI° du mois de septembre dernier passé, je suis arrivé en ceste ville d'Alger [2] ; le mesme jour, un petit vaisseau

---

1. Le Sr *Marmery*, de Marseille, avait obtenu la charge du consulat de Syrie, et suivant l'usage, se faisait représenter dans les différents postes de cette contrée par des vice-consuls. Des conventions débattues de gré à gré permettaient à ceux-ci d'exercer pendant trois ou quatre années. L'ambassadeur touchait lui-même son revenu de deux pour cent, par l'entremise du consul, qui avait intérêt à payer le moins possible. (Voir la lettre du 24 juillet 1609 relative au Sr Marmery.)

2. Nous avons déjà lu (page 74) la lettre que M. de Brèves écrivait le 27 août

de Marseille y a pris port, qui m'a apporté deux de voz lettres escrites des XXIX⁰ juillet et XVIII⁰ aoust. Je suis demeuré extrêmement consolé d'avoir appris la bonne santé du Roy et la vostre, et que S. M^té aye trouvé bon que je sois venu en ces partz pour y establir quelque repos à ses subjectz traficans, et rendre la gloire de son nom parmÿ ces gens d'icy, en avant plus célèbre qu'il n'y a esté par le passé. Il me resouvient d'avoir leu dans un certain livre qui parle des voiageurs, que ceuz qui ont passé par les Grisons, bien qu'ilz eussent commis touttes sortes de crimes, que Dieu leur debvoit du retour. Sy ces autheurs là n'avoient usé de ce terme, je le pourrois mettre en avant, vous jurant qu'il n'y a rien de semblable à l'insolence et à l'avarice de ces Génissaires de ceste Barbarie, qui pensent estre de petits dieux en terre, ne recognoissantz autre puissance que la leur, qui ne demeure toutesfois en estre que pour n'avoir de contraires. Je ne vous sçaurois encores mander aulcune chose de ce que je me prometz d'eux, puis que leurs résolutions et promesses se changent d'heure à autre ; aussy ne fais-je que d'arriver, mais quoy que ce soit, mon voiage ne pourra estre qu'utille pour l'advenir aux marchandz et au bien de la liberté de quelques pauvres françois qu'ilz tiennent à la chaisne. Je feray aussy ce que je pourray pour faire rebastir le bastion de M. de Moissac, me resouvenant des commandemens que le Roy m'en a faictz avant mon départ de Constantinople. J'ay passé sur le lieu, et ay veu ce qui s'en est : j'en donneray une entière relation à S. M^té. Le pis que j'y trouve est que ceste entreprise est haulte, et ne peult se finir qu'avec beaucoup d'argent. M. de Moissac en est aussy peu garny que moy, s'il veult tout seul prendre ce soing ; et ses forces ne sont assez grandes pour pouvoir supporter ce faix. Son humeur n'est pas aussy trop louée de ces turcz ; qui me faict craindre, que tout ce que je feray, ne sera enfin rien, puis qu'en peu de temps tout se gastera une autre fois. Il doit environ dix mil escuz sur le païs ; les Mores veulent estre paiéz, ilz ne font que se plaindre. En somme je feray tout mon possible pour avoir permission de le faire remettre sur pied ; et sy je puis advancer cela, je la porteray à S. M^té laquelle

1606, et dans laquelle il relatait les difficultés de sa mission à Tunis. Celle dont nous donnons ici un extrait, nous apprend son arrivée à Alger, où les obstacles devinrent insurmontables; tellement qu'après un mois de négociations, il dut reprendre le chemin de la France sans avoir obtenu le moindre résultat. Il arriva à Marseille le 8 novembre 1606.

en fera puis apprès comme il luy plaira. Il fault que je fasse ceste poursuitte à mes dépans, sans espérance d'estre remboursé de ce que j'advanceray. Pourveu que le Roy aye mon action agréable, tout ne peult que bien aller, etc.

D'Algier ce premier jour d'octobre 1606.

Brèves.

1606 (14 octobre).

Orig. Bibl. nat¹ᵉ. Fr. 16146, fol. 11.

LE Bᵒⁿ DE SALIGNAC A M. DE VILLEROY

SOMMAIRE : *Affaire de Maupeou et Birac. — Fier langage de l'ambassadeur. — Il menace de rompre les relations diplomatiques avec la Porte. — Excuses faites par Dervis Bassa. — Haine de ce Visir contre les Vénitiens. — Lettres d'Henri IV au Gᵈ Sᵍʳ et au premier Bassa.*

Monsieur, ma dernière du XXVIIIᵉ septembre vous disoit la brouillerie où j'estois avec ce premier Bassa pour avoir battu de sa main et faict battre avec le batton Maupeou et Birat, et pour occasion si légère qu'il en falloit imaginer quelque autre. Il demeura quelque huict ou dix jours sans vouloir confesser d'avoir tort; enfin l'ambassadeur d'Angleterre estant allé à luy pour quelque audience, il le pria de me parler de sa part, et me dict qu'il ne l'avoit point faict pour me faire desplaisir; que, dès lors qu'il sceut qu'ilz estoient françoys, il les avoit laisséz aller, ce qu'il n'eust pas faict autrement; et qu'il me prioit de les chastier encores et l'interprète Olivier aussy, lequel avoit parlé à luy si insolemment que, sy ce ne fust esté pour mon respect, il luy eust faict couper la teste; toutefois que si je le voulois, il oublieroit ces offences, et que j'oubliasse de ma part ce dont je me plaignois de luy; et me prioit fort de l'aller veoir. Cella estoit lorsque je vous escripvis celle par advant ceste-ci. Je luy fis dire que les offences ne se réparoient pas l'une par l'autre; que je ne voiois point que les gentilzhommes eussent failly, et que malaisément pouvois-je croire que Olivier eust parlé outre ce que je luy avois ordonné; que s'il n'a passé outre, il n'a faict que son debvoir; et qu'il ne debvoit pas pour cela se plaindre de luy, mais de moy seullement qui l'avoit ordonné, qui diray tousjours, quand il vouldra, la charge que je luy ay donnée; que l'offence par luy faicte à ces

gentilz hommes, rompoit toutes noz capitulations et la liberté de
demeurer icy ; que mon Roy estoit si grand qu'ilz debvoient tenir
à honneur la résidence ordinaire que S. M^té faisoit faire en ceste
Porte d'un ambassadeur ; que s'ilz ne le faisoient, Sa ditte M^té ne
vouldroit pas qu'il y demeurast ; et que j'en estois tellement certain que, attendant ces commandemens sur cela, je demeurois
sans m'entremettre d'aucune chose ; et que l'amitié que je luy
avois autresfoys promis me faisoit prendre ceste patience et ne
recourir pas à d'autres remèdes, qui possible, mèneroient sa ruine,
que j'en avois assez de moyen, si je le voulois ; et que j'y estois
convié par des pluz grandz qui ne l'aimoient pas, comme je croyois
qu'il estoit bien adverty. Trois jours se passent sans autre
chose, au bout desquelz il m'envoya prier par un des siens de
l'aller veoir, et qu'il me donneroit toute satisfaction. Je luy respondis que je n'en avois jamais doubté, mais que c'estoit pas tout ;
qu'il falloit qu'il satisfist luy mesme ces gentilz hommes offencéz
qui estoient françoys, non esclaves, et ausquelz ceste injure estoit
plus fascheuse que la mort ; et qu'en toute autre part du monde,
ilz rechercheroient au hazard de leur vie la réparation de ceste
injure ; que icy, puisque l'ordre du pays l'empeschoit, ilz ne pouvoient pas aller au contraire, mais que cela ne pouvoit demeurer
ainsy. Quelques jours se sont passés en allées et venues, luy m'envoyant tousjours quelqu'un me dire que la satisfaction qu'il me
faisoit les debvoit contenter ; qu'il la faisoit seulement pour mon
respect, et que la dignité de premier Bassa ne luy permettoit pas
davantage. Je me tenois ferme en mes résolutions ; de sorte que à
la fin, il me manda qu'il feroit ce que je vouldrois, et me prioit
fort de l'aller voir, ce que je fis ; de quoy il monstra un très grand
contentement, et me dict toutes les plus belles, honnestes et excu-
santes paroles que il luy fut possible ; et ayant faict venir les dits
Maupeou et Birat, les pria fort de pardonner ce qu'il avoit faict,
dont il se repentoit infiniment, et dont toute la faulte debvoit estre
remise à la cholère en laquelle il estoit lors, qui luy avoit osté la
souvenance de ce qu'il debvoit avoir ; que sans ceste passion qui
le dominoit lors de ceste façon, il eust plus tost veu perdre son
sang abondamment que de leur faire ce desplaisir. Après cela, il
me promist de leur envoyer une veste à chacun (qui est icy un des
plus grandz tesmoignages qu'ilz rendent de leur bonne volonté) ;
et de cela falust que se contentassent seulement les bayles de
Venise, à l'arrivée de celuy qui est à ceste heure cy, ce mesme

premier Bassa n'estant lors que Bostangy Bassa, ayant faict battre
et ravager tout ce qui estoit dans la frégate qui avoit porté à
Constantinople et le baile qui en partoit et cestuy cy qui y arrivoit, un extraordinaire que la S^{rie} de Venise y avoit envoyé. Voilà
la fin de nostre débat que j'ay bien voullu vous mander au long
et à la vérité : Et pour vous supplier encores, comme je faisois par
ma précédente, que je sçache ce que je doibs en telles occasions,
et s'il ne me sera point permis de partir de m'en aller ; toutesfois
vous asseurant qu'ilz ne me prendront point au mot, et qu'ilz
n'ont garde de rompre avec nous.

Depuis, je luy ay donné les lettres de S. M^{té} qu'il a reçeues
avec grand honneur : il fera responce à la sienne ; que pour celle
qui est à son maistre[1], il la gardera encores quelque temps, ayant
donné ordre pour attraper celuy qui a faict la vollerie ; que s'il
succède comme il le croit[2], qu'il m'assure que la lettre de S. M^{té}
luy fera perdre la vye ; que le long temps que cela est faict
empesche que l'on n'en sçauroit rien retirer, et qu'il fault en
attendre la punition ; et que alors de son bien, on pourra donner
aux marchandz la valleur de leur perte. Voilà ses promesses et je
sçay certainement qu'il a escript à ce filz de Hussain Bassa qui
est celuy qui a faict ceste vollerie pour le faire venir : Et luy
escript comme l'estimant beaucoup, et le voulant agrandir, et
tasche par tous moyens de le faire venir icy. De vray, ailleurs la
punition ne s'en peult faire. Depuis hier ilz font courir un bruict
que la paix entre eux et l'empereur est faicte. J'ay envoyé ce matin
à un de mes amis pour le sçavoir, et si j'en ay responce avant le
partement de cest ordinaire, je la vous manderay, comme je feray,
par le premier, des nouvelles de Pollogne, l'ambassadeur arrivant
ce jour d'huy, etc.

SALAGNAC.

1. Il est question ici de la lettre qu'Henri IV écrivit au G^d S^{gr} pour se plaindre
de la prise de vaisseaux par les corsaires d'Alger.

2. C'est-à-dire : *Si tout se passe comme il le croit.*

1606 (14 OCTOBRE).

Orig. Bibl. nat^le Fr. 1645, fol. 63.

AU ROY

SOMMAIRE : Nouveau sérail du G^d S^gr. — Dervis fait étrangler une juive, toute puissante au sérail. — Richesses de cette femme. — Autres cruautés de Dervis. — Le trésorier général, connu sous le nom de Fils du Boulanger, commet des exactions. — Caractère de Dervis. — Sa réconciliation avec M. de Salignac.

Sire, le G^d S^gr estant venu voir le sérail que féu Cigale avoit faict bastir a Bissetaces[1], dont il s'estoit saisy soudain après sa mort, l'a trouvé tellement à son gré qu'il s'y est logé avec les dames et avec tout son train. Il a près, des logis voisins et des jardins, il l'a agrandy, il y faict bastir quelque chose et y faict dresser un grand lieu pour les combats des courses à cheval, à quoy il prend grand plaisir. Il y a aujourd'hui quinze jours qu'il y est, et ne voit-on pas qu'il en parte que le froid ne l'en chasse, parce qu'il est fort exposé à la Tramontane. Cependant ce premier Bassa ne bouge de Constantinople, où il tient tout en merveilleuse fraieur, faisans mourir tous les jours quèlqu'un, et pour des occasions que l'on ne sçait point. Depuis dix jours, il a faict estrangler une femme Juifve[2] et trois de ses enfans. C'estoit celle qui avoit traicté le G^d S^gr durant sa petite verolle, et tellement à son gré, qu'au moindre mal qu'il sentoit, il l'envoyoit quérir. Je ne pensois point estre bien [vu à la cour du G^d S^gr] que par son moyen ; elle gouvernoit tout au Sérail, et ne croyoit pas son malheur si prochain ; aussy estime-on que son trop de crédit et faveur soit cause de sa mort. On luy a trouvé cent cinquante mil sequins en contant, et pour autant de meubles ou de pierreries, sans [compter] vingt une perles qui ont esté prisées soixante trois mil sequins et deux autres en poires prisées dix mille. Quoy que ce soit, l'affection que ce G^d S^gr luy portoit ne l'a pas empesché de les trouver fort belles, ny l'autre pierrerie, ny l'argent que luy apporte le premier Bassa. On ne sçait comme elle avoit peu amasser tant de biens en si peu de temps, et beaucoup croient que la pluspart appartenoit à Haly premier Bassa qui mourut en Hongrie ces années passées ;

1. *Bisistache* sur le canal de la mer Noire.
2. Voir, après la lettre du 17 novembre 1606, le récit fait par *Bordier* de la mort de cette femme.

lequel s'en allant, l'avoit refié en ses mains ; le lendemain, il fit estrangler un autre Juif nommé Algázy, auquel on a trouvé plus de deux cent mil sequins ; et, deux jours après, il fist mourir un grec, lequel estoit intendant sur la monnoye, riche de cent cinquante mil sequins ; et, de tout cela, il n'y a point d'autres héritiers que le G^d S^{gr} et le premier Bassa. Cest Algazy pensoit gouverner tout, pour la particulière amitié qu'il avoit avec le Tresorier général, avec lequel il pouvoit ce qu'il vouloit. On croit que c'est un mauvais présage pour luy [1], et qu'il ne doibt espérer guères mieux à son retour. Il est allé en Grèce pour rechercher de l'argent ; ce qu'il faict avec tant de rigueur, de cruautez et d'inimitiez qu'il en ruine tout le pays. Bon [2] qu'il aura amassé, sera trouvé bon et bien, mais je croy que la perte de sa vie sera la punition des mauvais moyens dont il a uzé en l'amassant. Ceuxlà qui sont des principaux et les plus riches, sont suivis chaque jour de beaucoup d'autres ; et, le jour de ma dernière despesche, il [3] avoit faict mourir un cappitaine des gallères qui avoit esté gouverneur de Negrepont, très riche aussy, mais qui avoit faict des meschancetez, qui meritoient bien ceste fin. Ces punitions font peur à beaucoup de gens, mais donnent espérance aussy qu'elles feront cesser beaucoup de meschancetez qui se faisoient, et de licences que l'on avoit prises ; de sorte que, selon sa fantaisie, chacun discourt de ce Vizir. Il est de nature cruelle, mais ayme aussy la justice, et qui ne s'en esgarre gueres, si ce n'est pour l'intherest de son crédit ; car il veult seul en avoir, et perdre par tous moyens, ceux qui en ont, ou sont pour en prendre ; à quoy il est très vigilent et ne l'a point cellé ; mais, se couvrant que c'est pour empescher les mauvais conseils que l'on peult donner à son Maistre ; lequel encore jeune les peut embrasser, etc.....

SALAGNAC.

1. Pour lui, *le Trésorier* connu sous le nom de : *Fils du boulanger*. De retour de Grèce, il rapporta 800.000 ducats, ce qui le mit fort en faveur. (Voir plus loin, la lettre du 24 janvier 1607.)
2. C'est à dire : *Tout le bien qu'il aura amassé*.
3. Il : Le *visir Dervis* avait fait mourir *Quedur*, bey de Negrepont (ile de l'archipel) comme nous l'avons vu note 1, page 94.

1606 (31 OCTOBRE).

Orig. Bibl nat^{le}. Fr. 1646, fol. 12.

AU ROY

SOMMAIRE : Nouvelles des rebelles. — Paix entre l'empereur, Botskay et les Turcs. — Projet de voyage du G^d S^{gr} à Alep. — Desseins des Turcs contre Venise et Vienne.

Sire, le froid qui a commencé à se faire un peu sentir, a faict que ce G^d S^{gr} s'est retiré à son serrail de Constantinople, laissant beaucoup d'ouvriers travaillans à celuy de Besistach où il estoit, dont il affectionne la demeure. Il n'y a rien de nouveau depuis, et attendons quelque grande nouvelle du costé Canie (?) et Haly bey[1] gouverneur d'Alep et Aman Ogli estans jointz ensemble, estans aux environs et beaucoup de gens de l'autre part assembléz aussy, de sorte que l'on ne peult juger qu'ilz se séparent sans se battre. Le dict Haly, depuis avoir envoyé à Tripoly comme j'ay desjà faict entendre à V. M^{té}, sceust que quelques [uns] s'estoient saisis du chasteau pour le service de ce S^{gr} ; il les a assiégéz et pris, et a mis pour le garder un sien nepveu dedans ; c'est la meilleure place de la Sirye où il manque seullement un bon port. L'Asie est gourmandée et dominée des rebelles, mais tant de maux qui menaçoient la ruine de cest empire trouveront aizément leur guarison si la paix est faicte avec l'empereur et je ne sçay qu'en croire, le bruit en estant icy tout commun ; et l'agent du Boscayu qui vint hier disner céans me l'a asseuré, et que dans six sepmaines il viendra icy des gens de la part de l'empereur pour la ratifier, et un ambassadeur pour résider ; il me dit qu'elle est faicte conjointement entre l'empereur, le G^d S^{gr} et le Bostcain, auquel la Transilvanie demeure avec une bonne partie de la Hongrie et le reste à l'empereur, mais ne pouvant mettre ny dans les places, ny aux offices de la judicature, ni de pollice, aucuns Allemands, ains· Hongrois seulement ; et il croit que l'archiduc Mathias[2] portera le nom de roy de Hongrie, et que, si cela se

1. *Aly Zamboulat.*
2. *Mathias,* fils de Maximilien II, né en 1557, fut toujours en désaccord avec son frère l'empereur Rodolphe. Il conclut malgré lui la paix en 1606, le força de lui céder la Hongrie, la Moravie, puis la Bohème en 1608, et enfin le détrôna en 1612. Il mourut en 1619 sans avoir pu apaiser les troubles qui s'étaient produits dans ses Etats.

faict, il interviendra à la paix en son nom, la liberté de conscience libre partout en Hongrie; mais V. M^té le sçaura mieux et plus tost [1]. Ce S^gr continue le desseing de son voyage et les préparatifs s'en font tousjours. Je ne croy pas qu'il aille pour la saison prochaine plus oultre que Alep qui est la plus grande eschelle des marchands françoys; qui me faict croire qu'il seroit requis que je y allasse pour empescher ce que l'on pourroit faire là contre les privilèges que nous y avons et les avaries qui se peuvent dresser aux marchans résidens là; mais j'attends ce que V. M^té m'en ordonnera et le moyen de l'exécuter. Ce voyage remettera tous ces affaires si la paix de l'Empereur est faicte, car sans doubte, il la fera aussy avec le Persien, et viendra aysément à bout des rebelles. Trois ans de paix rempliront son trésor pour entreprendre ce qui luy plaira; et la façon de son estat et de sa personne mesme faict bien juger qu'il ne peult demeurer sans entreprendre. De ma part je croy que il rompra contre les Vénitiens, voulant avoir leur goulphe en sa puissance, et la Candie lui donnant bien de l'envie et desja les plus ambitieux et courageux d'entre eux parlent que ceste entreprise de mer n'empeschera point celuy de la terre du costé de Hongrie que trois ans de paix feront qu'ilz trouveront desgarnye, de sorte que sans tirer l'espée ilz pourront aller jusques à Vienne. La résolution est au ciel; mais sans doubte, jamais payx ne fut faicte sy fort au dommage de la crestienté que ceste cy, qui la ressentira bien tost sy Dieu, de sa grâce, n'y remédie. Voilà, Sire, l'estat présent des choses de deça dont je continueray tenir V. M^té advertie puisqu'il luy plaist ainsy, etc...

SALAGNAC.

1. La paix avec Botskay fut signée à Vienne, le 14 septembre 1606, conformément aux stipulations indiquées par M. de Salignac. En outre, Botskay était reconnu prince de Transylvanie, avec succession pour ses enfants; et une absolution générale devait être publiée pour tous les crimes commis pendant la période d'insurrection.

1606 (17 NOVEMBRE).

Orig. fol. 13.

A M. DE VILLEROY

SOMMAIRE : Si M. de Brèves et Mustapha Aga ne parviennent pas à arranger les affaires de Barbarie, il faudra employer la force. — Promesse du roi de payer les dépenses faites par M. de Brèves et M. de Salignac.

Monsieur, j'espère que la demeure que Mr de Brèves a faicte et à Thunis et en Alger ne sera pas esté innutille : il a de bons et forts commendemens, il cognoist l'humeur des hommes à qui il a affaire, sçait comme il fault négotier avec eulx, et Mustapha Aga est homme affectionné qui fera tout ce qu'il pourra. S'il ne s'y faict rien ceste fois, il n'en fault rien attendre par ces voyes doulces ; celles de la revanche et de l'attaque seront plus fructueuses à mon opinion et plus honorables aussy. Vous l'avéz jugé il y a long-temps ; et, à ce que j'entends, avéz commencé d'y pourveoir. Cependant ceux de Marseille me pressent pour les fraiz que nous avons faictz Mr de Brèves et moy, dont je suis seul obligé ; et par les lettres que j'en reçoy, il semble qu'ilz ayent envye de s'en prendre au dict Sr de Brèves aussy, bien que je leur aye escript que je l'en dois rellever, et S. M^{té} tous deux, puisque c'est pour son service, et qu'aussy m'a-elle donné asseurance par ses lettres de le faire, etc.

SALAGNAC.

1606 (17 NOVEMBRE).

Orig. Biblioth. nat^{le}. Fr. 16145, fol. 65.

AU ROY

SOMMAIRE : Le premier Bassa attend la réponse du roi à la demande qui lui a été faite d'intervenir entre l'Empereur et la Porte. — Puissance d'Aly Zambolat. — Fuite de l'émir Yusuf. — Son alliance avec Zambolat. — Nouvelles incertaines de Perse — Affection du G^d S^{gr} pour Dervis. — Désordres de toutes parts en Turquie.

Sire, Mes dernières sont du dernier du mois passé ; et, n'avoir eu l'honneur d'en scavoir de V. M^{té} depuis le XXVe septembre que je reçuz celles du quatriesme Aoust, me donne bien de la peine.

Mais je m'imagine que la S^ie de Venise veult que quelque nouvelle
ne se sache pas sitost icy. Le premier Bassa les attend fort, pour
aprendre ce que V. M^té me dira sur les langages qu'il m'a tenus,
touchant la paix avec l'Empereur; et, la dernière fois qu'il m'en
parla, qui fust depuis la nouvelle qui court toute certaine que la
dicte paix soit faicte, je luy dis qu'il n'en estoit plus de besoing,
puisque cela estoit déjà faict. Il me respondit de sorte qu'il m'en
feist doubter, et ayant fait ce que j'ai pu pour m'en esclaircir,
il me semble qu'il y a beaucoup d'adjousté a cette nouvelle, et que
l'esperance qu'ilz en ont, leur faict croire la chose faite; et cela
peut venir de Boscay, lequel, ayant faict sa paix, veult faire croire
que l'autre se fera sans doubte; ce qui pourroit bien estre aussi le
mauvois estat de leurs affaires, qui leur faict faire courir ce bruit,
si favorable pour eux, et afin de rellever un peu leurs espritz et
leurs courages abbatuz par tant d'incommodités qu'ils revivent [1].
C'est un remède dont ils s'aydent bien souvent, mais V. M^té en
sçaura toute la verité mieux que nous ne pouvons icy, qui voyons
bien que ceste paix est le seur moyen de remettre leurs affaires.
Ce nepveu de Zambolat, Aly bey faict à bon escient, et non à
la mode des rebelles passéz. Il se trouve avec soixante mil hommes
de guerre ès environs de Damas encores; et [ceux] qui estoient
assembléz pour le combattre, se sont séparéz; il acquiert réputation,
et gaigne les affections des peuples de ces quartiers là, desorte qu'il
semble que la fortune le destine à quelque chose de grand, s'il
continue comme il a commencé.

J'ay mandé à V. M^té comme Emir Usupf, Bassa de Tripoly,
après avoir esté défaict par le dit Aly Bey, avoit abandonné le
pays, et avec partie de son trésor, s'estoit embarqué sur les navires
chrestiens, et avoit pris la route de Chipre; comme ceste nouvelle
avoit esté agréable icy, pensans déjà tenir et sa vye et son argent,
et avec quelle diligence on avoit envoyé l'Aga de l'Arsenal pour le
mener. Le retardement du dit Aga qui n'est primencores de retour,
faisoit doubter et craindre qu'il n'eust pas peu bien exécuter ce que
l'on luy avoit ordonné; mais, avant hier, il arriva un marchand
Venitien du Caire, qui n'a demeuré que vingt et deux jours à

---

1. Aussitôt que la paix eut été conclue avec Botskay, les envoyés de l'empereur
se réunirent à ceux du sultan, près de Comorre, afin de s'entendre sur les articles
d'une trêve, qui fut signée pour vingt ans, le 9 novembre 1606. Une ambassade
devait être envoyée par l'empereur à Constantinople, afin d'obtenir la ratification
du G^d Sgr.

venir, et qui assure que le dit Emir Usupf, se trouvant près de Cipre, se reconneust de sorte qu'il ne voulust point descendre, et demeure sur les voltes quelques jours là en environs, pour tascher d'aprendre des nouvelles ; que enfin il se resolust de s'en retourner, et s'en ala à Damas pour y continuer plus fortement la guerre; que depuis, ayant esté adverty du dessein que l'on avoit pris contre luy, il a pensé de s'acorder avec le dit Zambolat, ce qu'il a faict par l'intercession de Aman Ogly et d'un autre petit Prince de ces quartiers là qui est de présent en l'armée du dit Zambolat, tous l'ayant recognu pour leur chef et supérieur[1]. Il dit aussy que l'on luy a escript du Caire de s'y acheminer, et il assure qu'il y est tellement aymé et desiré, qu'il ne s'en aprochera pas plustost, qu'ilz ne le reçoivent, avec toute joye et tout honneur. S'il arrive jusque là, le voila assez fort pour se faire craindre à bon escient. Mais la saizon où nous sommes, le contraindra de se mettre à couvert. Le Roy de Perse se contrainct en faire autant ; il ne vient nulles nouvelles de là. Ferat Bassa qui estoit général pour la Perse, se trouve à Cogna, ville de l'Asie, n'osant aller plus avant, ny retourner arrière, estant tout environné de rebelles qui osent bien, luy dedans, demander de la dicte ville cinquante mil Tallars, ou la menacer de toute ruine.

Le Gᵈ Sᵍʳ faict à l'accoustumée, laissant toute l'autorité à son premier Bassa qu'il affectionne tousiours beaucoup, et qui, de sa part, n'oublie rien pour se maintenir. Continuant en ses sévéritez, (lesquelles s'addressent bien souvent aux plus riches), faict croire qu'il les exerce bien autant pour faire ses affaires, que pour autre occasion, estant d'humeur qui en veult avoir, de quelque façon que ce soit. Voilla Sire, ou l'on en est icy, etc.

SALAGNAC.

Nous n'avons pu retrouver les dernières lettres de l'année 1606. Pour ne pas laisser de lacune dans la Correspondance, nous empruntons les détails qui suivent au Journal du Sʳ d'Angusse et à la Chronique de Bordier.

« Le 24 novembre, raconte d'Angusse, Mustapha Bassa fut renvoié de Bursia icy au lieu de Bostangy Bassy qui fut faict Mansul, n'ayant tenu qu'un seul jour le Divan en qualité de Second Vizir. — Le 29 novembre, nouvelles vinrent de Perse comme Cigale avoit perdu une seconde bataille contre le Persien. — Le

1. Voir la note 1 de la page 91.

9 décembre Dervis Bassa, premier Visir, fut tué dans le Sérail, par le comman-
*dement du G*ᵈ *S*ᵍʳ. *Le même jour l'on envoia les sceaux de l'Empire à Morath*
Bassa, général en Hongrie, pour succéder en ceste charge de premier Visir; et ce
pendant on esleut .icy pour son Lieutenant Assen Bassa qui avoit espousé une des
*tantes du G*ᵈ *S*ᵍʳ. — *Le 18 décembre Osman Aga de l'Arsenal que l'on avoit envoyé*
en Chypre pour prendre l'Emir Yusuf, retourna apportant avec soy deux cent
mil ducatz ou environ qui le firent bien recevoir, contre l'opinion que l'on avoit
que l'on lui deust faire perdre la vie comme à son maistre Dervis Bassa. — Au
*mesme moys le .G*ᵈ *S*ᵍʳ *sçachant que Ferat Bassa estoit près d'icy retournant de*
Cogna, et qu'ayant entendu les plaintes que la milice faisoit de luy, il s'en
retournoit, envoya un Capigy pour l'étrangler : De quoy adverty ledit Ferat, il
fit prendre ledit Capigy et estrangler, protestant en public qu'il en feroit tout
autant, à tous ceulx que l'on lui enverroit. »

Bordier raconte ainsi les dernières cruautés commises par
Dervis Bassa, .et fait un récit fort dramatique de son exécution :.

« L'audace et sévérité de Dervis Pacha *s'aloit tousjours acroissant, pour estre*
entièrement absolu en sa Charge, en quoy il estoit, tant des petits que des grands,
merveilleusement craint. Car il ne pardonnoit à quy que ce fust. Néanmoins
estoit-il très digne de sa charge, laquelle il avoit grandement acrue par sa vigi-
lance et bonne conduicte. Que, s'il eust esté autant bénin et gracieux qu'il estoit
sévère et inhumain, l'on eust peu dire n'avoir jamais esté son pareil. Mais il
estoit Esclavon de nation et par conséquent rustre et barbare à vingt-quatre
caras, fils de Chrestien, ayant encor sa mère, qui le vint voir à Constantinople
lorsqu'elle sceut sa félicité, et néanmoins sy fort ennemy des Chrestiens, que tout
son but ne tendoit qu'à leur ruisne et confusion. Et en vouloit principalement
aux Vénitiens ses voysins, recherchant par tous moyens de faire rompre l'alliance
*qu'ils ont de tout temps avec le G*ᵈ *S*ᵍʳ, *afin de leur faire la guerre à outrance,*
comme il s'estoit préparé de faire. Mais Dieu quy voit les choses de loing, disposa
*tout autremant de ses dessains, lorsque moins il y pensoit. — Le G*ᵈ *S*ᵍʳ *eust mille*
plaintes de sa sévérité sans en estre esbranlé ou incité à en faire aucune justice,
tant il accordoit à son génie. Or est il qu'en ce mesme temps y avoit une femme
juifve à Constantinople que l'on appelloit La Quira, comme quy diroit Madame,
des plus acorte et ingénieuse femme quy fut sortie des douze tribus d'Israël, quy
*lors estoit en grand crédit tant envers le G*ᵈ *S*ᵍʳ *que les Sultanes, avec lesquelles*
*elle hantoit journellement, tant pour avoir fort bien traicté et guéri le G*ᵈ *S*ᵍʳ *de*
la petite vérolle, que beaucoup de services qu'elle faisoit aux Sultanes, leur fai-
sant recouvrer pierreries et autres choses exquises dont les Juifs sont ordinaire-
ment fournis. Quy faisoit qu'elle avoit très libre entrée par tout le Sérail du
*G*ᵈ *S*ᵍʳ *et des Sultanes, et de tant plus estimée et recherchée tant de ceux de sa loy*
que de tous autres. De manière que les plus grands officiers de la Porte la cares-
*soient et s'aydoient d'elle pour faire entendre au G*ᵈ *S*ᵍʳ *leurs affaires et concep-*
*tions, et mesmes les malversations et outrages faits du G*ᵈ *Visir au peuple. Et*
estoit cette femme tellemant en crédit que les Sultanes ne la voyoient à demy,
combien qu'elle ne bougeast presque du Sérail d'elles. Ce quy causa telle haine et
inimitié en l'âme de Dervis Pacha contre elle, que dès lors, il proposa de la faire
mourir, fut qu'il doutast qu'elle portast parolle du peuple plintif de luy au
*G*ᵈ *S*ᵍʳ, *ou qu'il fust jaloux et envieux de sa fortune. Quoy que ce fust, sans avoir*
*esgard ny crainte d'offencer son supresme S*ᵍʳ, *ny les Sultanes non plus, il envoya*
certains Satalites des siens, que l'on dit, furent des Spahys secrectement de nuict
pour la faire estrangler en son logis. Et non contant pour assouvir sa rage, fit
pareillemant mourir son mary et tous ses enfants, affin d'en exterminer la race
(toutefois aucuns disent qu'il s'en sauva un), et se fit porter le plus beau et le meil-
leur de toutes ses richesses : car elle estoit opulente en biens dont il se sésit ; et ne

jouit longuement : Car les Sultanes voyant que cette femme n'alloit plus au Sérail les voir, ne sachant que penser, elles y envoyèrent des eunuques faire faire perquisition d'elle. Et leur fut rapportée cette tragique nouvelle, dont les Sultanes eurent extresme compassion, et s'en plaignirent toutes au Gᵈ Sgr, avec instantes prières de le faire punir de cette cruauté. — Je laisse à juger quel dangereux procès et quels avocats se trouva pour défendre sa cause qu'il perdit sur le champ, sans estre averty de ce que le Gᵈ Sgr luy vouloit, sinon qu'il allast aux Jardins du Sérail, dont il avoit esté autrefois gouverneur, pour en ces lieux recevoir le commandemant de son Maistre. S'acheminant donc pour le sujet qu'il ne pensoit, voyant le Gᵈ Sgr ne le recevoir, ny caresser ainsy qu'il avoit faict autrefois, jugeant presque de son prochin malheur, demeura tout troublé. Et encore plus lorsqu'il luy demanda pourquoy il avoit faict sy misérablement mourir La Quira. A quoy voulant respondre et aléguer quelque subtille excuse, soudin le Gᵈ Sgr ne le voulant escouter, commanda au Capigy bachy quy estoit là pour ce suject, assisté de neuf Ajamoglans, qu'ils l'estranglassent. Luy donc tout esperdu de cette irrévocable sentence cria à autre voix : « Toba Sultanum, toba, toba, » quy veut dire : pardon, mon Seigneur, pardon, pardon. Mais à ces dolantes paroles le Gᵈ Sgr avoit les oreilles bouchées, ainsy que luy avoit eues plusieurs fois à beaucoup de personnes quy l'avoient requis d'autant ; et ne se treuva que le Capigy bachy avec les ajamoglans quy les eussent ouvertes pour se jecter sur sa friperie, le saisissant au collet, nonobstant quelque incartade et esquivemant de corps dont il eusoit pour esviter la prise. Ce que ne pouvant pour n'estre la partie esgale. Néanmoins comme massif et robuste qu'il estoit, après avoir terrassé trois puissants ajamoglans quy avoient esté ses compagnons, avant qu'il fust en la Charge de Bostangy bachy, l'un d'eux prenant un pieux ou barre de bois, luy donna sur la cuisse, et le fit tumber du coup. Et soudin luy mirent le lac au col, dont il fut estranglé devant son Maistre quy aussytost en fist récit aux Sultanes : Dont elles furent grandement esjouies, et entièrement tout le peuple le sachant. — Voilà ce quy est du monde, où rien n'est permanant que ce que Dieu a ordonné : Cetuy cy quy boulversoit tous les plus grands Magistrats de l'Empire Otoman, ayant deschargé son envieux courroux sur une simple femme Juifve, fut payé de mesme monoye, à la sucitation des plus grandes. Ces reverts de fortune sont ordinaire récompence des hommes altiers et inhumains, à qui il semble que tout leur est deu : Quy faict que leur désastre n'est plaint d'aucun, ains avoué avec aplaudissemants de joye, des Grands et Petits. — J'ay ci devant dit que sa mère l'estoit venu voir d'Esclavonie dont elle estoit. Laquelle après avoir séjourné quelque temps à Constantinople, il la fit embarquer avec beaucoup de moyens, sur un beau Vaisseau de guerre de l'Arsenal, deux jours devant sa mort. Et n'estoit encor qu'aux Sept Tours (quy est un angle de la ville), les vaisseaux atendant le bon temps pour faire voille, lorsqu'elle sceut cette piteuse nouvelle ; quy la fascha ainsy que chascun peut penser, estant contraincte de se désembarquer de ce beau vaisseau pour se mettre sur un Caramussal, mal alaisée et affligée. Et ne luy laissa-t-on tous les moyens (richesses) qu'elle eust de son fils. Aussy fut elle seule en affliction. Car pour le peuple, aucun n'en pleura de tristesse ; et moins de tous, les Vénitiens quy se virent descharger de cette tempeste quy les menaçoit tacitement de quelques grands desbris. — En peu de temps cette nouvelle fut bientost sceue au logis de Monsr l'Ambassadeur, quy, je crois, fut seul quy playgnit son désastre : D'autant qu'il en tiroit beaucoup de faveur et amitié de long temps. Et croy de tous les Chrestiens, qu'il fut seul à se louer de luy. Tant y a que ses biens et facultés furent réservés pour le Gᵈ Sgr. Lequel donna la Charge de Visir Azan à Morath Pacha, homme très sage et avisé. »... (Voyage en Turquie de J. de Gontaut Bon de Salignac, livre II, chap. 77.)

1607 (9 JANVIER).

Orig. Bibl. nation¹ᵉ. Fr. 16145, fol. 70.

AU ROY

SOMMAIRE : *Apaisement des troubles en Pologne.* — *Impuissance de la Porte.* — *L'Empereur ne devait pas accorder la paix aux Turcs.* — *Révocation de l'Aga des Janissaires.* — *Aly Zambolat est maître en Syrie.* — *M. de Salignac conseille au roi de faire une expédition en Barbarie.* — *Il donne des renseignements sur la place de Biserte.* — *Français prisonniers des Turcs.* — *Arrivée d'un nouvel Ambassadeur d'Angleterre.* — *M. de Salignac proteste de son dévouement au roi.* — *Droit de 2 0/0 sur les marchandises.*

Sire, le mesme jour que le dernier ordinaire est party d'icy, qui fut le xxvii° de décembre, j'eus l'honneur de recepvoir deux lettres de V. Mᵗᵉ, l'une du xviii° septembre, l'autre du xiii° octobre. La suitte de mes despesches aura faict entendre à V. Mᵗᵉ ce qui s'est passé icy depuis, et comme les séditieux de la Pologne, estoient en train d'estre bien pacifiés. Les nouvelles de là disent que tout y est très bien d'accord maintenant ; et les dernières qui en sont venues ne parlent nullement du prince Demétrius qui s'y estoit retiré pour rechercher du secours, de sorte que pour le présent, je ne sçaurois donner à V. Mᵗᵉ rien de bien certain de ces affaires. Les Turcs n'ont faict nul semblant de se ressentir de ces petites villes que les Polonois ont sacagées [1] ; aussy ne sont-ilz pas en estat de faire bruict, leurs affaires allant de pis en pis avec leurs voisins. Toutes ces places qu'ilz tenoient à la frontière de Perse ont esté reprises par le Persien, lequel a regagné, depuis qu'il a commencé la guerre, tout ce que ses prédécesseurs, en quinze ou vingt ans de guerre, avoient perdu. Toute l'Asie est occupée des rebelles, et maintenant ilz sont ès environs de Bursia, qu'ilz ont taillée à cent cinquante mil talars. A ce dernier divan, on a ordonné quelque nombre de espaïs pour y aller ; mais cela se faict lentement ny ayant aucun icy d'auctorité pour les presser, ny de jugement pour la conduite de cest affaire, ny d'autre d'importance. Toute leur espérance est en la paix de Hongrie : si elle ne se faict, on peult juger que, une submersion assez prompte de cest empire ; si au contraire [2], il reste de l'espérance que leurs

---

1. Il s'agit de Bender et de deux autres petites villes près de la frontière des Tartares.
2. Si le contraire arrive.

affaires iront bien ; car ilz s'assurent de la paix avec le Persien,
et le Tartare la leur promet certainement ; mais jusques icy, nous
n'en oyons que le bruict commun, et ne voyons rien qui en donne
assurance ; et, plus on en discourd, moins se peult-on persuader
que l'empereur la face. Quoy que ce soit, toutes choses l'en
debvroient divertir, et principalement le bien de la Crestienté et
son honneur. V. M^{té} juge très bien ce qui en est, et sçaura plustost que nous, tout ce qui en réussira. Dervis vizir dernier mort la
désiroit infiniment, et désiroit bien fort que V. M^{té} intervint.
Depuis sa mort, on ne m'en a point parlé : aussy est-ce fort peu
de chose que celuy qui faict de présent la charge de premier
bassa [1], lequel cognoissant bien qu'il ne peult guères demeurer là,
n'a soing que de serrer quelque chose. L'aga des Janissaires [2] a
esté privé de sa charge pour des plaintes qui furent faictes contre
luy par de pauvres gens, qu'il traictoit très mal ; et sans leur
caresme [3] où les Turcs estoient alors et sont encores, il estoit
estranglé ; car ce G^d S^{gr} fut si touché de ces plaintes, qu'il le
commanda deux ou trois foys ; et eut-on assez de peine d'en
empescher l'exécution, et seulement par le temps de dévotion où
ils estoient, auquel ces seigneurs n'avoient jamais accoustumé de
faire mourir aucun. Aly Bey [4] est de retour en Alep, où il a osté
la peur à ceux qui l'avoient, s'estant comporté très bien et très doucement ; et en ces quartiers-là le peuple l'appelle le roy Aly ; il est
très puissant ; et, si luy et ses amis ne s'estonnent, il a de quoy
s'opposer à ce que l'on pourra faire contre luy. V. M^{té} me commande de suivre ce G^d S^{gr} s'il va en ces quartiers là ; je le trouve

1. *Assan Bassa.*

2. Nous trouvons dans le Journal du S^r d'Angusse (année 1607) : « Le 4e janvier
1607 *Ossain*, Aga des Janissaires fut faict mansul (ou révoqué) par le G^d S^{gr},
lequel estoit alors à Bisistach, et nomma à l'heure mesme en son lieu *Ali* Aga,
auparavant Sacrigy Bachy. »
Le chroniqueur Bordier, parlant de ce même Ali qui se trouvait à la tête de la
Fauconnerie du G^d S^{gr}, nous dit, livre II, chap. 76 : « *Ally Pacha*, Chahergy Bassy
estoit le plus grand amy qu'eust le Sr Ambassadeur. Il estoit parfaitement homme
de bien, sage et vertueux : quy pour sa valeur et générosité fut faict en ce mesme
temps Janissaire Aga. Et ne se peult dire combien M. l'Ambassadeur en eust de
plesir et contentement. Et ne manqua de l'aller trouver en son logis pour le
congratuler et resjouir ensemble. Ce quy fut faict avec autant de compliments
de part et d'autre que l'on sauroit exprimer. Car il n'y avoit nulle dissimulation
entre l'un et l'autre. »

3. Le Ramadan (Ramasan ou Radaman), jeûne qui dure tout un mois. Les
Turcs ne doivent ni boire, ni manger, ni fumer tant que le soleil est sur l'horizon.
(Voir *Tableau de l'Empire ottoman, chez Duchesne*, 1757.)

4. *Aly Zambolat.*

bien nécessaire pour son service et le bien de ses subjectz ; mais je ne sçay s'il ne changera point de résolution depuis la mort du dernier premier Bassa qui, quoy qui fut, vouloit l'y menner, et me semble que sy.

Sire, encore que je croye que M. de Brèves soit arrivé près de S. M^té, estant party d'Algier le 1er de novembre, comme l'on m'escript de là, avec assez d'occasion de mescontentement et d'irriter V. M^té contre les barbares, et que par luy, mieux que par nul autre, elle puisse estre informée de tout ce qui se passe en la Barbarie et de ce qu'il a traicté à Tunis, sy ne laisseray-je de luy en parler et premièrement de luy redire, (ce que j'ay souvent faict) qu'il ne fault attendre qu'il s'y mette quelque ordre d'icy, non par faulte de bonne volonté, mais bien par seule faulte de puissance ; de sorte que c'est à V. M^té à juger s'il ne sera pas à propos qu'elle y face venir ses armes vengeresses de tant d'outrages ; et parce que j'ay creu que sy, et, on juge son intention par celles qu'il luy a pleu de m'escripre, j'ay pris peine de sçavoir de l'estat de ce pays là et de ce qui s'y pourroit le plus facilement et honnorablement faire ; et ay trouvé que la plus aysée est celle qui est, et la plus utile, et la plus honnorable ; c'est l'entreprise sur Biserte, Sire, d'où toute la chrestienté reçoit tant de mal, depuis la prise de la Goulète [1], sans avoir jamais sceu ny osé s'en venger. Ceste petite place fermée de quelque meschante vieille muraille est sans fossé ny sans nul pont-levis, ayant un vieux meschant petit chasteau sur le hault, fortiffié de mesme, et une mauvaise vieille tour sur l'entrée du port, de pareille force et deffense. C'est là où demeurent les galaires de Tunis, qui ne sont que quatre ou cinq, et où il ne se trouve point six ou sept cens hommes de combat bons ou mauvais. Il fault du temps pour leur en porter les nouvelles, quelque temps pour s'apprester, et quelque autre pour y aller ; de sorte que, quelque dilligence que l'on peult faire, trois jours se passeront sans estre empeschéz d'aucun ; qui est assez de temps pour se garentir ou préparer contre les inconvéniens. De Marseille là, il n'y a que six cent mil. Les vents maistral et ponént, qui y règnent plus que nuls autres, y portent, sans qu'il soit besoing d'en changer. A trente mil du dit lieu, il y a une isle deshabitée, nommée la Gallique, où il y a

---

1. Port de la baie de Tunis. En 1535, Charles-Quint s'en était emparé ; mais en 1573, les Turcs reprirent cette ville.

port pour loger vingt vaisseaux ronds et bien autant de gallères. Là, peult-on s'assembler, et de là, sans être descouvertz, attendre le temps pour en faire l'exécution : à dix ou douze mil de Bizerte, toute la coste est bonne pour y mettre pied à terre, et le chemin beau pour s'y conduire. A cent ou six vingtz mil de là en la Sardaigne, sont les isles de Saint-Pierre plaines de bons ports, où l'on se pourroit assembler, possible plus secrettement que en quelque lieu de Provence. Ceste exécution se peult mieux faire, et plus honorablement, et plus utilement l'hiver que l'esté ; mieux parce que l'esté il s'y fait quelque peu de garde, qui ne s'y fait point l'hiver ; et plus honorablement et plus utilement, parce que les gallères s'y trouvent d'ordinaire, lesquelles, l'esté, sont presque tousjours dehors. Oultre ce que j'en dis à V. M^{té}, elle en peult estre trés particulièrement informée par beaucoup de Marsillois, qui cognoissent ce lieu et ceste coste mieux que la leur mesme, et ne sçauroit-on désirer de meilleurs guides ; et je la supplieray très humblement de me pardonner sy j'oze lui en dire tant : j'y suis poussé de mon affection qui sçait très bien que de là viendra beaucoup de bonne et grande réputation et utilité, non seulle pour ses subjectz, mais pour toute la chrestienté qui se sent affligée de ce misérable pouillis.

Mustapha Bassa, qui en fut faict Vice Roy par mon moyen, l'ayant pour-chassé au nom de V. M^{té}, tant il me donnait assùrance d'y bien faire, a faict tout le contraire. Je l'en ay advisay de mes lettres, et voyant qu'il ne changeoit point, je l'en ay fait oster. Soliman de Cataigne a eu sa place, qui promet merveilles ; mais à la vérité, oultre qu'ilz n'y ont pas toute puissance, ce sont Turcs, sur lesquels un peu de proffict, peult plus que luy, ny que la parolle ; de sorte que je ne m'atends point qu'il face mieux que l'autre. J'attends ce que V. M^{té} me dira de l'accord que a faict le dit s^r de Brèves avec eux, pour en parler selon qu'elle me commandera[1]. Je fais tout ce que je puis pour les françoys qui se prennent tous les jours, venantz en course, et en retire tousjours quelque un ; disant toutesfois que V. M^{té} me commande de les faire pendre, mais les excusant un peu sur l'humeur de la nation qui, impatiente du repos, ayme de veoir et recherche les dangers. J'en ay retiré deux depuis huict ou dix jours : l'un que l'on m'a donné, l'autre avec un peu d'argent.

---

1. Nous avons vu note 1, page 76, quelles furent les conditions de cet accord.

Il est venu un nouveau ambassadeur d'Angleterre[1] : il a servy
autres foys celui qui y estoit, et y a appris la langue. Il a porté de
très beaux présens, et pour plus de douze mil escuz. Les marchandz anglois qui font ceste despence, ne se soucient pas de la
fère grande[2], pensantz en retirer plus d'advantage. On dict qu'il
est de nature brouillonne : je m'asseure que s'il la suit, il ne s'en
trouvera pas si bien que son prédécesseur a faict de se gouverner
avec toute candeur et modestie. Il est venu dans un vaisseau
chargé de toutes sortes d'armes et de munitions deffendues de
porter icy. C'est une vergongne bien grande, et chose que son
maistre n'entend point, à mon opinion. Un chacun le sçait ; qui a
esté cause que je l'ay escript à M. de Fresnes vostre ambassadeur
à Venise, affin que s'il le trouve à propos il le die à l'ambassadeur
d'Espagne ; le maître duquel doibt, ce me semble, en faire quelque
plainte.

Sire, Mr de Brèves doibt estre maintenant arrivé près de V. M^té ;
je la supplye très humblement se ressouvenir de moy qui attends
icy à un an passé sa venue, puisque l'on l'a trouvé bon ainsy.
Nous avons faict des fraiz enssemble dont je suis pressé ; j'en ay
faict ces deux dernières années d'extraordinaires, mais nécessaires.
V. M^té commandera s'il luy plaist qu'ilz soient payés, et sy elle
trouve que je n'en doibve plus faire, me le commandera expressément et j'y obéiray volontiers. C'est de V. M^té seulle que j'attends
du bien et de l'honneur. On me feroit tort, si l'on croyoit que
j'eusse allongé le chifre : je le dis parce que l'on me mande que
quelqu'un l'a dit, je diray sans plus, que je desirerois au prix de
mon sang que chacun servit avec l'affection et fidellité que je fais ;
et je ne craings point de dire que V. M^té en recepvroit contentement : ce que je demande c'est ce que j'ay pris de la bourse
d'autruy, que le nom de V. M^té m'a faict trouver, et non, mon
crédit.

Les marchands négotians en ces mers ont bien veu que je ne
pouvois, succédant à M. de Brèves, que je ne levàsse le droict de
deux pour cent qu'il levoit ; ilz le permettent maintenant, voulans
sans plus que avant, que V. M^té me rappelle ; je le lève, affin que
celluy qui viendra après moy, n'aye la mesme raizon que j'ay eu

---

1. Il sera souvent question dans la suite de ce nouvel ambassadeur d'Angleterre
qui s'appelait *Thomas Glauwer*.
2. C'est-à-dire : *Ne craignant pas de faire une grande dépense.*

et laquelle ilz ont recogneue ; et me mandent qu'ilz n'en parleront plus, durant ma demeure icy. Je supplie très humblement V. M^té voulloir me faire envoyer quelque pattente à ce que je lève tel partout que faizoit M. de Brèves, affin que, quelque jour, on ne puisse pas m'en donner de la peine. J'oze en supplier très humblement V. M^té estant sa très humble créature, asseuré qu'elle veult mon bien et non ma ruine. Mes prières et mes vœux sont touts pour sa grandeur et prospérité ; je croirois ma vye très heureuse, si en la perdant, elle y pouvoit servir, etc.

SALAGNAC.

1607 (24 JANVIER).

Orig. Fr. 16146, fol. 15.

AU ROY

SOMMAIRE : Révolte de Calender Ogly. — Aly Zembolat feint de vouloir se soumettre. — Trahison du Bassa de Babylone. — Incertitude sar la paix de Hongrie. — Intrigues du trésorier général.

Sire, un chef des rebelles, nommé Calender Ogli, estant venu avec cinq ou six mil hommes saccager la ville de Tire[1] et toute la pleine des environs, laquelle est très bonne et remplie d'une grande quantité de villages, se trouva enfermé là dedans, les passages des montagnes de part et d'autre estant saisiz, et l'armée de mer estant à Smirne[2], dont le Général[3] tira quelques soldatz pour aller contre luy et quatre petites pièces d'artillerie. Avec ce secours, tout le pays s'assembla, et luy ne refuza point le combat. Tout ce qui estoit du pays s'enfuit avant venir aux mains ; et resta seulement les huict ou neuf cens harquebusiers que l'on avoit faict sortir des gallères avec le gouverneur de Scio qui les commandoit. Ils endurèrent cinq ou six charges que leur firent ces rebelles, à toutes lesquelles perdirent force hommes. La nuict les sépara, et ce Calender recognoissant son danger, se resolust à forcer l'un des passages de sa retraicte qui estoit celuy qui estoit gardé par le Beglierbey de la Natolie[4]. Il y avoit trois cens hommes en garde

---

1. *Tyr*, une des villes importantes de la Phénicie.
2. Ville très commerçante de la Turquie d'Asie (Anatolie), au fond de la baie de Smyrne.
3. *Jaffer Bassa* était alors général de mer.
4. *Oussin Bassa* était Beglierbey de l'Anatolie. (Voir la note 1 de la page 78.)

qu'il tailla en pièces, mais suivy en queue, tout son bagage fust perdu. Ceste perte ne le fascha pas longtemps ; car, ayant forcé ainsy ce passage et sceu où le Beglierbey estoit logé, il alla droict à luy, le desfit entièrement, et gaigna plus de bagage qu'il n'en avoit perdu : le dict Beglierbey est demeuré prisonnier, et un autre Bassa fust tué. On traicte depuis avec ce rebelle Callander Ogli ; on luy offre des charges et de l'advancement, et beaucoup croyent qu'il l'acceptera. Ali bey[1] estant de retour en Alep, a envoyé icy l'argent qu'il doibt fournir de son gouvernement, et l'a envoyé par un Capigi du Gᵈ Sᵍʳ, lequel a dict beaucoup de bien de luy et excusé tout ce qu'il a faict, sur les ennemis particuliers, et non pour vouloir manquer au service du dict Gᵈ Sᵍʳ ; et promect[2] que, si l'on le veult traicter dignement, il négotiera de sorte avec luy (Zambolat) que l'on pourra s'assurer de sa fidélité et n'avoir plus nul doubte de luy. Cela a esté reçeu fort agréablement. On l'a fait Capigi Bassi : on luy a faict des présens, et s'en va pour traicter ce qu'il a promis. Je ne doubte point que le dict Aly ne l'aye trompé, désirant aussy tromper toute ceste Porte, empeschant, s'il peult, qu'il ne se face nul préparatif contre luy ; car il est bien malaysé de croire, ayant faict ce qu'il a faict, qu'il se fie jamais à des gens qu'il sçait bien qui ne luy pardonneront jamais.

Ces jours passés le bruit couroit tout certain de la perte de Babilone par celui qui commande dedans, lequel s'estoit declaré persien, et mesme embrasse la religion persienne. Beaucoup le disent encores ; mais l'importance de ceste nouvelle en ayant faict désirer d'en rechercher la vérité, me faict croire qu'elle n'est pas vraye. Bien est-il vray que celuy qui est dedans est très mal content, se voyant guesté a toutes heures de Nassin Bassa qui est logé ès environs, et ne tasche qu'à le suprendre. Celuy des deux qui sera le plus fort et le plus fin, sera celuy qui fera mieux ses affaires. Le traicté que l'on faict avec Calender Ogli n'empesche point ceux de la ville de Bursia d'avoir beaucoup de peur, de sorte que Mustapha Bassa, qui a espousé une des sœurs de ce Gᵈ Sᵍʳ, y a esté faict Général, et passe après-demain pour y aller. Il n'est pas assuré encores si l'Aga des Janissaires[3] y ira ouy ou non. Sabmedy dernier, l'armée de mer revint, et ce jourd'huy, le Général a

---

1. Aly Zambolat.
2. *Le Capigy promet...*
3. *Aly.*

baisé les mains du G^d S^{gr} auquel il a faict de très grands, présens, et en a faict à beaucoup de gens. Il espère par là s'empescher d'estre privé de sa charge. La paix de Hongrie va fort en fumée, et chacun croit icy qu'elle ne sera point; et s'il est ainsy, je croy que Morat Bassa[1], lequel a eu charge de premier Bassa en sera privé; et semble que le Testarda (c'est le trésorier général) l'aura; car à son retour de la Grèce dont il a rapporté huict cent mil ducatz arrachéz par toutes sortes de violences, il a escript à ce G^d S^{gr} que les affères de l'Asye sont les seuls dont il se doibt soucier, lesquels n'ont seulement mal par la faulte de ceux qui en ont la charge; que s'il luy plaist le fère premier Bassa, il promet de le nettoyer entièrement des rebelles, et ne veult nul argent pour cela, se contentant de celuy de l'Asie qui est deub, duquel on ne se sçait pas servir. Son offre a esté agréable, mais rien ne luy a esté accordé. C'est un homme qui n'a jamais rien veu de la guerre, mauvais homme au reste et plain de très mauvaises qualitéz. M. de Brèves le cognoist : il estoit en charge lorsqu'il partist d'icy, et le nomme-on *le filz du Boulanger*, son père l'estoit aussy. Sire V. M^{té} me commande de luy dire particulièrement ce qui se faict icy : c'est la seule excuse à la longuéur de mes lettres. Je finiray ceste-cy[2], etc.

SALAGNAC

1607 (8 FÉVRIER).

Orig. fol. 16.

SOMMAIRE : Mort de Botskay. Compétitions à la principauté de Transylvanié. — Lettre du roi à Jaffer, général de mer. — Espoir de la paix en Hongrie. — Morath Bassa a été fait premier Bassa.

AU ROY

Sire, le IIIe du présent, j'eus l'honneur de recepvoir deux despesches de V. M^{té}, l'une du XXVIe octobre, l'autre du IXe novembre, et lors elle n'avoit que la mienne du XIIIe septembre. L'ordinaire part d'icy deuz fois le mois, et suivant ses commandements j'escrips par tous, ce qui se passe. La mienne der-

---

1. Voir page 32 la note 1 qui donne des détails biographiques sur Murath Bassa.
2. Voir la lettre du 26 mars 1607, par laquelle Henri IV répond à celle-ci.

nière est du XXIIIᵉ du passé : depuis, il y a peu de nouvelles : la mort seule du Boskaïn que l'on tient icy avoir esté empoisonné, pourroit porter quelque empeschement à la paix de Hongrie, bien que l'on die, qu'estant près de la mort, il pria les principaux de ceux qui se trouvèrent près de luy, de vouloir accepter celuy qu'il leur proposeroit pour luy succéder, à quoy il avoit soigneusement pensé par l'affection qu'il avoit à leur bien. Eux le luy ayant ainsy promis, il nomma Valentino Calvi, lequel estoit lieutenant général de ses armées; lequel fust accepté et salué pour tel[1]: Soudain après sa mort, la première chose qu'il (*Calvi*) a faict fut d'envoyer au premier Bassa à Belgrade[2], et pour offrir le mesme service de son prédécesseur, et pour confirmer ce qu'il avait traicté avec eux (*les Turcs*). Cela fut très bien reçeu ; et, luy envoya le dict premier Bassa force grandz présens. Celuy qui en a apporté la nouvelle, dict que le dict premier Bassa a eu un regret extrême de la mort du dict Boskain, craignant qu'elle ne brouillast quelque chose à la paix qu'il tenoit resolue : de la quelle on a pleine assurance icy par les bruitz tous communs, mais ce que beaucoup de personnes ne se peuvent toutesfois bien promettre, les Turcs pour la craincte qu'ilz en ont, et les Crestiens de deça ne pouvant s'imaginer que l'Empereur face une telle faulte et laisse passer l'occasion que Dieu luy offre, et pour sa gloire, et pour le bien général de la Crestienté ; mais sa divine Mᵗᵉ la réserve pour un autre.

Ilz ont pris résolution icy de traicter avec les Chefz des rebelles par doulceur ; et, y en a qui n'escoutent. S'il leur succède[3], cela aydera beaucoup à les remettre ; et, ne douptent point, ou de la paix avec le Persien, ou de regaigner sur luy ce qu'ilz ont perdu et davantage ; ce sont espérances seulement.

Cependant Ferat Bassa que l'on croyoit se devoir rendre rebelle, comme j'ay desjà faict entendre à V. Mᵗᵉ, est décédé de mort naturelle.

Mustapha Bassa est passé général à Bursia, la peur des rebelles ayant contrainct d'y envoyer nonobstant la saison et leur coustume.

Jafer Bassa, général de la mer, a encores la charge. Je l'ay veu

---

1. Botskay mourut empoisonné le 30 décembre 1606. Ses intentions ne furent pas remplies : les Etats de Transylvanie élurent pour prince, *Sigismond Ragotski*.

2. Belgrade, ville de Servie située sur le Danube près du confluent de la Save. Elle a joué un grand rôle dans l'histoire des Turcs.

3. C'est-à-dire si *ces négociations réussissent*.

à son retour, et luy ay présenté celle que V. M^{té} luy a escripte, qu'il a reçeue avec grand honneur. Il ne se peult qu'il ne luy aye fallu donner[1]. J'en retiray aussy quelques esclaves françoys. Le G^d S^{gr} s'est un peu trouvé mal, ses jours passéz, d'un desvoyement d'estomac. Il ne parle que bien peu du voyage qu'il avoit resolu. Je croy que comme feu dernier premier Bassa[2] l'avoit faict entreprenpdre, aussy sa mort l'a rompu. Ceste paix de Hongrie est toute leur esperance : si elle venoit à se rompre, elle leur auroit bien cousté, s'y fians de sorte qu'ilz n'ont faict aulcuns préparatifs pour la guerre de ces quartiers-là, etc...

Salagnac

1607 (24 février).

Orig. fol. 17.

AU ROY

SOMMAIRE : Ravages des Tartares en Pologne. — Nouvelles de Moscovie.

Sire, ma dernière despesche est du VIIIe febvrier ; depuis ce temps le G^d S^{gr} a esté tousjours aux champs à une de ses maisons nommée Daout Bassa. On attendoit son retour aujourd'huy ; mais depuis trois jours, le temps s'est mis tellement au froid, et est tombé tant de neige, qu'il n'y a point d'apparence qu'il vienne, mesmes ayant toutes les dames avec soy[3]. La seulle nouvelle que nous avons icy est la course que les Tartares viennent de fère en Pologne, où ilz ont faict un ravage et dommage extrème. Le prince Tartare y estoit en personne. Cela a beaucoup fasché icy, non bien assuréz encores de la paix avec l'Empereur, et craignans que tant de maux ne facent résoudre les Polonois à se venger et n'en perdre point l'occasion ; et que cela soit suffisant pour faire rompre tout le dict traité, et ont en diligence envoyé en Pologne pour essayer d'y remedier. Les choses de ce pays là ne sont pas touttes bien remises, mais il s'en fault peu, et est-on après à les accommoder ; et ceste dernière course des Tartares y servira. On ne doubte aucunement que le prince Démétrins de Moscovie n'y soit,

---

1. C'est-à-dire : *j'ai été obligé de lui donner des présents...*
2. *Dervis Bassa.*
3. Achmet avait 3.000 femmes dans son sérail.

et croyt on encores sans doubte que il sera secouru des polonois[1],
pour y retourner[2]; qui[3] croyent une partye de l'affront estre pour
eux.

Sire, je finiray, etc.

SALAGNAC.

1607 (24 FÉVRIER).

Orig. fol. 18.

A M. DE VILLEROY :

SOMMAIRE : Intrigues de la femme du premier Bassa et du trésorier général.

Monsieur, Le froid qui en ceste dernière saizon nous a surpris,
a gelé touttes sortes de nouvelles, de sorte que vous n'en aurez
point pour ceste fois. Pour faire de l'exercice cependant qui me
délivre de sa rigueur, il est advenu une fascheuse occasion d'un
patron de Marseille, lequel venant de Tunis amène icy un beau
navire chargé de sel. Le Testarda[4] (c'est le général des finances)
sollicite que la femme d'Assan[5] qui tient maintenant icy la place
du premier Bassa, laquelle est tante du G^d S^{gr}, luy adresse[6] une
avanye pour luy fère perdre et le vaisseau et le sel, ayant vendu
et l'un l'autre et touché l'argent, comme le tout appartenant au
G^d S^{gr}; et un matin, fist sortir le patron et tous les siens du dict
navire, et le délivra à l'achepteur, sans qu'auparavant on en eut
eu tant soit peu de vent. J'ay desja tant faict que le premier Bassa
m'a promis fère désister sa femme de ceste poursuitte, et ay faict
remettre le dict patron dans son vaisseau, espérant, soudain que
le temps s'adoucira un peu, de faire juger le tout, et en ay assez
bonne espérance, estant allé voir le dict Testarda, et débattu longuement ceste affère avec luy, qu'il deffendoit plus par passion et

---

1. On ignorait encore à Constantinople la mort de Démétrius. Ce prince avait
conquis son trône grâce aux secours de la Pologne. Il s'était alors entouré de
Polonais qui furent presque tous massacrés avec lui.
2. Pour retourner en Moscovie.
3. *Qui* : c'est-à-dire *les Polonais.*
4. Celui qu'on nommait : *Le fils du Boulanger*.
5. Assan remplaçait le Grand Vizir Morath qui se trouvait en Hongrie.
6. *Adresse au patron Marseillais.*

viollence que par raison. Il calla toutefois à la fin, me confessant d'avoir esté mal informé, et me promettant de quitter toute sorte de passion en ceste affaire. Voilla nos plus plaisants esbatz, etc.

SALAGNAC.

1607 (24 FÉVRIER).

Orig. fol. 19.

A MONSIEUR DE PUYSIEULX [1]
Conseiller du Roy en ses Conseils d'Estat et Privé, Secret⁰ de ses Commandements.

SOMMAIRE : M. de Puisieux, nouveau secrétaire d'Etat.

Monsieur, Nous n'avons rien de nouveau à vous dire ; et depuis estre icy je n'ay veu tant de jours sans quelque nouveauté ; ce qui est, vous le verrés dans celle de S. M^té, et le mauvais exercice où je suis maintenant [2], en celle de Monsieur de Villeroy. Par le premier ordinnaire, j'espère vous en pouvoir dire le succès ; et ceste cy ne servira qu'à m'obliger perpetuellement à vous honnorer et rechercher les moyens de pouvoir vous rendre quelque service. Je le désire de tout mon cœur, cependant qu'accablé d'obligations, je vous supplye bien humblement me voulloir continuer ceste bienveillance qui les a enfantés, avec une très certaine créance que je suis et veux estre, s'il vous plaist, jusques au tombeau,

Monsieur,

Vostre plus affectionné serviteur

SALAGNAC.

1. *Pierre Brulart, vicomte de Puisieux*, et à la mort de son père, *Mis de Sillery*. Il avait épousé Madeleine de Neufville, fille du Mis d'Alincourt, et dès le commencement de l'année 1607, il remplaça en qualité de secrétaire d'Etat M. de Villeroy, grand-père de sa femme. Il fut aussi conseiller d'Etat et trésorier des ordres du roi. Après la mort d'Henri IV il fut envoyé ambassadeur en Espagne. Il mourut en 1640.

2. M. de Salignac fait allusion à l'affaire du navire marseillais dont il a parlé dans la lettre précédente.

1607 (13 mars).

Orig. fol. 20.

AU ROY

SOMMAIRE : Négociations en Hongrie. — Nouvelles des Rebelles de l'Asie. — Défaite de Nassin Bassa. — Jugement porté sur lui par le Bon de Salignac. — Mauvais état des affaires turques. - Occasion propice pour détruire la puissance ottomane.

Sire, Le G^d S^{gr} est revenu icy pour pouvoir plus soigneusement aviser à ses affaires. Il espéroit bien que la paix avec l'Empereur les luy rendroit aisées, mais maintenant, ilz disent tout ouvertement qu'ilz ont esté trompés, et que l'on n'avoit voulu ce traicté que pour attraper le Boscayn, et surprendre quelqu'une de leurs places ; à quoy on a failly de sorte que, contre l'espérance qu'ilz avoient concerté, il fault qu'ilz se préparent à la guerre de ces quartiers-là. Les rebelles en font de grandes resjouissances, et se vantent de fère beaucoup de mal cest esté. Cependant ils croyent[1] avoir regaigné le Bassa d'Alep nepveu de feu Zambolat ; de nouveau luy a-on envoyé des présentz pour tascher à le faire marcher contre le Persien ; mais l'exemple de son oncle est bien fresche pour luy laisser prendre ceste résolution[2]. Les affaires de Babilone estoient encore incertains, car bien que le Bassa du dict lieu eust donné divers soubçons de s'entendre avec le Persien, on ne faict point semblant de les avoir pris, et l'entretenoit-on de belles parolles, cependant que Nassut Bassa qui estoit là ès environs promettoit de l'attraper et s'en rendre bientost maistre. En attendant ceste bonne nouvelle, ilz ont sceu celle de la deffaite entière du dict Nassut par le Bassa de Babilone. Nassut y a esté blessé en trois endroictz, et six ou sept mil hommes des siens tués, et tout le bagage de son armée perdu. Il ne fust assuré qu'il ne fust à huict ou dix journées de là. Soudain que la nouvelle en fust icy, le G^d S^{gr} envoya en dilligence pour le fère venir. On croyt que ses blessures luy serviront d'excuses, et qu'il ne sera pas si malavisé que de se venir faire estrangler. Si scay-je bien que le G^d S^{gr} le tient en réputation de bon homme de guerre : de vray, il est bien

---

1. *Les Turcs croient.*
2. Nous avons vu que son oncle Zambolat avait été mis à mort par ordre de Cigale.

courageux ; mais les armes d'autre part luy sont malheureuses infiniment. Depuis que je suis icy, il a esté defaict cinq ou six foys ; et jusques à présent il s'est tousjours remis, et n'en a point diminué de courage.

Il ne luy reste plus rien, ce dit-on ; ceste dernière deffaicte pourroit bien luy fère perdre la vye, quand ce ne seroit que pour ne perdre point Babilone, faisant entendre au Bassa du dict lieu que c'est la punition de ce qu'il a entrepris sur luy[1] ; mais cela ne suffira pas à mon advis.

Voilà, Sire, ce qu'il y a icy de nouveau, qui fera juger à V. M^{té} l'estat de ce grand empire, où toutes choses deffaillent ; mais surtout les hommes de commandement et l'argent, qui faict qu'il fault qu'ilz se servent de personnes très incapables ; et que pour recouvrer de l'argent ilz facent mille injustices et ruinent tout le pays. Si la guerre de Hongrie dure, il y a peu d'apparence que tout ne se perde de soy mesme ; et je panse que ceste année pourra donner un grand jugement de ce qui en debvra réussir. Dieu parle assez clairement pour fère entendre sa volonté ; et ces grandes occasions sont un langage bien intelligible : Sa Divine M^{té} conduira les choses comme il luy plaira ; cependant, que je l'importune de mes vœux ordinnaires pour la santé, prospérité et grandeur de V. M^{té}, et qu'il me semble qu'elle attende [que] l'aage de Monseigneur le Daulphin vienne recueillir icy, et la grandeur, et la réputation, et le mérite qu'elle luy prépare, et à V. M^{té} le contentement de l'entendre, etc.

SALAGNAC.

1607 (26 MARS).

Lettre inédite (Minute), Bibl. nat^{le}. Fr. 16146, fol. 22.

LE ROY A M. DE SALIGNAC

SOMMAIRE : *Réponse à la lettre du 24 janvier.* — *Le Roi pense que c'est d'un mauvais exemple de traiter avec les Rebelles en leur offrant des charges.* — *Le roi a confiance dans la paix de Hongrie.* — *Établissement des Jésuites à Constantinople.*

Monsieur de Salagnac.

Encores que vostre lettre du XXIIIIe de janvier me représente quelques particularitéz pour le regard de la continuation des inso-

---

1. *De ce que Nassin Bassa a entrepris sur lui.*

lences et accroissement de puissance des rebelles et ceste hardie et courageuse entreprise de ce Calander Ogli, sy ne laissé-je de recognoistre par icelle mesme, et principalement Ali Bei[1] s'estant mis au debvoir, que me mandez que les choses petit à petit s'iront adoucissant et que ses nuages de rébelions se dissiperont avec le temps, sans qu'il en couste peut estre tant de sang et d'argent à ce Seigneur qu'on avoit estimé au commencement; que sy les chefz prennent une fois ces voyes de réconciliation, tout le reste s'en ira bien tost à néant : mais aussy d'autre costé, il est à craindre que les ungs voyant le bon traictement que se fera aus dits chefz augmentent leur audace, pour par icelle par le moyen qu'ilz montreront avoir de nuire et endommager ce dit Seigneur, vouloir participer ou estre esgaux aux rescompenses des autres; de sorte qu'il fault attendre encores quelque temps pour voir cela en ce qui réussira de ces mouvemens. Mais quant à ceste dernière paix qui a esté faicte avec l'empereur, il semble qu'elle soit pour se confirmer ; car les Hongrois qui y ont quelque intérest ont commencé à restituer les places qu'ilz avoient occupées par celles d'Oynar (?) qui a esté consigné à un nommé Sifrid coloniel à qui l'Empereur en a donné le gouvernement, et que l'on croit qu'ilz feront le semblable des autres à mesure que l'on envoira des commissaires et de l'argent pour en prendre possession, et en tirer les gens de guerre qui y sont en garnisson. Se dit pareillement que d'autres qui ont esté envoyés pour en faire autant de Cassovye[2] au nom de l'Empereur ont esté bien resseues des dits hongrois, leur ayant le mesme jour deslivré les clefz de la ville, et que le magistrat pour les bourgeois. et les députéz pour toutte la province, ont renouvelé le serment de fidélité au dit Empereur ; qui est un signe qu'ils désirent reprendre une vie tranquille et esloignée de tout trouble et confusion. Quant à la Transilvanie, j'ay advis qu'il y a quelques particuliers qui se sont mis en campagne pour donner occasion à ceux qui sont amateurs de troubles et de nouveautéz, de se déclarer. Il y en a d'autres toutefois au dit pays qui soubtiennent fort l'authorité de l'empereur et qui font mine de la vouloir deffendre et maintenir par les armes. Le sieur de Brèves à

1. *Zambolat*.
2. *Cassovie (Kachau)*, au nord de la Hongrie, sur l'Hernath, affluent de la Theiss. La nouvelle donnée par le roi ne se confirma pas. Le parti protestant s'agitait en Hongrie et refusait d'acquiescer à la paix conclue par Botskay.

son retour, m'a faict entendre la facilité et l'adventage qu'il y auroit d'establir à Constantinople de Jésuistes pour le bien et advencement de la religion catolicque, et ce par les moyens que conviendra suivre et observer suivant le mémoire du dit sieur de Brèves qui sera ci joinct, affin d'y procéder avec industrie et dextérité à promouvoir ce bon œuvre, de la perfection duquel je recepvray autant de contentement et consolation que mérite mon zelle et attention à une chose digne du nom que je porte et du rang que je tiens en la crestienté [1]. Il m'a aussy informé de ce trésorier général Testarda et m'a confirmé ce que vous m'en avez escript, de sorte que j'estime qu'il seroit propre et utile à relever leurs affaires si il estoit advancé en la charge qu'il désire et ne pourroit mieux espérer que son prédécesseur dont la fortune et l'issue aussy ne seroient peult estre dissemblables. Votre lettre du 8e febvrier est arrivée comme je faisois achever la présente. J'avois jà entendu les particularitéz de la mort du botzkay ainsy que vous ay escript; et estime, quoy qu'il se passe pour le présent en la Transylvanye, qu'il y arrivera enfin de la division si l'empereur avec les moyens qui sont requis n'y fortiffie son crédit et authorité. Si ilz suivent par delà les voyes que me mandez de la douceur pour remettre et réduire les rebelles à leur debvoir, elles leur succèderont peult estre plus promptement et heureusement que celles des armes, desquelles l'évènement est trop tardif et incertain et subject à beaucoup de inconvéniens, lesquelz ilz n'ont nul besoin de encourir en l'estat présent de leurs affaires.

1. Dès son arrivée en Turquie, le Bon de Salignac avait proposé au roi d'establir à Constantinople un collège de Jésuites; nous trouvons la trace de ce projet dans la lettre de l'ambassadeur du 14 mars 1606 (voir page 28). Henri IV n'avait pas voulu alors donner suite à cette idée, et M. de Salignac le lui rappelle lorsqu'il lui répond le 20 juin 1607 (voir cette lettre plus loin).

1607 (29 mars).

Orig. Fr. 1616, fol. 23.

AU ROY

SOMMAIRE : Dervis Bassa regretté des Turcs. — Les soldats français au service de la Turquie sont revenus de Hongrie. — Si la paix ne se fait pas, Morath Bassa sera révoqué. — Intrigues de Thomas Glauwer, le nouvel ambassadeur d'Angleterre. — Il fait renouveler ses capitulations au détriment des intérêts français. — M. de Salignac s'occupe de les faire annuler. — Le Bassa cherche à envenimer la querelle. — Attitude de M. de Salignac. — Il demande au roi de donner à M. de Brèves les revenus d'une abbaye.

Sire, le XXI⁰ du present, je reçeuz quatre lettre de V. Mᵗᵉ du XXᵉ et IIIIᵉ décembre et du XVIᵉ et XVIIᵉ janvier. Elle aura sceu depuis, les changemens de ceste Porte qui ont esté bien grandz par la mort du dernier Bassa[1], de laquelle on n'est point à[2] se repentir, estant recogneu il y a desja assez longtemps, que nul autre n'est capable de ceste charge tant que luy ; mais il n'en est plus temps.

Le bruict qui courroit de l'entreprise sur Buda (?) s'est trouvé faux et quelque espérance de la paix en Hongrie estoit revenue à ces gens cy ; au moings ilz le disôient, mais il n'y parroist rien, et les plus juditieux ne la croyent ; et ce jourd'huy sont arrivez ces pauvres soldats françoys de Hongrie. Le collonnel et les principaux sont soudain venus céans, et m'ont asseuré que la paix n'estoit nullement, ny en esperancè de ce faire ; que cé traicté a esté une finesse pour passer la saison dernière, l'Empereur estant desnué de toute force pour résister à l'armée turque ; que de vray cela luy a bien servy et a fait un merveilleux prejudice à ces gens cy qui se trouveront bien empeschéz. On n'a encores rien résolu pour les guerres, attendant tousjours ce qui succèderoit en Hongrie, où la paix ne se faisant point, sans doubte ce premier Bassa Morat sera privé de sa charge : je ne sçay à qui on peult la donner qui la puisse porter ; mais il semble qu'elle doibve tumber sur ce Testarda ; et, à ce que j'entends, il aura la charge des guerres de l'Asye et de la Perse. Mais cela n'est point résolu ; car ce Testarda ne fut jamais à la guerre et a de très grands défauts, mais il est

---

1. *Dervis Bassa.*
2. *Sans se repentir.*

seul assez riche pour en pouvoir faire la depence, et il faict ce
qu'il peut pour se pousser avant. Je l'ay cogneu mieux que je
n'eusse faict, pour une grande dispute que nous avons eu ces
jours passez, pour un navire d'un patron de Marseille qu'il vouloit
avoir avec sa charge, qui estoit de sel de Barbarie ; il a remué
toutes pierres pour en venir à bout ; enfin j'ay sauvé le tout et
sommes demeuréz bons amis.

Je ne suis point sorty de ceste affaire que je n'en ay rencontré
un plus grand par le moyen de ce nouvel ambassadeur qui est
venu d'Angleterre, lequel a porté de grandz présens extraordinaires
et à une infinité de personnes auxquelz on ne sembloit point en
faire. Dès son arrivée, je me doubtay de ces despances, et advertis
le Bassa et tous ceux qui peuvent quelque chose, à ce qu'il ne fit
rien au préjudice des capitulations que V. M^{té} a avec ce prince.
Tous le me promirent, mais deux ou trois gaignés par luy, firent
de sorte qu'au renouvellement de leurs capitulations, il a faict
mettre un article qui rompt entièrement celles de V. M^{té}, permettant aux nations étrangères de venir soubz la bannière d'Angleterre [1]. Je le sceus incontinent, bien que cela se feit sy secrètement que rien plus, et fis voir les mençonges et faulcetéz sur lesquels il a fondé ses demandes, et le préjudice que l'on faisoit à
V. M^{té}, laquelle ne le souffrira nullement. Le Bassha en fut tout
esmeu, bien que l'on veuille dire qu'il ayt mangé un gros morceau pour cela [2] ; mais jusques icy rien que je voye ne me le peult

1. L'article 4 des capitulations accordées aux Français était ainsi conçu :
« Nous avons commandé que les Vénitiens et Anglois en là, les Espagnolz,
Portugais, Catalans, Ragusois, Genevois, Anconitains, Florentins, et généralement toutes autres nations quelles qu'elles soyent, puissent librement venir trafiquer par nos pays, sous l'aveu et seureté de la bannière de France, laquelle ils
porteront comme leur sauvegarde ; et de ceste façon ils pourront aller et venir
trafiquer par les lieux de nostre empire, comme ils sont venus d'ancienneté ; et
qu'ils obéissent aux consuls françois qui résident et demeurent par nos havres,
ports et villes maritimes. Voulons et entendons qu'en usant ainsi, ils puissent
trafiquer avec leurs vaisseaux et galions sans estre inquiétés..... Nous commandons aussi que les sujects du dict empereur de France et ceux des princes ses
amis, alliés et conféderés, puissent sous son aveu et protection, librement visiter
les Saincts Lieux de Jérusalem, sans qu'il leur soit faict ou donné aucun empeschement. »
Et l'article 6 ajoutait : « Derechef nous commandons que des Vénitiens et
Anglois en là, toutes les autres nations aliénées de l'amitié de nostre Grande
Porte et qui n'y ont point d'ambassadeur, voulans trafiquer par nos pays, elles
ayent d'y venir sous la bannière et protection de France, *sans que pour jamais
l'ambassadeur d'Angleterre ou autres, ayent de s'en empescher*, sous couleur que
ceste condition a esté insérée dans les capitulations données de nos Pères. »
2. C'est-à-dire : *Bien que l'on raconte qu'il ait reçu de l'argent de l'ambassadeur
d'Angleterre pour obtempérer à ses désirs.*

faire croire, ayant faict une partye de ce que j'ay voulu. Je m'en
suis addressé au premier secrétaire d'estat, lequel sans doubte en
estoit conssentant, et de sorte que maintenant, il semble qu'il aye
changé d'advis : mesme hier, il ne voulut pas prendre six vestes
que cest ambassadeur lui avoit envoyé. Nous en sommes maintenant là ; ilz me veullent bailler des commandemens contraires à
ce qu'ilz ont mis dans leur capitulation, mais je ne les ay point
voulus, m'estant oppiniastré à ce que la dicte capitulation fut rapportée et cest article biffé. J'ay tant faict que le dict visir le m'a
promis, et le premier secrettaire d'estat qu'ilz nomment Riesgutap
aussy ; et ce matin, je suis allé presser le visir d'envoyer l'exécution, lequel a despeché deux courriers vers le dict ambassadeur
avec un ordre pour rapporter la dicte capitulation. Il a répondu
qu'il la bailleroit, mais que ses interprestes n'estoient point au
logis. J'espère Dieu aidant venir à bout de cest affaire, mais j'en
crains la longeur, accause des présens, des largesses et des promesses. J'ay protesté tout hault de ne vouloir rien donner pour
ceste affaire ; croyant à la vérité qu'il ne se doibt pas ; et je continueray ainsy, si ce n'est à quelque particulier, pour estre seurement adverty de ce qui se passera. Je ne pensse pas, sire, que
ceste longeur dure jusque à ce que je puisse avoir l'honneur de la
responce de ceste-cy, espérant l'avoir terminée par avant. Toutesfois il me semble que V. M^té en doibt escrire et au G^d S^gr et à son
premier Bassa. Le nom de V. M^té y est plus grand que ne fut
jamais nul de voz prédécesseurs. J'oze dire que la lettre doibt estre
selon cela. Je sçay de très bon lieu aussy que cest ambassadeur
n'en a nulle charge de son maistre ; mais je ne sçay si cela doibt
empescher V. M^té de se doulloir à luy de ceste entreprise qui est à
son préjudice. Je pense que non, me remetant toutesfois a ce que
V. M^té en jugera très mieux. Cest ambassadeur s'appelle To-
mas [1], et que l'on a veu valet icy, et depuis, a servy de secrétaire :
l'ambassadeur, homme qui faict mille sotties qui partout allieurs
meriteroit la marote ; mais ces gens cy en sont bien ayses, et si ilz
s'en mocquent à part, ilz ne luy en font point de démonstration.
Il a chassé un secrétaire, que la compagnie des marchandz qui
l'entretiennent là, avoient esleu pour ceste charge et luy avoient
baillé, et qu'ilz payoient, disant que c'estoit par son moyen que

---

1. *Thomas Glauwer.*

j'en avois esté adverty. Peu s'en est falu qu'il ne l'aye faict mettre en gallères mais il en a esté empesché.

Le Bassa me dit, il y a deux jours qu'il luy avoit dit que V. M^té estoit tributaire du Roy d'Angleterre. Je répondis ce que je debvois ce me semble ; et soudain estre de retour, je le manday au dict ambassadeur, et pressé à en avoir une résolue responce qui a esté enfin : que, en la présence de qui je voudray, il en donnera un desmanty au Visir : je verrai un de ces jours ce qui en sera. Il pensa que j'en ferois autant, me mandant le lendemain que le Visir avoit dit que j'avois dit qu'il estoit ambassadeur des marchans anglois et non du roy. Je luy dis à la vérité : que je sçavois que le roy d'Angleterre le qualifioit pour son ambassadeur, pour luy donner plus d'honneur et d'authorité, mais que je sçavois aussy qu'il estoit eslevé et payé des marchandz, son eslection après aprouvée de son roy ; que je ne [le] tiendrois pas advisé d'avoir dit cela, mais que je m'asseurois que le dit visir [le] diroit, s'il s'en voulloit enquérir davantage. Il ne m'a point encores esmeu ; je me contante qu'il le soit pour tous deux. Il a fait commandement à ses gens d'aller à armes. Il semble qu'il veille du bruit : s'il le commence, je l'achèveray. De vray si le roy d'Angleterre veult qualliffier icy quelqu'un du nom d'ambassadeur de sa part, ce debvroit estre quelqu'un que un chacun n'eust pas veu vallet icy. Cella est rude à digérer, et le Baile de Venise m'a asseuré que la République en fera pleinte ; n'estant pas beau d'avoir des hommes de ceste estofe pour compagnon. Tous les Anglois qui sont icy et son prédécesseur mesme, ont escript contre luy, tant il se gouverne inconssidérément, de sorte que je ne pense pas qu'il demeure en ceste charge, mesmes sy V. M^té en faict un peu de plainte.

Elle m'excusera, s'il luy plaist, de la longueur de ceste cy, laquelle seroit bien plus longue si je la remplissois de toutes ses follies ; elles me soucient peu : pourveu que il ne sorte hors des barrières de son debvoir en ce qui regardera V. M^té je n'en feray que rire ; mais je pourray bien le faire plorer s'il faict autrement. Sy espère-je, Dieu aidant, me conduire de sorte parmy les bisareries de ses humeurs, que je n'auray point de blasme et que V. M^té en aura du contentement. C'est le but où je vise et le plus grand soing que j'aye.

Sire, j'oseray allonger ceste cy pour mon particullier. Mr de Brèves est arrivé près V. M^té, qui me remettoit à lors pour diverses choses : je la supplye très humblement le voulloir maintenant commander. Je suis sa très humble créature, et qui fais le mieux que je puis, et croy que nul ne se pourra vanter de mieux [faire] où je suis ; qui me fait espérer suivant ce qu'il luy a pleu me promettre avant partir, que je jouirois de ce que faisoit M. de Brèves. V. M^té est contente de son service, j'espère aussy qu'elle le sera du mien. Il prétend quelque récompence ; je croy qu'il la mérite, mais non à mon préjudice, et V. M^té ne le vouldroit pas à mon oppinion. Il désire une petite abaye près de chez luy, nommée la Benisson-Dieu [1], laquelle est en main de tel à qui à toutte heure V. M^té peult donner davantage. Il m'a dit et escript depuis, ne désirer rien que cela ; ceste pierre, au lieu de nous frapper tous deux, nous fera beaucoup de bien à tous deux.

Quoi que ce soit, Sire, je supplye très humblement V. M^té de se voulloir ressouvenir de moy, et c'est tout le bien que je désire le plus : aussy ceste souvenance m'ostera les cruelles nécessités où je suis, et me donnera les moyens de la pouvoir servir avec honneur ; jusques icy c'est ce qui m'a touché, et pour venir plus vieux, je ne ressents point une autre passion si vive, etc.

Salagnac.

1607 (11 avril).

Orig. fol. 24.

AU ROY

SOMMAIRE : Le premier Vizir Morath qui est en Hongrie ne donne que peu d'espoir de conclure une trève. — Propositions de paix envoyées par le roi de Perse. — Les Turcs ont coutume de ne jamais rendre les places qu'ils ont prises. — Nassin Bassa reçoit le gouvernement de Mésopotamie. — Le premier Bassa menace de sa colère l'ambassadeur anglais. — Muets du séruil. — La seule ambition de M. de Salignac consiste à faire connaître au roi tout le dévouement avec lequel il le sert.

Sire, il n'y a icy rien de nouveau qui invite l'escrire. L'espérance de la paix fuit, plus on va avant, et je croy qu'elle doibt estre toutte perdue ; toutesfois ces gens la désirent de sorte qu'ilz

---

1. *Benedictio Dei.* (Voir la *Gallia Christiana.*)

l'atendent tousjours; et le premier Bassa[1] qui, ayant esté trompé
en Hongrie, trompoit icy de mesmes par ses lettres, ne sçait comment escrire maintenant, et en donne quelque foible espérance
encores. Mais ceux qui en viennent, n'en ont auculnement ; toutesfois on attend tousjours pour prendre une résolution de ce que
l'on fera. Depuis quatre jours, une responce d'une lettre que feu
dernier premier Bassa[2] avoit escripte au premier Bassa du Roy de
Perse pour l'exorter à la paix, est arrivée : elle est pleine de belles
parolles, mais la résolution est que du temps de Sultan Soliman[3]
les confins de leurs empires furent marquéz, et la paix faicte à
ceste condition que chacun joyroit paisiblement du sien ; que l'on
a depuis usurpé de ce qui estoit à son Maistre, lequel n'a peu souffrir que l'on luy fît ce tort ; qu'il a pris seulement les armes pour
recouvrer cela; que Dieu a favorizé la justice de son entreprise, en
ayant desja reconquis la plus grande partie ; que si l'on veult luy
rendre le reste, il est prest à poser les armes et faire une bonne
paix, et tesmoigner tout l'honneur qu'il pourra à ce Gᵈ Sᵍʳ ; sinon,
qu'il espère que Dieu luy continuera la faveur qu'il luy a portée
jusques à présent, et qu'il ne laissera point les armes, qu'il n'aye
recouvré ce qui justement luy apartient. Beaucoup vouldroient que
on luy rendist ce qu'il demande et que l'on finist icy ceste guerre ;
mais à cela s'oppose la coustume Turquesque, qui est de ne rendre
jamais rien de ce qu'ilz ont conquis, de sorte que je croy que ceste
saizon, ilz auront de quoy se batre. Il semble qu'ilz n'ayent pas
grande confiance à l'acord que Zambolat Ogli a faict avec eux, car
ilz ont osté au fils de Cigale le gouvernement de Mesopotamye qu'il
avoit et luy ont donné celuy de Damas, sachant bien l'inimityé
qui doibt estre entre le dict Cigale et le dict Zambolat Ogli par
la mort de l'oncle du dict Zambolat que le père du dict Cigale
fist mourir l'an passé. Nassut Bassa s'est tant excusé, qu'il n'est
point venu suivant ce que l'on luy avoit commandé, bien que je
croye qu'il n'y eust reçeu que honneur. On luy a donné le gouvernement de Mesopotamye ; et beaucoup croyent qu'il aura la charge
de la guerre de Perse. L'armée de mer ne sera pas ceste année du
tout si grande que celle de l'année passée ; mais elle sortira d'icy
dans la fin de ce moys, et s'en va tout droict quérir l'argent que

1. *Morath Bassa.*
2. *Dervis Bassa.*
3. *Soliman le Grand* porta la grandeur ottomane à son apogée et mourut en
1655.

fournit le Caire, où l'on envoye un Bassa nouveau[1], n'estant sorty du Sarrail que depuis sept ou huict jours : c'est celuy qui estoit Selectar Aga (ainsy appelle-on celluy qui porte l'arc du G^d S^{gr}) : c'est le premier du Sarrail après le Capi Aga[2].

Cest ambassadeur d'Angleterre a tousjours fuy à venir raporter sa Capitulation, et a faict le mallade : c'estoit pour gaigner le temps jusques à ce Beiran[3] qui dure quatre jours, espérant pourveoir cependant à son faict par le moyen de quelques Muets sur lesquels il s'appuye[4] ; enfin il fut contrainct hier d'aller trouver

1. Nous trouvons dans le journal du S^r d'Angusse : « Le 31°, mars *Mehemet,* Selictar Aga fut faict Bassa du Caire, et sortit du Serail avec quelques 1500 Pages, qui furent tous faicts Spahis. Cecy se faict de sept ans en sept ans, quoy qu'il n'y eust que 5 ans et 1/2 ou environ que Aly Bassa (aujourd'hui Janissaire Aga) fust sorty de ceste façon. »

2. Chef des Eunuques.

3. Le *Bayram* est la principale fête des Turcs qui la célèbrent pendant quatre jours après leur Ramasan (ou Radaman). (*Tableau de l'Empire ottoman,* chez Duchesne, 1757.)

4. Bordier nous parle des *Muets du Sérail* dans les termes suivants : « De tous ceulx qui sont au Sérail, il n'y a rien de plus admirable que les Muets, que les Turcs appellent *Ditses* (qui veut dire : sans paroles). Cest usage de Muets, estant sy commun et pratique dans le Serail et autres lieux de Turquie, qu'il n'y a presque Grands ny Petits qui ne l'entende, et mesme y a escolle exprès pour apprendre cette sorte de parler sans parler, par le moyen de laquelle se peult dire n'y avoir rien au monde sy difficille, qu'ils ne rendent facille à savoir de point en point toutes leurs conceptions et pensées tant loingt qu'ils se voyent, par signes et actions de façons de faire, tant du corps, bras, teste et jambes, qu'autres mouvements. Se playsant et délectant les plus Grands de la Porte et autres tellement à ce Muet des Cours, que la plus part du temps ils ayment mieux leurs faire entendre en cette manière que d'ouvrir leur bouche et user leur langue. Et croy que ceste habitude vient du grand respec qu'ils portent au G^d S^{gr}. Il a tousjours des Dilses près de sa personne, ce dont il a le plus de plesir ; sy bien que toutes les choses de conséquence touchant l'ordre et la police de ses sujets, ne pouvant avoir raison ny justice des Visirs, Pachas, ou autres Officiers avec lesquels ils ont affaire, le Peuple s'adresse volontiers aux *Dilses Agachy* pour estre de tous ceux du Sérail, fort aymés et chérys du G^d S^{gr} et le plus près de sa personne, auquel il faict entendre les plainctes et doléances du peuple. » (Ambassade de Jean de Gontaut Bon de Salignac, livre II, chap. 17.)

M. de Salignac se servait lui aussi des *Muets du Sérail,* ainsi que nous le voyons dans le passage suivant de la Relation par Bordier. « Arriva une fois que Monseigneur l'Ambassadeur employa le Dilse pour une affaire d'importance qu'il eust ; et ne pouvant avoir raison du Visir ou Caymacan, fut contrainct s'adresser au Dilses quy luy estoit amy affin que par son moyen le G^d S^{gr} fut averty de son différend et comendast d'y donner ordre, comme fut faict. L'Ambassadeur faisoit parler son truchement de vifve voix à celuy du Dilses agachy quy luy réferoit par signe ; et luy de mesme faisoit response par signe à son truchement qui la rendoit puis de vifve voix au truchement du Sr Ambassadeur ; de manière qu'il ne se perdoit parolle de part ny d'autre aux demandes, responses ny répliques. Quy est chose de soy fort artificieuse et presque hors notre créance et jugemant, et à eux chose commune et familière pour le continuel éxersise dont ils eusent et s'estudient journellemant ; aquérant par ce moyen grand crédit et authorité par tout le Sérail, estant, la plus part des Eunuques, de ceste caballe. » (Ambassade du Bon de Salignac, livre II, chap. 17.)

le Vizir; lequel le gourmanda villainement, ayant veu qu'il ne portoit point l'original de sa capitulation qu'il dit avoir envoyé au Roy d'Angleterre : il porta une copye que le dit Vizir retint, et avec tant de rudes parolles que le dit ambassadeur fut contrainct luy dire que, s'il le voulloit traicter comme cela, il sera contrainct de prendre licence et de s'en aller. Le Vizir luy dit qu'aucun ne le retenoit, et qu'il s'en allast à la malheure quand il voudroit, et ainsy ilz se séparèrent. Je sceus cela par divers et entre autres par ce Mustapha Chaoux (qui fust trouver S. M^{té}[1] peu avant que je partisse pour venir), que j'y avois envoyé exprès. Le Vizir que je vis soudain apprès, ne me dit pas ces particullaritéz, mais bien qu'il avoit fort gourmandé le dict Ambassadeur d'Angleterre : il me rattifia de nouveau les promesses qu'il m'avoit par advant faites. J'espère, Dieu aydant, que par le premier ordinaire, je feray entendre à V. M^{té} ce qui en sera reussy, qui, à mon oppinion sera à son contantement, malgré les oppositions que je reçois de tant de présents qui est la seulle chose qui me faict mal.

Sire, je n'ay et n'auray jamais desseing ny volunté que de rendre à S. M^{té} le très humble service que je luy doibs : j'espère que ceulx que je rends icy seront à son gré ; et j'oze bien dire qu'ilz le seroient davantage s'ilz avoient un peu plus de jour; mais il est presque esteint par une si longue distance, et y ayant si peu d'hommes qui en puissent rapporter des nouvelles : Je supplye très-humblement V. M^{té} me voulloir pardonner ce peu d'ambition, puis qu'elle ne naist que de ma tres humble et très fidelle obéissance qui desireroit estre cogneue ; je ne veux vivre que pour la tesmoigner tousjours et pour supplier le Tout-Puissant, etc.

Salagnac.

---

1. Ce Chaoux (ou Messager) avait été envoyé en 1604 vers Henri IV pour lui porter les Capitulations accordées par le G^d S^{gr}, et cimenter encore l'alliance qui les unissait.

1607 (24 AVRIL).

Lettre inédite (minute). Bibl. nat¹ᵉ. Fr. 16145, fol. 74.

LE ROY A M. DE SALAGNAC

SOMMAIRE : Réponse à la lettre du 24 février. — Si l'empereur n'envoie pas ses ambassadeurs à Constantinople, comme cela avait été convenu, la guerre se rallumera. — Le roi a réussi à apaiser le différend entre le pape et Venise. — Difficultés de ces négociations.

Monsʳ de Salagnac,

Par voz lettres du XXIIII Febvrier je voy les affaires assez tranquilles en ces quartiers, ou au moins le dit Seigneur s'amuser de donner plus à son plaisir que à la solicitude d'iceulx. Si ay adviz toutesfois, si l'Empereur ne se résould promptement à l'envoy de son ambassadeur jà dès longtemps destiné à Constantinople, que Aly bassa de Bude menace que son maistre reprendra les armes et ne les posera qu'il n'ayt entièrement réduict toute la Hongrie en son obéissance[1]; mais l'on dit aussy que le dit Empereur et ses principaulx ministres et serviteurs sont bien avertys de la besogne que luy a taillée le Persien et ses autres rebelles, et s'esmeuvent peu de ces braveries et ostantations, et n'en appréhendent pas les effectz. Cependant par la grâce de Dieu, l'authorité de mon entremise de laquelle s'est servy mon cousin le cardinal de Joyeuse[2] à Venize et depuis à Rome avec beaucoup de dextérité, à mon contantement a réduict le différend qui est entre le Pape et les Venitiens en telz termes que bientost j'en doibz espérer une bonne et heureuse issue au repos de la Chrestienté, à la satisfaction des parties et à ma gloire et consolation très grande. C'est ung affaire qui importe beaucoup à la conservation du bien public, que j'ay pour cela d'autant plus vifvement poursuivy, principalement par les derniers effortz que plusieurs, soubz prétexte de s'en

---

1. Un des articles de la paix signée avec les Turcs en 1606 stipulait qu'une ambassade devait se rendre à Constantinople, afin de faire approuver les conditions de la trève. *Haly*, Bassa de Bude, et quelques autres avaient été laissés sur la frontière, afin de presser l'exécution du traité. Mais l'empereur Rodolphe différa longtemps l'envoi de cette mission, et les troupes ottomanes continuèrent leurs ravages en Hongrie.

2. *François de Joyeuse*, né en 1562, mort en 1615, fut successivement archevêque de Narbonne, de Toulouse, de Rouen, puis cardinal. Il devint légat du pape en France (1606), sacra Marie de Médicis et Louis XIII à Reims et présida les Etats généraux (1614). Nous avons vu qu'en 1606, il fut chargé par Henri IV de poursuivre la réconciliation du pape avec Venise.

entremettre et de joindre leurs offices pour mesme effect, l'alté-
roient et aigrissoient plus tost qu'ilz ne l'adoucissoient; et estoit
tout besoin d'un bón et expérimenté médecin pour recognoistre
ceste maladie et y pouvoir appliquer les remèdes convenables, etc.

1607 (26 AVRIL).

Orig. Fr. 16146, fol. 25.

LE Bᵒⁿ DE SALIGNAC AU ROY

*SOMMAIRE : M. de Salignac a fait annuler les Capitulations obtenues par l'An-
gleterre. — Lettre du Gᵈ Sᵍʳ à Henri IV. — Démarches imprudentes de Thomas
Glauwer. — Plusieurs prétendants à la principauté de Transylvanie. — Ambassadeurs envoyés au Gᵈ Sᵍʳ par les Kourdes. — Expédition contre les Cosaques. —
Faux prophète en Albanie.*

Sire, ma dernière depesche est de l'onziesme du présent; et
Dieu mercy, je pense par ceste cy, m'acquitter de ce que je prometois, ayant rendu nulle la Capitulation que avoit obtenue ce
nouvel ambassadeur d'Angleterre, au préjudice de celle que V. Mᵗᵉ
a avec ce Sᵍʳ. Pour le faire plus seurement, oultre touttes sortes de
commandements très exprès pour ceste affaire, il m'a fallu faire
renouveler vos cappitulations avec ceste clause expresse que ce
n'est que pour tesmoigner combien ce Sᵍʳ la veult observer invio-
lablement; tesmoignant que celle qu'a obtenue cest ambassadeur a
esté par tromperie, et ayant surpris ceux qui en avoit charge,
voullant qu'elle demeure nulle en tous ses articles jusques qu'elle
soit raportée, pour en biffer ce qui s'y trouvera au préjudice de la
Capitulation [1] qu'il a avec S. Mᵗᵉ. Tous les commandements portent
cela mesme; et deux copies qu'il en a desjà produites, luy sont
esté retenues; oultre cela ce Sʳ vous en escript, et par le premier
ordinaire, Dieu aydant, j'en envoyeray la lettre à V. Mᵗᵉ. Je croy
que le dict ambassadeur voudroit n'avoir jamais entrepris telle
chose, non tant pour la veoir nulle, que pour les afrons qu'il en

---

1. Dans les pièces et papiers divers transmis en mai 1605 au baron de Salignac
par son prédécesseur (fr. 16144, pièce 3), nous trouvons au folio 23, recto, un article
ainsi conçu : « *Deux points de conscience* qui terminent que toutes les nations
estrangères doibvent venir par cest Empire soubs l'Estendard de l'Empereur de
France, pour estre ainsi porté par les Capitulations accordées à Sa Majesté, avec
declaration *que tous les commandements et capitulations que les Anglois pourroient avoir obtenus au contraire, soient et doibvent estre nuls* ».

reçoipt tous les jours. J'ay desjà escript à V. M^{té} ce que luy dict le premier Bassa; le Muphti luy en a autant dict depuis, et j'oze bien asseurer qu'il ne le dira pas à son maistre, n'ayant autre ambition que de demeurer icy sans se soucier de ce qui est de l'honneur de son Roy, de façon que c'est pitié; et il me trompe, ou il fera se chasser soy mesme si son maistre n'y pourveoit de bonne heure, faisant que les marchands mettent un autré à sa place; il faisoit porter ces jours passés des poignardz à tous ses gens, les animant contre moy. Je lui mandé qu'il les feist quitter sans me donner la peyne de les leur oster moy mesme, possible à leur dommage. Il l'a faict, et m'a faict prier par le Baile de Venise pour demeurer d'accord; je luy ay respondu qu'il se tienne où il s'est trouvé arrivant icy; qu'il me raporte la Cappitulation qu'il a obtenue, avec protestation de ne s'en vouloir point servir; que tout le reste est bien aizé. Cela fut devant hier seullement; je n'en ay point eu de responce depuis. Voilla la vérité de cest affère, suppliant très humblement V. M^{té}, Sire, de m'excuser si je luy en escript si au long, et de voulloir adviser s'il luy plaira ou en escripre au Roy d'Angleterre, ou en parler à son ambassadeur, ou de n'en rien dire du tout. Bien me semble-il qu'elle en doibt escripre quelque chose, me remettant toutefois à ce qu'elle en jugera bien mieux.

Pour les nouvelles d'icy, Sire, on attend de jour à autre le premier Bassa, lequel est party, il y a desjà quelques jours de Belgrade. Il ne meine point d'ambassadeur de l'Empereur, de sorte que il ne reste presque nulle espérance de la paix de ce costé là. Il meine quelqu'un de la part de celluy lequel a esté confirmé de ceste porte, Vaïvode de Transsilvanie; mais il y en a deux autres qui prétendent ceste mesme dignité, l'un mis par l'Empereur qui est de la maison des Batori[1], et l'autre nommé par le feu Boskay[2] : l'un et l'autre prétend deffendre son droict par la force.

Voilla de l'exercice parmy ce peuple, oultre la guerre des deux Empereurs, à laquelle on n'a encores nullement pourveu icy, s'en remettant à la venue du premier Vizir; lequel toutesfois,

---

1. Les *Bathori* étaient princes de Transylvanie depuis 1476. En 1602, Sigismond Bathori abandonna la Transylvanie à l'empereur Rodolphe. Mais Botskay conquit cette principauté. Gabriel Bathori fut élu Vaïvode en 1608, puis déposé par ses sujets en 1613.

2. *Valentino Calvi.*

comme la plus part croyent, sera faict mansoul[1] ou à son arrivée
ou…; possible que cestui-cy[2] qui en exerce maintenant la charge
l'aura tout à faict. Il s'y ayde de son costé, tant qu'il peult; et la
sultane sa femme ne s'endort pas, laquelle a beaucoup de crédit.
Depuis deux jours il est arrivè icy un homme de la part de Lemi-
chere (c'est le premier des Curdi[3], ce sont des anciens Partes). Il
amène pour présents quelques lions et léopars, et a charge expresse
de parler plus tost à ce Sgr qu'à nul autre, et sur ce commandement, a refusé de parler au premier Bassa que premièrement il
n'aye parlé à ce Sgr. Sa charge est de luy dire qu'il est très necessaire qu'il aille en personne pour s'opposer au Roy de Perse, et
que s'il ne le faict, son païs est perdu, et que tous eux seront
contraincts se remettre soubz l'obéissance de ce Roy; de quoy il l'a
bien voulu advertir, affin que, la chose estant faicte, ilz n'en
puissent recepvoir du blasme. Cest homme parle fort librement; et
est dict qu'il ne craint poinct, sur l'asseurance que son maistre
luy a donnée que, le mesme desplaisir que on luy fera, il le rendra au double aux serviteurs plus affectionnéz de ce Sgr; lequel
estant de retour luy donnera audiance, estant party ce jourd'huy
pour aller pour cinq ou six jours en une de ses maisons dans la
montaigne pour la chasse.

L'armée de mer est sortie ce jourd'huy : vingt-deux gallères
seulement : tout ce qui se ramasse de dehors ne fera pas en tout
le nombre de cinquante; on en envoie sept à la Mer Noire que
Chaban Bassa commande, pour s'opposer aux Cosaques qui font
beaucoup de dommage icy[4].

Depuis sept ou huict jours les nouvelles sont venues comme en
Albanie, un homme s'est mis en avant; lequel dict que Dieu luy
a donné cest empire, affin de punir les meschancetéz qui s'y font ;
que avant en estre maistre, il combattera trois généraulx lesquelz
on envoiera contre luy, lesquelz il deffera. Il faict fort le dévot,
suppose des miracles que le peuple luy attribue, faict des sacrifices
extraordinaires; un bruict court que c'est le prophète Haly qui

---

1. *Mansul,* c'est-à-dire : *révoqué.*
2. Assan, qui remplaçait Morath, alors en Hongrie, et avait épousé la tante
du Gd Sgr.
3. Les *Curdi* ou *Kourdes* habitaient le Kourdistan sur les frontières de Perse,
dans les montagnes situées à l'est du Tigre, au sud du lac de Van.
4. Ces peuples nomades, partis des bords de la mer Caspienne, faisaient constamment des courses sur les territoires turcs et tartares. Ils se mirent longtemps
au service des Polonais, tout en continuant à se gouverner par eux-mêmes.

doibt venir une autre fois. L'importance est qu'il a diminué les tailles de plus de trois quartz; de sorte qu'il a desja plus de sept mil hommes qui le suivent. Les Cadiz de ces quartiers là s'en sont fuiz, lesquelz disent qu'il leur a dit de demeurer; et que faisant bien leurs charges, ils s'asseurent d'estre bien récompenséz, comme d'estre puniz s'ilz font autrement. Tous les souvereins des environs ont escript qu'il importe d'y pourveoir de bonne heure.

Voilla le commencement qui est bien très certain; de moings, quelquefois quelques uns sont allés avant; et tant de désordres qui sont en cest empire donnent bien jeu à cest homme, s'il sçait continuer comme il a commancé (ce que je ne puis pensser), etc.

SALAGNAC.

1607 (12 MAI).

Orig. fol. 26.

AU ROY

SOMMAIRE : Les négociations en Hongrie paraissent rompues. — Prétendants à la Principauté de Transylvanie. — Miracles du faux prophète d'Albanie. — Incrédulité du Gᵈ Sᵍʳ. — Désordres en Pologne. — Les soldats français au service du Gᵈ Sᵍʳ sont envoyés contre les Cosaques. — Nouvelles capitulations obtenues par le Bᵒⁿ de Salignac. — Le roi d'Angleterre devrait rappeler son ambassadeur. — Importance de ce changement.

Sire, ma dernière despesche est du XXVIᵉ du moys passé, et le longtemps qu'il y a que je n'ay l'honneur d'en voir de V. Mᵗᵉ, me donne beaucoup de peine et de desplaisir. Je croy que ce soit ces Mʳˢ de Venise qui voudraient bien mander quelque certaine résolution de leurs affaires. Quelque nouvelle venant de Raguze, qui dit que tous propos d'accord y sont rompus, et que tout s'y prépare fortement à la guerre, resjouit merveilleusement ces gens icy; lesquels n'ont maintenant aucune espérance de la paix en Hongrie, combien que des courriers qui vindrent hier de la part du premier Bassa qui est en chemin pour venir, en veuillent donner encores. Quoy que ce soit il ne vient nulz ambassadeurs de la part de l'empereur. Ilz assurent que les choses de Transilvanie sont appaisées par la mort de celluy que le peuple avoit désiré; lequel a esté tué par les siens, recognoissans que le Gᵈ Sᵍʳ ne l'avoit point agréable; ains tout y est appaisé, obéissans

tous à celuy que le feu Boscay avoit donné, à sa mort. On remet à
la venue du premier Bassa pour résoudre ce que l'on fera ceste
année en Hongrie ; cependant toutes choses sont préparées pour
la guerre de Perse, ou pour mieux dire, pour celle de l'Asye ; on
n'atend que la venue du dict premier Bassa : la plus part croyent
que ce sera luy qui y ira ; d'aucuns disent qu'il faudra qu'il
retourne en Hongrie, et que le Testarda passera en l'Asye ; lequel
est demandé de ceux du païs, et dit-on que cela estant, il est
pour avoir la charge du premier Bassa. Quoy que ce soit il n'y
a rien de résolu.

Cest homme dont je parlois par ma dernière, qui est en
Albanie, continue tousjours ses miracles : le peuple les croit, et
en ceste Porte, [on pense] que ce sont toutes faulcetez. Il dit que
son temps de venir aux armes n'est point encores venu, et qu'il ne
veult rien advancer ; qu'il laisse faire ce Dieu duquel il est envoyé.
On dit que plus il sçait quelqu'un qui a du bled, il le faict
départir au peuple à quelque prix où il le tire, et qu'après, celluy
qui l'a départy en trouve davantage en son grenier qu'il n'y en
avoit par avant ; qu'ayant adverty quelque janissaire qui estoit fort
meschant, de vivre doresnavant en homme de bien, ce janissaire
en s'en allant, dedans son cœur se moquoit de luy, ce qu'il
cognust par profétie, et le fist rappeller et le luy dict ; et luy ayant
baillé de sa main sur la teste, elle se sépara soudain de son corps :
qu'il s'est faict tirer des flechades, ayant le corps tout nud, lesquelles ne le blessent point. Ce G^d S^gr luy a mandé qu'il vienne,
et que luy en ayant tiré une de sa main et ne luy faisant point de
mal, il promet de luy rendre toute obéissance ; ce sont propos de
moquerye, mais de bon. Il a envoyé pour le fère estrangler, et il
sera assez fin s'il eschappe ce danger.

En Pologne, les brouilleries qui y estoient appaisées se renou-
vellent, et le Vaïvode de Cracovie s'est remis en campagne[1]. On
croit que cela ne durera pas. Enfin les Polonois ont faict quelque
accord avec les Tartares ; et l'ambassadeur de Pologne pour venir
icy est en chemin. Les soldats françois qui ont servy ce G^d S^gr

---

1. Nous avons vu qu'en 1606, Nicolas Zebzidowicz, palatin de Cracovie, s'était
mis à la tête du parti protestant et des mécontents de Pologne. Il réunit une
armée contre le roi Sigismond et entretint l'agitation dans le pays. On parvint
alors à apaiser les révoltés. Mais l'année suivante ceux-ci reprirent les armes et
remportèrent même quelques succès. Une diète fut convoquée à Varsovie en mai
1607 ; mais lorsque les députés vinrent pour s'assembler, les troupes royales les
entourèrent et en firent un grand carnage.

depuis quelque temps en Hongrie, ont esté envoyez ceste cy à l'embouschure du Danube en la mer Noire pour s'opposer aux maux que les Cosaques font en ces quartiers là. Ilz partent ce jour d'huy avec sept gallères commandées par Chaban : on leur a baillé trois moys de gages et assignation pour en prendre six, où ilz vont.

Cest homme venu de la part des antiens Partes a parlé au G[d] S[gr] assez librement et en est demeuré satisfaict, ayant sçeu de luy çomme il estoit tout résolu d'y aller en personne[1], mais que la paix ne se faisoit point en Hongrie ; il ne doibt partir d'icy, ains pourveoir à l'un et à l'autre : ce qu'il fera puissamment et s'enquit particulièrement de diverses choses.

J'envoye à V. M[té] une traduction de ce qui a esté adjousté aux capitulations qu'elle a avec ce S[gr] et une traduction du commandement qui a esté envoyé par touttes les Eschelles, et la lettre que ce S[gr] luy escript, de laquelle j'ay gardé l'original icy parce qu'il est très nécessaire qu'il y demeure, ayant mis dedans la bourse où il estoit, et sa traduction, et une coppye : sy j'eusse pensé que V. M[té] eust eu à plus de plaisir d'en veoir l'original, je n'eusse failly de luy envoyer, la suppliant de la voulloir renvoyer[2].

V. M[té] me permettra s'il luy plaist de luy dire avec toutte très humble humillité, qu'il me semble qu'elle doibt escripre assez vivement à ce S[gr] sur ce sujet à ce que la capitulation des Anglois soit raportée, et que ce qui est à son préjudice en soit biffé, et qu'il veuille donner tel ordre que doresnavant telles choses ne se facent plus : s'il luy plaist aussi, elle en escripra au premier Vizir ; et celluy qui tiendra lors ceste place la recepvra, et aussy une autre lettre à celluy qui tient maintenant la place du Premier Vizir, et au temps duquel ces choses ce sont faictes. Il s'appelle Assan ; et de vray, sire, il avoit faict en partie la faulte ; mais j'ay recognu beaucoup d'affection en luy pour remettre les choses au contantement de V. M[té], et pense que l'en remercier ne sera que bon. V. M[té] jugera aussy ce qu'elle en debvra faire entendre au

---

1. *D'aller en personne à la guerre contre la Perse.*
2. La lettre du G[d] S[gr] à Henri IV, les articles qui furent ajoutés aux capitulations et les commandements du sultan aux gouverneurs des Echelles ottomanes sont conservés dans le manuscrit de la Biblioth. nat[le], *Fr.* 16171, *fol.* 277, 251 *et* 255. Ces pièces sont d'une importance capitale, car elles dénotent assez le succès diplomatique remporté par M. de Salignac, et la faveur dont jouissait à la cour ottomane l'ambassadeur de France. On les trouvera in extenso aux *Pièces justificatives XI.*

Roy d'Angleterre. L'amitié qu'elle luy porte m'a faict aller le plus modérément qu'il m'a esté possible, mais son ambassadeur est fascheux : qu'il commence à se recognoistre. Le service du dict Roy seroit d'en envoyer un autre ; et V. M^té en acquerreroit icy beaucoup de réputation et plus que je ne scaurois dire. Je scay bien que cela semblera peu de chose là, mais je supplye très humblement V. M^té de croire que ce sera beaucoup icy ; et il luy sera très aisé de le faire, car tous les marchands Anglois qui sont icy, ont escript contre luy, comme a faict son prédécesseur, qui part pour s'en retourner, et passera pour baiser les mains à V. M^té, et n'oubliera rien qui puisse nuire à cest homme ; et à la vérité, oultre que le service de son maistre le veult ainsy, il en a reçeu beaucoup de fascheux desplaisirs. Sans doubte, sire, le moindre mot que V. M^té fera dire au dict Roy d'Angleterre, il sera rappellé. Il ne fauldra point de nouveaux présents, ceulx cy sont tous fraiz ; et V. M^té jugera bien comme cela aura importé.

Je la supplye très humblement me pardonner si j'ay ozé luy donner mon advis sur cela ; j'y suis obligé, ce me semble, par la charge que j'ay, qui m'en faict veoir l'importance, etc.

SALAGNAC.

1607. (30 MAI.)

Orig. fol. 27.

AU ROY

SOMMAIRE : *Retour de Morath Bassa. — Il est très bien reçu par le G^d S^gr. — M. de Salignac se félicite de son entretien avec ce Visir. — Intrigues de Thomas Glauwer. — Il n'a obtenu que mépris. — Le Bassa veut entretenir de bons rapports avec la France. — Le bruit court que Démétrius n'est pas mort. — Succès de Bathory en Transylvanie. — Corsaires français.*

Sire, Le premier Bassa arriva le vingt^me de ce mois, et fist son entrée plus honorablement, que autre visir n'aye faict il y a long-temps ; il a esté très bien reçeu du G^d S^gr qui luy a faict des présens plus de l'ordinaire, et luy continue ses premières faveurs. Il s'apreste tant qu'il peult pour passer en Asie : quelques uns croyent que ce sera avant cinq ou six jours, et d'autres que ce ne sera pas si tost, tant pour n'avoir ny les hommes ny l'équipage de l'armée prest, que pour attendre des nouvelles de Hongrie où il se promect encores la paix : si elle s'y faisoit maintenant, ce seroit oultre l'opinion de tous. Je vis le premier Bassa deulx jours après qu'il fut arrivé et je le vis encores hier ; ses audiances sont bonnes et mémorables, et pour ce peu que j'en ay veu, il paroist et bon homme et de jugement. L'ambassadeur d'Angleterre, ayant veu ses desseings ruynés avec celuy qui tenoist sa place[1] avant son arrivée, s'estoit mis dans la teste de gaigner cestuy cy, et pour cela avoit essayé gaigner sa femme par le moyen de la sienne ; laquelle il avoit envoyée la veoir avec beaucoup de présens ; et pour pensser en venir mieux à bout, sans se soucier ny de l'honneur de son maistre ny de la coustume, l'ala trouver à une journée d'icy avec d'autres présens de vivres, et le jour mesme de son arrivée le fust veoir et luy fist d'autres presents de robes et quelque vaisselle d'argent ; et à son retour se vantoit qu'il avoit faict et feroit avec luy tout ce qu'il désiroit. Quand je le fus veoir après les premiers complimens, je lui parlé de ce que avoit entrepris le dict ambassadeur et luy dis ce que j'avois eu pour y remédier, mais que je n'en estois point content ; que je le priois de faire raporter la capitulation qu'il avoit faicte renouveler, affin d'en biffer cela qui avoit esté mis au préjudice de celle qu'ilz ont avec V. M[té] ; et le premier Bassa me promist de le fère, et me tesmoigna combien son Maistre désiroit conserver l'amityé qu'il avoit avec V. M[té] et que ses prédécesseurs ont de longue main eue avec ceulx de V. M[té] ; et en ma présence despecha un chaoux vers le dict ambassadeur d'Angleterre pour luy faire raporter sa capitulation. Hier je le fus reveoir pour sçavoir ce qu'il en avoit faict. Il me dict comme l'autre nye de l'avoir en ses mains, et toutesfois qu'il ne le croyoit pas et qu'il tascheroit par tous moyens la luy arracher ; et cependant voulut veoir les remèdes que j'y avois mis, pour les rendre plus fortz, s'il en estoit besoing ; mais les ayant veuz il cogneust qu'il ne s'y pouvoit rien désirer davantage ; je le prié toutesfois encores de retirer la dicte capitulation, affin de fère veoir l'estat que l'on faisoit en ceste sorte, de voz mutuelles alliances, et pour empescher ce que les autres princes crestiens, assez faschéz de ceste alliance pourroient dire et discourir là dessus. Je ne doubte point qu'il n'y face ce qu'il pourra ; quoi que ce soit, l'autre qui penssoit renverser tout ce que j'avois faict, se trouve plus en peine que par avant et est sur la deffensive et sy mal à propos

---

1. Ayant vu ses desseins ruinés avec *Assan* qui tenait la place de *Morath* avant le retour de ce dernier.

qu'il en est en mespris. Cependant cette maison[1] est toute plaine d'Anglois, où ilz se retirent comme à ung asile pour fuir ses furyes et cruautéz, et ne trouvent autre protection que celle-là. Ilz disent merveilles de ses déportemens. Mais ce ne sont pas choses pour entrettenir V. M[té], qui fera ce qu'elle en jugera à propos et que je supplye encores très humblement m'excuser si j'ay ozé luy en dire mon advis par mes précédentes.

Des marchands sont venus de Pologne depuis trois jours les-quelz asseurent que Démétrius duc de Moscovye n'est point mort, et que les Moscovites ont envoyé en Pologne pour le demander, voulans le remettre en sa place ; se repentant beaucoup de ce qui s'est passé et recognoissant qu'il est plus cappable de les gouver-ner que nul autre, oultre la succession légitime qui luy appar-tient[2]. Ilz asseurent aussy que Batory que l'Empereur a envoyé en Transilvanye, y a faict un tel progrèz qu'il y a plus de pou-voir que nul des autres ; et pour la fin de leurs nouvelles, asseurent que la paix de Sa Sainteté et des Vénitiens est entière-ment fète, et disent touttes ces nouvelles fort résolument. L'am-bassadeur de Pologne sera icy dans quinze jours : par luy on pourra scavoir la vérité des affaires de Moscovye, et dans ce temps là il ne se peult que l'on ne sache le reste ; cependant, on n'a encores rien pourveu pour la guerre de Hongrie ; et les plus grandes nouvelles d'icy sont les maulx que font les Corsaires qui, ces jours passés ont faict grand dommage aux Vénitiens ; la plus part sont françoys, qui me faict plus scavoir de leurs nouvelles que je ne feroys, par les plaintes ordinaires que j'en ay, et de touttes parts, etc.

SALAGNAC.

1. *La maison de M. de Salignac.*
2. Nous avons vu que Démétrius avait été assassiné ; mais un nouveau faux Démétrius avait surgi, cherchant à tromper le peuple et à se faire proclamer empereur.

1607 (20 juin).

Orig. fol. 29.

AU ROY

SOMMAIRE : *Naissance du duc d'Orléans.* — *Accord entre le pape et Venise.* — *Paix entre l'Empereur et les Turcs.* — *Morath Bassa prend le commandement de l'armée d'Asie.* — *Visite que lui rend M. de Salignac.* — *Le visir regrette que le roi ait négocié la paix entre le pape et Venise.* — *Raisons alléguées par l'ambassadeur.* — *Service rendu aux Turcs par Henri IV.* — *Plaintes de l'ambassadeur contre les janissaires de Barbarie.* — *Projets de Morath contre les rebelles.* — *Mustapha Bassa, beau-frère du G^d S^gr remplace Morath qui commande en Asie.* — *Dettes contractées par l'ambassadeur pour le service du roi.* — *Toute la vie de M. de Salignac a été vouée au roi.* — *Les Janissaires refusent de marcher et demandent leur solde.* — *Intelligence entre les Perses et les Tartares.* — *Cupidité du trésorier.* — *Etablissement des Jésuites à Constantinople.* — *Les Vénitiens mal disposés pour eux,* — *La République de Venise fait remercier le roi de son intervention dans le différend avec le pape.* — *Révolte du fils de Cigale.*

Sire, Le XVe du présent j'euz l'honneur de recepvoir quatre lettres de V. M^té du XIIIe febvrier, Ier, XIIIe et XXVIe mars. Je n'en avois reçeu depuis le XXIe du dict : qui me les faisoit désirer impatiemment ; par celle qu'en mesme jour, je reçeuz de M. d'Alincourt, j'ay sceu l'heureux acouchement de la Royne d'un filz [1] ; de quoy j'ay faict rendre touttes les sortes d'alegresses qu'il m'a esté possible, ne croyant que Dieu eust peu faire un plus signalé présent à la France ny au Général de toutte la Chrestienté qui en doibt rendre le plaisir de V. M^té plus accompli. J'appris aussy par celles de Mr de Frenes son ambassadeur à Venize, l'accord parachevé entre Sa S^té et les Vénitiens, dont S. M^té ayant eu seule la bonne affection, à elle seulle en appartient toute la gloire et réputation ; et d'elle seule aussy la Chrestienté en recognoist et tient le fruict ; lequel se mesurant au mal que ceste division eut infailliblement amené, se trouvera le plus grand et notable qu'elle eust pu désirer. Ainsi Dieu soit loué, Sire, lequel par tant d'ordidinaires et grandes faveurs, tesmoigne le bien qu'il veult à V. M^té.

Sire, V. M^té aura sceu de la suitte des miennes, ce qui se faict icy, et comme nous y tenions la paix négociée avec l'Empereur toute rompue, et mesme la créance que l'on avoit que le dict traité n'avoit esté embrassé que pour gaigner temps par l'Empereur. A la

---

1. N... de France, duc d'Orléans, né à Fontainebleau le 16 avril 1607, mourut, sans être nommé, à Saint-Germain le 17 novembre 1611. (P. Anselme, tome I.)

vérité, s'il fut esté ainsy, il avoit tellement embarrassé ces gens cy qu'ilz ne sçavoient que fère ; et restoit bien peu de chose qui leur peust donner seullement quelque bonne espérance de leurs affaires ; mais maintenant nous la tenons assurée, plus par les nouvelles de la chrestienté que par celles de ceux qui la négotient pour les Turcz ; lesquelz ayant eu peur d'avoir esté trompéz, n'ont pas eu peu d'appréhension, ayant si mal adverty leur Maistre qu'ilz croyoient avoir faict [la paix], qu'ilz ne s'en vanterout qu'ilz n'ayent l'Ambassadeur de l'Empereur enleurs mains et a cheminé pour venir icy.

Le premier Bassa passa en Asye le jour de la Feste-Dieu ; et logea dans ses tantes, assez voisines de la mer[1]. Je l'allay veoir hier matin, tans pour luy rendre la lettre que V. M[té] luy escript[2] que pour autres diverses affaires ; et aussy que l'on m'avoit assuré qu'il partiroit demain. Je luy portay quelques présentz selon la coustume, bien que je luy en eusse faict à sa venue. Il reçeut avec beaucoup d'honneur celle de V. M[té] ; en ma présence il commanda celle qu'il luy vouloit rescrire[3], et [entre] autres choses, il luy parle des Anglois, et me dit qu'il n'avoit pu retirer leur capitulation, et me voulust fort persuader que, ce que j'avois obtenu pour y remédier estoit meilleur pour nous que si eux ne l'eussent

1. « Le 13ᵉ juin *Morat* partit pour Asie et alla camper près Scutari avec *Aly*, Janissaire Aga. » (Journal du Sʳ d'Angusse).
2. Nous trouvons cette lettre du roi à Morath dans le recueil de Xivrey, Nous la publions ici in extenso.

1607 (SANS DATE).

LE ROI AU PREMIER BASSA

Très illustre et magnifique Seigneur, La nouvelle qui nous a esté donnée du choix que Sa Hautesse a faict de Vostre personne pour estre appellé à la dignité de Premier Bassa, nous ayant esté très agréable pour l'espérance que nous avons que vous correspondrez dorénavant à la bonne intention que Sa dicte Hautesse nous a jusques icy tesmoignée à l'observation et affermissement des traités d'alliance qui sont entre nous, et que nos subjects et autres, trafiquant sous nostre puissante bannière, n'en recevront que toute utilité et advantage, nous avons bien voulu nous en conjouir avec vous par ceste lettre en vous assurant de la bonne volonté que nous vous portons et du désir que nous avons de vous en faire esprouver les effects, ainsy que nous avons commandé à nostre Ambassadeur de vous dire plus amplement en vous faisant de nostre part le dict office de conjouissance, sur lequel nous remettant, nous prions Dieu, très illustre et magnifique Seigneur, qu'il vous ayt en sa sainte et digne garde.

HENRY.

3. Cette lettre en date du 28 juin 1607 est la réponse à celle d'Henri IV que l'on vient de lire. Nous l'insérons plus loin, et nous verrons que Morath promit de satisfaire à toutes les réclamations du roi et spécialement d'annuler les capitulations que les Anglais avaient obtenues par surprise.

point eu ny demandé. Je le croy bien comme cela, mais je ne
voulus pas qu'il pensast que je le fisse, désirant fort que la dicte
capitulation soit raportée : ce que je me prometz qu'elle sera enfin
si V. M^té en fait quelque instance.

Je luy dis la paix de Sa S^té et de la S^ie de Venise ; je radoucis
un peu l'amertume qu'ilz en ressentent, par celle de l'Empereur
avec eux que l'on me mande toute certaine d'Italie, et parce que je
sçais combien ils la désirent ardemment : je luy dis que l'Empereur s'estoit résolu par vostre advis de ne rompre point le traicté
qu'il avoit tant advancé, et que cela faisoit que je me la prometois
certaine, et que c'estoient les offices que V. M^té savoit rendre bien
à propos à ses amys. Le premier Bassa me dict qu'il ne doubtoit
point de la paix, mesme l'Empereur ayant reçeu cest advis de
V. M^té ; lequel estoit bien en autre tesmoignage de votre amityé
que celuy de la paix que V. M^té a faicte entre le Pape et les
Vénitiens ; car cest ambassadeur anglois pensoit fort acquérir leur
bonne grace, leur disant que toute la Chrestienté estoit en armes
chez elle, sans la peyne que V. M^té prenoit de l'esteindre, et que
son maistre ne désiroit rien tant que le contraire, espérant bien
par là trouver moyen de nuire grandement au Pape. Je luy dis
qu'il debvoit sçavoir que V. M^té rendoit généralement bons offices
à tous ses amys ; que elle croyoit en avoir rendu un très grand au
G^d S^gr, ayant conseillé et procuré la paix avec l'Empereur ; qu'elle
debvoit aussy désirer que Sa S^teté et les Vénitiens pacifiassent leurs
diffrérendz, desquelz il estoit le principal arbitre ; et, oultre cela il
debvoit sçavoir que V. M^té, estant le plus grand Prince de la
Chrestienté, elle désiroit aussy le bien de la Chrestienté ; et qu'il
pouvoit bien juger que le Roy d'Espagne qui y avoit porté de
l'empeschement, ne le faisoit pas pour bien qu'il leur voulust ;
qu'ilz debvoient conssidérer les choses de plus loing, ainsy que
V. M^té avoit très prudemment faict et cognu comme ceste guerre
ne leur pourroit que nuire à la fin ; que la Chrestienté se trouvant
armée en Italie (car sans doubte ceste guerre y eust tiré des hommes
de toutes partz) il se fust trouvé assez de sages testes pour
y apporter quelque accord, dont le moyen se fust trouvé bien plus
facile, pouvant dresser les dictes armes contre cest Empire à la
porte duquel on se trouvoit tout porté ; et qu'il fust esté lors bien
mal aysé d'empescher ce dessaing ny de conserver les alliances
que l'on a avec eux : que V. M^té l'avoit empesché l'ayant bien
sceu préveoir de bonne heure, et que cest office estoit plus grand que

nul autre que luy ny nul de ses prédécesseurs eussent jamais rendu
aux Princes ottomans ; et que c'estoit ainsy qu'il falloit discourir
des choses, et non d'en regarder la superficie seulement.

Le dict premier Bassa en eust très grand plaisir, me dist qu'il
estoit très vray, et que ce jour mesme il en advertiroit son maistre
lequel vous en demeureroit très obligé. Je pris subject là dessus
de luy parler de la Barbarie et me plaindre de la façon que l'on s'y
gouvernoit : qu'il ne m'estoit pas possible que de pouvoir faire
que V. M^té creust qu'ilz y fissent ce qu'ilz vouloient pour y donner ordre ; et que voyant cela je craignois qu'elle ne résouldroit
de le luy donner elle-mesme ; et que cela arrivant, ilz ne creussent
pas que ce fust pour rompre rien des alliances qui estoient entre
ces deux couronnes, ains seulement l'obligation de protéger ses
subjectz, ayant desjà tant souffert et si souvent donné advis de
tout à ceste Porte. Il me pria de vouloir escrire à V. M^té qu'elle
attendist qu'il eust tasché d'y apporter quelque remède ; qu'il
croyoit qu'il se pourroit faire, et qu'il ne tenoit pas cela impossible, comme faisoient ceux qui avoient esté en sa charge par avant
luy. Je luy dis les commandemens que nous avions obtenus qui
ne pouvoient estre plus fortz ; que Mustapha Aga estoit inutilement en ces quartiers cy pour cest effect ; et que encores le Bastion
de France estoit à rebastir. Il me pria lui faire veoir la coppie des
dits commandemens. Je les luy envoyeray Dieu aydant, demain.
On ne sçait encores lorsqu'il partira : il désireroit bien que la
paix de Hongrie fust toute résolue par avant, et avoir veu l'ambassadeur de Pologne que l'on attend dans huict jours. Et cela fait
qu'il ne diligente pas tant ce qui luy est nécessaire, et aussy qu'ilz
estiment ceste lune estre infortunée.

Le G^d S^gr luy faict plus de munitions qu'à nul autre qu'il aye
encores eu, et tous se monstrent contents de luy. Les soldatz
l'accompagnent gayement ; l'Aga des Janissaires[1] va avec luy,
et emmènera plus de vingt mil Janissaires, baisant la main de ce
G^d S^gr. Il mena quant à luy, quatre vingtz quatorze Selmagis (qui
sont capitaines de Janissaires). L'armée sera très grande ; ils font
passer des Tartares, et portent en Asye tout le plus fort de leurs
armes. Ceste saison s'employera contre les rebelles et la ruine de
Aly Zambolat et de l'émir. Usupf et Aman Ogli, petits princes qui
tiennent tous ces quartiers de la Syrie et lesquels sont forts
d'hommes et d'argent.

---

1. *Aly,* Aga des Janissaires qui était fort lié avec M. de Salignac.

Comme quelquefois j'ay faict entendre à V. M^{té}, il leur va de
bon ce coup icy ; car s'ilz ne sont bien résolus et assurés, ilz
n'eschapperont ny les biens ny la vye. On ne sçait point encores à
quoy ilz se resolvent Il semble que la peur leur fera choisir le
plus dangereux party, et les rebelles se trouvent bien empeschéz.
Il est bien mal aysé que leurs affaires n'aillent bien mal ; ilz ont
un certain respect à ce premier Bassa, et oultre cela le craignent
et les grandes troupes qu'il meine. Je tiendray, Dieu aydant,
V. M^{té} advertye de leurs progrès. Le premier Bassa et l'aga des
Janissaires m'ont promis de me l'escrire bien à long.

Mustapha Bassa, qui se maria l'année passée avec la sœur du
G^d S^{gr}, demeurerera Caimaquan (c'est-à-dire tenant la place du
premier Bassa en l'absence de celuy qui l'est). Il estoit à Bursye
pour s'opposer aux rebelles : on l'attend ce jourd'hui. C'est un
assez jeune homme, de bonne nature ce dict-on, mais trop facile
pour le gouvernement de cest empire, et homme oultre cela assez
incapable. Ce sont tousjours occasions de despences que l'on ne
peult éviter, si je n'en ay un très exprès commandement de
V. M^{té}, Sire, l'ayant desja très humblement supplié voulloir m'en
commander sa volunté, car il semble que les petits fraiz extraordinaires que j'ay faicts ne sont pas trouvés bons ; si sont-ilz faicts
avec toutte fidellité et par contraincte ; car nul tant que moy, ne
sçauroit désirer que l'on s'en peult passer. Je les ay jusques icy,
faicts de la bourse d'autruy, qui ne me donnent nul loisir, et me
fault pour appaiser ceulx là emprunter des autres, et ainsy de
main en main. C'est tout le guain que j'y ay, et je confesse que
ceulx qui ont trouvé icy tant de profit sont bien plus fins que moy,
mais non pas ny plus affectionnéz ni fidelles ; et V. M^{té} me permettra, s'il luy plaist, de la supplier très humblement de pourveoir à ma necessité. Je suis sa creatture qui ne craing pas de dire
que je la sers bien, et que je ne puis avoir esté devancé de quelqu'un en cela. Aussi la supplié-je très humblement de ne voulloir
qu'à ma vergoigne, Mr de Brèves obtienne quelque chose, mesmes
V. M^{té} ayant tant de moyens de le recognoistre et récompencer
s'il luy plaist ; il cognoist bien le tort qu'il me faict d'en poursuivre
la récompence sur ce qu'il faict, et s'en excuse par celle qu'il m'escript. C'est à V. M^{té} d'en ordonner et que j'en supplye très humblement à ce que je puisse avec quelque honneur luy rendre le très
humble service que je désire, et à quoy je suis obligé. Je l'en
oze d'autant plus requérir librement que je sçay ma supplication

très juste, et que je me promectz oultre cela que s'il y falloit de la faveur de V. M^té, elle se ressouviendra à quoy j'ay passé toutte ma vye que, Dieu aydant, j'achèveray avee ce mesme exercice de continuel et très fidelle service, sans que le temps passé n'y l'advenir ayent peu ny puissent tant soit peu l'altérer.

Sire, tout présentement je viens de sçavoir comme les Janissaires ont protesté de ne partir point qu'ilz ne soient entièrement payéz. Le Testarda (c'est celuy qui manie les finances) a voulu faire croire que cela venoit de leur Aga; mais il est en si bonne réputation, qu'il a perdu temps, et l'a acquis pour ennemy et ne s'en celle point. Le dict Aga faict ce qu'il peut pour appaiser les dictz Janissaires, et encores qu'il en soit fort aymé, si sera-il mal aysé qu'il en vienne à bout; et leur fauldra de l'argent, de quoy on est bien en peyne, ayant pourveu pour leur en faire donner ailleurs et non icy. Les espaïs sont sur le point d'en faire de mesme : je croy qu'ils se déclareront aujourd'hui, il ne fault pas peu pour les contenter tous; et sy le fauldra-il nécessairement fère, car on ne voict pas qu'ilz soient pour prendre chose en payement. Une autre nouvelle est arrivé, faisant ceste dernière[1], qui sont des lettres du Roy de Perse et du Tartare, par lesquelles on veoid qu'il y a quelque intelligence entre eux : cela mettroit les affaires du Persien en aussy bon estat, que en misérables celles du G^d S^gr. Il y a desja dix jours que le premier Bacha voisin de Cafa[2] estoit venu exprès pour en donner l'advis. Ce premier Bassa le renvoya au Mufti; le Mufti au Testarda; et le Testarda luy dressa soudain une avanie sur quelque vieux debte, l'arresta prisonnier et le dépouilla jusques à la chemise, luy ayant faict tout vendre pour luy bailler douze mil sequins. Les dictes lettres portées maintenant font discourir là dessus; et accuse-on le Testarda d'estre de cette intelligence, et qu'il y a longtemps qu'il a envoyé son argent au Tartare pour le luy garder. Ce ne sont pour encores que parolles.

Sire, par celle du XXVIe de mars[3], V. M^té me parle du désir qu'elle a de l'establissement icy d'un Collège de Jesuistes et m'envoye sur cela un mémoire de Mr de Brèves, signé de luy. Les églises qu'il nomme au dict mémoire, y sont servies par ceulx qu'il dict, fors que à St Françoys et Ste Marye le nombre des [Reli-

---

1. C'est-à-dire : *pendant que je faisais cette dépêche.*
2. *Caffa,* ville de Crimée entre la mer Noire et la mer d'Azow.
3. Voir page 126.

gieux] n'y est pas si grand [que] lors qui queist[1]. Il n'y en avoit
que cinq à St François et quatre à Ste Marye, et le revenu et la
dévotion ne peult y en nourrir guières davantage.

A celle de St Pierre qu'il dit, il y avoit trois Jacopins et un
novice lorsqu'il partist; on y en a envoyé d'autres depuis, et ce
nombre a plus tost accreu que diminué.

Celle de S[t] Benoist est celle qui a le plus de revenu; et dit on
bien qu'elle a esté autrefois donnée à un ambassadeur de France;
mais il ne s'en trouve rien par escript et ne s'en peult fère nulle
sorte d'information[2].

Je ne trouve point aussy que le G[d] S[gr] aye accordé au dict s[r] de
Brèves, que l'Esglise S[t] Benoist fut remise aux Jacopins et que
celle de S[t] Pierre fut remise à la disposition des ambassadeurs de
France : s'il a eu ce commandement je ne l'ay point veu, ny les
interprètes de V. M[té] ne le savent point. Je le feray rechercher
parmy les pappiers du G[d] S[gr] veoir s'il s'en trouvera quelque
mémoire : quoy que ce soit, ce commandement seroit très necessaire icy, et mérite que V. M[té] commande de le renvoyer si le dict
s[r] de Brèves l'en a emporté comme aussy touttes les despesches
necessaires, qui est porté dans le dict mémoire que le dict S[r] de
Brèves en a emportées et remises entre les mains de M[r] de
Puisyeulx, pour establir à la dicte Esglise un collège de Jésuites;
car de cela aussy n'en trouvé-je nulle coppie ny mémoire; ny nul
interprète de V. M[té] n'en a nulle lumière. Je le feray rechercher
comme le reste; mais il sera très à propos de le renvoyer, et cela
servira de beaucoup pour l'effect de ce bon désir : et ce dit
mémoire dict aussy qu'il est nécessaire qu'il me soit envoyé. Cela

---

1. *Que lorsqu'il quitta Constantinople.*
2. En 1583, trois Pères jésuites furent envoyés à Constantinople. M. de
Germigny, ambassadeur de France, et le baile de Venise Morosini les logèrent en
leurs palais; et le 18 novembre 1583, les Pères prirent possession de Saint-Benoît
« qui estoit, écrit M. de Germigny au Roi, dès le temps du Sultan Soleyman,
soubs là garde et protection de V. M[té] ». « Le 25 aout précédent, M. de
Germigny, à qui cette église appartient de droit, leur fit expédier deux patentes :
l'une en latin pour les chrétiens, mentionne les divers brefs du pape; l'autre
constate la donation faite par le sultan. La patente latine préconise le zèle des
rois T. C. à soutenir la religion en Levant, ce qui est d'ailleurs constaté par
l'empressement que le roi a montré pour se faire remettre l'église que le sultan
voulait convertir en Mosquée. »
En 1583, les Pères jésuites moururent de la peste et ne furent pas remplacés.
On retrouva leurs restes dans la crypte de l'église Saint-Benoit, lors du dépôt
qu'on y fit des restes de M. de Salignac en 1610. (Voir : *Histoire latine de Constantinople*, par Belin, 1872.)

faict, Sire, je travailleray à ce que V. M^{té} soit servye selon sa
volunté ; et à mon advis, s'il se peult j'en viendray à bout ; mais
Mr de Brèves peult bien savoir comme les choses se changent icy,
et qu'il n'est point besoing que je sois informé que de vostre
intention seullement, laquelle je tascheray de fère succéder ; et ne
me fault point d'autre advis. Voilla touchant le mémoire de
Mr de Brèves, Sire ; et V. M^{té} se ressouviendra s'il luy plaist,
qu'elle me recommanda l'année passée de ne penser nullement à
ce dessaing, à quoy ne voulloit nulle part. Après avoir esté icy
quelque tempos, il me sembla bien que ce seroit un grand moyen
d'estendre l'église de Dieu en ces pays ; et que cela se faisant,
V. M^{té} en debvoit retirer beaucoup d'honneur et de mérite, et pour
cela escripvis-je à quelquuun, près de V. M^{té} pour scavoir ce qui
luy en agréeroit. Lequel m'escripvit qu'elle l'auroit très à gré et
me commandoit de m'y employer : et sur cela, j'y commençay
quelque chose et en escripvis à quelque Cardinal à Rome, ne voulant informer V. M^{té} à tastons, et sans ce qu'elle me commanda
expressément, qui m'en ferma la bouche : je croy certainement
que la chose seroit faicte si elle m'eust commandé de la continuer,
et que l'honneur en seroit sien et que pourtant son nom ne seroit
garant d'aucunes de leurs actions ; lesquelles, encores que je ne
doubte nullement qu'elles ne soient tousjours bonnes, se peuvent
elles estre et mesmes icy bien souvent autrement interprétées.

Maintenant, Sire, la chose recepvra plus de difficultéz ; et ce, par
le moyen principalement des Venitiens qui ne voulans les recevoir,
feront ce qu'ilz vouldront pour les rendre odieux partout, et ne sont
pas à commencer icy. Ce nouveau ambassadeur d'Angleterre dict
merveilles contre eux, ce que ne faisoit pas son prédécesseur.
Mais quoy que ce soit Sire, ayant reçeu les commandements et
despesches necessaires dont parle le dit Sr de Brèves en son
mémoire et qu'il a mises ès mains de Monsieur de Puisyeulx, et
sachant sa volunté et reçeu son commandement, je tascheray de la
fère réussir à son contantement : et, Dieu aydant, ne perdray ni
tèmps ni occasion pour en venir à bout, espérant que sa divine
bonté favorisera tant de bonnes et sainctes voluntéz qu'elle luy
donne[1].

Sire, ainsy que je finissois ceste lettre, le Sr Baile de Venize

1. Voir aux *Pièces justificatives X*, deux lettres du roi ; l'une au pape, l'autre
au général des jésuites, ayant rapport à l'établissement des jésuites en Turquie.

m'est venu veoir pour se congratuler avec moy de la paix faicte
entre Sa S^{té} et leur République et pour en remercier V. M^{té} de sa
part, en ayant reçeu commandement exprès : ressentant le bien
qu'elle leur a procuré, avec tant de démonstration d'amityé et de
bienveillance, qu'ilz asseurent luy en avoir une obligation non
pareille ; la quelle ny eux, ni leur postérité n'oublieront jamais
Le dit Sr Baile luy en a faict pour son particulier la mesme action
de grâces, pour l'intérest qu'il y a comme membre de la République, suppliant la divine bonté de voulloir consserver longuement
et heureusement V. M^{té} en touttes sortes de prospérités, tant pour
le contantement de sa personne que pour le repos de la Chres
tienté, de quoy V. M^{té} se montre si soigneuse.

Je ne sçay Sire, si ceste nouvelle se trouvera certaine, mais un
Capigy tout presentement vient de l'aporter en poste : C'est que le
filz du Cigale s'est faict rebelle : il est homme de la valleur et
jugement duquel on faict cas, quy est aymé et honoré des gens de
guerre, et qui trouvera suitte, quoy qu'il face. Et ne fault nullement doubter que ce sy cela est, il n'aye bonne intelligence avec
le Roy de Perse. Ceste nouvelle portée au premier Bassa l'a
estonné ; quelque temps après il s'est mis à menacer et injurier
le Capigy, qui disoit : qu'il mérite toutes sortes de punition, s'il
porte un mensonge, mais qu'estant une vérité comme elle est, il
en doibt estre loué et récompensé ; parce que, à telz malheurs on
y pourveoit mieux au commancement que après avoir pris plus de
pied. Le premier Bassa l'a chassé ainsy avec injures hors de ses
tentes, sans lui faire autre mal ; et l'autre s'en allant disoit assez
hault que l'on est bien malheureux de servir icy fidèlement. Tout
cela est depuis [quelques] jours ; et un homme de qualité, que je
suis seur qui ne me ment point, est [venu] soudain pour me le
venir dire. C'est assez de quoy pour fère que l'Empereur se
repente de la paix, etc...

.SALAGNAC.

1607 (28 juin).

Copie. Fr. 16146, fol. 30.

MORATH, PREMIER BASSA AU ROY[1]

SOMMAIRE : Protestations d'amitié du premier Bassa. — Le G^d S^{gr} fera punir les Turcs qui violeraient les capitulations. — Avant son départ pour la guerre, Morath a recommandé les Français au Bassa qui le remplace.

Au plus glorieux, magnanime et grand Seigneur entre ceulx de la foy de Jésus, esleu des plus grands de la nation du messie pour terminer les différends qui surviennent entre le peuple Chrestien, doué de grandeur, majesté, richesses et seigneuries et de touttes les honorables guides de grandeur et gloire, Henry Empereur de France, lequel sçaura comme par le moyen de son Ambassadeur m'est venue en main sa lettre pleine de bienveillance et affection, et avons bien compris et considéré son suget, tant de la congratulation de l'honneur que j'ay reçeu du G^d S^{gr} me faisant premier Vizir, comme de tout le reste qui y est escript et faict entendre, appartenant à ce qui peult fortifier les fondemenz de l'ancienne amityé contractée avec cest Empire et avec bonnes capitulations de touttes les deux parts, la santé et grandeur de V. M^{té} soit perpétuelle ; et il ne se manquera jamais de nostre costé d'avoir dilligemment le soing à la consservation et affermissement de la dite amityé : et ainsy en quelque part que je me trouve ou par terre, ou par mer, je m'efforceray de rendre ferme et constante l'amityé avec nos amys désireux du bien de cest empire, et nostre désir n'est autre sinon que les Turcz esclaves de Dieu et tous les autres marchands qui voyagent sur mer soyent en repos, et y aillent et viennent surement. Et il est particulièrement cogneu à tous grands et petits, comme V. M^{té}, dès le temps passé des prédécesseurs de nostre heureux Empereur, a esté affectionnée et désireuse du bien de son Estat ; et aussy ont esté envoyés les puissans commandemens à tous les gouverneurs de l'Empire, pour faire observer la capitulation qui de nouveau luy a esté accordée et selon la coustume antienne ; et touchant ce que vous vous plaignés de la millice de Barbarye, désirant avec la bonne volunté de Sa Grandeur,

---

1. Copie de la lettre du premier Bassa au roi, que M. de Salignac avait annoncée le 20 juin précédent. (Voir page 145.)

vous venger d'eux, et Sa dite Grandeur ne désirant pas cela[1], en a escript de nouveau de puissans commandemens aus ditz de Barbarye à ce que vos vaisseaux ni marchands traffiquans sur mer ne soient molestés d'eux, et si ceste fois ilz n'y obéissent et donnent travail aux vostres contre noz capitulations, Sa Grandeur mettra toutte dilligence pour leur punition et chastiment : et nous, allant contre le Persien qui est de mauvaise vye, avons recommandé à nostre Lieutenant en ceste exelce Porte d'avoir regard et cure particulière à l'amityé et bonne intelligence qu'est entre V. M^té et Sa Grandeur, et qu'il aye à bien obsserver les dites capitulations, et espérons qu'Elle encores de son costé sera constante et ferme à l'amityé qu'elle a avec cest Empire ainsy qu'elle a acoustumé de faire de tout temps, et qu'elle ordonnera bien expressément aux marchands et autres hommes siens qui vont avec leurs vaisseaux sur mer, de ne faire aulcun dommage aux païs et vaisseaux Ottomans, et qu'ilz ayent esgard aux conventions et pactes de nostre bonne amityé et intelligence : ainsy avec l'ayde de Dieu, ceülx de ceste part ne manqueront point d'observer de point en point les dittes capitulations et antienne amityé. Et quant au différent qui a esté cy devant avec les Angloys touchant le faict des nations estrangères, il sera tousjours obsservé conforme la capitulation et suivant la lettre impériale que vous en escript Sa Grandeur ; de quoy vostre esprit demeurera en repos, et ne doubtés point que suivant la bonne amityé qui est des deux costés en tous ses affaires et occurances, on n'y use toutte bonne dilligence.

Escript à la Campagne de Scutari le XXVIIIe juing 1607.

Ce qui est escript au dehors de la bourse[2] est « La présente soit donnée à l'Empereur de France ».

Son cachet veult dire « Le plus débile des Esclaves le pauvre Morat ».

Et ceste grande marque qui environne le dit cachet veult dire : « La lettre de Morat Bassa le pauvre. »

---

1. M. de Salignac avait en etfet déclaré à Morath que si les affaires de Barbarie ne s'amélioraient pas, le roi enverrait une expédition contre ce pays.
2. Cette lettre était renfermée dans une bourse, suivant l'usage de ce pays.

1607 (5 JUILLET).

Orig. Fr. 16146, fol. 31.

LE B^{on} DE SALIGNAC AU ROY

SOMMAIRE : La ville de Brousse a été saccagée par les Rebelles. — Intrigues de l'ambassadeur anglais. — Passion des Turcs pour l'argent. — Le Visir fait demander à la République de Venise de désarmer sa flotte. — La paix n'est pas observée en Hongrie. — Le G^d S^{gr} est à la chasse. — Arrivée de l'ambassadeur de Pologne. — Nouvelles de Démétrius de Moscovie. — Etablissement des Jésuites:

Sire, mes dernières sont du XXe du passé. Le premier Bassa partist huict jours après, ayant donné quelque satisfaction aux Janissaires et apaisé un peu les Espaïs. Les rebelles ont sacagé une partie de Bursie, et tué dedans deux ou trois cens hommes. Pour la rebellion du Cigale que j'escripvois à V. M^{té}, on dict que ce Capigi estant mal content de luý (Cigale) vers lequel le G^d S^{gr} l'avoit envoyé, s'en plaignoit fort et, pour le rendre odieux, disoit : qu'il (Cigale) ne se soucioit point du G^d S^{gr} ny de ses commande-mens, et que aultant vauldroit-il qu'il fut rebelle. La plus part le croyent ainsy, et d'autres, que l'on luy a faict rabiller son langage de ceste sorte ; la vérité s'en sçaura bientost. J'envoye à V. M^{té} la lettre que luy escript le premier Bassa.

Cest ambassadeur d'Angleterre, à l'advènement de ce premier Bassa que nous avons icy, a tasché d'avoir quelques commande-mens, tousjours avec tromperie et finesse ; mais je les luy ay tellement descouvertes que ce Bassa m'a fort assuré qu'il n'y gaignera rien, et ay eu ordre de luy pour le premier secrétaire, pour le chancelier et pour celuy qui escript leurs commandemens, de n'en escrire nul qui parle des nations estrangères ny qui contrarie tant soit peu aux Capitulations que V. M^{té} a avec ce G^d S^{gr}.

Je croy encores Sire, que V. M^{té} doibt escrire au dict G^d S^{gr} pour faire retirer la capitulation que le dict Ambassadeur d'Angleterre obtint à son arrivée ; et puisque le G^d S^{gr} luy en a escript sa volonté, donne des commandemens et faict renouveler la capitulation pour annuller l'autre, il la pourra demander à bon esciant, et l'autre ne la pourra refuser ; et celle que V. M^{té} escripra fera cela à mon adviz. Ce sera à elle à faire ce qu'il luy plairra ; ce que j'en dis, est parce que ces gens icy ayment tellement l'argent et les présents, que l'on ne se peult assurer d'eux, quoy qu'ils jurent, ny qu'ilz promettent. Un commandement sera bien tost expédié ; ou si l'on leur avoit osté ceste capitulation, il ne fauldroit jamais plus qu'ilz y prétendissent.

Hier au soir ce Vizir envoya quérir le Bayle de Venise et lui dict assez assurément que son Maistre trouvoit fort estrange que, ayant faict la paix avec le Pape, ilz avoient encor un tel nombre de gallères sur mer, qu'ilz n'en avoient point besoing, et qu'il vouloit qu'il escrivit cela à la S^rie de Venise ; qu'ilz les licentiassent, et qu'elle luy escripvit sa volonté là dessus, et pourquoy après la paix ilz estoient ainsy demeuréz arméz ; on leur met en la teste que c'est pour quelque dessaing contre eux.

Sire, j'escripvois dernièrement à V. M^té comme, sur l'assurance qu'elle a de la paix faicte entre l'Empereur et le G^d S^gr et sur ce que M. d'Alincourt m'escripvit que l'Empereur avoit enfin signé la dicte paix, laquelle M. de Fresnes m'assuroit aussy. Je dis au Vizir que l'Empereur s'y estoit résolu par vostre advis ; mais ayant eu nouvelles deux ou trois fois après de Hongrie comme il ne s'y falloit point attendre, je revis le dict premier Bassa et luy dis que, quoyque l'Empereur eust mandé à V. M^té qu'il feroit la paix avec eux, que toutefois, V. M^té n'assuroit point qu'il seroit ainsy, et ne voulloit nullement donner pour certain ce que l'Empereur promettoit, et qu'ilz feroient bien de ne s'y fier point, de sorte qu'ilz ne se préparassent à tout ce qui en pourroit réussir.

Il me sembla dès lors, que il avoit eu mesme advis que moy ; et depuis, on dit tout franchement qu'il ne s'y fauct plus attendre, et n'en reste icy nulle espérance[1]. Ilz n'ont donné nul ordre à ceste guerre là, de sorte que l'Empereur a tout le plus beau jeu qu'il sçauroit désirer ; et pour peu qu'il face, le Roy de Perse ne pensera à nulle sorte d'accord, et les rebelles prendront une merveilleuse vigueur. Quoy que ce soit, ilz se sont efforcéz, ce qu'ils ont peu, à faire ceste armée grande et forte. Sy elle ne faict quelque

---

1. La mort de Botskay avait été l'occasion de nouveaux troubles en Hongrie. Loin d'observer le traité conclu avec l'Empereur, les Heiduques et les Turcs se réunirent, pillant et ruinant les provinces qu'ils parcouraient. L'archiduc Mathias, lieutenant général pour l'Empereur en Hongrie, essaya vainement de rétablir la paix. Les seigneurs hongrois voulaient que leur prince résidât dans le pays, et non pas en Bohême. Ils déclarèrent que la Hongrie et la Transylvanie devaient être réunies sous le même sceptre, et offrirent à *Humanoy*, gouverneur de Cassovie, le trône qui avait été occupé par Botskay. Mais Humanoy, loin d'écouter ces propositions perfides, réunit des troupes pour combattre les Rebelles au nom de l'Empereur.

chose d'important je ne voy pas à quoy ilz se puissent plus attendre.

Le G.^d S^gr, après le partement du premier Bassa, est allé à la chasse où on croit qu'il sera encor sept ou huict jours : c'est en des montaignes vers la mer Noire, du costé de l'Asie, pleines de bestes, de frescheur et de bonnes eaux.

L'ambassadeur de Pollogne arriva le XXVe du passé : il n'a point encores eu son audience. C'est un des principaux de la Court et des mieux aymés du Roy, et de vray gallant homme. Je l'ay veu : il m'a asseuré les troubles de Pologne estre presque du tout esteints, mais il ne veult asseurer de la vye ou de la mort du prince Démétrius de Moscovye. Il me dit, qu'à son partir, le Roy son maistre luy dit cela mesme qu'il avoit veu diverses lettres qui asseuroient fermement qu'il estoit en vye : mesmes une de la femme du dit Démétrius qui est sa parente qui escripvoit à sa mère, et l'asseuroit qu'il estoit en vye. Il en a veu d'autres aussy qui asseurent qu'il est mort. Quoy que ce soit il ne se trouve jusques icy personne qui parle de veue ny de l'un ny de l'autre ; et les passages de Moscovye sont tellement fermés qu'on n'en peult rien apprendre.

Sire, c'est tout ce que nous avons icy de nouveau ; puisque V. M^té me commande de tout [écrire], je n'y manqueray point. J'ay faict trouver dans le livre des Commandements qui se despeschent à ceste Porte, celluy que M. de Brèves obtint pour les Jésuites : c'est d'en pouvoir mettre de François dans l'église de St Pierre, qui est accordée au lieu de celle de St Benoist, qui autrefois avoit esté donnée à un ambassadeur de France. Il n'y a nulle autre despesche ; c'est assez. Sy à Rome, on pourvoit à leur entretènement, et que V. M^té me le commande, j'espère qu'ilz seront establiz icy, quelque opposition qui s'y face. Et à la vérité ce sera un des plus grands biens que V. M^té sçauroit pourchasser à l'Eglise, de laquelle elle est aussy le filz aisné.

Je prye, etc.

SALAGNAC.

1667 (20 JUILLET).

Orig. fol. 32.

AU ROY

SOMMAIRE : Le roi de Perse fait des propositions de paix. — Le Gᵈ Sᵍʳ reçoit l'ambassadeur de Pologne. — Désordres en Pologne. — Démêlés avec l'ambassadeur Anglais. — Le premier Bassa a retiré à ce dernier la capitulation qui lui avait été accordée indûment. — Chiens de chasse promis au Gᵈ Sᵍʳ.

Sire, le premier Bassa poursuit son chemin toujours vers Alep : il n'a encore rien faict contre les rebelles, qui ne s'escartent que d'une journée de son armée et à petites troupes. On ne dict encores rien de la résolution que aura prise Zambolat. Le roy de Perse après avoir repris tout ce que l'on avoit fortiffié à la frontière est venu à Démir Capi sur la Mer Noire près de Trebisonde (ce sont les Portes de fer)[1] ; et après avoir sacagé et bruslé tous les environs de ceste forteresse, l'a prise et de là a dépesché un homme icy accompagné de quinze ou seize, lequel vient pour dire que ayant pris ce que justement luy appartient, il est content de faire la paix : et en cas que le Gᵈ Sᵍʳ ne la veuille, proteste devant Dieu et les hommes d'estre innocent de tout le mal que la continuation de la guerre pourra causer : on n'a pas faict grand compte de luy. Il partist des dites Portes de fer et est venu dans un meschant caramusal[2]. On l'a assez mal logé à Constantinople. Il n'a encores rien traicté : je me trompe ou on le retiendra.

L'ambassadeur de Pologne salua le Gᵈ Sᵍʳ le VIIIᵉ du présent et fist son faict bien honorablement, sans fère toutesfois présent que de quatre autours, quatre chiens et trois fourrures de robes de zibeline. Cela n'a guères agréé à ces gens cy : jusques à maintenant il n'a rien gaigné de ce qu'il vouloit, qui est qu'il leur soit permis par la force se vanger des Tartares, estant porté par leurs capitulations qu'ilz ne le pourront : mais le Gᵈ Sᵍʳ s'oblige a les en garentir et desdomager et ne fera point l'autre. L'empereur a tout beau jeu, et l'on croyt icy qu'il s'est raccommodé avec les Hongrois et Transilvains ; qui leur est une fascherie nouvelle.

Ce Thomazo, ambassadeur d'Angleterre a de nouveau obtenu,

---

1. Trébizonde, très ancienne ville sur la mer Noire, à 140 kil. nord-est d'Erzeroum. Il existait plusieurs défilés portant le nom de : *Portes de fer*.
2. Vaisseau à poupe élevée.

par quelque faux donner à entendre, quelque commandement
touchant les nations estrangeres ; mais en ayant esté adverty avant
qu'il l'eust retiré, je l'ay faict rompre ; et voyant que c'estoit tousjours à recommencer je me suis remis plus fort que par avant à
demander sa capitulation, et ay tant pressé que le premier Bassa[1]
l'a entre ses mains et retirée ; et hier il me promist qu'il me l'a
bailleroit, car je luy dis que V. M^té ne pourroit estre contente de
cecy si elle n'avoit la dicte capitulation entre ses mains, et qu'il le
cognoistroit bientost par ses lettres mesmes. Je ne veoy rien qu'un
grand désir de continuer l'amitié qui est entre vous, et ne doubte
que bien peu de n'avoir la dicte capitulation, quelques effortz que
face le dit Thomaso ; lequel attendist hier une bonne heure et
demye devant la porte du premier Bassa, attendant que j'en sor-
tisse, et passay où il estoit. Lorsqu'il me vist sortir il fist retirer
ces gens dans la porte d'un logis où il estoit ; il n'eust rien du premier Bassa qui ne luy fust de très grand desplaisir, et s'en retourna
très mal content. De vray ce qu'il poursuist est hors de toute raison, et oultre cela c'est le plus incapable de la charge qu'il faict,
que les Anglois eussent sceu choisir. Tous ceux qui sont icy s'en
deuillent cruellement, et ont cette consolation qu'ils espèrent que
le Roy d'Angleterre le privera de ceste charge si V. M^té en faict
quelque plainte ; et de vray elle a assez d'occasion d'en faire, et le
Roy d'Angleterre ne luy refusera point cela. V. M^té m'excusera
s'il luy plaist, si je luy dis qu'elle le doibt rechercher, et que
cela luy vaudra beaucoup icy obtenant qu'il soit osté de la
charge qu'il a, de quoy je ne puis doubter, sachant aussy d'ailleurs
que c'est l'honneur du roy d'Angleterre et le bien des marchands
anglois et leur volonté aussy.

Sire, ce S^gr me faict si souvent souvenir des levriers d'atache,
que je suis aussy contrainct en faire souvenir V. M^té. Vous lui
ferés un très grand plaisir et présent qu'il aura très agréable.
J'espère, Sire, que V. M^té me fera cest honneur de se souvenir de
moy, et comme je suis sa très humble créature ; et cela me faict
promettre qu'elle ne fera rien contre moy ; qui ne me fascheroit
pas si je ne voyois que j'en servirois beaucoup moings utilement
et honorablement V. M^té. Je n'en diray pas davantage ; mesmes je
la supplieray très humblement de me pardonner sy j'en ay escript
quelquefois trop au long. Ce n'est que la jalousye de l'honneur

---

1. *Mustapha,* beau-frère du G^d S^gr, remplaçait *Morath.*

de ses bonnes grâces, jointe au service que je luy rends. Puissé-je
au prix de mon sang et de ma vye faire veoir, etc.

SALAGNAC.

1607 (4 AOUT).

Orig. fol. 44.

A M. DE VILLEROY

*SOMMAIRE : Insuccès des démarches de l'ambassadeur anglais. — Le baron de
Salignac réclame avec insistance le remplacement de cet ambassadeur. — M. de
Salignac veut régler le différend par un combat singulier.*

Monsieur, vous verrés par celle que j'escrips à S. M^{té} [1] ce qui
enfin a reussy de l'entreprise de cest ambassadeur d'Angleterre, il
en est au désespoir. Je ne puis que je ne continue à désirer que le
roy face quelque instance à son maistre pour le retirer d'icy et y
en faire venir quelque autre. Ce seroit un grand coup pour la
réputation qui nous en viendra à ceste Porte, et il sera bien aysé
à mon advis ; car de vray il sert indignement, et mal, et au mescontentement de tous les Anglois qui sont icy ; et S. M^{té} a assez
d'occasion de faire faire cette instance par son ambassadeur. Il ne
fauldra point de nouveaux présentz, car son arrivée est toute
fresche, et encores il se trouve icy un Anglois nommé Arton qui
sera plus agréable aux marchandz que celuy qui y est, et qui de
vray est plus digne de ceste charge ; ou bien on pourra faire revenir celuy qui en est party qui ne sera pas si tost en Angleterre,
prenant son chemin par Venise, de là par l'Alemagne et par la
France. C'estoit un bon homme aymé et estimé icy ; je dis cela en
cas que la despence d'envoyer un homme fust en quelque considération en Angleterre, ce qui ne sera point, estans les marchandz
qui la font, qui y prendront plus de plaisir à mon opinion que de
laisser icy cest homme qui y est [2].

---

1. Cette lettre n'a pas été retrouvée.
2. Bordier qui était, on s'en souvient, écuyer du Bon de Salignac, nous
raconte, avec sa verve habituelle, les incidents qui marquèrent la brouille
survenue entre les ambassadeurs de France et d'Angleterre. Il rapporte qu'étant
sur le point de faire un voyage en Tartarie, M. de Salignac l'en empêcha, tenant
à le garder près de sa personne pour lui servir de second dans un duel qu'il
comptait proposer à Thomas Glauwer afin de terminer leur différend. (Voir cette
relation aux *Pièces justificatives VI.*)

Monsieur, vous m'excuserés, s'il vous plaist, de ce que je vous en dis, ce n'est que ce que j'en juge du service du maistre, me remettant à tout ce que vous en semblera bon ; je ne puis finir sans vous faire ressouvenir des levriers pour ce S^{gr} et de l'affaire de l'interprète Olivier et encores davantage de l'honneur, etc.

SALAGNAC.

1607 (17 AOUT).

Orig. fol. 33.

AU ROY

SOMMAIRE : Peste à Constantinople. — Quelques rebelles sont disposés à se soumettre. — Zambolat feint de réunir des troupes pour se défendre contre les rebelles. — Tribut du Caire rapporté par le général de mer. — Inobservation du traité conclu par M. de Brèves en Barbarie. — Mustapha Aga se plaint du mauvais accueil qu'il a reçu à Marseille. — M. de Salignac conseille au roi de l'apaiser et de l'empêcher d'aller en Angleterre.

Sire, le mal de Constantinople[1] ne m'a permis de partir encores du lieu où j'estois le IIIIe du present, jour de ma dernière depesche ; sy est ce que Dieu mercy il n'est pas beaucoup grand, et la moindre affère m'y ramèneroit sans apréhension ; et je m'y arreste plus pour interdire la fréquentation du logis qui pourroit y menner nouveau danger, que pour celluy du present ; et puis j'en suis si voisin que je sçay tous les jours ce qui s'y faict.

Ce S^{gr} est encores à ceste maison où il estoit allé ; et premier Bassa[2] luy a faict une despesche de quatre journées de Cogna petite ville dans l'Asye, par laquelle il luy faict entendre que quatre ou cinq mille rebelles la plus part spahis se sont mis dans la dite ville, et de là luy ont mandé de leur envoyer leurs payes, et qu'ilz marcheront où il luy plaira pour le service de leur Roy : qu'il leur a respondu que ce n'estoit point la coustume ; qu'ilz vinssent se ranger soubz leurs enseignes et que là ilz recevront leur payement. Ilz l'ont reffusé, disans qu'ilz veullent bien servir mais non se mesler dans l'armée, et qu'ilz marcheront séparément en un corps à part d'où ilz rendront toutte obeyssance, hors du soubçon qui les travailleroit s'ilz faisoient autrement. Le premier

1. *La peste.*
2. *Morath.*

Bassa a désiré de sçavoir la volonté de son maistre sur cela, qui luy a mandé que si avant qu'il aye reçeu sa dépesche, il n'a accommodé cest affaire, qu'il leur donne leurs payes, et leur permette de marcher en ung corps à part et hors du gros de l'armée et qu'il leur oste toutte sorte de soubçon.

Zambolat a ung grand nombre d'hommes ensemble, disant que c'est contre le pacha de Marcas, à huict ou dix journées d'Alep au chemin de Perse, contre lequel il a querelle. Je croy que c'est pour estre armé et hors du dit Alep à la venue du premier Bassa, laissant la place et le chateau bien fournis, et s'est excusé à ceulx qui commanderont, de pouvoir n'en traicter en son abscence [1]. Si la nouvelle qui ne faict que d'arriver est véritable, que le premier Bassa aye faict estrangler le bassa de la Caramanye, pour estre fort amy du dit Zambolat, ce ne sera pas pour luy faire perdre la juste meffiance qu'il a. Le général de mer [2] est revenu avec dix huict gallères portant le tribut d'un an et demy de Cayre et quelque chose de Tripoly. Cela peult faire ung million d'or. Il s'en reva aujourd'huy aux gardes ordinaires, estant en peine et crainte d'une armée de mer du duc de Toscane, laquelle ilz croyent avoir quelque entreprise en quelque part de ces mers, et se doubte-on que ce soit sur Cypre : les gazettes mesmes le disent [3], et de ce que la S^{rie} de Venize a encores ensemble l'armée de mer qu'elle avoit durant le débat avec Sa Sainteté, et aussy

---

1. Ce qui doit vouloir dire : *qu'étant absent d'Alep, ce sera une excuse pour ceux qui l'y remplaceront, de ne pouvoir traiter sans lui.*

2. *Jaffer Bassa.*

3. On voit que ce mode d'informations était en usage à Constantinople même. Les savants ne sont pas d'accord sur les origines du journalisme. On croit pourtant que le nom de *Gazette* vient du mot *Gazetta*, petite monnaie valant un sou français, en usage à Venise au xvi° siècle, et que c'est dans cette ville que furent imprimés les premiers journaux, qu'on payait alors une *Gazetta*. Sans entrer dans des détails qui nous entraîneraient trop loin, nous dirons que si le premier journal français, « La *Gazette de France.* » naquit en 1631, il y avait eu dans tous les temps, en France et ailleurs, des publications, manuscrites d'abord, puis imprimées, destinées à faire connaître soit les évènements récemment arrivés, soit une suite d'évènements constituant les nouvelles de certaines périodes. Les premières étaient affichées sous formes de *placards* ou *Cartels.* a Les autres étaient réunies en petites brochures ou *Pièces,* portant des titres tels que : *Discours de ce qui s'est passé, etc., Relation de tel évènement, etc.,* dont quelques-unes, extrêmement rares aujourd'hui, sont recherchées avec tant de curiosité par les bibliophiles.

a. Nous avons justement trouvé la trace de ces placards, dans la Relation du P. de Canillac, supérieur des Jésuites de Constantinople, qui, parlant du service fait en l'honneur d'Henri IV défunt, nous dit : « Le penultième jour de Juillet, veille de la feste de notre B. P. Ignace, que jadis, le dimanche précédent, le R. P. Vice-Patriarche, *par un fort honorable Cartel* avoit fait publier par toutes les' églises de ce lieu, on fit un service pour Henri IV défunt..... »

qu'ilz croyent qu'il y aye en Sicile plus grand nombre de gallères qu'il n'a accoustumé.

J'ay reçeu depuis six jours des lettres de Soliman de Catagne, vice-roy à Tunis, qui m'escript qu'il a faict rendre un vaisseau de Marseille bien riche que les Corsaires de là avoient pris. Le consul françoys qui y est, m'en mande autant ; il me promet de continuer et de faire en sorte que l'on aura occasion de se louer de luy ; mais il m'a faict dire par celuy qui m'a porté ces lettres, qu'il n'y a point moyen qu'il puisse continuer cela ny tesmoigner sa bonne volunté, si on ne tient le traicté qu'a faict Mr de Brèves[1] ; et ozeray bien dire à S. M^{té} qu'il me semble, que si elle veult entretenir ceste amytié, il vault mieux rendre les dits esclaves (qui de vray est peu de chose) que de mettre les marchands négotians en cest Empire au danger qu'ilz seront, oultre les mespris que nous en aurons sy nous recevons plus de dommages que nous n'en ferons, ce qui est malaysé qui soit autrement. J'ay creu debvoir le luy faire entendre me remettant à ce. qui luy plaira, la suppliant aussy très humblement me faire entendre ce qu'il luy plaira que je die sur cela ; car jusques icy j'ay payé en parolles géneralles.

L'ambassadeur d'Angleterre n'a point voullu encores prendre sa première capitulation : il n'a garde d'avoir l'autre[2] ; de sorte qu'il est ici sans en avoir. Le premier navire anglois qui viendra je la luy feray bien prendre ; ou, il sentira rudement le chastiment de sa colère : ceulx qui ont la charge de la douane me l'ont bien ainsy promis ; et sur ce propos j'ay la mesme opinion que je dis à M. de Villeroy par la miene dernière ; croyant que ce seroit beaucoup, et que on est presque obligé à le faire oster d'icy ; me remettant touttesfois à ce que V. M^{té} en jugera très mieux, que je supplye très humblement me pardonner sy j'en ay dit ce que j'en crois. Et ne puis aussy me passer de luy dire combien Mustapha Aga se plaint aigrement du mauvais traitement qu'il a reçeu à Marseille et de l'apparence qu'il y a, qu'il rende à son retour icy, de bien mauvais offices. Si V. M^{té} le faict venir à elle ce ne sera rien : ung peu de bon traitement et de présens davantage rabillera cela. Encores ozerai-je bien dire qu'il seroit bon qu'il ne

---

1. Voir les articles de ce traité (page 76) dont une des clauses spécifiait que : « Les esclaves turcs destenus à Marseille, tant bien que mal pris, seroient remis en liberté. »

2. Celle qu'il avait fait signer par surprise.

passast point en Angleterre ; car là on ne manquera à luy donner
l'argent ny à le caresser ; qui le pourroit gaigner de façon que cela
nous nuyroit, mesmes ayant ceste nouvelle brouillerye en laquelle
à la vérité, l'honneur qu'ilz rendent à l'alliance qu'ilz ont avec
V. M^té a esté bien tesmoignée, et qui la voudra continuer. Ces
complimens y sont très nécessaires : et sy par hasard il estoit jà
passé en Angleterre, au moings croyrois-je à propos que V. M^té le
revist avant s'en revenir[1].

Salagnac.

<hr>

1607 (4 septembre).

Orig. fol. 36.

AU ROY

SOMMAIRE : *Réponse à la lettre du Roi en date du 3 mai. — Avis donnés par
M. de Salignac à propos de Mustapha Aga. — Turcs détenus sans raison à
Marseille. — L'ambassadeur d'Angleterre est indigne de la charge qui lui est
confiée. — Lettre du premier Bassa au roi d'Angleterre pour demander le rappel de cet ambassadeur. — Désastre de la flotte espagnole à Gibraltar. — Trève
en Flandre. — Différend entre le comte de Fuentès et les Grisons. — Mutinerie
entre Spahis et Janissaires. — Réunion de Zambolat et de Tacnild. — Entreprise
de la flotte du grand duc de Toscane contre Famagouste. — Disgrâce de Mustapha Bassa, ancien vice-roi de Tunis. — Le roi est satisfait des services rendus
par M. de Salignac. — Droit de 2 % sur les marchandises d'Egypte accordé à
M. de Brèves.*

Sire, Le XVIIe du passé j'eus l'honneur de recevoir deux despesches de V. M^té, et deux heures après avoir envoyé icy mes
lettres ; qui fut cause que je n'y peus faire responce : l'une est du
IIIIe[2], l'autre XXIIIIe may. Par la première V. M^té croyoit encores
la paix de Hongrie ; je cuide que maintenant elle sçaura tout ce
qui en est. Pour icy nous ne nous y attendons nullement ; màis
on se console de ce que l'on ne reçoit nulle attaque de ce costé-là,

1. Le roi avait été très mécontent en apprenant que la mission dont M. de Brèves s'était chargé en Barbarie avait complètement échoué. Aussi fit-il retomber sa colère sur Mustapha Aga qui avait eu le seul tort d'être impuissant contre le fanatisme des janissaires de Barbarie. La correspondance d'Henri IV renferme plusieurs lettres qui sont utiles à relire en cette occasion. Le dépit d'Henri IV se manifeste d'abord par le renvoi de Mustapha. Celui-ci, se plaignant du procédé, obtient la permission de venir à la cour. Mais la mauvaise impression subie n'est pas effacée : Mustapha se jette du côté anglais, et dès son retour à Constantinople, il fait un tort immense au parti français. (Voir *Pièces justificatives VII*.)
2. Voir cette lettre aux *Pièces justificatives VII.*

où le jeu estoit sy beau que je ne pense pas qu'il s'en puisse jamais
rencontrer de pareil. Elle me parle aussy de Mustafa Aga ; j'avois
ozé, Sire, en escripre à V. M^{té}, ayant sceu combien il a esté mal
traicté à Marseille, et la suppliant d'y voulloir remédier à son
retour. Estant mal contant, il peut faire beaucoup de mal icy ; et
vauldroit mieux rompre tout à faict avec eulx que laisser les choses
aller ainsy : mais ayant sceu que V. M^{té} lui avait permis de l'aller
trouver, je m'asseure aussy que tous les desplaisirs du dit Mustapha seront guariz. J'ay ozé luy escripre aussy pour la délivrance
des Turcs qui sont en ces gallères, croyant que leur rétention
pourra porter plus de dommage à ses subjectz que de service à ses
gallères ; et puis il s'en peult retenir tousjours quelqu'un des plus
nécessaires ; et quand il ne s'en délivrera que la moitié de ceulx
qui y sont ce sera assés[1] ; mais il me semble que V. M^{té} fera bien
d'en escrire au G^d S^{gr} et luy faire valoir cest office d'amitié, sans
parler du traicté qu'en a faict Monsr de Brèves à Thunis. Le dict
Mustafa a escript icy beaucoup de plainctes ; mais estant venues
en mes mains, elles n'ont point passé oultre et ay pensé estre le
meilleur de n'en point parler.

Par l'autre, Sire, je vois que vous avez veu ce que a entrepris
cest Ambassadeur d'Angleterre. Par la suite des miennes elle aura
veu ce qui s'en est enssuivy. J'ay tant faict que je luy ay retiré
la capitulation, et vous envoye une lettre que le premier Bassa
escript[2] à S. M^{té}, luy ayant par advant envoyé ce que j'avois
obtenu pour remédier à ce qu'il avoit obtenu. Nous avons mieux
maintenant ; il en est enragé, et faict tout ce qu'il peult, recherchant tous moyens jusques icy inutiles ; mais il le faict de sorte
que je ne puis que je ne continue, Sire, à croire que V. M^{té} doibt

1. A la suite des avis donnés par M. de Salignac, le roi se décide à faire mettre
en liberté les Turcs détenus à Marseille. Il écrit à M. du Vair (*a*) : « J'escris pré-
« sentement au Cte de Joigny là résolution que j'ay prise de donner liberté aux
« Turcs qui, venans de Flandres avec passeport, ont esté retenus en nos gal-
« lères, et à ceux de Florence qui seront les plus inutiles et moins propres au
« travail, et envoyé par delà le secrétaire Pietrequin pour les prendre, conduire
« et nourrir jusqu'en Barbarie et pourvoir à leur passage, suivant l'argent que
« je luy ay fait bailler pour cet effect. De quoy, je vous ay bien voulu advertir
« par ceste lettre afin que vous teniez la main à l'exécution de mon intention, et
« qu'il y soit satisfaict au plus tost sans difficulté, etc... » (Lettres missives,
« tome VII, page 439. — 1607 (sans date):

a. Guillaume du Vair né en 1559, d'abord maître des Requêtes, puis premier président au Parlement
de l'rovence. — En 1616, il fut fait garde des sceaux et mourut en 1621. — Il était évêque de Lisieux
depuis 1618.

2. Cette lettre ne fut expédiée que le 4 novembre, on la trouvera plus loin.

tascher qu'il soit osté d'icy ; et je ne me puis persuader que le roy d'Angleterre n'en soit très contant, estant du tout indigne de ceste charge, et s'y gouvernant sy mal que c'est pitié. Le premier Bassa me demanda la dernière fois que je le vis, sy je pourrais faire tenir seurement une lettre au Roy d'Angleterre : Je luy dis qu'il serait assez aysé, et il me dist que c'estoit pour luy escrire de rappeler cest ambassadeur qui ne faisoit que brouiller tout[1]. De vray, Sire, il faict tant de choses que, s'il ne me faschoit de faire rire les Turcs, je ne me sçaurois empescher de lui faire déplaisir ; et quelque patience que j'aye eu, sy ay-je esté quelquefois contrainct de rabattre rudement de ses gloires.

La nouvelle des gallions d'Espagne perdus à Gibraltar[2], a esté fort agréable icy, croyant que c'estoit contre eux (les Turcs) qu'ilz estoient armés : c'est une grande perte pour eux (les Espagnols), et plus piquante à cause de la trefve traitée en Flandres sy honteuse que je ne puis que penser qu'il y a quelquechose de caché là dessoubs. Mais V. M^té y sçaura bien pénétrer[3]. Je croy que tout

1. On verra plus loin (lettre du 4 novembre) que le Bassa écrivit cette lettre qui fut ensuite expédiée au roi d'Angleterre par les soins de M. de Salignac.

2. Il s'agit d'un véritable désastre subi par la flotte espagnole le 27 avril 1607, près de Gibraltar. Le Mercure français (tome I page 202), après avoir fait le récit de cette rencontre entre les vaisseaux hollandais et espagnols, ajoute : « En toute ceste bataille, les Hollandois perdirent leur Général avec cent hommes tant Capitaines que soldats. Les Espagnols y perdirent deux mille hommes et entr'autres leur admiral Don Joan Alvarez, avec tous leurs navires. »

3. On sait que sept provinces du nord des Pays-Bas, secouant le joug de l'Espagne, s'étaient constituées en République indépendante, et luttaient non sans succès contre l'archiduc Albert et l'infante Isabelle auxquels Philippe III avait donné le gouvernement de la Hollande. Fatigués d'une guerre dont on ne pouvait prévoir la fin, les archiducs, dès le commencement de 1607, entamèrent des pourparlers de paix avec les Provinces Unies. Mais il leur fut répondu qu'aucune proposition ne serait agréée si les princes persistaient à croire qu'ils avaient des droits sur la République. Cette réserve fut admise, et une trêve qui devait durer jusqu'en septembre 1607 fut signée le 4 mai. Dans cet intervalle, on réunirait les Etats, et l'on chercherait à s'entendre sur les conditions de la paix. Dès maintenant les archiducs s'engageaient à faire ratifier le traité par le roi d'Espagne et à obtenir sa renonciation définitive à toute prétention sur les provinces. C'est alors qu'Henri IV, qui avait toujours porté à cet Etat le plus grand intérêt, dicté d'ailleurs par la rivalité entre la France et l'Espagne, envoya à la Haye le président Jeannin qui y fut accueilli avec de grandes démonstrations de reconnaissance, et prit une part très considérable à ces négociations difficiles. — On doutait que le roi d'Espagne, après avoir fait tant de sacrifices en hommes et argent, se décidât à renoncer à la possession de la Hollande et consentît à faire un acte si préjudiciable à l'honneur de sa Maison ; cependant il n'hésita pas devant la détermination de cette République, et envoya son adhésion à la trêve signée par les archiducs. « Sur ce pourparlé, dit le Mercure français, non seulement aux « Pays-Bas, mais aussi par tout le monde, l'on ne pouvoit croire que le Roy « d'Espagne voulust donner l'approbation promise par les Archiducs. »

le conseil d'Espagne n'eust sceu trouver un moyen plus expéditit pour perdre toute la Flandre, que ceste trefve ; car je seray le plus trompé du monde, ou toutes les autres provinces. alleschées dè ceste liberté et souveraineté, s'uniront ensemble et formeront un corps d'estat populaire plus puissant, et par mer, et par terre qu'il n'y en ayt eu il y a longtemps. V. M^{té} me pardonnera s'il luy plaist, ce que j'ose en dire, mais il peult servir d'y penser de bonne heure.

Ces gens ont sceu le remuement faict au pays des Grisons, et en espèrent quelque remuement en la Chrestienté, qui est le premier de leurs souhaitz [1].

Pour leurs affaires, Sire, le premier Bassa pressé des espaïs que je luy ay mandé estre enssemble à Cogna, les a payéz avant attendre la responce de son maistre, et les faisoit loger encores à deux ou trois mil de son armée où ils venoient tous les jours pour ce qu'ils avoient affaire. Quelque débat se meut un jour entre quelqu'un d'eux et quelque Janissaire, de sorte qu'il y eut deux ou trois espahis de tuéz dans le camp ; les autres en ayant l'advis montent à cheval et vindrent attaquer les dits Janissaires si rudement qu'ilz en tuèrent plus de deux mil d'abordée, et à toute peyne furent-ilz chasséz hors du camp et avec peu de perte. Le général et l'aga des Janissaires ont rabillé cela donnant le tort aus dits Janissaires, faisant mourir dix ou douze de leurs capitaines et changeant presque tous leurs chefs. L'armée est maintenant aux environs de Cogna tirant fort lentement vers Alep. Zambolat en est hors, soubz le prétexte que j'ay faict sçavoir à V. M^{té}, et tire vers Arheron (?) où se trouve Tanil, ce rebelle sy renommé il y a deux ans. Il a bien vingt cinq mil hommes avec soy, et ce Tanil n'en a guères moins, ce dit-on ; lequel depuis peu a sacagé toute Trébisonde. Les Cosaques d'autre [part] ont sacagé une petite ville du royaume de Tartarie et en ont emmené une grande quantité d'esclaves. C'est sur la Mer Noire bien cent cinquante mil plus

1. « Depuis quelques années, dit le Mercure français (tome I page 177), il y avait eu entre le Cte de Fuentès (a), gouverneur du duché de Milan pour le Roy d'Espagne et les Grisons, quelques disputes pour les limites du Milanois et du pays des Grisons : Le Comte avoit faict bastir un fort qui incommodoit les Grisons ; et estoient prêts d'en venir aux mains. Finalement en ceste année le Roy ayant faict disposer par son ambassadeur, les Vénitiens et les Suisses de composer ces différends, il fut du tout terminé. »

a. Le comte de Fuentès, fameux général espagnol, né en 1560, fit ses premières armes en Portugal, sous le duc d'Albe, en Flandre sous Alexandre Farnèse et Spinola, et fut tué à la bataille de Rocroy en 1643.

loing que le Cafa. Enfin l'armée du Grand Duc a donné une esca-
lade à Famagoste en Chipre[1], qui fut faillie, les eschelles se trouvant courtes ; et sy y a-il plus de quinze mois que la muraille
avoit esté rehaussée en cest endroit-là. Ceste entreprise se faisant
sur une si vieille recognoissance, ils demeurèrent deux jours et
plus sans se rembarquer faisant quelques légères escarmouches ;
quatre jours depuis estre rembarquez, ilz y firent descente une
autre fois mais sans rien faire, le pacha de là ayant assemblé ce
qu'il avoit peu, et s'oposant à eulx de sorte qu'ilz reprindrent
encores la mer. J'ai veu homme qui estoit présent à tout ce que
dessus ; depuis il court un bruict qu'ilz ont faict nouvelle descente
et qu'ilz ont assiégé Famagoste avec grande espérance de la
prendre. J'ay envoyé en lieu d'où j'espère sçavoir la vérité.

Sire, Mustapha Pacha, qui estoit Vice Roy de Thunis[2], s'y est
si mal gouverné contre les sugets de V. M[té] qu'ayant sceu qu'il
estoit arrivé icy, j'y suis revenu sans me soucier de la peste qui y
est plus forte qu'au paradvant, pour tascher à en tirer quelque
raison. Il en sentit le vent, de sorte qu'il se préparoit pour s'en
aller fort à cachètes ; je le sceus et luy fis faire un commandement
de ne partir point sans avoir respondu et satisfaict aux plaintes
que je faisois contre luy. Cela l'estonna de sorte qu'il partit dès la
pointe du jour avec sa galère sans fanal et sans bannière, se confiant à cinq cens ducats qu'il donna afin de rémédier à cela. J'ay
tellement pressé l'affaire que je l'ay envoyé quérir : sy j'en pouvais
tirer quelque raison, je ferais plus qu'il n'a jamais esté faict ; et
seroit un grand exemple pour tous ceulx qui auront charge en
Barbarye[3] ; j'y feray ce que je pourray, et n'y espargneray rien.
Pleust à Dieu, Sire, en plus signalées occasions peussé-je tesmoigner ce que je fais en ce qui regarde vostre service ; c'est à quoy
j'ay passé ma vye, et à quoy Dieu aydant je la finiray, recepvant
beaucoup de bienfaicts de ce qu'il plaist à V. M[té] me dire qu'elle
en reçoit contantemeut ; je travailleray à ce qu'elle en puisse recepvoir de jour à autre davantage.

Sire, puisqu'il plaist à V. M[té] me parler de ce que M. de Brèves

---

1. *Famagouste*, sur la côte orientale de l'île de Chypre, appartenait aux Vénitiens lorque les Turcs vinrent l'assiéger en 1571. Ils s'en emparèrent après y avoir
perdu 50.000 hommes.

2. Rappelons qu'il ne faut pas confondre ce *Mustapha Bassa* avec *Mustapha
Aga* qui fut envoyé en Barbarie pour appuyer la mission de M. de Brèves.

3. Nous avons vu que Mustapha Bassa, vice-roi de Tunis, avait été remplacé
par Soliman de Catane.

a faict en vostre conseil, j'oseray luy dire que c'est pour ses affaires, mais non pour les miennes; ayant faict que ce qu'il prétend lui estre deub, soit assigné sur le droict de deux pour cent qui se lève en Egypte pour vostre ambassadeur en ceste Porte, dont il y a articles exprès dans les capitulations que vous avez avec ce S^{gr}. Il en a jouy servant en ce que je fais; je suis contrainct, pour diverses occasions, à plus de despences que luy; je ne croy point plus mal servir, et croy encore moings que V. M^{té} le voullust plus gratifier que moy. Ce me serait une défaveur, Sire, qui nuiroit à son service, dont je me desplais plus que de ma nécessité qui n'est pas petite. Je ne désire point la perte de M. de Brèves, bien que sans raison il aye recherché la mienne; mais je supplye très humblement V. M^{té} qu'il n'aye point plus d'avantage que moy, et que je jouisse de ce qu'il jouissoit. Il est assez entendu à ce qui touche ses affaires pour trouver moyen de bonne assignation. Pour ce qu'il plaira à V. M^{té} luy allouer de ses demandes ou de moy, je n'ay nul soing de telles choses, l'apliquant entièrement à ce que je juge de son service et de la grandeur de sa réputation. Au nom de Dieu, Sire, octroyés cela à vostre très humble serviteur, qui le suis dès que j'ay peu servir. et qui n'ay jamais Dieu mercy tant soit peu manqué ny ne feray tant que je vivray. Je suis sa créature dont je la supplye très-humblement prendre quelque soing, cependant, etc.

SALAGNAC.

1607 (19 SEPTEMBRE).

Orig. fol. 35.

AU ROY

SOMMAIRE : Aly, Aga des Janissaires, a écrit à M. de Salignac pour lui donner des nouvelles de l'armée d'Asie. — Mustapha, vice-roi de Tunis, est ramené à Constantinople par ordre de l'ambassadeur. — M. de Salignac a fait tirer le canon aux Dardanelles afin d'attirer l'attention sur ce prisonnier. — Délivrance de trois chevaliers de Malte. — Déconvenue de l'ambassadeur d'Angleterre.

Sire, trois jours après ma dernière despesche du IVe du présent, j'en receus trois de V. M^{té} du IXe et XVIIIe juing et du IVe juillet. Je trouvois desjà bien estrange que l'Empereur tardast tant à faire tenir le langage qu'il a faict tenir à V. M^{té}, et ne sçay comment tant de temps s'est escoulé, sans que S. M^{té} aye pressé une affaire si importante[1]. Les affaires de cest Estat sont maintenant sur un grand période ; et si l'Empereur et ses subjectz désirent quelque repos du costé de Hongrie, ces gens cy le veulent davantage, et leurs menaces ne sont que pour faire peur ; car tout ce qu'ilz ont de meilleur pour la guerre, mesmes de ces costés là, est avec le premier Bassa dont l'armée est fort grande. J'ay reçeu depuis peu, lettres de l'Aga des Janissaires[2] ; j'envoie la traduction à V. M^{té} par laquelle elle apprendra ce qu'ilz ont faict, qui est quelque chose ; mais ce sera beaucoup s'ilz viennent à bout d'Alep où l'on dict que Zambolat est de retour. Je tanteray d'en savoir ce qui en sera affin qu'elle en puisse juger ; car de cest évènement, naistra la guerre de Perse ou plus facile ou plus mal. aisée, et la ruine ou le restablissement de cest Empire. Ce S^{gr} n'ayant affaire aileurs ne regarde que là aussi, et ne s'en soucye guières n'estant pressé en Hongrie ny brouillé des rebelles mesmes, s'il peult perdre la mesfiance de Zambolat et de ses confidentz.

Je mandois dernièrement à V. M^{té}, que je voullois attaquer Mustafa Bassa qui vient d'être v. roi à Tunis ; je l'ay faict ramener icy malgré toutes ses oppositions et ses présens ; et sans sa femme, qui a esté nourrie dans le serail et est aymée de ces sultanes, je l'eusse plus fasché que je n'ay faict ; m'ayant faict prier infiniment pour laisser cette poursuite, je l'ay faict bien à regret, pressé encores d'austres fascheuses oppositions à mon desseing. Si ay-je retiré quatre pouvres françoys esclaves qu'il tenoit, sans qu'il leur couste rien, et trois chevaliers de Malte ; l'un de la maison de Rambure de Picardye, l'autre de Brye de celle de Monceaux cousin germain de Villier Houdan, deux jeunes hommes qui réussiront bien à mon oppinion[3]. Il en voulloit faire présent au G^d S^{gr}, et les estimoit dix mil escus ; et ce S^{gr} les eut prisés davantage, et c'estoit pour leur vyé. Je les ay retirés pour deux mil escus desquelz je luy ay faict bailler caution qu'il sera payé dans huict mois[4], et les ay renvoyés promptement, affin qu'ilz y pourvoyent

---

1. Nous n'avons pu malheureusement retrouver ces lettres du roi, et nous ignorons de quelle affaire veut parler M. de Salignac. Peut-être était-ce de la paix de Hongrie, pour laquelle l'intervention du roi avait été sollicitée fréquemment.

2. *Aly* qui était l'ami de l'ambassadeur. Nous donnons sa lettre plus loin.

3. Nous avons vu page 76 que ces chevaliers avaient été pris pas les Turcs au combat de la Mahomette, au commencement de l'année 1606.

4. Cette dette fut payée, si nous en croyons le P. Anselme, qui déclare que : *Marguerite de l'Hopital*, femme du Bon de Salignac, « donna quittance le 15 août « 1608, pour remboursement d'une somme payée par *feu* son mari pour la déli-

et que je n'en sois point en peine, et davantage pour les oster
d'icy : l'autre chevallier[1] est du costé de Nisse et avoit promis
deux mil escuz ; il en a esté quitte pour mille qu'un patron de
Marseille a payés pour luy, ayant charge de le retirer. Voilla Sire,
comme je recherche de faire mes affaires ; je sçay bien ce qu'il
faudrait pour cela, mais je n'ay esgard qu'à ce qui me semble
de la réputation et grandeur de V. M^té. Le dit Mustafa faict de
grandes protestations de se gouverner bien sagement envers tous
les françoys, et a reçeu une grande vergogne estant ramené par
force, car aux chasteaux je fis en sorte que l'on luy tira des cannonades. Les personnes qui m'ont requis pour luy me promettent
de me tesmoigner en autre occasion l'obligation qu'ilz m'ont
de n'avoir autrement poursuivy. Cecy a esté veu et sceu de
tous, qui servira à mon advis aux autres. Et bien qu'il ne luy
couste pas tant qu'à moy qui l'ay envoyé quérir, et qui ay faict
présent aux cappitaines des chasteaux pour leurs cannonades, si est
ce que j'ay faict de sorte que la chose en a eu beaucoup d'éclat,
oultre ces sept pouvres esclaves qui en ont reçeu liberté ; et fera
que les autres y pensseront davantage. J'ay trouvé un mémoire
dans le paquet de V. M^té de quelques vaisseaux qui ont esté vol-
lés, et les hommes pris ou tuéz, sans qu'il soit porté, ny qui l'a
faict ny où c'a esté ni nul indice qui m'en puisse faire parler. Si
la chose est vraye, il fault que ce soit esté Morat Rays ; lequel,
venant de Barbarye avec huict gallères ou galliotes en la Morée
où il est maintenant, a faict de grands ravages en toutte la coste
de l'Italye : on croit qu'il viendra avec l'armée. Je ne fauldray
Dieu aydant d'en faire les plainctes bien pressentes, encores que
je n'attende point d'en tirer autre raison, veu l'estime et la réputation en quoy cest homme est icy ; il ne tient qu'à luy qu'il ne
soit général de mer, mais il veult mourir corsaire comme il a vécu.

« vrance de Guillaume de Rambures, chevalier de Malte, prisonnier des Turcs
« en Barbarie, et obtint sentence des requêtes du Palais à Paris, le 27 juillet
« 1612, contre Charles de Monceau Sr des Ursines pour être remboursée de 1000
« écus d'or au soleil que son mari avait aussi payés en 1607 pour la délivrance de
« Jean de Monceau, son frère, aussi prisonnier des Turcs. » (P. Anselme, t. VII,
page 310). Le P. Anselme a mal compris là première de ces quittances, car M. de
Salignac ne mourut qu'en 1610. Mais ce qui a pu causer son erreur, c'est que
Marguerite de l'Hopital fut constituée « procuratrice de son mari » pour l'administration de ses biens pendant son ambassade, comme on peut s'en assurer par
deux quittances qu'elle signe en novembre 1608. (Voir Biblioth. nat^le, Pièces
orig^les Gontaut, fol. 135.)

1. Le *Chevalier d'Olieurre*.

J'ai reçeu aussy, Sire, les lettres que V. M^té a escript et à ce S^gr et au vizir *Assan Pacha* : elles sont fort à propos et serviront. — J'ay creu que V. M^té pourroit faire rapeler cest ambassadeur d'Angleterre, et l'ay désiré parce que c'estoit icy beaucoup de réputation. Mr de Villeroy juge qu'il seroit malaizé, et qu'il seroit estimé davantage en Angleterre par nos plainctes. Je le croirois de même s'il avoit advancé quelque chose; mais n'avoir rien faict du tout que se monstrer et brouillon et homme de peu d'esprit et de jugement, qui s'est laissé transporter à parler[1] mesme de V. M^té, joinct les afrondz qu'il a reçeuz et les plainctes que tous les Anglois négotians y font de luy, me font pencer qu'il seroit aisé, et je sçay bien que cela serviroit. C'est à elle à en faire ce qu'il luy plairra[2] : pour moy je n'en eusse sçeu désirer un plus à propos ; car son orgueil et son audace sont tombés devant moy, et tout cela ne m'a faict que honneur. Et, Dieu mercy, le service de S. M^té n'en a point esté altéré, ains ceste afaire des nations estrangères a reçeu plus de fermeté qu'il n'en avoit par advant, etc.

SALAGNAC.

1607 (Lettre reçue le 10 SEPTEMBRE).

Copie fol. 34.

L'AGA DES JANISSAIRES[3] AU B^on DE SALAGNAC

SOMMAIRE : L'armée de Morath Bassa est à Konieh. — Succès remportés. — Aly espère que les rebelles seront bientôt anéantis.

Au valeureux entre tous les grands de la natyon du Messie l'ambassadeur de France très chéry des Mussulmans. Après la salutation de son cher amy et la prière de Dieu de l'avoir en sa

---

1. *A dire du mal.*

2. Nous trouvons dans le recueil des « *Lettres d'Henri IV, de MM. de Villeroy et de Puisieux à M. de la Boderie, ambassadeur de France en Angleterre* », une lettre de M. de Puisieux dont voici un extrait : « M. de Salignac qui réside ambassadeur « en Levant nous écrit que celui qui y est pour le roi breton a voulu innover « quelque chose avec ces gens là au préjudice de nos capitulations, à quoi il s'est « si bien opposé que l'autre n'a rien gagné que de la honte. Ils en ont été altérés « l'un contre l'autre, dont il estime que l'on en aura écrit au comte de Salisbury « et fait plainte des déportements de M. de Salignac, qui n'y ont été que raison- « nables. C'est seulement s'il vous en est parlé, afin que vous en soyez informé et « puissiez répondre, mais non s'il vous plaît, autrement; car ce seroit leur « donner sujet de faire pis, suivant leurs règles. » (Voir t. I. page 190.)

3. Lettre d'*Ali*, Aga des Janissaires, au Bon de Salignac.

garde, nous luy dirons, si vous désirez sçavoir de nos nouvelles,
que nous sommes arrivés à Cogna le 17.e de la lune de Rebioulahir
(c'est le 10 aoust) avecques le général, généreux, bien fortuné et
valeureux exercite [1] conduit par le général premier Vezir, lequel
atand à punir les meschans et rebelles et jusques à présent a
donné la mort à dix des principaux chefz des ditz rebelles, et
comme un lion, a ouvert ses griffes de toutes partz ; de sorte que
les rebelles s'estant raliéz en divers endroits, et ayans fait jusques
à dix forteresses, il a envoyé à toutes, et en beaucoup d'icelles ilz
ont estéz tailléz en pièces, et toutes les dites forteresses ont esté
razées entièrement. Outre ceux là, il y avoit un grand Chef de
rebelles nommé Solimis Ogli (c'est à dire filz du despouillé) sur
lequel on a envoyé une bonne troupe de l'armée, lesquelz le
surprindrent s'amusant à passer son temps, de sorte qu'à grand
peyne se sauva-il avec quatre chevaux : le reste des siens s'estans
mis en deffence, furent tailléz en pièces. Nous prions Dieu qu'il
en soit ainsy de tous les autres rebelles ; et estant nécessaire
d'envoyer autres troupes de l'armée sur Kalander Ogli et Saït
arabe, grandz rebelles, le 7e de la dite lune on y a envoyé un
Belierbey et huict sanjacz bey, deux compagnies de Spays et deux
mille cinq cens jannissaires, et encores on envoye un autre
belierbey et trois mille jannissaires sur un sanjac bey rebelle,
nommé Gelali Musti, et envoye l'on encores des troupes en deux
autres endroitz, de sorte que avec la grâce de Dieu il se fera ceste
année un service signalé, ne laissant sur la terre nul rebelle, non
leur nom seulement ; car nous n'atendons qu'à envoyer sur tous
ceux qui ne rendent obéissance et ne se joignent à ceste armée,
afin de les punir, et nous encores sommes partiz l'onziesme de la
présente lune, de Coigna avecques le Général pour aler sur Alep
prenant le chemin de Caisarja [2] pour estre le plus beau. Et vous
recognoissant pour bon et vray amy, je vous escris ainsi au long,
vous priant nous escrire aussi de toutes voz nouvelles, et à tant je
vous salue de tout mon cœur,

L'Aga des jannissaires.

---

1. *Exercite*, c'est à dire : *L'armée conduite par Morath Bassa.*
2. Peut être *Kaissarjeh* en Caramamie.

1607 (19 SEPTEMBRE).

Orig. fol. 36.

LE B^{on} DE SALIGNAC A M. DE PUISYEULX

SOMMAIRE : L'armée turque veut s'emparer d'Alep. — M. de Salignac a des craintes pour les négociants français de cette ville. — Droit de 2 0/0 accordé à M. de Brèves.

Monsieur, j'ay reçeu, avec le dernier ordinaire, trois despesches de S. M^{té} du 9ᵉ et 18ᵉ juing et du 4ᵉ juillet; vous verrés par celles que j'escrips, qu'il semble que Dieu veult que l'on recognoisse la faulte que l'on a faicte, ne sachant pas prendre l'occasion pour ruiner ce grand ennemy ; lequel sans doubte estoit mal appuyé[1]. Maintenant il semble que les rebelles se perdent et y en a peu en l'Asye qui paroissent : quelques uns veullent que ce soit accause de l'armée, mais qu'elle ne sera guères advancée qu'ilz ne facent plus de mal que jamais. La lettre que m'a escripte l'haga des Janissaires faict croire aultrement, et il est assés mon amy pour m'escrire la vérité ; d'autres die (*disent*) que la guerre de Hongrie qui estoit leur principal effroy, ne leur donne nulle peine ; qui faict qu'ilz ne faschent point comme ilz faisoient de la rupture de la paix, et l'armée que mène l'en (?)[2] en Perse est assez forte à leur opinion, pour bien faire leurs affaires. Leur principal desseing est maintenant sur Alep, et s'ilz en viennent à bout leurs affaires vont un bon train. Quoy que ce soit je desirerois fort que cest affaire passast doulcement ou d'une façon, ou d'autre, pour le danger de nos négotians en ces quartiers là, et encores poussé de mon particulier, car ceste eschelle là par la préhention seule n'en vault rien ; et ne fault pas trouver estrange si je desire une autre assignation à Monsr de Brèves que celle qu'il a recherchée en Egipte : car je vous jure qu'elle seule vault maintenant trois fois davantage que touttes les autres enssemble ; et si la chose demeure comme elle est, le dit Sr de Brèves a tout l'émolument que donne le droict de deux pour cent. J'en escripvis l'ordinaire passé assés amplement à S. M^{té} ; j'en escrips encores un petit mot et à M. de Villeroy au long, parce qu'il m'en avoit escript comme désirant que la chose restast comme elle est. Je ne désire pas la perte de M. de Brèves :

1. C'est-à-dire : *L'empire turc était alors mal préparé à soutenir la guerre.*
2. Sans doute : *Le premier Bassa.*

il luy est bien aisé d'avoir assignation, ses demandes allouées, il n'en peult pas doubter, où à moy tout est au contraire et n'ay espérance qu'à cela ; et sans cela il est impossible que je vive icy, etc.

SALAGNAC.

1607 (4 OCTOBRE).

Orig. fol. 37.

AU ROY

SOMMAIRE : Nouvelles diverses. — Ravages de la peste à Constantinople.

Sire, Le XVIIIIe du passé je fis entendre à V. M[té] ce qui se passoit en ces quartiers. Ce S[gr] est encores dehors accause de la peste qui se faict rudement sentir ; et quoy que les Turcs disent, si s'en esloignent ilz s'ilz peuvent trouver quelque peü de prétexte. Elle a tué deux patrons Marsillois dans Galata et un home dans mon logis, depuis mon valet de chambre ; elle s'est attaquée au logis de l'interprète Olivier où elle a tué une esclave : une de ses filles en a esté frappée qui en guarira à mon oppinion ; elle a faict que je n'envoye point la lettre que celluy qui tient la place du premier Vizir[1] escript à V. M[té] ; ni celle qu'il escript au Roy d'Angleterre parce qu'elles estoient aux mains du dit interprète pour en faire les traductions. Le sieur Baile de Venise a ressenti sa part de ceste contagion qui lui a emporté aussy un vallet de chambre. Nous nous remettons à la volunté de Dieu lequel je supplye etc.

SALAGNAC.

1. *Mustapha*, beau-frère du G[d] S[gr].

1607 (4 NOVEMBRE).

Orig. fol. 38.

AU ROY

SOMMAIRE : *Arrivée de Morath Bassa à Abdena.* — *Aly Zambolat lui envoie des présents.* — *Echec des Turcs contre les Cosaques.* — *Incendie à Constantinople : cinq mille maisons brûlées.* — *Dispute entre le général de mer et le corsaire Mòrath Raïs.* — *Dommages causés à des vaisseaux français.* — *Lettre du Bassa au roi d'Angleterre.* — *Il demande à M. de Salignac de faire parvenir cette dépêche.* — *Levriers réclamés par le G^d S^{gr}.*

Sire, Ma dernière dépesche est du quatriesme du mois passé ; et ay laissé passer un ordinaire sans escripre ; la peste estoit si rude lorsqu'il partit, et il y avait si peu de chose à dire que je creus que le meilleur estoit de n'envoyer rien de deça, tant toutes choses y estoient contagieuses. Il semble par la grace de Dieu que le mal diminue ; mais ceste saison aussy pleine de challeur qu'à la St Jehan, l'entretient encores un peu. Pour nouvelles je crois faux ce que l'on disoit que les rebelles avoient faict quelque effect sur l'armée du premier Bassa, lequel depuis se trouve à Abdena douze bonnes journées d'armée d'Alep. Avant y arriver il envoya au gouverneur du lieu un livre de leur loi pour jurer fidélité. Cestuy-cy ne se pouvant asseurer de leurs promesses et se trouvant foible pour leur résister, fist que ses soldats le lièrent, comme doubtans qu'il se vouloit rendre, et l'ont conduit à Alep où Zambolat se trouve avec trente cinq ou quarante mil hommes. Il a envoyé des présents au premier Bassa et cent cinquante mil escus pour faire foy de sa fidélité et affection ; mais le priant aussy ne voulloir point s'aprocher davantage de luy, la mort de son oncle[1] ne luy permetant pas de se pouvoir ny assurer ni fier.

Voilà comme les choses sont là, et croit-on qu'il est résolu de tout hasarder si on l'aproche de plus près. Beaucoup de l'armée se desbandent, et y en a desjà assés bon nombre de venus, mais l'intention du G^d S^{gr} est qu'ils hivernent en ces quartiers là, et luy envoye-on de l'argent pour cest effect. Chaban Bassa qui estoit allé avec sept galliotes vers les embouchures du Danube pour s'opposer aux ravages que les Cosaques font en ces quartiers là, et qui avoit mené les soldats français qui servent le G^d S^{gr}, y a

---

1. Qui avait été mis à mort par ordre de Cigale.

12

perdu une galliote dedans laquelle il y avoit quarante des dits soldats qui se sont perdus aussy.

Ces jours passés, le feu a bruslé bien cinq mil maisons à Constantinople; la plus part du dommage est sur les Juifs qui y ont faict une très nottable perte : la peste y a tué depuis cinq jours un Bassa qui revenoit de commander au Caire, que l'on croioit de jour à autre s'asseoir en la place du Visir qui commande icy en l'absence du premier Bassa et quatre vingtz hommes de son logis. Le Gᵈ Sᵍʳ en héritera de plus de deux millions d'or.

Le général de mer[1] a eu débat à l'armée avec Murat Rais, lequel à ce que l'on dit reçeut quelques coups dans sa batarde[2]. Il partist ceste nuit mesme de l'armée et est venu icy où il a esté bien reçeu et a baisé les mains au Gᵈ Sᵍʳ et a reçeu quelque veste de présent. En venant, il a faict beaucoup de mal à tous ceux qu'il a rencontréz, et y a des françoys qui s'en ressentent bien ; de sorte que je ne pense pas qu'il ne s'en faille plaindre asprement; et estant sur le point de le faire, j'ay sceu comme il part mardy prochain porter au premier Bassa l'argent que l'on luy envoye; il le portera jusques en Alexandrete[3], ou j'ay appris que les corsaires de Barbarye ont faict depuis peu, beaucoup de dommage à tous les vaisseaux estrangers qui y estoient, et me mande-on qu'il y en avoit un françoys. Je n'en sçay encore bien les particullaritéz et je suis forcé d'attendre le retour du dit Morat avant faire mes plaintes.

Sire, enfin j'envoye à V. Mᵗᵉ celle que vous escript Mustapha Visir commandant en l'absence du premier : j'en ai retenu l'original pouvant servir icy; mais la traduction est bien fidelle et je pense qu'il ne chault guères à V. Mᵗᵉ de veoir leurs caractères : toutefois elle demeurera fermée, attendant vostre volunté sur cela. J'envoye aussy celle qu'il escript au Roy d'Angleterre. V. Mᵗᵉ en verra la traduction. J'ay esté requis de la faire tenir seurement, et n'ay peu m'empescher de le promettre. V. Mᵗᵉ en fera ce qu'il luy plairra[4] : l'une et l'autre l'asseureront de ce que je luy avois faict

1. *Jafer Bassa.*
2. Espèce de galère qu'on nomme *Galère bâtarde.* (Dictʳᵉ de Trévoux.)
3. A 124 kilomètres ouest d'Alep sur l'angle nord-est de la Méditerranée. Cette ville sert de port à Alep.
4. Le Manuscrit de la Bibliothèque Nationale. *Fr.* 16171 contient *fol.* 282 et 284 les deux lettres dont parle M. de Salignac. On les trouvera aux *Pièces justificatives XII.* Celle qui est adressée au roi d'Angleterre est particulièrement curieuse et intéressante. Le mécontement du visir contre l'ambassadeur anglais

desjà entendre qui s'estoit faict de ceste dernière rénovation de la capitulation d'Angleterre. J'ay présenté les lettres que V. M^{té} a escript demandant ce qui a esté desja faict[1] ; mais j'ay aussy escript au G^d S^{gr} que la chose estant desjà faicte, j'en avois desjà averty V. M^{té}, qui l'en remercieroit bientost, et le faisois cependant. Tout cela a esté fort bien reçeu. Son altesse n'oublye pas les levriers d'atache : je ne scay plus que dire : la dernière fois je dis que je ne pouvois croire qu'ils ne fussent perdus sur mer, estans partis il y a desjà quelque temps. Ce sera, Sire, un présent très agréable et aisé à faire tenir : il ne fault que les envoyer à Marseille. S'il y avoit quelques épagneus il les auroit fort chers : car il a fallu qu'il en ayt eu quatre que j'avois et en a faict grand cas. V. M^{té} en usera comme il lui plairra et me commandera comme à sa très humble créature qui n'ay desseing, désir, ny soing que de la pouvoir très humblement servir, etc.

SALAGNAC.

1607 (20 NOVEMBRE).

Orig. fol. 39.

AU ROY

SOMMAIRE : Continuation de la peste. — Révolte de Calender Ogli.

Sire, je ne puis que je ne me pleigne du retardement que l'on faict à Venize des despesches, y ayant près de trois mois que je n'ay eu l'honneur d'en recepvoir de V. M^{té}, mon affection me donne ceste peine plus fascheuse qu'elle ne seroit à un autre ; et seulement l'atente que j'en ay d'heure à autre l'amoindrit quelque peu ; espérant que Dieu luy continuera ses ordinnaires faveurs.

---

s'y laisse voir dans toute sa violence. Aussi Henri IV, toujours pénétré du désir de rester en bons termes avec le roi d'Angleterre, ne voulut-il pas transmettre la missive du Bassa. On en trouve la preuve dans une lettre écrite par M. de Puisieux à M. de la Boderie, le 9 mai 1608 et dont voici un extrait :

« Nous croyons que c'est bon conseil de n'avoir délivré la lettre de Levant; il y « a longtemps que M. de Salignac nous écrit de faire représenter au Roy Breton « l'insolente procédure de son Ambassadeur à Constantinople, mais nous nous en « sommes abstenus, estimant que ce seroit plutôt leur donner occasion de « l'acroître, etc... » (*Lettres d'Henri IV, de M. de Villeroy et Puisieux à M. de la Boderie, ambassadeur de France en Angleterre*, tome I, page 288.

1. Malheureusement nous n'avons pu retrouver cette lettre.

La peste n'est point encores cessée icy, et lorsque l'on s'y attend
le plus, elle faict de villaines boutades : elle est assez importune
dans le serrail ; et le G^d S^gr qui y est, n'est sorty du logis des
femmes, il y a quelques jours. Je pense qu'il ira demain en une
autre maison se faschant assez de ceste prison. V. M^té aura veu
par celle qu'escripvoit l'haga des Janissaires, que l'on envoioit de
l'armée une bonne trouppe sur un rebelle nommé Calander ogli :
elle a esté bien estrillée et peu se sont sauvéz sans estre mortz ou
pris. Il se trouva douze cens janissaires pris apprès leur avoir oster
les armes et ce qu'ilz avoient, qui valoit rien ou d'habillemens ou
d'autre chose : il leur donna liberté ou de s'en aller ou de
demeurer avec luy. La plus part sont revenus et le font bien fort[1].
Les dernières nouvelles qui sont venues de l'armée l'ont laissé à
sept journées d'Alep. Et c'est tout ce que l'on en dit de nouveau,
se confirmant toutefois ce que j'en ay escript à V. M^té du 4e du
présent.

Voiià ce que nous avons pour le présent de nouveau, qui me
fera finir, etc.

SALAGNAC.

1607 (6 DÉCEMBRE).

Orig. fol. 40.

AU ROY

*SOMMAIRE : Grande défaite d'Aly Zambolat. — Siège d'Alep par le 1er Bassa. —
Incursion des Rebelles jusqu'à Brousse. — Sentiment de M. de Salignac sur la
paix de Flandre. — M. de Fuentès voudrait que les Espagnols fissent la guerre
en Italie. — L'ambassadeur vante aux Bassas la puissance d'Henri IV. — Fatalisme des Turcs. — Voyage de Mustapha Aga en Angleterre. — Affaire de
l'ambassadeur d'Angleterre. — M. de Salignac se soumet à la volonté du roi. —
Entretien des Jésuites à Constantinople. — Affection de M. de Salignac pour
Henri IV.*

Sire, depuis les premières nouvelles qui vindrent icy de la
bataille que le premier Bassa a gaigné sur Zambolat, il n'en est
venu nulles du premier Bassa ni de ces quartiers, qu'un messager
qui m'arriva hier du dit Alep ; lequel m'a esté despeché exprèz. Ce

---

1. Nous verrons, par la lettre suivante, que Zambolat remporta en effet une victoire qui coûta aux Turcs 4 à 5.000 hommes, mais que le second jour il subit un
désastre dont il ne put se relever. La bataille se donna à *Kilis*, au nord d'Alep,
près du mont Taurus.

fut le XXIIe octobre apprès midi qu'elle fut donnée, et se passa comme je l'ay faict entendre à V. M^{té}, par ma dernière despesche du XXe du passé [1] : seullement est-il faux que la porte d'Alep fut fermée à Zambolat, car il se retira le soir bien tard dans la ville, et en sortant le lendemain bon matin avec quatre mil chevaulx, ayant laissé dans le chasteau huict ou neuf cens hommes où tout ce qu'il a de meilleur est enfermé, après qu'il en fut sorti, ceux qu'il y avoit laissé dans la ville, la plus part seimenes (ce sont des harquebuziers à pied de ces environs là) se mirent à sacager la ville ; et dura bien cela trois jours et eut continué davantage si les habitans raliéz ne se fussent opposéz ; lesquelz en tuèrent bien trois cens. Le premier Bassa y arriva le trentième octobre, lequel commanda que tous les seimènes qui se trouveroient en la ville fussent menéz en ses tentes où il les fit tous tailler en pièces. Maintenant le dit chasteau d'Alep est assiégé, et ceux de dedans se défendoient très bien à ce commancement, car mes lettres sont du IIIe novembre. Il est muni de vivres et de munitions pour plus de deux ans, mais il n'en est pas de besoing à mon advis, estant assiz au millieu de la ville, qui rend le secours bien mal aysé, et n'estant que une grande motte de terre de hauteur de trois cens piedz environ au pied de laquelle y a un fort grand fossé revestu et plain d'eau et de fange. Au hault de la motte est la closture du chasteau où il n'y a nul fossé, ni flanc qui vaille. Il est assez grand, et y a beaucoup d'artillerie. On ne sçait certainement où s'est retiré le dit Zambolat [2] ; on croit que c'est vers la Perse. Le premier Bassa a envoyé beaucoup de cavallerye apprèz, laquelle n'estoit de retour, lorsque l'on m'ecripvoit. Les rebelles de l'Asie,

---

1. La dépêche que nous avons publiée avant celle-ci était évidemment suivie d'une autre annonçant une seconde bataille que Zambolat avait perdue. Le Bon de Salignac parle ici de cette seconde lettre, que nous n'avons pu retrouver. Dans sa dépêche au roi du 8 janvier 1608, il revient sur les détails de cette bataille qui dura deux jours, et raconte que Zambolat, dans la nuit qui suivit son succès (le 1er jour), considérait sa victoire comme tellement assurée qu'il prit même le titre de *roi de la Natolie*.

2. Bordier nous donne sur la révolte de Zambolat d'intéressants détails qui concordent avec ceux que nous trouvons dans les lettres du Bon de Salignac. Les dates seules diffèrent. Mais il y a tout lieu de s'en rapporter à celles indiquées par l'ambassadeur, qui écrivait au jour le jour. Bordier au contraire, comme nous avons déjà eu plusieurs fois l'occasion de le constater, rédigea ses Souvenirs d'après des notes, et longtemps après les évènements accomplis. — Nous avons pourtant tenu à donner ici la relation du chroniqueur, qui conserve l'empreinte d'une impression trop vive pour n'avoir pas été écrite au moment même où les nouvelles furent portées à Constantinople. Voir aux *Pièces justificatives VIII*.

pour monstrer qu'ils ne s'estonnent point de cela, se sont ralliéz et aprochéz d'icy ; ils ont bruslé et sacagé quelques grands bourgs ès-environs d'Angouri et mettent cette ville là en grande crainte. L'on espère qu'elle se sauvera pour s'estre beaucoup de gens de guerre jettés dedans. L'alarme en est allée si grande à Bursia que l'on depescha d'icy Assam Bassa pour s'y en aller général.

Sire, j'eus le bonheur de recepvoir le dernier du mois passé, quatre dépesches de S. M^té du premier, XVe, XXVIIIe aoust et du XXVIe septembre. Cest Arménien de la part de l'Empereur, n'a point encores paru, et ne s'en parle point, et ne s'attend-on que bien peu à la paix de ce costé-là, et sans le Bassa de Bude qui de temps en temps en donne quelque espérance, on n'en aurait aucune ; et s'attend bien que si elle se faict en Flandres ils n'en auront point icy. Je ne puis m'imaginer qu'elle s'y face, quelque apparence qui s'en voye, si les S^grs des Estats des Provinces unies demeurent fermes à voulloir que la souveraineté leur soit accordée par le Roy d'Espagne ; car comme c'est un très grand moyen pour leur seureté, s'en est un plus grand encores pour faire perdre au roy d'Espagne les autres provinces qui le recognoissent, tant tous ces peuples sont de leur naturel, désireux de cest advantage qu'ils acquerroient par une union génералle entre eulx : à quoy il seroit presque impossible que le dit Roi peut remédier. Cest hyver meurira ce traicté. Cependant le conte de Fuentés enrage de ne pouvoir faire ce qu'il voudroit pour brouiller l'Italie ; il faict tout ce qu'il peult à ce que la dite paix se face, espérant que les armes espagnolles ne pouvant estre en lieu plus honnorablement que en Italie, il trouveroit allors moyen d'exécuter le desseing qu'il s'est proposé. Je fais ce que je peux affin que l'on croye icy que le principal subject de la paix de Flandres est pour porter la guerre contre eulx, et leur faire veoir que ce dessein réussira ou non selon ce qu'il plairra à V. M^té, de laquelle ils n'ont le soin de conserver l'amitié, ainsy qu'ils debvroient pour le bien de leurs affaires. Je les en advertis de bonne heure afin qu'ils y pourvoyent avant que tant de tortz que ses subjectz reçoipvent lui facent perdre sa longue patience : ce que je ne vouldrois pas, pour le moings au temps de ma résidance icy : c'est ce que je leur dis et redis. Je ne sçay ce qu'ilz en pensent mais je juge par tous leurs déportementz que ce ne sont point gens de discours ; et ne penssent aux choses que lorsqu'ilz les voyent : ils sont insolens à merveilles en prospérité, et qui tiennent l'adversité tellement prédestinée qu'il fault laisser à Dieu à y porter les remèdes. Je craings infiniment la venue de Moustafa Aga[1], tant il est party mal contant pour aller en Angleterre; d'où il a escript icy louant haultement l'honneur que l'on luy a faict là et la grandeur de ce Roy. Il a laissé à Marseille quelques esclaves qu'il a racheptéz; qui me faict croire qu'il repassera par la France. Je supplye très humblement V. M^té d'avoir agréable si j'oze luy dire que je croy très nécessaire de le renvoyer contant; peu de chose le fera, où il vauldroit beaucoup mieux qu'il ne revint pas[2]; mais ceulx de Barbarie font de grandes plaintes icy que, ayant baillé les esclaves françoys à Mr de Brèves, on ne leur rend point ceux qui sont à vos gallères, comme il avoit solennellement promis. Je dis qu'ilz en sont cause, n'ayant attendu le temps que avoit promis le dit Sr de Brèves, et ayans faict du mal aux gallères avant qu'il fut expiré[3]. Je ne sçay s'il est vray ou non; mais quoy que ce soit, cela a servi jusques à présent; et ay dit aussy que le mescontement que V. M^té a eu du Mustafa Aga, en est bien en partye cause; mais quoy que ce soit que j'asseure que V. M^té voyant une bonne vollonté en eux, fera

---

1. Celui qui avait été envoyé en Barbarie avec M. de Brèves. Ne pas le confondre avec *Mustapha Bassa*, l'ancien Vice-Roi d'Alger que le Bon de Salignac fit ramener par force à Constantinople.

2. M. de Puisieux se soucia fort peu des agissements de Mustafa Aga, comme le prouve la lettre qu'il écrivit à M. de la Boderie le 6 août 1607. Mais la suite de la correspondance fera voir que le Bon de Salignac, en pensant autrement que le Secrétaire d'Etat, avait eu le sentiment réel de la situation. Les Anglais mirent à profit le mécontentement que Mustapha avait rapporté de son voyage en France, et l'inféodèrent à leur parti. Dès son retour à Constantinople, ce Turc chercha par tous les moyens à ruiner l'influence française, et suscita de grandes difficultés à l'ambassadeur.

Voici l'extrait de la lettre de M. de Puisieux à M. de la Boderie dont nous parlions plus haut:

« Nous avons opinion qu'avez veu maintenant un certain Turc, nommé « Mustapha Aga qui a séjourné à Marseille quatre mois, et en cette Cour, un « autre entier; qui a dit avoir charge de retirer les Turcs qui se retiennent sur « nos galères, avec tant de plaintes et insolences, qu'il nous a bien fort pesé sur « les bras. Il n'a pas toutefois encore obtenu sa demande, et s'est comporté, de « deça, de façon qu'il n'a tiré aucun présent comme il espéroit, ce que nous « avions délibéré de faire; et à l'ouir dire, il sembleroit que de sa faveur ou défa- « veur dépend nostre bonne intelligence avec le G^d S^gr. Il ne nous a pas beau- « coup émeus, il réitèrera par delà ses plaintes de nous, qui seront peut être « assez bien reçeues, et lui, plus caressé pour ce regard; il n'y va presque à ce « qu'on dit, que pour en tirer quelque chose, car il est très avare et sordide. Vous « y prendrez garde, s'il vous plait, sans toutefois montrer que vous vous en aper- « ceviez. » (Voir Lettres de Henri IV, de MM. de Villeroy et Puisieux à M. de la Boderie, ambassadeur de France en Angleterre, tome I, page 201.)

3. Un délai d'un an avait en effet été stipulé. (*Voir les articles du Traité, page 76, note 1.*)

veoir la sienne encores meilleure, mais qu'il est impossible de faire de bonne musique si les acordz ne sont proportionnéz.

V. M^té m'excusera s'il luy plaist, si j'ay osé si souvent luy dire mon oppinion sur les procédures de cest ambassadeur d'Angleterre. Je n'ay pas retiré la capitulation qu'il avoit renouvellée à sa venue, mais j'en ay bien peu effacer entièrement l'article qui estoit au préjudice des vostres, de sorte que celle là ne peult jamais luy servir. Il y a desjà quelque temps qu'il ne sonne mot et n'en parle plus ; et m'a on dit que le Roy d'Angleterre luy a escript, se faschant de ce qu'il en avoit faict et luy commandant de s'arrester ; mais je ne le scay pas de tel lieu que je puisse asseurer qu'il soit vray. Quoy que ce soit j'ay toujours l'œil au guet, ne désirant que pouvoir rendre V. M^té dignement servye, me tenant heureux de l'honneur qu'il luy plaist me faire m'asseurant d'en estre contante. Je luy avais faict mes tres humbles suplications à ce qu'il luy pleust faire payer Mr de Brèves d'ailleurs, et qu'il luy pleust que je jouisse de ce qu'il faisoit estant où je suis ; je le croyois raisonnable et de là estoit venu mon hardiesse de l'en requérir. Quoy que ce soit, Sire, mes désirs sont bornés de vos volontés, et n'auray pas seulement l'envie de quoy que ce soit qui ne luy agrée ; mais Sire, puisque V. M^té recognoist la nécessité qu'il y a de donner ici de quoy à la vérité, on ne se peult nullement passer, je la supplye très humblement commander que je sois payé de ceux que j'ay faict ces trois années, vous jurant Sire, que pour les faire je les ay pris de la bourse d'autruy dont je paye bien gros inthérest. Je la remercie très humblement de ce qu'elle a faict mettre sur l'assignation du Sr de Brèves, les frais que lui et moi avions faictz ensemble, dont toutefois je luy restois obligé. Et luy diray encores que toutte ceste communauté [1] se ressent si obligée de quoy elle a voullu achepter cette maison, et les dellivrer de la peur qu'elle fut ès mains de quelque turc, qu'ils en ont rendu graces à Dieu par témoignage particulier, et se sont portés de toutte leur affection à tout le très humble service qu'ils pourront rendre à V. M^té. J'ay reçeu par cest ordinnaire, le commandement pour les Jésuites. J'ay desja escript à V. M^té comme j'en avais trouvé la copie : la chose se fera soudain que le Pape aura pourvu à leur entretènement ; car d'ici il ne fault rien espérer ; et, Dieu aydant, je feray bien faire la chose de façon que V. M^té en

_____

1. Nous ignorons de quelle communauté veut parler M. de Salignac.

ayant la gloire et l'honneur n'en pourra point avoir de blasme
quoy qui y arrive : et j'ose bien l'asseurer qu'elle peult faire peu
de choses qui avancent la vraie Religion à l'égal de ceste-cy ; dont
l'utillité se verra claire peu d'années apprès son establissement.
Ainsi Dieu dispose ses voluntés à sa gloire : la mienne, Sire, n'a
but que son tres humble service, et ne veux vivre que pour cela.
Ce seroit bien misérablément s'il ne luy ressouvient quelquefois de
moy et du besoing que j'ay de l'assistance que vos bienfaicts ont
porté à tant d'autres (ce que V. M^{té} me l'a voullu souvent promettre) ; et sçavoir qu'elle sçait bien ma nécessité ne venir point pour
avoir mal vescu, me le faict espérer. Ce n'est pas, Sire, ceste espérance qui me donne les violens désirs que j'ay de servir V. M^{té} :
c'est mon debvoir et mon naturel, qui feront que jusques au tombeau, je n'auray plus grand désir apprès celuy de mon salut. C'est
par eux que j'importune jour et nuict le Ciel, etc.

Salagnac.

1607 (23 décembre).

Orig. fol. 43.

AU ROY

SOMMAIRE : L'arrivée des Rebelles à Brousse jette l'effroi à Constantinople.
— Mesures prises contre ces Rebelles. — Méfiance du G^d S^r. — Soldats français
au service de la Turquie. — Leur indiscipline. — Nouvelles d'Alep. — Nouvelles
de Hongrie.

Sire, Depuis ma derniere qui est du VIe du présent, l'alarme a
été si grande icy qu'elle ne se peut escrire ; les rebelles en sont
cause, lesquels ayant séjourné quelques jours, brulans et ravageans
tout ès environs d'une petite ville nommée Angoury riche néantmoins pour la facture des camelots, sont venus à Bursie, au moings
une partie, le bruict estant que l'autre debvoit venir à Scudare,[1]
faulxbourgs de Constantinople, qui n'en est séparé que d'un train
de mer de sept ou huit cens pas. De ceux-là nous n'avons point
de nouvelles : les autres sont tous logés ès environs du dit Bursie
et la saccagent tous les jours : les habitans ayant quitté la plus
grande partie de la ville et s'estant un peu fortifiés au coùt d'un

1. *Scutari.*

chacun ; les dits rebelles sont tous les jours dans la ville et saca-
geans et brulans : et dès aussy tost que le soleil se couche, se
retirent en leurs tentes plantées en lieu très commode et fort. Ils
ont faict aussy un fort à la Montaigne[1], qui est l'eschelle où pour
y aller par mer il fault aborder, et ainsy font semblant d'attendre
ce que l'on préparera pour eux. La première nouvelle qui en vint
fut que la ville estoit entièrement bruslée et que le carnage y avoit
esté tel que l'on y estoit dans le sang jusques aux jambes. La peur
fut pour les vézirs qui furent fort voisins d'en mourir, et sans le
mouphti qui les demanda à genoux au G^d S^{gr}, deux ou trois eussent
passé par là, tant il estoit courroucé contre eux de donner si mauvais ordre aux choses et luy faire entendre qu'elles alloient bien. Si
Constantinople eust esté assiégée d'une armée invincible[2], ils ne
scauroient tesmoigner plus d'effroy, ny user plus de violence à
faire armer tout le monde, et croy certainement que depuis quatre
jours plus de quarante mil personnes armées sont passées, mais
je croy qu'ils sont tels aussi que mil hommes les battront avec peu
de danger, estans gens tous nouveaux qui jamais plus n'ont eu
d'armes, et qui y vont par telle force et avec tel regret que la plus
part voudroient estre desjà mortz pour en avoir perdu l'apréhension ; et en cela ilz ont tesmoigné et tesmoignent tant d'effroy et
sy peu de jugement et de conduitte, que je ne voy pas qu'ilz
peussent rien faire qui vaille à quelque importante occasion. Assan
Vezir avoit été destiné pour y aller général avant qu'ilz y vinssent ;
et n'estant point encores party quand ilz y furent, il a couru grand
fortune ; ilz l'ont envoyé à Nicomédie, Daout [Bassa] en autre lieu
et Quedur [Bassa] à Escudare (*Scutari*). Un Eunuque va à Bursie.
Ce S^{gr} ne s'assurant point de ce que les Vesirzs luy rapportent,
fit partir la nuit de vendredi dernier le bostangybassy pour y aller,
avec charge expresse de luy en rapporter la vérité. Il a faict partir
le dit Bostangybassi fort secrètement et au desceu des Vizirs. Voilà
où nous en sommes à ceste heure. Ces pauvres soldatz françoys
se sont trouvéz icy sur ce point, qui a esté à propos pour eux : car
c'a esté leur plus grande espérance et sur cela ont esté payés. Sy
n'est-ce pas un grand secours ; car oultre qu'ilz ne sont pas
soixante-et-dix, il n'i en a pas trente cinq françois, le reste Allemans ou Italiens, et de tous ensemble s'il y en a vingt qui vaillent

1. *Montanée.*
2. Bordier nous donne d'intéressants détails sur cette révolte de Calender
Ogli ; on les trouvera aux *Pièces Justificatives IX.*

quelque chose c'est tout, et ceux barbares encores, tel que en tout autre endroit du monde ilz ne vaudroient rien que à pendre, tant ils sont meschans, insolans et désobéissans. Sur ce besoing qu'ilz ont veu qu'on avoit d'eux, ilz voulurent tuer leur Colonel, et l'eussent faict s'il ne se fut sauvé céans. Je voulus les racomoder ; mais luy ayant eschapé le coup, n'a jamais voulu y retourner ; de sorte qu'ilz en ont faict un autre à leur fantasie, ont mis (*réuni*) le reste des officiers et leur ont faict jurer de ne faire jamais que ce qui leur plaira ; et dans la porte du logis du premier Bassa, tuèrent un de leurs compagnons qui y estoit allé pour se faire Turc. Lorsqu'il (*le Bassa*) vit que l'on avoit failli de tuer leur Colonel, jugeant qu'ilz seroient tous perdus, le Vizir n'en a faict nulle espèce de ressentimens[1]. Je crains qu'il la leur garde. Hier au soir vinrent nouvelles d'Alep, que le chasteau s'estoit rendu et que l'on fut fort estonné de ne trouver du tout rien dedans, ayant creu que tout ce que avoit Zambolat y fut ; duquel on n'a nulles nouvelles ni de Perse aussy. Celluy qui commande maintenant pour le G^d S^{gr} en Hongrie a eu crainte que Canise fut pour estre assiégée, et en tire trente canons qu'il a menéz à Belgrade : ce sont ceux qui y furent perdus il y a quelques années, lorsqu'elle fut assiégée et que le mauvais temps et l'effroy en fit lever le siège, laissant tout là. Ilz croient que le désir de recouvrer ceste artillerie sera plus cause qu'autre chose de faire assiéger le dit Canisse.

La peste ne peut cesser icy, l'esté n'y cesse point, les roses se voyent partout comme en leur saison ; et dit-on qu'en derniers lieux il y a des arbres qui ont du fruict ; si sommes nous à la veille de Noel.

Sire, etc.

SALAGNAC.

1. C'est-à-dire : *Le Visir, jugeant que tous méritaient d'être punis, prit le parti de ne pas sévir du tout.*

1608 (8 janvier).

Orig. Biblioth. nat^{le}. Fr. 16146, fol. 48.

AU ROY

SOMMAIRE : Assan Bassa envoyé contre les Rebelles de Brousse. — Il manque de courage. — Aly Zambolat obtient sa grâce. — Puissance de Calender Ogli. — Opinion de M. de Salignac sur l'état actuel de l'Empire turc.

Sire, La mienne dernière du 23ᵉ du passé vous disoit l'alarme que les rebelles qui sont venus à Bursye ont donné icy : elle a esté plus grande que je ne puis dire et dure encores : car ilz (*les rebelles*) ne font point semblant de s'esmouvoir de ce qui se prépare contre eux. De plus de quarante mil personnes qui ont passé pour aller contre eux, il ne s'en trouve pas six mil ensemble ; et si effrayéz qu'il n'y a point d'aparance qu'ilz facent rien qui vaille : leur chef est Assan bassa plus craintif que nul de la compagnie ; de sorte que tous les soirs il va coucher en gallères pour n'estre point surpris. Il ne bouge de Montagna qui est l'eschelle où il descendit pour aller à Bursye, qui en est à douze ou quinze mil. Il a escript souvent à ce chef des rebelles qui se nomme Calender Ogli, de se retirer, et est bien fort fasché de quoy il ne veult le faire : tous accusent sa faulte de courage, tous concluent que à son retour il en mourra s'il ne rabille par bon effect ce qu'il a faict jusques à maintenant. Cependant le premier Bassa s'est saysi de toutes les terres de Zambolat, les a réduictes en province et en a donné le sangjacat. Il s'est saysy de la mère, de la femme et enfans et de tout ce qu'il avoit ; et Zambolat par un chemin bien long, est venu en ces quartiers avec trois ou quatre mil chevaux et a envoyé un sien oncle icy, demandant de parler au Roy : ce qu'il a faict, et luy a dit que son nepveu recognoist et confesse sa faulte et le suplie très humblement de la luy pardonner ; et que s'il luy plaist le faire, il s'asseurera tellement de sa parole, qu'il viendra aussy tost le trouver ; ou, s'il luy plaist, ira premièrement contre les rebelles. Le Gᵈ Sᵍʳ luy a pardonné[1]. Le Bostaugi Bassy traicte cest affaire et y est allé : on ne sçait si c'est pour le mener icy tout droict où pour le faire aller contre les rebelles : cela faict discourir ;

---

1. Nous détachons de la Chronique de Bordier (livre IV, chap. 6) des détails intéressants qui concernent le pardon obtenu par Zambolat. Voir *Pièces justificatives XIII.*

et avec asséz d'occasions peult-on juger qu'il s'entend avec Calender Ogly et autres rebélles, tous assés voisins les uns des autres. Le bruit est dès hier au soir, que le dit Zambolat est entré dans Bursye pour le service de ce G^d S^gr, mais si c'estoit avec l'intelligence que quelques-uns s'imaginent, on luy pourroit donner ce qu'il eust peu souhaiter; ceste place grande et riche, et le premier siège des princes Othomans, est entre ses mains; et plus de quarente mil personnes qui sont passées icy pour aller contre les dits rebelles ne peuvent éviter leur ruine, s'il l'a délibérée. L'armée du premier Bassa est presque toute desbandée; et [Zambolat] pourroit avec grande raison espérer de la ruiner et recouvrer ce qu'il a perdu. Ce qui faict plus croire qu'il en est quelque chose, est ce Calender Ogli qui est ès environs de Bursye qui ne s'esmeut ny des forces que l'on envoye contre lui, ny de celles du premier Bassa qu'il a à ses espaules, ny du pays des environs tout ennemy, ny de Zambolat qui a fait son accord, lequel seul est plus fort que luy, ny de quelques autres rebelles qui se sont aprochés de luy et qui traictent leur accord, ce qui donne encores quelque force à ce soupçon; de sorte que s'il n'a quelque espérance bien particulière, il est du tout sans jugement ou forcé, par la fatalité, de sa ruine; car je ne croy pas que la témérité luy puisse fournir de quoy penser pouvoir remédier à tant de périls. Ces gens croyent qu'il (*Zambolat*) a traicté sans finesse et s'en réjouissent beaucoup; et les plus adviséz d'entre eux disent que c'a esté le plus seur party qu'il aye sceu choisir, se trouvant désnué de toutes sortes de moyens et accompagné d'hommes, desquels sa mauvaise fortune veut qu'il se défie. Je scay bien qu'il estoit fort mal contant de ce Calender Ogly et autres rebelles, lesquels en sa fortune le recognoissoient, et ausquelz il avoit ordonné[1] de suivre la queue du premier Bassa, s'il alloit vers luy. Ilz le luy avoient promis; et sur ceste espérance, il avoit, de propos deslibéré, quité le pas des montaignes[2] au premier Bassa, pensant l'enfermer; ce qu'il n'eust pas faict sans ceste asseurance qu'il avoit d'eulx; dont est venue sa ruine. Car le dit premier Bassa n'eut sceu passer, ny luy n'eut point combattu s'il n'eust creu asseurément que les autres eussent esté à sa queue. La chose quelle qu'elle soit ne peult guères plus tarder à se taire, et V. M^té en sçaura la vérité dans le premier

---

1. Pendant la bataille qu'il avait livrée au premier Bassa.
2. C'est-à-dire : *abandonné l'entrée du défilé*. — Nous avons vu aux *Pièces justificatives* les nombreux détails que donne Bordier sur cette bataille.

ordinaire: Cependant Sire, je puis asseurer V. M^{té} que l'alarme qu'a donnée ce rebelle Calender Ogly, m'a faict cognoistre cest Empire estre en un estat qu'il n'y a rien si aisé au monde que de le ruiné, et oseray dire, conquérir ; car avec toutes les rigueurs et toutes les diligences dont ilz ont uzé, ilz ne peuvent mettre ensemble hommes qui puissent faire rien qui vaille, ny qui se puissent opposer à quelque médiocre force. Ilz n'ont nul homme de valheur ny de commandement ; tout ce qu'ils [ont de bon est avec] le premier Bassa, dont l'armée à la vérité estoit de plus de six vingtz mille [gens de] guerre, aussy avoient il toutes les forces de la Romélye et tous les meilleurs hommes de cest empire ; et toutesfois cela n'a pas empesché que Zambolat ne luy aye donné la bataille, (et si, n'avoit point vingt mil hommes) et qu'il n'aye esté si proche de la victoire qu'il l'a creue si certainement, qu'il n'a point craint de prendre pour une nuict le tiltre de roy de la Natholie et d'en despartir les charges ; et si le second jour l'eut favorisé comme le premier, avec le tiltre il en eut eu la possession, non seulement sans contrainte, mais avec le contantement mesmes de ceux qui estoient contre luy à l'armée du premier Bassa. Cela faict encores que l'on doubte bien qu'il ne puisse prendre ceste confiance que l'on dit, ny que ses espérances si relevées soient sy tost abaissées ; et croit on bien aussy que la peur que l'on a eu de luy sera cause que mal aisément luy pardonnera-on à bon escient.

Puisque V. M^{té} me le commande, elle excusera s'il luy plaist Sire, si j'escrips au long ce qui se passe icy, et encores ce qui s'en peut imaginer ; et bien que cela ne touche point, la Providence divine ne laisse de paroistre partout. Je la supplye, etc.

SALAGNAC.

1608 (8 JANVIER).

Orig. autogr. fol. 47.

AU ROY

SOMMAIRE : Nouvelles diverses. — Pardon accordé aux Rebelles.

Sire, V. M^{té} jugera combien nous avons ici de nouvelles diverses par ces deus lettres à elle et par celle que j'escris à M. de Puysieus : celle du matin dit ce qui se sçavoit et se disoit lors ;

depuis midy, la nouvelle de la mort de Assan visir m'a esté portée
pour certaine ; qui toutefois se trouvera fauce, selon que je le
recueille de diverses autres choses ; et tout maintenant, un homme
à qui on peut ajouter foy, vient de Constantinople exprès pour
m'asseurer que Zambolat arrivera aujourd'huy aveques le Bostangy Bassy, et a mené aveques soy un de la part de Calander
Ogli et d'un autre nommé Seidar Arab,[1] et de Hanild[2] aussi ;
aveques lesquels, ayant sceu le pardon que ce S^{gr} luy avoit acordé,
il avoit traité et fait trouver bon au dit Bostangy ce qu'il avoit
traité. Ils font passer Calender Ogli en Romélie aveques charge
honorable, et donnent des gouvernements bons à Hanild et à
l'autre aveques pardon général des fautes passées. Pour son acord
particulier, il dit que ses prédécesseurs et luy ont tousjours esté
très fidelles ; que ce qu'il a fait, il l'a fait pour s'oposer à ses ennemis ; qu'il n'est pas si ruiné qu'il n'eust encores de quoy bien
espérer ; qu'il vient de sa bonne volunté ; que sa vie est à ce S^{gr}
auquel il la porte, duquel il ne désire rien, sinon que s'il lui
plaist qu'il vive, que ce soit aveques honneur ; ce qui ne pourroit
estre si on luy ostoit son patrimoine qu'ilz apellent *Quilis* ; qu'il
ne demande ny gouvernement ny autre chose ; s'ofrant de servir
partout où il plairra à ce S^{gr}, et en la qualité qui luy plaira. Le
Bostangy Bassy a trouvé bon cela, et l'a asseuré que ce S^{gr} luy
laissera ce qui estoit sien et de sa maison. Si ces nouvelles sont
vrayes voilà la guerre des rebelles finie, et alors que l'on la craignoit davantage. Par le premier ordinaire V. M^{té} en sçaura la
vérité et les particularités ; et cependant j'ay creu devoir luy dire
ce que l'on m'est venu dire exprès. Celuy qui les a portées me fait
y ajouter quelque foy : il est juré très-afectionné ; et le contentement qu'il a de ces nouvelles me fait certain qu'il les tient pour
certaines ; et il est de qualité pour les aprendre où l'on peut les
sçavoir. Si j'eusse peu faire retarder cest ordinaire pour demain
jusques à midy, V. M^{té} en eust sceu la vérité ; mais il est desjà si
tard, que j'ay creu qu'il seroit bien malaisé, et n'en ay point prié
le Sr Baile ; lequel desja a tous les paquets des marchans qui four-
nissent à ceste despence, plus soigneux de leurs affaires que des
nouvelles, etc.

SALAGNAC.

1. Probablement le rebelle *Saït Arabe* dont Aly Aga entretenait M. de Salignac
dans sa lettre du 10 sept. 1607. (Voir page 174.)
2. *Tacnild.*

1608 (24 JANVIER).

Orig. fol. 50.

AU ROY

SOMMAIRE : Arrivée de Zambolat. — Les Bassas n'approuvent pas la clémence du Gᵈ Sʳ. — Retraite de Calender Ogli. — Position difficile qu'il occupe avec ses troupes. — Troubles en Pologne.

Sire, ceste cy vous dira la vérité pour Zambolat, lequel enfin est arrivé icy mais dix jours plus tard qu'on ne l'attendoit : parce que estant allé veoir Calender Ogli sur sa parole désirant negotier qu'il se raccommodast, le dit Calender le retinst ; de sorte qu'il se sauva de peur, de ses mains, à Bursie et de là est venu icy, où il a veu ce Sʳ qui luy a pardonné toutes ses faultes passées, et de là alla au Céráil de feu dernier le premier Bassa : et Mustafa qui tient maintenant la place de premier Bassa luy donna à souper. Il y a huict jours de cela. Depuis on ne l'a guerres veu ; et son logis n'est pas beaucoup fréquenté. On le veult envoyer du costé de la Hongrie avec charge honnorable ; et dict-on que luy mesmes l'a désiré et l'a demandé. Le bien de sa maison, confisqué par le premier Bassa, luy sera rendu ; c'est ce que ce Sʳ luy a promis. Le premier Bassa, qui a beaucoup prins sur luy, ne peult trouver bon l'accord et sollicite vistement sa mort. Le Mufti est de mesme opinion ; de sorte que lorsque ce Sʳ voulut veoir Zambolat, il feist appeler le dict Mufti, les visirs qui estoient icy et les Cadilesquiers de Romélie et Natholie. Le Mufti m'envoia trouver, me mandant librement que ses yeux ne pourroient supporter de veoir pardonner à celuy que son jugement trouvoit indigne de pardon. Il persiste toujours, de sorte que beaucoup croient le dict Zambolat n'estre pas beaucoup asseuré de sa vie. Toutesfois ce Sʳ qui lui a pardonné veult, ce dict-on, que la chose demeure comme il l'a faicte ; et je croy qu'il fera valloir sa volonté. Pour ce rebelle de Calender Ogli, il a demeuré plus d'un mois logé ès environs de Bursie sans faire semblant de s'estonner de rien ; mais voiant Zambolat arrivé icy, il se retira ; de sorte que Assan Bassa peut sans danger aller à Bursie, ce qu'il feist soudain. Il y a une rivière qu'il fault que ce rebelle passe pour se retirer : ceux du païs en ont rompu les pontz et y font garde ; et luy, faisoit faire un pont en un lieu dont on ne doubtoit point ; et ayant nouvelle qu'il estoit achevé il s'achemina pour y passer ; mais il le trouva si mal et si peu asseuré qu'il n'osa y faire passer ses trouppes, et s'arresta au bord pour le faire achever. Ceste nuict les gens du païs qui en eusrent la nouvelle y coururent ; et luy, se voiant ainsi pressé, voulust essaier le passage de son pont qui rompit aussi tost, où se noièrent quelques-uns, Il est là et a beaucoup de gens à sa suitte qui ont pris beaucoup de son bagage : de sorte que l'on le tient comme perdu. Je croy que son plus asseuré seroit de combattre ceux qui le suivent : quelques uns dient qu'il sçait bien où passer ; mais cela se dit, ce me semble, sur l'oppinion que l'on a de sa conduite. S'il eschape il fera un grand coup, et a donné une allarme et un effroy qui ne se peult dire ; et si n'a point eu trois mil hommes de combat. Les autres chefz des rebelles se sont retiréz aussi, et Zambolat a faict l'accord de ce More [1] que j'ay escript à V. M^{té}. Si ce Calender est deffaict, les autres rebelles sont perdus ; et croy certainement que ce prochain esté les achevra tous ; qui sera un grand commancement pour pouvoir remettre cest empire. Il ne se parle icy ny de Perse ny de Hongrie : les choses plus voisines ont faict oublier les plus esloignées. Seullement, les Polonnois ont chassé le prince de Bogdanie [2] favorisé de ceste Porte, et remis celuy qu'ilz favorisent. Cela a picqué tellement ce S^r, qu'il semble qu'il veult s'en ressentir vivement, etc.

SALAGNAC.

1608 (15 FÉVRIER).

Orig. fol. 45.

AU ROY

SOMMAIRE : *Démélés entre le Baile de Venise et quelques juifs.* — *Retard des dépêches.* — *Intervention du Bon de Salignac en faveur du Baile.* — *Nombreuse armée envoyée contre Calender.* — *Assan Bassa lui livre bataille.* — *Rôle des soldats français.* — *La Porte a confirmé l'élection du P^{ce} de Moldavie.* — *Crainte du côté de la Perse.* — *Nouveau général de mer.* — *Son amitié pour M. de Salignac.*

Sire, par ma dernière du XXIIIe janvier, je ne pouvois que je ne me doulusse du retardement que l'on donne à Venise aux

---

1. C'est à dire : *L'accord que ce More était venu annoncer à l'ambassadeur.*
2. Ou *Moldavie.* Le S^r d'Angusse nous dit : En janvier, la nouvelle vint comme les Polonois avoient chassé le prince de Bolgdanye qui y avoit esté mis par le G^d S^{gr} et y avoient mis en son lieu *Constantin Mouly.*

depesches de S. M^{té}. Le temps en augmente et ma plainte et ma peine, et ne sçay à quoy eu attribuer la cause : si ce n'est que le Baille de Venise estant entré en quelque controverce avec quelques Juifz, est tenu à en faire un débat au divan où il a perdu sa cause. Je me doubte qu'il se veult venger d'eux par ce retardement, leur important beaucoup qu'ilz se puissent adviser à temps des choses de leur négoce ; et à la vérité cela leur donne de la peine et leur causera dommage ; mais ilz sont si aises d'avoir gaigné, que tout leur est doux ; de l'austre costé, le dit baile de Venise en a beaucoup de desplaisir ; il me pria d'en parler au premier Bassa, mais si tard, que la chose estoit toute résolue, ayant tousjours creu en venir à bout luy seul ; et j'ay quelque opinion que s'il m'en eust parlé plus tost, je luy eusse servy ; car au moings feis-je que le jugement ne fut point prononcé et que le premier Bassa envoia prier le dit Baile de Venise de vouloir quicter ceste poursuitte pour l'amour de luy ; de quoy le dit Baile fust très contant, pour pouvoir couvrir que les Juifs eussent emporté quelque chose sur la S^{rie} de Venise ; car ilz sont fort attachez à la réputation, et possible trop icy où cela est bien recongnu.

Je m'asseure que V. M^{té} trouvera bien estrange que ce rebelle de Calender Ogli soit si longtemps à la veue de ceste Porte. Il a passé, pour aller contre luy, plus de quatre vingtz mil personnes. Tout cela s'esvanouit, dès lors qu'ilz sont passéz à Escudaret[1], qui est un fauxbourg de Constantinople planté dans l'Asie ; et Assan Bassa général de ceste armée se plainst de n'avoir point d'hommes. Je mandois par ma dernière à V. M^{té}, comme le pont que avoit faict faire ce Calender Ogli s'estoit rompu, et qu'il estoit en grand péril ayant le premier Bassa à sa suitte. Cela fust ainsi ; mais il fut si peu pressé et feist si bonne mine, qu'il feist faire un grand pont et passa tous ses gens sans que l'on s'en prist garde, et se logea, là tout auprès en un grand bourg nommé Micalis[2]. Le premier Bassa[3] passa aussi la rivière et se logea en une petite ville fermée là tout auprès, où il eust assez à faire d'entrer ; les habitans ne luy vouloient ouvrir la porte, ayant ainsi laissé eschapper ces rebelles. Le lendemain IX cens chevaux des dits rebelles vindrent attacquer une grande escarmouche à son logis, et se retirans s'allèrent loger à un village à quatre cens pas de luy ;

1. *Scutari.*
2. *Muholitch*, à l'ouest et près de Brousse.
3. *Assan.*

ils y demeurèrent ceste nuict-là, le jour suivant et la nuict encores, se présentant prestz à combattre. La troisième nuict, le général se résolut de les faire attacquer et en donna la charge à Ama Bassa[1] avec huict cens chevaux et six cens hommes de pied; les françoys[2] eurent la teste et la charge d'attacquer un logis un peu fort où estoit logé celui qui commandoit ceste troupe. Les rebelles en eusrent quelque advis, de sorte qu'ils doublèrent leurs sentinelles, tous leurs chevaux célés, avec ordre à la première allarme, d'estre à cheval et se retirer au derrière du village : ce qu'ils firent, de sorte que les françois donnans les premiers, et quelques vieux jannissaires du costé de la Hongrie[3] ne trouvant personne dans le village, où ilz ravagèrent tout à leur gré, quand quelqu'un les recongnust à cheval au derrière du village; de quoy la cavallerie qui alloit contre eux prist une telle fraïeur, que soudain elle se retira au grand galop, laissant toute ceste infanterie bien engagée; laquelle au sortir du village, reçeust une rude charge qui les rompit tous, et en fust tué quelque trois cens; et parmy, huict des soldats françois et un de pris : le reste se retira mieux ensemble que nul des autres. Il ne s'est rien faict depuis, que de petites escarmouches, où tousjours les rebelles ont eu l'adventage; lezquelz se sont accreuz de douze à quinze cens chevaux, et aussi de ce costé il y est allé de bonne cavallerie, ce dict-on. Quoy que ce soit ilz estoient en assez bon esquipage et bien deux mil chevaux : il y a douze jours de cela. Il ne s'est rien faict depuis et sont toujours là; ilz dient icy que l'on tarde à les attacquer, attendant que tous les passages par où ilz se peuvent retirer soient ferméz; ce qui est faict maintenant; il y a quatre jours que l'on a envoié au Général dix canons, et commandement exprès de combattre. V. Mté jugera que c'est que de leur faict. Ilz faisoient semblant, comme j'ay faict sçavoir à V. Mté, de se voulloir ressentir de ce que les Polonois ont mis un prince en Bogiamye[4], et chassé celuy qui y estoit de leur part. Depuis ilz ont changé d'advis; et ne voulloir point faire de nouveaux ennemis, et les grandz présens ont faict, qu'ilz confirment icy pour prince de Bogiamye celuy que les Polonnois y ont estably : cela encores fera juger V. Mté combien ilz se sentent foibles. Ilz

1. *Ama*, Bassa de Silistrie.
2. Soldats français au service de la Turquie.
3. Revenant de la guerre de Hongrie.
4. *Bogiamye* ou *Bogdanie* ou *Moldavie*.

ont nouvelles que le roy de Perse desseigne quelque entreprise pour ce renouveau, s'estant reposé ceste annéeé, contant d'avoir repris ce que les Empereurs avoient gaigné sur ces prédécesseurs, et, comme je l'ay mandé à V. M^{té}, avoit envoyé un ambassadeur pour luy dire et offrir de vivre ensemble en bonne paix; mais le dit ambassadeur ayant demeuré icy bien près d'un an sans avoir audiance, se résolut de s'en retourner sans rien dire ; ce qu'il a faict sans que l'on l'aye suivy, ni sans en faire autre cas. Maintenant ilz ont bien l'alarme de ce costé là. Le premier Bassa Morat hiverne en Alep; si ce rebelle n'est ruiné à ce coup, je croy qu'il emploiera la prochaine saison dans l'Asie, qui donneroit beau jeu au dit Persien. L'empereur l'eust eu beau en Hongrie et l'aura encores ceste prochaine saison ; à ce que l'on peult juger, sa mauvaise fortune ne veult pas qu'il s'en puisse servir. Cependant, on a faict un nouveau général de la mer qui est le Dogangi Bassi [1], de dedans le Sérail : c'est le grand fauconnier et celuy que l'on croit le plus favorisé de ce S^r. Le tesmoignage s'en voit : luy ayant donné ceste grande charge, l'ayant faict Visir, et luy ayant donné un escript comme il veult qu'il espouse la fille du Cigale. qui est sa parente bien proche et la plus belle et riche fille de cest empire. Il n'y a que trois jours qu'il est sorti du Sérail et est encores logé chez le premier Bassa selon leur coustume ; qui est cause que je ne l'ay point encores veu. Estant au sérail, il estoit fort mon amy, et aux occasions je l'emploiois librement et il afectionnoit ce que je desirois. Soudain estre sorti il me manda de ces nouvelles : je tascheray d'entretenir ceste amityé comme la plus nécessaire que nous ayons icy; il aymoit que l'on luy donnat; je ne sçay s'il changeroit point ceste humeur, estant maintenant si grand; il me feroit grand plaisir. C'est un homme de gentil esprit, mais tout neuf; je crains que l'on lui donnera pour pédagogue Morat Rais : qui me seroit un grand déplaisir, ayant tant d'occasions de nous attacquer à luy, et n'aténdois que son retour pour le faire. Je verray ce qui en sera et le moyen de le faire le mieux que je pourray ; n'ayant désir ni desseing que de rendre V. M^{té} bien servie, etc.

SALAGNAC.

1. Le S^r D'Angusse nous dit dans son journal : « Le 12 février ou environ, *Acmat,* auparavant Bostangi bassi de dedans, sortit du Sérail aprés avoir été fait Visir et capitaine de la mer au lieu de Jaffer Bassa, et alla loger au logis du premier Visir, selon la coustume. »

1608 (3 MARS).

Orig. fol. 52.

AU ROY

SOMMAIRE : Nouvel ambassadeur de France à Venise. — Dommages causés aux vaisseaux français par Morat Rays. — Affection du nouveau général de mer pour ce pirate. — Promesses faites à M. de Salignac par le général de mer. — Nécessité de donner des présents aux Turcs. — Le Roi a ordonné que les dépenses de M. de Salignac lui fussent payées. — Dissensions en Allemagne. — Les Turcs croient la paix assurée en Hongrie. — Zambolat est chargé par la Porte de négocier la soumission de Calender. — Succès des Rebelles. — Causes des défaites de l'armée turque. — Faiblesse de l'empire ottoman. — Opinion de M. de Salignac sur la paix qui se traite en Flandre. — Troubles dans les royaumes de Fez et de Maroc. — Séjour de Mustapha Aga en Angleterre. — Turcs mis en liberté par ordre du Roi. — Expédition de la flotte du grand duc de Toscane contre Bône. — Français exerçant la piraterie. — L'ambassadeur d'Angleterre fait des avances à M. de Salignac.

Sire, Le XXVIIe du passé, j'eus l'honneur et contantement de recepvoir sept lettres de V. M[té]. Celle du dernier Aoust est pour me commander la correspondance avec son Ambassadeur à Venize[1], selon qu'il importe à son service; à quoy Dieu aydant, je ne manqueray point. Celle du IIIe octobre est touchant les prises que a faictes Morat Rays : celles que j'ay escriptes despuis à V. M[té], luy auront faict veoir que je les sçavois et que je les croy dignes de grand ressentiment, lequel je n'ay peu tesmoigner pour le peu de demeure qu'il fit icy, et estant soudain employé pour porter de l'argent pour l'armée du premier Bassa. J'atendois dès lors son retour pour faire ce que je pourrois, et davantage maintenant, en ayant reçeu le commandement : la chose est fort dificile tant ce corsaire a de vogue icy, oultre que l'on le croit icy ung

---

1. Voici la lettre dont il est question :

1607 (31 AOUT).

LE ROI A M. DE SALAGNAC

Monsr de Salagnac, Vous recevrez ceste lettre par l'adresse du Sr de Champigny (a) conseiller en mon conseil d'Estat que j'envoye présentement résider mon ambassadeur à Venise au lieu du Sr de Fresnes Canaye ; et par ce que j'auray à plaisir que vous vous entreteniez avec luy la mesme bonne intelligence que vous avez eue pour mes affaires avec son prédécesseur, je vous escris ceste lettre pour vous dire qne je le tiendray à service très agréable... etc.

HENRY.

(Lettres missives d'Henri IV, tome VII, p. 350.)

(a). *Jean Bochard, Sgr. de Champigny*, président au Parlement de Paris et conseiller d'Etat. Il avait épousé Madeleine de Neufville, sœur de M. de Villeroy.

miracle pour la mer, encores le tiennent ilz pour ung sainct.
J'avois allors une espérance que je n'ay plus, la charge de la mer
ayant été ostée à Jafar Bacha qui le hayssoit mortellement, et donnée à celuy que j'ay mandé à V. M^té, jeune homme tout nouveau
à ce mestier et qui ne pense y pouvoir rien apprendre que par
luy[1]. Je l'allay veoir soudain qu'il fut en son logis, luy envoyay
des présens selon la coustume ; et nostre précédente amitié m'obli-
gea à les luy faire plus grands que je n'eusse faict sans cela, joinct
cest affaire de Morat Rays que j'avois fort à cœur. Il me fist toute
la plus honorable et gratieuse réception qu'il fut possible ; et
venant à parler d'affaires, m'asseura qu'il avoit son affection toutte
portée à ce que V. M^té auroit contentement de luy. Il y a eu ces
années passées ung euneuque nommé Mustapha, Viceroy d'Alger,
de sy peu d'authorité ou de sy mauvaise volonté que durant son
temps, on y a reçeu beaucoup de mal. Il fut privé de charge il y
a six ou sept mois, et ung autre mis à sa place[2] ; qui me fit asseurer qu'il tascheroit à s'i gouverner de sorte que je n'aurois de quoy
me doulloir de luy. [Le] nouveau général de mer fut, soudain
estant en charge, prié de priver ce dernier et remettre cest eunuque
Mustafa, et le promit. Je l'avois sceu, qui me fit le prier de ne le
faire, s'estant gouverné comme il avoit faict en nostre endroit ; que
cestuy ci promettoit de bien faire, qu'il le laissât encores, afin que
nous vissions quel homme seroit. Il me l'accorda soudain, s'excusant sur moy à l'autre qui l'avoit prié pour cest eunuque. Voyant
ceste bonne volonté je luy parle de Morat Rays, les occasions que
V. M^té avoit de se douloir de luy et combien il leur importoit de
lui en oster tout subject ; qu'il n'y avoit nulle considération qui
se peult opposer à cela ; que la punition d'un homme, quel qu'il
peut estre, n'arrivoit pas à cela qu'elle debvoit estre celle de
Morat Rays[3] ; lequel n'avoit passé sa vye à autre chose que à estre
corsaire, estant venu jusques à l'aage qu'il a sans que nulle autre
ambition ne l'euct picqué que celle de desrobber et mal faire ; que
c'estoit assez pour juger quel homme c'estoit ; et que comme son
amy particulier, je le priois d'y penser de luy mesme, et mesme
s'en enquérir aux vieulz capitainez ; et il verroit très bien qu'il ne

---

1. Par lui : *Morat Raïs.*
2. Nous avons vu qu'à la demande de M. de Salignac, Mustapha, vice-roi
d'Alger, avait été révoqué, et remplacé par Soliman de Catane.
3. C'est-à-dire : *que la punition d'un homme, quelque faute qu'il eût commise,
ne pouvait être infligée aussi justement qu'à Morat Raïs.*

mérittoit pas seulement que l'on en fit cas, non que de le soutenir en ces meschancetéz, mesmez en chose où V. M^{té} estoit intéressée. Il m'asseura qu'il ne le soustiendroit pas ayant tort, et me dit qu'il voyoit bien que je disois vray et qu'il s'en enquerroit encores selon mon advis, mais que je ne sçaurois croire combien on avoit mis dans la teste du G^d S^{gr} que c'estoit un grand personnage, que toutefois je m'asseurasse que, luy revenu, on tascheroit à me rendre comptant. Voilà où j'en suis Sire, je l'attens et feray ce que je pourray ; et espérerois davantage sy ceulx qui ont faict la perte [1], avoient icy quelque moyen pour fournir aulx frais nécessaires : C'est la coustume ordinaire de ceste Porte : on n'y faist nul affaire sans donner. Un, tel que cestuy cy, ne se peult faire sans cela, et un peu largement, et je n'en ay nul moyen. Je vous jure Dieu, Sire, que je paye de gros intéretz des frais extraordinaires que j'ay faictz ces années passéez. V. M^{té} m'a faict l'honneur de me dire qu'elle commandera qu'ilz soient payéz ; ilz ne le sont pas encores, de sorte qu'ilz me mangent comme ung chancre qui accroist à toute heure. Je ne fay pas estat d'amasser du bien icy : l'exemple ne peult pas vaincre l'expérience que j'en fay ; aussi ne me melès-je que de ce qui touche son service, et mon desseing icy ne passe point oultre que de bien et honnorablement la servir. Je l'ay faict jusques à présent ; et Dieu soit loué que V. M^{té} en soit contante ; qui le seroit davantage, je m'en asseure, si elle sçavoit bien comme touttes choses y sont et ont esté. J'ose la supplier trés humblement voulloir encores de nouveau commander l'aquit des fraïz extraordinnaires : la nécessité me contrainct à l'importunité de ceste requeste ; et la pitié, Sire, de mon faict vous conviera à l'accorder.

Sire, les autres lettres que j'ay eu l'honneur de recepvoir sont du Xe et du XXIIIIe octobre, VIIe et XXIe novembre et VIe décembre. L'attente et mon soucy en a esté payé, sachant le bon portement de V. M^{té}. Dieu veuille le luy continuer et augmenter. Ceste lettre de l'Empereur dont j'ay receu la coppie, n'a point esté portée icy ; et pense qu'elle n'a point esté escripte à intention qu'elle y fut présentée. La vérité est : l'on désire icy infiniment la paix en Hongrie ; mais, avoir veu qu'elle ne s'est point faicte et que l'Empereur en est la cause et qu'il n'a point sceu faire la guerre en ung temps et occasion sy commode, fet qu'ils croyent

---

1. *La perte des vaisseaux, dont il est question plus haut.*

recevoir peu de dommage de ce costé là ; ils sçavent que l'Empereur n'est guères aymé en Allemagne[1], et que les princes Allémans sont harasséz de l'assister, et attendent beaucoup de la rébellion des Ayduques et des dissentions de la Hongrie et Transilvanye, espérant avec peu d'hommes et de despence pouvoir embarrasser quelque année l'Empereur, de sorte qu'il ne poura pas faire entreprise qui leur puisse nuire, et que cependaut ilz pourvoiront à leurs autres affaires. Touttesfois sy l'Empereur veult faire la paix, ilz la feront sans doubte et avec plaisir ; mais il ne fault point qu'il s'attende aux demandes de sa lettre. V. M^té aura sçeue par mes lettres l'issue de la guerre de Zambolat, et combien il a esté près d'une grande fortune ; et comment maintenant il est icy qui se tient coy, et ne laisse pas d'avoir paix, mesmes depuis que quinze cens chevaulx venus avec luy se sont jointz avec ce rebelle Calender Ogly. On luy a commandé d'envoyer vers eulx : ce qu'il a fet ; et vouldroict-on qu'il peust fère qu'ils s'entendissent pour en prester une bonne à ce rebelle. Il dit qu'il y fera ce qu'il pourra, mais il proteste bien qu'il ne s'y attent point : toutesfois on est après ceste négociation. Le premier Bassa est toujours en Alep. Emir Usuf, Bassa de Tripoly et Aman Ogly, bassa de Scyda[2] voysins de là, sont personnes qui ont faict assez de choses pour avoir peur de sorte qu'ils n'ont osé aller trouver le premier Bassa ; mais ilz ont envoyé leurz enfanz. Celuy d'Aman Ogly n'a que huict anz. Il les a retenuz tous deulz, désirant, ce dit-il, veoir leurz pèrez ; dont ils sont entréz en grande peur ; mesmez Aman Ogly pluz esloigné que l'autre se prépare à le deffendre. Ces deux bassas sont èz environz. Il veult tascher à faire ruyner ce dernier par l'autre, duquel il aura bien raison après. Icy, nous avons demeuré trois mois ayant la guerre aux portez : ce Calender Ogly a demeuré quarante trois jours entiers à ce logis de Micalis qu'il fit au partir de Bursye. Tous les siens estoient alléz à l'escarmouche, à la porte du lieu où estoit le général du G^d S^gr ; et d'ordinaire, ils avoient advantage de[3] tant d'hommes alléz contre eulz : ce général en avoit si peu que toutes ses lettres n'estoient que plaintes de cela. L'occasion en estoit que : la plus part de ceulx qu'on y envoioit estoient hommes nou-

1. Voir la lettre du 12 mai 1608 (page 212, note 2).
2. *Seide*, ancienne Sidon, port de Syrie à 80 kil. d'Acre.
3. C'est-à-dire : *Les troupes de Calender remportaient des avantages contre tant d'hommes.*

veaux à la guerre, avoient grande peur de ces rebelles et les croyoient sans doubte valloir plus qu'eulx ; le temps qui à la vérité a esté très mauvais ces derniers mois de Janvier et de Febvrier ; et oultre cela une grande nécessité de vivres en l'armée. On attendoit le beau temps, on donnoit quelque ordre aux vivres, et cependant on couppoit la retraite à ces rebelles, ce qui estoit bien aisé accause d'une montagne que nécessairement il leur falloit passer, dont les chemins sont très mauvais et estroictz, et qui estoient gardéz par le Bacha de Sillystrie[1] ; de sorte que leur perte estoit assez espérée, dès lors que le temps est venu beau et que la neige des montagnes a peu estre fondue pour donner congnoissance du chemin. Calender Ogly résolut de s'oster de là. Pour le fère il mit la moitié de ses trouppes à la teste, commandée par ung de ses cappitaines, Arabe de nation, homme de cœur et de jugement, tout leur bagage à leur cul ; le fit partir ung peu avant jour et prendre le chemin de la montagne, avec résolution de passer ou mourir ; luy avec le reste demeura au logis, et comme de coustume entretint l'escarmouche la plus part du jour ; et se retirant sans s'arrester à son logis, suivist le reste de ses trouppes. Ceulx du visir se retirèrent à leur logis aussy ; et se mettant à reposer, ne virent rien de cela, et ne le sceurent que le jour suivant bien tard. Les premières trouppes trouvèrent le bassa de Sillistrye bien préparé, lequel les reçeut bien ; et y eut grand combat et perte, à ce commancement, de beaucoup de rebelles ; enfin la nécessité leur redoubla le courage, sy bien qu'ilz deffirent tout à faict le dict Bassa lequel a esté fort blessé, et gagnèrent tous les passages de sorte que Calender passa sans difficulté ny combat : dès lors qu'il commencea à s'acheminer pour suivre les autres, il leur manda que, s'ilz n'avoient encores vaincu, ilz luy laissassent le chemin d'aller aux ennemis, libre, et qu'ilz se missent à l'escart, affin que ce pendant qu'ilz se reposeroient, il renouvelast le combat. Mais il ne fut en ceste peine et est maintenant en campagne large et en bon pays ; on envoye ung ordre pour les suivre ; ce ne sera pas grand cas à mon advis. Ces rebelles se vantent de se faire veoir plus près d'icy, ceste prochaine sayson, avec plus de quarante mil chevaux : cela est à venir. Voilà à la vérité comme ceste guerre c'est esloignée d'icy. V. M[té] jugera que pourroit faire ung plus grand effort, quatre mil hommes au plus ayant demeuré trois mois

1. *Ama*, Bassa de Silistrie.

à la veuë d'icy et ayant faict ce qu'ilz out voulu ; qui me fet croire
certainement que, qui vouldroit entreprendre contre ces gens icy,
auroit bien plus d'avantage à le faire dans eulx mesmes que autre
part. La Barbarye à esté toujours fatale pour les Espagnols ; s'ilz
s'ahurtent là, c'est ung gros os à ronger qui les empeschera bien
d'entreprendre aultre chose ; et croy qu'il seroit à désirer qu'ilz
fissent ce desseing, pourvoyant cependant qu'ilz ne peussent se
loger en Alger et en ceste coste là, à quoy je porteray bien quelque
remède ; et ce général de mer [1] pourra bien aller se pourmener
ceste année jusques là avec cent gallères ; car il est tout résolu de
les mettre ensemble ; et la faveur qu'il a de son maistre, faict que
je ne doubte point qu'il ne le puisse. Mais, Sire, je ne puis me
persuader que, quelque mine que facent les Espagnols, ilz vueillent
la paix en Flandre aux conditions qu'elle s'y traicte. Il y a trop
d'inconvéniens pour eulx, mais je croy bien que par touttes sortes
d'artifices, ilz tâcheront de le fère croire affin d'en prolonger le
traicté [2] ; de quoy sans doubte les Pays Bas trouveront beaucoup
de mal à la fin. Ces petites clauses qui donnent les soubçons à
quoy le remède paroist tout aise [3], est un vray moyen d'alonger
insensiblement la négociation ; et les armes dont le roy d'Espagne
ne se dessaisist, seront à propos pour y fonder, quand il sera
besoing ; et le relaschement des courages et les desseings qui
accompagnent volontiers les traictés, luy donneront de l'avantage ;
et pour cela il ne se faschera ny de tromper le Pape, l'Empereur,
ny qui que ce soit. Je crois qu'il n'est que bon à désirer que la
paix fut desjà faicte en Flandres aux conditions proposées, et qu'il
fut à bon étiant à la guerre en Afrique, rechercher ses advantages,
par les querelles des roys de Fez et de Maroque [4].

1. *Acmat*, qui fut nommé général de mer en remplacement de Jafer.
2. Nous avons vu (page 167, note 4) que le roi d'Espagne avait accepté les
articles de la trève conclue entre les archiducs et les Provinces Unies. Mais
« les Estats, dit le Mercure français (t. I, p. 207), trouvèrent que ceste approbation n'estoit en la forme qu'elle devoit estre : Premièrement, pour ce qu'elle n'estoit escrite qu'en papier ; qu'elle n'estoit soubsignée que de ces mots, *lo el Re*, et
seulement scellée du petit sceau. Et secondement, que les archiducs y estoient
nommés *Propriétaires des Pays Bas* ».
3. C'est-à-dire : *Cette rédaction du Traicté, qui donne lieu à de fausses inter-
prétations, ne peut pourtant amener la rupture des négociations, mais les fait
trainer en longueur.*
4. *Muley Zidam*, roi de Fez, et *Abdala*, roi de Maroc, étaient, depuis l'année précédente, en guerre l'un contre l'autre ; et ce dernier prince avait en outre à se
défendre contre les révoltes de ses sujets. Le roi d'Espagne, désirant mettre à
profit ces rivalités, voulait faire la paix en Flandre, et envoyer ensuite une flotte
sur les côtes d'Afrique afin d'occuper quelques places du littoral.

Sire, Mustafa Aga qui est en Angleterre s'en loue taut et s'y plaist sy fort que je vouldrois qu'il y fut sy bien maryé qu'il n'en voulust jamais partir. Je feray ce que je pourray pour rendre ses desseings vains, et n'en perds point l'occasion quand je puis; mais sans doubte il ne peult que cela ne nuyse; et s'il y avoit moyen d'accommoder ung peu cela, j'ose bien dire que je croy qu'il seroit très nécessaire; et pour le faire il ne fauldroit que le faire repasser en France, où sy son humeur estoit trop farouche elle luy causeroit quelque autre accident possible. Je n'ay appris que par ses lettres dernières, que V. M^{té} eust faict eslargir partie des Turcs qui estoient en ses gallères. Je n'ay point veu de lettres de V. M^{té} au G^d S^{gr} pour ce suget; qui est nécessaire touttesfois, et que je feray bien valoir quand je l'auray; et cela rabatera bien ce que pourra dire le dit Mustafa, car où il y a de tels effects, les parolles doibvent peu valloir. Cela me sembloit sy nécessaire, que je supplye trés humblement V. M^{té} me pardonner si je luy en ay escript si souvent; maintenant je luy diray que le nombre de ses gallères augmente; et le desseing d'en mettre davantage ensemble donne beaucoup de réputation aux affaires de V. M^{té} non icy seullement, mais tout mesmement en Barbarye; et le roy d'Espagne a reçeu plus de desplaisir de cela et de veoir qu'elle acquiert des serviteurs en Italye, qu'il ne se peult dire; et je le sçay de bonne part. Ces gens ont reçeu du desplaisir de la perte de Bones[1]. On ne m'a point parlé du chevalier de Beauregard : aussy estant chevalier, la responce est aysée, mais le Grand Duc, avec des gallions, fet d'ordinaire bien du dommage en ces mers, et ilz sont tous arméz de françois; nul n'en revient qui ne crye de là. Je voy bien le peu de moyen qu'il y a d'y remédier, mais je vouldrois que ces ordinaires couriers[2] cessassent ung peu; le meilleur remède qui s'y aye trouvé, a esté dernièrement qu'il fut pris deulx ou trois de ces françois; au lieu de demander leur liberté, j'allay demander qu'on me les baillast pour les faire pendre, selon le commande-

---

1. Ferdinand I, grand duc de Toscane, avait préparé à Livourne une flotte destinée à poursuivre les vaisseaux de Morath Rais qui infestaient les côtes d'Italie. Les navires de Toscane ne pouvant découvrir les pirates se dirigèrent sur Bône, place forte de Barbarie située entre Tunis et Alger. La ville fut investie et l'on s'en empara après une lutte acharnée.

2. Ces vaisseaux de course étaient presque tous montés par des Français, malgré les ordres du roi. D'ailleurs l'article X des Capitulations était ainsi conçu : « *Nous déclarons que ceux des sujets de la France qui seront trouvés sur des vaisseaux de Corsaires, seront esclaves de bonne guerre.* »

ment que j'en avois de V. M^té. Je sçavois bien qu'ilz ne le feroient pas, mais je leur fis veoir combien elle avoit désagréable qu'ilz se missent sur les navires de course; et cela a faict que depuis sur de telles pleintes, le Visir a dict que V. M^té en avoit le plus de desplaisir, et que j'avais charge de demander ceulx qui se prendroient en tel équipage pour les faire pendre; et ne m'en a faict depuis aucune plainte[1]. Depuis que j'ay faict retirer la capitulation obtenue de cest ambassadeur d'Angleterre, il n'a rien remué : Je faitz avoir l'œil au guet. Il n'y a que deux ou trois jours qu'il me feit porter d'honnestes paroles d'amitié; je les reçeus de mesme, disant qu'il ne tesmoigneroit jamais de la vouloir, que je ne fisse veoir qu'elle me sera très agréable; et que le mieux que nous puissions faire est de demeurer en la mesme bonne intelligence que demeurent nos maistres; que faisant autrement, nous faisions mal leur service, et ne pouvions faire rien de plus agréable pour les Turcs. Je n'en ay point ouy parler depuis; mais c'est ung homme de peu de jugement et qui n'en recherche point d'autres que par petites finesses et tromperies, et qui a assez d'empeschemens chez lui et davantage dans sa cervelle. Sy au retour de Mustafa Aga, ilz ne brassent quelque chose ensemble, je crains peu ses effors. J'y feray ce que je pourray, etc.

SALAGNAC.

1608 (22 MARS).

Orig. fol. 53.

AU ROY

SOMMAIRE : *Aly, Janissaire Aga, a protégé les négociants français d'Alep.* — *Le Bassa de Babylone est soupçonné d'intelligence avec le roi de Perse.* — *Lettre du Roi au G^d Sg^r.*

Sire, depuis ma dernière du IIIe du présent, il n'est rien arrivé d'importance : les rebelles s'estans éloignéz et point suiviz,

---

1. Sur les avis réitérés de M. de Salignac, Henri IV interdit l'armement des vaisseaux de course : « Mon nepveu, écrivit il au duc de Guise, Pour les fré- « quentes déprédations qui se commettent ès costes de Levant, j'ay fait faire l'Or- « donnance que je vous envoye, portant deffense à tous mes subjects et autres, « d'armer doresnavant vaisseaux à Marseille et aultre port de mon pays de Pro- « vence pour aller en cours, sans au préalable bailler bonne et suffisante cau- « tion; de quoy je vous ay bien voulu advertir par ceste lettre, afin que comme « la chose est d'ailleurs très importante au bien de mon service, vous teniés la « main, etc... » (Lettres missives, vol. VII, page 436 — 1607, sans date.)

quel ordre que l'on eut donné pour le faire ; mais le temps a esté si froid et mauvais et les volontéz si froides, que l'on les a laisséz, et la plus part de l'armée dressée contre eulx est revenue. Le Bassa seul est demeuré à Bursie ; et ce qu'il sçait que l'on parle assez mal de sa conduite, le retient qu'il n'ose revenir. Ces jours passés j'ay eu des lettres d'Alep et de l'haga des Janissaires qui a favorisé à toutes occasions les affaires des négotians françois, lesquelz m'en escrivent pour s'en louer infiniment. Il ne me mande que la bonne justice du premier Bassa et le bon ordre qu'il donne aux affaires. On leur envoye là les draps des Janissaires [1], et ne sçait on encores à quoy ilz passeront la prochaine saison ; on croit que ce sera à finir tout à faict les rebelles, mais ce seroit bien mal employer tant de forces. Celuy qui commande à Babilone leur donne un nouveau suget, ayant refusé la porte au filz de Cigale, auquel le gouvernement en avoit esté donné ; et la plus part croyent qu'il a intelligence avec le Roy de Perse. Il y a assez longtemps que l'on s'en doubte, l'ayant une autre fois refusée à Nassub Pacha qui en avoit aussy eu la charge et s'estant par diverses fois battu contre luy ; il faysoit ses excuses icy, et les affaires qu'on y avoit les y faisoit recepvoir : il fauldra maintenant que la chose s'esclaircice [2].

Je pense que Morat Raïs arrivera dans deux ou trois jours. J'ay préparé le Visir qui commande icy et le Général de mer à ne le maintenir point hors de rayson. Ilz me le promettent assés ; mais je ne m'y fie pas bien. Le Général de mer me donna, il n'y a que trois jours que je l'alloy veoir, deux esclaves françoys ; l'un parisien pris il y a bien vingt cinq ans, et l'autre en Hongrie lors de la révolte du Boscay ; et les luy demanday, luy ayant dit là liberté que V. M^té avoit donnée à la plus part des esclaves turcz qui sont dans ses gallères ; et pris occasion de luy dire que, sans lez comportemens de Mustapha Aga, lesquels avoient beaucoup despleu à V. M^té, cela eust été plus tost faict. J'eusse bien désiré avoir eu la lettre qu'elle en a escript à ce S^gr. A telles occasions, elles sont reçeues fort honnorablement ; et est nécessaire de les faire valloir. Il est très certain, comme V. M^té me l'a escript, qu'il ne fault pas lez leur rendre communez : j'y ay beaucoup

---

1. Ce qui semblait indiquer qu'on avait l'intention de ne pas faire revenir les troupes.

2. Voir à ce sujet la lettre du 13 mars 1607, page 123.

d'esgard, et en ay encores que je n'ay point présenté, l'occasion en estant passée, où jugeant qu'elles n'advanceroyent pas de beaucoup, etc.

Salagnac.

1608 (9 avril).

Orig. fol. 54.

AU ROY

SOMMAIRE : Impuissance des Turcs en Barbarie. — Avis de M. de Salignac sur la mise en liberté des Turcs détenus à Marseille. — Arrivée de Morat-Rays. — L'ambassadeur conseille au Roi d'employer en Barbarie des moyens énergiques. — Fiers sentiments de M. de Salignac. — Navires des Sables d'Olonne pillés à Ténédos. — Les troubles de Hongrie remplissent de joie les Turcs. — Mort du Roi de Tartarie. — La Porte donne le Royaume à un de ses oncles. — Guerre de Perse.

Sire, le IIe du présent, j'eus l'honneur de recevoir les depesches de V. M^té du premier et XXVIIIe janvier, avec celle qu'elle escrit au G^d S^gr touchant les procédures qui se font en Barbarie. Je luy ay souvent dit, Sire, que j'estimois que le peu de remède qu'ilz y donnent d'icy, vient de ne le pouvoir pas plus que d'autre desséing ny volunté. Ilz n'y ont pas maintenant davantage de pouvoir; qui me faict croire que nous pourrons avoir assés de papier et de parolles en ceste Porte, mais bien peu d'exécution en Barbarie. Ilz y envoyent toutesfois maintenant quelques gallères conduites par Soliman Sardo assez galant homme et assez affectionné; et lequel fera, je m'asseure, ce que se pourra et autant que nul autre que l'on y peult envoyer. Je tascheray que les commandemens qu'il aura pour cest effest, soient comme il les fault. Sire, V. M^té me permettera de luy dire qu'elle eust tiré à mon advis plus d'advantage faysant libérer ces esclaves que en les retenant, tant pour avoir desja dit, au nom de V. M^té, que cela estoit faict comme ses lettres me l'avoient asseuré, que parce que l'on y est presque obligé de deux sortes qu'ilz sçavent très bien icy : la première, la façon de leur prise qui fut sur les passeportz que V. M^té leur donna aprèz avoir reçu la liberté du prince Maurice [1], et

---

1. On se rappelle que ces Turcs furent pris au siège de l'Ecluse, et renvoyés par Maurice de Nassau. Ayant reçu un sauf conduit du Roi pour passer par la France, ils furent malgré cela enchaînés à Marseille. Le traité signé par M. de Brèves à Tunis leur rendait la liberté sous certaines conditions.

l'autre accause du traicté de Mr de Brèves ; car bien qu'il fût faict soubs le bon plaisir de V. M^{té}, et qu'il dépend d'elle de l'entretenir ou non, si est-ce que sur la condition de la liberté de ces esclaves, ilz la donnèrent aux françois que le dit Sr de Brèves emmena avec soy, qui ne la peuvent justement avoir sans l'entière observation du dit traicté ; et si cela estoit faict comme ilz le croyent encores, j'aurois peu à contester. Cela me fera encores garder la lettre que V. M^{té} en faict au G^d S^{gr} ne me souciant guières de leur prétexte sur les françoys qui estoyent à la prise de Bonnes, y pouvant respondre pertinemment, et les ayant dès longtemps préparéz à ne les trouver pas estrange. Ce commandement que V. M^{té} me faict, est venu estant aux prises avec Murat Raïs, ayant faict mes pleintes avant sa venue. Il arriva le vendredi sainct. Je suis obligé de continuer et à n'y perdre point de temps, veu ce que j'en ay desjà faict, oultre que la chose dont je demande raison n'a nulle excuse, et [il] a faict autant d'esclaves qu'il en a eu ceste dernière fois en Barbarye.

Je n'oublierai rien Dieu aydant, qui puisse servir à ces deux facheux affaires ; mais j'oseray bien Sire, asseurer V. M^{té} qu'elle en aura beaucoup plus tost rayson s'il luy plaist de deffendre entièrement tout commerce en Barbarie, et s'il luy plaist commander que l'on y courre et face du mal. Les gallères sont en plus grand nombre que celles de Barbarie et sont meilleures ; et y a mille moyens de nuire et prendre plus d'esclaves, dix fois en une heure, qu'il n'y en a de Tunis en toutes les gallères ; et ceux là seront bien prises honnorablement, et ne crains point ce qui s'en fera icy, mais bien plus que, les ayant menacés, ilz ne sentent point de mal. A la vérité V. M^{té} est trop grande, trop pleine de réputation et de puissance, pour ne faire jamais que se plaindre et menacer sans effect : il y a trois ans passés que je suis icy : je ne fay pas autre chose, par les divers commandemens qu'elle m'en a faictz ; et ne fault point que V. M^{té} se laisse persuader que cela rompe l'amitié qu'elle a icy. Il n'en sera rien pour cela ; mais j'oserois bien dire qu'il vauldroit mieux qu'elle le fit que d'endurer tant de tortz et d'injures. La Barbarie est assise pour faire du mal, mais elle est aussy pour bien en recepvoir.

Je supplye très humblement V. M^{té} me pardonner ce que je luy en dis, sur le désir dont je suis passionné, que touttes choses qu'elle fera responde à la gloire de son nom. Je feray icy tout ce que je pourray où en même temps une autre affaire est survenue.

C'est un patron des Sables d'Olone dont le vaisseau s'est perdu, donnant au travers au Ténédos [1] : la marchandise a esté toutte voslée en sa présence. Je ne scay quelle raison on en pourra tirer car c'est tout un peuple qui a faict l'excès ; je ne laisseray d'y faire tout effort, car c'est pityé de ce pouvre homme.

Les nouvelles de la Hongrie sont icy telles que les a V. M[té] ; et eroit-on que beaucoup de Hongres se joignent aux Haiduques, et ont envoyé icy pour cest effect hommes pour traicter, et des ostages ; et on leur a envoyé de l'argent pour la guerre et des présens. Tout de nouveau leur est venu nouvelles que un Batori [2] aydé de leurs forces, s'est rendu maistre de la Transilvanie, ayant chassé celuy qui y estoit pour l'empereur, et font estat de donner la couronne à cestuy-cy et ne se soucier point de Humanoy [3]. Ces nouvelles tiens-je du premier Bassa, mesmes du Général de mer et du Cadilesquier qui me les ont dites avec alégresse et se tiennent presque asseurés de ce costé là, de sorte qu'ilz n'ont plus ce désir extrême de paix qu'ilz avoyent. Si l'Empereur la recherche, il l'aura, mais on ne luy rendra rien, et ne fault pas qu'il s'y attende. Ces gens icy craignent de sorte tous remuemens contre eulx, qu'ilz ont confirmé en Bogdanie celuy que les Pollonois y ont mis par force [4] et n'ont point de honte de veoir celuy qu'ilz y avoyent mis, chassé : l'argent qui a esté donné pour cela a bien autant pu que toutes aultres considérations. J'ay desja faict entendre à V. M[té] la mort du roy de Tartarye, lequel a laissé quatre enfans dont l'aisné avoit pris la possession du royaume, et pour estre confirmé avoit envoyé icy des présens. Ilz ont esté bien reçeus ; mais ilz (les Turcs) n'ont laissé pourtant de tirer des prisons de la mer Noire un sien oncle, lequel y estoit enfermé, et luy ont donné le Royaume. Quelques uns croyent que cela fera une guerre civile en ce pays là ; mais la commune opinion est que cestuy cy sera bien reçeu, tant accause de la coustume du pays, qui donne la couronne, le roy estant mort, à celuy qui est le plus vieulx filz de quelqu'un qui aye esté leur roy, que pour estre maintenu de ceste Porte. Hier seulement ce nouveau Roy salua le

1. *Tenedos*, île de l'Archipel, au sud de Lemnos et près de l'entrée des Dardanelles.
2. *Gabriel Bathory*, auquel Ragotski, qui avait été élu après la mort de Botskay, céda la Principauté.
3. Nous avons vu (page 157) qu'*Humanoy*, gouverneur de Cassovie, avait refusé la couronne offerte par les Rebelles.
4. *Constantin Mouly*.

G^d S^gr et apréz les remerciemens de sa délivrance, luy promit apréz grands sermens, toute fidélité et très humble service, tant qu'il vivrait et dit qu'il se faschoit seulement de ne pouvoir servir ceste année, craygnant que ses nepveux voudront s'opposer à luy, mais qu'il est très heureux d'y estre le plus fort, s'obligeant d'envoyer l'autre année, cinquante mil chevaux en Hongrie et cinquante mil en Perse et aller en personne où il luy plaira luy commander [1].

Les rebelles, bien loin d'icy, font que nous n'en avons point de nouvelles : quelque bruit est que le Roy de Perse se prépare pour une grande entreprise, et qu'il dit que, ayant offert la paix, et son offre ayant esté mesprisé, il n'en parlera jamais. L'équinoxe est passé, qui est le temps que leurs armées se mettent en campagne ; on ne peult qu'il ne se sçache bientost ce qu'il fera, etc.

SALAGNAC.

1608 (12 MAI).

Orig. fol. 56.

AU ROY

SOMMAIRE : *Gouvernement donné à Zambolat. — Assan, qui commandait l'armée opposée aux Rebelles, est révoqué et remplacé par « le fils du Boulanger ». — Caractère de ce Bassa. — Sort de plusieurs Rebelles. — Les Turcs n'osent sévir contre le Rebelle de Babilone. — Envoi d'un nouveau Bassa en Barbarie. — M. de Salignac ne peut rien obtenir contre Morat Rays. — Insolence de ce Corsaire. — Excuses faites par le Bassa. — M. de Salignac insiste pour que le Roi sévisse en Barbarie. — Querelles de l'Empereur avec ses frères. — Desseins du Roi d'Espagne sur la Barbarie. — Fatalisme des Turcs.*

Sire, le IXe du présent j'eus l'honneur de recepvoir la depesche de V. M^té de l'unzième de mars. Elle n'avoit encores reçeu des miennes que celle du VIIIe janvier : sans la présente, j'en ay faict sept depuis. La dernière du XXVIe Apvril [2] disoit ce qui arrestoit

---

1. Nous trouvons dans le Journal du S^r d'Angusse (en mars) : « *En ce mesme temps vint la nouvelle que le Grand Cham (Kan) de Tartarie, nommé « Casi Keulin » estoit mort, Prince de grande vertu : et en son lieu, avoit succédé son fils aisné, nommé « Totammi Kereim ».*

Le 1er avril, le G^d S^gr tira des Sept Tours le frère du susdit Tartare deffunct l'ayant tenu prisonnier ainsy six ou sept ans. Il estoit nommé « Salameti Kereim » et le fit roi des Tartares.

2. Nous n'avons pas retrouvé cette lettre.

14

lè roy de Tartarie ; mais cinq ou six jours après, il partit avec six ou sept cenz janissaires et le nombre de gallères que je disois : depuis il n'en est venu nulles nouvelles. On a donné à Zambolat le gouvernement de Themisvar[1] en la Haulte Hongrye ; c'est l'envoyer bien loing de ses amis et intelligences. Ceste mesme charge fût donnée il y a quelques années à ce grand rebelle frère de l'escrivain[2] lequel y a esté tué ; le gouvernement est bon et honnorable ; toutesfois ceux qui voyent le dit Zambolat disent qu'il n'en est guières content ; si, se prépare il pour aller[3].

Les rebelles continuent leurs braveries : depuis quatre jours on a faict général contre eux celuy qui estoit par advant Grand Testarda, (qui est général des finances) ; et Assan Pacha qui l'estoit, a esté révoqué. C'est homme a un esprit vif mais mauvais et remply de mauvaises qualitéz. Son père estoit boulenger fort pauvre ; et cestuy cy, avec la qualité de visir, a plus amassé de bien que on ne sçauroit dire, et le tient-on asseurément plus riche et accommodé de cest empire. Il a presque ceste charge a regret ayant recherché tous artifices pour s'en eschaper, mais il n'a peu. Tous les plus grands de ceste Porte luy veullent mal mais n'en osent faire semblant, tant pour la faveur qu'il a de son maistre que pour estre à toutes heures, obligéz de passer par ses mains ; et oultre cela il est plus habile que tous eulx : si, luy ont-ilz faict donner ceste dernière charge, espérant par là le perdre, et toutesfois avec paroles honnorables, disans tous que, autre que luy ne pouvoit remédier à ce grand désordre des rebelles. Forces gens de guerre l'accompagnent, pour la commodité qu'ilz espèrent en retirer s'il se resoult, s'il peult, d'achever ceste guerre par la doulceur ; et il est assez propre pour ces négociations. Cela faict croire à beaucoup que l'on veut se servir ailleurs du premier Bassa. De moy, je croy que c'est seulement l'apréhension des rebelles assez voisins, qui pourroient faire une autre escapade avant qu'il fût venu et mettre toutes choses en confusion ; croyant que tous leurs dessains de ceste année sont sur les rebelles ; bien empeschés comment faire avec celuy qui commande en Babilone, car il se

1. *Temesvar*, sur la Temer, affluent de la Theiss, à 110 kil. N.-E. de Peter-vardin.

2. L'*Ecrivain* avait été longtemps à la tète des Rebelles de l'Asie-Mineure. En 1602, le G[d] S[gr] lui donna le Gouvernement de Bosnie, et le chargea de porter la guerre en Hongrie.

3. Zambolat fut étranglé quelque temps après. Voir *Pièces Justificatives, XIV*.

gouverne à sa mode, et toutesfois entretient icy le monde de belles
paroles : ilz ne le croyent pas et si n'en osent faire semblant. Le
premier Bassa fait son armée la plus grande qu'il peult : c'est
pour la pouvoir, séparer de sorte par l'Asye, que les rebelles
n'ayent lieu à fuir. On n'a point encores de nouvelles que le roy
de Perse face rien ; et la plus part jugent que, ayant conquis ce qui
estoit sien, il se contiendra. Cependant Sire, Soliman Sardo est
parti hier pour Barbarye : il a emporté assez de commandements
et de belles lettres du général de mer pour remédier aux insolences
qu'ilz ont faictez contre les françoys [1] ; mais je m'y attendz fort
peu ; mesmes, voyant ne pouvoir rien tirer de bonne rayson de ce
que a faict Morat Raïs, lequel se défend par les promesses faictes
par Mr de Brèves et les pactes accordés entre eulx, par lesquels
tout le mal qu'ilz pourraient faire leur est permis et sans en pouvoir demander reparation, en cas qu'on manquast à les observer [2] ;
je respons : « qu'ilz ont commancé avant que le temps donné à
l'exécution des promesses fut expiré » ; il le nie fortement ; et bien
que j'aye quelque tesmoignage pour cela, si ne sont-ilz pas tels
qu'ilz vaillent parmy la justice turquesque ; et ce général de mer
devant lequel nous avons tous ces débats contre ce qu'il m'avoit
fort promis, ne dit rien contre le dit Morat ; lequel parla si insolemment qu'il osa dire que noz plaintes venoyent de nostre foi-
blesse, que ne pouvions y remédier, et que si nous commencions
à chercher autre raison que par plaintes, ilz nous empescheront de
pouvoir mesmes aviser la mer. Je me riois au commencement
m'attendant de voir moquer telles parolles ; mais voyant au contraire que le dit Général de mer y prenoit goust, je me faschay de
sorte que le dit Morat s'en alla ; et le Bassa honteux de m'avoir
laissé tant parler, m'en fit quelques excuses ; la seule bonne est
que c'est un vieux corsaire qui commence à radoter, mais qui faict
de ses esclaves toute sa fortune et est en telle réputation icy contre
toute rayson, qu'ilz croyent ne pouvoir faire rien qui vaille sur
mer sans luy. Je ne m'arresteray pas pour cela, et feray tout ce
qui se pourra avec ce que j'ay. Je dis encores : « que les insolences de Mustafa Aga et l'indiscrétion de ses comportemens
picqua tellement V. M[té] que, elle n'a voulu rien faire par son

---

1. Après le pillage de Bône par les troupes du G[d] Duc de Toscane, le consul et
plusieurs autres Français furent arrêtés et mis en prison. (Voir plus loin la lettre
du 11 septembre 1608.)

2. En cas qu'on n'observât pas ces conventions.

intercession, mais que après qu'il fut party, V. M^té avoit envoyé un commandement pour la liberté des dits esclaves et pour leur fairè donner de quoy se retirer ; que sur cela, ceux d'Alger ont faict ceste dernière insolence qui est telle qu'il n'est possible apprès cela leur faire nulle sorte de courtoisie ; mais qu'ilz y pourvoyent seulement, et qu'ilz s'asseurent que V. M^té ne les retient que pour cela seulement ; de sorte que, il ne tient qu'à eux qu'ilz ne soient libéréz et nostre amitié plus fortifiée que jamais, laquelle ne se peult maintenir si on n'y ayde des deux costés. » Tout cela ne sont que paroles Sire, et V. M^té me pardonnera si je continue à luy dire qu'il y a tantôt cinq ou six ans que l'on ne tient icy autre langage, et possible que c'est trop. Il y a à Marseille des gens qui leur donnent des adviz : je n'ay peu encores descouvrir qui c'est ; mais on a escrit de là que le Général des gallères [1] de V. M^té avoit escrit de la court qu'il avoit commandement de sortir ceste année, mais défence expresse de faire nulle descente en Barbarye. Je le scay de personne qui m'a asseuré en avoir veu la lettre. Si cela est, voyla de mauvais habitans ; et le dit général aussy n'estoit point obligé d'escrire cela. Ces gens Sire, font des conséquences de tout et sont les plus arrogantes personnes du monde. Dieu a donné le temps de les punir : on ne le veult pas prendre. Sa divine bonté veille que on ne s'en repente point et que ceux qui viendront après n'en blasment leurs prédécesseurs.

Les querelles de l'empereur et de ses frères sont sçeuez icy avec un plaizir extrême [2] ; et le Bacha de Bude par ses lettres se moque

1. Philippe-Emmanuel de Gondy. (Voir page 26, note 1.)
2. Nous croyons qu'il ne sera pas inutile de donner ici en quelques lignes, un aperçu des troubles qui agitaient alors l'Empire :
Depuis l'établissement de la Réforme en Allemagne, les idées d'indépendance avaient fait de grands progrès. L'Empire était en proie à la guerre civile, et l'Empereur Rodolphe ne trouvait même pas dans sa famille l'aide qui lui eût été nécessaire pour réprimer ces désordres. La paix signée avec les Turcs (novembre 1606) n'avait pas donné les résultats qu'on espérait : les Turcs et les Hongrois continuaient leurs incursions et leurs ravages en Hongrie. Une diète fut alors convoquée à Ratisbonne (janvier 1608). Elle devait aplanir toutes les difficultés intérieures et voter les subsides indispensables pour reprendre les hostilités contre les Turcs. Mais les députés durent se séparer sans avoir pu s'entendre. L'archiduc Mathias, vivement froissé de n'avoir pas été choisi pour diriger les débats de cette Assemblée, en conçut une haine extrême contre son frère, et résolut de le dépouiller d'une partie de ses Etats. Il convoqua la diète Hongroise à Presbourg (janvier 1608), et sous prétexte d'apaiser les troubles, fit voter une alliance offensive et défensive entre les Etats de Hongrie et ceux d'Autriche ; puis, de retour à Vienne, il fit approuver ce traité par les Etats d'Autriche, qui, persuadés de l'efficacité des moyens d'apaisement présentés par l'archiduc, le proclamèrent le sauveur et le protecteur de l'empire.
En même temps, des bruits perfides étaient répandus contre Rodolphe. On lui

assez playsamment de leurz déportemenz : je tascheray de recouvrer sa lettre pour la faire veoir à V. M^té ; je ne l'ay peu faire encores; possible quelque veste de présent se pourra, et je ne la plaindray nullement, m'asseurant que V. M^té l'auroit agréable si elle est telle que l'on me veult faire croire. Les desseins du Roy d'Espagne n'ont point encores esmeu ces gens cy ; et n'ont rien faict pour s'y opposer ; et l'advis que V. M^té en avoit eu, est encores à Venise. Sur le traicté de la paix de Flandres, on a dit que ce pourroit estre pour quelque entreprise en Barbarie, mais ils monstrent ne l'appréhender point, et aussy ne sont point gens d'une prévoyance si esloignée, et croyent que ce soit faiblesse penser aux choses de si loing, présumans ou voulans que l'on croye que leur seule puissance peult pourveoir à tous accidens où il se peult trouver du remède. Ceste raison Sire, fera veoir de plus clair à mon oppinion pour juger de ces gens-cy ; le repos que on leur donne est pris d'eux pour une très grande faveur du ciel, et avec quelque raison. V. M^té sera advertie de tout, le plus soigneusement que je pourray, puisqu'elle l'a agréable, etc.

SALAGNAC.

reprochait sa vieillesse, son incapacité, et sa complaisance pour les Allemands dont il s'entourait, et qui complotaient, disait-on, la ruine de la Hongrie. Enfin Mathias convoqua pour le 15 avril 1608, une armée avec laquelle il devait faire rentrer dans le devoir les Mécontents de Hongrie. Rodolphe, effrayé de ces préparatifs militaires dont il ne se dissimulait pas l'objectif, s'empressa d'accepter les propositions votées sous l'inspiration de son frère ; mais il voulut que la ligue offensive et défensive traitée à Presbourg fut rompue. Sur le refus de Mathias, qui d'ailleurs était venu se mettre à la tête de ses troupes en Moravie, l'Empereur convoqua les Etats de Bohême, et, à la suite de nombreux compromis avec les villes et les Electeurs, obtint le secours d'une armée qui se réunit à Prague. — Rodolphe se trouvait dans une situation très critique, obligé de combattre son frère, sans aucune certitude de remporter la victoire ; et d'un autre côté, les Etats de Bohême, fidèles à la tactique peu généreuse de tous les Parlements, profitaient de ses embarras pour lui arracher les concessions les plus désavantageuses à l'Etat, et ne lui donnaient, en revanche, aucun appui moral. Il se décida alors à entrer en pourparlers avec Mathias.

La paix fut signée le 17 juin 1608, à des conditions bien dures pour l'Empereur, qui abandonnait à son frère la couronne de Hongrie, l'archiduché d'Autriche et la Moravie. Si Rodolphe mourait sans laisser d'enfants mâles, Mathias devait hériter de la Bohême ; et dès maintenant, il prenait le titre de Roi de Bohême.

Nous verrons dans la suite que Mathias, loin de vivre tranquille possesseur de ses Etats, eut à lutter constamment contre les exigences de ses sujets.

1608 (27 MAI).

Orig. fol. 57.

AU ROY

SOMMAIRE : Le fils de l'ancien roi de Tartarie réclame le royaume de son père.
— Cruelle famine à l'armée de Morath Bassa. — Retour de Mustapha Aga. —
Ses plaintes contre les Français. — M. de Salignac le menace d'un châtiment. —
Nouvelles menaces de l'Ambassadeur d'Angleterre. — M. de Salignac déjoue
toutes ses intrigues. — Plaintes de la Porte contre les Français qui naviguent
sur des vaisseaux corsaires. — M. de Salignac supplie le roi de faire observer
les traités et de rendre les Turcs détenus à Marseille. — Humeur soupçonneuse
des Turcs. — Nécessité de ménager Mustapha Aga.

Sire, le filz aisné du feu Roy de Tartarye a envoyé ses frères icy pour asseurance de sa fidélité, requérant que on luy laisse l'estat de son père. On ne luy respond rien attendant ce que fera celuy qu'ilz y ont envoyé. Les rebelles se sont renforcéz d'hommes. Ce Testarda[1] fit hier passer ses pavillons en Asye pour aller contre eulx : Il attendra à partir, que ceste lune soit passée, laquelle ilz croyent infortunée. On tient le premier Bassa[2] party d'Alep avec une très grosse armée, mais sy pleine de nécessitéz de vivres qu'il ne se peult davantage : On faict des comptes horribles de la famine de ces quartiers là : des hommes ont esté déterréz pour estre mangéz ; et ne sçait-on comment s'entretiendra son armée.

Cependant est arrivé icy le XXIIe du présent, Mustafa Aga dans un vaisseau angloys. Il alla dès le lendemain matin chez l'Ambassadeur d'Angleterre, et de là vint céans, me rendit la lettre de V. M^{té}, et quant et quant me fit ses pleintes grandes principalement contre ceux de Marseille et contre M. de Brèves. Il dit que V. M^{té} estoit disposée à faire rendre les esclaves suivant le traité du dit sieur de Brèves à Thunis, mais qu'elle en fut empeschée; disant merveilles contre tout le monde fors que contre Monsieur le duc de Suilly[3] duquel il parle très honnorablement. Ce seroit une trop importune longueur de redire ce qu'il dit ; enfin lassé de l'escouter, je luy dis : « qu'il avisât ce qu'il diroit; que V. M^{té} avoit asséz de crédit icy pour le faire chastier s'il parloit mal à propos ;

---

1. Celui qu'on appelait *le fils du Boulanger*, qui avait été envoyé contre les rebelles en remplacement d'Assan.
2. *Morath Bassa* qui avait vaincu Zambolat.
3. *Maximilien de Béthune, duc de Sully*, né en 1560, mort en 1641.

qu'elle avoit assés eu de mescontantement de ces desportemens ;
que je l'avois attendu sans en voulloir parler, estant de ma nature
ennemy de faire desplaisir ; que c'estoit à luy maintenant à choisir,
ou de m'avoir pour amy, ou de me voulloir autre. » Il me dit :
« qu'il ne se pouvoit empescher de parler de la rétention des
esclaves et de ce qu'il a veu ; que de V. M^{té}, il ne vouldroit, pour
mourir, en parler qu'avec tout honneur et très humble respect ; »
et pour ce que je disois de ses desportemens, me monstra ce qu'il
avoit baillé par escript à V. M^{té}, me laissant à juger s'il y avoit
rien de quoy on le peult blasmer ; « que c'estoit tout ce qu'il avoit
faict ; qu'il ofroit sa vye, en cas qu'il eut faict autre chose ; » et
ainsy se partit d'avec moy. Le lendemain l'ambassadeur d'Angleterre le mena chez le vizir et chez touz les grandz de ceste Porte ;
ilz menoient vingt-cinq ou trente esclaves qu'ils disoient envoyéz
et racheptéz du roy d'Angleterre, et au contraire qu'il y en avoit
deux cens à Marseille dans les Gallères, tous retenuz contre la
parole et le passeport de V. M^{té} ; lesquelz la plus part avoient esté
libérés par le conte Maurice ; en disoit quelques uns avoir esté
vendus à Malte et autres à Villefranche, disoient leurs noms et les
noms de ceux qui les ont venduz, monstroient les mémoires de
tout, faicts par quelques uns de Marseille. Sur cela le dict Mustafa louoit l'amytié qu'il avoit recogneue en Angleterre, et la
magnifioit grandement, avec la bonne chère qu'à ceste occasion il
y avoit reçeue. L'Ambassadeur d'Angleterre, qui avoit envoyé
jusques aux Chasteaux de l'entrée de ce goulfe pour parler à luy et
monopoler enssemble, demanda, l'occasion luy semblant à propos,
que les Flamens fussent mis à négotier en ces mers soubs leur
bannière, que sa demande estoit juste parce que la Flandre apar-
tenoit au Roy d'Angleterre son maistre ; le dit Mustafa lui servit de tesmoing, de sorte qu'il luy en fut depesché ung commandement. Je le faisois suivre par une personne incogneue ; et sachant
cela, bien que je fusse au sixiesme jour d'une diète que je faisois,
je passay soudain à Constantinople, et fis Dieu mercy, en sorte que
nonobstant tous ces apparatz et grans monopoles, avant qu'il fut
de retour à son logis, je fus de retour céans ayant faict rompre
tous les ordres qu'il avoit eus, et faict oster noz papiers et les siens
à celuy qui les avoit en charge parce qu'il avoit favorisé ses desseings, sans advertir de sa tromperye, ny dit que c'estoit directement contre les Capitulations qu'ilz ont avec V. M^{té} ; qui jugera,
s'il luy plaist, si le dit Ambassadeur fut estonné trouvant ces nou-

velles arrivant à son logis où il penssoit revenir victorieux ; car je
fis qu'il le sceut dès l'entrée de sa porte ; il a travaillé depuis pour
regagner cela, mais en vain. On me voulut parler de ces esclaves
retenuz, des autres venduz et des autres choses qu'ilz venoient
de dire. Je leur dis : « qu'il n'estoit pas temps de parler de cela,
qu'ilz remédiâssent à ce qu'ilz venoient de faire, et après ilz sçauroient de moy en quel conte ilz debvoient tenir les discours de
Mustafa Aga ; que sans doubte il y avoit du mal, mais qu'on
estoit en mesure qu'il y en auroit bien davantage, si on n'y remé-
dioit promptement ; que je les en avois souvent advertis ; que j'espérois que le désordre y mettroit l'ordre, et que V. M^{té} y seroit
tousjours bien disposée, mais qu'ilz le fussent aussy ; que nous en
parlerions plus à loisir, ayant achevé la diète[1] que j'avois commencée, que j'avois oubliée ayant sçeu ce qu'ilz venoient de faire. »
Ainsy sont les choses jusques à maintenant, Sire. J'achèveray
cependant ma diète, aprenant ce qu'ilz feront et jugeant ce qui sera
le mieux à faire ; estant tousjours prest à la rompre quoy qu'il m'en
puisse arriver, s'il y a rien qui mérite ma présence. Le dit Mustafa Aga crye fort sur certains esclaves turcs qu'il dit que Monsieur
le Grand duc a envoyéz à V. M^{té} ; cependant il se loue fort des
caresses qu'il luy a faites à Ligourne[2], et dit que tous ses vaisseaux
ne sont armés que de françoys ; il en est bien quelque chose, Sire ;
à cela il y a de quoy respondre ; et respondroit-on bien à tout si
nous n'avions de quoy nous pleindre plus qu'eux ; car ilz voslent
tout, croyans avoir raison, estant porté par le traitté de Monsr de
Brèves en Thunis, qu'il leur est permis de nous faire tout le mal
qu'ilz pourront sans que nous puissions nous en pleindre, ni prétendre que ce soit contré nos Capitulations, et ils vérifient bien
clairement contre ce que j'avois dit : qu'ils n'ont couru nullement, [avant] que le temps donné au dit sieur de Brèves ne fut
expiré[3]. Un seul vaisseau, avant ce temps, fut pris par quelqu'un
de Thunis, lequel ne fut pas seulement rendu et tout ce qui estoit
dedans à la première plainte qui en fut faicte, mais mesmes
ont faict justice de quelques jannissaires qui avoient faict la dite
prise. J'ay osé, Sire, souvent parler de ces esclaves ; et à la vérité,

---

1. M. de Salignac commençait alors une maladie qui dura deux mois. Ce qu'on
appelait à cette époque *une diète* comportait un traitement général qui interdi-
sait toute fatigue pendant plusieurs jours.

2. *Livourne*, sur la Méditerranée, à 129 kilomètres sud-ouest de Florence.

3. Voir un extrait de ce traité, page 76, note 1.

je croy que V. M^{té} debroit avoir plaisir de leur dellivranee et se fascher de la désobeissance qui a esté faicte aux commandements qu'elle en avoit faicts ; ceste seule désobéissance estant cause de tout le mal qui a succédé depuis, estant bien certain qu'il y a bien six cens esclaves françois au lieu de soixante-dix ou douze qu'emmena M. de Brèves, et pour plus de six cens mil escuz de perte qu'ont reçeue ses sugets : tout cela mérite que V. M^{té} le sache et je suis obligé à le luy dire, comme aussi que le vizir voulut que je luy promisse que je le manderois à V. M^{té}, ce que je fis volontiers. Il me pressa (Mustafa Aga en avoit esté cause) que ce fust par le moyen de Mr de Suilly ; je luy dis : « que ce n'estoit pas l'ordre ; que celluy qui faisoit et recepvoit les despesches de V. M^{té}, estoit tel qu'il n'y avoit rien à redire ni à soushaiter, et que je ne pouvois le faire en façon du monde. » Il me demanda lors si V. M^{té} se fioit pas bien à Mr de Suilly, et s'il ne sçavoit point de ses affaires. Je luy dis : « qu'Elle avoit toute fiance en luy ; » qui fit qu'il me pria infiniment, et voulut necessairement que je luy promisse, avant que me faire expédier ce qu'il m'avoit promis, que j'envoyerois encores à mon dit sieur de Suilly ce que j'en escrirois à V. M^{té} sur ce suject. Je le luy promis, et pour cela je luy envoye une copye de la présente, sachant très bien qu'il n'en estoit point besoing et que ceux qui les reçoipvent ne retiennent rien qui se doibve ; mais j'ay creu que cela n'importoit rien là et qu'il pouvoit importer icy, l'ayant promis ; et ne leur promettre pas, leur eust faict croire quelque chose hors de tout propos ; car l'humeur de ces gens cy est la plus soupçonneuse qui se peult dire au monde : et puis il me faschoit de veoir retarder de rompre ce que l'Ambassadeur d'Angleterre venoit d'obtenir touchant les Flamens. Mustafa Aga m'a mandé depuis, des excuses de ce qu'il avoit dit sur cest affaire, croyant certainement que ce qu'il avoit dit fut la vérité, protestant fort qu'il gouverneroit de façon doresnavant que je n'aurois point de quoy me doulloir de luy ; et par mesme moyen me manda que Mr de Brèves luy avoit dit que j'avois charge de V. M^{té} de luy donner quinze cens sequins ; qu'il me prioit luy mander ce qui en estoit. Je ne voulus luy dire ni ouy ni non pour le laisser en suspens, mais monstray estre mal contant de ce qu'il avoit faict ; il me manda aussy qu'il me viendroit veoir au premier jour ; dès qu'il fut venu, il me parla de ces quinze cens sequins et que Mr de Brèves le luy avoit dit. Je luy respondis en riant que nous avions assés temps de parler de cela, le voulant laisser en ceste espérance. Possible Sire, V. M^té trouvera que ce peu de despence ne seroit pas mal. Il a esté emmené d'icy avec beaucoup de sollicitation, il a demeuré trois ans hors de chez soy ; et de vray il a servy à faire délivrer ces esclaves qu'en emmena Mr de Brèves, lesquelz il n'eust poinct eu sans luy, et refusa de l'argent que l'on luy voulut donner pour ne poinct faire valloir les commandemens de son maistre, et qui luy eust baillé quelques esclaves les remenant la : sans doubte, il y eust servy et eust encores servy icy ; car puisque V. M^té veult en consserver l'amytié, il est besoing aussy qu'elle y soit honnorée comme elle mérite, et comme de vray, ilz le font, quoyque ce soit, plus que de tout le reste, quelques artifices de quoy l'on s'ayde. V. M^té me pardonnera s'il luy plaist, ce que je luy en dis, etc.

Salagnac.

1608 (11 juin).

Orig. fol. 58.

AU ROY

SOMMAIRE : *Lettre de l'Empereur au G^d S^gr à propos de la paix. — Préparatifs de l'armée contre les Rebelles. — Vivres envoyés à l'armée de Morath Bassa. — Opinion de M. de Salignac sur le G^d S^gr.*

Sire, il est venu une nouvelle non encores bien asseurée à mon advis, que le roy de Tartarye envoyé d'icy a esté bien reçeu là (en Tartarie); et que le filz de son prédécesseur s'en vient icy. Il a esté porté aussy une lettre le l'Empereur au G^d S^gr par la voye de Ragouse. Je n'ay peu encores en avoir la copie : celuy qui l'a traduicte (elle est escrite en latin) m'a dit que ce sont plaintes de ceux qui commandent en les frontières de Hongrie de n'avoir point faict observer ce qui avoit esté arresté par son premier Bassa [1] ; et qu'ilz sont cause aussy que son Ambassadeur n'a pas esté envoyé ; et que par ce traicté on a promis de rendre Canise ; qu'il envoye la présente par une voye extraordinaire affin de sçavoir son intention, et s'il a esté advisé au vray de tout ce qui s'est traicté. Si cela est, il semble que ce soit pour rentrer au dit traicté, et par mesme moyen que ce qui s'est faict à la diète de

---

1. *Morath* qui avait conclu une trève de 20 ans en novembre 1606.

Ratisbonne[1] n'a pas suivy ses desseings. Il avoit couru un grand bruit de sa mort, mais ceste nouvelle qui n'a eu suite depuis, perd toute créance. Et l'armée de mer, je pense que Morat Rays la commandera ceste année, le Général de mer se trouvant malade et de peste, ce dit-on. Ce ne seroit pas grand dommage, estant, à ce qui se peult juger de luy, homme très dangereux et de fort maligne nature. Il estoit celuy qui faisoit plus sonner les raportz de Mustapha Aga ; il croioit bien à mon advis, faire autre chose qu'il n'a faict ; et jusques à maintenant les choses sont en mesme estat que je faisois entendre par ma dernière depesche. Il ne s'est rien présenté depuis pour me faire passer en Constantinople, et j'ay creu que le meilleur estoit de laisser vieillir ces premières crieries. Cela est cause que je n'en ay faict autre semblant. Depuy il ne se dit rien de Perse, ny ne sont venues nouvelles du premier Bassa ; sinon qu'il a esté porté d'Egypte quantité de vivres en son armée, qui en a chassé la misère et la famine. Les rebelles se sont un peu reculléz ; et semble que le chemin qu'ils ont pris soit pour leur donner plus de commodité de se retirer vers la Perse s'ils sont presséz ; les préparatifs que l'on a faictz contre eulx sont tels que, si on n'en a raison ceste année, je ne sçay pas quand ce pourra estre. Le G^d S^{gr} relasche beaucoup des exercices qu'il vouloit faire, s'amusant beaucoup plus parmy les femmes ; mais il ne perd point le soing de ses affaires, lesquelles il veut sçavoir au vray et tasche aulztant qu'il peult de les mettre en bon estat ; il ayme la justice, estant ce qu'il commande le plus à ses vizirz ; les menaçeant s'ilz ne la font bien, et les taxant d'ordinaire de n'en estre pas assez soigneux, Il ne perdra point l'occasion d'asseurer bien la paix en Hongrye s'il la trouve ; mais non pas en rendant Canise ny quelque autre telle place.

Sire, je supplye, etc.

SALAGNAC.

1. Ce qui peut se traduire ainsi : *Parce que la diète de Ratisbonne n'a pas ratifié les propositions qui lui avaient été faites.* — L'Empereur avait en effet convoqué cette diète en janvier 1608, afin d'obtenir des subsides contre les Turcs, mais les députés se séparèrent sans avoir rien voté.

1608 (26 JUIN).

Orig. fol. 60.

AU ROY

SOMMAIRE : Le nouveau roi de Tartarie a été bien reçeu dans son royaume. — Il a fait égorger ses neveux. — Orgueil des Turcs. — Morat Rays a pris le commandement des galères. — Le « fils du Boulanger » nommé général contre les Rebelles n'est pas encore parti. — Conversation de M. de Salignac avec le Général de mer. — Plaintes de ce Bassa. — Réponse de l'ambassadeur. — Estime que les Turcs ont pour le Corsaire Morat Rays. — M. de Salignac pense qu'il est préférable de rompre avec la Porte plutôt que de supporter les insolences de ceux de Barbarie. — Le roi devrait se plaindre au Gᵈ Sᵍʳ. — M. de Salignac indique le sens dans lequel il faudrait écrire cette lettre.

Sire, nous avons sceu asseurement la reception du Roy de Tartarye tiré des prisons d'icy pour envoyer regner là ; lequel y a esté très bien reçeu et y est sans nulle contradiction. J'avois auparavant dit à V. Mᵗᵉ, comme les plus jeunes enfans du roy son prédécesseur avoient esté envoyéz icy par leur frère aisné ; et luy mesme fut tellement persuadé, qu'il prenoit le mesme chemin avec son second frère, homme desja faict ; ilz furent rencontréz par le frère du Roy qui y regne maintenant ; lequel les surprenant et sans qu'ilz eussent aucune deffiance, les fit tuer tous deulx. Ce a esté icy une agréable nouvelle de sçavoir cest homme envoyé par eulx, bien venu là, et reçeu ; et n'oublient pas d'en vanter leur grandeur et bonne fortune. Ilz ont quelque raison, et s'il eust succédé autrement, ilz eussent peu se repentir de l'avoir attenté. Morat Rays est party avec huict gallères d'icy pour aller trouver les aultres qui estoient desjà dehors, et les commander touttes ; attendant l'arrivée du Général de mer, qui bien garry de sa maladye se prépare pour sortir bien tost. Celuy qui va général contre les rebelles est encore en ses tentes, attendant les troupes de la Romanye qui vont quant et luy [1] et les Tartares que l'on envoye en son armée. Il sortit de Constantinople avec touttes les cérémonyes des premiers et plus auctoriséz visirs, et tout son équipage estoit très grand ; s'il faict quelque chose il y a très grande apparence que la charge de premier Bassa visir venant à manquer, sera pour luy ; et ce pourra estre un exemple d'une des plus grandes fortunes d'un homme particulier, qui aye esté depuis

---

1. *Avec lui.*

quelques siècles. Le général de mer d'icy estant bien regary [1], et sachant qu'il parloit partout, et du pire accent qu'il pouvoit, des esclaves turcs arresléz aux gallères de V. M^té, et qu'il ne faisoit que vanter la bonne amytié angloise, je voulus oyr moy mesmes ce qu'il en disoit et l'allay veoir. Sa mine fut presque meilleure que de coustume, et ne me parloit nullement de cela, mesmes ces propos s'en reculoient autant qu'il pouvoit ; qui fit que je luy ay demandé pourquoy, se pleignant tant de nous comme il faisoit partout, il ne m'en parloit pas ; que cela me faisoit soupçonner qu'il conservast quelque mauvaise volonté ; qu'en telles occasions le môien de remédier aux chosez estoit de s'en esclaircir ; que cela ne se pouvoit bien que par moy qui luy dirois véritablement et fort franchement la vérité de tout. Ainsy entrasmes en ce propos ; il exagéra fort les plaintes qu'ilz font, que j'ay desjà si souvent redites : ces esclavez délivréz par le prince Maurice qui ont eu passeport de V. M^té, retenuz touttesfois ; le traitté de Mr de Brèves en Thunis, sur l'asseurance duquel on luy bailla près de quatre vingts françois esclaves que l'on a retenuz sans rendre aucun ; que Marseille se rend une nouvelle Malte contre eulz, s'y armant pour cest effect à toutte heure des vaisseaulx ; que tous les navires de course ne sont armés que de françois. Et de ces généralités vint aulx particularités, quelques unes vrayes et d'aultres faulces aussy ; et entre autres choses me dit que, tout nouvellement s'est trouvé ung vaisseau de Marseille au port d'Alexandrète près d'Alep, lequel faisant semblant de faire rabiller son vaisseau, se servoit de Mores, et la nuict les attachoit en ayant ainsy desjà prins ung bon nombre, prest à s'en aller lorsqu'il fut descouvert par ung des Mores qui se sauva, et furent les ditz mores trouvéz pour cela. Je lui asseuray, s'il estoit ainsy, n'en ayant eu encores aucunes nouvelles, que V. M^té en feroit faire la punition en quelque part qu'il se trouvast, comme de touttes telles choses ; je niay qu'il s'armast à Marseille pour course, bien qu'il en soit quelque chose ; et pour les françois qui se trouvent dans les vaisseaux je les excusay selon que j'ay accoustumé et que V. M^té m'a ordonné. Pour les deux premiers, je creus ne les pouvoir nyer, ny ne les debvoir excuser mais bien dis-je, que cela ne se faisoit point oultre la permission et commandement de V. M^té, laquelle atteinte de tant de maux que ses subjectz souffrent, n'a peu leur

1. Guéri de la peste.

desnier ce recours et esperance, que par là touttes telles choses cesseront, que V. M^té les retient avec regret et desplaisir, et sans Dieu mercy, en avoir affaire, pouvant avoir tousjours pour armer, autant de gallères qu'il luy plaira; mais que elle ne peult pas sans ressentiment veoir le mal de ses subjectz; que à cela le remède doibt venir d'eulx; qu'ils facent de leur costé qu'ilz tesmoignent par effect vouloir observer les capitulations qu'ilz ont avec elle et que de sa part elle le fera aussy; mais qu'il fault traitter esgallement; que V. M^té, que Dieu a faict naistre le plus grand Roy de la Crestienté par ses vertuz, s'est rendu le plus grand du monde; qu'il fault qu'ilz le sachent et qu'ilz se gouvernent selon cela. De là je vins aux particularitéz des plaintes, et luy en contay ung beau roole, mesmes de Morat Rays et de divers esclaves françois mal pris que luy mesmes tenoit, dont nous ne pouvions avoir nulle raison; qu'il estoit temps d'y pourveoir de peur de pis, et que l'ordre bien souvent venoit du désordre. Ainsi nous nous séparasmes sans autre conclusion. Je ne puis m'empescher Sire, de vous dire que c'est grand cas de l'estime qu'ilz font de ce Morat Rays, non seullement comme du meilleur homme de mer qui soit au monde et le plus fortuné; mais encores ilz le tiennent pour ung sainct; et le G^d S^gr mesmes est abbreuvé de ceste opinion; et cela est de tant plus estrange que il est plus esloigné de touttes les bonnes qualitéz que l'on luy donne.

Sire, la chose est telle qu'il fault tascher à y donner ordre, ou bien il fault tout a faict rompre avec eulx; car enfin il en arriveroit plus de mal; et V. M^té me pardonnera, s'il luy plaist, sy j'ose luy en dire mon oppinion, remettant aux siennes, soubz lesquelles je ployray tout mon jugement et ma très humble obéyssance. Il me sembleroit Sire, qu'une lettre de V. M^té à ce G^d S^gr seroit très à propos, luy faisant entendre que tant de torts et d'outrages que ont reçeu et reçoivent journellement ses subjectz, tant en Barbarye que aux aultres endroictz de son empiré, et tant d'esclaves françois mal pris retenuz par si longtemps en ses galères, sans que ses ambassadeurs ayent rien peu pour leur délivrance, l'ont contraint avec regret et déplaisir de faire retenir dans les siennes, de ses subjectz; aussy que la bonne considération et amytié qui de longtemps est entre voz prédécesseurs, a esté souvent utile à touz deulx et que V. M^té désire la conserver et entretenir et mesmes l'affermir plus qu'elle ne fut jamais; et que partant elle a jugé le debvoir adviser de ces choses et le prier qu'il s'y donne remède, remettant à vostre ambassadeur résident icy, de le négotier ; et que V. M^té ne faudra nullemeut à ce qui sera accordé. C'est ce que je croy nécessaire, Sire ; les paroles seront mieulx dittes et plus entendues, sy V. M^té en trouve bon le subject, par ceulx qui en auront la charge ; et j'auray soing d'en faire la traduction bonne et vive : sinon, Sire, comme en toute autre chose, je feray ce qu'il luy plaira me commander ; et traineray, attendant ceste responce, les choses le plus doucement que je pourray, continuant mes vœux, etc.

SALAGNAC.

1608 (12 JUILLET).

Orig. fol. 61.

AU ROY

SOMMAIRE : Naissance de Gaston d'Orléans. — Soumission d'un des principaux Rebelles. — Il est égorgé ainsi que 300 de ses soldats. — Caractère du général de mer. — Rixe entre quelques serviteurs de l'ambassadeur d'Angleterre et les soldats français au service de la Turquie. — Intervention de M. de Salignac. — Conseils qu'il donne aux soldats français. — Ancienne amitié de l'ambassadeur et du général de mer. — Ambassade envoyée par l'archiduc Mathias. — M. de Salignac regrette que l'on n'ait pas mis à profit la situation critique de l'empire ottoman.

Sire, je ne puis qu'avant toutes choses, je ne loue Dieu de la faveur qu'il faict et à V. M^té et à tous ses sugets, par ceste heureuse naissance de princes[1]. Il luy a pleu de bien fortifier la principale avenue de leurs frayeurs par ces invincibles rempars yssus d'où ilz sont, nourris et eslevés selon le soing de V. M^té. Je n'apréhende point la crainte de quelques uns, je m'en courrouce mesme, et me semble qu'elle naisse de quelque mauvaise volunté. Je voy plus loing s'en estendre l'ombre et l'odeur des fleurs de lis ; et le monde ne sçauroit trop avoir de telles créatures. Dieu les maintienne de sa grâce Sire, avec le mesme soing qu'il luy a pleu les donner.

Par ces dernières lettres que j'ay eu de V. M^té, Elle juge la ruine des rebelles et très bien. Il fauldroit quelque chose qui ne se peult penser pour les garentir. Un jeune homme, des principaulx d'entr'eulx, avoit esté pratiqué[2] par le général qui va contre

---

1. *Gaston, duc d'Orléans,* né le 25 avril 1608, porta d'abord le titre de duc d'Anjou, puis celui de duc d'Orléans en 1626.
2. Gagné.

· eux ; il l'estoit venu trouver ; il mena quelque trente chevaulx icy
quand et luy, et en laissa trois cens ès environs de Bursie. Il fut
très bien reçeu et caressé ; et celuy qui l'avoit pratiqué en faisoit
cas, tesmoignant de s'en voulloir principalement servir ; et de vray
il monstroit quelque chose de bon : Quelque dégoust qu'il feist,
bien légèrement luy feist lascher quelque parole, comme repentant
de ce qu'il avoit faict : ceste nuict mesmes on luy coupa le col avec
tous ceulx qu'il avoit avec luy, et donna-on tel ordre que les
aultres trois cenz laisséz à Bursia furent aussy touz tailléz en
pièces.

Je luy ay faict entendre si souvent et si au long ce qui est touchant les pleintes que nous faisons et que nous oyons, et mesmes
par ma dernière, que ce seroit importunité de les redire. J'attendray seulement ce qu'il luy plaira de me commander : j'ay veu
encores depuis ce, le Général de mer, et nous esclaircismes de
sorte que nous séparasmes fort bien ; et de sa partie, fit grandes
protestations et d'amitié particulière et d'asseurance qu'il fera tout
ce qu'il pourra pour conserver et affermir l'ancienne amitié et confédération qui est entre la couronne de France et celle-cy. C'est
celuy qui gouverne le plus son maistre, le voyant particulièrement, et hors des heures accoustumées. Je ne scay que me promettre de luy, le cognoissant d'une nature assez maligne et l'ayant
veu tout d'un coup et sans autre raison que des raportz de Mustafa Aga, se déclarer tout anglois. Voyant qu'il n'y a rien gaigné,
il m'a fort dit qu'il se repend. Et sur cela Sire, je diray à V. Mté
que quelqu'un de la maison de l'Ambassadeur d'Angleterre,
suborna quelques esclaves qui estoyent à ces soldatz françois qui
sont icy, et les emmena avec quelqu'un de leurs enfants ; c'estoit
lorsqu'ilz estoyent à l'armée ; dernièrement estant revenus, ils en
demandèrent raison à cest ambassadeur qui les payoit de responces
assez froïdes et enfin se voullust fascher ; de sorte que deulx de
ces soldatz. trouvans deux des siens en la rue avec les espèces, les
leur ostèrent et menaçoyent de faire pis, dont il prit l'alarme bien
chaude. Le mesme jour unze desdits soldatz, eschaufféz de cela
·et de vin, s'en allèrent pour parler à luy ; lequel leur fit tirer des
·harquebusades par ses fenestres, de sorte qu'il y eut un des dits
·soldatz tué et deux autres de blesséz ; on tira de part et d'autre,
de sorte que l'on vint me dire que ces soldatz en gros l'avoyent
assailly et le forçoyent dans son logis ; qui me fit sortir de céans
pour y aller donner ordre si je pouvois, ou par force ou par dou-

ceur; avisant plus à ce qui se debvoit, qu'aux particullaritéz passées paradvant parmy nous. Allant pour cela, les dits soldatz se
retirèrent, qui me fit revenir aussy : il estoit plein de peur et d'effroy; j'envoyé pour l'asseurer et quand et quand[1] vers toute la
troupe des soldatz, à ce qu'ilz ne passassent point en gros pour luy
faire venir desplaisir, et je les fis arrester. Les deux soldatz blesséz et deux de leurs compaignons s'arrestèrent en une hostellerye
de Gallata, où ilz furent pris par le général de mer qui sortit la
nuict avec quelques deux cens hommes; en prenant ceux-là ilz
prindrent un lapidaire que M. de S¹ Aubin[2] amena quand et luy,
un chirurgien d'un navire de Marseille et bien deux cens cinquante
escus, lesquelz estoyent au dit sieur S¹ Aubin que ce lapidaire
avoit; le lendemain j'envoyay l'interprète Olivier au général de
mer pour demander ce lapidaire et le chirurgien, lesquelz avoyent
esté miz aux gallères avec les autres, et l'argent que l'on avoit
pris. Au lieu de les rendre il dit forces parolles mal à propos,
nyant l'argent et disant que c'estoit une faulceté; je m'en piquay,
et y allay soudain moy mesmes plein d'aigreur et de despit. Il me
fit soudain deslivrer les hommes; et pour l'argent me promist
qu'il travailleroit de sorte qu'il seroit recouvert, qui estoit bien
mal aysé, estant faict de nuict, et ne se sachant qui c'estoit. J'en
ay depuis recouvert plus de la moitié, et attendz encores que tout
le reste ne se perdra pas. Cependant il voulut entreprendre la
deffence de l'ambassadeur d'Angleterre que les soldatz poursui-
voyent au Divan, et firent en sorte que l'on envoya sur les lieux
pour en informer, et ont tellement poursuivy depuis, qu'ilz ont
obtenu un ordre pour faire mourir celuy[3] qui a tiré leur compagnon; et le général de mer a eu le commandement de le faire
exécuter, tesmoignant en voulloir tirer de la commodité, et pressant lesditz soldatz de poursuivre vivement pour pouvoir mieulx
faire son faict. Il rendit les soldatz qu'il avoit mis à la chaisne, et
leur fit des présens, et les favorise maintenant contre le dit ambassadeur qui avoit toute sa fiance en luy. Par là V. Mᵗᵉ jugera de

1. Et quand et quand, c'est-à-dire : *en même temps*. (Dictᵣᵉ de l'ancien français
par La Curne et Sainte-Palaye.)
2. *Louis de Harlay*, Sᵍʳ *de S¹ Aubin*, gouverneur de S¹ Maixent, second fils de
Robert de Harlay et de Jacqueline de Morainvilliers. Il était frère de Nicolas de
Harlay, Sᵍʳ de Sancy, et beau-frère de Mᵐᵉ de Monglat, gouvernante des enfants
de France.
3. Faire mourir l'Anglais qui s'était emparé d'un des esclaves appartenant aux
soldats français.

ses humeurs, et davantage quel homme est cest ambassadeur contre
lequel on a donné tel ordre et pour telles gens. La chose est maintenant en ces termes, et l'on a deffendu aux soldatz de rien entreprendre sur luy, tant que le danger luy faisoit peur. Il a envoyé
tous les jours veoir, me voullant fort faire sçavoir combien il
m'estoit obligé depuis la deffence de l'ataquer. Je n'ay point eu de
ces nouvelles durant toutte cette brouillerye. Je n'ay voullu rien
parler pour les dits soldatz françois, bien que les vizirz m'envoyassent prier de les accorder : disant qu'ils estoient soldatz du
G^d S^{gr}, que bien que de nation ils fussent françois, si n'estoyent-
ils point maintenant soubz ceste bannière ; que lorsque le G^d S^{gr}
les auroit licenciéz, ce seroit autre chose ; que ce que je pouvois
estoit de les conseiller s'ilz m'en demandoyent adviz, et faire ce
qui leur seroit commandé par eulx. Ceste responce les contenta
fort ; et m'envoyèrent soudain les ditz soldatz pour prendre mon
advis ; ausquelz je dis la mesme chose ; et sur cela ilz consentirent
à n'entreprendre rien sur le dit ambassadeur d'Angleterre, et pro-
testèrent aux vizirz qu'ils ne l'eussent jamais faict sans ce que je
leur dis ; dont ils m'ont tesmoigné me sentir beaucoup de gré ; et
c'est depuis cela que le Général de mer et moy, avons renouvellé
nostre première amitié, et qu'il m'a dit tant de bonnes parolles.

V. M^{té}, Sire, me pardonnera s'il luy plaist, si je luy ay dit si au
long ceste chose de rien ; mais peult estre y a quelque occasion
qui en mérite excuse : Quoy que ce soit Elle sçaura que c'est la
pure vérité comme la chose s'est passée, qui a faict icy une merveilleuse rumeur. On attend icy une grande ambassade de l'Archiduc Mathias ; et s'y réjouist-on beaucoup de ces divisions qui font
honte à la Chrestienté ; ainsy par force on leur fera faire leurs
affaires, si minées ces mois passéz, que l'espérance de les pouvoir
remettre en estoit perdue. Ce sont les secrets de Dieu, qui seul
sçait le temps des choses mais qui veult faire cognoistre aux
hommes combien peu ils sçavent prendre les choses comme il
fault, et par là leur faire mespriser et la raison et la sagesse
humaine. Je le requiers qu'il luy plaise se contenter de cela sans
en faire sentir le chastiment quelquefois, que ce prince (*Achmet*)
plus aagé et plus à son aise pourra en entrer en mespris de ceulx
qui l'ont si doucement traitté.

Sire, je supplyerai, etc.

SALAGNAC.

1.608 (27 JUILLET).

Orig. fol. 62.

AU ROY

SOMMAIRE : *Les Turcs se réjouissent de l'arrivée des ambassadeurs de Hongrie qui apportent le Tribut. — Jalousie entre le général de mer et le « fils du Boulanger ».*

Sire, Depuis ma dernière du XII° du présent il n'y a rien de nouveau que l'arrivée d'un de la part de l'ambassadeur qui vient de la part de l'archiduc Mathias[1] pour faire apprester son logis, donnant toute assurance de sa venue. Je ne sçaurois dire combien ceste nouvelle a esté agréable icy et combien ilz le tesmoignent. Ilz mirent soudain plus de six vingtz personnes à rabiller le logis. Le dit Ambassadeur porte le tribut de la Hongrie, qui redouble leur ayse et leur audace ; et à la vérité ilz eussent donné l'argent de la dépence du voyage très volontiers : ainsy ont-ilz beaucoup plus qu'ilz n'avoient espéré. Celuy qui est venu, dit que l'Empereur est de très bonne intelligence avec son frère, auquel il a donné avec la Hongrye, la haulte et basse Aultriche et la Moravye. Le G⁴ S⁶ʳ lui confirmera la couronne de Hongrye, et ainsy il en jouira en repos : il dit aussy que l'empereur envoye icy pour confirmer tout ce que son père fera. L'aparat de cest ambassade est grand ; et sont bien cent cinquante personnes et plus de cent cinquante chariotz, et disent qu'il y a quantité de personnes de qualité. Cependant les nouvelles d'Italye sont que l'empereur et son frère sont très mal.

Il y a six jours que le Général qui va contre les rebelles partit de ses tantes, et n'a faict encores que deux logis qui ne sont pas plus de deulx lieues : il attend les hommes de la Romélye, ce dit-il, mais à la vérité il ne se veult point esloigner et laisser icy le Général de mer. Cela mesme empesche le général de partir, tant ont ilz des soupçons l'un de l'autre, etc.

SALAGNAC.

---

1. Nous avons vu (page 212, note 2) que l'archiduc Mathias avait été reconnu roi de Hongrie, en juin 1608.

1608 (12 aout).

Orig. fol. 63.

AU ROY

*SOMMAIRE : Le roi veut agir contre la Barbarie. — Maladie de M. de Salignac.
L'ambassadeur de Transylvanie est arrivé à Constantinople. — Ses menées
contre l'Empereur. — Nouvelles de Morath Bassa et de Calender Ogli. — Le
général de mer attend une lune favorable avant de s'embarquer. — Dépenses de
l'ambassadeur.*

Sire, j'eus l'honneur de recepvoir le 30ᵉ du passé deux depesches
de V. Mᵗᵉ du 20ᵉ may et 3ᵉ juing, et veu par icelles le désir qu'elle
a de ne souffrir davantage les maulx que ceulx de Barbarie font
sur ses subjectz : elle désire seulement que les choses soient en
estat qu'il n'en puisse mal arriver. Cela ne se peult sans quelque
temps : je l'avois bien tousjours creu ainsy comme le seul bon
moyen d'y remédier, et ceux que je ay proposéz à V. Mᵗᵉ depuis
l'arrivée de Mustafa Aga qui a brouillé icy, aultant qu'il a peu,
toutes choses, est seullement pour gaigner ce temps, et que ce
pendant il ne se fît quelque chose mal aisée de remédier puis
après ; de sorte que je continue tousjours en mesme oppinion.
J'avois résolu de donner temps au temps et laisser couler cest
affaire avec longueur ; mais il a pleu à Dieu le bien faire par autre
voye m'ayant retenu près de deux mois sans pouvoir sortir de la
chambre ; j'y suis encores, mais avec quelque espérance d'ameil-
leurement. Soudain que je pourray sortir je verray ce visir qui a
souvent voulu sçavoir de mes nouvelles durant mon mal, et lequel
désire beaucoup que nous traitions l'affaire de ces esclaves. Ce
sera de façon que V. Mᵗᵉ ne sera en rien engagée, et laquelle
sçaura aussy tost ce qui en a esté.

Pour nouvelles on attendoit comme j'ay faict entendre à V. Mᵗᵉ
l'ambassadeur de Hongrie envoyé par l'archiduc Mathias ; on a
avec une grande dilligence rabillé son logis ; et celuy qui est venu
préparer ce qui luy fault, asseuroit son arrivée au quinsièsme du
présent au plus tard ; aussy est il party de Bude et est arrivé à
Belgrade où il attend l'ambassadeur de Transsylvanie pour venir
ensemble ; mais cestuy cy a pris un autre chemin et est arrivé il
y a plus de huict jours icy ce pendant que l'autre l'attend. Et
par ce qu'il traicte il se void que c'est directement contre le dit

archiduc, voulant faire veoir combien il importe à ceste Porte[1], si
on accorde au dit archiduc ce qu'il demande, et asseurant que
c'est un dessain de l'Empereur et de luy pour advantager leurs
affaires, qui auront par ce moyen, la Hongrye asseurée et la
Moldavye, Bogdanye et Transsylvanie tellement unyes que ce ne
sera qu'une mesme volonté. Il désire que l'on ne fit rien avec eulx, .
et que selon ce que l'on a promis icy à son maistre, qui est de
la maison des Batory, on luy confirme la couronne de Hongrye,
s'ofrant avec cela, d'arrester tous les progrès de l'Empereur et de
son frère. Ces gens icy sont fort ayses de cela.

On ne sçait rien de certain de l'armée du premier Bassa :
quelques uns disent qu'elle s'est tellement diminuée qu'il s'est
raproché d'Alep, et asseure-on que Calender Ogly estoit allé pour
le rencontrer après la mort de Tacnil. Son frère s'est faict chef de
ces troupes et s'est déclaré ouvertement rebelle. Le général qui est
party contre eulx est encores à Smirte[2], trois journées d'icy, où il
attend de rallier ses forces qui seront grandes et bonnes; car toute
la [Ro]melye court le trouver. Cela ouvriroit bien de belles occasions à ceste armée du Roy d'Espagne qui s'est dressée avec grand
apparal à Naples, si elle avoit dessain, comme l'on croit en Italie,
de donner en Albanie. Jusques à présent on ne sçait icy nullement ce qu'elle faict, ny si elle est encores là, où bien si elle en
est partie ; si est ce que la saison est bien advancée et la despence
en a esté très grande. V. Mté le sçaura bien mieux que nous : Depuis
trois jours seulement le général de mer est party pour aller joindre
le reste de l'armée, mais si doucement qu'il est encores à la veue
d'icy : c'est pour attendre la nouvelle lune, ses devineurs luy faisant croire qu'il estoit fort dangeureux qu'il partit ceste cy. Il
pourra faire demain voile, et croy que toute l'armée sera de trente
cinq gallères. Cependant ce Sgr est en une de ses maisons aux
champs avec les dames, et prenant le plaisir de la chasse.

Voilà toutes nouvelles Sire, et j'oseray la suppler très humblement voulloir commander l'assignation et payement de frais
extraordinaires que j'ay faictz icy depuis y estre. Oultre que c'est
la coustume, Sire, c'est par son commandement et j'oze bien
asseurer que nuls ne furent jamais faicts plus utilement, ni plus
fidellement couchés. C'est de V. Mté et non de mes larreceins, que

---

1. C'est-à-dire : *combien leurs desseins sont contraires aux intérêts de la Porte.*
2. Peut-être *Ismid,* ancienne *Nicomédie,* à 100 kilomètres sud-est de Constantinople, au fond du golfe d'Ismid.

je prétends du bien. La longueur que l'on faict de les expédier me faict bien juger que sans son commandement exprès, on ne le fera que mal aisément. Cela me contrainct Sire, à cette importunité que je supplye très humbtement V. M^té me voulloir pardonner, etc.

SALAGNAC.

1608 (11 SEPTEMBRE).

Orig. fol. 66.

AU ROY

SOMMAIRE : Arrivée de l'ambassadeur de Hongrie. — Il est étroitement gardé. — Défaite de Calender Ogli et des Rebelles par Morath. — Nouvelles plus satisfaisantes de Barbarie. — Imprudentes concessions des Marseillais. — M. de Salignac demande la mise en liberté des Turcs prisonniers à Marseille.

Sire, Le XXVIIe du passé qui fut ma dernière depesche, il n'y avoit rien de nouveau icy : depuis est arrivé l'ambassadeur de l'archiduc Mathias qu'il dit estre Roy de Hongrie, et que son frère luy a cédé haulte et basse Austriche, la Moravye et encores le royaume de Bohème en cas qu'il n'eust point d'enfans. Il veult seulement ratiffier la paix de la part de l'Empereur, qui a esté conclue de part et d'autre en Hongrie, et ne veult rien traitter. Il a porté cent mil dallars en argent et autant en présens, dont la plus part est vaisselle d'argent doré, horloges et quelque beaulx vases d'agathez et de christal, et est venu avec bien cent cinquante hommes. Je croy qu'il baisera dimanche prochain les mains ; et puis il traittera : on sçaura mieux ce que ce sera. Il est logé où souloient estre les ambassadeurs de Hongrie en Constantinople, et est bien soigneusement gardé ; et les chaoux qui en ont la garde ont eu desjà de grands desbatz pour cela. Après qu'il fut arrivé j'envoyé mon frère[1] le visiter, ne pouvant le faire pour ma maladye ; on ne fit nulle difficulté à le recevoir et tous ceulx qui estoient avec luy. Le lendemain l'ambassadeur d'Angleterre y alla : on luy ferma la porte au nez bien rudement. Tous deulx[2] s'en voulurent plaindre au Bacha, mais il les plaignit davantage de leur pleinte

1. Jacques de Gontaut, Sr du Carlat.
2. Tous deux : *L'ambassadeur d'Angleterre et celui de l'archiduc.*

et les choses en sont demeurées là, et le dit Bacha n'a faict nul
semblant d'avoir trouvé mauvais ma visite[1].

Ce rebelle de Calender Ogly a eu la hardiesse d'aller rencontrer
le vizir; et faisoit grande diligence pour gagner un destroit de
montagne qui luy donnoit beaucoup d'advantage; mais le premier
Bassa en ayant eu quelque advis, y envoya l'Aga des Janissairez[2]
qui fit telle diligence qu'il y arriva plus tost de trois ou quatre
heures que le dit Calender et s'y fortiffia; de sorte que, quelque
effort que l'aultre fit, il ne l'en peust déloger; qui le fist se loger
à la campagne. Deulx jours après y arriva le premier Bassa, et
soudain passa le destroit vers le dit Calender; lequel ne s'en
estonna point, disposa ses trouppes en sept esquadrons, trois mil
chevaulx et mil hommes de pied en chacun. Le combat fut aspre
et furieulx; enfin il fut contrainct de se retirer, ayant bien perdu
trois mil hommes et le Visir guères moins; mais tout son bagage
demeura; c'est ce qui en est venu de certain. On ne sçayt point
encores ce qu'il est devenu et le chemin qu'il a pris, mais on dit
bien qu'il a douze mil chevaulx quant et luy. Ce que nous n'avons
point de nouvelles depuis, fait juger qu'il ne luy est survenu rien
de pis : s'il eschappe ce mois, il se remettra aysément et sera à la
mesme force à la prochaine sayson, de donner plus de peine que
jamais, et se renforcera plus qu'il n'a esté; mais ce premier Bassa
faict ce qu'il peult pour en venir à bout.

Sire j'ay eu des nouvelles de Barbarye ces jours passés : les
commandemens que j'y ay envoyés ont faict mettre en liberté le
Consul et autres arrestés après le saccagement de Bone : quelqu'un
y a esté de Marseille, qui a encores promis de la part de V. M[té] de
rendre dans quatre mois tous les Turcs retenuz dans ses gallères;
à condition que cela ne se faisant, tout le mal qu'ilz feront ne leur
pourra estre imputté, ne ce qu'ilz prendront, redemandé; et sur

---

1. On ne s'explque pas la raison pour laquelle l'envoyé de l'archiduc était si
soigneusement gardé par des chaoux. — La confiance que les Turcs paraissaient
témoigner dans cette circonstance à l'ambassadeur de France résultait probablement de la bonne volonté qu'avait montrée Henri IV à intervenir pour amener
la paix entre l'Empire et la Porte, comme la lettre de M. de Salignac du
12 novembre suivant semblerait l'indiquer.

2. Ce Bassa continuait à entretenir de très bonnes relations avec M. de Salignac. « Vers la fin d'aoust, rapporte d'Angusse, Aly, Janissaire Aga escrivit de
l'armée de Morath Bassa à M. de Salagnac comme ils avoient rencontré les
rebelles, et en avoient deffaict 6.000, et estoient Calender Ogli et Saïd leurs Chefs
blessés; et ce, près de Clara Hissar ». (Kara Hissar, en Caramanie, à 220 kil.
N. E. de Konieh.)

cela ont encores donné des esclaves et quelque vaisseau. Ces traittés nuisent et justiffient ce qu'ilz font, et leur[1] donne icy beaucoup de réputation et de force et de bonne conduitte : ilz se fussent mieux faictz icy. V. M^té me pardonnera s'il luy plaist, si je luy dis qu'il me semble qu'ilz s'y doibvent finir, affin qu'elle en aye le gré et qu'ilz né croyent pas que c'est par force que les dits esclaves seront renduz ; et la très humble dévotion que je porte à son service faict, qu'estant icy et voyant bien les choses, je ne puis encores m'empescher de désirer l'eslargissement de ces Turcs ; et je m'asseure que, quoy que l'on veuille dire à V. M^té, elle trouvera que ce sera bien faict, mais que cela vienne de soy et icy tout droict ; je le sçauray bien faire valloir et avec honneur et advantage de ses subjectz ; me soubzmettant toutefois à ce qui luy plairra, que je suivray selon les commandemens que je recepvray, etc.

Salagnac.

1608 (11 septembre).

Orig. fol. 67.

A M. DE PUISIEUX

SOMMAIRE : Si les Rebelles sont vaincus, l'empire turc retrouvera sa puissance. — Les Turcs n'ont plus confiance dans les promesses des Français.

Monsieur, Vous apprendrés par celle du Roy toutes noz nouvelles. Si ce rebelle eschappe tout ce mois et peult consserver les hommes qu'il a, il trouvera assés de moyen de mal faire à ceste sayson prochaine ; mais s'il s'achève de ruiner, comme le premier Visir se le promet et y travaille tant qu'il peult, cest empire est dellivré de ceste race de gens dont il a esté si longuement et si fort travaillé ; et y a grande apparence qu'il reprendra sa première force dont il estoit presque du tout destitué.

Nous croyons certainement icy que le prince Démétrius est rentré en Moscovye, où il commande sans nul empeschement. Cela seroit bien à propos pour les Pollonois, qui se brouillent peu à peu avec ce S^gr, et pourroient bien en estre attaqués si le bon heur de leurs affaires continue comme il commence de paroistre.

1. Et donne *aux Turcs*.

Il est temps de pourveoir aux affaires de Barbarye ; et si S. M^{té} trouve bon ce que j'en ay escript, et qu'il en escripve ainsy à ce S^{gr}, j'espère que l'on traittera avec honneur et advantage ; et je vous confesse que je ne sçay plus comment deffendre la rétention des Turcs qui sont aux Gallères de S. M^{té}, la plus part arrestés comme vous sçavés, et pour la dellivrance desquelz et soubz nos promesses ilz ont desjà tant dellivré des nostres. Ils en prétendent monstrer leur bonne foy, et la nostre mauvaise ; mais si S. M^{té} agrée ce qui me semble qui se doibt, j'espère bien qu'il en yra autrement et qu'on trouvera la dite rétention bien faicte, et sans la pouvoir blasmer en un si grand prince que le nostre ; et tous ses sugets en recepvront une merveilleuse utilité ; autrement il ne fault espérer nulle raison des maulx qu'ilz recepvront ; et il y a bien de l'apparence qu'ilz ne vouldront pas continuer de faire le cas de nostre amityé qu'ilz ont faict jusques icy : l'obligation de la charge où je suis, me contrainct à le vous redire si souvent, etc.

SALAGNAC.

1608 (26 SEPTEMBRE).

Orig. fol. 58.

AU ROY

SOMMAIRE : *Le premier Bassa poursuit Calender qui s'est réfugié en Perse. — Présents offerts au G^d S^{gr} par l'ambassadeur hongrois. — Intéressants détails sur cette ambassade. — La Porte ne tient aucun compte des demandes de l'ambassadeur. — Le G^d S^{gr} approuve l'élection de Bathory à la principauté de Transylvanie.*

Sire, il n'est rien venu de nouveau de ce rebelle de Calender Ogly depuis sa deffaicte que je mandois à V. M^{té} ; par elle seullement nous avons sçeu comme il a pris le chemin de Perse, et que le premier Bassa faysant suivre à grande dilligence, n'a laissé pourtant de le suivre luy-mesme, ayant laissé presque tout son bagage pour le faire plus légèrement. Il ne peult guères tarder que l'on ne sache ce qu'il en réussira. V. M^{té} en sera soudainement advertye, y ayant beaucoup d'apparence que si ce rebelle se sauve ce coup, cest hiver où nous allons entrer en fera bien déclarer d'autres, tant il y a de gens icy qui n'ayans pas bien rendu toute obéissance, craignent la rigueur de ce premier Visir.

Le XVIᵉ du présent, l'ambassadeur qui est venu de la part de l'archiduc Mathias baisa les mains à ce Sᵍʳ et présenta ses présens : et y avoit trente mil ducatz en or monnoyé ; le reste, faysant en tout jusques à deulx cens mil tallars, fut la plus part vaisselle d'argent doré, quelque vase d'agatte et de cristal garny d'or, horeloges, quelques cabinetz d'Allemagne, un couple de grandz miroirs enchasséz d'ébène tous garniz d'argent et deux grandz cofres dans lesquelz il y avoit d'autre vaisselle d'argent plaine. Tout cela fut reçeu fort agréablement[1]. Cest ambassadeur faict compte que l'archiduc Mathias, estant reçeu pour roy de Hongrie, doibt joïr de tout ce que joïssoient les anciens roys du dit pays, et partant, prétend que c'est à luy à mettre les vaïvodes en la Transsilvanye et Vallaquye, lesquelz luy doibvent obéissance, et dit que l'accord est ainsy faict avec le premier Bassa. Ceulx cy ont faict semblant de ne s'en soucier point jusques après qu'ilz ont reçeu le baisemain et obéissance, et quatre jours après ont dépesché l'ambassadeur de Transsilvanye, accordant à Batory la bannière et vayvodat du dit pays ; et me semble qu'ils tascheront d'en faire aultant de la Vallaquie. Cest ambassadeur demandoit encores comme chose accordée, que Canise et Agrya luy feussent rendues ; mais ces presens ayant esté reçeuz, cela luy a esté refusé comme chose du tout contraire à la coustume othomane ; a-il tasché à monstrer quelque exemple qui a esté faict autrefois pareil à ce qu'il demande ; mais ceux cy ne font nul semblant d'y vouloir entendre, et l'ambassadeur de sa part dit ne pouvoir rien faire oultre ce qui a jà esté accordé.

Je espère que, dans le premier ordinaire, V. Mᵗᵉ sçaura ce qui en sera passé : cependant icy on se rit d'avoir reçeu leurs présens, lesquelz doibvent sufire pour d'icy à vingt ans, se debvant visiter toutesfois avec d'autres présens à discretion de trois en trois ans.

C'est tout, Sire, que, etc.

SALAGNAC.

---

1. Bordier nous raconte également la réception de cet ambassadeur d'Allemagne, et fait des réflexions fort justes sur la rapacité et l'orgueil inconcevable des Turcs. Il nous rapporte ensuite un incident, sur lequel le Bᵒⁿ de Salignac est resté muet. Nous avons tenu à le relater, afin de montrer combien l'ambassadeur fidèle aux instructions qu'il avait reçues, tenait à conserver à Constantinople le premier rang que la France à cette époque ne cédait point à d'autres. (Voir *Pièces justificatives XV*.)

1608 (11 OCTOBRE).

Orig. fol. 69.

AU ROY

SOMMAIRE : Arrivée de l'Evêque de Thines. — Un chef de Rebelles se joint à Calender Ogli, et bat l'armée du premier Bassa. — Démarche pour amener la soumission de Calender. — Echec de la mission envoyée de Hongrie. — Mustapha Aga réclame une somme qui lui a été promise par le Roi. — Plaintes à propos des esclaves Turcs. — Funeste influence de Morat Rays sur le Général de mer. — Projets de l'Espagne en Albanie et en Afrique. — Ambassade en France de Don Pedro de Tolède.

Sire, j'euz hier l'honneur et le contantement de recepvoir quatre lettres de V. M^{té}, dont l'une du Xe juing est en recommandation de l'évesque de Thine[1]. Il y a longtemps que l'on m'a mandé qu'il venoit; toutesfois il ne comparoit pas encores; à la vérité sa venue seroit fort nécessaire s'il se sçait bien employer aux affaires de la Religion si desbordés en ce païs que c'est pityé; s'il marche du pied qu'il doibt, il trouvera icy assez de faveur par le commandement que m'en faict S. M^{té}; s'il prend autre biais il n'y demeurera guères, et sera mal aisé que je sois trompé en ce qui nuisera son service. Les trois autres sont du XVIIe juing, du XV et XXIXe juillet, que j'ay reçeues par la voye de Raguse, que Bourdin[2] m'a faict tenir par homme exprès, la seigneurie de Venize expédiant si rarement qu'elle le juge, recepvant tant de dépesches ensemble. Dieu soit loué cependant qui la maintient en toute heureuse prospérité, et veille continuer longuement ce bien a la Chrestienté.

Depuis ma dernière depesche qui est du XXVIe septembre, le Bassa faysant suivre Calander Ogly et le suivant luy mesmes, et ayant mandé à une bonne troupe de Turcomans (qui sont gens qui logent tousjours en leurs pavillons, avec tout ce qu'ilz ont, l'hiver vers Babilone et l'esté vers la Caramanye) de le venir joindre et prendre le chemin de ceulx qui estoyent à la suite du dit Calander, et qu'il les suivit; et eux le faysant, il se rencontra qu'un rebelle nommé Maïmon, lequel après la mort de Tacnild

---

1. *Tine ou Tino (anc. Tenos)*, île de la Grèce, dans le groupe des Cyclades, au S.-E. d'Andros.

2. *Bourdin* était résident pour le roi à Raguse.

avoit esté faict chef de ses troupes ; ayant sceu la route de Calander, se résolut de le joindre et le renforcer ; et marchant en diligence pour le faire, rencontra ces Turcomans lesquelz il deffit entièrement ; et le premier Bassa arrivant en ce temps, fiers de leur victoire, ilz ne doubtèrent point de l'attandre et de combatre avec luy, et là feirent souffrir aultant de perte pour le moins qu'ilz en reçeurent. Avant aller au combat ils avoyent envoyé leur esquipage devant, et sans autre route quittèrent le combat, et se mirent à suivre leur bagage : le premier Bassa les feit suivre en diligence, lesquelz se voyant joincts firent tel semblant d'estre éffroyés qu'ils abandonnèrent leurs bagages pour se sauver ; et ceulx qui les suivoyent, alléchéz de la proye, s'amusèrent à le piller. Le rebelle qui n'attendoit que cela, et qui estoit l'occasion de sa fuitte [1], tourna sur cela et les deffit entièrement, et se remit à son voyage avec tout son bagage ; et s'est joint avec Calender Ogly, lequel estant joint de ceux lesquels, après sa fuite, avoyent esté ordonnés pour le suivre sur le confin de Perse, tourna vers eulx ; et se battirent par deux jours en de grandz escarmouchez. Celuy qui commandoit les trouppes qui suivoyent le dit Calander, avoit esté pris l'année passée de luy ; lequel demanda de parler à luy (*Calander*), ce que l'autre voulut. Calander luy dit : « qu'il sçavoit bien qu'il ne vouloit que l'amuser, attendant la venue du premier Bassa ; que s'il eust voulu combattre, il en avoit eu assez de temps, et qu'il (*Calander*) luy en avoit donné assez d'occasions, qu'il se garderoit bien d'estre trompé ; et que luy, debvroit considérer qu'il feroit un grand desservice au Gd Sgr de le faire jetter par nécessité entre les mains du Roy de Perse, ce qu'il ne désiroit nullement ; qu'il sçavoit comme il l'avoit bien traicté, l'ayant prisonnier entre ses mains ; qu'il le prioit maintenant de faire qu'il fut asseuré que le premier Bassa luy en donnast le moyen [2] » ; l'autre luy asseura de s'y employer très volontiers. Sur cela le dit Calander se retira dans des montagnes aux confins de Perse, promettant d'y attendre de ses nouvelles, et l'autre eut responce du premier Bassa que, estant arrivé en certaine ville près de là, il feroit traicter avec luy (*Calander*) ; et que s'il estoit en bonne volonté de se remettre en son debvoir, il luy donneroit de quoy se contanter. Voilà l'estat de ceste guerre des rebelles. L'ambassadeur

1. *Ce qui était la raison de sa fuite.*
2. *Que le premier Bassa lui donnât le moyen de traiter.*

de Hongrye n'a rien advancé depuis, ny pour la Vallaquye et Transsylvanye, dont il prétent avoir la disposition d'y mettre des vaïvodes selon que faysoient les autres roys de Hongrye, ni que l'on rende Canise et Agrya comme il prétend qu'il a esté accordé; et croy qu'il n'aura rien de tout cela, tant pour l'importance que ce seroit aux Turcz qui les cognoissent très bien, que parce qu'il s'est trop laissé à faire paroistre le désir que son maistre a de la paix, et encores qu'ilz penssent le repaistre de bonnes chères et faveurs qu'ilz luy font, ayant recognu qu'il y prend grand plaisir, et encores pour avoir reçeu ces beaux présens desquelz il ne fault point espérer de restitution quoi qui arrive. Dans peu de jours on en verra ce qui en sera; car ces gens cy désirent fort de le renvoyer, et l'eussent desja faict sans qu'ilz désirent mettre en seureté celuy qui, de leur part, est allé à Vienne.

Pour ce qui regarde les affaires de V. M^{té} icy, après que Mustafa Aga a eu vomy tout son venin, il a esté bien estonné de voir ne pouvoir rien advancer, mesmes que le Visir luy défendit de parler plus de ces affaires. Cela le feit venir à mercy pour trouver moyen de s'excuser, mais davantage à mon advis pour pouvoir retirer les quinze cens escus qu'il disoit que Mr de Brèves luy avoit asseuré qu'il recepvroit icy par mes mains, sur le commandement que j'en avois de V. M^{té}. Mais voyant comme les choses estoient, je jugeay que le meilleur estoit de ne luy dissimuler rien, et luy dis que je n'en avois nul commandement, et que le miescontantement qu'elle avoit de luy me faysoit juger tout le contraire; et que, quant bien je l'aurois, il s'estoit si mal gouverné et si mal à propos que je n'aurois garde de luy donner rien sans l'avoir faict entendre à V. M^{té} et en avoir reçeu plus d'un commandement. Je ne l'ay veu depuis, et croy qu'il n'y prétend plus rien aussy. Mr de Brèves m'a bien escript depuis qu'il luy avoit promis qu'il tascheroit à luy faire donner mil escus par mes mains, mais qu'il se gouvernast bien à son arrivée; mais ce seroit bien mal employer. Le jugeay bien ainsy d'abordée, mais il me sembloit le debvoir dissimuler, pour veoir si l'espérance que je luy en pourrois laisser, luy pourroit faire changer son dessain.

Ces gens parlent et crient tousjours pour leurs esclaves, et moy pour les nostres et pour le peu de soing qu'ils ont de conserver l'alliance, qui est entre ces deux couronnes de si longtemps, qui ne peult plus durer sans une mutuelle bonne volonté: que V. M^{té} retiendra ces esclaves Turcs avec regret, mais qu'il fault traicter esgallement. Celuy qui tient la place du premier Vizir [1] m'a tousjours dit qu'il estoit rayson ; et sur le point de le faire, je tumbay mallade ; qui m'a retenu bien long temps au lict : j'en suis dehors, Dieu mercy, et au premier jour je verray comme il prétend que cest affaire se face : quoy que ce soit il ne se fera rien qu'honnorablement ; et suis seulement empesché depuis par un autre de Marseille : par lesquelz et l'un et l'autre ont des esclaves françois sur promesses que l'on leur rendra les leurs : et toutesfois ne l'ayant point voulu faire, ont retenu ceulx qui leur avoyent esté bailléz ; qui est contre toute bonne foy. C'est le général de mer qui s'obstine et faict fort valloir cela, poussé de Morat Raïs, par la volonté duquel se gouverne entièrement et duquel je espère peu avoir nulle raison, tant on l'a mis pour un très grand personnage dans la teste du G^d S^{gr} ; et estant tant aymé de ce général de mer, favorisé de son maistre plus que nul autre de cest empire ; et puis voyant leurs affaires au bon traict qu'ils sont : le roy de Tartarye qu'ils y ont envoyé, ayant esté reçeu sans nulle difficulté, comme j'ay desjà faict entendre à V. M^{té} ; la paix avec l'empereur et le roy de Hongrye si advantageusement [faicte] ; ayant chassé les rebelles de l'Empire et battu deux fois en si peu de jours, et pleins d'espoir de leur ruine ; et l'asseurance de la paix avec le Roy de Perse lorsqu'il leur plairra. A la vérité si cela leur succède comme la plus part est desjà, et qu'il y a apparence du reste, leurs affaires sont pour bien aller, et le roy d'Espagne n'auroit pas entrepris une petite besongne de les attaquer par mer. On tenoit que ce debvoit estre par l'Albanye, et bien qu'il y aye grand moyen de nuire par ce costé là, si y avoit il plus à perdre que à gaigner avec le peu de gens et de vaisseaulx dont leur armée est composée à Naples ; et croy qu'il a pris un conseil plus seur d'aller en Afrique : bien doubté-je s'il sera en la puissance du roy de Fez luy pouvoir donner quelque place, tant les Mores en sont jalous. Il fault plus pour leur nuire : et qui le vouldra entreprendre, il fauldroit le faire plus vigoureusement et plus dans leurs entrailles ; et ainsy sans doubte ce seroit une entreprise aussy aysée que honnorable et utile. Ce sera lorsqu'il plairra à Dieu, et qui ne se peult à mon advis sans que V. M^{té} s'en mesle à bon escient. Toutes les nouvelles d'Italye sont que dom

---

1. *Mustapha Bassa*, beau-frère du G^d S^{gr}.

Pedro de Tolède[1] est vers V. M^té pour affermir avec elle et le roy d'Espagne une bonne et asseurée amitié, par le moyen d'alliances, et que le Pape désire infiniment. V. M^té jugera bien par son traicté[2], de leurs intentions; et j'espère que l'honneur qu'elle me faict de m'en parler par ses lettres, me donnera de quoy m'en servir pour son service, selon qu'il viendra à propos; ce qui arrive bien souvant, ne désirant rien tant que de le faire à son contantement, etc.

Salagnac.

1607 (26 octobre).

Orig. fol. 70.

Le Sr GEDOYN[3], secrét^re du Bon de Salignac, à M. DE PUYSIEUX

SOMMAIRE : *Maladie de M. de Salignac. — Morath Bassa a infligé une sanglante défaite aux rebelles. — L'ambassadeur de Hongrie se prépare à quitter la Turquie. — Peste à Constantinople.*

Monseigneur,

La rechute de Monsr de Salagnac paroist si dangereuse en ses effectz, qu'il est à craindre que son dernier mal ne soit plus grand que le premier; et de faict ses douleurs l'ont tellement assoupy, qu'il n'a pas eu assez de force pour satisfaire au désir qu'il avoit de s'acquitter aujourd'huy de son debvoir; ainsi s'est-il résolu de couler cest ordinaire sans donner aucun advis à S. M^té; et j'ay creu que prenant la hardiesse d'escrire en ceste occasion, ma faulte sera d'autant plus tolérable que vous jugerez mon intention n'estre autre que de vous rendre très humble service. Je vous advertiray donc que son mal n'a point encore de nom asseuré entre les médecins, d'autant que les uns l'appellent spasme et les autres paralisie, qui n'est point encore du tout formée. Tant y a qu'il a perdu le mouvement du bras droict; et desja ses cuisses commencent d'estre en pareil estat : le reste de son corps est tout en douleur, et a la voix si affoiblie et changée qu'il en est mescognoissable. Nous espérons pourtant qu'un médeçin juif, homme de grande réputation en ces quartiers, luy rendra sa santé, si l'on se.

---

1. *Don Pedro de Tolède, Mis de Villefranche,* confident de Philippe III, roi d'Espagne, était connétable de Castille et général des galères.

2. Par le traité que le roi doit faire avec don Pedro.

3. *Gedoyn, secrétaire du baron de Salignac.* (Voir la note qui lui a été consacrée dans le premier volume de *l'Ambassade en Turquie,* page 17.)

peut fier à ce qu'il en promect ; et j'oze croire avec l'ayde de Dieu, que par le premier ordinaire, il aura l'usage de sa main pour vous aviser luy mesme de ce qui se sera passé.

Pour le regard des rebelles de l'Asie, ilz ont fraichement reçeu une telle route de Morat Bacha, que leur nom s'en va du tout esteinct ; et mesmes l'on asseure que Carasaït[1] grand cappitaine parmy eux a esté pris vif ; mais Calender Ogly prévoyant le mal qui luy est arrivé par la fin de la bataille, s'est sauvé dans les frontières de Perse avec cinq ou six mil hommes seulement. Le dit Morat Bacha premier vizir est en chemin pour retourner deça : pour le plus long l'on l'attend dans XX jours. La plus part des janissaires est desjà de retour par la voye de Trébisonde, où ilz se sont embarquéz pour ne recevoir les incommoditéz que supportent ceux qui cheminent en la Natolie, par le manquement des vivres. L'on dict icy que Morat Bacha amène avec luy un ambassadeur de Perse qui demande la paix et l'on avance desjà que le vizir luy a promis d'y disposer le G^d S^gr, pourveu que le Persien remette Calender Ogly entre leurs mains : c'est un bruict qui n'a pas encore de certitude, duquel vous aurez plus de résolution par le premier ordinaire. Au reste l'ambassadeur d'Hongrye jusques icy n'a peu avoir son expédition et se trouve aussi peu advancé que le premier jour : l'on le remet de divan en divan et la chose est reculée jusques à mardy prochain. Il est aisé de juger qu'ilz le veulent eutretenir avec les bonnes [paroles] jusques à la venue du dit Morat Bacha, sans lequel il semble que ces gens cy ne veulent rien résoudre. Toutesfois le dict ambassadeur faict estat de partir à la fin de ceste sepmaine, et mesme Mr de Monglat qui est icy, a faict ses apprestz pour s'acheminer avec luy. Voilà ce qui se passe à plus près dont j'ay creu que le récit vous fust agréable. Au particulier vous sçaurez que nous sommes tellement assailliz de la peste en ceste ville de Pera et Galata, que ce n'est plus qu'un désert habité de quelques désespéréz qui se confient en leur prédestination ; ceste maison par grâce de Dieu, en a esté jusques icy préservée ; et n'avons eu autre affliction que celle que nous recevons par le ressentiment du mal de Monsr de Salagnac. Je vous supplye bien humblement Monseigneur, d'explicquer à bien mon intention, qui seroit infailliblement jugée téméraire si vous vous arrestiez à

---

1. *Saïd* dont il a déjà été question plusieurs fois.

la considération de ce que je suis, et non au dessein que j'ay de me faire recognoistre,

Monseigneur,

Pour votre très humble,

très obéissant et très affectionné serviteur.

GÉDOYN.

Depuis mes lettres escriptes, nous avons sçeu que l'Ambassadeur d'Hongrye a reçeu résolution ce matin, qui est que chacun jouira de ce qu'il possède sans rien innover, et par ainsy ne luy ont faict aucune raison sur les prétensions de Canise et Strigone[1].

Nous avons aussy appris que Morat Rays s'est débandé de l'armée turquesque par un despit qu'il a pris contre un Rays[2] homme de réputation nommé Mustapha Greco, et qu'il s'en est allé de nuict : l'on croit qu'il ayt pris la route de Barbarie pour y demeurer une autre fois ; quelques-uns disent que ceste fuitte est fête exprès pour aller espier l'armée d'Espagne et apprendre quelque chose de leur dessein.

1608 (12 NOVEMBRE).

Orig. fol. 71.

LE Sʳ GEDOYN A M. DE PUYSIEUX

SOMMAIRE : Nouvelles de M. de Salignac. — L'ambassadeur de Hongrie a différé son départ. — Raisons de ce retard. — Mauvaise foi des Turcs. — Anéantissement des rebelles. — La Porte reçoit de Hongrie le conseil de laisser partir l'ambassadeur de l'archiduc.

Monseigneur,

Le soin des médecins et la fréquence de leurs remèdes n'a de rien allégé le mal de Monsieur de Salagnac, qui est en pareil estat que je vous manday par le dernier ordinaire. Toutesfoys son espérance se fortiffie sur les asseurances que luy donnent les médecins que l'assoupissement de ses bras n'est qu'un catare froid qui se résoudra par les bains et la sueur. Il y a troys jours qu'ilz ont commencé leur cure ; et semble, tant ilz parlent hardiment que leur

---

1. Les Hongrois voulaient que les Turcs rendissent Canisa et Agria et non pas Strigonie.

2. *Rays* signifie capitaine de plusieurs vaisseaux.

dessein prendra quelque bonne fin. Au moins ont ilz desja tant faict
que les mains ont recouvré leurs mouvemens, et par ce moyen
Monsr de Salagnac peut maintenant signer en se faisant conduire
la main. Cela sera pour estre cause qu'il fera ce jourd'hui escrire
à S. M^{té}; et néanmoins le peu de certitude que j'en ay, faict que je
pêche pour une seconde foys et prenz la hardiesse de vous faire voir
encores ce peu de lignes qui vous feront récit de noz nouveautéz.
Il me fasche fort de desmentir ce je vous avois escript du partement
de l'ambassadeur d'Hongrie; car il est encores icy et croy qu'il
n'en partira point devant samedy; mais vous escuserez peut estre
ce que j'en avois si hardiment mandé, quand vous entendrez les
raisons de son retardement. Lorsqu'il voulust prendre congé du
Bacha et recevoir de luy sa capitulation, l'on la luy présenta toute
fermée et scellée, disant le Bacha que le G^d S^{gr} luy avoit commandé de l'expédier en ceste façon, sans l'ouvrir : l'autre ne
la voulut aucunement accepter, si au préalable il ne l'entendoit
lire et ne voyoyt la résolution de ce que l'on luy disoit estre
dedans. A quoy le Bacha respondist qu'il couroit risque de sa
teste s'il entreprenoit de rompre le sceau; et l'allemant de son
costé, dict qu'il se mettoit en danger de sa vye s'il la recevoit de
ceste façon. Ce contraste fust long et plaisant, et néantmoins plein
d'aigres parolles, qui se termina enfin; de sorte que le dict Bacha
ne pouvant contenter l'Ambassadeur avec ses escuses, fust contrainct
de l'ouvrir et la remettre à sa discrétion; et fust trouvé que les
Turcs avoyent laissé en arrière sept des plus importans poincts;
qui fust cause que le dict ambassadeur plein de colère et de hardiesse, dist tout hault que les Turcs n'estoyent que des trompeurs
et qu'il aymoit mieux la guerre que la paix; et ainsi se partist mal
contenu et offensé; mais les Turcz jugèrent qu'il falloit traicter
ceste affaire d'un autre biais; et de faict au premier conseil qui
fust tenu, les choses furent rhabillées et la cappitulation refaicte
au désir et contentement du dict ambassadeur; c'est à dire que
comme je vous le mandois dernièrement, chacun demeure en
l'estat qu'il se trouve sans rien restituer de part ny d'autre si ce
n'est quelques prisonniers : tellement que l'Ambassadeur a pris
ce matin congé du Bacha, et l'on peut quasi asseurer que son
partement sera samedy; mais ce ne peut être si tost que Monsr de
Monglat le désire.

Monseigneur, je vous supplie très humblement, etc.

GÉDOŸN.

Depuis mes lettres escriptes, Monsieur de Salagnac a faict résolution d'escrire à S. M^té, ainsi que vous verrez, et néantmois j'ay prisé que vous ne vous offenseriez point de mes lettres.

1608 (12 NOVEMBRE).

Orig. fol. 72.

AU ROY

SOMMAIRE : *Paix entre l'Empereur et les Turcs. — On attend le retour de Morath Bassa. — Espoir de conclure la paix avec la Perse. — Intrigues de l'ambassadeur d'Angleterre.*

Sire, Je n'ay eu l'honneur de recepvoir nulles de ses lettres, depuis celles que je luy disois par la mienne du XIe du passé : bien est vray que M. de Champigny, son ambassadeur à Venize, m'escript qu'après une attente de plus de trois mois d'en trouver l'occasion, il en a baillé pour me rendre, au Baile[1] qui vient icy ; mais nous n'en avons encores nulles nouvelles et le croit on encores en Candye.

L'ambassadeur de l'Empereur et archiduc Mathias a arresté du tout icy la paix : c'est avec les mesmes articles que V. M^té m'a aultrefois envoyéz[2]. Il part demain pour s'en retourner, bien contant de ce qu'il a faict pour le plaisir qu'en recepvra le dit archiduc, duquel il dépend entièrement ; car estant maintenant roy de Hongrye et agrandy des seigneuryes qu'il a tiré de l'Empereur son frère, il espère bien passer sa vye avec grandeur et plaisir. Il a esté reçeu en Moravye, permettant la liberté de conscience à un chascun ; et cependant les ministres[3] en Austriche ont repris leurs chaires sans son commandement ni consentement[4]. Icy d'autre

---

1. Le *Chevalier Contarini.*
2. On se souvient que, durant l'année 1606, M. de Salignac, sollicité par le premier Bassa *Dervis*, demanda à diverses reprises au Roi de s'entremettre pour amener la paix entre la Porte et l'Empire. Nous n'avons retrouvé dans la correspondance d'Henri IV aucune trace d'acquiescement à cette idée. Il paraît pourtant, d'après la lettre de M. de Salignac, que le roi intervint et fit des propositions qui, à cette époque, ne furent pas agréées.
3. Les ministres protestants.
4. Aussitôt que Mathias eut obtenu de son frère les royaumes qu'il convoitait, l'ère des difficultés commença pour lui. Les protestants d'Autriche réclamèrent le libre exercice de leur culte ; et le refus qu'ils essuyèrent fut le signal de nouveaux troubles. Ils s'emparèrent de quelques places et se disposèrent à conquérir la liberté, les armes à la main. Dans l'espoir d'être secourus, ils envoyèrent

costé on n'est pas moins contant de ceste paix, tant pour estre deschargé du pesant fardeau de la guerre de ce costé là, que pour l'avoir conclue et arrestée sans rendre nulles places que ce soit, ny sans luy laisser l'authorité de nommer les vayvodes en Transsilvanye et Vallaquie, comme souloyent faire les anciens roys de Hongrye ; cest ambassadeur l'a assez recherché, mais il n'en a peu venir à bout ; il s'est contanté de la bonne chère que l'on luy a faict.

Le premier Bassa [s'achemine vers Constantinople] et croy qu'il sera icy dans vingt ou vingt cinq jours aprèz avoir asseuré Alep et ses environs par la deffaicte et réduction de Zambolat, et après avoir chassé Calander Ogly hors de cest empire et remis en la Perse. Il a laissé en la frontière celuy qui estoit auparavant Testarda (c'est grand trésorier) qui depuis fut faict général contre d'autres rebelles, affin de pourvoir que le dit Calander Ogly ne peult plus faire de mal. Avant partir dè ces frontières, il escrivit au lieutenant du Roy de Perse en ces quartiers là, que son maistre avoit souvent tesmoigné de désirer la paix avec le sien : que maintenant il en avoit l'occasion, faysant mourir ou envoyant au G^d S^gr Calander Ogly qu'il avoit en ses pays ; et la response de l'autre fut qu'il en advertiroit son maistre et qu'il espéroit que la chose se feroit, s'offrant de s'y employer autant qu'il luy seroit possible. Voilà l'estat présent de cest empire ; et le premier Bassa vient pour résoudre ce qu'il faudra faire à la saison prochaine. On ne doubte nullement que le Roy de Perse ne face la paix, la voyant faicte en Hongrye et les rebelles chasséz de cest empire, où il ne paroist aucun qui face semblant de vouloir prendre ce mestier là. Aussy la saison n'est-elle guères propre, le froid ayant commencé bien asprement à ceste St Martin, avec neige et bien mauvais temps.

Durant ma malladye, l'ambassadeur d'Angleterre pensant que je ne peusse me lever, a voulu remuer encore affin que les Flamens marchassent soubz la bannière d'Angleterre ; mais Dieu mercy, avec bien peu de peine et de coùst j'ay remis les choses comme elles estoient, et mesme faict rendre au (par le) Consul Angloys qui est en Alep, ce qu'il avoit reçeu de deux vaisseaux flamens, du droict des Consulz que le françoys a retiré de luy.

des députés à Presbourg, et mirent les Hongrois en demeure de remplir les obligations auxquelles ils s'étaient engagés, lorsqu'au commencement de 1608 et sous les auspices de Mathias, ils signèrent l'alliance offensive et défensive entre les Etats de Hongrie et d'Autriche. Mais les Hongrois, fidèles à leur nouveau prince, refusèrent tout subside aux révoltés, qui, dès l'année suivante, prirent les armes, comme nous le verrons plus loin.

Je ne fauldray Sire, de faire entendre à V. M^{té} ce qui se passera selon qu'elle me le commande, espérant, etc.

SALAGNAC.

1608 (27 NOVEMBRE).

Orig. fol. 73.

AU ROY

SOMMAIRE : Avant de rentrer à Constantinople, le premier Bassa veut châtier le rebelle Yusuf. — Exploits de la flotte du chevalier de Beauregard près de Rhodes. — Fureur des Turcs contre le général de mer. — Nécessité de relâcher les esclaves turcs. — Maladie de M. de Salignac.

Sire, nous n'avons icy rien de nouveau ; seulement celuy que je mandois demeurer aux frontières de Perse[1], s'en revient avec le premier Bassa ; on dict icy que c'est qu'il n'en a point esté de besoing, parce que le roy de Perse a retiré près de luy Calander Ogly et les capitaines et principaulx chefz de ses troupes et a envoyé le reste des soldatz, soubz la conduicte de ses capitaines, faire la guerre à un prince tartare qui le travaille tout à l'autre bout de son royaume. Le premier Bassa seroit déjà bien près d'icy, n'estoit que ayant sceu que durant que les rebelles estoyent en campaigne, un certain Bassa nommé Usuf[2], lequel avec trois ou quatre mil hommes faysoit milles ravages, et bien qu'il se dict serviteur du G^d S^{gr}, ne rendoit pourtant nulle obéissance et ne se trouvoit aulx armées du dit G^d S^{gr}. Cestui cy avoit commancé de tirer une forteresse[3] ; et le Bassa a tourné vers luy lequel n'est en estat, ce dit-on, ny par hommes ny par son fort, de se pouvoir deffendre ; et juge-on qu'il luy fera un mauvais party. Cela le pourroit bien arrester encores quelques vingtz ou vingt cinq jours. Cependant qu'on se réjouissoit icy du repos qui leur sembloit tout préparé, les gallions du grand duc de Toscane commandés par le chevalier de Beauregard ont pris deux grandz gallions revenans d'Alexandrye et cinq ou six grandz caramussalz chargéz d'une telle richesse, que tout en est en pleintes icy ; et ne doubte-

---

1. *Le Fils du Boulanger*, l'ancien trésorier.
2. *Yusuf*, l'ancien gouverneur de Tripoli qui s'était révolté en même temps que Zembolat.
3. *De prendre une forteresse.*

on nullement que le butin ne passe de beaucoup plus de deux millions d'or. Cela a esté faict près de Rhodes où se trouvoit l'armée de mer de ce G^d S^gr ; on crye fort contre celuy qui en est le chef ; et si l'amitié que son maistre a monstré luy porter, ne le secourt, sa vye est en bien grand danger : il est encores à venir, qui attend ce que on luy en mandera, ayant cependant envoyé expresse personne pour tesmoigner qu'il n'y a point de sa faulte. La plus grande cryerye est contre nous, pour ce qu'ilz disent que ce sont tous françois, et que sans eulx les gallions du grand duc ne feroyent point de telles entreprises. Je m'en deffends à l'accoustumée et suivant que V. M^té me l'a commandé ; et le meilleur moyen icy est de donner temps au temps qui emportera tout cela[1].

J'espère Sire, que par ses despeschez, j'apprendray sa résolution touchant les affaires de Barbarye et les esclaves qu'ilz demandent tant ; et ne puis m'empescher encores de luy dire pour son service, que je croy estre nécessaire que elle en relasche quelques uns, et principalement ceux qui furent retenuz oultre son commandement et ayans ses passeportz ; et V. M^té me pardonnera encores si je luy dis que le meilleur sera de les envoyer icy, où nous ferons mieulx valloir les choses pour le présent et pour l'advenir, s'il plaist à Dieu. Ceux de Marseille qui firent la première faulte, qui en ressentirent le plus de bien, comme ilz en ont ressenty le plus de mal, en peuvent faire la conduite à leurs despenz et le feront à mon advis de très bon cœur.

Sire, le sieur de St Aubin est party d'icy pour s'en retourner, et est allé avec l'ambassadeur qui a faict icy la paix de Hongrye. J'ay sceu depuis son partement comme il avoit escript que j'avois une telle malladye que, bien que j'en reschapasse, si serois-je innutile à servir pour un bon an pour le moings. Je supplye très humblement V. M^té de croire que je suis trop soigneux de ce qui regarde son service pour luy avoir cellé cela, si c'eust esté ainsy : j'ay esté véritablement fort mallade, bien environ six mois ; et pour la fin j'ay eu une grande descente de catarrhe sur les deux

---

1. Nous empruntons à la Relation de Bordier (livre II, chap. 77) quelques détails sur ce général de mer. Toutefois nous constaterons que les souvenirs du chroniqueur n'ont pas été absolument fidèles : car Jaffer Bassa fut fait *Capoudan Bassa* après la mort de Dervis, et Aflx Mehemet prit ensuite la charge laissée par Jaffer. De plus, le nom d'Aflx Mehemet n'est pas celui que lui donne, dans son journal, le S^r d'Angusse qui l'appelle *Acmat*. Mais ces inexactitudes n'enlèvent rien au caractère et à la couleur locale du récit ; et les faits rapportés ici sont pleinement confirmés par la correspondance du Bon de Salignac. (Voir aux *Pièces justificatives XVI*.)

bras, desquels je n'ay encores les mouvements libres; mais Dieu mercy, j'y recognois de l'ammandement; et en tout le reste je me trouve tout tel que fuz jamais, hors la faiblesse qu'une malladye si longue me peult avoir laissée. Je n'eusse pas osé dire une chose si peu importante à V. M^{té}, si les nouvelles du dit sieur St Aubin ne m'y eussent contrainct, me voulant faire juger si peu soigneux de ce qui concerne son service. V. M^{té} me pardonnera donc s'il luy plaist, ce que je luy en dis; asseuré, etc.

SALAGNAC.

1608 (12 DÉCEMBRE).

Orig. fol. 74.

AU ROY

SOMMAIRE : *Nouveau Baile de Venise. — Retour du Général de mer. — Sa défaite a augmenté la haine qu'il portait aux Chrétiens. — Règlement de la question des esclaves Turcs. — Négociations entreprises par les Marseillais. — Les nouvelles de Barbarie sont plus satisfaisantes. — Morath Bassa revient couvert de gloire. — Les Turcs ne peuvent se consoler de l'échec qu'ils ont subi sur mer. — Opinion de M. de Salignac sur la trêve de Flandre. — Prétentions du consul Angluis à Alger. — Les Anglais cherchent toujours à « empiéter ».*

Sire, je reçeuz le dernier du mois passé deux dépesches de V. M^{té} par la voye de l'ordinaire, et deux jours après autres deux par le Chevalier Contarini, arrivé le dit jour pour estre baile icy pour la S^{ie} de Venize : celles-cy sont les premières escriptes et sont du XIIe et XXVIe aoust. V. M^{té} est maintenant sufisament informée par mes lettres, de la paix de Hongrye bien arrestée icy et au contantement des deux partyes. Nous avons des nouvelles d'Italye, que cest accord pourroit bien troubler l'Allemagne pour le faict de la Religion; mais V. M^{té} sçait bien ce qui en est.

Le Général de mer est revenu avec l'armée depuis le troisiesme du présent, avec une grande apréhension de sa teste : l'on l'accusoit d'estre cause de la perte des gallions revenant d'Alexandrie, pris par ceux du grand duc et par le mauvais ordre qu'il y avoit donné; mais enfin il a eschappé ce danger. C'est un mauvais homme; et partout où il a esté durant son voyage où il a trouvé des navires chrestiens, il leur a faict le pis qu'il a peu. Il a mis aux fers et amené icy l'evesque du Mile [1], qui sont de tout temps

---

1. *Milo*, une des Cyclades.

protégéz de V. M^{té}; il a mené encores aux fers et en gallères quelque consul des Vénitiens ; tout cela par caprice et sans nulle occasion, comme l'on me l'a asseuré. Je ne l'ay point encores veu ; la peine où il a esté, et le premier Bassa qui arrivera lundy prochain, auquel je pense qu'il est meilleur que je parle premièrement, m'en ayant empesché ; mais je ne me puis promettre rien de bon que des belles paroles, de quoy je suis certain qu'il ne sera point chiche.

Dans ce mesme pacquet, Sire, j'ay trouvé celle que V. M^{té} escript à ce S^{gr}. J'attends l'arrivée du premier Vizir pour la faire valoir sans danger que un autre rompe ce qu'il aura faict. Je ne traicteray rien que selon l'intention et commandement de V. M^{té} et selon que sa dignité le requiert. J'ay desjà commencé à tenir ce langage, leur faisant entendre que V. M^{té} retient à regret les Turcz en ses gallères; mais qu'elle ne peult qu'elle ne procure le repos de ses subjectz extremement maltraitéz par les ditz Turcz ; et que V. M^{té} espère que ce désordre si grand fera naistre quelque bon règlement; et tous les plus grands de ceste Porte à qui j'ay souvent tenu tel langage, m'ont tesmoigné de l'aprouver. Ce de quoy ils me pressent le plus, comme j'ay par diverses fois faict entendre à V. M^{té}, c'est de l'accord que Mr de Brèves fist à Thurin [sic pour Tunis] : par là ilz excusent tout le mal qu'ilz ont faict depuis et nous accusent d'avoir retenu leurs esclaves ; qu'ilz avoient libéréz les nostres, sur l'espérance de cest accord, sans qu'on leur aye rendu aucun de ceux qu'on leur avoit promis. Depuis ceux de Marseille ont envoyé traicter en Barbarye, ont tiré toutes assurances de bonne amitié qu'ilz ont voulu, pourveu que dans quatre mois on rendist les esclaves. Les négociateurs marsillois ont ainsi promis ; et sur ceste promesse ont retiré autres quatre vingtz ou cent esclaves ; mais ils ont aussi laissé pour seureté quelque quantité de belles soyes. Les quatre mois estant expiréz sans avoir rien faict de ce qu'ilz avoient promis, ilz sont retournées en Barbarie pour avoir du terme davantage ; et le leur a-on donné jusques au renouveau prochain. Je croy qu'ilz seront allés vers V. M^{té} pour avoir la permission d'exécuter ce qu'ilz ont promis ; mais je sçay de très bonne part que, si V. M^{té} ne le leur promet, qu'ilz sont résoluz de les tirer des gallères par force. Cela m'avoit faict escrire ce que j'ay faict, me semblant que toute la raison veult que ce soit par son moyen que les choses se fassent, lesquelles se traicteront plus honorablement et advantageusement icy ; et si V. M^té s'accorde a la redition des dits esclaves, à la requeste et supplication de ceux de Marseille, je croy aussi que V. M^té les doibt faire venir tout droit icy conduitz aux despens de la dite ville de Marseille ; et ne doubte nullement que l'on n'eust retiré beaucoup de nos esclaves ; mais si V. M^té se résoult à ce qu'elle me mande maintenant, de ne voulloir traicter sans avoir l'asseurance de la liberté de ses subjectz retenuz esclaves, il fault bien que S. M^té donne ordre que à Marseille il ne se puisse délivrer aucun Turc que par son commandement, car autrement il importeroit de beaucoup ; cependant je feray icy tout ce que je pourray. J'ay reçeu ces jours passés des lettres des v. roys d'Alger et de Thunis par lesquelles ilz m'asseurent avoir disposé la volunté de leurs millices à se gouverner d'ores en avant bien avec nous, et que c'est le vray temps de traicter ; mais tous deux me mettent cecy de leurs esclaves retenuz en ses gallères ; et les Consulz qui y sont pour V. M^té, m'asseurent fort que les choses y prennent meilleur train que jamais.

Les autres deux depesches Sire, sont du Xe et XXIIIIe septembre ; et celles que j'ay faict depuis luy auront dit les victoires de ce premier Vizir contre les rebelles, et comme il les a tous chasséz hors de cest empire. Il revient plein d'honneur et ne crye-on que sa vertu qui a sceu remettre cest empire. Ce S^gr le nomme presque tousjours son père. A la vérité il a remis cest empire, tant par le traicté de la paix que par les armes ; et le coup qu'il a faict de mettre un prince en Tartarie tout à sa dévotion leur est très advantageux. Il a aussi, avant partir des frontières de Perse, mis quelques propos de la paix en avant ; mais on ne sçait encores ce qui en réussira ; bien croit-on que le roy de Perse se voyant abandonné de l'Empereur et des rebelles du tout chasséz, sera très contant de s'accommoder.

Pour maintenant nous n'avons autres nouvelles icy ; la perte de ces gallions se trouve de jour en jour plus grande, et tout le monde en deuil, pour y estre beaucoup de gens intéresséz. Ilz crient contre nous, disans que les navires du Grand duc sont tous chargés de françois ; et que sans eux ilz ne feroient rien : c'est le cri du peuple. J'ay faict que les plus Grands soient contantz de ce que je leur ay dict.

J'ay tousjours pensé Sire, que la paix qui se traictoit en Flandres n'estoit pas pour réussir, et n'ay point craint de le dire à V. M^té ; et si elle se faisoit maintenant, V. M^té seule en seroit

cause pour le désir que le roy d'Espagne veult qu'on croye qu'il a
de désirer son alliance et amitié ; mais je ne puis comprendre qu'il
quitte ceste souveraineté ; et l'opinion qu'il veut qu'on aye de son
affection à la religion catholique l'empesche à mon advis de desmordre ce qu'ilz demandent pour la liberté de l'exercice de la religion, et se trouveroit plus tost expédient sur le point de la négo-
tiation des Indes qu'aux autres deux mesmes, s'il est vray, ce que
l'on nous porte icy de Flandres, du grand progrèz que les
Hollandais ont faict en ces païs là [1]. Je ne puis luy dire d'asseurées nouvelles de Démétrius :- nous avons creu pour vray qu'il
estoit remis en son estat ; mais depuis un gentilhomme Poulonnois
m'a dit que non, mais qu'il estoit en Poulogne, asseuré d'un
grand secours du dit païs pour le remettre. Il y en a d'autres
aussy qui asseurent tousjours qu'il est mort : s'il ne l'est, on le
sçaura à la première saison [2]. Dieu mercy, ma malladie me laisse
peu à peu et au temps qu'il falloit, pour ce qu'il y a à négotier
avec le premier visir. L'ambassadeur d'Angleterre veult faire
croire qu'il aura grand crédit avec luy, et qu'il remettera tous ses
affaires, lesquels à la vérité j'ay mis bien bas. Le consul anglois
résident en Alger, avoit obtenu de quelques uns du divan qu'il
tint le premier rang en leur païs, et en avoit eu des lettres pour
ceste Porte, monstrant que cela estoit nécessaire ; mais le v. roy
l'ayant sceu s'en alla au divan, remonstra que c'estoit contre tout
ordre, que les françoys avoient tousjours précédé et qu'il ne falloit
rien changer ; que même s'il le falloit faire de nouveau, toute la
raison donnoit cest advantage à V. M^{té} ; sur cela il prit les
depesches du dit consul anglois et me les a envoyées ; elles sont
arrivées, mais je ne les ay pas encore reçeues ; luy et le consul
me l'ont escript, et celuy qui les a aportées m'a mandé qu'il me
les veult bailler en main propre luy mesme ; et s'estant trouvé un

1. Les députés réunis à la Haye discutaient les articles de la trève : la liberté
des Provinces Unies avait été admise. Mais les Etats voulaient que leurs vaisseaux pussent trafiquer librement aux Indes, et l'Espagne, redoutant la concurrence pour ses négociants, refusait d'accéder à cette proposition. Les Hollandais
pour prouver la puissance de leur flotte « remonstroient, dit le Mercure français
*avoir lors plus de quarante vaisseaux aux Indes, où le capital se résoudoit à plus
de trois cens tonneaux d'or à espérer : qu'il y avoit plus de huict mille mariniers
qui y vogageoient ordinairement, et que plus de deux mille personnes se nouris-
soient en ces navigations* ». On en référa alors au Roi d'Espagne.

2. Un certain *André Nagii* était parvenu à se faire reconnaître par un grand
nombre de Russes pour le *Démétrius* qui aurait échappé au massacre de Moscou.
Il rallia les Moscovites mécontents et gagna à sa cause plusieurs chefs habiles
au moyen desquels il entretint la guerre civile dans son pays.

peu mal, il a mieux aimé les retenir que me les envoyer par un autre. V. M^té jugera de là comme ces gens cherchent d'empiéter tousjours quelque advantage; mais jusques icy je leur ay faict perdre la mesme qu'on leur avoit laissé prendre, leur ayant osté que les navires des Pays-Bas qui traficquent en ces mers, n'allent plus soubz leur bannière. J'essayeray à tenir les choses en cest estat, et ay de bonnes raisons pour cela, ne leur ayant esté accordé que par la faveur du Cigalle qui estoit ennemy juré, etc.

SALAGNAC.

1608 (12 DÉCEMBRE).

Orig. fol. 108.

A M. DE PUYSIEUX

SOMMAIRE : *Les Grenadins qui ont reçu la permission de passer en France y ont été maltraités. — Tréve de Flandre. — Ambassade de don Pedro de Tolède. — M. de Salignac fait entrevoir aux Turcs la possibilité d'une alliance d'Henri IV avec l'Espagne. — Conséquences funestes pour les Turcs.*

Monsieur,

Les traictés qui se font à Marseille, ne sont point à propos durant que l'on traittera icy de mesme affaire. Je l'escris à S. M^té et possible trop au long : aussy vous suplyé-je que s'il en est besoing, vous me fassiés ceste faveur d'en faire mes excuses. Pour me racourcir, je ne luy ay poinct dit que depuis peu de temps, sur la parole qu'elle avoit donnée aux Grenatins d'Espagne, de pouvoir passer librement à Marseille pour aller où ilz voudroient, il y en est bien passé sept ou huict cens, lesquels ont esté le plus rudement traictés qu'il se peult dire, leur ayant arraché tout ce qu'ils avoient qui vallut tant soit peu [1]. Ilz en ont faict de grandes

---

1. Les Ottomans s'intéressèrent avec passion au sort de ces malheureux *Grenadins* ou *Morisques*. M. de Salignac prit hautement leur défense, et chacune de ses lettres fournira désormais un ardent plaidoyer en leur faveur.

Pour l'intelligence de cette question très peu connue et sur laquelle la correspondance de M. de Salignac va jeter une vive lumière, il est utile d'entrer ici dans quelques détails préliminaires :

En 1492, Ferdinand, roi d'Aragon, et Isabelle la Catholique avaient conquis le royaume de Grenade, dernier refuge des Maures ou Sarrasins. Ceux-ci avaient dû se faire catholiques ou se réfugier en Afrique. Mais un grand nombre de ceux qui étaient restés à Grenade demeurèrent Mahométans au fond du cœur.

pleintes icy, mais contre quelques particuliers de Marseille, et asseurant que c'est contre le sceu et volunté de S. M^té; ilz disent que ces personnes qui tirent toute leur sustance, se servent d'un homme qui se faict quelquefois nommer le Castiliano, souvant Jehan de Mandose, qu'il dit qu'est son vray nom, et en langue moresque se faict encores apeller Agi Ibrahim di Men-

Opprimés par les Espagnols et accablés d'impôts, ils cherchèrent un appui parmi les ennemis de l'Espagne. « MM. de St Geniès et d'Audaux *a*, disent les « Economies Royales, réprésentèrent au Roy (Henri IV) que les Morisques « disans ne pouvoir plus supporter la dure condition et apre servitude en « laquelle ils estoient destenus, désiroient ardemment de pouvoir secouer le joug « intolérable par le moyen d'une générale soulévation, disans encore ne manquer « d'hommes ni de courage pour se maintenir et défendre, mais seulement d'armes « offensives et défensives, d'un grand Chef et de bons et suffisans capitaines « auxquels ils obéiront avec docilité, et mesme leur fourniroient deniers à suffi- « sance pour les contenter etc... à quoy ces deux gentilshommes ne manquèrent « pas de travailler etc... » *b*.

Mais la paix de Vervins mit momentanément un terme à ces pourparlers qui ne furent repris qu'en 1602 par l'entremise de M. de La Force *c*. Les Morisques adressèrent alors à Henri.IV un *Mémoire* dans lequel, retraçant leurs infortunes, ils suppliaient le roi de leur prêter assistance : « Nous, ceux du royaume de « Valence, disaient-ils, « sommes soixante seize mille maisons, tous réunis dans « des villes et de riches villages, race vaillante et gens courageux, quand besoin « sera, nous pourrons faire soixante mille hommes sans dépeupler nos dites « maisons, ni sans qu'il en coûte rien au roi qui sera notre appui; bien plus, lui « donnerons nous de l'argent s'il le faut, parceque certainement nous ne man- « quons de rien sinon d'armes; et que pour ce qui concerne le Royaume de « Valence, nous en sommes les maitres, et nous ne voulons rien que savoir la « volonté de sa royale Majesté le Roy de France, attendu que nous le voulons « pour nostre Roy et protecteur, nous prêtant assistance et faisant faveur de « nous délivrer de la tyrannie d'Espagne etc...

Mais Henri IV hésita à prendre un parti et à provoquer l'explosion de ce complot qui l'eût mis en guerre avec l'Espagne. Cependant les Mores ne cachaient plus leurs sentiments, et Philippe III, prévenant leurs intentions hostiles, se décida à les bannir de son royaume par l'édit du 22 septembre 1607, qui fut exécuté avec inhumanité et mauvaise foi en les transportant en Afrique, comme beaucoup l'avaient demandé, on en noya une partie dans la mer et on dépouilla les autres. Un grand nombre (plus de 50.000) se jetèrent alors du côté de la France, les uns par terre à St Jean de Luz, les autres dans des vaisseaux français qui les amenèrent à Marseille et dans d'autres ports. Mais ces malheureux ne trouvèrent pas plus de sécurité en France qu'en Espagne. En traversant les Landes, ils furent presque tous dévalisés et subirent d'indignes traitements. Ils s'embarquèrent alors pour l'Afrique et devinrent les plus cruels ennemis des chrétiens.

a. Hélie de Gontaut St Geniès, baron de Badefol, nommé en 1582 lieutenant général pour le roi en Béarn et vice-roi de Navarre. Il mourut en 1598.
Armand de Gontaut, seigneur d'Audaux, frère du précédent. Tous deux étaient fils d'Armand de Gontaut St Geniès, baron de Badefol, et de Jeanne de Foix.
b. Economies royales, édition de 1662, t. III, p. 455.
c. Jacques Nompar de Caumont, duc de La Force, maréchal de France, né en 1558, mort en 1652. Il avait épousé une des filles du maréchal de Biron. (Voir les *Mémoires de Caumont*, t. I, p. 389 et suiv.).

doza[1]. Ilz le qualifient de toutes les mauvaises qualitéz qu'on peut faire un meschant homme : ilz disent qu'il est de l'âge de LXX ans; mais cela n'empesche pas qu'ilz ne désirent extremement qu'on le chastiat. Je me contenteray de le vous dire : vous en ferés de là ce qu'il vous plaira et que vous jugerés estre bon, et vous sera aisé de descouvrir de qui il est soutenu et qui le met en œuvre. J'ay à vous remercyer Monsieur, des nouvelles que vous me mandés. A la vérité il est à propos d'en scavoir icy, et bien souvant on s'en peult servir bien utilement. Je ne me suis jamais peu persuader de la paix de Flandres, et ceste première proposition que les Espagnols firent de leur quitter toute la souveraineté, m'a faict toujours doubter de quelque autre desseing, ne voyant qu'elle se peult jamais exécuter, ni que ce fut la volunté de ceux qui le proposoient. Je l'escrivis dès le commancement; et sans doute ce fut esté un moyen très expéditif au Roy d'Espagne pour perdre tout le reste du pays qu'il tient. Ce peuple, aymant la liberté autant que nation du monde, eut sans doubte secoué le joug; et se fussent unis tous ensemble formant une sorte de République qui eust esté effroyable à tous leurs voisins. Ce danger est passé à mon advis; car je me trompe bien fort, ou il ne s'i fera ni paix ni trefve pour longues années, et ne tardera-on guères à descouvrir où visoit ce traicté. La légation de dom Pedro de Toledo donne bien à discourir à l'Italye, mais quoy que ce soit, tousjours avec honneur et réputation du Roy; et j'en ay faict courir soubs main la nouvelle icy, affin qu'ilz sachent combien nostre Prince est honnoré et recherché des autres, pour leur faire sentir que si ces deux princes[2] se peuvent bien asseurer l'un de l'autre, il ne manquera pas de grandes propositions pour leur faire veoir qu'ilz peuvent bien faire leurs affaires par deçà[3], et discourir par mesme moyen, que S. M^té est offencée de divers sugets, comme l'on luy en donne de par deçà. Et trouve que tels discours a servi et qu'ils y penssent; nous le cognoistrons mieux en traittant. Pour la fin, etc...

SALAGNAC.

1. Il ne faut pas confondre cet *Ibrahim* avec un autre *Ibrahim Agi Mustapha* dont il sera parlé plus loin et qui fut envoyé à Marseille par le G^d S^gr pour protéger ces mêmes Grenadins.

2. *Henri IV* et *Philippe III*, roi d'Espagne.

3. Une lettre d'Henri IV à M. de Brèves, son ambassadeur à Rome, publiée dans le Recueil des *Lettres missives*, donne d'intéressants détails sur la mission de don Pedro. Voir aux *Pièces justificatives XVII*.

1608 (29 décembre).

Orig. fol. 75.

AU ROY

SOMMAIRE : *Honneurs rendus à Morath Bassa.* — *Promesses du visir à M. de Salignac,* — *Les intrigues anglaises seront de nul effet.* — *Menaces du général de mer.* — *Les Turcs se réjouissent des troubles en Hongrie.*

Sire, ma dernière depesche du XIIe du présent aura dit à V. M^{té} l'estat où les choses estoient icy. Depuis, le premier vizir est arrivé, lequel a esté reçeu avec tout l'honneur qu'on a peu[1]; je le viz bientost après, à cause que l'ambassadeur d'Angleterre qui avoit esté deux ou trois journées au devant de luy avec forces presentz, se vantoit au retour, d'avoir faict tout ce qu'il avoit voulu ; mais je cogneus bien que les choses alloient autrement après avoir veu le dit premier Vizir ; car m'ayant reçeu avec tout honneur et tesmoignage de bienveillance, il m'asseura qu'il ne changeoit nullement l'estat des choses en quoy nous estions avec les Angloys, et qu'il les trouvoit si raysonnables ainsy, que si cela n'estoit il tascheroit de les y mettre. Je luy parlay de la lettre que V. M^{té} escript à ce S^{gr} et du sujet qu'elle traitte, mais il me remit après leur Baïram (c'est la feste qui suit leur Caresme où ilz sont mainttenant, et lequel finira avec la lune où nous sommes). Les Espaïs (qui est une sorte de cavallerye qui se paye des cofres de ce S^{gr} ont faict depuis trois jours une grande insolence pour leur paye, et telle que l'on a esté contrainct de l'apaiser avec de l'argent. Quelques uns croyent qu'il y aura quelque nouveauté à ce Baïram, mais il n'y paroist rien encores. J'ay veu aussy le Cappitaine de la mer depuis son retour, que je trouve augmenté en mauvaise volonté et mauvais dessains, et se forge mille fantasies dans la cervelle pour nuire. Il ne tiendra pas à luy que toute amitié et concorde ne se rompit avec les Crestiens : il joint à ses mauvaises qualitéz celles d'un assez mauvais jugement ; aussy ne faict il profession que de tascher de bien parler mais il ne le peult faire sans mentir presque tousjours, formant les mensonges à sa fantasye, et

---

1. Bordier raconte (livre 4, chap. 6) l'entrée triomphale du grand visir à Constantinople. Il y assista près de l'ambassadeur, qui, lui-même curieux de voir cette cérémonie, s'était installé dans une maison située sur le passage des troupes, afin d'admirer le majestueux défilé. Voir cette relation aux *Pièces justificatives XVIII.*

leur donnant les couleurs qu'il veult après, à quelque pris que ce soit, faire passer pour vénitéz. Nous verrons ce qu'il fera ; car il menace de faire beaucoup après que leur Caresme sera passé ; son dessain est, que nulz estrangers ne viennent négotier en ce pays soubz quelque baniere que ce soit. Cela ne touche qu'à V. M^té seulement, car maintenant il n'en vient que soubz sa bannière seule. Je crains bien qu'il fauldra en oster ceulx de Florence, tant chacun est picqué icy des grandes pertes qu'ilz reçoivent de ce costé là ; et cela ne sera pas grand chose car ilz n'y font nul commerce : aussy V. M^té sera, s'il plaist à Dieu, avisée de tout ce qui 's'en passera.

J'ay reçeu deux lettres de V. M^té auxquelles je n'ay point faict de responce ; l'une du XVIe febvrier de ceste année, reçeue seulement depuis 8 jours ; et l'autre du VIe octobre reçeue encores depuis la première, est par l'archevesque de Macédoine, lequel deux jours après m'avoir rendu la dite lettre, se vint cacher céans à cause, dit-il, qu'il a respondu de six mil escus, et veult repasser en chrestienté pour aller à Rome. Je luy donneray ce passage avec un vaisseau que nous avons icy de Marseille, qui touchera à Messine. L'autre est du VIe octobre, et V. M^té aura maintenant entendu par les miennes la ruine totale des rebelles, et nous avons icy les mesmes nouvelles pour les remuemens que font ceulx de la religion prétendue dans les païs de l'archiduc Mathias, nouveau roy de Hongrye ; et ces gens cy s'en resjouissent beaucoup. Si ces remuemens ne s'estoufent au commencement, ilz sont pour avoir une grande suite[1] : ce sont des malladyes que Dieu envoye aux grands estats et auxquels il remedyera selon qu'il luy plaira. Je continueray, Dieu aydant, etc.

SALAGNAC.

---

1. Voir la note 4 de la page 243 et la note 1 de la page 262.

1609 (4 février).

Orig. fol. 77.

AU ROY

*SOMMAIRE : M. de Salignac menace Mustapha Aga de le faire jeter à la mer. —
Nouvelles intrigues de l'ambassadeur anglais. — Mauvais procédés dont le Con-
seil du roi use envers M. de Salignac. — Plaintes à propos des esclaves turcs. —
Départ de l'ancien Baile de Venise. — Précepteur donné au fils du Gᵈ Sᵍʳ.*

Sire, Le déffault de nouvelles m'empescha le dernier ordinnaire, d'escrire à V. Mᵗᵉ ; seulement est-on affligé des corsaires,
et cela me donne mil bien fascheuses peines car on nous accuse
de tout ; et à la vérité les navires sont presque tous remplis de
François, et noz. raysons bien que bonnes ne sont guères bien
escoutées parmy tant de pertes. A cela se joint ce malheureux
Moustafa qui va partout pour dire le pis qu'il peult, plus picqué
que jamais de n'avoir reçeu aucune gratiffication de V. Mᵗᵉ ; ce
qu'il avoit espéré quelque temps, sur l'asseurance, disoit-il, que
M. de Brèves luy en avoit donnée. Je le rencontray il n'y a que
trois jours, et ne peus m'empescher de parler rudement à luy ;
l'asseurant que V. Mᵗᵉ avoit le bras assez long pour le punir, et
que pour peu que j'en eusse de commandement, je le ferois jetter
dans un sac en la mer ; que, tant qu'il disoit quelque chose qui
avoit quelque ombre de vérité, je le laissois dire ; mais que ses
menteryes ne se peuvent supporter ; car il dit qu'il a plus de vingt
vaisseaulx à Marseille qui souhz ombre de marchandises vont en
courses ; et que le mal que font les gallions du grand duc de Flo-
rance est par V. Mᵗᵉ ; et que sans elle cela ne se feroit pas. Je ne
scay ce qu'il fera d'ores en avant ; mais il me semble qu'il eust
quelque peur car il ne sceut presque que me dire. Cecy s'est
renouvellé par l'ambassadeur d'Angleterre, qui tout de nouveau a
remis sus la pratique que les Flamans viennent souhz leur bannière, et ne quitte point ce mensonge d'asseurer qu'ilz sont leurs
subjectz, au moing les estatz des provinces unyes[1]. J'avois il y a
long temps escript que, qui auroit eu d'eulx (de ces Etats) une

---

1. Dans les pièces diverses, Mémoires, etc., réunis à la Biblioth. natⁱᵉ (Fr. 16144,
pièce 3, fol. 22 vᵒ,) nous trouvons mentionné : « *Un tesmoignage de deux Vice
Roys, comme les pays de Holande et Zélande, ne sont sujects au Royaulme d'Angleterre, comme l'Ambassadeur se forçoit de faire croire à ceste Porte.* »

déclaration de la libèrté, cela eut servi et fait veoir la menterye ; et n'en faire rien veoir, faict croire à ces gens icy tout le contraire. Je croy que c'a esté pour bonnes considérations qu'il ne s'en est rien fait. Cela donne toutesfois beaucoup de peine et de coust. Ne laissant pas[1], pour le peu d'esgard que Mss^{rs} du Conseil ont eu de ce, j'ay jusques icy bien et deuement employé de faire tout ce que je puis : c'est pour le service de V. M^{té} que je travaille, aussy pour laquelle je n'ay garde de plaindre quelque argent, puisque si volontiers j'y mettray tousjours la vye. Je doibs l'un et l'autre et de nature et d'affection, et le rendray tant que je vivrai, Dieu aydant : et le mauvais traittement que j'en reçois ne me divertira ni de l'un ni de l'autre, estant oultre tout cela vostre très humble créature qui n'ay despendu, ne despens, et ne despendray jamais d'aultre, et qui feray tant que je vivray, malgré eux, tout ce que debvra un très humble sujet, très obéissant et très fidelle serviteur et homme de bien.

Sire, je supplye très humblement V. M^{té} me pardonner si le traittement que l'on fait là et à mon honneur, et à ce que j'i ay employé, a arraché ces parolles de ma pensée pour les estaller devant V. M^{té}. Elle seule est mon Roy et mon maistre, et celluy auquel je me puis justement plaindre.

J'ay baillé au premier Bassa celle que V. M^{té} escrit à ce G^d S^{gr}, et quant et quant, un mémoire bien ample de toutes ces choses. Il l'a bien reçeu ; mais il trouva un peu rude que V. M^{té} escrivit que, pour recouvrer ses subjectz esclaves, il retient les autres, disant que ce ne sont point [conduite] (?) d'amy ; et que les relaschant on estoit tant plus obligé de faire relascher les [nôtres] (?) et encores qu'il y avoit grande diférence entre ceux que nous demandions et ceux que nous retenions ; ces derniers dépendans entièrement de V. M^{té}, et les autres estans en main de personnes esloignées et désobéissantes. Je luy fis voir qu'il y en avoit icy dans les gallères un grand nombre ; que tous les cappitaines de gallères les plus obéissans en avoyent beaucoup ; que quelque plainte que j'en aye faict, je n'ay peu rien advancer, et qu'il fault qu'il croye que, traictant avec V. M^{té}, il fault que ce soit esgalement ; et encores que ce soing que elle tesmoigne par sa lettre d'observer noz amitiéz et alliances, faict paroistre le désir qu'elle a de le contenter ; et que les rétentions qu'elle en faict, est afin que par un bon ordre

---

1. C'est-à-dire : *Ne me laissant pas arréter par l'absence d'égards.*

elle s'affermit davantage. Le premier Bassa remit à demain pour en parler plus au long, et je ne fauldray Dieu aidant à le veoir. L'ambassadeur d'Angleterre a pris ce temps pour renouveller ce que je luy ay dit cy dessus, de sorte que je ne suis pas sans exercice bien ennuyeux ; si tascheray que V. M^{té} soit bien et honnorablement servye.

Sire, le baile de Venize qui a demeuré icy autant que j'y ay esté, s'en va maintenant : il s'est monstré très affectionné à tout ce qui regarde V. M^{té}, et avons toujours eu très bonne intelligence. C'est la coutume Sire, de le faire entendre à leur Sénat par son ambassadeur résident à Venize et luy en faire dire quelque mot à luy mesme. J'ay creu estre obligé d'en faire souvenir V. M^{té}. Il s'appelle *Octavian Bon*, lequel à la vérité est homme de bien et d'honneur et un très bon sujet : aussy l'a-on desjà destiné pour aller à Rome. Je n'allongeray ceste cy que pour dire à S. M^{té} que, ces jours passés, ce G^d S^{gr} a baillé un précepteur à son filz qui a quatre ans, selon la coustume de ces princes cy, et a employé sept ou huict jours en festins et resjouissances à ceste occasion.

Je supplye, Sire, etc.

SALAGNAC.

1609 24 (FÉVRIER).

Orig. fol. 78.

AU ROY

SOMMAIRE : Projets du Visir. — Révocation du général de mer. — Aly, Aga des Janissaires, le remplace. — Grande amitié de ce Bassa pour M. de Salignac. — Lettre de l'ambassadeur au premier Bassa. — Gassendi, consul français à Alexandrette, a été assassiné par un capitaine de navire vénitien. — Projet de libération des esclaves turcs. — Menées de l'ambassadeur anglais.

Sire, Le premier Bassa se prépare pour partir de bonne heure ceste année pour le voyage de Perse ; mais il y a en la Caramanye deulx bassaz lesquelz, bien qu'ilz ne se soyent jamais déclaréz rebelles, ont toutesfoys conduict leurs deportemens de façon qu'ilz ont grand peur que l'on les en veuille punir ; et partant quoy que l'on aye sceu faire, on ne les a peu attirer ny en lieu où fut le premier bassa, ny icy, ny faire qu'ilz licentiâssent leurs hommes ; et en ont bien tous deux, cinq ou six mil. Le premier Bassa ne

les veut pas laisser ainsy, si bien que, n'estans résolus ennemis
ny résolus d'obéir et bien servir, il est aisé à juger qu'il leur succèdera mal, et sans grand peine à ce que j'ay compris du premier
Bassa mesme qui m'a parlé assez librement de ses affaires. Il taschera à faire la paix, et s'il n'est pressé, n'ira point pour ceste prochaine saison en Perse ; mais si l'espérance de la paix est rompue,
il hivernera en Alep pour estre plus prèz et hors la peine de partir de Constantinople.

Sire, ces derniers jours cy il m'est arrivé un très grand plaisir,
pour l'asseurance que j'ay que V. M^té en sera mieulx servye : c'est
que le général de mer a este privé de sa charge, et mis en sa place
celuy qui estoit aga des Janissaires[1] : cestuy cy, un des plus
hommes de bien de cest empire et l'autre un des plus maischantz :
cestuy fort mon amy, recognoissant V. M^té comme il doibt, et
l'autre qui ne taschoit qu'à me nuire et me tromper soubz ombre
d'amitié, de sorte que j'avois esté contraint de rompre tout à fait
avec luy, me semblant beaucoup plus seur que l'on le sceut estre
mon ennemy particulier que autrement ; au moings cela rompoit
la croiance que l'on donnoit à ses paroles, ne sachant pourquoy
ni comment il s'estoit si vifvement rendu ennemy des françois ;
mais pour dire le vray il estoit ennemy naturellement de tous les
chrestiens, et d'aultant plus contre V. M^té que elle y tient la première autorité. Avec la privation de sa charge, il est du tout des-
cheu de l'affection de son maistre. Mon plaisir est plus grand de
sa ruine, et plus grand celuy que j'ay, que la charge soit ès mains
que elle est, parce que j'ay bien servy et à l'un et à l'autre[2].

1. « Le 16ᵉ *febvrier*, trouvons nous dans le Journal du Sʳ d'Angusse, *Acmat,
Capóudan Bassa fut faict mansul (ou révoqué) de ceste place ; et mis en ceste
charge Calil (ou Aly), auparavant Janissaire Aga.* »
2. Voici en quels termes Bordier raconte l'entrevue de M. de Salignac avec
son ami *Ali*, lorsque celui-ci fut nommé général de mer :
« Cet office de Capoudan Pacha fut destiné pour Aly Pacha, lors Janissaire
Aga, duquel le Gᵈ Sgʳ, à son retour de Sirie, pour l'avoir bien servi, outre les
caresses qu'il luy fit, le voulut gratiffier de la Charge qui est la seconde de l'Empire Ottoman. »
« Pour dire de combien Monseigneur l'Ambassadeur fut content et joyeux,
sachant que son grand amy fut faict Capoudan Pacha, qu'il désira voir sachant
ceste nouvelle. Or est-il qu'à l'Arsenal il y a un beau logis nouvellement basty
pour la demeure du Capoudan Pacha ; à raison de quoy, il y faict souvent sa
demeure, parce qu'il tient presque tous les jours Divan, ou du moins trois jours
de la semaine quand les affaires ne sont pressées. En ce lieu donc le Sʳ ambassadeur le désira voir ; comme il fit. Et ne fault demander s'il y fut le bien vénu,
car cela ne manquoit point. Et après les salutations et réceptions, ils s'assirent
l'un près de l'autre sur petits sièges comme tabourets couverts de tous costés

La responce que le G^d S^{gr} doibt faire à celle que V. M^{té} luy a escripte, n'est point encores sortye du Serail ; et baillant la dite lettre, j'en escriviz une au Bassa pour esclaircir mieulx les choses, et faire entendre la juste cause de nos plaintes ; où entre autres choses, je disois que, « traictant de cest affaire, il falloit que ce fut comme d'esgal à esgal et avec bonne foy recognoissant combien V. M^{té} respectoit ses amys, escrivant le premier pour conforter et fortiffier davantage l'amitié entière qui est entre ces deux couronnes, cela estant toutefois contre la coustume des empereurs de France, particulièrement contre l'honneur de V. M^{té}, qui ayme très bien ses amys mais qui désire qu'ilz en facent aultant et en rendent les tesmoignages. » Le premier Bassa m'asseura que nous traicterions ainsy : toutesfois, avec celle de V. M^{té} il a envoyé celle que je luy escrivois. J'espère qu'au premier ordinaire je pourray en escrire davantage, et de l'affaire aussy qu'elle me commande pour la S^{rie} de Venize en quoy je me gouverneray selon qu'elle m'ordonne. Sire, le grand nombre de Corsaires a fait que la dite Seigneurie a fait faire un très grand et beau vaisseau de guerre pour accompagner leurs vaisseaux qui vont en Syrie trafiquer, dont ilz ont fait cappitaine un de leurs gentilz hommes nommé Jeronimo Memo, lequel ennorgueilly de ceste charge, arrivant à l'Eschelle d'Alep qui est en Alexandrete, sans nulle occasion assassina avec quatre des siens armés, le Vice Consul françois résidant en Alexandrete nommé Honorat Gassendi[1] sans aucunes armes et tout seul. Le consul vénitien refuza d'en faire faire nulles informations, disant qu'il avoit commandement de laisser faire tout ce que vouldroit le dit cappitaine, sans le contreroller en rien ni adviser chose que ce soit en ses actions. Ce gallant homme là oza bien tirer avec bâle à des vaisseaux françoys entrant dans le dit port ; et bien peu s'en fallut qu'il n'y en eut un à fonds, ayant esté frappé d'une balle de gros canon. Ceste inssolence Sire, est

de velours cramoisy rouge ; et luy fit dire le Capoudan Pacha, que maintenant il estoit en la Charge qu'il luy avoit tant de fois désirée, et qu'il avisast donc en quoy il luy seroit propre, et qu'il feroit entièrement tout ce qui seroit de son pouvoir pour le favoriser en ses affaires qui despendoient de la marine et autres choses, avec mille autres propos de bienveillance et amictié ; dont il fut honestement remercié. De manière que, après plusieurs discours, fut aporté le Cerbet excellent, qu'ils prirent l'un l'autre, puis à nous tous. Se sépara puis avec promesse de se voir souvent. »

1. Les consuls en Levant étaient alors choisis parmi les négociants des villes de Provence ; ce qui peut faire supposer que Honorat Gassendi était parent du célèbre philosophe *Pierre Gassendi*, originaire lui-même de cette province.

telle que la Seigneurye ne sçauroit refuser de vous en faire justice ;
et il est très nécessaire Sire, qu'elle se face et que l'on la sache
aussy icy. V. M^té le jugera très mieux et en fera ce qu'il luy
plairra. Je m'en suis desjà bien plaint à ce Baile, lequel à la vérité
ne sçait que dire, sinon qu'il n'est pas possible que le dit Jero-
mino n'eut reçeu quelque offence paradvant, du dit vice consul ;
mais il est certain Sire, qu'il n'en a reçeu ni petite ni grande.

J'espère Sire, que, se rendant de part et d'autre des esclaves, il
ne sera pas si mal aïsé que paradvant de remédier que les maulx
ne continuent plus. Le G^d S^gr estant hors des grandz qui le pres-
soyent[1], rendra ceulx de Barbarye plus obéissans : on leur escrira
plus librement et je suis certain que ce général de mer, ni pour le
profit qui leur vient de là, ni pour nulle autre considération, ne
se se laissera point aller ; mais qu'il se gouvernera en homme de
bien, outre que par ce peu que le commerce fut deffendu en Barbarye, ces gens là cogneurent l'incommodité qui leur arriveroit si
cela continuoit ; et pour·icy on y pourvoyra bien. Il y a un lieu
assez près d'icy appelé Ste Maure[2], où ilz sont tous corsaires et
retraicte de corsaires. Un d'eux fut recogneu icy par quelque
Vénitien et fut pris. Nous l'avons si bien sollicité, qu'il fut mis
au ganche[3] hier ; qui fera peur aux autres. Le général de mer qui
estoit, le soubtenoit tant qu'il pouvoit, ce que cestuy cy n'a voulu
faire, en façons du monde.

Les affaires de l'ambassadeur d'Angleterre pour la recherche
des Flamens, luy a esté Dieu mercy aultant inutile ceste foys que
les précédentes. Maintenant voyant combien ces gens reçoipvent
de mal des vaisseaulx du Grand Duc et autres qui courent les
mers, il s'est advisé pour gaigner leur bonne grâce, de leur offrir
de faire venir icy vingt gallions angloys qui mettroyent à fondz
tout ce qui osera se présenter à eulz. Je ne puis m'immaginer qu'il
aye cest ordre de son maistre. Cet artifice ne luy servira de
guières, si je puis, etc.

Salagnac.

---

1. C'est-à-dire : *Le G^d S^gr ne se trouvant plus sous l'influence de ceux qui le pressaient.*
2. L'ancienne *Leucade*, une des îles Ioniennes.
3. *Ganche*, espèce de potence servant aux exécutions.

1609 (11 MARS).

Orig. fol. 79.

AU ROY

SOMMAIRE : L'Ambassadeur de l'Empereur a été retenu à Bude par les Turcs. — Embarras de l'Archiduc Mathias en Hongrie et en Transylvanie. — Brillantes qualités du nouveau Général de mer.

Sire, la mienne dernière est du XXIIII° du passé. Il n'y a rien de nouveau depuis ; seulement nous avons sceu que l'ambassadeur de l'Empereur s'en retournant fut retenu à Bude jusques que cinquante mil tallars fussent arrivéz là, lesquelz l'Empereur avoit réservéz de ceulx qu'il debvoit envoyer icy ; faisant son conte que les présents que on luy feroit seroyent de ceste valeur, ayant esté ainsy convenu. Les Turcz l'ont nyé et disent que le G^d S^{gr} fera de son costé les présentz telz qu'il luy plairra sans qu'il soit besoing se servir d'autres moyens ; et ainsy on leur a porté la dite somme jusques à Bude, et de tant plus librement que l'archiduc Mathias se trouve fort embarrassé, et par la plus part des Hongroys qui ne le veulent pour roy, et par les protestans des provinces qui luy ont esté cédées qui font semblant de voulloir plus tost la guerre que de relascher de leurs prétentions [1]. Il a quelque peine aussy pour la Transilvanye, et envoye icy un ambassadeur affin d'y avoir faveur : il en vient aussy un autre de la part des ditz Transsilvains, la faveur qu'il recepvra sera pour l'embarrasser davantage s'il se peult, les divisions leur estant très agréables. Ces nouvelles ont esté portées depuis trois jours par hommes envoyés exprèz de là. Le dit ambassadeur de l'Empereur fut encores bien empesché, estant à Bude, par la sottise de quelques uns des siens qui furent trouvéz mesurant la haulteur de la

---

1. Nous avons vu (page 243) que les protestants d'Autriche s'étaient levés contre Mathias, à la suite des entraves que ce Prince avait apportées au libre exercice de leur Religion. Les troupes protestantes marchèrent sur Vienne, et le 13 janvier 1609 elles battirent l'armée royale à Hollabrünn. Les Etats de Moravie, effrayés de la guerre qui menaçait leur frontière, envoyèrent des ambassadeurs dans les deux camps, avec mission de s'interposer pour arriver à une entente. Après des négotiations difficiles, la paix fut signée le 12 mars malgré l'opposition du Pape et des Evêques : les seigneurs d'Autriche obtenaient le libre exercice de leur culte dans les châteaux et villages, et dans leurs maisons situées à l'intérieur des villes, pour eux et leur famille seulement. Les soldats devaient être licenciés, et les Protestants prêteraient au roi le serment de fidélité.

muraille avec un filet ; et y en eust quelques uns de maltraictéz, et sans Haly Bassa qui y commande, ils fussent esté tous en très grand danger. Mais V. M^té sachant mieux au vray ces choses, que nous ne faisons icy, elle sçaura au moings comme elles y sont raportées. La responce de celle que V. M^té escript à ce S^gr, n'est point encores sortye du Serail ; mais le premier Vizir et le général de la mer m'asseurent que ce sera à son contantement. Ce général Sire, est tel, qu'il me semble que une de ses lettres luy est bien deue, où il verra au moings que je n'ay célé ny son mérite, ny les bons offices qu'il nous rend, à toutes les occasions qui s'en présentent. Il la recepvra avec tout honneur et s'en affectionnera davantage. Je suis bien trompé, ou il est pour demeurer longtemps en ceste charge si la mort naturelle ne l'en prive ; mais il est encores de bon aage et de bonne et saine complexion, et est celuy d'icy dont nous avons plus d'affaire. Je tascheray autant que je pourray de le conserver en la bonne affection qu'il nous porte, etc.

SALAGNAC.

1609 (27 MARS).

Orig. fol. 80.

A M. DE PUYSIEUX

SOMMAIRE : *La France peut perdre sa situation à Constantinople si le Roi ne se décide à prendre des mesures importantes. — Les Janissaires de Barbarie abusent de la patience du Roi. — Bonnes dispositions du Général de mer et du 1er Bassa. — Le secrétaire Gedoyn, envoyé en France, doit hâter ces négociations. — Facilité d'une expédition en Barbarie. — Défense aux Français de naviguer sur des vaisseaux corsaires. — Les Turcs font escorter leurs vaisseaux marchands.*

Monsieur, je n'escris point de nouvelles au roy parce que nous n'en avons point ; ma lettre pourtant ne laisse d'estre si longue, que je croy qu'elle aura besoing que vous faciés ses excuses ; les affaires vont si mal pour ceste amitié icy qu'il est forcé y porter promptement quelque remède qui la voudra conserver ; car de l'entretenir avec tant de dommages je n'y voy point de raison, et de la rompre à la vollée porteroit possible du repentir par ceulx qui ne tarderoient guères à se loger en nostre place. Je ne puis

que dire le vray, je ne voy point que le tort soit de deçà[1] ;
quelques maux qu'ilz reçoivent des Françoys (qui sont plus que je
ne dis) ne fait sçavoir qu'ilz n'honorent nostre amitié[2], et la lettre
que S. M^té a escripte à ce S^gr pour la deslivrance des esclaves de
part et d'autre a esté bien reçeue ; et sur la bonne volonté que j'ay
faict veoir qu'avoit S. M^té, j'ay retiré cinq esclaves : les trois
sont de Marseille et les deux de La Rochelle; et sans doubte si
S. M^té renvoye icy les Turcs qui sont en ses galères, selon que je
luy mande, nous en retirerons davantage des nostres, que nous ne
rendrons des leurs ; et ainsy peu à peu nous les retirerons tous ;
et si les obligerons à travaller que les choses passent bien en
Barbarye. Nous en sommes justement au temps, estant le général
de mer ung fort homme de bien et fort nostre amy, et ce premier
Bassa fort homme de raison et qui entend ung peu les choses.
Ceulx de Barbarye ont faict instance icy, que le traitté des esclaves
qu'ilz nous demandent, fut faict avec eulx et leur fut accordé,
avant que je sceusse qu'ilz le recherchàssent. Le premier Bassa le
me dit depuis; et voyant la chose faicte je le trouvay bon, pourveu
que le G^d S^gr le ratiffiast, ce qu'il me promit qu'il feroit. Si
S. M^té accorde à ceux de Marseille des esclaves pour rendre en
Barbarye, et de faire eux mesmes le traitté avec condition qu'il
sera ratiffié des deulx princes, il ne leur restera rien à se plaindre,
et je croy qu'il sera très aisé à faire. L'insolence qu'ilz ont prise
par nostre patience leur fait croire qu'ilz pourront faire sans
danger tout ce qui leur plairra ; Quoy que ce soit cela servira, car
faisans veoir ce que S. M^té aura voulu faire qu'ils auront refusé,
leur tort se verra clairement, qu'ilz taschent tant de déguiser par
paroles pleines de raison et d'apparence ; et nostre bonne volonté
se verra tant par cela que par les esclaves envoyés icy ; qui se fera
sans aucune depence ; et si S. M^té ordonne le relaschement des
dits esclaves, donne à ceux de Marseille le pouvoir de traitter avec
ceux de Barbarye, et donne la commission à ung secréttaire
nommé Gédoyn que j'ay fait partir, il y a environ trois
sepmaines, pour aller [parler] à vous des choses susdites et de
m'amener les esclaves avec le premier vaysseau qui sera de
partance, je m'asseure qu'il fera tout bien, et dilligemment.

1. De deçà, c'est-à-dire : *de ceux de Barbarie.*
2. C'est-à-dire : *les maux qu'ils reçoivent des Français ne les empêchent pas
d'honorer leur amitié.*

Il me déplaist tant de voir nos subjectz tellement oppresséz, et par là croistre l'insolence de ceste canaille, et bien je ne puis que je ne désire que S. M^té s'en vengeast selon sa réputation et grandeur. La chose est aysée avec ung peu de dépence ; mais à quoy est bon l'argent si ce n'est pour telles choses. Un chef de courage et de jugement pourroit faire ceste action avec peu de péril, faisant honorer et craindre s'il se peult davantage, le nom du maistre et le pouvoir de la France ; et si n'aquerroit pas peu de réputation en son particulier : avec douze ou quinze mille hommes je voudrois demeurer dans le pays autant que je voudrois, et faire veoir avec crainte, des armes françaises en divers endroitz du pays. Possible d'autres considérations empescheront ces desseings ; et quant il n'y auroit autre chose, le mal pressant veult ung remède plus prompt ; qui me faict pour cest heure attacher à ce desseing plus doux ; mais désirant plus que je ne puis dire que S. M^té se résolve à celuy là, si elle void les choses ne réussir pas bien par cestuy cy.

J'ay dit, tousjours pour respondre à ces attaques que l'on nous donne (que tous les vaysseaux de cours sont chargéz de françois) ; « que S. M^té en avoit faict faire des deffences bien expresses ; mais que le pays estant grand et ouvert, la nation fort encline à voir les estrangères, et joyssans d'un très grand repos, il ne se pourroit empescher qu'il n'en sortît grand nombre soubs divers prétextes, desquels beaucoup recherchans les dangers, se mettoient en cet exercice. » Je désirerois qu'il vous pleût m'envoyer une deffence de S. M^té bien expresse sur ce subject ; et bien qu'elle n'aye esté faitte, n'importe je la feray traduire en turc et la leur feray veoir et passer pour faitte. Ilz sont si affligéz des maux qu'ilz reçoivent des navires du Grand Duc, que le premier Bassa mesmes m'a souvent demandé quel moyen il y auroit d'empescher cela, et si S. M^té le pourroit pas. J'ay monstré cela très difficile, cela se faisant par ung prince qui ne craint point que l'on luy face de desplaisir, son pays estant au milieu de la Crestienté, qui tire proffit de ceste guerre et la croyt juste et honnorable. Ilz font ce qu'ilz peuvent pour y remédyer, et croy que de longtemps il ne leur arrivera une telle occasion que la dernière qu'ilz ont bien sçeu prendre ; car ilz ne veulent plus que les grands navires marchent sans escorte de gallères, font faire deux ou trois gallerasses, et ont ung chef dilligent et actif avisé et courageux,

tout plein d'affection de venir aux mains; et sans doubte s'ilz y
reviennent, luy estant hors comme l'année dernière, il leur en
mesadviendra, ou je seray merveilleusement trompé, etc.

SALAGNAC.

1609 (29 MARS).

Orig. fol. 81.

AU ROY

SOMMAIRE : Les Turcs craignent qu'après la paix en Flandre les peuples chrétiens s'unissent contre eux. — Ils entretiennent les discordes en Allemagne. — Ils
recherchent la paix avec la Perse. — Français prisonniers des Turcs. — L'ambassadeur d'Angleterre réclame la protection des Flamands. — Orgueil des corsaires de Barbarie. — Nécessité d'en finir avec ces corsaires. — Moyens à
employer. — Les galères du roi devraient se montrer sur les côtes de Barbarie.

Sire, Le jour de ma dernière depesche, arrivèrent celles de V. M^té
du Ier et X^e décembre, ensemble ce qui se passe en Flandres parce
qu'il luy a pleu m'en faire envoyer : ces gens en demandent fort
des nouvelles, apréhendant que ceste guerre finyssant, la Crestienté
se pourroit bien unir contre eux ; qui faict qu'ilz travaillent pour
embarrasser les affaires du roy de Hongrie, faisant dire particulièrement à ceux qui se deffient de luy et qui recherchent leurs seu-
retéz, qu'ilz le fàssent librement ; asseurés qu'il les assistera en
leurs demandes pleines de justice et de raison : et c'est par Haly
Bacha gouverneur de Buda qu'ilz font traitter cela. Ceste finesse
est tellement conduite qu'il me semble que leurs différens en
doibvent estre plus tost appaisés, cela estant assez grossier. Ledit
gouverneur de Bude n'attend qu'à veoir ce qui réussira de tout ce
ménage, pour s'en venir icy consommer son mariage avec la fille du
premier Bassa qui luy est promise.

Le premier Vizir continue à se monstrer homme rond et bien
avisé : Il désire fort que tous affaires s'accommodent bien avec
V. M^té, et m'a asseuré que la volonté du G^d S^gr estoit que tous françois mal pris fussent renduz ; et ne fait nulle démonstration de
craindre d'estre trompé en ce traitté de nostre part. Avant hier il
m'en fit délivrer trois, et deux autres quelques jours auparavant,
et en eusse davantage sans la nécessité qu'ilz ont d'hommes de

rame[1] ; et le temps qui s'aproche pour sortir leurs galères les
presse. Ilz en font sortir dès à ceste heure une douzaine pour aller
à Rodes asseurer le passage de leurs navires, qui reviennent
d'Alexandrie. Il arrive d'ordinaire une chose qui me donne beaucoup de peine ; et bien qu'elle soit vieille et qu'ilz en ayent mille
fois ouy mes responces, c'est toutefois refaire touttes les fois que
cela revient, qui est bien souvent ; et lorsque quelque esclave
revient de servitude de Malte ou de Florence, qu'ils disent tous
qu'il n'y a sur les vaysseaux de cours qui courrent ces mers, autres
hommes que françois ; et cela ayant esté dit ces jours passés par
trois ou quatre divers, venus par divers chemins et de diverses
prisons, me donnait beaucoup de peine, quand pour achever de me
la donner tout entière, trois soldatz françois qui estoient dans un
gallion de cours, furent menés esclaves icy. Le dit gallion ayant
pris quelque vaisseau turc, il fut mis dedans quelques hommes pour
le conduire : la fortune les mena dans l'isle de Lemnos[2] où ces
trois ont esté pris. Je n'ay peu encores les faire veoir, pour sçavoir
quelz ilz sont. L'ambassadeur d'Angleterre n'a point voulu perdre
ceste occasion, et est allé en mesme temps faire ung nouvel
effort pour avoir les Flamans[3]. J'espère nonobstant toutes ces traverses, qu'il n'y gaignera rien ; et possible luy arracheray-je tout
à faict ceste fois icy les Provinces Unies, lesquelles M. de Brèves
avoit laissé inserer dans leurs capitulations, debvoir marcher soubs
leur bannière, et le fit pour éviter pis. Si je puis cela comme je
l'espère, V. M[té] jugera, je m'en asseure, que ce n'est pas peu, et
ce que je fais.

Sire, tout le plus grand dommage que reçoivent ses sugets,
vient de Barbarye ; et y a de l'apparence qu'il augmentera si on
n'y remédye, car ilz se sont beaucoup fortifiés, ayant armé de noz
vaisseaux qu'ilz envoyent en cours, et en ont desjà huict ou neuf
sans les gallères et galliotes, croyant nous pouvoir faire le mal
qu'ils font avec raison, n'ayans recouvré nul esclave de ceulx qu'ilz
désirent, quelle promesse qu'il leur aye esté faitte, et quelz
esclaves qu'ilz ayent relasché sur ceste espérance ; de sorte qu'ilz
justiflient de là leurs prises, mesmes celle du vaisseau de la
Magdeleine ; lequel ilz ont armé, et est ung de ceux qui font le

---

1. On sait que tout homme fait prisonnier sur un vaisseau était ensuite
employé à ramer sur les galères des vainqueurs.
2. Ile de l'Archipel, près des côtes de Thrace.
3. Sous la protection du pavillon anglais.

plus de dommage; et ce qui me fasche le plus c'est les braveries
qu'ilz font icy, asseurans qu'ilz sont capables eulx seuls de ruyner
la coste de la France, laquelle ne sauroit s'opposer à eulx ; et qu'on
les laisse seulement faire; et de vray ilz ne reçoivent non plus
d'opposition qu'ilz ont faict jusques à maintenant. Il est si necessaire d'y remédier que je supplye très humblement V. M^té me
pardonner, si je luy dis qu'il ne se peult que par traitté ou par
force : par traicté, ilz ont tant fait icy qu'ilz ont obtenu que, ce
qui leur touche se traicteroit avec eulx; de sorte qu'il faudroit que
l'on leur rendist quelques esclaves qu'ilz demandent, et seroit ce
me semble à propos que ce traitté se fit soubs la permission de
S. M^té par ceulx de Marseille, qui seront contraincts de se contanter de ce qu'eux mesmes auront traitté; ce qu'ilz ne feroient avec
autre qui s'en mellast : cest accord faict, le ratiffier de V. M^té, et
se ratiffiroit icy ; et aurons tout ce que nous voudrons pour le faire
de durée. Mais je ne me promets pas tant de la foy de ces gens là
que je voulusse estre leur caution ; bien m'asseurerois-je faire
mourir icy à son retour le vice roy qui y auroit contrevenu :
Comme je me promets que, s'il plaist à S. M^té rechercher dans ses
gallères quelque nombre d'esclaves turcs qui fussent de ces quartiers cy, faire rendre davantage de françois. Ilz ont commandé de
rendre tesmoing ces cinq que je viens de luy dire; qu'il plaise
maintenant à V. M^té en envoyer une douzaine ou davantage, et
nous en tirerons par grand nombre des nostres lorsqu'ilz seront
menéz icy; et ainsy peu à peu et sans doubte l'amitié se confirmera
davantage; et tels offices de part et d'autre retiendront possible
ceux de Barbarye; et peult-on envoyer les dits esclaves sans
despence par la voye du premier vaysseau qni partira de Marseille, et par son retour je renvoyeray des nostres. Mais cela
fait, il fauldroit Sire, que les gallères de V. M^té se fissent ung
peu veoir sur mer : c'est pitié d'avoir reçeu tant de mal sans
qu'elles en ayent fait aucun, ni qu'elles se soient aucunement
battues, ny recherché de se battre : cela donne toute l'insolence à
ceulx de Barbarye. Si V. M^té croioit qu'il seroit meilleur de venir
à ce traitté, après avoir monstré qu'elle a bien le pouvoir de les
chastier, il seroit bien plus honnorable ; mais aussy seroit-il
besoing de faire une despence pour faire une descente en
Barbarye, y prendre, sacager et ruyner Byserte et le port, et cela
de plein de jour avec artillerye bien que la place ne le méritte pas,
et y demeurer tant de temps que ceulx de Thunes et d'Arger en

eûssent assez pour comparoistre ; et ne faudroit pas doubter que l'on ne peult aller jusques à Thunes et leur donner une bien vive alarme, n'y ayant en tout le pays que trois mil janissaires et à peu près autant de mores qui puissent combattre. Ce dernier rendroit bien tout accord bien asseuré et feroit une vengeance digne d'elle, agréable et à Dieu et aux hommes ; mais possible diverses considérations la feront différer ; joint que [le] mal a besoing de prompt remède : et cela ne se peult sans quelque longueur. Si cela est, Sire, il seroit très nécessaire de mettre au plus tost main à l'œuvre, donner aux Marsillois pouvoir de traitter avec ceux de Barbarye , et leur accorder quelques esclaves pour leur rendre suivant leur dernier traitté et celuy de Mr de Brèves ; et qu'au dict traicté, il fut expressément porté qu'il seroit ratiffié et par V. M^{té} et par le G^d S^{gr}, et faire rechercher parmi les Turcs qui sont aus dites gallères quelques uns qui fussent de deça, et les m'envoyer, comme j'ay dit paradvant. Et je ne craings point de dire qu'elle en recepvra contantement pour le bien qu'en recepvront ses sujets et pour un si bon œuvre ; et le tout sera honnorablement pour V. M^{té}, ayant desja assés fait publier que ces cinq sont donnés pour commencer à rendre les esclaves de part et d'autre. Vos commandemens, Sire, et la charge où S. M^{té} m'employe, m'oblige à dire ce qui se passe ; et m'a semblé que de nulle autre façon ceste liberté d'esclaves ne se pouvoit traitter plus tost, ny plus honorablement, ni qui oblige davantage ces gens cy : le tout deppend seulement que ce soit bientost, etc.

Salagnac.

1609 (15 avril).

Orig. fol. 82.

AU ROY

SOMMAIRE : *Mise en liberté des esclaves Turcs. — Le Général de mer Aly est toujours bien disposé pour les Français. — Menées de l'ambassadeur Anglais et de Mustapha Aga. — Ce dernier pourrait être gagné par des présents. — La guerre contre les Rebelles a épuisé les forces Ottomanes. — Faux Demetrius de Moscovie.*

Sire, le dernier du mois passé je receuz celle de V. M^{té} du XIIIe janvier, elle m'aprend la résolution qu'elle a prise sur la delliviance des Turcs retenus en ses gallères. Elle ne pouvoit mieux faire pour ce regard à mon advis ; car oultre la raison qui sembloit le voulloir ainsy, encores verra-on les effects s'accorder aux paroles. Je fais valloir cela autant que je puis et ce ne sera point inutilement. Sans doubte ilz attendent d'en avoir des nouvelles du costé de Barbarye, qui ne tarderont guères à venir, la chose estant faicte. Un des deux principaulx malfaisans de là a esté assassiné de l'autre[1] ; c'est autant gaigné ; quelque autre en fera autant de cestuy cy qui reste, qui est celuy qui gouverne absolument en Thunis ; et possible pour faire croire que la mort estoit principale cause du mal qui se faisoit, se gouvernera-il mieux. Nous n'aurons pas faulte icy de bonnes lettres ni commandemens, et ilz n'auront point d'espérance d'estre soustenus ny favorisés du Général de la mer, car il est fort homme de bien, il se nomme Haly. J'eusse beaucoup désiré que dix ou douze des Turcs que V. M.té fait dellivrer maintenant, qui sont de ces quartiers, me fussent esté envoyéz, la chose pouvant se faire aisemment et sans depence selon que j'ay osé luy escrire diverses fois ; et s'il se peult j'asseure V. M.té que cela pourra beaucoup icy. Nous en avons besoin, ne pouvant dire de combien de malicieux artifices se sert cest ambassadeur d'Angleterre et combien il est aydé de ce malheureux Mustafa Aga. Si espèré-je Dieu aydant, les ranger à la raison ; le dernier a si grand despit de n'avoir rien eu de V. M.té, qu'il en crève : si retient-il sa langue à ne parler d'elle que très dignement. De tous les autres il dit le pis qu'il peult, fors que de monsieur de Sully. Il a quelques hardes en gage à Marseille pour environ mil escuz ; pleust à Dieu Sire, que V. M.té eust commandé de les retirer et me les faire envoyer pour les luy rendre, je m'asseurerois le rendre nostre pour jamais : il est pour estre quelque chose, ayant esté advancé ces jours passéz avec charge assez grande, et qui luy donne moyen parler quelquefois au G.d S.gr. V. M.té luy eust tousjours donné davantage, s'il se fut sceu empescher de luy donner quelque desgoust. N'avoir rien, ou avoir esté renvoyé comme il fut, luy est une assez rude pénitence ; et le longtemps qu'il y a faict veoir son ressentiment, comme ceste absolution que je demande à V. M.té pour luy, fera veoir sa bonté, oubliant les desplaisirs qu'il luy a faits, et sa libéralité faisant ce bien à celuy mesme qui s'en estoit rendu indigne.

1. *Cara Osman*, dont nous avons déjà parlé (page 74, note 1), qui fit tuer le Corsaire *Mehemet bey* (voir page 276).

Sire, endores que tout soit fort paisible icy et qu'il n'y aye apparence que de repos, se faisans accroire qu'ilz auront la paix avec le roy de Perse lorsqu'il leur plairra, ne fait pas pourtant qu'ilz desseignent quelque nouvelle entreprise. Leur milice est pour la plus part ruynée, et leurs trésors vuiddes : il fault quelque temps à raccommoder l'un et l'autre. Il est venu icy nouvelles que le prince Démétrius, que l'on disoit vivre et estre en Pologne, a esté recognu pour supposé, et que l'autre fût véritablement tué en Moscovye ; mais la chose n'est pas si asseurée que je veuille la donner pour vraye, bien que ceulx qui l'ont publiée en disent diverses particularités. C'est tout ce, Sire, etc.

SALAGNAC.

1609 (28 AVRIL).

Copie fol. 75.

À M. DE PUYSIEUX

SOMMAIRE : *Nouveau moyen de transporter les dépêches. — Contestation avec le Baile de Venise au sujet de pièces de drap qui ont été prises sur des vaisseaux Vénitiens et vendues à Marseille. — Arrogance du Consul Vénitien à Alep. — Protestation du Consul français. — Changement de l'échelle d'Alexandrette contre celle de Tripoli. — Nouvelles plaintes du Baile de Venise. — Réplique de M. de Salignac.*

Monsieur, maintenant par la voye que les Juifz ont commencé à tracer, à envoyer des lettres par la voye de Raguze, vous diray qu'il me semble que ceste voye d'envoyer de nos lettres, ne doibt point estre négligée ; mais aussy me semble-il que la S^te en pourroyt bien prendre quelque espèce de jalousye ; de sorte qu'il me semble que, pour encores, on n'y doibt point establir des frégattes particulières de Venize à Raguze, mais se servir seulement de celles qui font ces voyages, qui sont assez souvent pour ne faire guères attendre nóz lettres ; et ayant ces courriers bien establiz, il sera tousjours fort aise lorsque l'occasion le requerra, d'avoir des frégattes. Cependant ces courriers iront tousjours, s'establiront, et porteront bien peu de despence.

Il est arrivé ung accident en Alep dont le Sr Baile m'a faict plainte, et la dernière foys que nous en avons parlé, je ne me peus sy bien explicquer qu'il ne me semblast qu'il luy en resta quelque mescontantement, et qu'il ne me dit qu'il remetteroit tout cest affaire à la Seigneurye. Cela m'oblige de vous le dire, et partant je vous prye m'excuser sy tout ce discours est ung peu long. Enfin ce sont pour des draps que le dit Sr Baile prétend avoir esté pris dans quelques naves Vénitiennes, prises par ung gallion armé en Sardeigne : de ces draps, quelques pièces furent acheptées par des marchans Marsilloys qui les portèrent en leur ville, où ilz furent condamnés à rendre les dites marchandises aux marchans Vénitiens à qui ilz appartenoient ; quelques autres pièces furent portées en Angleterre ; et le dit Sieur Baile m'a faict veoir une lettre de leur ambassadeur qui est en Angleterre, lequel se faict fort d'avoir pareille justice en Angleterre que l'on a eu à Marseille. Trente pièces de drap vénitien ont esté portées par ung marchant de Scio nommé Theodore Posiano en Alep, et pour compte, à ce que dit le marchant, d'un des Srs Cigale ; et ont esté changées à Messine. Je n'avois nulles nouvelles de cela lorsque le Sr Baile le me dit, et me prya d'en escrire à notre Consul, à ce que suivant ce qui en avoit esté jugé en France nous en fissions autant faire en Alep. J'en escrivis à nostre dit Consul, affin que sy c'estoient des mesmes draps et que la chose fut bien vériffiée, il rendit contants les dits marchands Vénitiens. Deux ou trois jours après avoir escript la dite lettre il m'est arrivé ung message que l'on m'envoye exprès d'Alep pour le dit Sr Baile, lequel je luy envoye aussy tost. Nostre Consul m'escrivoit l'affaire des dits draps, vuidé comme je vous diray maintenant : il me dit que ces draps estant venus de Messine en Alep dans ung vaisseau arborant la bannière françoise selon la coustume des estrangers, il se retira dans le fontigue [1] de France et y feit porter ses marchandises (ce qui luy fut librement accordé). Quinze jours après le dit Consul Vénitien luy envoya demander la dite marchandise, comme appartenant à des marchands Vénitiens. Nostre consul luy dit que la chose estant ainsy, il le feroit très volontiers ; mais que le marchant qui les avoit portées asseuroit que ce n'estoit point des draps pris dans les dites naves, mais qu'ils avoient esté très bien acheptés et qu'ilz n'estoient point de ceste nature ; partant qu'il le prioyt de ne trouver pas estrange sy pour la descharge il ne les rendoit aussy tost, sans que la chose fut esté ung peu mieulx vériffiée ; car le dit consul vénitien n'en portoit aucunne, que la marque qui estoit sur les balles de drap ; contre quoy, le

---

1. *Fontigue*, de l'italien *Fondiglio* ou *Fondaccio* qui veut dire dépôt ou magasin.

marchand qui les avoit portéz disoit beaucoup de choses ; mais bien luy offrit nostre Consul de faire séquestrer la dite marchandise, et y donner tel ordre que rien ne s'escarteroit ; et que cependant il l'assuroit de faire exécutter ce qui en seroit arresté en Chrestienté, ou ce que le dit Sʳ Baile et moy en jugerions, ou bien ce que eux mesmes en verroient de plus juste, les vérifications estant aportées. Le consul vénitien ne se contente nulement de cela, veult que l'on les rende aussy tost, ou menasse de les mener à la justice Turquesque ; et nostre consul me dit qu'il disoit ces parolles avec tant d'arrogance, de superbe et de desdain, qu'il estoit bien malaisé de le supporter ; que toutesfois pour se rendre le droit tout sien, il l'endura et de plus envoya jusques chez luy huict marchans françoys pour luy dire que, « ayant entendu qu'il vouloit que la justice turquesque vuidat ce débat, il le prioyt d'y voulloir mieulx penser et ne voulloir point faire une telle chose mal séante parmy eulx, et laqu'elle pouvoit porter beaucoup de préjudice ; qu'il luy offroit encores de nouveau faire sequestrer la dite marchandise et les mesmes choses que j'ay desjà dites ; qu'il n'y avoit à cela qu'un peu de temps ; que ceste patience se pouvoit prendre aisément, estant asseuré que rien ne se pouvoit perdre ; que le marchand qui avoit porté les dits drapz ne demandoit autre chose, sinon que, en cas qu'il fut arresté ainsy injustement ses despens luy fussent payéz. » Nostre Consul m'escript que ceste offre faicte de ceste façon aiguisa encore sa naturelle présumption, de sorte qu'avec beaucoup de parolles pleines d'insolence il va treuver le Pacha et Cadi d'Alep, et fit en sorte avec eulx qu'ilz envoyèrent dans le fontigue de France sceller le magazin où estoient les dites marchandises, et que ceulx qui le firent furent conduictz par un truchement du dit consul vénitien. Nostre consul fut bien estonné d'une action si nouvelle, et laissa passer trois ou quatre jours pour veoir quel train cela prendroit ; et n'y voyant rien de nouveau et sachant combien se gloriffioit de ceste action ce consul vénitien, il alla treuver le dit Pacha et Cadi d'Alep, fit ses plaintes de quoy l'on estoit venu dans le fontigue de France y sceller quelque magazin, et le fit de sorte que les ditz pacha et Cadi ne sçavoient qu'en remettre toute la coulpe sur le dit consul vénitien ; et tout aussy tost envoyèrent desceller le dit magazin. Le consul vénitien en sentit ung grand desplaisir ; et sans qu'il fut possible de l'en empescher, il tira par force à la justice turquesque et le marchand qui avoit apporté les draps, et nostre consul qui les

avoit retiréz, où cest affaire fût tellement débatu que la présumption, ny arrogance du dit consul vénitien ne peult pas empescher
que la sentence ne fut donnée en faveur du dit marchand ; lequel
eust main levée de la dite marchandise pour en faire ce qu'il vouldroit. Voilà ce que m'en mende nostre consul, se pleignant beaucoup de la gloire et insolence du dit consul vénitien. Nostre dit
Consul est ung marchand de Marseille fort homme de bien et bien
entendu et qui sçayt bien sa charge : c'est ce que j'ay peu
apprendre de luy. A peine avois-je achevé de lire les lettres qui
me venoient d'Alep, que le dit Sr Baile m'envoya faire grandes
plaintes de nostre dit Consul, me pryant de faire en sorte que les
drapz fussent renduz : je luy manday que ce qu'il estoit desja
nuict il y avoit longtemps, m'avoit faict remettre au lendemain à
luy dire le desplaisir que j'avois, que les procédures de leur
consul fussent causes de la perte des dits draps ; de quoy j'avois
véritablement aultant ou plus de desplaisir que luy mesme. Le
lendemain le dit Sr Baile me vint veoir, me parler de ceste affaire,
et je luy dis naïvement ce que je vous viens de dire, que nostre
consul m'avoit mandé, et que selon cela le consul en avoit tout le
tort ; et que le marchand ayant eu sa main levée par sentence de
la justice Turquesque, je ne voyois point de moyen d'y pouvoir
remédier ; et que s'il y en treuvoit quelqu'un, je l'embrasseroy
volontiers pour y faire tout ce qui me seroit possible. Ainsy il
laissa ce discours pour me prier que nous nous unissions
ensemble pour empescher s'il estoit possible, que l'Eschelle qui
est en Alexandrete où abordent tous nos vaisseaux, ne fust point
changée en Tripoli, comme il paroist que veulent faire ces gens
cy [1]. Je l'asseuray que je le feroys très volontiers et que je l'iroys
voir le lendemain, affin qu'ensemble nous avisissions de prendre
ceste affaire d'un tel biay, et que nous en puissions venir à bout.
Je l'allay trouver le lendemain pour cest effect, et me sembla le
trouver beaucoup plus froid en cest affaire que le jour préceddent,
mais bien plus eschauffé à l'autre affaire des draps que je ne
l'avoys laissé ; il me dit que le consul vénitien luy escrivoit tout
aultrement que le nostre ne m'escrivoit ; qu'au contraire le nostre
luy avoit refusé le séquestre que l'autre luy demandoit ; et que par
nécessité il estoit allé à la justice Turquesque. Je luy dis « que les
lettres estoient sy contraires qu'il falloyt nécessairement que l'un

1. Voir de nombreux détails sur cette affaire, page 289.

des deux fut ung grand menteur; que je le priois que nous vérifis-
sions quel s'estoit des deulx; et que j'asseurois bien que sy le
nostre avoit refusé le séquestre et avoit porté ce débat à la justice
Turquesque, je luy feroys bien sentir sa faulte, et l'aprendrois à
m'escrire plus des menteryes ». Luy vouloit à toute force que je
creusse que c'estoit le leur qui disoit vray, et pour toutte raison :
« qu'il estoit gentihomme vénitien et eslu du Sénat. » Je luy dis
« que cela ne concluoyt pas; et qu'il y avoyt force gentilz hommes
qui ne disoyent pas tousjours vray, et que souvent les princes,
pour prudens qu'ils soient, sont trompés en l'ellection de quelques
ministres ». Je le rasseuray encores de ce que premièrement je
luy avois dit; toutesfois il me sembla (quoy qu'il soit infiniment
advisé et discret) qu'il ne resta pas satisfaict. Je vous ay donné la
peyne de sçavoir ainsy au long cest affaire bien au vray, pour en
parler selon que vous le jugerez à propoz. Desjà ce consul vénitien
avoit desnié au nostre toute information de l'assassinat faict par
ce cappitaine du vaisseau vénitien, du dit consul françoys [1] en
Alexandrette, et encore de ceulx qu'il avoit faict tirer à balle à
quelqu'une de noz petites saities estans dans le port, laquelle il
recognoissoit très bien, et qu'il faillit de faire couller à fondz. Je
vous ay desjà escript de ceste affaire, et vous envoyeray au premier jour toute l'information que les nostres en ont peu faire
faire en Alep; ne doubtant point que S. M^{te} à laquelle j'ay faict
entendre la chose, ne vous charge d'en rechercher quelque satisfaction; car de vray cest acte fut très mal et très insolemment
faict, etc.

SALAGNAC.

1. Honorat Gassendi (voir page 260.)

1609 (30 avril).

Orig. fol. 84.

A M. DE PUYSIEUX

SOMMAIRE : Le général de mer n'est pas favorable aux corsaires de Barbarie. — Français qui naviguent sur des vaisseaux de course malgré la défense du roi. — MM. de La Feuillade et Menou prisonniers des Turcs. — Les Mores chassés d'Espagne reçoivent de mauvais traitements à leur passage en France. — Les Turcs se réjouissent des dissensions des chrétiens. — Projets des Turcs contre la Perse. — La Porte trouve toujours de l'argent pour l'entretien de son armée.

Monsieur, avec le paquet de S. M[té] j'ay reçeu deux des lettres, et appris de nouveau la dellivrance qu'elle a fait faire des esclaves ; qui a esté très bien avisée et eut empesché beaucoup de maux si elle fut esté faicte de bonne heure, et possible plus qu'elle ne fera maintenant ; car ceste canaille de Thunis avait bien peu d'équipage de mer au passage de M. de Brèves ; cela leur eut osté le soing de s'armer comme ilz ont faict depuis ; qui me fait craindre qu'il sera malaysé qu'ilz ne s'en servent à faire du mal, y estant si acoustuméz qu'ilz sont. Toutesfois ilz avoient quelque faveur icy qu'ilz n'auront plus, le gennéral de la mer de maintenant estant homme d'honneur qui honnore S. M[té], et qui particulièrement est mon amy. Ne doubtés point que je n'aye fait bien valloir ceste liberté donnée aux esclaves ; à la nouvelle qui en viendra nous le ferons encores, et encores quand j'auray sceu qu'ilz seront partis de Marseille. C'est à ceulx qui les conduiront à sçavoir bien accorder toutes choses, puisque ilz en ont permission de S. M[té] : ilz seront aidés et par la mort de Mehemet bey brave corssaire, et de Cara Osman qui l'a faict tuer[1] ; lequel taschera ce crois-je, d'avoir le moings d'ennemis qu'il sera possible. J'en ay donné à Marseille les meilleurs adviz que j'ay peu affin qu'ils s'en sachent bien servir. Il y a quatre ans que je ne fay que penser icy ce que l'on nous accuse d'estre cause du dommage qu'ilz reçoivent par les vaisseaux de cours, tous chargéz de françoys ; et n'ay trouvé meilleur moyen que de dire que le Roy m'a expréz commandé de travailler à faire pendre ceulx qui seront pris, et mesmes en ay souvent demandé pour cest effect, sachant bien toutefois qu'ilz aiment trop les esclaves chrestiens et en ont trop de besoing pour

1. Voir page 74, note 1.

les bailler. Aussy n'en ay je jamais peu en avoir pas un ; dont j'ay
monstré du desplaisir. Et de là ilz ont faict jugement que c'estoit
contre la deffence du Roy qu'ils venoyent courir les mers, aussy
les Grandz ne m'en parlent plus ; mais quand il arrive quelque
dommage, tout le peuple crye et va exclamer et crier au divan. En
deux jours cela est passé, mais à la vérité il s'y perd force gens : et
depuis peu il en fut pris cinq ou six, dont l'un m'a faict dire qu'il
est filz de Monsr de La Feuillade[1]. Je fay rechercher quelque
moyen de le retirer de là, comme je ay faict depuis quinze jours
trois chevaliers de Malte françois que j'ay encores céans, dont l'un
est nepveu de Monsr le maréchal de la Chastre nommé Menou[2] qui
a esté mallade à la mort. Depuis estre céans il commence à se bien
porter. Je n'attends que sa guarison et quelque bonne occasion
pour les renvoyer tous trois. Je scay très bien que le mal qu'ont
reçeu les grenadins à Marseille, n'a point esté du consentement du
Roy[3] ; on en accuse les secrétaires de Monsr de Guise[4], qui
recherchent un peu trop curieusement le gain. C'est ce que l'on
dit et que l'on m'escrit de Marseille, et croy que le Roy aura
bientost veu lettres du Gd Sgr pour le prier de pourveoir à leur
seureté ; lorsqu'on m'en parlera, je feray valloir cela comme un
bon office d'amitié. Je suis en lieu où il se fault servir de tout ;
quelquefois ce que l'on croit le moings utile sert davantage. Ne
craignés point que j'engage le Roy à rien que ce soit, il ne me
fault point commander cela, estant trop important icy. Ils sont
bien aises lorsqu'ilz sçavent que la paix de Flandres ne se faict
poinct ; et les empeschemens que rencontre le Roy de Hongrye
leur sont très agréables. Pour les fomenter ils feront ce qu'ilz
pourront, mesmes luy offriront le secours qu'il voudra et d'hommes
et d'argent, et luy en bailleront, e tout, s'ilz en sont requis de
luy, tant le bruit parmy nous leur plaist et tant ils craignent que
une bonne union face que l'on s'arme contre eulx. Depuis avoir
faict copyer celle que j'escris à S. Mté, est il arrivé un des princi-

---

1. Hardouin d'Aubusson, chevalier de Malte, reçu le 5 septembre 1601. — Il
était fils de François d'Aubusson, Sgr de La Feuillade, et de Louise Pot.

2. *Joachim de Menou*, reçu chevalier de Malte le 6 avril 1605. (Vertot, tome IV,
p. 160 de la liste chronologique). Le dictionnaire de la Chesnaye ne mentionne pas
ce Joachim. Il était, selon toute apparence, petit-fils de Jean de Menou et de
Michelle de La Chastre, laquelle était sœur du maréchal de la Chastre.

3. Voir page 251 la note concernant les *Grenadins*.

4. *Charles de Lorraine, duc de Guise*, amiral de France, gouverneur de
Provence. (Voir page 26, note 1).

paulx des frontières de Perse, despeché de tous les autres qui
servent le G^d S^gr là, pour l'advertir que le roy de Perse arme fortement, et que si on n'y pourveoit bien, il est pour prendre grand
advantage ceste année. Vous scaurés l'ordre qu'ilz y donneront dès
qu'ilz l'auront résolu, mais je croy que le premier Bassa y ira tout
droict, pouvant exécuter en passant et sans perdre temps ce qu'ilz
ont en dessain contre Usuf Pacha; mais d'autre part leur millice
est fort ruinée du voyage et guerres de l'année passée, et la plus
part de la cavallerye est à pied, et l'Asye est encores si ruinée, que
la conduite des vivres leur donnera incommodité et despense
merveilleuse. Mais pour tout cela ilz ne laissent de faire ce qu'ilz
desseignent, et bien que leurs trésors soyent fort espuiséz, si en
ont ilz tousjours beaucoup dependans l'armement, et avec aussy
peu de mesnage qu'ilz le mettent ensemble violemment et injustement. On a fort parlé icy des alliances dont le s^r don Pedro de
Tolède faysoit la recherche[1], et les plus grandz m'en ont diverse-
ment parlé. C'estoit l'Ambassadeur d'Angleterre, qui pensoit par
ces nouvelles se prevalloir contre nous; il n'a rien advancé Dieu
mercy, qu'à me donner de la peine et plus de despit des mauvaises
procédures dont il use. Cela n'a point empesché que je n'aye par
la grâce de Dieu, recouvré de la santé et que la force des bras
ne me revienne; de sorte que j'espère que cest esté me rendra celle
qu'une si longue et fascheuse malladye m'avoit osté, etc.

SALAGNAC.

1609 (30 AVRIL).

Orig. fol. 85.

AU ROY

SOMMAIRE : Anéantissement des rebelles. — Mort du grand-duc de Toscane. —
Insolence des Janissaires d'Egypte. — Piège qui leur est tendu par le Bassa
du Caire. — Extermination des Janissaires. — La joie causée à Constantinople
par cette répression est diminuée par la crainte qu'inspire la puissance des
Arabes. — Négociation de M. de Salignac avec le Muphti. — Projets de la Porte
contre Venise. — Esclaves turcs mis en liberté. — Echec de la candidature
au trône de Moldavie d'un prince soutenu par les Anglais.

Sire, Le XXIIIIe du présent j'euz l'honneur de recepvoir celle de
V. M^té du XXVIIe janvier et IXe Febvrier. Les miennes qui sont

---

1. Voir page 239 ce qui a été dit sur don Pedro.

tous les quinze jours, luy diront se qui se faict icy de jour à autre. On porte tous les jours des testes des rebelles tués en divers endroicts de l'Empire ; et ne s'en trouve guères plus aucun qui soit en campagne, et ce commencement de printemps n'en a point éclos de nouveau. Il y a seulement un Pacha nommé Usuf que la crainte de chastiment retient en son gouvernement, lequel a trois ou quatre mil chevaulx qu'il entretient comme il peult, se disant tousjours bon et fidelle sujet. Celui là à mon oppinion sera mal traicté dès lors que les chevaux qui sont à l'herbe en seront dehors, et tant plus facilement qu'il ne se sçait résouldre ny comme suget obéissant, ny comme rebelle. La mort du Grand Duc a esté fort agréablement reçeue icy, et davantage la nouvelle que son filz qui luy a succédé[1], ne veult continuer la piraterye que faysoit exercer le feu duc son père ; duquel toutes les prises, mesmes ceste dernière, n'a esté que sur les marchans, les deniers du G^d S^{gr} ayant tousjours esté seurement conduictz ; et je le dis, parce qu'il semble par les lettres de V. M^{té}, qu'elle le croye autrement,

Il y a desjà long temps Sire, que je lui ay dit que le Pacha du Caire avoit dextrement levé une certaine imposition que la millice de ce pais là avoit imposée sur le peuple, lequel en recepvoit un bien grand dommage, et que l'on tolleroit, ne voulant pas irriter un si puissant corps. Pour en venir à bout il avoit faict mourir les Chefs principaulx et ceulx qui pouvoient le plus à faire soullever et rebeller les autres, et de ceste façon avoit imprimé une telle crainte à toute la dite millice, qu'il leur avoit faict jurer à tous solennellement de ne parler jamais plus de la dite imposition, et ainsy s'estoient passé deux années ; depuis deux mois la dite millice se trouvant la plus part ensemble, fière de se voir les plus forts au pais, le Pacha hors de pouvoir de leur pouvoir nuire, monstrent tout à fait leur mauvaise volonté qu'ilz avoient seulement cachée, et envoyent inssollement demander au Pacha de les remettre au premier droit qu'ilz avoient de lever la dite imposition, et que s'il ne voulloit, ilz ne laisseroient pas de la lever par force et malgré luy, et possible à son dommage ; et accompagnèrent la dite ambassade de deux mil hommes de cheval bien équipés. Le Pacha fut bien estonné de ceste nouvelle et tous les autres aussy ; et n'ayant la force, il faisoit traicter avec eux, monstrant toutesfois de ne

1. *Cosme II de Médicis*, grand-duc de Toscane, né en 1590, mort en 1621, succéda à son père *Ferdinand Ier*.

voulloir accorder cela, mais bien d'autres récompences que leur valleur méritoit et derniers services faicts soubs la charge du premier vizir[1] et en son armée (c'estoit au retour de là que ceste millice se trouva ensemble, tant celle qui en revenoit que celle qui estoit demeurée en paix). Le Pacha faisoit à poste prolonger ce traicté pendant qu'il traictoit avec les arabes. Ayant pris parole d'eux, et leur ayant donné jour préfix pour se trouver au rendés vous qu'il leur donna, il fit rompre le traicté commencé avec la dite millice ; laquelle aussy ne se voulloit contenter de rien si la levée de la dite imposition ne leur estoit accordée, et se jetta en campagne, beaucoup plus faible qu'ilz n'estoient, leur mandant que leur rebellion et leur meschanceté l'assuroit de sorte qu'il ne laisseroit de se trouver pour les combattre en une grande campagne qu'il leur assigna, quant et le jour que ce seroit (c'estoit celluy mesme qu'il avoit donné aux arabes, et la campagne estoit leur rendés vous aussy). Ceste millice très contante de ceste nouvelle, comme leur donnant occasion et leur ouvrant un chemin pour se faire craindre doresnavant, embrasse gaiement le party et s'y trouve résolue de mal traicter le Pacha ; mais elle fut bien estonnée lorsque, rangée en ordre pour combatre le dit pacha qui estoit à front devant elle, ilz se virent environnés de bien quatre vingts mil Arabes à cheval et comme envelopés dans des thoiles : leur courage se perdit lors du tout ; de sorte que le Pacha avec fort peu de combat, les fit tous désarmer et mettre pied à terre, fors deux mil chevaux qui se retirèrent enssemble dans ces larges plaines de l'Arabye. De ceux qu'il tenoit, il fit trancher les testes à un grand nombre des principaulx : et des autres, en fit assommer et tuer par les Mores, beaucoup. Quand la justice luy sembla assés grande il fit cesser le meurtre, et choisit deux mille tels qu'il voulut, ausquels il fit rendre les armes et les chevaulx, lesquels il départit vers la Mecque et Hyemen ; et il renvoya le reste chez eux, leur rendant aussy leurs armes et chevaux, et leur ayant donné d'autres choses. Et renvoyant les Arabes contans et satisfaicts, leur ordonna de suivre ces deux mille qui s'estoient retirés d'abord, leur permettant de les tuer et leur donnant leurs armes et leurs chevaulx et tout ce qu'ilz avoient, de façon que l'on croit qu'il s'en sauvera bien peu. Ceste nouvelle portée icy a resjouy, d'une part voyant chastier l'insolence de ceste milice qui les tenoit en peine, et les a

---

1. Lorsque Morath Bassa fit la guerre en Asie contre les rebelles.

faschéz de l'aultre, et blasment le dit Pacha pour avoir mis un tel nombre d'Arabes ensemble ; lesquelz ainsy pourront juger de leurs forces et prendre quelque dessain, et le craignent ; sçachant bien qu'ilz sont leurs ennemis capitaulx, qui ne leur obéissent que par force. Ce danger toutesfois n'est pas si grand que l'autre estoit présent. J'ay creu Sire, que la longueur de ce récit, arrivé depuis deux mois et porté icy depuis huict jours, n'ennuyeroit point V. M^té, laquelle me commande aussy de l'adviser de tout ce qui se passe.

Suivant son commandement, j'ay tenté de sçavoir qui se pourroit espérer traictant ce qui tousche à la S^ie de Venise ; la chose me sembloit bien difficile, et jugeois bien que elle seroit mal reçeue, et partant n'en ay voulu parler qu'au Moufti, lequel honnorant comme il faut V. M^té, et estant assez particulèirement mon amy, m'ostoit le doubte que la chose fut divulguée n'estant trouvée bonne, et aussy que c'estoit luy seul avec lequel on pouvoit traicter le dit affaire, comme concernant leur part et estat, sur quoy il peult tout. Je appris de luy que c'estoit une chose du tout impossible, tellement répugnante à leur loy, que le G^d S^gr mesme le voulant, ne le pourroit faire. Il trouva très bon que j'en eusse uzé ainsy, m'asseurant que le G^d S^gr eust fort mal pris ceste proposition, laquelle demeureroit estouffée entre nous deulx[1]. Ceste confidence me confirma davantage en l'opinion que j'ay, il y a desjà longtemps, que la dite S^ie n'est nullement aymée icy ; de sorte que je croy que la première entreprise qu'ilz feront contre la Chrestienté, sera contre eulx. Ils ne sont pas encores en l'estat qu'il fault pour ce dessain. Je fais valloir aultant que je le puis la liberté que V. M^té a donnée aux esclaves turcs : tous en monstrent beaucoup de contantement ; mais la nouvelle ne leur en est pas venue encores. Ilz m'ont donné, pour rechercher, la notte des esclaves françois mal pris, pour les faire rendre à V. M^té : la plus part sont ès mains des particuliers qui les cachent aultant qu'ilz peuvent. J'en ay eu desja quelqu'un, et ilz me promettent assez, pour rendre V. M^té contante s'ilz l'effectuent. Je ne sçay ce qui en succédera en Barbarye, ny comme se gouverneront ceulx qui y conduiront les esclaves que V. M^té a faict libérer ; car tout deppend de cela. J'eusse bien désiré en avoir icy une douzaine de ceulx-là ; et possible que mes lettres qui les ont souvent demandéz, seront arrivées à temps pour faire que V. M^té l'aye commandé.

---

1. Nous ignorons le sujet des négociations dont parle M. de Salignac.

Je ne manque point de responce sur les plaintes des navires de cours arméz de françoys, et les fay recepvoir des grandz ; mais ceulx qui reçoivent le dommage ne se contantent de rien, et le Mustafa Aga, poussé de l'Ambassadeur d'Angleterre, faict le pis qu'il peult. J'espère Dieu aidant, que ce sera peu, bien que le dit Ambassadeur remue tousjours ; et ne pouvant par les voyes bonnes et ordinaires qui sont par le premier Bassa, il en recherche d'extraordinaires, et pour cela depend (*dépense*) beaucoup ; mais je les ay eventées et me promets bien d'y remédier. Son maistre l'avoit chargé de faire mettre pour prince en Bogdanye, un filz d'un qui en estoit légitime prince, et pour en venir à bout luy a faict porter icy dix mil sequins, lesquelz il a plus employéz pour s'advantager contre nous que pour ce qui luy a esté commandé ; de sorte qu'il ne fera ni l'un ni l'autre à mon advis, celuy qui commande maintenant en Bogdanye ayant esté confirmé de nouveau. S'il eut sçeu se bien gouverner, il fut venu à bout de la charge qu'il avoit ; mais il n'a eu ny assez d'argent, ny assez d'industrie pour ces deulx affaires qu'il avoit embrasséz ; et celuy qui nous touche[1], luy a emporté l'argent destiné pour l'autre, cela m'a donné de la peine car ces gens cy l'ont entretenu d'espérance tant qu'il a donné ; et pour ne perdre rien, n'ont voulu encores couper l'affaire tout à faict, ce que j'espère qu'ilz feront maintenant ; au moings me l'ont promis ainsy tous ceulx qui le peuvent, etc.

SALAGNAC.

1609 (15 JUIN).

Orig. fol. 88.

AU ROY

SOMMAIRE : M. de Salignac est de retour des eaux. — Le premier Bassa part pour l'armée d'Asie. — Les Turcs apprécient le bon gouvernement de Morath Bassa.

Sire, ma dernière est du XVIe may, comme je partois pour aller aux Baings de Bursie[2]. Je croiois estre de retour avant le parteinent de l'ordinnaire suivant, mais les vents tout contraires me retindrent trois jours davantage de sorte que je le trouvay party.

1. C'est-à-dire : *le prince auquel nous nous intéressons.*
1. Nous n'avons pas retrouvé cette lettre du 16 mai. (Voir les détails donnés sur ces Bains dans le 1er volume de l'*Ambassade en Turquie*, page 126.)

Il n'y avoit rien de nouveau non plus que maintenant, seullement la saison advancée fait partir les armées d'icy. Le premier Bassa passe jeudy prochain en ses tentes du costé de l'Asye, mais il n'en partira à mon adviz que l'armée de mer ne parte aussy, qu'il sera quinze ou vingt jours après. Il va pour chastier quelques uns qui ne peuvent perdre les licences que la guerre des rebelles leur avoit faict prendre, et n'ira point plus oultre : il me l'a dit luy mesme. Le bruit commun est toutefois qu'il ira hiverner en Alep pour estre plus proche de la Perse l'autre saison, si la paix n'y est faicte. Les autres vesirs qui sont icy, qui ne font rien luy y estant, désirent bien l'en esloigner, mais son bon gouvernement le fait honnorer d'un chascun, qui désireroit qu'il ne s'esloignast point. Ce G^d S^{gr} continue de vouloir entendre ses affaires, ne layssant pourtant de passer son temps et aller à la chasse, mais non si souvant qu'il faisoit, prenant plus de goust à l'entretien des dames, qui de leur part le retiennent tant qu'elles peuvent. Il ne se parle de nul rebelle déclaré, mais on craint bien que la peur de quelques uns les pourroit faire résoudre à s'unir ensemble, de quoy toutefois il ne se void nulle apparence. Je ne faudray de tenir V. M^{té} très bien advertye de ce qui se passera, ayant par la grâce de Dieu trouvé tel amendement des Baings dont je reviens, que je m'en trouve plus capable de rendre à V. M^{té} tous les services qu'il luy plairra de m'ordonner. Je n'ay desseing ni volonté que celluy là, etc.

Salagnac.

1609 (11 juillet).

Orig. fol. 89.

AU ROY

SOMMAIRE : La Porte regrette qu'Henri IV ait négocié la paix en Flandre. — Raisons alléguées par M. de Salignac. — L'armée de mer a retardé son départ. — Visite au Bassa qui remplace momentanément Morath. — Promesses de ce Visir. — Les esclaves turcs n'ont pas encore été rendus.

Sire, La dernière que j'ay eu l'honneur de recepvoir de V. M^{té} est du XXIIIIe Febvrier. Depuis on a porté icy les articles de la trefve de Flandres, et que c'estoit par l'entremise et authorité de

V. M^té [1]. Ces nouvelles n'ont esté guères agréables en ceste Porte, craignant que cela ameine quelque ligue entre eux. Le premier Bassa m'a dict particulièrement qu'il ne sçavoit pour quoy V. M^té avoit aidé à faire cest accord, sçachant bien que le roy d'Espagne ne luy seroit jamais fidel amy, estant ennemy de ceste Porte ; que d'ele, nous estions plus anciens amis. Je luy dis que V. M^té ne pouvoit refuser et remectre un si bon œuvre, en estant requis ; mais que outre cela il avoit esté bien aise faire voir la faiblesse espagnolle par cet accord, par lequel ilz cèddent à leurs subjectz la souveraineté qu'ilz avoient sur eux, chose que peu de princes ont jamais faict. Il se contenta de cela. Celuy qu'il avoit promis de chastier [2], n'a voullu esprouver la force, mais cédant, a offert toute obéissance, et mesmes s'est offert de ce venir justiffier s'il estoit accusé, ce qu'il ne pense pas pouvoir estre. On y a envoyé trois gallères pour l'apporter icy, et on l'attend ce jour d'huy. Incertain de ce qui s'en fera, cela a retardé le partement du conte de l'armée de mer [3] ; laquelle toutefois partie de ce port, est encores tout auprès, et partira soudain que ces trois gallères seront de retour. Le premier Bassa cognoissant estre envié des autres visirs en ceste porte, a envoyé chercher un qu'il aime beaucoup, qui estoit en Hongrie, et a tant faict qu'il l'a laissé icy en sa place [4]. Je l'ay desjà esté visiter. Il semble assez bon homme, mais à mon opinion un peu lasche. Le secréttaire Zethard (?) marche tousjours avec le premier Bassa, de sorte que lorsqu'il part, il en fauct mectre tousjours un qui tienne la place auprès de celuy qui commande comme premier visir. On a donné ceste charge à celluy qui brouilla toutes nos affaires avec l'anglois à la venue de leur ambassadeur. Je luy (*au Secrétaire*) en fis faire de bien rudes réprimandes ; et

---

1. On sait qu'Henri IV prit une part très active à ces négociations. Le président Jeannin, envoyé à la Haye comme médiateur entre les Provinces Unies et les archiducs, proposa de conclure, à défaut de paix définitive, une trêve de douze ans, qui fut enfin signée le 6 avril 1609.

2. *L'Emir Yusuf*, Bassa de Tripoli.

3. C'est-à-dire : *Le départ des fournitures que doit emporter l'armée de mer*.

4. Les renseignements suivants, que donne le Journal du S^r d'Angusse, confirment les nouvelles données par M. de Salignac :

« *En juillet Calil (ou Aly), Capitaine Bassa alla avec l'armée de mer à Besistache (sur le Bosphore); et quelques jours après il passa, avec quelques gallères, Morath Premier Visir en l'armée d'Asie, et Mehemet Bassa eunuque demeura Caïmacan. En même temps l'Ecmergi Ogli fut remis en sa charge de Testardar.*

« *De là à quelques jours arriva vers le premier Visir, Yusuf Bassa que l'on croioit rebelle, et se vint rendre à la miséricorde du G^d Sgr.* »

contre son gré ay fait miner ce quil pensoit avoir bien estably. Il en avoit du mécontentement; toutesfois par l'entremise des miens nous feusmes bons amys. Il fut gaigné par beaucoup de présents et me promect merveilles, et me fit-on bien chèrement achepter cela. Je ne laisse pourtant d'en estre en peine et d'i avoir l'euil, ne l'ayant peu voir encores et ayant opinion qu'il en est cause. Ce visir qui est en charge m'a assez asseuré qu'il ne feroit rien sans que je le sasche; si crains je l'action de ce petit homme de secretaire qui est unie et subtille, et ne seray point en repos que je ne sois asseuré de ce costé là. Le capitaine de la mer continue sa bonne affection, de sorte Sire, que l'une des lettres de V. M^té à luy sera très bien employée. Il ne vient de Barbarye ni de Marseille mesme. nulle nouvelle des esclaves que V. M^té a commandé d'estre rendus : cela fait que plusieurs des nostres feront le voiage qui ne l'eussent pas faict, si en ai je retiré quelques uns sur ceste première nouvelle, etc.

SALAGNAC.

1609 (24 JUILLET).

Orig. fol. 90.

A M. DE PUYSIEUX

SOMMAIRE : Contestation entre les consuls français et vénitien d'Alep à propos de pièces de drap. — Mauvais procédés des consuls de Marseille contre M. de Salignac. — Indignation de l'ambassadeur. — M. de Salignac a confiance dans l'amitié de M. de Puysieux.

Monsieur, Diverses occasions que vous verrés rendent ma lettre asséz longue pour estre importune; mais il m'a semblé que S. M^té en devoit estre informée. J'ay envoyé à M. de Champigny à Venize ce que l'on m'a envoyé d'Alep sur les débats qui s'y sont passés entre les Consuls françoys et vénitien, affin que si S. M^té veult qu'il s'en recherche quelque chose, mon dit Sr de Champigny en puisse parler au vray, par les copyes collatïonnées et bien signées que je luy ay envoyées; enfin c'est ce que j'escris[1]. J'ay mis aussy dans ce paquet une lettre que les députés du commerce de Marseille m'escrivent. De vray leur plainte mérite considération et remède, et croy que S. M^té n'entend point que les choses

1. Voir (page 271) la lettre du 28 avril 1609.

passent ainsy. J'ay aussy mis dans le paquet un extrait de lettres patentes que m'ont envoyé les Consuls gouverneurs de la ville de Marseille, où ilz n'ont voullu faire procéder, disent-ilz ; je ne puis que je ne m'en plaigne un peu ; si trop, pour Dieu excusés mon ressentiment sur mon honneur que je veux bien garder entier et sur le déplaisir que, servant avec l'affection que je fais, sans nulle autre gloire que celle de servir, sans nulle sorte de proffit, mais bien avec ruine si S. M^{té} ne commande résolument que mes fraiz ordinnaires soient payés. Toutesfois je voy que l'on donne commission de faire enqueste de mes actions, qu'un premier président d'une court souveraine a ceste charge, que cela se face sans j'en sois advisé et par tesmoings qui sont partyes, comme leurs plaintes en font foy. Pour Dieu, faites veoir que ma plainte est juste. J'honnore tant Monsieur le Chancellier[1], et suis si asseuré de la probité de ma vye, avec quelque oppinion qu'il ne me doibt voulloir que bien, que je ne sçay que dire. Lorsque ceulx de Marseille m'ont envoyé cela, ilz m'ont envoyé une lettre de S. M^{té} signée de vous, par laquelle elle me commande luy rendre conte de certaine chose qui luy a esté dite. Je le fais par la présente. Quand il luy plairra de me commander de luy dire au vray ce de quoy par les dites lettres patentes[2] il donne charge à Monsieur le président du Ver de faire enqueste, je le feroy si véritablement que je deffye tout le monde de m'arguer de menterye ; et nul autre que moy ne sçauroit le dire ni sçavoir véritablement. Si vous diray-je que ce que je me promets de la bienveillance de S. M^{té}, me fait croire que ce fut pour contenter les Marsillois ; mais quoy qu'il en soit, telle chose ne se pouvoit faire de telle façon sans faire croire d'estranges choses de moy, et tesmoigner bien autrement que toute ma vye passée et présente ne me permet de croire, de la volonté de S. M^{té} en mon endroit ; si ne le croyray-je jamais, asseuré de tous mes déportemens, et ne doubte nullement qu'il n'y ait eu de la surprise.

Monsieur, j'escris, mais vous estes l'organne de ma lettre ; elle sera bien ou mal reçeue ainsy qu'il vous plairra. Mais ma volonté toute pure et innocente me rend aussy certain de vostre faveur que je vous demande toutefois aussi humblement que je puis. J'en dis

1. *Nicolas Bruslard de Sillery,* père de M. de Puisieux, chargé par Henri IV de plusieurs missions importantes, devint chancelier de France en 1607, mais fut disgracié après la mort du roi. — Il mourut en 1624.

1. Voir ces lettres patentes aux *Pièces justificatives XIX.*

un mot à M. de Villeroy, mais m'en remettant à vous, croyant que vous n'aurés désagréable de luy en parler. Ainsy tousjours vous priant et m'obligeant, et ne vous servant de rien, je traîne mes jours ici, contant où que ce soit pourveu que ma volonté et mes actions soient cogneues; un autre y adjousteroit : et recogneues; et peu d'autres servent sans ceste espérance. Je me contante qu'il est impossible à tout le monde de faire que ce ne soit avec hónneur, fidellité et tout autant d'affection qu'il est possible. Ma plume se mouvant par un peu de passion vous pourroit estre importune par sa longueur, je luy imposeray donc silence, luy commandant de vous asseurer que je suis, etc.

SALAGNAC.

1609 (24 JUILLET).

Orig. fol. 91.

AU ROY

SOMMAIRE : Le Mis de Villena, fils du Vice-Roi de Sicile, prisonnier des Turcs, s'est fait Mahométan. — Plaintes des députés du commerce de Provence. — Avarice des Marseillais. — Concurrence que leur font les pirates. — Changement de l'échelle de Tripoli contre celle d'Alexandrette. — Motifs invoqués par les Turcs. — Droit du consulat d'Egypte accordé à M. de Brèves. — Calomnies répandues contre M. de Salignac. — Colère de l'Ambassadeur. — On ne tient nul compte des services qu'il a rendus. — Disputes entre les Consuls de France et de Venise en Syrie. — Le portrait du Roi placé dans l'église d'Alexandrette a été renversé par un Vénitien. — Affaire des draps vénitiens. — Mauvais procédés du Consulat de Venise. — Orgueil des Vénitiens. Ils voudraient avoir la préséance à Constantinople.

Sire, l'armée de mer est partye, le premier Vizir est encores en ses tantes dont il ne partira encores de dix ou douze jours pour le moings; car il y séjournera tant qu'il pourra, espérant que le temps luy donnera quelque subject d'arrester et s'yverner icy, comme il le désire fort, mais [c'est] un dessain tout contraire à celuy de tous les autres baschas. Si n'y a-il rien qui le presse à partir; et hiverner icy espargnera à son maistre plus d'un million d'or. Le cappitaine des gallères d'Alger appelé Jafer Génevois est arrivé icy depuis cinq jours. Il a amené un filz bastard du marquis de Villena vice roy de Sicile, lequel fut pris s'en retournant en Espagne : la millice d'Alger en fait un présent à ce Sgr lequel a monstré l'avoir fort à gré. Ce jeune garçon de quatorze ans avoit,

je ne sçay comment, esté si mal nourry, que soudain il quita sa
religion et se renia sans nulle contrainte, et au premier mot qui
luy en fut dit. Son père offroit cinquante mil sequins pour son
rachapt. S'il ne fut un peu obstiné à ne vouloir renier sa foy et
créance, possible il y eut eu moyen de le retirer; car leur loy
deffend d'user de force pour la faire embrasser; et avec partye de
l'argent que le père offroit, on eust peu gaigner le Mufty pour en
faire quelque remonstrance; maintenant il n'y a plus de moyen.
Deux des siens espagnolz se sont retiréz céans; et je fais ce que je
puis affin que chacun cognoisse l'utilité que la Chrestienté reçoit
de l'amitié que V. M^té tient avec ces gens cy.

Sire, depuis six jours j'ay reçeu des lettres des Consuls de
Marseille et des députés du commerce. Ilz se plaignent; leurs
plaintes sont diverses : ilz en font du consul d'Alexandrye, lequel
ayant faict party [1], avec le Pacha du Caire, de la Casse et du Cené [2],
ne permet, disent-ilz, que les françoys en chargent, et confisque si
on en uze autrement. Ilz désirént abolir cela et me prient en
donner advis à V. M^té. La vérité du party est : Il l'eut par la mort
d'un françoys nommé Bourreau qui l'avoit; l'amityé que le Pacha
du Caire luy porte, le luy fit avoir contre tout ce que peurent
faire les Vénitiens qui le voulloient pour eux à quelque prix que
ce fut, et l'auroient sans doubte si le consul en estoit dessaizy; et
lors le dommage de ceulx de Marseille et des françoys seroit bien
autre qu'il n'est; car il faudroit le prendre de leurs mains, où ce
consul le fait porter entièrement à Marseille où il se débite. La
plainte de ceux de Marseille est que, sans ce party ils l'achette-
roient moings cher, et partant gaigneroient davantage en le
revendant, et ne pénètrent pas à la vérité de la chose, que je
représente au vray à V. M^té et sans nulle sorte d'intérêts. Le
Consulat est à M. de Brèves, lequel y a mis ce consul qui
au reste s'y gouverne bien et honorablement. Ils font une autre
plainte du Consul de Sirye et de ces quartiers-là : le consulat
est au Sr Marmery de Marseille [3] qui ne se tenant sur les lieux,
y met des vice consulz, et font la charge trois ans. C'est là ce
me semble, où ilz se doibvent plaindre, car V. M^té ne peult

1. Party, c'est-à-dire : *association*.
2. La *Casse* est la moëlle du fruit du Cassier dont les médecins faisaient un
grand usage. — On tirait autrefois du Levant toute la casse qu'on employait en
France. — Le *Séné* est le fruit d'arbres qui croissent principalement dans le
Levant. On en faisait alors un grand commerce.
3. Nous avons déjà eu occasion de parler du Sr Marmery (voir page 97, note 1).

cognoitre les ministres dont ilz se servent; ilz font une grande plainte de celuy qui en a la charge maintenant, dequoy il lève son droit de Consulat en des eschelles où l'on n'avoit pas accoustumé. C'est à eux à traitter cela avec le consul Marmery; car voulloir faire croire que V. M^{té} y soit grandement intheressée en son honneur, comme ils disent, c'est mocquerye et tout le contraire; car plus d'eschelles y a-il plus d'authorité aussy, et des vice consulz partout ne font que plus d'éclat. S'ilz s'y gouvernent mal, ilz y peuvent pourveoir d'eux mesmes, puisque ilz les y mettent sans que V. M^{té} s'en mesle; et pour dire la vérité, celluy qui est maintenant vice consul en Sirye exerce sa charge avec honneur; bien crois-je qu'il ayme son proffit plus que ne debvroit un qui est en telle charge; mais il est Marsillois, c'est le mal du lieu.

Ils font une troisième plainte, Sire, que V. M^{té} jugera mieux par leur lettre mesme que j'ay mise dans ce paquet. De vray Sire, elle est de très grande importance, et mérite que V. M^{té} y aye esgard comme elle a tousjours eu. La piraterye s'acorde mal avec le commerce des marchands, et cela est du tout contraire à ce que je dis icy d'ordinaire de sa part. Je m'asseure que ces choses luy sont teues ou déguisées; et que les sachant, V. M^{té} y remedira ainsi qu'elle a diverses fois faict. Cela ne porte ny honneur ny utilité mais tout le contraire; et si c'est pour s'opposer aux courses de Barbarye il en fault user autrement, et faire que cela porte tiltre de guerre contre eulx, et ouvertement, et par ordre exprès de V. M^{té}; et que personnes qui en puissent respondre en ayent la charge. Je supplye très humblement V. M^{té} me pardonner si je luy en dis si librement mon oppinion; ce que j'en juge d'icy, et le tres humble service que je luy doibs que j'affectionne tout autant qu'il m'est possible, m'y oblige. Ilz en font une autre pour l'eschelle d'Alexandrete : la chose est Sire, que la dite eschelle estoit paradvant à Tripoly de Sirye; et par la poursuite des marchands trafiquans, pour quelque avanye qu'ilz reçeurent du gouverneur du dit Tripoly, ils la firent transporter en Alexandrete où elle a demeuré depuis. Les marchands demeurent en Alep et laissent quelque facteur au dit Alexandrete, où ilz ont basty quelques magasins, non seulement les françoys, mais les Angloys et Vénitiens aussy. Le dit Alexandrete est un lieu ouvert, deshabité, où les Corsaires vont sans danger; et là il se peult faire, et se fait d'ordinaire divers contrebandes et tromperyes; cela fait que les marchands s'y contantent et s'y plaisent, veu mesme quê de là en Alep où est leur résidence, il n'y a que trois journées pour porter leurs marchandises avec charroy et chameaux ; et de Tripoly il y en a six : qui est gaigner la motyé du voiturage. Le conseil d'icy, voyant le dommage qui leur revenoit que l'echelle fut en Alexandrete, ordonna qu'elle fût remise à Tripoly et tous les magasins d'Alexandrete abatus, et un mois de temps seulle-ment donné aux marchands pour pourveoir à leurs affaires. Cela fut fait sans que l'on en parlât ny à Anglois, ny à Vénitien, ny à moy ; et les premières nouvelles que nous en eusmes nous furent portées d'Alep avec forces prières des marchands d'empescher ou retarder cette exécution, s'il estoit possible. Le Baile de Venize et moy fusmes ensemble pour en parler au Vizir, lequel nous sçeut très bien dire les dommages que son maistre en recepvoit, [ce] qui l'avoit faict résouldre à cest advis duquel il ne se sépareroit point, et nous sceut assés bien dire aussy combien peu cela nous impor-toit ; il en dit autant à l'ambassadeur d'Angleterre, de sorte que voyans la chose résolue, et qu'avec mauvaise grâce et bien inuti-lement nous essayerions de voulloir qu'ilz ne pourveussent à leurs dommages, nous pensasmes que le meilleur estoit de ne nous oppi-niastrer point, ains seulement gagner temps affin que le dommage que tels changemens de logis ameine, ne fut pas grand ; et ainsy nous l'avons tiré jusques à maintenant, croyans aussy qu'avec la longueur ce desseing se pourroit bien oublyer, comme il advient bien souvent icy. Voilà l'estat auquel est cest affaire maintenant. J'ay dit à V. Mté tout le proffit qu'en ont les marchands, bien petit auprès du mal qui en revient. Oultre les fourberyes et choses mal faites qui s'y font d'ordinaire, il ne se passe année qu'il ne s'y perde un très grand nombre de mariniers ; qui n'est pas petite perte. Il fault qu'ilz s'arrestent avec les vaisseaux au dit Alexan-drete, où l'aer est si mauvais que la plus part y meurent ; et plu-sieurs bons patrons et mariniers, pour ce danger, ont laissé ce voyage ; lequel pris par autres moins experts, ameine beaucoup de pertes. De sorte Sire; que je ne craings point d'asseurer V. Mté que la dite eschelle sera avec plus d'utillité, d'honneur, et bien moings de perte à Tripoly qu'en Alexandrete ; et les traffiquans y auront plus de seureté beaucoup, et moings de despence s'ilz ne veullent conter ce qu'ilz desrobent a la douane là, que possible ne pourront-ilz pas faire si librement à Tripoly ; mais il fault que tous les marchands abandonnent Alep et allent à Tripoly, et là sans despence de charroy, on viendra achepter leur marchandise et leur portera-on celle qu'ilz leur vendent ; et s'ilz disent que ce sera plus chèrement, si ne sera ce pas tant que le charroy coustoit tant à l'aller qu'au retour, et auront du guain à l'un et à l'autre ; et si quelque marchand en a quelque desplaisir pour luy, cinq cens mariniers en recepvront un contantement extresme ; de sorte Sire, que nous avons jugé que, s'ilz (*les Turcs*) continuent à le voulloir, c'est le meilleur, et qu'il fault les laisser faire ; s'ilz n'en parlent plus. que nous n'en parlions point aussy et que les choses demeurent comme elles sont ; qui est pour contanter les marchands ; mais à la vérité en cela je suis d'oppinion d'autruy, car la mienne fut esté de presser l'exécution de leur volonté pour éviter la perte si certaine de tant de mariniers, dont les Vénitiens se soucient peu, n'en ayant guères qui soient leur sujetz et se servans d'autres desquels ilz ne se soucyent point. J'ay esté contraint d'estre long, mais j'ay creu que V. M^{té} n'aura point à déplaisir d'en estre informée au long. J'escrips la chose mesme à ceulx de Marseille, qui debvront cognoistre que la vye de tant de ses sujets doibt estre plus chère à V. M^{té} que ce que les marchands en attendent de proffit ; et que si ce change se fait, ilz ont plus occasion d'en avoir plaisir qu'autrement.

Ilz font encore une plainte, Sire, qu'ilz ont faite aussy à V. M^{té}, comme je vois par une des siennes qu'ilz m'ont fait tenir qui est du XXe janvier de la présente année ; disant que l'on a introduit une nouveauté bien extraordinaire et dangereuse pour les Eschelles et au préjudice de l'authorité de V. M^{té} et contre ses capitulations, qui ouvre la porte à toutes sortes d'oppressions à ses sujets. Je supplye très humblement V. M^{té} de croire que j'aymerois mieux estre mort que s'il s'estoit fait une nouveauté de telle importance, moy estant icy, et que si je l'eusse trouvée j'en eusse adverty V. M^{té}, et eusse travaillé de tout mon pouvoir pour y remédier ; mais la chose n'est nullement, et les consuls ont la même authorité et plus grande qu'elle n'a jamais esté accordée par les capitulations, et les Turcs n'ont pris nul adventage de justice sur ses sujets contre ce qu'elles portent. Lorsque par permission de V. M^{té}, Mr de Brèves mit le droit de deux pour cent, il fit aussy par les capitulations, obliger le G^d S^{gr} à faire exécuter en son empire les commandemens et volonté de V. M^{té} sur ce sujet, et je ne doubte pas que si quelque marchand a fait le rétif à le voulloir payer, il ne se soit servy de cela à ce commencement [1] ; mais au lieu de prejudicier à l'authorité de V. M^té, elle en est augmentée Sire, les rendant exécuteurs [2] de ses commandemens. Les consuls françoys des dites eschelles ne se sont point plains pour cela que leur justice en soit diminuée, et possible que V. M^té sans ceste bride qui les retient, eust esté mal obéye en ce qui luy pleut accorder au dit Sr de Brèves. Depuis que je suis icy Sire, il n'a point esté besoing de cela. Je n'ay ouy aucune plainte de qu'elqu'un qui pour ce sujet aye esté mené à la justice, et n'en sçay chose du monde ; et si croy aussy certainement qu'il n'en a rien esté. Ce qui s'en lève se fait par le vice consul qui est de Marseille, et à la prière des Marsillois qui ont désiré que je n'y envoyasse aucun. Je ne sçay s'ilz y ont du proffit ; mais je sçay bien que ce qui me revient de Sirye qui est tout, n'est que quatre mil tallars ; et ne s'est passé année que particulièrement pour eux je n'aye plus dépencé, et ilz le sçavent très bien. V. M^té a voulu que Mr de Brèves fut payé des frais extraordinaires qu'il avoit fait icy, sur ce droit qui se lève en Egipte ; et la part qu'il m'en fait est bien petite et bien mal payée, mais aussy crois-je qu'il sera bientost satisfait et qu'il plairra à V. M^té que je sois aydé de cela. Ce qui revient de toutes les autres Eschelles est si peu de chose qu'il n'en mérite pas presque le conte, et si V. M^té le veult particulièrement et au vray, je ne fauldray de le luy envoyer : nul autre ne le peult si bien sçavoir, ni dire plus fidellement ; l'employ en est tout pour vostre service, ma bource n'en est point enflée, ma maison n'en est pas mieux meublée, et Dieu mercy, je ne fay nulle dépence extraordinnaire pour mon particulier. Je dis cela Sire, parce que Mrs de Marseille m'ont envoyé un extrait de lettres patentes de V. M^té de l'année passée et du XXVIIIe décembre. Je l'ay fait mettre dans ce paquet comme ilz me l'ont envoyé, me disant n'y avoir point voullu faire toucher. A la vérité Sire, cela ne se pouvoit faire sans me préjudicier infiniment et me toucher beaucoup à l'honneur. Je rendray conte de mes services et de mes actions ; je me condamne à la mort si je le fais avec menterye. Et comment, si loing de moy, sans estre adverty, pouvoit [on] examiner juste-

---

1. L'article XXIII des Capitulations portait : « *Voulons que les marchands fran-çois et ceux qui trafiquent sous leur Bannière, ayent à payer les droits des Consuls, sans aucune difficulté ; que nos sujets qui trafiquent par les lieux et pays de l'obéyssance de nos ennemis, soyent obligés de payer les droits de l'ambassadeur et consul françois sans contradiction.* »

2. *Rendant les Turcs exécuteurs.*

ment ce que je fais, sans tesmoings que ceux qui sont partyes et qui n'en sçavent rien : et voyant un premier président faire ceste enqueste, que pouvoit-on juger, sinon que j'estois un criminel bien punissable ou que pour le moings on vouloit rendre tel. Dieu mercy Sire, je ne suis pas tel, et si m'asseure que V. M^té ne le vouldroit pas, et n'a ny telle oppinion de moy, ni telle pensée contre moy. Ma vye et mes actions me donnent ceste asseurance bien certaine, qui me fait supplyer très humblement V. M^té, Sire, de faire veoir que telle procédure faite tellement contre moy, vous est autant désagréable qu'elle me fait de tort. Je scay que telles choses ne viennent point de V. M^té. Tout ce que tout le monde pourroit faire ne diminuera jamais l'affection très humble que j'ay à vostre service, que j'ose dire asseurement n'avoir point de pareille et qui, Dieu aydant, ne recepvra jamais diminution pour occasion que ce soit.

Sire, il s'est passé diverses choses en Sirye depuis peu, qui ont aigry les consuls de France et de Venize l'un contre l'autre. La première fut la mort du vice consul françoys[1] résident en Alexandrète donnée par [un] Vénitien cappitaine d'un vaisseau, d'où il ne se peult retirer là ni justice ni information seulement du consul Vénitien. L'autre fut l'insolence d'un vénitien qui devant tout le monde arracha et rompit le tableau de V. M^té et celluy de la Royne et de Monseigneur le Daulfin, que l'on avoit attaché à l'Eglise que l'on avoit parée pour le jour de Pasques ; et ce fut le propre jour du vendredy saint après le service ; de quoy ilz n'ont voullu faire nulle demonstration de justice ; mais au contraire par une avanye turquesque, ont fait couster plus de mil escuz à quelques marchands françoys, lesquels sottement empeschèrent cest homme d'estre tué par les françoys qui se trouvèrent présens lorsqu'il fit ceste villaine inssolence; et pour le guarantir le menèrent en un vaisseau françoys qui lors estoit au port, faisans semblant de le mettre là pour le faire punir par justice ; et de cela ilz prindrent sujet de faire la dite avanye. Le troiziesme fut pour quelques draps qui furent portés de Messine dans un vaisseau portant la bannière de France, que les Vénitiens prétendoient estre à eux et leur avoir esté pris par des Corsaires[2], bien ay-je voullu faire veoir au baile que je trouvois bien rude qu'il

---

1. *Honoral Gassendi.* (Voir page 260.)
2. Voir page 272 les détails sur cette affaire.

voulloit que nous nous contentissions de parole, tant pour la mort de ce vice consul françoys tué si mal à propos par ce Vénitien, que pour l'insollence de ce coquin sur les portraits que j'ay dit cy dessus. Je me suis fait porter d'Alep toutes les procédures qui ont esté faictes sur tout cela, et les envoye par cest ordinaire à Venize, ne les ayant reçeu qu'avant hyer, affin que l'ambassadeur de V. M^{té} qui y est résident, puisse veoir que c'est, respondre à ce que l'on pourroit luy en dire, et faire en cela ce que V. M^{té} luy commandera. Je ne doubte pas que le baile n'en escrive ; et s'il abreuve son prince comme il a esté abreuvé, qu'il ne face plainte des dits draps ; mais la vérité se voyant et se sachant, je pense que tout le tort se trouvera de la part de leur consul. A la vérité ilz vouldroient fort estre les premiers en ce pays et enragent de ne le pouvoir. Ils le dissimulent icy mieulx que ailleurs. Si le voy-je bien pourtant ; je n'en faictz toutesfois nul semblant et ne laisse de leur rendre les bons offices que je puis, selon les commande-mens que j'en ay reçeus de V. M^{té}, que je supplye très humble-ment voulloir qu'il soit faite quelque punition des insolens coquins qui osèrent toucher le portrait fait pour le représenter, et que le meurtrier du vice consul se deffende par justice, command-ant à l'ambassadeur qui y est, d'en faire quelque poursuitte. La conséquence est grande, et ilz désirent fort faire passer cela avec paroles. Cependant à part ilz s'en glorifient, je le scay bien ; mais le nyant, je ne scay qu'y faire, que faysant semblant de le croire, comme chose que gens de bien ne sçauroient faire ni penser, etc.

SALAGNAC.

1609 (7 AOUT).

Orig. fol. 92.

AU ROY

SOMMAIRE : Lettres du roi aux Bassas. — Immense incendie à Constantinople. — Rachat de plusieurs Chevaliers de Malte et de trois cents esclaves chrétiens par les soins de M. de Salignac. — Trente-deux Français prisonniers ont été cachés par Jaffer Bassa. — Dépenses causées par ces rachats. — M. de Salignac veut conserver le prestige de la France en Orient. — Il a fait ajouter de nouveaux articles aux Capitulations. — Soumission des Rebelles d'Asie. — Réparation des insolences du Consul vénitien à Alexandrette. — L'ambassadeur cherche à apaiser les dissentiments qui existent entre les consuls vénitien et français. — L'intérêt est le principal mobile des Vénitiens.

Sire, J'eus l'honneur de recepvoir quatre lettres de V. M^{té} le XXVe du mois passé : l'une estoit en suite des siennes, deux autres me recommandoient le soin de quelques esclaves, et une autre me recommandoit la recherche d'une permission pour la pesche du Corail au royaume de Thunis ; et pour cest effect je reçeuz aùssy une des siennes pour ce S^{gr} et une autre que j'avois demmandée pour le gennéral de la mer. La plus fresche est du VIe mars, les autres sont de Mars et Apvril. Soudain je portay celle de V. M^{té} pour ce S^{gr} au premier Vizir, avec un mémoire de moy pour les raisons qui debvoient le pousser à ce que V. M^{té} désiroit de luy ; et les luy fis si bien entendre, qu'il me promit sans doubte que la chose seroit et que son maistre ne refuseroit point ce que vous désiriés de luy ; auquel soudain il feroit tenir la lettre de V. M^{té} que j'avois faict traduire en turc, ensemble le mémoire que je luy adressois sur ce sujet ; et je croy Sire, que j'en eusse desjà reçeu la permission sans deux accidens bien différens qui arrivèrent coup sur coup. Le premier fut le feu qui prit à Constantinople deux ou trois heures avant jour ; et en ce mesme temps régnoit un vent si impétueux, que le travail de quarante mil personnes poussés de tous les grands de ceste Porte, ne peut empescher que ce feu ne durast jusques sur le soir du jour suivant. Cest accident a fait une merveilleuse esplanade dans la ville et a causé perte infinye. Et le lendemain, il fit une telle pluye avec telle ravine d'eau, que la pluspart des tentes du camp furent emportées, et tout ce qui estoit dedans bagné comme il se peult juger. A ce dernier, il n'y a eu que la peine de laver et nettoyer les tentes et seicher le reste du bagage ; c'est à quoy ilz travaillent maintenant.

Pour les deux autres lettres qui me commandent le soing de quelques esclaves, j'ay envoyé Sire, au consul d'Alexandrye le mémoire pour celluy qui se trouve en ces quartiers là, affin de le rechercher et aviser aux moyens de le retirer[1]. Quant au chevalier de Villemontés[2] pour lequel V. M[té] m'escrit, il fut porté icy attaché à la rame dans la gallère du gouverneur d'Alexandrye, avec un autre chevalier nommé Menou, nepveu de Monsieur le mareschal de la Chastre et un autre gentil jeune homme nommé Bosquet, filz du juge de Bagneulx en Languedoc, qui estoit depuis quelque temps à Malte, allant tantost dans les gallères tantost dans les vaisseaux ronds de cours. Soudain que je fuz adverty quelz ilz estoient, et craignant que la nouvelle, portée à leur maistre, n'en rendit la liberté plus difficile, je les racheptay tous trois, et le plustost que je peus en renvoiay lesditz chevaliers à Malte sur un vaisseau françoys qui prenoit ceste route ; l'autre n'attand qu'un autre vaisseau pour partir. Quelque débat qu'ilz avoient enssemble, fit que je ne voullus pas qu'ilz s'embarquassent en mesme lieu. J'eus tous les trois, pour six cens sequins ; ce que je leur ay baillé depuis à tous trois, et pour s'accommoder, et pour s'en retourner, ne va pas à deux cens sequins de plus ; de sorte qu'ils sont fort contans ; et le moindre eut bien voullu en estre quitte pour la somme de tous enssemble. Je les ay gardés céans plus de quatre mois, attendant l'occasion de les en pouvoir envoyer. Tout cela fais-je, Sire, sachant que c'est sa volonté, ne regardant point aux incommodités que j'en reçoy, mais que je puisse faire son service ; et peux dire bien véritablement que depuis que je suis icy, j'ay retiré plus de trois cens esclaves de toutes nations, qui tous en prient Dieu pour la prospérité de S. M[té], faisant ainsy cognoistre partout combien l'amityé qu'elle entretient icy est utile à toute la Crestienté ; et à la vérité les autres n'en usent pas ainsy. Par ma dernière depesche Sire, du XXIIIIe Juillet j'advertissois V. M[té] comme Jafer Gennevois qui commande les gallères d'Alger, avoit apporté icy le filz du Vice Roy de Sicile dont la millice de là faisoit un présent à ce S[gr]. Je fus depuis adverty que le dit Jafer avoit laissé trente deux esclaves françoys en quelque lieu assez voisin d'icy, où il les tenoit cachéz de peur que les ayant avec

1. Il s'agit d'un Sr *Janseron*, fils de l'avocat du roi à Compiègne. (Voir la lettre suivante.)
2. *Gilbert de Villemontel,* reçu chevalier de Malte le 27 janvier 1593. (Vertot. Hist[re] des Ch[ers] de Malte.)

soy, je ne les luy arrachasse des mains. J'ay tellement pressé cest affaire que j'ay obtenu des commandemens pour les retirer, et pour cest effect j'ay envoyé et chaoux et capigy. Je suis bien asseuré qu'ilz les chercheront bien ; et faudra qu'ilz soient bien cachéz s'ilz ne se trouvent. V. M^té jugera s'il luy plaist, que telles choses ne se font pas sans beaucoup de despence, et jugera que, voyant que la vérification de telles choses m'est desnyée, je ne puis que je ne le trouve bien fort estrange, et en trouvera ma plainte juste, mesmes sachant ce qui a esté si librement et vérifyé et payé à d'autres. Je ne leur en porte nulle envye ; mais je ne sçay pourquoy telles difficultés se font pour moy. Je sçay bien Sire, que telles choses ne vallent pas la peine ni qu'elle le sache, ni qu'elle en parle ; aussy ne me plains-je que de ceulx qui me traittent ainsy, et n'en puis immaginer nulle occasion qui se puisse dire de si loing. Je me contenteray tousjours Sire, de ce qui luy plairra ; mon desseing est de passer ma vye en servant bien et fidellement, et mon désir est seulement que V. M^té en demeure contante ; mais que cela soit, toutes les traverses des autres me font peu de mal au cœur, et en aurois peu d'ennuy sans l'extresme incommodité qui me revient, ayant fait ceste despence de la bource d'autruy, qui me ruine et accable d'inthérest, et d'autant plus que, plus je les cache, ne voulant qu'il paroisse rien en ceste maison, qui diminue l'honneur qu'elle a d'estre vostre ; et ne craings point de dire que la façon que l'on y vit est cause que je viens à bout de beaucoup de choses que je ne pourrois pas sans cela ; et est cause encores que ni Turc ni Juif n'a affaire à aucun icy qui marche soubs la bannière, qui cherche autre justice que celle de céans ; et jamais plus cela ne fut si généralement et ni sans exception que maintenant Dieu mercy.

Je ne doubte point que ceulx des Estats des Païs bas et provinces unies, ne donnent volontiers la déclaration qu'il vous a plu leur demander[1] : elle sera très bien icy, encores que par la grâce de Dieu je sois venu à bout de cest affaire ; et de sorte que je ne voy pas qu'il puisse jamais plus estre controversé, ayant eu depuis quatre jours le commandement que j'ay tant recherché, qui coupe tout à fait ce débat avec les Anglois, voullant que toutes nations estrangères viennent soubs la bannière de V. M^té, spécifiant les

1. Il s'agit de la déclaration portant que ces Provinces n'appartenaient pas à l'Angleterre, comme l'ambassadeur de ce pays avait voulu le faire croire aux Turcs.

Flamens au nombre d'icelles ; de sorte que voilà la Hollande, Zélande, Frize et païs de Vatrelan réunis soubs sa bannière, que M. de Brèves avoit esté contraint de cedder aux Anglois et le leur laisser mettre dedans leur capitulation. Je n'ay rien plaint pour cela, Sire. Si m'asseuré-je bien que ceste dépence trouvera les mesmes oppositions que les autres ; si ne l'ay je point faite pour moy ni pour rien qui me touche. V. M^té l'a ainsi voullu, il y alloit de son honneur et réputation ; car ou il falloit tout rompre icy, ou que cela fut. Dieu soit loué que la chose a succédé comme elle le pouvoit désirer et comme je l'ay projeté ; mon contantement sera selon ce que V. M^té agréera ce service.

Ce S^gr estoit à une de ses maisons aux Champs avec les dames ; mais ce feu le ramena en toute dilligence, et est maintenant à son serrail de Constantinople. Le feu qui y fut l'autre jour se prit au vieux serrail, mais le grand travail avec quoy on s'y opposa, fit que le dommage n'y fut pas grand et tumba sur d'autres.

Monsr de Champigny m'a mandé le commandement que V. M^té luy fait, de demander raison du vice consul d'Alexandrète assommé si misérablement, et m'en demandoit ce qui s'en estoit. peu tirer d'informations. Je les luy avois desjà envoyées, avec les procédures qui furent faites lorsque ce Vénitien arracha de l'église son Portrait, celuy de la Royne et de Monseigneur le Daulfin, et la procédure aussi touchant quelques draps dont se plaignent les Vénitiens, mais à tort sans doubte, toute la faulte en estant sur le consul qu'ils ont en Alep. De toutes ces choses se formoient quelques inimmitiés entre ces consuls, lesquelles icy j'ay tasché d'appaiser, cognoissant que cela ne faisoit que nuire, et jugeant que ce n'estoit pas à eux à se mesler de telles choses ; tous deux m'ont escript qu'il ne tiendra point à eux que l'on ne vive comme au paradvant, et le consul vénitien comme recognoissant bien ce que la S^ie doibt à V. M^té ; s'ilz ne le font, on scaura de qui viendra la faulte. La vérité est que ces gens là pensent remédier à tous par paroles ; et quoy qu'ilz disent, « leur inthérest est leur principal amy ; » et ne se trompera point qui tiendra pour infaillible ceste maxime. Les paroles ne me coustent non plus qu'à eux, et. j'y joins les effects à toutes occasions qu'il y a de les servir icy, selon les commandemens que j'en ay de V. M^té, etc.

SALAGNAC.

1609 (22 AOUT).

Orig. fol. 93.

A M. DE PUYSIEUX

SOMMAIRE : Levriers réclamés par le Gᵈ Sᵍʳ. — Mise en liberté d'un Français.

Monsieur, Vous verrez par celle du Roy tout ce que je puis vous dire. Seulement vous suplieray-je n'oublyer point la déclaration que je désire pour les Pays-Bas. Si vous autres avés du tout oublyé les levriers d'atache, on ne l'a pas fait icy. J'avois dit, il y a long-temps, qu'ilz estoient mortz sur la mer en venant, mais qu'il en viendroit d'autres de nouveau. Le Gᵈ Sᵍʳ m'a faict demander quelles nouvelles j'en ay ; je luy ay encores remis et mis la faulte sur divers accidens qui en ont faict perdre divers que l'on envoyoit, et que je croyois que ces pertes faisoit qu'on n'en avoit envoyé d'autres ; mais que puisqu'il le désiroit, je récrirois encores. Il seroit bien à propos qu'il en vint, mais que ce fut chose qui vallut la peine du voiage, etc.

SALAGNAC.

(Autographe). J'ay sceu assurement que Janserons, fils de l'avo-cat du Roy à Compienne, dont S. Mᵗᵉ m'a écrit, est ès mains de celuy que porte sa lettre ; j'ay envoyé la dite lettre au consul d'Alexandrie pour le convier plus vivement à ce qu'il faut faire pour luy ; mais je croy qu'il faudra atendre le retour de l'armée. Si son maistre vient ici, j'en feray traicter avecques luy ; e avecques argent, on fait tout avecques ces gens ici, e rien du tout sans cela.

1609 (22 AOUT).

Orig. fol. 94.

AU ROY

SOMMAIRE : Permission pour la pêche du corail. — Intrigues anglaises. — Sou-mission des rebelles. — Deux vaisseaux de course ont été pris par les Turcs. — Le capitaine et soixante-dix Français sont prisonniers. — Plaintes des Turcs. — Le Gᵈ Sᵍʳ est à la chasse aux cailles.

Sire, J'ay eu la permission que ce Sᵍʳ donne pour la pesche du corail au royaume de Thunis, tout ainsy que V. Mᵗᵉ l'a voulu.

Toute la peine plus grande que je y ay eu, vient de la despence bien grande qui autres fois fut faicte pour telles choses. On voulloit que cela fut maintenant de mesme; mais j'y ay donné bon ordre et n'y aura que celle du chancellier et premier secréttaire; de sorte que ce qui en a autres fois cousté milles n'en coustera pas cinquante. Encores Sire, que par ma dernière j'aye dit à V. M^té ce qui a esté faict touchant les débatz que nous avons icy avec l'Anglois, si ne laissé je de la suplyer très humblement voulloir faire recouvrer ceste déclaration des pays bas et me la faire envoyer. Elle est nécessaire tant cet homme crye et se tourmente là dessus. Je croy, par ce que je juge de ses lettres, que elle sera desja arrivée et servira de beaucoup pour fortifier la vérité contre le menssonge; encores que Dieu mercy, on aye adjousté plus de foy à mes parolles qu'aux siennes, ces gens cy estans du tout ignorans de telles choses et abruvéz au contraire de Mustapha Aga.

Maintenant Sire, il est tout résolu à ce que l'armée de terre ne marche point pour ceste année. Les deux rebelles que l'on attendoit sont arrivéz; un d'eux reste à arriver que l'on attend ce jour-d'huy : tous ensemble ont amené sept ou huict mille chevaux; qui estoit un sujet assez grand de les punir. Si est ce que je croy que l'on leur rendera ce que l'on leur a promis, et que seullement on les fera passer en la Sirie, où on leur ordonnera quelque gouvernement où ilz n'auront moyen de rien brouiller. Cela fait le premier Bassa rompera son camp et reviendra loger en la ville, mais ce ne sera à mon advis que à la nouvelle lune.

Deux vaisseaux de cours ont esté pris ces jours passés dans ces goulfes : ilz furent attaqués de douze gallères, commandées par le gouverneur de Rhodes nommé Mustapha[1], grec de nation, qui estoit estimé le plus valleureux et hazardeux cappitaine de mer qu'ilz eussent; et de vray il avoit acquis ceste réputation par beaucoup d'occasions qu'il avoit courageusement recherchées. Nonobstant ce nombre de gallères, ces vaisseaux se défendirent courageusement et ont faict un merveilleux dommage aux dites gallères : la mort du dit Mustapha : Il feust tué, ayant achevé le combat, d'une mousquetade d'un des siens qui avec d'autres fesoient une salve en signe de resjouissance de leur victoire. Le cappitaine estoit françoys nommé Buisson[2], natif de Marseille; et

1. La lettre du 28 octobre 1608 nous a appris que *Mustapha Greco* était un rival du fameux corsaire *Morat Rays*.

2. On verra dans la lettre suivante qu'il y eut là une confusion de nom.

n'y avoit que deux ans qu'il estoit icy escrivin d'un vaisseau de
marchandise de la dite ville; et dict-on que soixante et dix soldatz
qui ont esté pris vivans, tous estoient françoys; et voilà nouveau
subject de crier, et qu'ilz n'oubliront pas, ny moy à m'y opposer
et dire qu'ilz en sont cause; ne voullant, quoy que je leur aye dit de
la part de V. M^té, lui en renvoyer quelqu'un pour le faire punir
exemplairement, et par là donner effroy aux autres; mais ilz n'ont
garde; ilz font trop de cas des esclaves crestiens et en sont trop
espuiséz. Je croy bien que ce cours où ilz trouvent tel goust,
finira; car ce général d'armée là donne tel ordre, que je suis bien
trompé si ceux qui viendront après luy, ne feront plus de dommage
qu'ilz n'y recepvoient de proffict; qui sera assez pour leur faire
quitter la partye. Ce S^gr est retourné en une des maisons des
champs pour la chasse des cailles, desquelles le passage se fait en
ceste saison, et là autour y en a une telle quantité que c'est merveille : c'est avec des éperviers qu'ilz la font.

Sire, etc.

SALAGNAC.

1609 (5 SEPTEMBRE).

Orig. fol. 95.

AU ROY

SOMMAIRE : *Propositions de paix envoyées de Perse.* — *Confusion entre le chevalier d'Aubusson et le Sr du Buisson.* — *Intrigues d'un Vénitien.* — *Le Baile
de Venise le fait étrangler.* — *Songe du G^d S^gr.*

Sire,

Une femme qui est des confins de Perse, femme de menée[1] et
qui voit librement le G^d S^gr et le roy de Perse, est arrivée depuis
troys jours pour traicter la paix entre eux : elle asseure que le roy
de Perse ne se bougera pourveu que l'on borne les estats de l'un
et de l'autre, et dict comme doibvent estre les dites bornes. C'est
moings pour le Perse, que ses prédécesseurs n'avoyent eu, et plus
que lorsqu'il a commencé la guerre. Tauris luy resteroit et preque
tout ce qu'il a conquis. Cette femme dict que, pour n'en faire à
deux fois elle a apporté tout ce que l'on peut espérer de ce costé là,

1. C'est-à-dire : *une intrigante.*

qu'il ne faut attendre d'avoir meilleur marché que ce qu'elle propose d'elle mesme sans charge ; mais elle se promect asseurément
de-venir à bout aux conditions qu'elle propose. La chose est en ces
termes, je ne puis dire ce qui en réussira : d'un costé ilz désirent
fort la paix ; mais la faire de ceste façon est contre toute la manière
de procedder qu'ilz ont jamais tenue, ce qui semble déroger à leur
grandeur, de la quelle ilz font tel compte. Les deux vaisseaulx
de cours que je mandois dernièrement, ont esté priz en lieu où le
gouverneur de Rhodes fut tué les prenant ; mais l'équivoque des
noms a faict courir un bruict qui est faulx : c'est le chevallier du
Buisson [1] qui en commandoit un : il feust pris prisonnier, et est
de la maison de La Feuillade ; il avoit faict son embarquement
vers la Rochelle ; et à son nom on creut que c'estoit le Buisson
qui est de Marseille, et que ces dernières années on avoit veu
négotier icy, et ainsy le croyoi je lorsque j'escrivy la dite novelle à
V. M[té]. Celuy qui commandoit l'autre vaisseau avoit la bannière
de Savoye et est Savoyard.

Il y a quelque temps qu'un certain esclavon [2], sujet de la
Seigneurye de Venize, avoit proposé de faire soullever tous ces
quartiers là sujets du G[d] S[gr] et fut mené à Rome pour cela. Il
estoit homme de peu et avec peu de jugement ; et croy qu'estant
recognu tel, il n'en retira pas la récompense qu'il en espéroit.
Cela le poussa icy où il vint pour se faire Turc, asseurant que
toute la Chrestienté s'armoit contre eux, nommoit V. M[té], et con-
toit autant de particularités que son cerveau en pouvoit concepvoir.
Le premier Bassa m'en parla et me monstra quelques lettres qu'il
avoit du cardinal Bourgèse [3] pour le recommander à quelque autre
cardinal, et avec quelques autres choses, mesmes une asseurance
d'une pention de trois cens ducatz. Je fis veoir clairement au dit
premier Bascha que c'estoit un homme qui n'ayant peu tromper
en la Chrestienté assés pour en retirer quelque commodité, venoit
maintenant tascher de faire ses affaires icy ; et luy fit veoir tant
d'impertinence en tout son faict, qu'il ne luy voulut plus donner
l'oreille, et le rechassa. La S[ie] de Venize sçachant cet homme,
en prit rudement l'alarme : le bayle de Venize m'en parla de ceste
façon, et je luy dictz ce que j'en avois faict, et qu'il estoit décou-

1. *D'Aubusson.* (Voir page 277.)
2. De la province d'Esclavonie.
3. *Scipion Caffarelli*, neveu du pape Paul V, qui lui fit prendre son nom
de *Borghèse* en le nommant cardinal.

vert; de sorte qu'il n'y avoit rien à craindre de luy, ce qu'ayant
trouvé véritable et qu'il n'estoit en nul compte, il a poussé plus
oultre, et avec quelque mil sequins de despence le fit estrangler
ces jours passéz. L'on croit que la S^{ie} de Venise n'y prit pas grand
contentement, pour estre un sien subject.

Ce S^{gr} est revenu des champs où il estoit allé, et plus tost qu'on
ne s'estoit immaginé. On dict que les dames en sont causes, qui
n'estoient pas si bien logées qu'icy. Sur cela on faict courir le
bruict que c'est pour une vision qu'il a eu en dormant, de son
prophète qui l'apelant par son nom, luy dict : « Lève toy, il te
fault aller à la guerre; » et sur cette fauceté, tous les devins d'ycy
sont fort empéchéz, ce pendant qu'il se donne du bon temps. Voilà
ce qui se passe maintenant icy et de vray et de faulx, que je
n'eusse pas dict sans que ce bruict est si grand parmy le peuple,
qu'il pourroit bien aller à V. M^{té}, avec les discours fantastiques
qui l'accompagnent.

Sire, etc.

SALAGNAC.

1609 (19 SEPTEMBRE).

Orig. autographe fol. 96.

A M. DE PUYSIEUX

SOMMAIRE : *M. de Salignac a bien fait valoir la délivrance des esclaves turcs. —
Il réclame une déclaration portant que les Flandres n'appartiennent pas au
roi d'Angleterre. — Défense aux Français de naviguer sur des vaisseaux de
course. — Edit contre les duels. — Raisons qui empêchent parfois l'ambassadeur
de se conformer aux ordres du Roi. — M. de Salignac espère que les calomnies
dirigées contre lui n'auront pas prise sur l'esprit du Roi. — Rétablissement de
sa santé. — Henri IV lui manifeste son contentement pour les services qu'il
rend.*

Monsieur, je vous mertie le plus humblement que je puis, du
soin qu'il vous plaist prendre de me faire donner des nouvelles de
delà : elles sont très nécessaires ici pour bien servir. Ne doutez
point que je n'aye bien fait valoir e ne le face à toutes ocasions, la
liberté que S. M^{té} a donnée aux esclaves turcs. N'en estre point
venu icy n'a point fait de mal ; mais il eust fait du bien s'il en fust
venu quelqu'un. Je me suis bien aidé de la trêve de Flandres que
j'ay, il y a assés longtans, pour faire voir le contraire de ce que

l'ambassadeur d'Angleterre vouloit faire croire ; mais ne croyés pas que ces gens icy cognoissent bien les conséquences nécessaires : Rien n'est plus clair que ce traité de trève ; mais une déclaration d'eus parmi ce peuple, serviroit cent fois davantage [1]. Si vous ne l'envoyéz, je ne suis que marry d'avoir dit que je l'aurois au premier jour, sur ce que vous m'en aves écrit ; car pour le reste, n'importe, ayant tant eu pour l'affaire que [2] je la demandois, que je n'en sçaurois vouloir davantage. A ce que j'entans, on ne laisse pour les esclaves rendus, de se plaindre encores en Barbarie pour quelques uns qu'on a pris dérobant. Ceste plainte n'en sera point faite icy, car ils nous feroient beau jeu et aurions beau retour. Je feray metre en turc la défence que m'aves envoyée que S. M^{té} a fait faire [3], e la feray bien valoir. Je me resjouis bien autant de celle qu'il a faite pour les duels : s'il l'entretient, il conservera beaucoup de personnes capables de bien servir e ostera le masque à l'honneur, e le fera voir en sa vraye forme, e le suivre. De vray il luy restoit cela à faire [4]. Si vous n'y prenez garde, il se fera de Marseille une retraicte de corsaires : il y faudra remédier s'il vous plaist : le moyen sera, que si on juge qu'il y faille des vaisseaux armés contre les insolences de ceus de Barbarie, on sache qui les commandera ; e qui sachent [5] à qui il faut faire mal, e à qui non ; e qui (*qu'ils*) puissent en respondre. Ce dernier [moyen] sera autant honorable [s'il est] bien exercé, que l'autre misérable. Ce seroit [6] sous quelque prétexte de bien faire. beaucoup de mal : je n'en sçaurois rien si le bruit n'en commençoit à bien courir. J'estime e honore beaucoup tous les conseils que vous prenés par delà ; mais ne trouvés pas étrange si quelquefois les miens ne s'y conssentent. Aus affaires d'ici, il faut nécessairement que la longueur du chemin oste quelque chose, qui ne se pouvant voir là, se void ici. Tous les miens [7] sont sans nul intérès ; je ne regarde à

1. Voir la note 1 de la page 297.
2. Ayant tant *obtenu* pour l'affaire *pour laquelle* je la demandais.
3. La défense aux sujets français de s'embarquer sur des vaisseaux de course.
4. Les duels étaient devenus si fréquents que le roi dut publier un édit (enregistré au Parlement le 26 juin 1609), déclarant criminels de lèse-majesté ceùx qui en appelleraient d'autres au combat. Un tribunal des maréchaux de France était institué pour connaître des différends entre gentilshommes ; et les peines les plus sévères devaient être prononcées contre tous ceux qui ne se soumettraient pas au jugement de ce tribunal.
5. *Qu'ils*, c'est-à-dire : *ceux qui commanderont les vaisseaux.*
6. L'autre moyen (*qui consiste à tolérer l'armement de vaisseaux de course*) serait, etc.
7. C'est-à-dire : *Les avis que je vous donne ne sont jamais intéressés.*

travers nulle vitre qui m'en oste la vaine couleur; l'honneur et le
service du maistre est la seule par où passent mes conceptions :
prenés les ainsi, je vous suplie, Monsieur; et si on m'en vouloit
blasmer, je vous suplie vouloir respondre pour moy la vérité que
je vous asseure : ce ne sera que continuer ce qu'il vous a pleu
desja faire souvent pour moy; car à ce que j'entens, quelques uns
ont cerché de me calomnier sur l'ordre et despence de ceste maison. Si crois-je qu'elle est mesurée, de sorte qu'aveques l'honneur
de ma charge et une infinité de despence qu'elle mène, on ne sçauroit m'accuser ny de vice ny de curiosité qui en a mené; e je ne
ferois point de cayers de frais pour m'aider à les suporter. Je ne
crains point de dire que je sers bien, e la calomnie me pique
d'autant plus. J'espère que ne touchant ny les oreilles de Monsieur
de Villeroy ny les vostres, celles du roy n'en seront point infec-
tées; je n'ay peu me retenir de luy en dire un mot; fortiffié un
peu de l'honneur de vostre amitié, qui me fait asseurer que, dites
de vous, elles ne pourront donner qu'un agréable son. Pleust à
Dieu Monsieur, peussé je tesmoigner de quelles obligations je me
recognoy vous estre ataché. Seulement par une des vostres,
j'aprens l'arrivée de mon secrétaire près de vous[1]. La longueur de
tans qu'il a mis à son voyage ly devoit aprendre que toute la
charge que je luy avois baillé estoit inutile, et devoit surtout atendre
de mes nouvelles. Combien que lorsqu'il partist je fusse mieux
[portant] que je n'avois été paravant, si n'atendois-je qu'un bien
petit heurt pour m'emporter. Dieu mercy toute ma sante m'est
maintenant revenue, e mes désirs ne sont qu'à servir ainsi que
l'on voudra, et je resoy ce contentement que les lettres de S. M^{té}
m'asseurent qu'il est satisfait de mon service. J'espère qu'il le sera
de jour à autre davantage, e que vous n'aurés point honte de
m'aimer, etc.

SALAGNAC.

---

1. Le secrétaire *Gédoyn*, envoyé en France vers le commencement de mars
1609.

1609 (19 SEPTEMBRE).

Orig fol. 97.

AU ROY

SOMMAIRE : Arrivée des Pères Jésuites à Constantinople. — Haine des Vénitiens contre eux. — L'évêque de Tine cherche à leur nuire. — Le roi ne fait pas, comme les Vénitiens, parade des services qu'il rend. — Rien ne se fait en Europe sans la permission d'Henri IV. — La Porte doit se préoccuper de rechercher l'alliance française. — M. de Salignac continue à surveiller l'ambassadeur anglais. — Il ne veut pas ménager la dépense lorsqu'il s'agit de conserver le prestige de la France. — Le roi est satisfait des services rendus par l'ambassadeur. — Les Turcs ont besoin de réorganiser leurs forces avant d'entreprendre une nouvelle guerre. — Leurs projets contre les Vénitiens. — Intercession de M. de Salignac en faveur de Mustapha Aga. — Dissensions en Allemagne. — Passage des Grenadins en France. — Importance de cette question pour l'entretien des bonnes relations avec la Porte. — Le chevalier de La Feuillade. — Santé de M. de Salignac. — Affaire des draps vénitiens.

Sire, J'euz l'honneur et le contantement de recepvoir le XVe de ce mois, quatre dépesches de V. M[té] du VIIe et XVIe juing, Ier et XIVe juillet; et le dit jour aussy en reçeuz une du IIIe juillet pour le filz de Mr de la Vieville[1], et huit ou dix jours paradvant par les mains du révérend prêtre Canillac, recteur de la mission envoyée icy[2], une autre; ceste dernière est pour leur protection que V. M[té] me commande. Ilz sont desjà logés; et demain, Dieu aydant, diront leur première messe en ce lieu, n'ayant peu plus tost estre accommodés au lieu où ilz sont logés, qui a fait que je les ay depuis leur venue tousjours retenu céans. Ilz ont eu de grandes peines le long de leur voyage, principalement passant par Corfu, Zante et Céfalonie, terres des Vénitiens, où les deffenses que l'on leur faisoit de ne sortir du vaisseau n'avoient pas moindre peine que la corde; enfin ilz sont arrivés jusques à Scio portés, comme Dieu l'a permis, dans un vaisseau vénitien, et de là avec une barque se sont conduits icy. Les Tramontanes ont esté et sont encores telles, qu'elles arrestent tous les vaisseaux Ponentins. Il y a quatre mois que les Vénitiens sont partis et ne peuvent aborder : celui qui a porté les ditz prestres est de ceulx là, et eux bien heureux

---

1. *Charles, duc de la Vieuville*, chevalier des ordres du roi en 1609, grand fauconnier de France, surintendant des finances en 1623, puis disgracié. Rappelé par Mazarin et rétabli dans sa charge. Le duché-pairie de la Vieuville fut érigé en sa faveur par lettres de décembre 1651. — Il mourut en 1653.

2. Voir la note consacrée au Père de Canillac, dans le Ier volume de l'*Ambassade en Turquie*, page 85.

d'en estre dehors pour le danger que l'on ne doubte point qu'ilz n'eussent couru demeurans dedans. Ilz y ont un homme et leurs livres qui est le meilleur de l'équipage. L'écrivain du vaisseau qui les a portés, est venu dans une autre barque qui a eu grande peur pour les procédures que le Baile voulloit tenir pour le punir, ayant porté les ditz pères dans leur vaisseau. Cela a cessé sur ce que je l'ay pryé; je ne sçay s'il recommencera, le vaisseau arrivant. De vray ce Baile les hait fort, je ne sçay si c'est par ordre de sa république, ou de sa seule passion; mais quoy que ce soit son prédecesseur ne l'avoit point : qui me faisoit tant voulloir qu'ilz vinssent de son temps. Cestuy ci couvre sa fiebvre autant qu'il peut, mais il a tout remué pour leur nuire, jusques à se voulloir servir des Turcs. Tout cela luy a esté inutile, et il le nye fort et ferme, et je fay semblant de le croire. De vray cela est infiniment estrange qu'estans catholiquez comme ilz sont, leur passion suive encore ces pauvres pères hors de leur estat, et mesme icy où ilz peuvent infiniment servir; et je ne puis comment croire que ce soit par ordre de la Sie. Quoy que ce soit ilz n'ont rien advancé et ne feront, Dieu aydant. Il s'est rencontré, pour rendre cest affaire plus espineux, que l'Evesque de Tine [1], visitateur aposto-lic en ces quartiers, est sujet de la République de Venize; qui, pour acquérir sa faveur, leur [2] a nuy autant qu'il a peu, et tout avec de tels artifices qu'ilz (les Vénitiens) espèroient bien les rendre invisibles. Je les ay veus, Dieu mercy, et minés quant et quant, et le tout sans altération aucune. J'ay donné tout l'ordre qu'il a esté possible pour sçavoir si le filz de Mr de la Vieuville arrive en ce païs : s'il le faict, je tascheray à l'exécution des commandemens que m'en fait V. Mté; je ne voye guères d'apparence qu'il aye pris ce chemin.

Les deux dépesches de juing, Sire, me parlent des Turcs que V. Mté a relaschés : cela a esté très agréablement pris icy, et je le fais valloir tout autant qu'il est possible. De vray Sire, il estoit très raisonnable de le faire ainsy; et partant, ay-je bien osé le luy dire si souvant. Ce que nul de ceux-là n'ont esté conduits icy ne faict point de mal; il eut faict plus de bien, et le premier Bassa et autres grands de la Porte le désiroient ainsy. Cela n'ayant point esté faict, je leur ay dit que l'humeur de V. Mté estoit de faire réellement les choses bonnes, ne se souciant de les faire paroistre;

---

1. Voir la note de la page 235.
2. Pour acquérir la faveur de la *République de Venise*, a nui *aux Jésuites*.

et mesmes que elle hait telle façon. Pour le vray il n'apartient que aux Vénitiens à faire de telles parades, s'en sachant merveilleusement bien ayder. Ilz ont divers advis icy qu'il se traicte en la Crestienté d'entreprendre sur eux, et diverses fois le premier Bassa m'en a parlé. Je luy ay dit librement que la Crestienté estant en repos, il ne falloit point doubter que ceste guerre n'y feust proposée de quelqu'un; que mesme le Pape est obligé par sa charge, de la désirer et solliciter; mais je luy ay bien fait veoir aussy que, sans V. M^{té}, ceste entreprise ne peult seullement estre commencée; et que de son costé ne remura rien qu'à regrets et à toute force, l'amitié estant dès longtemps contractée avec eux; qu'ilz n'advisent pas tant qu'ilz debvroient, de la chérir et entretenir; ne donnant point ordre aux occasions ordinnaires que nous avons à nous doulloir : que la charge que j'ay icy, que m'a donné leur cognoissance et amitié, me le leur fait dire et les advertir, sans que j'en aye autre charge particulière; que je crains qu'à la longue la patience de V. M^{té} ne pourra subsister, et son desplaisir seroit lors d'autant plus fort, que plus il aura patienté. Ilz montrent me sentir bon gré de ce que je leur dis, et me veullent fort asseurer qu'ilz désirent sur toutes choses maintenir et entretenir l'amitié et les alliances qu'ilz ont avec V. M^{té}, et à la vérité il est ainsy : et ce qui se fait au contraire ne se faict ny par la vollonté ny consentement des grands : et aux occasions, l'affection qu'ilz luy portent plus qu'à nuls autres, paroist clairement comme il a fait aux innovations de l'ambassadeur d'Angleterre, que je ay tellement ruinéez, qu'il ne semble pas qu'elles doibvent ny puissent jamais renouveller. Toutefois il n'y a rien de certain, mais que j'ay l'œuil bien au guet, et quoyque le conseil[1] de V. M^{té} n'aye eu nul esgard à mes despences extraordinnaires, si ne laissé-je pourtant de les continuer; estant du tout impossible de subsister icy sans cela. La coustume de ceste cour est de prendre et de ne point craindre la despence. Tous ceulx qui y négotient s'en aydent; ce qui se peult en cela, est de donner le moings que l'on peult.

Mon humeur, ennemye de donner de ceste façon et plus de prendre, me fait en user; de sorte que je ne crains point d'asseurer V. M^{té} qu'il est impossible de mesnager mieux que je fais les présens à quoy on est contrainct, et quand cela seroit, l'estat

1. Les conseillers du roi n'avaient tenu aucun compte des dépenses extraordinaires de l'ambassadeur, et avoient refusé de les payer, malgré les promesses d'Henri IV.

de mes affaires m'y contraindroit. L'on m'a dit que quelqu'un a voulu blasmer la dépence de ceste maison à V. M^té; je ne sçay si c'est de trop ou de peu. J'ay grand esgard qu'elle n'aye rien d'indigne du nom qu'elle porte, mais j'en ay aussy que le trop n'y soit point; et quand je n'aurois pas ce dernier soing, il me seroit impossible de le faire, tant toutes choses icy sont extresmement chères, et tant il y a de despences extraordinairez que pour la réputation de V. M^té il me fault faire, que j'aymerois mieux mourir que laisser, tant elles sont de son service. Je supplye très humblement V. M^té me pardonner si j'en ay tant dit : je ne puis supporter la calomnye si faulce, et combien que je deusse estre contant par l'honneur qu'elle me fait de me dire estre satisfait de mon service, si n'ay-je pu m'empescher de luy dire ceste vérité.

Ils sçavent icy Sire, comme vont les affaires de l'Empereur, et en ont du plaisir; mais ilz désirent bien consserver quelque temps leur repos. Ilz en ont besoing, et leurs guerres passéez ont tellement brouillé leurs affairez qu'il leur faut nécessairement du tempz pour réparer les défaultz qu'ils ont; qui leur oste le moyen de faire aucune entreprise d'importance encores. Mesmes je croy qu'ils se trouveroient bien empeschez, qui les attacqueroit de bonne sorte.

Ce que j'avois dit de Mustapha Aga estoit voyant quelque peu de raison en la plainte qu'il faisoit de n'avoir rien eu, ayant faict un voyage si long et plein de dépence, ayant fort bien servy en Barbarie pour retirer les esclaves que emmena Mr de Brèves, et voyant cela trouvé bien estrange icy; et encores de veoir cest homme ennemy de ceste maison, qui en estoit party le mieux tant affectioné, luy nuisoit outre cela, et toutesfois il me sembloit que non pas tant qu'il eut peu, et que quoy que par diverses fois je me sois rudement courroucé à luy; et ne le laissoit pas de venir et me tesmoigner qu'il désiroit rentrer en grace, et tout cela encores qu'il soit bien acreu en dignité et en bien; et de plus je croyois que ce ne fut que mille ou douze cens escuz, et j'ay sceu qu'il y en a beaucoup davantage. Je ne luy ay jamais donné tant soit peu d'esperance qu'il doive attendre quelque chose de V. M^té, mais bien plus le contraire; de sorte que ne luy donnant rien, il ne pourra rien faire de pis; et ne voy rien qui puisse nuire le laissant en l'estat qu'il est.

Sire, les deux dépesches de juillet me commandent encores de faire valloir la dellivrance des Turcs que V. M^té a faict. Je n'en perds nulle occasion et n'en perdray aucune; et cela se doibt faire valloir dix ans. Je croy certainement que la première entreprise de ces gens sera contre les Vénitiens, car ilz leur en veullent et se sentent comme offencéz de voir parmy leurs terres quelque chose qui reserre leurs coudées; et puis ils ne les estiment point; mais ilz ne sont encores en estat d'entreprendre, il leur fault quelque année. Leur estat, faict par les armes, et dont les principalles maximes sont fondées sur les armes, les oblige à ne devoir guères demeurer sans guerre, car sans doubte une longue paix les ruine-roit : ainsy il faut y pensser de bonne heure. Je croy pour très certain que, si l'Empereur reste empereur, et que les brouilleries d'Allemagne continuent, ils romperont du costé de Hongrye : le Transilvin les en sollicite. Le peu d'estime qu'ils ont de l'empe-reur les y convie; et le remuement de l'Allemagne leur donne une grande espérance; et si, ne laisseront pourtant par mer de s'attaquer aux Vénitiens. Ce sont desseings : Dieu soufle dessus comme il luy plaist.

V. M^té Sire, me parle des grenadins : elle trouvera bon que je luy parle de ceste affaire selon la cognoissance que j'en ay et selon l'affection avec quoy je sers. Ce passage des grenadins est la cha-rité dont V. M^té oblige plutost le monde icy, et qui rend ce peuple si afectionné à son service. Cela ne fait point que mon oppinion soit, que pour ce passage, un turc ne puisse demeurer à Marseille; cela pourroit produire divers mauvais accidens, mais je pense bien Sire, que sans nul danger on peult permettre ce passage, et oster tout moyen aux Espanols de s'aider de ce moyen pour recognoistré ou nuire quelque chose en France; et ce seroit Sire, donnant charge à quelque homme de bien et dilligent demeurant à Marseille, de prendre charge des ditz grenadins, les loger quand ilz viendroient; ayant pris leur nom, les faire vivre [1]. J'entendz le tout à leurz despenz, leur ordonnant expressément de ne se séparer

---

1. Un envoyé de la Porte était parti pour Marseille, porteur de la lettre sui-vante écrite à M. de Sully par M. de Salignac :

« Monsieur, ce porteur est un grenadin, nommé *Agi Ibraïm Mustapha* aga du
« Caire, bon homme et par ce peu que j'en ay veu, et par le rapport des autres. Il
« porte une lettre de ce Sg^r au Roy, à ce qu'il luy plaise que pour l'adresse
« des Grenadins qui passent par Marseille, un des leurs demeure dans la dite
« ville, et a donné cette charge à cettuy-cy. J'ay creu que la résolution de cette
« affaire se devoit prendre où vous estes, bien que je n'y voye nul inconvénient,
« mais seulement pour le faire valoir davantage, et en faire revenir tout le gré au

point de son ordre ; et lorsqu'ils seroient nombre compétent, les faire tous passer en Barbarie, donnant ordre que cela se fit sans leur faire les injusticez et assassinemens qu'ilz reçoivent bien souvent. Ce n'est pas un bon chemin pour les Espagnolz ; si quelqu'un faict ce voiage, les autres le voudroyent bien éviter ; et si quelqu'un de ceulx-là, nonobstant le commandement que l'on luy auroit faict, prenoit quelqu'autre chemin , ne mériteroit-il pas justement punition, ayant fait veoir qu'il avoit un autre dessaing qu'il seroit mal aisé qu'il célast. V. Mté Sire, en fera ce qui luy plaira, mais je la supplye très- humblement d'y voulloir bien penser et d'estre très certain que je ne voy aucune chose qui puisse tant offencer ce Gd Sgr que la défence du passage de ces grenadins ; et vauldra mieux, si celui là qui luy porte sur ce subject une lettre de ce Gd Sgr, qui en a une des miennes aussy, arrive là, l'entretenir de longues esperances plutost que de le renvoyer avec ce refus. C'est merveille Sire, de ce que font telles gens, et combien de mal ilz pourront faire icy où il y en a un grand nombre de Mores et grenadins qui peuvent beaucoup , de sorte que je ne craings point de dire que si V. Mté se résoult à interdire ce passage, elle doibt penser aussy à rompre ceste amitié.

Le général de la mer cherche les Corsaires partout : on n'a point de nouvelles qu'on aye rien pris depuis ces deux vaisseaux où fut pris ce chevallier de la Feillade : on ne l'a point encores mené ; et pense qu'il ne viendera avant. Le général de mer estant venu je feray tout ce qui se pourra pour le déllivrer, comme V. Mté me le commande. Rien ne retient ce prisonnier[1] qui est dans les tours de la mer noire, dont le nonce du Pape a parlé à V. Mté, que de l'argent, mais non moins de douze ou quinze cens sequins. J'en ay traité autrefois, Mr d'Alincourt estant à Rome m'en ayant pryé ; et lors on l'eust eu pour mil escuz. Ilz respondirent qu'au plus ilz n'en pourroient donner que quatre cens ; ilz (*les Turcs*) s'en mocquèrent, et maintenant ilz le tiennent plus hault. Sire, tous ces commandemens me sont tels, qu'elle peut

« roy ; car le Gd Sgr l'affectionne fort. Le porteur prendra l'ordre qu'on voudra
« qu'il tienne, et comme il aura à se conduire. Il a esté autrefois à Marseille et
« est plein de toute bonne affection. Le premier visir a désiré que je vous en
« escrivisse, etc.

SALAGNAC.

« De Constantinople, le 25e may 1609. »

(*Mémoires de Sully. Edition de* 1662, *t. III, page* 327.)

1. Nous ignorons quel était ce prisonnier enfermé aux *Sept-Tours.*

être asseurée que pour l'exécution de tous, je mettray tout le soing et dexterité qu'il me sera possible, n'ayant autre plus grand désir que celluy là, ni contentement que de le pouvoir bien faire. Par la grâce de Dieu je n'en suis point empesché par ma santé, laquelle il luy a plu me rendre du tout par le moyen des baings où j'ay encores esté à la fin de ce mois d'août ; mais ilz sont beaucoup plus prochez que ceulz de Bursye où j'avois premièrement esté, et beaucoup meilleurs pour le mal que j'avois[1]. J'ay perdu l'aide que je recepvois de mon frère[2], qui n'estoit pas petite, par une malladye qui le tient il y a tantost quatre mois, que les médecins craignent beaucoup tomber en phtysie, et est en la main de Dieu, etc.

Salagnac.

1609 (3 octobre).

Orig. fol. 99.

AU ROY

SOMMAIRE : Les Rebelles sont décapités, leurs têtes envoyées à Constantinople. — Le G^d S^{gr} fait construire une mosquée. — Prise d'un vaisseau vénitien par les Turcs.

Sire, Le premier Vizir est encores en ses tentes, mais on ne voit rien qui le puisse arester guères davantage ; car celluy qu'il attendoit, qui ne comparoit pas, pourtant qu'il promettoit tous les jours, a esté attrapé durant ses delaimens, et feust pris avec nombre des siens qui coururent mesme fortune, et furent tuéz ; et luy aussitost la teste tranchée[3], de sorte qu'il ne reste plus aucun en cet empire, de qui on appréhende pouvoir recepvoir du mal par leur rébellion. Les deux principaux sont venuz il y a longtemps, comme j'ay fait entendre à V. M^{té}, et ont esté bien traictés ; de sorte qu'ilz sont demeurés si contans que désormais ilz seront des plus afectionéz, à mon opinion. Tous les gouverneurs des provinces ont charge particulière de faire mourir tous ceulx qui pourront donner quelque soupçon de voulloir mal faire en leur gou-

---

1. Voir ce qui a déjà dit sur ces Bains dans le 1er volume de l'*Ambassade en Turquie*, page 126.
2. *Jacques de Gontaut Biron, Sr du Carla.*
3. Il se nommait : *Mufuli Chaoux.* (Voir la lettre suivante.)

vernement; on voit leur obéissance par les testes qu'ilz envoyent tous les jours icy. Le peuple s'en resjouit fort, car c'est de telles gens qu'ilz reçoivent du dommage, et qui n'ont guères moyen de vivre sans mal faire. Ainsy asseurent-ilz leur repos, qu'ilz désirent bien consserver quelque année. Ce S^gr poursuit avec telle ardeur le bastiment de la Mosquée qu'il a commencée, qu'il ne se peult davantage[1]. Deux meschantes frégates turquesques ont pris près l'emboucheure des Chasteaux une nave vénitienne très grande qui ne se debvoit pas esmouvoir pour tant. Telz vaisseaux qui l'ont combattu et pris, et la valleur de cent mil escuz qu'il valloit à peu près, ne les a résoluz à se deffendre. C'est grand cas Sire, de la perte qu'ont reçeu depuis une couple d'années en ça ceulx de ceste ville là, pour le mauvais armement et équipage de leurs vaisseaux, il semble qu'ils ayent les yeux crevés pour n'y voir point de remède.

Sire, etc.

SALAGNAC.

1609 (3 OCTOBRE).

Orig. fol. 100.

A M. DE PUYSIEUX

SOMMAIRE : Etat misérable de quelques Français au service des Véniliens. — Ceux-ci ne sont pas reconnaissants des bons offices que le roi leur rend.

Monsieur, Un françoys de Pontoize qui s'est sauvé céans depuis cinq ou six jours, me donne sujet de parler et vous dire la grande pitié qu'il y a d'un bon nombre de Françoys qui, estans soubs bonne foy allés servir la Seigneurie de Venize, se retrouvent en la plus misérable esclavitude qu'il est possible; et de ceste façon si ses soldatz se retrouvent avoir quelque peu d'argent, ilz trouvent moyen de le luy faire perdre ou dependre de sorte qu'il ne leur reste rien. Les payes qu'ilz donnent par moys sont telles qu'il est impossible de s'en nourrir quelques jours, de sorte que le pauvre

---

1. « En Aoust, trouvons-nous dans le Journal du S^r d'Angusse, le G^d S^gr fit commencer à bastir sa Mosquée sur la Place de l'Hippodrome à Constantinople. » — C'est la fameuse Mosquée dite : Sultan-Achmet-Ignicni, dont la construction faillit provoquer une révolte. Le Mufti défendit aux croyants d'y prier Dieu. Achmet la termina malgré cette opposition.

diable est contrainct d'en prendre en prest de son Capitaine, et pour peu que ce soit le voilà esclave sans moyen d'en réchapper, car la nécessité fait que la debte croist ; ce qu'il avoit de vestement se rompt avec le temps, le cappitaine luy donne quelque méchante camisolle. Cela luy couste plus qu'elle ne vault trois fois, de sorte que le voilà engagé jusques aux oreilles. Ilz empeschent le plus qu'ilz peuvent qu'ilz n'escrivent et donnent advis de leur misère ; et si nonobstant cela ilz peuvent tant faire de recouvrer quelque moyen pour sortir, ou que quelque françoys passant par là leur veuille faire la charité de fournir pour les déllivrer, ilz font tant de remises, tant de difficultés à recepvoir la monnoye que l'on leur présente, qu'ilz rendent presque impossible sa déllivrance ; et jugeans qu'ilz ne pourront pas toùsjours par telz moyens retenir celluy qui a le moyen de se dellivrer, ilz trouvent moyen de leur persuader qu'il fault qu'il se sauve, que sans cela il est attaché là pour sa vie, font présenter quelque occasion assés aisée pour eschapper, de sorte que le pauvre soldat est contrainct de l'essaier ; et ainsy trompé, il est attrapé se voulant sauver et condamné soudain aux gallères pour quelque temps ; lequel ne finit point. On ne sçait où ilz sont : on ne leur permet ni de sortir de la gallère, ny de parler à nul estranger, ny de pouvoir escrire ; les engageant encores par quelque prest, tellement qu'ilz sont en la plus rude esclavitude et plus injuste qu'il est possible d'immaginer au monde. Il y a longtemps que je le sçay ; j'en ay souvent parlé aux bailes icy, souvent escrit à M. de Fresnes-Canaye lors qu'il estoit à Venize, lequel souvant en a fait plainte, mais le tout inutilement. Maintenant j'en ay esté de nouveau adverty par ce françoys que je vous ay dit qui a couru toutes ces fortunes là, et en escript aussy à M. de Champigny. J'ay creu qu'il estoit raison que vous le sceussiez. Je ne scay comment ils font cela ; les derniers offices qu'ils ont reçeus du Roy leur debvroient donner toute autre affection aux françoys, et suivant le commandement de Sa M^té, je le sers icy aux occasions qui se présentent ; mesme ces jours passés en une qui les touche infiniment, qu'ilz désirent tant, qu'ilz n'eussent pas pleint dix mil escuz pour cela : C'estoit d'oster à Amorat Rays[1] le gouvernement de la Morée, dont ilz reçoipvent mille incommodités. L'ayant fort pourchassé et s'en voyant rebuttéz, le baile de Venise me pria d'en voulloir parler ; ce que je fis si

---

1. *Morat Rais*, le fameux corsaire.

efficacement que je tiray quand et quand que l'on l'osteroit cest hiver, ne le pouvant dès le présent, estant en service en personne avec l'armée. Cela mérite bien qu'ilz en remercient S. M^{té}. Je ne scay s'ils le feront, ny mesme si le baile de Venize l'aura mandé ; car il semble que son humeur soit de voulloir que l'on croye qu'il n'a besoin d'autre ayde ny faveur, pour faire ce qu'il entreprend, etc

Salagnac.

(*Autographe*). Monsieur, La mort de ce Mufuly Chaous que je dis au Roy, a amené celle de Usuph Bassa qui estoit venu il y a desjà longtans rendre obéissance, que l'on avoit entretenu par promesses e paroles jusques à ce matin que l'on luy a coupé la teste ; l'autre a eu meilleure fortune, ayant eu la charge de Belier-bey de la Natholie. De vray cestuy cy avoit faict beaucoup moins de mal que les deus autres, e n'avoit jamais meslé ses armes avecques celles des rebelles. Il n'y a plus rien à mon advis qui retienne le premier vizir dans ses tantes. C'est là où cest homme a eu la teste tranchée ce matin. Le vent estoit si fort que l'on ne passoit point le canal ; qui a esté cause que je ne l'ay sçeu qu'après ces lettres toutes écrites, prestes à depescher.

1609 17 (OCTOBRE).

Orig. fol. 101.

AU ROY

SOMMAIRE : *Retour de Morath Bassa. — Son entrée triomphale à Constantinople. — Le Général de mer s'est emparé de vaisseaux de course montés par cinq cents Français. — Subterfuge employé par M. de Salignac pour la délivrance des Français. — Troubles en Hongrie. — L'ambassadeur se loue de Morath Bassa. — Succession de Clèves et Juliers.*

Sire, Deux jours après [ma dernière dépêche] le Vizir rentra à Constantinople solennellement et fut caressé et honnoré de son maistre ; ayant nettoyé l'Asye sans la ruyner, comme il eust fait y menant l'armée ; ayant causé une grande espargne et souslagé la millice qui eut eu bien à souffrir à ce voyage. Ceste joye fut suyvye d'une autre bien plus grande par la prise d'un grand gallion de cours et de deux autres que le général de la mer a combatus et pris, lequel de là, a acquis et plus de bienveillance et de réputa-

tion qu'il n'avoit paradvant, bien qu'il eut beaucoup de l'un et de
l'autre que ses bonnes qualitéz luy ont donné. Il se sera perdu à
cela que [tant] morts qu'esclaves, dit on pour vray, plus de cinq
cens soldatz françoys bien expérimentéz ; et les vainqueurs ont
faict telle perte que leur victoire n'est pas sans beaucoup de larmes,
car ilz ont très bien combattu et de sorte que, sans le général de
mer qui a faict tous debvoirs et de soldat et de cappitaine, l'on les
laissoit là ; et quoyqu'il eut pu faire, je ne sçay ce qu'il eut fait
sans la mort du Cappitaine du gallion[1] et la faute d'un de ses vaisseaux ; car il avoit la charge de tous. L'on croit que ce soit le
cappitaine Jacques Pierre, lequel il y a assés long temps qui
estoit au service du Grand duc de Toscane. Il estoit normand et
un des meilleurs et estiméz corsaires qui courent la mer. J'espère
que je sçauray plus particulièrement la perte au partir du premier
ordinaire, mais la chose n'est pas trop certaine. Mon desplaisir est
que, qui se trouve pris là des françoys, il me fault ne faire nul
semblant de les favoriser mais bien tout le contraire, et laisser
couler quelques moys ainsy. De bonne fortune quelques jours
avant cest accident, j'avois faict traduire en turc la deffence que
V. Mté m'avoit envoyé pour empécher ses subjectz de venir icy, et
la baillay au premier Bassa ; lequel soudain et en ma présence
l'envoya au Gd Sgr qui en tesmoigna beaucoup de contantement,
et le dit premier bassa aussy ; de sorte que la chose advenue, on
ne m'en faict nulle plaincte ; ains me dit le premier bassa qu'il
s'asseuroit que V. Mté en auroit du plaisir ; que ce debvoient estre
des gens desquelz la perte ne luy toucheroit guères puisqu'ilz ne
rendoyent pas l'obéissance qu'ilz debvoyent à leur Roy et à ses
commandemens. Je le confirmay autant que je peus en ceste oppinion : toutesfois pour avoir moyen de servir à quelqu'un qui se
pourroit trouver pris là, je luy dis que j'estois bien en peine, qu'il
ne se pouvoit qu'il n'y eust quelqu'un de ma cognoissance lequel
je voudrois bien aider, mais que d'autre part je craignois que
V. Mté en fust faschée contre moy, si je taschois donner tant soit
peu de faveur et de services à nul de ces gens là. Il me dict que
je le pourrois faire sans qu'il s'en sceut rien et qu'il m'y aideroit
volontiers du général de mer aussy, qu'il sçavoit bien estre de
mes amis ; je verroy ce qui se pourra. Ils espèrent icy la paix plus

---

1. On verra plus loin que le chevalier de Fraissinet commandait ces vaisseaux,
qu'il fut tué, et qu'un grand nombre de chevaliers de Malte périrent avec lui,
ou furent faits prisonniers.

qu'ilz ne souloient en Perse, ayant eu tout de nouveau advis que le roy de Perse y encline et désire que l'on borne leurs empires : s'ilz la font, je ne sçay s'ilz prendront le repos qu'ilz se sont proposéz, et si les commoditéz de faire leurs affaires en Hongrie ne leur féra prendre autre desseing, estans très bien advertis de ce qui se passe de ce costé là. Je le sçay par ce que j'en aprends du dit visir, qui m'a dit l'autre jour, tout joyeux, que la paix qu'ilz avoyent faicte en Hongrie avoit faict autres brouilleries contre l'Empereur, qui de jour à autre perdoit réputation ; et m'a dit encores que le Pape estoit courroucé contre luy de ce qu'il accordoit aux Luthérains[1] (ainsi me les nomma il), et me dit que le Transilvan s'oposoit à ce que l'archiduc Mathias fut roy de Hongrie, prétendant que cela luy soit deub et me dit tout cela d'un visage bien contant.

Hier au soir tout tard je reçeus l'honneur de recepvoir sa depesche du XIe aoust dernier. Par la suite des miennes elle aura encores mieux veu comme le premier Visir gouverne sagement et affectionnement les affaires de son maistre. De vray il est sage et homme de bien ; lequel par l'honneur qu'il rend à V. M[té], me rend tous tesmoignages d'honneur et de bonne amityé. Je l'entretiens tant que je puis ; ce qui m'en fasche, c'est qu'il fault que ce soit à la mode du pays. Quoy qu'on vous puisse dire Sire, V. M[té] cognoistra quelquefois que je fay en cela ce que je doibs pour son service, pour lequel toutes choses me sont agreables. J'ay reçeu avec ceste dépesche, la confirmation de la trefve des Païs-bas par le roy d'Espagne que l'on ne sçavoit point encores, et de laquelle on doubtoit. V. M[té] me fait aussy l'honneur de me dire ce que l'archiduc Léopold est venu faire au païs de Juilliers et de Clèves[2] :

1. Les rivalités entre catholiques et protestants continuaient toujours en Allemagne. L'empereur avait tenté la résistance sans profit. Les Etats de Bohême convoqués à Prague, loin de mettre un terme à ces dissensions intérieures, entretenaient encore l'agitation dans l'empire ; et les protestants se préparaient à un soulèvement général. Pour conserver la paix, Rodolphe accorda, par ses lettres du 11 juillet 1609, le libre exercice de la religion réformée, dans ses Etats.

2. Jean Guillaume, duc de Clèves et de Juliers, étant mort sans enfants le 25 mars 1609, ses héritiers se disputèrent sa succession. L'Electeur de Brandebourg et le Palatin de Neubourg, neveux du duc, paraissaient avoir les droits les plus plausibles. Ils promirent de régler ultérieurement leur différend ; et, unissant leurs forces, ils s'emparèrent des Etats en litige. Mais l'empereur qui prétendait être juge souverain d'un différend élevé sur des fiefs de l'empire, donna à son cousin Léopold, archiduc d'Autriche, évêque de Strasbourg et de Passau, l'administration des Etats contestés. Léopold entra dans Juliers sous des vêtements déguisés, et se rendit maître de la place. Les princes se disposèrent à

c'estoit un beau moyen pour retenir là la millice du roy d'Espagne, laquelle il est bien empesché où tenir ; mais je croy que la démonstration que V. M^té a faite de voulloir aider ses amis, fera que l'on pensera mieux à leur faire l'injustice desseignée ; et s'ilz ne la reçoivent, c'est à V. M^té seule à laquelle ilz en debvront la grâce, et tous les princes du monde cognoistront combien il est utile de l'avoir pour amy. Ainsy plaise-il à Dieu favoriser tous les desseings de V. M^té, etc.

SALAGNAC.

1609 (2 NOVEMBRE).

Orig. fol. 102.

AU ROY

SOMMAIRE : L'ambassadeur d'Angleterre s'est résolu à capituler devant la fermeté de M. de Salignac et lui a fait demander une entrevue. — Les Vénitiens veulent empécher l'installation des Jésuites à Constantinople. — M. de Salignac demande au roi d'allouer quelques bénéfices aux Jésuites. — Il fait l'éloge du P. de Canillac. — Abjuration de Jacques de Gontaut, Sr du Carla. — Le Mis de Villena demande à l'ambassadeur de faire délivrer son fils qui s'est fait Mahométan. — Séquestration par les Turcs du jeune prince de Géorgie. — Fière protestation de ce Prince.

Sire, l'ambassadeur d'Angleterre enfin a recognu qu'il faisoit mal ses affaires avec moy ; de sorte que m'ayant fait rechercher d'amityé, j'ay creu ne le debvoir refuser, et dis à ceulx qui m'en parlèrent que quand il monstreroit de le désirer il ne m'y trouveroit point rétif. Il m'envoya deux jours après, quatre ou cinq notables marchands anglois pour m'en reparler de sa part et m'asseurer de son désir et son affection. Je leur tesmoignay d'en estre contant, acceptay l'offre de son amityé, et les priay l'asseurer de la mienne. Il me renvoya deux jours après pour aviser où nous nous verrions la première fois, disant qu'après ceste entrevue il viendroit céans. Je leur dis librement que la recherche qu'il avoit faite de mon amityé, et ma volunté si prompte à la recepvoir et promettre la mienne, m'avoit fait croire que ce seroit céans où

repousser l'archiduc et se ménagèrent d'abord des alliances. Henri IV leur promit son appui et réunit 40.000 hommes qui, au printemps de 1610, devaient rejoindre leur armée. L'Angleterre et les Provinces Unies offrirent également leur concours. De son côté, l'empereur était soutenu par les archiducs, le roi de Hongrie, l'Electeur de Saxe et le roi d'Espagne.

nous nous verrions; qu'oultre cela diverses conssidérations aysées
à discourir, le voulloient ainsy; que si quelque autre chose l'empeschoit, je ne pénétrois pas en ses consseils, mais que je ne le pouvois veoir ailleurs ceste première fois; que c'estoit résolution sur
quoy il ne failloit point traiter davantage. Deux jours après, il vint
céans, et avec mille belles paroles me monstra beaucoup de
deplaisir du passé, m'asseura de ne rechercher jamais rien qui
peult faire tort aux capitulations que V. M^{té} a avec ce S^{gr} et me
protesta mille honnestetés. Je le fuz veoir deux jours après. Il est
revenu céans encores depuis. Voilà toutes nos entreveues jusques
à maintenant : je me doubtois bien que je luy ferois perdre ses
premiers saults : il se trouve avoir perdu de ce qu'il avoit avant
ses entreprises. Je me promets que V. M^{té} jugera la chose bien
mieux ainsy. Les Turcs estoient bien aises de ces divisions et de
les nourrir; et par là ilz tiroient de nous beaucoup qu'ilz ne
feront doresnavant; et estans unis de correspondance tous
ensemble, nous en serons bien plus forts; mais et eulx et les
Vénitiens y gaignent davantage que V. M^{té}, de qui le nom est assez
fort et honnoré sans autre assistance.

La mission des Pères de la compagnie de Jésus en ce lieu, a
reçeu au commencement quelque traverse menée par les Vénitiens
et aydée de l'évesque de Thine visitateur apostolique en ces quartiers, qui est leur sujet; mais Dieu mercy, j'ay dissipé tellement leurs
mennées, qu'outre qu'ilz n'ont rien peu faire, encores les ay-je
réduits à s'excuser de ce qu'ilz ont fait. Il semble que partout où
va ceste companye, Dieu veuille par des vents et bourrasques contraires, affermir leurs racines; maintenant ils sont bien, Dieu
mercy. On commence à recognoistre de quelle utillité ilz seront
icy, et partant à révérer V. M^{té} qui d'un œil si avisé veoid et
pourchasse les choses utiles à la Chrestienté; et n'y a nul danger
qu'ilz facent rien icy de quoy les Turcs se puissent doulloir; ilz
les ayment davantage que les autres religieux, tant pour estre
françoys de nation que pour les juger, avec plus de piété : je le
tiens d'eux mesmes qui me le disent. V. M^{té} qui est cause de ceste
mission tant utile, la peult affermir bien fortement, faisant en dire
quelque mot à l'ambassadeur de Venize près d'Elle, ou par son
ambassadeur à Venize quelque mot à la S^{ie}. De vray cela est
estrange que leur animosité passe tant de mers et encores
davantage qu'elle ne voye pas que c'est en lieu où ilz n'ont rien à
veoir, et où la demeure de ces bons pères est très nécessaire pour

la gloire de Dieu et de son Eglise; et s'il luy plaisoit aussy voulloir adjouster quelque chose à la provision que le Pape leur a donnée, si petite qu'il n'y a point d'apparence qu'ilz en puissent vivre, quelque bien d'église pourra aisément estre employé pour cela, ou quelque réserve de penssion pour eux sur la première évesché vacante : si V. M^{té} trouve bon de leur ayder, le moyen est en sa main de diverses sortes; et comme son tres humble serviteur qui ne respire que fidellité et affection, je luy diray que à Rome on a trouvé estrange que V. M^{té} pourchassant ceste mission n'aye rien offert pour l'entretenir, et se soit contantée de leur faire fournir pour leur voyage : ce que V. M^{te} fait tous les jours et pour eulx et pour le bien de la Chrestienté, tesmoigne assez de son affection et sa libéralité ; et ce peu d'avantage en ces quartiers esclatteroit beaucoup, et trois ou quatre cens escus de pension attachée à ceste mission seroit assez. Je la supplye très humblement me pardonner ce que j'ose luy en dire, c'est à elle seule, n'ayant fait aucun semblant ailleurs d'y penser tant soit peu. Le père Canillac recteur de ceste mission est un sujet de beaucoup de mérite, joignant beaucoup de prudence et de dextérité à la sainteté de toutes ses actions. Il a porté ce bonheur céans, que mon frère a fait proffession publique de la foy catholique et a abjuré les hérésies, qu'il avoit paradvant tenues et proffessées ; et est impossible de croire combien de Turcz principalement se sont venus resjouir avec moy de cest action, qu'ilz ont creu me porter beaucoup de consolation, comme de vray elle a fait.

Tout maintenant, je viens de recepvoir une lettre du marquis de Villiene vice roy en Sicile par laquelle il me parle de son filz mené icy, me suplyant infiniment aux occasions voulloir ayder à sa dellivrance, et me mande que j'en recepvray bientost commandement de V. M^{té}. La chose fust esté aysée si ce garson se feust faict quelque peu tenir à ne voulloir quitter sa religion ; mais à la mesme heure qu'il arriva il prist la turquesque, et avec telle allégresse qu'il sembleroit qu'il eust pieça fermement délibéré de le faire, de sorte que tous moyens de le retirer de là sont inutiles. Il a faict croire qu'il estoit fils d'une seur du Roy d'Espagne, et à ceste occasion on le traicte avec quelque honneur et respect. Ces jours passés on a pris dans son logis le filz aysné du Prince de Georgye[1], lequel avoit esté envoyé il y a quelques années par son

---

1. La Géorgie, soumise aux Ottomans jusqu'en 1603, fut conquise à cette époque par le Schah Abbas. Les Géorgiens professaient la religion grecque.

père pour retirer le sien, qui est enfermé il y a longtemps dans les
sept Tours ; mais les Turcz les retindrent tous deulx. Ce jeune
garçon n'a pas encore quatorze ans mais d'un gentil esprit et
d'une gentille nature ; je l'ay cognu, estant venu manger céans
trois ou quatre fois. Le G^d S^gr pensa que ce jeune enfant feroit
comme ce filz du vice roy de Cicile, et l'envoya prendre et le fit
porter au Sérail, discourant que ce luy seroit grand honneur
d'avoir des princes chrestiens. Ainsy les croit-il tous deux reniés
et les esclaves. Il feit entretenir tout ce premier jour ce jeune garçon pour le persuader à se renier comme l'Espagnol dont il faysoit faire parade ; le lendemain il le voulut veoir luy mesme, ayant
faict préparer divers beaux habillemens pour luy donner, avec
une bourse où il y avoit dedans deux mil sequins ; mais tant s'en
fault que cest enfant s'en meust ny pour promesses, ny pour
prières, qu'au contraire il ne voulust pas veoir le G^d S^gr, disant
et protestant qu'il prendra à gré la mort avant que renier tant soit
peu sa foi ny sa religion. Le G^d S^gr, d'une chambre bien honnorable où il l'avoit faict mener premièrement, le feit conduire en
une autre chetifve et misérable. Je n'ay peu sçavoir depuis, ce
qu'il faict : bien dit-on que sa résolution continue. Il y a dix jours
qu'il feust mené au Sérail. Si Dieu luy faict la grâce de continuer,
on le renvoyra sans doubte ; car leur foy deffend exprèz de contraindre : bien veult-elle que l'on menace et que l'on face peur,
mais c'est tout.

Sire, etc.

Salagnac.

1609 (2 novembre).

Orig. fol. 103.

A M. DE PUYSIEUX

SOMMAIRE : Eau souveraine contre la maladie de la pierre. — Vaisseaux pris
par le Général de mer. — Le chevalier de Fraissinet a été tué.

Monsieur, Celle que j'escris au Roy, vide de nouvelles du pays
et sy allongée d'autres choses, me fait craindre qu'elle pourra
avoir besoing d'estre protégée de vous. S'il y a de la faulte, le
commandement de S. M^té de l'advertir de tout en est cause ; et
puis j'ay creu qu'à toutes ces choses il y en avoit qui meritoient

d'estre sceues de S. M^té. Il vous a pleu de commancer à m'obliger ; continués s'il vous plaist, Monsieur. Si la fortune ne me permet le recognoistre par effet, si n'aura elle pas le pouvoir d'en rendre mon âme ni ingrate, ni oublieuse. J'ay envoyé par le patron Bonnet à Marseille un flacon de ceste eau de Trible que j'estime tant contre la pierre, et laquelle par la grâce de Dieu, m'a consservé la vye. Vous m'avés escript que le Roy le désiroit. Je luy ay baillé un peu d'herbe aussy, pour veoir s'il y en a en France ; il me semble y en avoir souvant veu. Je l'ay adressée au sieur Marmery consul de Sirye, pour la faire tenir à Monsr de Villeroy, etc.

SALAGNAC.

(*Autographe.*) L'on vient de me dire tout maintenant que les vaisseaux de cours qu'a pris le general de ces mers, que j'ay escrit estre de Livorne e commandés du cappitaine Jacques Pierre, sont de Malte, e estoient commandés du chevalier de Frésinet, lequel fust tué d'une canonnade[1]. E m'a on dit aussi que ceus qu'il a trouvés depuis, n'ont pas esté pris comme le bruict en court ; mais bien qu'il y a eu deus de ses galères coulés à fons, e que toutes les autres ont esté bien rudement traittés. Le Baile nous en portera la vérité.

━━━━━━━

1609 (27 NOVEMBRE [2]).

Orig. fol. 106,

AU ROY

SOMMAIRE : *Le Général de mer est parti à la recherche des vaisseaux du Grand Duc. — M. de Salignac est vis à vis des Turcs dans l'obligation de simuler l'indifférence lorsque des Français sont pris sur des vaisseaux corsaires. — Galères turques brûlées à la Goulette. — L'ambassadeur conjure le roi de permettre le passage des Grenadins en France. — Galiotte turque prise par des vaisseaux vénitiens. — Colère des Turcs. — Les Vénitiens donnent continuellement des présents aux Turcs et obtiennent ainsi des faveurs.*

Sire, On attendoit le retour du Général de mer et de son armée : Il n'est pas venu encores, ayant esté détourné ayant sceu que les

---

1. On lira plus loin les noms des chevaliers qui furent faits prisonniers dans cette affaire.

2. Nous avons supprimé une lettre à M. de Puisieux, en date du 13 novembre,

vaisseaux du Grand Duc estoient en campagne et avoient faict quelque prise ; qui luy feist en dilligence remettre ces gallères en ordre pour les suivre. Il n'y a pas d'aparence qu'il puisse les rencontrer, mais sa volonté paroistra icy mesmement, où les choses extérieures sont seulement veues. J'apréhende fort son retour, tant on me parle du grand nombre d'esclaves françois qu'il mène ; il fauldroit qu'il n'y en eut d'aucune autre nation. Ce qui m'en fasche le plus, c'est qu'il fault que je n'en face nul semblant ny de vouloir leur liberté, et qu'ainsy je laisse couler quelques mois. Le bruit court icy que c'estoit par le commandement de V. M^té que les vaisseaux avoient esté bruslés à la Goulette, et l'on m'escrivoit de Marseille que M. de Guise estoit party pour cest effect. Le premier Bassa m'en parla, auquel je dis n'en avoir aucunes nouvelles que le bruit qui couroit, mais que je n'en doubtois guères, parce que je scavois bien que V. M^té permettroit à la fin que l'on chastiat ces volleurs dont ses subjectz reçoivent tant de mal ; mesmes ayant asseuré par diverses de mes lettres que le G^d S^gr n'aprouvoit nullement leurs procédures, et que mesmes il seroit contant qu'ilz fussent rudement chastiéz. Le premier Bassa me monstra n'en avoir nul deplaisir, de sorte qu'ayant sceu après, que cela a esté fait par les Espagnolz, j'en ay esté bien faché. J'estois devenu tout glorieux d'oïr une fois des plaintes et n'en faire point ; à telles choses je suis tousjours bien préparé, mais fort mal lorsque l'on dict que l'on arme à Marseille pour les cours, comme l'on fait maintenant ; que l'on asseure que le chevalier de Cuges y a faict son armement, et que luy mesmes l'a dit ; car il est de ceux qui attacquèrent ce général de mer, et est pris et blessé. Et dict-on encores que autre nommé Beaulieu [1] sy retire et va courir partout. Pour le premier, je l'excuse un peu sur ce qui de tout temps est permis aux Chevaliers de Malte en la

parce qu'elle n'offre aucun intérêt. Un post-scriptum autographe porte pourtant ces quelques mots :

« *Je vous diray comme Murat Reis est venu le mois passé finir ces jours à Chipre.* »

1. Le fameux et intrépide Gaston de Beaulieu, S^gr de Ruzé et de Razac (ou Arzac), chevalier de l'ordre du roi, gouverneur des villes de Toulon, Sisteron, etc. Sa famille, originaire de la Touraine, était venue se fixer en Gascogne. — Il vécut 103 ans, et rendit des services éclatants aux sept rois qui se succédèrent, de François Ier à Louis XIII. En 1559, il épousa Catherine de Rainaud dont il eut trente-deux enfants, dont vingt fils auxquels il transmit ses sentiments de zèle et d'attachement pour ses rois. Douze d'entre eux furent tués devant l'ennemi. (*Histoire héroïque de la Provence*, tome III.)

Crestienté, et leur en dis bien davantage qu'il n'y en a ; pour
l'autre, j'ay creu le meilleur de nier tout à faict ; cependant V. M^{té}
y donnera ordre s'il luy plaist.

J'oseray luy dire encores une fois Sire, que je la supplye
très humblement voulloir y faire bien adviser avant que faire
deffendre aux Grenadins leur passage à Marseille : c'est la
chose icy de quoy ilz croyent le plus luy estre obligéz, et
qui me donne autant moïen de faire valloir l'obligation. Les
Vénitiens l'ont bien recongnu, qui d'eux-mesmes sont venus
prier qu'on feist prendre à ces gens-là leur chemin par eux,
et firent tant que par une lettre le G^d S^{gr} les en pria ; c'estoit
ce qu'ilz voulloient, ayant par leurs respons, monstré tant de
bonne affection que cest artiffice a servy sans leur argent qu'ilz
emploient librement à donner icy. Je croioys asseurément que
l'on les (*les Vénitiens*) acquèreroit, tant la plus part en ont d'envye ;
mais elle est balancée du profit qu'ilz tirent de leurs présens, qui
se font, toutes les fois qu'ilz le veulent. Il en faudra de beaux
pour apaiser la collère qu'ilz ont maintenant, qu'un de leurs
galliotes venant de Barbarie ayt esté pris par quatre gallères vénitiennes ; asseuréz, dient ilz, de l'amitié et paix qu'ilz ont avec eux.
Les uns disent que tout ce que estoit dans ladite galiotte a esté tué ;
si cela est, quoy qu'ilz donnent, ilz en auront bon marché ; d'autres
disent aussy qu'ilz n'ont fait mal à aucun[1]. Ces gens cy font semblant de le croire ainsi, et pressent affin qu'on renvoie au plus tost
la dite galiotte, et que l'on aye un soing bien exact que rien qui
fut dedans ne se perde. Cependant un de leurs grands naves[2] a
esté perdu par une frégate de dix-huict bancs, tant ils donnent peu
d'ordre à conserver tant de chevance[3] qui se porte dans leurs dits
naves. La plus part a esté porté en Barbarie. Le maistre mesme
du vaisseau, qui est noble vénitien, en a demandé raison : mais
quelle peut on faire de Corsaires, qui (*quand on*) ne les tient pas.
On leur a donné des commandemens : l'importance est de les faire
valoir, ce qu'ils ont accoustumé de faire avec de l'argent, ne se
servans des commandemens que pour parade et pour la seureté de
ceux avec lesquels ilz traictent, et ne se soucient[4] point de donner
pourveu qu'il ne se sache point et qu'ilz puissent dire qu'ilz tirent

1. Voir les détails sur cette affaire dans la lettre du 28 décembre suivant.
2. Appartenant aux Vénitiens.
. 3. *Chevance*. Vieux mot qui signifiait : le *Bien* d'une personne, tout ce qu'on
possédait. (Dict. de Trévoux.)
4. *Et ne craignent point de donner*.

bravement raison des torts qu'on leur faict. Je m'en deuile parce que ceste façon nous nuist, mais elle leur sert bien pour éviter beaucoup de dangers, que leur aporteroient bien autre despence, et desquels ils sortent par ce moïen. C'est tout, etc.

SALAGNAC.

1609 (12 DÉCEMBRE).

Orig. fol. 107.

AU ROY

SOMMAIRE : *Les Turcs cherchent à reparer les maux de la guerre. — Aly, géné-ral de mer, reçoit au retour de ses expéditions la recompense de ses exploits. — Cinq cents Français ont été pris sur mer. — Plaintes des Turcs. — M. de Sali-gnac demande au Roi d'interdire de nouveau l'embarquement des Français sur les vaisseaux de course. — Il s'occupe de faire restituer un vaisseau hollandais. — Bonnes dispositions d'Aly.*

Sire, on travaille icy à réparer tant de dommages que la guerre passée a faits, et dit-on qu'à la campagne on recongnoit grande-ment desjà le bien du repos; chacun et en privé et en particulier s'y emploie, de sorte qu'il ne se dit du tout rien de nouveau, et en l'estendue de ce grand empire n'y a nulle nouveauté d'importance. Seulement rentra dans ce port lundy dernier l'armée de mer avec plus de gloire et d'aplaudissement aussy qu'elle n'avoit fait il y a longtemps, ayant combatu valleureusement pour purger leurs mers de corssaires, ausquelz tous les accidentz mesmes les plus facheuz et dangereux aux combatz de mer sont arrivéz; de sorte qu'ayant faict ce qu'ilz ont peu, c'a esté assez peu et beaucoup moins que le bruit n'en courroit. La valeur et conduite du général de mer[1] est cause, au dire général de tous, de ce qu'ilz ont faict : aussy a-il esté grandement honnoré de tous et extraordinairement caressé de son maistre, lequel despouilla sa robe pour l'en faire vestir, et quand et quand, luy donna la charge de Visir à la Porte, et en avoit faict faire les patentes paravant sa venue pour les luy bailler luy mesme de sa main avec une enseigne et pannache de beaucoup de valeur. Le dit général de mer luy feist veoir les esclaves qu'il avoit menés, qui sont cinq cens cinquante ou envi-ron ; de quoy le malheur veult que plus de cinq cens sont françois,

1. *Aly.*

parmy lesquels il y a sept ou huit chevaliers parmy lesquelz se
trouve celui de Cuges bien fort blessé et celuy de la Feillade, un
de Chamois Pontac, Saint Martial, Visancourt : les noms des
autres n'ai-je peu encores bien sçavoir au vray ny de ceux qui
sont mortz, ayant trouvé dé la diversité en ceux qui me l'ont dict,
tant Crestiens que Turcs. Ce nombre de françois fait merveilleusement crier contre nous, et nous en sont faicts des reprochez par
les rues mesmes ; mais je ay donné tel ordre que les Grands ne le
font pas, et cognoissent l'impossibilité qu'il y a de l'empescher en
un si grand royaume, où il est permis de voiager parmy les
nations étrangères ; et soubs ce prétexte les hommes peuvent aller
où il leur plaist, et que leur humeur naturelle les pousse davantage où se trouvent les dangers, qu'ailleurs. Je croy que ce coup
les rendra plus retenus ; et à la vérité Sire, j'oseray bien luy dire
qu'il est nécessaire, tant pour la perte des dites personnes, (qu'ils
n'esvitent guères tost ou tard) que pour estre ce mestier tel qu'il
ne faict que des larons, desquels on ne sçauroit se servir en nulle
bonne occasion, tant ils ont de licence de faire toutes choses mauvaises ; et oultre cela il en viendra à la longue une très grande
deffaveur icy à tous les négotians françois et à tous ceux qui
naviguent en ces mers soubs la bannière de V. Mᵗᵉ. Je l'espreuve,
avec de la peine bien fascheuse, maintenant que je travaille à faire
relascher un vaisseau Hollandois retenu en Alexandrie, ayant esté
accusé d'être corsaire. J'en eusse eu meilleur marché si cest affaire
me fut venu dès le commancement en main, mais le consul de
là y ayant travaillé longtemps, n'a peu rien que rendre les accu-
sations faictes contre luy. Si espérè-je, avec l'ayde de Dieu, en
venir à bout par l'authorité du nom de V. Mᵗᵉ. Soudain que
ce général[1] fut venu, je luy présentay celle que V. Mᵗᵉ luy
escript, avec les complimens qu'elle m'a ordonné : il la reçeut avec
tout l'honneur qu'il luy fut possible. L'honneur qu'il a reçeu ne
luy faict mécognoitre ce qu'il doibt à V. Mᵗᵉ, ny l'amitié particulière qu'il me tesmoigne il y a assez longtemps. Ce n'est pas de
parroles seulement, mais en effect, ne trouvant nulle occasion ny
par mer, ny par terre de favoriser les françois, qu'il ne le face, tant
il affectionne tout ce qui regarde V. Mᵗᵉ. Je l'entretiens le mieux
qu'il m'est possible ; et encores qu'il ne soit pas de ceulx qui ne
font rien sans présens, si est-ce que la coustume du païs faict

---

1. Le général de mer *Aly*.

qu'il luy en fault faire, et le tiendroit à mespris qui luy feroit
autrement. Maintenant à son retour il me fault eslargir[1] davantage non seullement accause de son amitié et de tant de françois
qui sont en ses mains, mais encores pour venir mieux à bout de
ce vaisseau hollandois, et davantage pour recouvrer dix-huict françois esclaves[2] qu'un cappitaine d'Alep avoit menéz non icy, car il
n'auze pas, mais avoit laisséz ez mains d'un sien amy cappitaine
d'une gallaire. J'envoiay au dit général de mer un commandement
de ce Sgr pour cest effect, et le prier tant que je peuz, de me
monstrer sa bonne volonté en cest affaire, de sorte qu'il a retenu
les ditz esclaves et les a amenés ; et j'espère les retirer, à quoy ne
servira pas peu le tesmoignage que je faictz, par les présens que
je luy ay présentéz, du cas que je faictz de luy et de quelque recongnoissance de son amitié, etc.

SALAGNAC.

1609 (28 DÉCEMBRE).

Orig. fol. 110.

AU ROY

SOMMAIRE : *M. de Salignac remercie le Roi des marques de satisfaction qu'il lui
a exprimées. — Réconciliation entre les ambassadeurs de France et d'Angleterre. — Les Anglais auraient voulu faire croire que la Hollande leur appartenait. — Plaintes des Marseillais contre le Consul d'Alexandrie. — Mesures
prises contre ceux qui ont renversé le portrait du Roi. — Changement du port
d'Alexandrette contre celui de Tripoli. — Forte rançon demandée pour la délivrance de M. de la Feuillade. — Malgré les décisions du conseil, M. de Salignac
fera les dépenses qu'exige le service du Roi. — Vaisseaux turcs brûlés à la
Goulette. — M. de Salignac aurait voulu en attribuer la gloire à la flotte du
roi. — Passage des Grenadins en France. — Mission d'un Albanais, esclave du
Gd Sgr. — Le 1er Visir promet de protéger les Pères Jésuites. — Malgré les mauvais procédés du Baile de Venise et de l'évêque de Tine, M. de Salignac les ins-
tallera définitivement. — Le roi devrait écrire à la Sie de Venise en leur faveur.
— Les Vénitiens ont sans cesse recours aux bons offices du Roi. — Dissensions
en Allemagne. — Succession de Clèves et Juliers.*

Sire, après une longue et ennuyeuse attente, j'euz l'honneur de
recepvoir avant hyer jour de Noël, quatre depesches de V. Mté du
VIIIe et XXIIe septembre et les autres deux du VIIe et XXe
octobre. Je reçois par elles tout le plus de contantement que je

---

1. C'est-à-dire : *Etre large, être généreux.*
2. Il s'agit de ces Français qui avaient été pris par le capitaine *Jafer.*

désire, voyant V. M^{té} agréer et se contanter de mon service. De vray je serois très malheureux autrement, n'ayant pour soing principal que de faire en sorte que par celluy que je rends, V. M^{té} soit bien servye; ce qu'elle sera Dieu aydant, ou je mourray à la peine. V. M^{té} a sceu ce qui se fait d'ordinnaire icy, par mes despesches qui luy auront dit aussy que l'ambassadeur d'Angleterre, qui a recongnu enfin quel desadvantage il avoit d'estre brouillé avec moy, a désiré s'accommoder. Ce fut après le commandement que j'obtins que les Flamens viendroient soubs la bannière de V. M^{té}; de sorte que je ne me fiz point tirer l'oreille à cest accommodement, ni mesmes à luy accorder que des vaisseaux flamens le droit de deux pour cent dont V. M^{té} me permet de jouir, seroit party entre luy et moy; et cela seulement tant que je demeurerois en ceste charge, ne voullant obliger celuy qui me succèderoit à chose que possible il n'auroit point à gré; et cela ne touchant qu'à moy, ay-je fait très volontiers, voyant qu'il en viendra du bien et point de mal. Depuis, un marchand flamend auquel on avoit dressé une très grande avanye en Alexandrye, ayant esté accusé d'estre corssaire, après avoir employé innutillement beaucoup de temps là, est venu icy; lequel j'ay dellivré de ceste peine, ayant eu tous les commandemens et lettres qui luy sont esté nécessaires, sans que le dit ambassadeur d'Angleterre aye fait nul semblant de s'en voulloir mesler, bien que le dit marchant aye tousjours logé chez luy, y ayant esté conduit par un Angloys avec lequel il vint de compagnye; qui tesmoigne assez la renunciation qu'il fait de prétendre plus que les dits Flamens viennent soubs la bannière Angloise, puis qu'il m'en a quitté toute la protection en un sujet si important. Mesme le vaisseau et le marchand estant de Zélande, de laquelle province et de Hollande il se passionnoit le plus jusques a affirmer qu'ils estoient subjectz du Roy d'Angleterre : cela me faisoit voulloir ceste déclaration : à la vérité leur traité dernier avec le roy d'Espagne faisoit assez veoir le contraire; mais je n'ay eu Dieu mercy, besoing ni de l'un, ni de l'autre.

Ce que j'ay fait entendre à V. M^{té} des plaintes qu'on faisoit du Consul d'Alexandrye, a esté à la requeste des consuls de Marseille; mais je n'ay pourtant voullu faillir d'en dire la vérité, et que le dit consul se gouverne bien honnorablement en sa charge; je ne voy point aussy, que celluy d'Alep se gouverne autrement s'estant bien comporté durant les débats qu'il a eu avec les Vénitiens et avec les Angloys durant nos discutions. Par le contrat qu'il a fait avec le sieur Marmery consul de Sirye, il doibt exercer ce vice consulat quatre années ; et ayant sceu que le dit Marmery désire luy diminuer ce terme, il semble qu'il s'y veuille opposer par justice. Je croy sans doubte que s'il vient débat parmy le dit Sr Marmery et ce vice consul, tout en yra beaucoup plus mal, et V. M^{té} n'y sera pas servye comme elle doibt ; et me semble que le dit Marmery l'aye bien recognu, et partant ne s'y est point encores acheminé ; et croy qu'il fera mieux d'attendre la fin du terme qu'il a transigé avec luy. Le sieur Baile qui est icy, m'a asseuré que la S^{ie} de Venize a ordonné que l'on procédat contre ceulx qui osèrent toucher aux portraits de Voz M^{tés}, pour en tesmoigner un ressentiment bien vif ; nous verrons ce qui en sera. Je ne puis comprendre comment les marchands tant Angloys, Vénitiens que Françoys se faschent si fort de changer l'eschelle d'Alexandrete pour la porter en Tripoly. Ils nous ont escript avec très grande affection de favoriser leur desseing, mesme de ne craindre point pour cela de despendre jusque à dix ou douze mil escuz. Nous sommes tous trois résolus de leur complaire et essayer ce que nous pourrons, croyans toutefois que nous n'avancerons rien. Ilz [*les Turcs*] ont desjà abatu les maisons basties au·dit Alexandrete ; et ce que nous avons peu jusques à maintenant juger de l'intention du premier Bassa, est que l'Echelle resolument soit portée à Tripoli ; et tous troys ne pouvons pas juger qu'elle ne soit mieux à Tripoly qu'en Alexandrette où ilz la désirent tant. Depuis le retour du général de la mer, il m'a asseuré qu'il me bailleroit les esclaves de Jafer Gennevois desquelz j'ay escript à V. M^{té} : il les a ramenés et sont XIX en nombre. Je n'oubliray rien pour les autres et de tant plus que V. M^{té} l'a agréable ; mais ilz sont encores tous nouveaux, et fault un peu de patience. Je tascheray d'anticiper le temps s'il est passable (*sic* pour *possible*) pour le Chevallier de la Feuillade ; le mal est qu'ilz le tiennent à un prix bien fort hault, tant pour estre chevallier que pour commander le vaisseau dans lequel il feust pris ; et si on ne trouve moyen de le faire rabaisser de beaucoup, il n'y a nul moyen d'y pouvoir entendre. Cependant j'ay trouvé moyen de faire sauver deux de ces nouveaux esclaves ; et ne perdray nulle occasion de leur servir. Pour le pouvoir, je suis contraint à beaucoup de despence. V. M^{té} le cognoist, c'est assés ; je l'ay tousjours espéré ainsy, et quoy que l'on m'aye mandé de là du traictement que l'on m'y faisoit sur ce sujet, je n'ay laissé de faire ce que j'ay cognu estre nécessairement de son service, et rien ne me sçauroit empescher de continuer tousjours ainsy, osant bien me promettre qu'elles seront faictes avec tel esgard qu'elles ne sçauroient estre reprises.

Ce bruslement des vaisseaux fait au port de la Goulete m'a esté reproché, bien qu'ilz donnent l'entreprise et le plus d'exécution aux Hespagnolz, mais cela m'a peü esmeu ; au contraire j'ay maintenu l'entreprise faicte et exécutée par les Françoys, qui entreprendront tousjours plus gaillardement pourveu que V. Mté lasche un peu la bride ; et qu'elle ne le pourra refuser, si ilz (*les Turcs*) n'ostent les occasions qui luy donnent sugect de permectre la vengeance. Ilz promectent y faire tout ce qu'ilz pourront et m'ont fait peu de démonstration de se déplaire de ce bruslement, bien que cela les aye bien fachéz. Je ne sçaurois m'empescher Sire, de dire à V. Mté qu'ayant maintenant à Marseille ce fameux corsaire d'Ansel, avec un bon navire de guerre et un autre de mesme commandé par le Sr de Beaulieu, il est très nécessaire qu'elle pourvoye qu'ilz ne facent de mal que aux volleurs et corsaires. Ayant accoustumé d'aller en cours, il sera bien mal aysé de les en empescher si ses commandemens ne sont bien exprès ; et ne pourroit que cela ne nuisit beaucoup à l'amityé qu'elle a avec ceste Porte, outre que telles procédures ruyneront tout à faict l'honneur qui s'acquiert, chastiant ceux qui se licencient mal à propos. Et tout d'un train, la feray ressouvenir du passage des Grenadins par la France, n'estant pas croyable combien ilz s'en sentent obligéz et s'offenseroyent du contraire. Les jours passéz, trente ou quarente de ceux là vindrent crier en plein divan l'obligation qu'ilz avoient à V. Mté leur permettant ce passage ; et cela servit de beaucoup à me faire promectre les susdits dix-neuf esclaves françoys dont j'ay desjà parlé à V. Mté.

Depuis peu un esclave pris dans un vaisseau que commandoit le Sr de Ligny portant la bannière de Savoye, me fit dire qu'il avoit de très grandes choses à me dire, et tant que je le me fis venir céans ; il est dans le baing du Gd Sgr enfin c'est un Albanoys de la compagnye de Monsr le Conestable, nommé Georges Andréas, qui me dit qu'un sien parent fut pour proposer à V. Mté une grande entreprise sur divers lieux de la Dalmacye, laquelle V. Mté trouva très belle et très bien faicte ; mais que pourtant il ne la voulloit faire exécuter, mais luy dict qu'il la mict en main de quelque prince, et qu'Elle luy ayderoit et d'hommes et d'argent ; que sur cela l'entreprise avoit esté baillée au duc de Savoye , lequel tout résolu de l'exécuter en avoit seulement différé l'exécution jusques au retour de deux ou troys, desquels il estoit un ; lesquelz ont esté tous et luy faictz esclaves, s'estans par malheur trouvés sur le vaisseau du dit Sr de Ligny, et qu'il feust tué, et qu'ilz alloyent pour dernière recongnoissance de la susdite entreprise. Il m'a depuis, envoyé une lettre pour mon dit sieur le duc de Savoye et une pour le sieur Zamet[1]. J'ay creu debvoir mettre le tout dans ce pacquet. Son secrettaire est un esclave françoys qui est au dit baing ; lequel croid bien avoir attaint la perfection de bien escrire : je le dis affin que ceste sorte de stile n'empesche de recognoistre le dit Albanoys qui en est innocent.

Les pères Jésuites sont icy depuis le temps que j'ay fait scavoir à V. M^{té} de leur arrivée. Il se trouva qu'on leur avoit fait secrettement de si mauvais offices, que le premier Vizir avoit promis de les renvoyer ; il me promit de les protéger. Voyant ce commandement je ne voullus me servir aucunement de son nom[2], atendant ce qui en réussiroit. Leur vye et leur façon de procéder a esté généralement agréable à tous, et faisoient doucemeut très bien leur debvoir lorsque le Vizir me manda qu'il les envoyoit quérir il y a aujourd'huy huict jours ; il estoit déjà fort tard, de sorte que je dis à celluy qui m'en avoit porté la parole que je les luy meinerois le lendemain matin ; de quoy il se contenta. Mais luy party, je sceus que cependant qu'il estoit céans, on avoit amené les dits prestres au Vizir ; ce qui fit que j'y allay si promptement qu'encores ilz ne luy avoient esté présentés ; de sorte que j'en ramenay les dits prestres avec moy sans y avoir voullu engager son nom ; et j'espère que ce sera le dernier orage contr'eux, au moings selon la promesse que m'en faict le dit premier Bassa ; mais je ne sçais qu'en dire, et croit-on certainement que cela soit faict par les Vénitiens et que de l'argent a esté baillé pour cela. Il

1. *Sébastien Zamet*, originaire de Lucques et naturalisé Français en 1581, fut d'abord cordonnier du roi Henri III, et sut s'insinuer dans la faveur des grands. Il prit un intérêt dans la ferme du sel ; et dès 1588, il était déjà un riche financier. Il atteignit l'apogée de sa fortune sous le règne d'Henri IV, et ses relations avec ce prince étaient empreintes d'une grande familiarité. Le roi allait souper chez lui, y menant ses maîtresses et même la reine. Il devint conseiller du roi, gouverneur de Fontainebleau et mourut en 1614. L'un de ses fils fut évêque duc de Langres.

2. Du nom du roi.

y en a de bien grandes apparences, et que l'Evesque de Tine y a
tenu la main : toutefoys quand je m'en suys plaint au bayle de
Venize, [il] l'a tellement nyé qu'il m'a contrainct à doubter de ce que
j'en tenoys pour très certain : le temps en produira la vérité. J'ay
creu ne luy debvoir pas celler que dans la patente du Pape pour venir
icy il y a que c'est en ayant esté requis par V. Mᵗᵉ, et dans le passeport escript en turc que Mʳ de Brèves leur bailla[1], il y a qu'ilz viennent
icy par son commandement. Toutefois de ma part je n'ay point mis
V. Mᵗᵉ en avant, combien que je sois très asseuré qu'elle n'aura
que plaisir et contantement de voir désiré et pressé un si bon
œuvre, et me promets, aydant Dieu, que comme leur establissement se fait avec quelque traverse, il en sera puis plus fort et
seur ; et le fruit qui viendra d'eux en sera d'autant plus agréable.
V. Mᵗᵉ en aura l'honneur en ce monde et le mérite devant Dieu.
Si V. Mᵗᵉ trouve bon d'en faire escrire au premier Bassa, je luy
diray bien qu'il n'en peut venir nul inconvénient. S'il y doibt
avoir du mal pour eux lequel je n'apréhende point, ce sera au
plus tard dans quinze jours ; et au plus tost je ne puis avoir responce de ceste cy que dans quatre mois ; et si en ce temps là ilz y
sont, ilz y seront pour tant qu'ilz voudront ; car la mission sera
toute establye, et je ne craings point d'asseurer V. Mᵗᵉ que si on
envoye tousjours icy de telles personnes que sont ces premiers, il
n'y a nul danger qu'ilz facent chose de quoy V. Mᵗᵉ puisse avoir
tant soit peu de déplaisir ; et pour cela il fault qu'il n'y en
vienne que de françoys et quelque grec pour estre bien asseurés,
et mesme il sera plus honnorable ; et ainsy quoy qu'il plairra à
V. Mᵗᵉ d'escrire, sera sans nul danger ; et si en ce temps là il
s'estoit rien faict contre eux, ou qu'il y eut quelque apparence
qu'il en deubt venir du mal, je sçauray bien empécher qu'elle ne
soit veue. J'ay creu de mon debvoir de le dire ainsy au long et à
la vérité à V. Mᵗᵉ, qui sçaura quant et quant ce que je fay en telles
occurrences. Je ne scay s'il plairra à V. Mᵗᵉ en faire dire un mot à
Venize ; je ne puis que je n'aye souspeçon de là, bien qu'ilz la
nyent bien fort ; mais la chose aussy est telle qu'elle ne peult
estre avouée tant elle est contre tous debvoirs créstiens. Oultre cela
ilz ont un afaire maintenant sur les bras, durant lequel ilz ne
désireroyent pas que je feusse mal satisfaict d'eux ; c'est pour une
galliote qu'ilz ont prise auprès de Corfu, laquelle venant de Tunys

---

1. M. de Brèves était ambassadeur à Rome depuis 1608.

envoyée du vice-roy du dit lieu avec force présens et à ce G^d S^gr et au premier Bassa, montant bien à la somme de six vingtz mille escuz, ilz la prindrent, ayant arboré l'enseigne de paix et d'amitié, et aussitost pris aussytost tous les hommes tués, et le reste saccagé. On leur demande bien rudement réparation de cela : ilz seront bien contans d'en estre quittes pour cent mille sequins, pourveu qu'ilz les baillent sy secrettement qu'ilz le puissent nyer [1]. Le gros morceau leur rend le premier Bassa un peu favorable ; mais le général de mer se monstre fort courroucé, et le Mufty fort cruellement ; de sorte que je ne craings point de dire que sans ce qu'ilz donneront ainsy, que ilz estoient en grand danger que l'on rompit avec eux. La plus part en ont envye ; leur repos et celluy qu'ilz espèrent par la paix de Perse qu'ilz espèrent, la leur donne ; et croyent pouvoir mieux faire là leurs affaires qu'ailleurs. Ilz sçavent les divorses de l'Empereur et de son frère et celles de l'Allemagne, et s'attendent bien que par ce moyen leurs affaires s'y feront mieux que leur fesant une bien forte guerre, qui les feroit se recognoistre et se réconcilier. Cependant Sire, j'ose me promettre que la franchise dont elle a usé, en tesmoignant la faveur qu'elle veult rendre à ceulx ausquels la justice donne les successions de Clèves et de Juillers, fera que leur droit se trouvera bien meilleur qu'il n'eust fait sans cela, tant la Chrestienté est asseurée de la valleur et puissance de ses armes fortunées.

Sire, je ne puis dire rien du tout de nouveau d'icy ; tout est comme il estoit par mes précédentes ; seulement depuis, ce S^gr a fait payer sa millice qui a emporté bien près de deux millions d'or ; et l'affection au bastiment de sa mosquée va tousjours augmentant, qui va bien viste aussy, etc.

SALAGNAC.

1. Les Vénitiens ne craignaient pas de débourser des sommes très considérables, lorsqu'il s'agissait d'apaiser la colère des Turcs. Ils mettaient ensuite tout leur amour-propre à faire croire que la Porte n'osait rien leur refuser, tant ils étaient redoutables.

1610 (23 JANVIER).

Orig. fol. 113.

A M. DE PUISIEUX

SOMMAIRE : Pour l'honneur du Roi, il importe que les Mores puissent traverser la France sans danger. — Affaire de Clèves.

Monsieur, on traite à ce que j'entends, les Mores, de façon en Espagne, que nous ne serons plus solicitéz pour la seureté de leur passage à Marseille; je n'ay jamais creu qu'aucun y deut demeurer des leurs. Pour cest effect bien ay-je creu nécessaire de pourveoir que leur passage y fut asseuré; ainsy le veult l'honneur du Roy et du royaulme. Si le passage leur y estoit permis, j'ay creu encores qu'il eust esté fort rude de le leur desnyer maintenant; n'ayant jamais esté fait et jugé que ce dény eut esté une des choses que l'on eut sceu faire plus desplaisante icy, et pourtant en ay-je escrit diverses fois. J'ay tousjours fait le mesme jugement que vous de l'affaire de Clèves; sans ce que le Roy a tesmoigné de son intention[1], s'en seroit desjà fait; maintenant je croy que tout leur desseing sera de le terminer par voyes de douceur et de justice, pourveu que le Roy ne s'y entremesle en aucune façon. De vray les affaires ni de l'empereur, ni du roi d'Espagne, ne sont pas disposées pour rechercher une telle guerre. J'attends avec dévotion la nouvelle de l'accouchement de la Royne; Dieu luy donne très longue et heureuse vye, nous ayant reculé bien loing l'apréhension qu'aucuns prenoient de noz malheurs à venir, etc.

SALAGNAC.

1. Son intention de secourir les Princes contre l'Empereur.

1610 (23 janvier).

Orig. fol. 113.

AU ROY

SOMMAIRE : Les Turcs désirent faire la paix avec la Perse. — Le Roi de Perse veut conserver Tunis. — Il a envoyé une ambassade au Pape. — Les Mores chassés d'Espagne. — Leur affection pour la France.

Sire, j'ay reçeu le XXe du présent, la depesche de V. M^{té} du IIIIe novembre ; et selon que je voy par icelle, elle a très bien jugé de l'entreprise de ceste Persienne[1] pour la paix. Car on 'a fort peu tenu conte icy d'elle et de ses parolles, et tout cela s'est esvanouy. Cependant ilz ont grande affection à ceste paix, et le premier Bassa principalement ; lequel void bien le danger joint à la charge de ceste guerré, où il fault nécessairement qu'il s'emploie maintenant. Il dit qu'il veult partir plus tost que la coustume affin d'estre premier en campagne que le roy de Perse, et monstre aller de grand cœur à ceste guerre ; mais c'est pour entretenir son maistre en juste opinion ; car à la vérité il l'apréhende beaucoup ; et partant il n'oublye rien qui puisse luy servir à faciliter ceste paix, qu'il désireroit infiniment faire estant porté sur les lieux, et pour cest effect il a deux ou trois négotiations secrettes ; elles se font de sorte que je ne puis dire à V. M^{té} le point où elles sont. Bien croy-je par ce que l'on peult juger des choses qui se passent, que le roy de Perse fera volontiers la paix, luy laissant partie de ce qu'il a conquis où soit compris Tauris, et marquant bien la limite des deux empires pour empescher les nouvelles altérations. Si on ne veult cela, je croy qu'il aymera mieux veoir comment se passera la guerre de ceste sayson que de se relascher davantage ; asseuré qu'il aura la paix, en quelque temps qu'il luy plairra voulloir rendre davantage, et plain de beaucoup d'espérance de pouvoir estre plus fort que l'armée que l'on envoyra contre luy. A la vérité les forces que l'on y mènera, bien que numéreuses, seroient peu de choses sans celles qu'ont à ceste frontiere et le filz de Cigale et Nassub Bacha, qui sont composées de bons soldatz qui font la guerre il y a longtemps sous ces deux susdits, qui sont les capitaines de cest empire de plus de

---

1. Il s'agit d'une femme venue de Perse et chargée de faire des propositions de paix. (Voir la lettre du 6 septembre 1609.)

nom et de réputation. Il pourra bien estre que le roy de Perse, au retour de ses ambassadeurs de Rome, relaschera quelque chose de ce qu'il demandoit ; car il se tenoit fort asseuré que ses offres touchant les choses de la religion inciteroient fort la Chrestienté, et se tenoit bien fort là dessus [1] ; et y a ung Persien qui m'a dit qu'il croyt que, si on ne les reçoit comme il désire, il changera l'amityé qu'il porte aux Chrestiens, en hayne bien grande ; ayant premièrement esté trompé de l'Empereur, (ainsi parloit-il) et maintenant il desdaigne [*l'amitié*] du Pape et autres princes chrestiens. Le bon que j'y voye est qu'il ne peult faire mal ny appréhension qu'à ceulx qui vivent dans son empire ; lesquelz, à dire vray, y vivent avec grande liberté et authorité. Ceste prochaine sayson pourra donner grand jugement de ceste guerre par tout le reste de l'empire : il y a si grand espoir, que l'on n'entend d'aucune part ny remuement ny nouvelle d'importance ; si bien que le dernier ordinaire se passera sans avoir rien que mander. Depuis, la nouvelle y est venue des Mores que l'on chasse d'Espagne, et dit-on que le G[d] S[gr] veult remédier à tant de misères qu'ilz souffrent, par quelque grande libéralité. Jusques à présent ce ne sont que paroles ; c'est un moyen bien asseuré pour faire que leur passage par Marseille ne leur sera plus nécessaire, ny tant requis icy. Je ne puis m'empescher de pleindre ces pauvres gens, tant j'ay cogneu tous ceulx que j'ay veuz, affectionnés à V. M[té]. Tous mes désirs Sire, ne sont que pour pouvoir dignement la servir, etc.

SALAGNAC.

---

1. Le roi de Perse avait plusieurs fois entamé des négociations avec l'Empereur, dans le but de réunir leurs forces contre les Turcs ; mais Rodolphe était aux prises avec de telles difficultés dans son royaume qu'il ne put donner suite à ces projets. Abbas voulut alors se ménager l'appui du Pape, dans le cas où celui-ci parviendrait à former une coalition des peuples Chrétiens contre les Ottomans.

1610 (6 février).

Orig. fol. 114.

A M. DE PUISIEUX

SOMMAIRE : Intrigues de l'Evêque de Tine contre les Jésuites. — Ses desseins ont été confondus.

Monsieur, celle du roy[1] vous dira tout ce que nous avons icy de nouveau. J'ai eu de la peine pour les péres Jésuites. Comme vous verrés, sans doubte elle est venue principalement par l'évesque de Thine visitateur apostolique en ce pays, et pour la raison que vous verrés. Oultre ce qu'il a tasché icy, il a artificieusement recherché divers moyens à Rome pour venir à bout de son entreprise; mais ayant esvanté toutes ces mines et en ayant donné advis à Mr de Brèves, il a si bien fait qu'il a rendu fumée tous les desseins de l'évesque; lequel, au lieu de l'advancement qu'il prétendoit, trouvera à mon advis, tout le contraire; il le mérite très bien et bien pis, car c'est un mauvais homme qui croit toute la prudence consister à tromper, et partant à ne dire jamais vray; ce qu'il a apris exellemment de faire. Les dernières lettres qu'il a reçeues de Rome le mortifièrent un peu au commancement; peu après il changea et voulut faire ce dernier effect contre les Jésuites. Il luy a mal succédé Dieu mercy; qui monstrant ses desseings au jour, recule autant ses espérances, que son ambition et sa vanité les luy faisoit paradvant trouver proches : ainsy se rit-on au ciel des desseings de ça bas, etc.

SALAGNAC.

1. Cette lettre au roi n'a pas été retrouvée. — Nous avons donné dans le premier volume de l'*Ambassade en Turquie,* page 84, de nombreux détails sur l'installation des Jésuites à Constantinople, et nous avons vu comment, soutenu par son ardeur religieuse et par son zèle pour le service du roi, M. de Salignac, surmontant toutes les difficultés, parvint à maintenir ces Pères en Turquie.

1610 (20 FÉVRIER).

Orig. fol. 115.

AU ROY

SOMMAIRE : Le premier Bassa veut pour la quatrième fois chasser les Jésuites. M. de Salignac s'y oppose. — Son entretien avec le baile de Venise. — Mauvaise foi de ce dernier et colère de M. de Salignac. — Opiniâtreté de l'ambassadeur qui est décidé à maintenir les Jésuites. — Retard apporté par les Vénitiens à l'expédition des dépêches.

Sire, j'espérois que les bourrasques contre les pères Jésuites fussent toutes cessées; et ce que j'escrivois à V. M^{té} sur ce sujet m'estoit dit de tel lieu, que je n'en pouvois doubter : aussy a-elle esté vraye, mais changée depuis ; car le premier Bassa m'en a faict une quatrième instance depuis quatre ou cinq jours. Tous les autres Visirs de la porte le trouvent estrange ; et n'y a que lui seul qui esblouy de la cupidité d'avoir, ne peult voir autre chose. Je traitte cest affaire comme un tort faict à la nation, qui est à la vérité très rude, et tant, que je pense estre obligé de m'y oposer autant qu'il me sera possible. Je le fay, mais avec tel esgard que V. M^{té} peult estre très certaine que je l'obligeray à rien qui soit. Je creus que je me debvois esclaircir avec le bayle de Venise de tous ces soupçons que nous avions, lesquelz entretenus cachéz pourroient nuire à la longue, mais esvantéz perdent toute force : ce fut hier, estans nous deux seuls ; où je luy dis les soupçons que j'avois eus et une partie des occasions qui les avoit faict naistre et nourrir, mais je me réservay ceulx qui me donnoient plus d'asseurance que la chose estoit vraye, parce que ceux dont je les tiens deppendent tellement de luy, qu'il leur peult nuire toutes les foys qu'il vouldra. Il fist demonstration d'estre fort content de quoy nous nous estions ainsy esclairciz, et me promist de nouveau, avec les paroles telles que l'on peult dire pour faire fort croire une chose, qu'il n'avoit jamais ny directement ny indirectement tasché à nuire aux dits Pères Jésuites ; se contentant, estans contumacez de sa République, de ne leur porter nulle faveur ; leur nuire, il ne le voudroit nullement, tant pour estre religieux, que parce que la République ne les recherche pas hors de leur estat, qu'aussy pour les veoir faire et sçavoir que V. M^{té} les affectionne ; et encores pour me flater un petit, il m'y

entremesla tant de parolles, tant de sermens, que je l'assuray que
tous mes soupçons estoient passéz et qu'il me faudroit bien de
grandes occasions pour en prendre de nouveaux ; que si quelqu'une m'estoit donnée, je l'en advertirois soudain affin que rien
ne peut croupir parmy nous qui empeschast notre bonne correspondance. Il me pria fort d'en user ainsy, comme il feroit aussy
de son costé. Ces premiers discours passés, je le priay d'adviser
combien il importoit au service de Dieu de s'opposer vivement aux
desseings de ces gens icy de chasser les religieux ; que ceux cy
chasséz, une autre fantaisie leur prendroit d'en chasser d'autres ;
et ainsy peu à peu ilz chasseront et les religieux et la religion
d'icy ; que estions obligéz d'y avoir l'œil à bon essiant, et qu'il me
semble qu'il en debvoit dire quelque chose, comme aussy je le
priois de faire entendre au premier Bassa que je me doullois fort
du tort qu'il vouloit faire à nostre nation de monstrer qu'il s'en
deffioit et non de nulles des autres, desquelles il a plus d'occasions,
comme d'Espagnolz, Napolitains, Siciliens et sujetz du Pape
mesme, de quoy tout cecy est, et ausquels il ne s'attaquoit point.
Il me fist un peu de démonstration que cest office luy pourroit
nuire en son païs ; mais après avoir examiné les choses ensemble,
luy promettant tousjours que s'il y alloit tant soit peu de son
inthérest, je ne l'en prierois point, il me promist qu'il le feroit
sans faulte et sans plus attendre, ce jourd'huy matin. Ainsy nous
nous séparasmes avec nouveaux embrassemens et promesses de
plus estroite amitié. Ce matin il m'a envoyé son secrétaire me
prier de l'excuser s'il ne pouvoit faire faire les offices qu'il m'avoit
tant assuré hier au soir ; que le danger de son païs luy ayant faict
passer la nuit sans dormir, l'auroit faict résoudre à ne faire autre
chose, mais qu'en autres occasions [il diroit] quantité de parolles
pour tesmoigner son affection. J'ay creu ne debvoir point user de
son mesme artiffice, et puis que il portoit tant de dissimulation
je luy debvois monstrer autant de franchise ; et luy ay dict que les
offices se faisoient de bonne volonté ; que l'on ne pouvoit contraindre ceux de qui on les espéroit ; que pour en attendre en
d'autres occasions, il fut asseuré qu'il n'en auroit jamais nulle
importunité de moy, qui pouvois bien, Dieu mercy, m'en passer ;
que pour les amitiéz, elles se promettoient de parolles et se vérif-
fioient par bons offices selon les occasions ; que où le dernier
deffailloit, les paroles perdoient tout crédit. Aussy s'est retiré le

secrétaire. Je sçay bien que c'est le naturel de ce prince [1] et leur principale prudence de se servir de leurs parolles à ce qu'ilz veulent, sans en tenir autre soin. On dit de plus qu'ayant conféré de cest affaire avec l'évesque de Tine, ilz jugèrent que le langage que je leur avois tenu assuroit que j'avois peu d'espérance de pouvoir arrester la volonté du premier Bassa, et partant qu'il estoit meilleur ne tenir point ce que le dit Bayle m'avoït promis. Ilz se sont trompéz si sur ceste opinion il a démenty sa parolle; car je ne pensse point n'arrester bien ce coup icy; ains m'en tiens presque assuré, tant plus les autres grands de ceste Porte m'en assurent, et mesmes le Mufty; et tous en parleront à ce premier Bassa lequel à la vérité aime fort l'argent, et de sa nature est fort opiniastre à ce qu'il s'est mis dans la teste. Je supplye très humblement V. M[té] me pardonner si je luy ay fait ce long discours : mon debvoir m'y oblige, croyant nécessaire qu'elle sache la vérité de toutes telles choses; et je la dis sans adjouster ni diminuer tant soit peu, ni sans essayer de luy donner nulle couleur; ains la laisse toute nue, comme elle a esté produite. C'est mon plus grand déplaisir que la longueur du chemin empesche que je ne puis pas, sur les particüllaritéz des accidens, attendre ce qu'il luy plairroit de m'ordonner; mais j'espère bien avec l'aide de Dieu, aller avec tant d'esgard en toutes choses, que V. M[té] demeurera satisfaicte de ce que je feray. Outre la longueur du chemin, l'artifice vénitien l'allonge; ne me faisant point recevpoir de ses depesches sans qu'il y en ayt trois ou quatre à la fois passant par leurs mains. Il nous fault boire de telles choses, qui seroient de très grande consséquence si les affaires d'icy comme elles peuvent estre, estoient un peu changées, ou que V. M[té] y voullut traitter quelque chose de nouveau. Je le dis comme obligé, laissant à V. M[té] ce qu'elle agréera d'y faire; contant pourveu que je puisse la servir, etc.

SALAGNAC.

1. C'est-à-dire : *Cette puissance, cette République de Venise.*

1610 (6 mars).

Orig. Fr. 16145, fol. 84.

A M. DE PUISIEUX

SOMMAIRE : Fuite du Prince de Condé. — Bruit du mariage de Madame avec le duc de Savoie.

Monsieur, ce que vous me recommandés (le chevalier de la Fueillade) réveillera encores le soing que j'en ay ; et voudrois que l'occasion de vous rendre quelque service fut toute particulière pour vous, affin de pouvoir au moings en quelque partye, tesmoigner combien je suis vostre serviteur. Je plains le mauvais advis de Monsieur le prince de Condé[1], vous m'obligerés de beaucoup Monsieur, si en pareille occurrance il vous plaist m'escrire un peu plus amplement. Les gazettes babillent à plaisir ; l'ambassadeur de Venize près de vous escrit largement : telles nouvelles sont portées de divers lieux, vestues comme il plaist à celluy qui les envoye. Il importe au service de S. M[té] que je sçache que dire, et que je le sçache de bonne heure ; ces nouvelles estoient icy quinze ou vingt jours avant que je les ay sceues, etc.

SALAGNAC.

(*Autographe*). Monsieur, on nous parle fort du mariage de Madame[2] aveques le prince de Savoye ; les Espagnolz en ont quelque alarme ; et en Italie les serviteurs de nostre maistre s'en resjouissent. N'en aprenant rien par vous, je ne sçay qu'en croire ; mesmes voyant les grands avantages (que l'on écrit au Baile de Venise) que l'on présente au père de ce Prince pour l'acord du mariage.

1. On sait que Henri IV, épris de Charlotte de Montmorency, lui fit épouser le prince de Condé. Quelque temps après, celui-ci fut obligé de prendre la fuite pour mettre sa jeune femme à l'abri des poursuites du Roi. Il se réfugia à Bruxelles, puis en Italie. Henri IV se plaignit au roi d'Espagne de l'accueil qu'on avait fait à un prince de son sang, sorti du royaume sans permission. Les résistances qu'il rencontra le décidèrent à hâter les préparatifs d'une guerre qui eût été formidable, si l'on en croit les *Economies royales*. Mais Henri IV périt assassiné au moment où il allait mettre à exécution ses projets gigantesques. — On peut consulter, au sujet de cette affaire, l'*Histoire des Princes de Condé par le duc d'Aumale*, qui fait un récit très exact de ces négociations et fournit des détails pleins d'intérêt, puisés dans les documents de l'époque.

2. *Christine*, fille d'Henri IV, épousa, en 1619, Victor Amédée, duc de Savoie.

1610 (6 mars).

Orig. fol. 80.

AU ROY

SOMMAIRE : *Réparations demandées par le Roi à la Seigneurie de Venise. —
M. de Salignac a empêché l'emprisonnement du Chevalier de la Feuillade aux
Sept-Tours. — Moyens à employer pour obtenir sa délivrance. — Ceux qui
complotent contre les Jésuites sont lassés par la fermeté de M. de Salignac. —
Installation de ces Pères à Saint-Benoît. — Energique répression des révoltes en
Turquie. — Exécution d'Aly bey Zambolat. — Le Roi de Perse semble désirer la
paix. — Nécessité pour les Ottomans d'être toujours en guerre. — Désir des
Turcs de voir la guerre éclater en Europe. — Messager envoyé au Roi par la
Porte.*

Sire, il y a aujourd'huy justement quinze jours que j'eus l'honneur de recepvoir quatre lettres de V. M^té. La première, Sire, est
à ce que la réparation soit faicte en Sirie tant de la mort du vice
consul d'Alexandrete que de l'insolence outrecuidée d'avoir abatu
les portraits de Voz M^tés. Monsieur de Champigny m'a bien escript
que la S^ie de Venize promettoit d'en faire justice, mais non que
elle et leur bayle me fit dire par le secrétaire qui est icy quand et
luy (que j'avois envoyé quérir pour sçavoir ce qui en estoit), que
sans doubte la S^ie de Venize en feroit faire justice s'il se trouvoit
que l'on fut coulpable. Je luy dis que la chose estoit tellement
prouvée que la justice en avoit esté promise absolument ; que je
désirois de veoir l'exécution de ce qu'ilz avoient promis et non
nouvelles procéddures. Il ne m'en répliqua rien ni le bayle n'en a
rien mandé depuis. Hier je luy[1] envoyay celle par laquelle
V. M^té me recommande le soing de cest affaire, le priant de me
mander ce qu'il voudroit que j'en escrivisse, et le priais encores de
me faire souvenir quelle plaincte il m'avoit faicte d'un capitaine
de marine françoys ; que pour moy je n'avois nulle souvenance ni
de sa plaincte, ny qu'il aye eu occasion d'en faire à ce dernier. Il
respondit qu'il ne s'en souvenoit pas aussi, ny de m'avoir faict
telle plaincte, ny d'avoir eu suget de m'en faire, comme à la
vérité il est ainsy ; qui me fait trouver bien estrange telles inventions qui ne peuvent servir qu'à faire cognoistre leur naturel pour
la justice ; que je demandois que l'on fist faire selon que la S^ie de
Venize le promettoit. Il me manda que la S^ie en avoit escrit au

1. J'envoyai au Baile de Venise.

Consul de Sirie et qu'il l'en solicitera par sa première dépesche. J'y envoieray quelqu'un exprès pour sçavoir ce qui s'en fera que je feray entendre à V. M^{té} et en donneray advis à M. de Champigny.

Les deux autres du mesme de novembre, l'une me dit l'accouchement de la Royne que j'avois desjà sceu, comme elle verra par ma dernière depesche[1]; l'autre me commande de faire ce que je pourray pour le chevalier de la Feuillade. J'en avois desjà reçeu une à mesme occasion et y ay desjà fait tout ce qui se peult, qui est avoir empesché qu'il ne soit allé ès tours de mer noire et avoir faict que le Général de mer l'a réservé pour luy ; qui fait que l'on peult quand on voudra, traitter de son rachapt, ce qu'il ne fault espérer de pouvoir faire sans argent : ilz en demandent tant, que je croy que le meilleur est que l'on aye un peu de pacience. Je l'escris ainsi à son frère[2], lequel me pourra mander jusques où il veult que l'on s'estende pour sa rançon. J'aviseray après d'y mesnager ce qui se pourra. Son dit frère luy escrivoit que V. M^{té} luy avoit promis pour sa délivrance quelques Turcz qui sont en ses gallères, qui est cause que je ne luy ay point fait bailler la lettre ; et V. M^{té} me pardonnera si je luy dis que cela nuist icy et qu'il sera meilleur chercher d'autres moyens de sa délivrance. Bien tascheray de faire faire ceste ouverture, ce qui se pourra s'il y en avoit quelques uns de quelque qualité pris en venant desrober en la coste de Provence ; car de ceulx qui y sont venuz[3] ou pour y avoir esté menéz par quelque autre moyen, ou pour avoir esté donnéz du Grand Duc, je croy qu'ilz y doibvent passer leur vye ou bien estre donnéz libérallement et tascher de retirer quelque courtoisie pareille, et faire bien valloir la chose, comme j'ay fait et faits à toutes occasions celle de ceux que V. M^{té} en a renvoyéz, qu'ilz ont eu très agréable ; et bien qu'ilz dient que on y estoit obligé par M. de Brèves auquel sur ceste promesse on en avoit baillé davantage que l'on n'en a reçeu, si n'ay je pas laissé d'en retirer par ceste occasion un grand nombre des nostres.

Vostre lettre Sire, du second de novembre me parle des révérendz pères Jésuistes venus icy. A la vérité ce bon et sainct œuvre mérite la protection de V. M^{té}, puisque chacun sçait qu'elle

---

1. *Henriette Marie de France*, née le 29 novembre 1609, épousa en 1625, Charles Ier, roi d'Angleterre. Elle mourut le 10 septembre 1669.

2. *Georges d'Aubusson, comte de la Feuillade*, sénéchal de la Haute et Basse Manche, plus tard Lieutenant des Chevaux légers de la garde de la reine Marie de Médicis. Il mourut en 1628.

3. Qui sont venus à Constantinople.

l'a désiré, poursuivy et effectué. J'espère et m'asseure qu'elle en recepvra mérite au ciel et gloire au monde. J'ay tellement résisté à ceste dernière bourrasque et l'ay tellement repoussée, Dieu mercy, que je ne me puis imaginer qu'il en vienne d'autres. Les instigateurs sont lasséz de la fermeté de ma résolution et de la craincte d'estre tellement descouvertz qu'ilz n'auront moyen de pouvoir authoriser leur........ Et l'Evesque de Tine, visitateur apostolic en ces quartiers, qui pour intérestz particuliers avoit esté le principal instrument de ceste indigne conspiration, a reçeu de telles lettres de Rome que, s'il ne change d'humeur, pour le moins change il de démonstrations, et voudroit bien que l'on reut (*sic*) ses paroles qui ne tesmoignent qu'une grande affection qu'il leur porte. Le meilleur que j'y voy est qu'il s'en va bien tost et qu'en dépit du diable, V. M^té viendra heureusement à bout d'un si sainct œuvre, Dieu aydant et sans estre engagé à quelque chose bien qu'il n'y aye rien à craindre pour cela : ilz sont en bon lieu qui est Sainct Benoist que jadis quelqu'un de ces empereurs donna à un ambassadeur de France [1] ; qui fait que justement l'on doibt voulloir que ce lieu soit servy de religieux françois : c'estoit auparavant un lieu presque abandonné et tellement en désordre que l'on ne pouvoit croire qu'ilz peussent demeurer là, mais l'ayant bien considéré et faict faire une despence de cinquante escuz seulement, il est tel qu'ilz sont très bien et voudroient n'estre ailleurs et avec despence de deux cens : j'espère qu'ilz auront plus d'occasion d'estre envyéz des autres religieux pour estre commodément logéz, qu'ils n'en auront de désirer nulles des autres habitations religieuses qui sont icy ; de sorte que j'espère qu'il ne leur manquera qu'un peu de moyen pour se pouvoir entretenir; car les six cens escuz que le Pape leur donne sont de telle monnoye qu'ilz ne reviennent qu'à quatre cens. J'ay desjà osé escrire de ceste mesme chose à V. M^té ; j'espère qu'elle l'aura eu agréable et y donnera quelque remède si, comme je me le promets, leur establissement se faisoit bien.

Par la dernière dépesche de V. M^té Sire, elle ne laisse pas de trouver estrange la rigueur dont on use icy contre ceux qui ont esté rebelles, bien que elle sache et cognoisse la coustume du païs. A la vérité s'il y avoit des rebelles, telles proceddures icy mesmes enfanteroient de bien dangereuses conséquences, mais il n'y en a

1. Cette Eglise fut donnée à l'Ambassadeur de France, vers 1540, par le sultan Soliman.

nul qui lève tant soit peu la teste ny de qui l'on redoubte tant soit peu ; et les gouverneurs des provinces exécutent très bien leur charge qui est, par quelque moyen que ce soit, faire mourir ceux qui en l'estendue de leurs gouvernements auront suivi ce parti rebelle. Zambolat duquél V. M^{té} a tant ouy parler et qui fut si proche d'une bien grande grandeur, avoit jusques icy vécu soubs la foy du G^d S^{gr}, hors de la Sirie son pais, en un petit gouvernement en la Romélye ; maintenant on luy a tranché la teste depuis quatre ou cinq jours, que je tiens pour bien certain ; et parlant avec le premier Bassa de ceste façon de procedder, il me dit qu'estant besoin qu'il allast en Perse avec une armée bien puissante, il ne pouvoit gouster de laisser une telle trouppe de religieux[1] qui seroient espars partout, lesquelz ils avoient subi par force non de bonne volonté ; et qu'ayant tellement failli une fois, il ne falloit pas penser qu'ilz n'y retournassent volontiers pour peu qu'ilz en trouvassent occasion, ce qu'il vouloit empescher, et n'y trouvoit moyen plus seur que la mort qu'ilz ne méritoient que trop. Il continue tousjours son dessain de partir plus tost que de coustume ; et à ce que l'on tient, il en est besoin, car le roy de Perse se prépare puissamment pour faire quelque grande entreprise la prochaine saison, mais il ne pourra pas, le premier Bassa y estant ; de sorte qu'il faudra qu'ilz viennent aux mains, car les deux armées ne sçauroient vivre en campagne, ou qu'ilz facent la paix : c'est l'intention du dit premier Bassa et l'avantage de son maistre ; et le roy de Perse recognoist bien, à mon opinion, qu'à la longue il ne pourra durer contre un sy puissant ennemy, et choisira plus tost d'acorder maintenant qu'il se trouve avec quelque avantage, que d'attendre le danger de le perdre et autres bien plus grands qu'il peut apréhender.

Si ceste paix se faict, je ne doubte nullement qu'ils n'entreprennent bien tost quelque chose : leur Empire formé et maintenu par les armes ne se peult maintenir aussi sans guerre. Ce prince est jeune et courageux, à ce que monstrent ses actions ; il ne vouldra laisser couler son règne sans quelque entreprise ; ilz sçavent la faiblesse de l'Empereur et les divisions de l'Allemagne, et [cela] leur fasche que les Vénitiens ayent des places attachées à leur empire. La guerre n'acroist pas de beaucoup leur dépence, et

---

1. Il y a eu là une mauvaise traduction du chiffre. Ce doit être *Rebelles* et non pas Religieux.

la quantité d'hommes qu'ilz ont leur nuiroit beaucoup, si par la guerre elle ne diminuoit; la peste mesme leur est utille pour mesme raison : la quantité des hommes leur vient, outre l'estendue de l'empire, du nombre des femmes qui leur est permis d'avoir, et de ceux qui leur viennent tous les jours de toutes nations qui se révoltent ou de force ou de gré qu'ilz reçoivent tous, et à tous donnent quelque entretènement. Cela, joint à la haine naturelle qu'ilz ont au nom crestien, doibt qu'il ne fault point doubter que ce que V. M^{té} craint ne soit que pour arriver bien tost, qui s'advancera d'autant plus que l'on leur en donnera l'occasion, qui seroit s'ilz voient la guerre de quelque lieu de la crestienté; et pourtant se resjouissent ilz tant de ce commencement de bruict à raison de Clèves, et aymeroient bien mieux que V. M^{té} y aportast du bois que de l'eau pour l'esteindre. Je ne sçay comme les autres ne conssidèrent la proximité de ce péril qui ne peult perdre force que par son mesintelligence avec V. M^{té}. Les gazètes sont pleines de l'escapade de Monsieur le prince de Condé : il me semble qu'elle peult amener bien peu de suitte et de danger. Toutesfois le lieu où il cherche sa retraitte me fait oser dire à V. M^{té} qu'il me semble que elle doibt donner bonnes paroles aux Grenadins qui, obligéz de tous temps à la France, nourrissent une particulière affection à V. M^{té} : les occasions feront, possible, qu'ilz la pourront tesmoigner : quoy que ce soit ces gens cy l'auroient si agréable que peu de chose le seroit davantage. Celuy qui aporte la lettre sur ce sujet à V. M^{té} est bon homme et estoit bien affectionné lorsqu'il partit[1]. Il seroit bien meilleur que il ne revint jamais que s'il revenoit changé d'humeur comme ce Mustafa Aga qui espie toutes les occasions qu'il peult de nuire, et le fait autant qu'il peult. Je supplye très humblement V. M^{té}, etc.

SALAGNAC.

1. Voir plus loin la lettre du 2 mai 1610.

1610 (3 avril).

Orig. fol. 86.

A M. DE PUISIEUX

SOMMAIRE : M. de Salignac réclame l'établissement d'un courrier spécial pour la France. — La nouvelle de la fuite du prince de Condé était connue longtemps avant l'arrivée des dépêches de France.

Monsieur, vous verrés par celle que j'escris au Roy[1], ce qui a fait que ceste depesche va un mois justement après la précédente ; qui est quinze jours plus tard que de coustume. Il me semble que telles choses devroient faire penser à l'establissement d'un ordinaire exprès pour le roy. J'estois chargé, par mes instructions, d'y adviser et en escripre ce que j'en jugerois[2] : je l'ay fait soigneusement à M. de Villeroy ; mais ayant veu par ses responces que les choses n'y estoient pas disposées, je me suis retenu ; mais à telles occasions je ne puis que je n'en face souvenir, affin que l'on en face ce que l'on en voudra. De vray la chose mérite la dépence qui seroit peu de chose ; ensemble que, le Roy ayant ceste confédération recommandée, ne debvroit point passer par mains d'autres qui font des depesches à leur mode et à leur fantaisie. C'est ce que je puis vous en dire, à quoy je suis obligé, ce me semble. C'est par un patron de Marseille nommé Jehan Bonnet que j'ay envoyé le flacon d'eau de Trible, au sr Marmery, pour vous faire tenir[3]. Si son opération est aussy bonne là qu'icy, elle est digne d'estre aimée. Je vous mercye, Monsieur, des nouvelles dont vous me faites part ; celles de la fuite de Monsieur le Prince de Condé sont estées portées de France icy plus de quinze jours avant que vous m'en ayés rien dit. Cela vous fera juger comme en quelque afaire d'importance ilz font de noz lettres. Ils avoient donné suget de sa fuite à des occasions qui m'ont faché ; mais j'y ay bien remédié soudain que je le sceuz au vray ; car je n'en pouvois parler au vray par advant. Icy on désireroit que nous fussions desjà aux mains et me promettent merveilles ; mais ce n'est pas un bien fidelle estançon, etc.

SALAGNAC.

1. Nous n'avons pas retrouvé cette lettre.
2. Voir les *Instructions* données à M. de Salignac, lors de son départ pour la Turquie.
3. Nous avons vu (page 322) que M. de Salignac avait en effet recommandé cette eau, souveraine contre la pierre.

1610 (sans date, mais probablement fin avril).

Orig. Fr. 16146 fol. 116.

AU ROY

SOMMAIRE : Mariage de la fille du vizir avec Aly, bassa de Bude. — Préparatifs contre la Perse. — On attend les ambassadeurs de l'empereur et du roi de Hongrie. — Les Turcs se méfient de ces envoyés. — La flotte turque est à la recherche des vaisseaux espagnols. — Echec des Espagnols à l'île de Skiato. — Le Baile de Venise offre au Gᵈ Sgr des glaces pour les fenêtres de la nouvelle mosquée. — Les Jésuites ne sont pas inquiétés. — OEuvres qu'ils entreprennent.

Sire, Je n'ay point encores parlé du bastion d'Alger, principalement pour l'empeschement que le Vizir a eu tous ces jours passés, pour le mariage de sa fille : il fut conssomé avant hyer. Son beau filz est Aly Pacha, gouverneur de Bude[1]. Ce mariage estoit l'excuse qu'il prenoit pour dilayer son voyage de Perse ; elle ne peult plus servir ; et la presse que luy fait son maistre me fait croire qu'il n'en recherchera point d'autre. Les tentes sont desjà passées et tendues dans l'Asye et je croy que la sepmaine prochaine il y ira loger, tant pour satisfaire à son dit maistre qne pour ne voulloir desloger en l'autre lune qu'ilz tiennent icy mal fortunée. Il fera ce qu'il pourra pour donner icy l'herbe aux chevaulx ; mais le Gᵈ Sgr veult qu'il la donne à la campagne ; de sorte qu'il semble que, tout ce qu'il pourra tarder à faire marcher l'armée ce sera encores un moys ou peu davantage, tant pour esviter superstition de la lune que pour gaigner le dernier du moys de may ou premier de juin qu'ilz estiment jours heureux. Son principal dessein est de faire la paix en Perse. Le roy de Perse se prépare puissamment, ce dict-on, et l'atend, résolu de combatre ou d'obtenir par accord ce qu'il a conquis, qui avoit esté occupé sur son père contre la paix qui avoit limité leurs empires. L'on en attendra sans peine et apréhention ce qu'il en pourra réussir. L'on atend icy dans quatre jours deux ambassadeurs : l'un de l'Empereur, l'autre du roy de Hongrie : celuy de l'empereur, dict-on, pour la confirmation de la paix, et l'autre pour tascher que l'on ne mette point à Bude un gouverneur nouveau ; ains que l'on y laisse celuy qui l'est, qui est Aly Pacha qui vient de se marier avec la fille du pre-

1. Cet *Aly*, fort estimé des Turcs, avait été chargé en 1606, de surveiller l'accomplissement des conditions de la paix entre l'Empire et la Porte. — (*Voir les lettres de cette époque.*)

mier Bassa; disant que les Hongrois seront en soubçon très grand
si on le change; et que de telz soubçons, naistra divers inconvéniens. Cependant icy ilz sçavent les brouilleryes de ces pais là
soubz le prétexte de la relligion, et croyent que ce soit quelque
finesse pour s'assembler et les assaillir à l'impourveu; mais les
nouvelles que j'en ay ne me les fait pas croire si habiles. Nous
voicy tantost aussy à la saison que l'armée sortira de ce port.
Depuis quatre jours ilz ont fait sortir dix galères pour joindre
celles qui sont de garde, pour empescher que les vaisseaux rondz
dont ces mers sont plaines ne facent quelque dommage. Il y en a
huict d'Espagne commandées par Anthoine Charlay Anglois, de
quoy V. M^{té} a ouy parler; mais ils sont en assez mauvais équipage
et en danger de trouver mauvaise fortune s'ilz sont rencontréz.
Ces jours passéz ilz firent descendre en terre dans l'isle de Squiato[1],
quelques hommes, et assaillirent un meschant chasteau où il y a
quelque more payé des Turcz; mais Soliman de Catagne qui commende les galères qui sont en garde[2], estant venu au pied du
chasteau, mit des hommes dedans; de sorte qu'ayant perdu l'espérance de le prendre, ilz se rembarquèrent, mais non sans y avoir
perdu quelques hommes et quatorze pris que l'on atend d'heure à
autre. J'ay ce plaisir au moings que l'on m'asseure qu'il n'y en a
point de François. La fin de ceste entreprise méritoit pis, car ceste
isle là est toute habitée de chrestiens qu'ilz ont ruinéz; et n'y
avoit point vingt cinq maisons de Turcz en toute l'isle. Ce S^{gr} ne
rabat rien de son affection au bastiment de sa mosquée : il fit parler l'autre jour au baile de Venize du verre pour les fenestres. A
ce que j'entends, la seigneurie de Venize luy fera ce présent; qui
ne perd nulle occasion de se maintenir en bonne grace. Il est
arrivé qu'une galère qui conduisoit des pierres pour la ditte mosquée, a esté enlevée par des chrestiens qui estoient dedans, desquelz il y en avoit bien cinquente dez derniers pris, et la plus part
des françois. Je ne sçay par quelle disgrâce elle s'est rompue au
Zante. On demande maintenant les ditz esclaves. Ilz (les Vénitiens)
ont offert de rendre les Turcz qui estoient dedans, mais que les
autres s'en estoient alléz soudain après avoir gagné terre, et qu'ilz
ne pouvoient les arrester. Cela leur coustera encore quelque chose;
car comme ilz s'asseurent par ces gens faire une partie de ce qu'ilz

1. *Skiato*, l'une des Cyclades.
2. Soliman de Catane était vice-roi de Tunis.

veullent, aussy ceulx cy, de la moindre occasion, entreprenent de
tirer de l'argent. On n'a depuis ma dernière, rien fait contre les
pères Jésuites : je ne sçay combien ce calme durera. Plus on les
cognoist, plus se font ilz aimer et estimer. A la vérité ilz le mérittent :
le nom de V. M^{té} est tousjours en leurs oraisons, et à saint Benoist
où ilz sont logéz à la... toute françoise, on y presche souvent en
françois. Ces pères ont tellement à cœur de servir qu'ilz confessent
desjà très bien en grec; ilz ont mesme presché en grec et bien;
pour le moings a-on admiré ce qu'ilz ont peu en si peu de temps.
Je prye le Créateur Sire, etc.

SALAGNAC.

1610 (2 mai).

Orig. fol. 117.

AU ROY

SOMMAIRE : Les Vénitiens soupçonnés d'arrêter les dépêches de France. — Délivrance de Français prisonniers des Turcs. — Réponse du roi à la lettre du G^d S^r à propos des Grenadins. — M. de Salignac voudrait que le roi interdît l'armement des vaisseaux corsaires à Marseille. — Il conseille une attitude plus franche en Barbarie. Il faut que les actes ne soient pas en contradiction avec les paroles. — Le roi devrait utiliser les bonnes dispositions des Grenadins contre les Espagnols. — L'ambassadeur recommande au roi ses interprètes à Constantinople. — Persécution contre les jésuites. — Mauvaise foi des Vénitiens.

Sire, J'ay eu l'honneur de recepvoir le XXVIII° du passé, celle
du XXVI° Janvier de V. M^{té}. Il y a long temps que j'ay un soupçon assez bien fondé que les dépesches soyent retenues d'un
ordinaire à l'autre, que ceste cy ne partira que l'ordinaire suivant,
et que je debvois avoir reçeu cette dernière dépesche l'ordinaire
passé. On en pourroit bien prendre, encores que l'on fouille les
pacquectz; et y a diverses choses qui le peuvent faire croire; mais
je ne puis pensser que ceulx par les mains desquelz ilz passent, se
voulussent tellement émanciper. Quoy que ce soit il me semble
fort à propos que V. M^{té} eut un ordinaire pour soy; et la rencontre des choses rend maintenant la chose plus facile, puisqu'il
se peult faire avec le tiers de la despence qu'il coustera, les autres
deux tiers se payans par autres; le tout soubz le seul nom de
V. M^{té}. Je l'ay escript ces jours passés au long à M. de Villeroy.

Mes lettres, Sire, que j'espère que V. M^té aura maintenant veues, luy auront fait veoir comme j'ay fait ce qu'elle m'ordonne par ceste dernière reçeue; ayant fait que, faisant ce que je puis pour la dellivrance des François pris en ces rencontres sur mer, on ne le trouve point mauvais; et ces gens cy croyent que V. M^té ne sçait rien de cela, que mesme elle le trouveroit mauvais le sçachant. Dieu mercy quelques uns de ceux là sont desja dellivréz. J'en espère aujourd'huy dellivrer un autre, et j'ay promesse asseurée que les chevalliers de la Feuillade, de Cégus[1] et de Pontac le seront pour de l'argent, et quelques autres par eschange. Je continueray d'avoir ce soing, et tant plus que je voy qu'il est agréable à V. M^té. Avant que je sceusse que les Espagnolz eussent bruslé leurs navires au port de la Goulette, j'avois creu que c'estoient les François, et faict de sorte que je fus marry que la chose ne fust esté ainsy. Dès lors [que] je sceuz le bannissement des Grenadins d'Espagne, je me doubtay bien quelle debvroit estre la responce de V. M^té à la lettre portée par cest Ibraïm[2], et en asseuray tellement tous, qu'ilz en demeurèrent satisfaictz et obligéz.

Sire je supplye très humblement V. M^té me pardonner si diverses fois j'ay osé luy dire ce qui se faisoit, et que l'on arme pour cours, en Provence. Il est très vray, tesmoing le vaisseau

---

1. *Le chevalier de Ouges.*

2. Voici un extrait de la lettre du roi au Grand Seigneur :

« Très haut. très excellent, etc..... Sultan Amet.....

« Nous avons vu volontiers Ibraïm porteur de l'aimable lettre de Votre Hau-
« tesse, et entendu la charge qu'Elle luy avoit commise. Nous avons aussi pris
« en bonne part les nouvelles assurances qu'elle nous a données de sa bonne
« intention à l'observation des traités d'amitié qui ont, etc........ Nous luy avons
« aussi confirmé le bon désir que nous avons d'y correspondre par tous effects
« dignes de l'amitié que nous luy portons, ainsi que nous luy eussions fait
« paroistre sy l'occasion se fut présentée de gratifier les Morisques qui se sont
« retirés d'Espagne, suivant la réquisition que nous en a faicte Votre Hautesse;
« mais comme ella aura pu maintenant savoir les dits Mores estre sortis du dict
« pays, nous n'aurons autre chose à commander en leur faveur, comme nous avons
« fait franchement, afin que sy aucuns passent cy après ès terres de nostre sou-
« veraine obéissance, ils y reçoivent tout bon et favorable traitement; et y tien-
« drons la main, car en cela et tout autre endroit, nous aurons à plaisir de tesmoi-
« gner à Vostre Hautesse l'estime que nous faisons de sa bonne amitié, combien
« nous ont esté agréables les nouvelles déclarations que le dict *Ibraïm* nous a
« apportées et la confiance que nous prenons en icelle pour le bien et avantages
« de nos sujets qui sont en vostre pays, ainsi que nous avons dit au dict *Ibraïm*,
« et vous confirmera encore de nostre part le Sr de Salignac nostre Ambassadeur,
» sur lesquels nous remettant, etc... »

HENRY.

(Lettres missives d'Henri IV, vol. 8, p. 970. 2 janvier 1610.)

que faict faire le comte de Carsses[1], qui doibt estre commandé par
le capitaine Symon de Marseille qui a passé la plus part de sa vye
à faire le cours à Malthe : Il y en a eu desjà d'autres. Beaulieu y
a mené le sien de ponent, le chevallier de la Feuillade le sien ;
quelque autre a esté faict et mené à Malthe pour le cours. Tout
cela a esté sceu trop véritablement icy : je y ay reppondu de sorte
que Dieu mercy, cela n'a point nuy. J'ay remis[2], sur la guerre
désignée contre ceux de Barbarye, celluy de Beaulieu ; celluy du
chevallier de la Feuillade, sur l'ordre de sa profession ; ceux que
l'on a menéz à Malthe sur la volonté naturelle que les marchands
ont de gaigner : qui est bien malaisé d'empescher. Mais que puis je
dire si celluy du comte de Carsse paroist? L'excuse de la guerre
de Barbarie n'est plus à propos : elle l'estoit tellement en ce temps
là, que je croy que V. M[té] se ressouviendra très bien que je luy ay
maintesfois escript, que lorsqu'elle se résouldra de faire faire
la guerre à ceuz de Barbarye, je me promettois de faire en sorte
que l'on trouveroit icy que V. M[té] la faisoit avec beaucoup de
raison ; mais ce desseing ne s'accorde nullement avec ce qui s'est
passé depuis et ce qui se passe maintenant. V. M[té] a fait rendre
quantité d'esclaves, et nous avons faict valloir ceste action ; ce
n'est pas icy que l'on les a envoyéz, c'est en Barbarie. Pourquoi
cela, si l'on veult leur faire la guerre? Pourquoy permettre le commerce qui y est tout libre, si l'on veult y faire la guerre? Cela est
passé, et pourroit on dire quelque chose à cela? mais pourquoy si
l'on veult faire la guerre, avoir demandé une pesche de corail au
royaume de Tunis? pourquoy me commender très expressement
poursuivre que le bastion de France pour mesme pesche, fut
rebasty, et tous les commandemens pour cela renouveléz? ceux
qui ont ceste charge sont icy et m'en pressent d'ordinaire ; de sorte
que j'ay desjà commencé d'en parler, et espère d'obtenir ce que
V. M[té] m'en commande. Toutesfois je n'en dis encores rien pour
certain. Cela me fait très humblement supplyer V. M[té], de voulloir conssidérer que, pour obtenir ce qu'elle me commende il fault
tenir un autre langage, du tout contraire à celluy que seroit celluy
là si V. M[té] voulloit faire la guerre en Barbarie ; et que ceste
diversité de langages seroit contre le service de V. M[té], et osteroit

---

1. *Gaspard de Pontevès, comte de Carces*, fils de Jean de Pontevès, lieutenant-
général de Provence.
2. C'est-à-dire : *J'ai donné pour excuse à l'armement entrepris par M. de
Beaulieu, la guerre contre la Barbarie.*

le moyen d'obtenir rien de tout ce qu'elle demanderoit. Les choses se vont acheminant en Barbarie, Sire; les corsaires qui viennent de là m'asseurent que c'est la volonté de tous. S'il se fait ainsy, ses sugets Sire, y auront beaucoup d'advantage, et ceulx qui ont recherché d'y mectre le pied pour le commerce sont très bien; et puis je ne craings point de dire librement que l'estat des choses veult plus tost que l'on vive avec bon accord avec ces gens cy, que non autrement. Ce que je n'ay artère qui ne bande très fidellement à son service, me fait oser le dire ainsy, et espérer par mesme moyen qu'elle le trouvera bon. L'obstination du prince de Condé est peu de chose Sire, Dieu mercy : c'est à la prudence de V. M^{té} à faire qu'elle ne puisse tramer rien de pis : c'est le desseing de ceux qui la fomentent, ce doibt estre le sien de l'empescher. Ilz (les Espagnols) viennent, recherchant dans vostre royaume des bluettes de feu dans des lanternes sourdes. Je croy qu'il sera agréable à Dieu de porter dans le leur, le feu et le sang tout découvert. J'ay quelquefois escript à V. M^{té}, parlant des Grenadins, qu'elle y trouveroit leurs mains à son service; quel bannissement qu'ilz en ayent faict, il en restera assez pour les fascher. C'est le conseil de Scipion; qui fit que jamais plus Carthage ne fit ny peur ny mal aux Romains. La guerre qui partout aillieurs cousteroit à V. M^{té} un escu, ne coustera pas là un teston; et la guerre là, un meidin[1] leur sera plus malaisé à trouver, qu'un doublon d'Espagne ne seroit si elle se faisoit ailleurs; et un homme leur sera plus malaisé à recouvrer qu'en quelque autre lieu que ce fust. C'est grand cas que par tous côtés ces gens trament des trahisons contre V. M^{té} jusques icy. Ces jours passéz on escript de Naples à Olivier et Dominique, deux des interprètes de V. M^{té} en ceste Porte, pour les suborner de vostre service; ils m'apportèrent quand et quand les lettres, et n'ont voullu responde que par ma bouche. Ilz sont gens de bien Sire; mais à la vérité, quelque signe de recognoistre leur service est plus que nécessaire. Olivier a deux filles prestes à marier et Dominique une; à telles occasions les princes qui ont des interprètes icy, font quelque libéralité. Je suis obligé à le luy dire et l'en faire souvenir. Je l'ay desjà fait quelquefois et m'en

---

1. *Teston* : Ancienne monnaie dont la valeur a varié de six à douze deniers de France. — On disait d'une chose de vil prix qu'elle ne valait pas un teston. — Le *meidin* était une petite monnaie d'argent fort légère qui avait cours en Egypte et valait environ dix-huit à vingt deniers. Le *doublon* était une monnaie d'Espagne valant une double pistole, et la *pistole*, une monnaie d'or valant onze livres.

suis teu pour n'estre importun, et sachant que V. M^té jugera mieux que je ne puis, et je ne sçay ce qu'il y fault faire ; et cognoistra de mes bonnes intentions. Je n'en auray Dieu aydant, jamais d'autres que celles qui peuvent naistre à l'ame d'une sienne créature, qui n'a but ni desseing que son service, ni désir que sa grandeur, prospérité et contantement. Dieu les continuera par sa grâce. s'il luy plaist, à tant de mérites de V. M^té et à tant de bonnes œuvres, parmy lesquelles je ne tiens pas petite le soin des pères de la compagnie de Jésus. Ceux qui ont commencé de les persécuter continuent tousjours ; ilz (*les Vénitiens*) continuent aussy à levier[1] le premier Bassa qui leur a promis les y favoriser, le faict encores, mais ne sachant que me respondre lorsque je luy en parlay. Ilz sont tousjours en pène, faisant tel fruict que, je ne voy pas comme on se peult dire autrement, et le voulloir empescher. J'espère qu'ilz cesseront lorsque V. M^té leur en aura faict dire quelque chose. Cependant je n'oublieray rien qui leur puisse servir ; gouvernant le tout selon ce qui sera de son service, qui est mon seul but. Mes dernières ont dict tout ce qui se passe icy de nouveau ; seullement de plus, arrivèrent hier des ambassadeurs de l'Empereur et du Roy de Hongrie. Par le premier ordinaire V. M^té sçaura ce qu'ilz disent, etc.

Salagnac.

1610 (15 mai).

Orig. fol. 118.

AU ROY

SOMMAIRE : Lettre du roi au G^d S^gr pour lui demander de laisser reconstruire le bastion d'Alger. — M. de Salignac obtient du visir à titre de service personnel le maintien des Jésuites à Constantinople. — Son amitié avec Ali Bassa de Bude, qui a épousé la fille du vizir, lui a été d'un précieux secours. Le nom du roi n'a pas été invoqué dans ces négociations, de crainte qu'un insuccès ne nuisit à son prestige. — Echec diplomatique des Vénitiens. — Lettre d'Henri IV à Ali Bassa et à la Seigneurie de Venise. — Eloge du père de Canillac. — M. de Salignac fait rendre un vaisseau hollandais pris par les Turcs. — Opinion de l'ambassadeur sur les agissements du prince de Condé. — Le roi sait apprécier les services rendus par M. de Salignac.

Sire, J'eus hyer au soir tout tard l'honneur de recepvoir deux dépesches de V. M^té : la première est du XVIe septembre. Celle-

---

1. A exciter contre eux.

là me commande la recherche de faire remettre le bastion d'Alger
et la pesche du corail soubs le nom de Messrs Severt de Lyon[1].
Et y a de ses lettres pour ce S^gr, pour le premier Vizir, et pour le
général de la mer. Ceux qui font ceste poursuite ont envoyé icy
deux personnes qui m'ont baillé toutes les mesmes lettres : je les
ay présentées depuis trois jours, n'ayant jugé à propos de le faire
plus tost, bien qu'il y aist plus d'un mois qu'ilz sont venuz et
logéz céans. Je craignois que, si tost après avoir obtenu la dite
pesche pour le royaume de Tunis, ceste cy n'eust esté trouvée

1. Cette lettre de Henri IV, dont la copie (du xvii° siècle) se trouve dans le
volume de la Bibliothèque nationale. Fr. 16171 p. 289, est donnée ici pour la première fois. Elle est suivie de deux autres adressées au premier visir et au général
de la mer, et écrites exactement dans le même sens :
   « A très hault, Très excellent, Très puissant, Très magnanime et invincible
« Prince, le Grand Empereur des Moussulmans, Sultan Amat nostre très cher et
« parfaict amy. »
   « Très haut, très magnanime, très puissant et Invincible Prince, le Grand
« Seigneur, Empereur du Levant, Sultan Amat en qui tout honneur et Vertu
« abonde, nostre très cher et parfaict amy, Dieu veuille augmenter vostre gran-
« deur et hautesse avec fin très heureuse. Scachans combien le negoce et trafic de
« toutes sortes de marchandises qui estoit entre nos subjects et les vostres lorsque
« Thomas Lenche, et depuis luy, le sieur de Moissac son fils et leurs associés
« estoient establis par vostre permission au Bastion de France dit Massecaretz
« et autres endroits de la coste du Royaume d'Alger pour la pesche du corail
« estoit profitable aux uns et aux autres et necessaire à la conservation des
« traictés et capitulations d'entre nous et Vostre Hautesse, nous avons désiré de
« faire rétablir la dicte pesche du corail et negoce de toutes autres sortes de
« marchandises au dict Bastion, La Casle, Cap de Rose, Bonne et autres lïeux
« de la coste du dict Royaume d'Alger, et avons pour cesteffect permis à Laurent
« et Claude Severt et leurs associés qui ont les droits dudict Moissac, de conti-
« nuer la dicte pesche et negoce. Pour l'exécution de la quelle entreprise avant
« commandé au Sr de Salagnac nostre Ambassadeur à Vostre Porte de deman-
« der à vostre Hautesse, pour lesdits Severt et associés, la confirmation des
« pouvoirs qui ont esté cy devant concédés au dict de Moissac pour la dicte pesche
« de corail et libre trafic de toutes sortes de marchandises en toute la coste du
« dict Royaume, avec pouvoir de faire réparer le dict Bastion de France et la
« Coste en la mesme forme qu'ils estoient, et de faire des remparts de terre,
« cabanes, magasins, fours et moulins esdits lieux, cap de Rose et autres
« endroits du Roiaume d'Alger et de sa coste, propres pour loger et conser-
« ver les coraliers, matelots et autres qui y seront pour la dicte pesche et trafic
« des marchandises contre l'incursion des corsaires et mores, le tout soubs nostre
« bannière et auctorité, nous vous prions de recevoir en bonne part ce qui vous
« en sera représenté par nostre dict Ambassadeur, qui vous tesmoignera combien
« nous estimerons la faveur que vous départirez à nos dicts subjects en ceste
« occasion pour nous en toutes autres occasions qui s'offriront par les vostres.
« A tant, nous prions Dieu très hault, Très puissant, très excellent, très magna-
« nime et Invincible Prince, le Grand Empereur du Levant, Sultan Amat,
« nostre très cher et parfaict amy qu'il vous ayt en sa très saincte et digne garde.
   « Escrit à Paris le 15° jour de septembre 1609.
      « Vostre bon et parfaict amy. »
                                    « HENRY »
                              et plus bas : BRUSLART.

importune; et craignois encores que le premier Bassa, lequel je voyois mal contant de ce que je m'obstinois contre son desseing de chasser les pères Jésuistes d'icy, voulut en ceste occasion me tesmoigner ce qu'il avoit sur le cœur, rebutant ce que je recherchois; mais Dieu mercy, je luy ay tellement faict veoir pourquoy et comment il estoit informé, et combien l'on faict de tort à la nation françoise de choisir ces religieux françois, seulz parmy tant d'autres de divers pays, pour les renvoyer, ayans tous une mesme créance et mesme forme de prier Dieu; mesme estans venus par permission du G^d S^{gr}, et recherchéz par moy qui pour ma conssolation particulière ay diverses foys humblement suplyé le Roy de m'en voulloir faire venir, tellement que les renvoyant tous, l'affront en tumberoit sur moy; qu'à la fin, nonobstant tout l'effort de ceux qui avoyent entrepris contre, il a esté contant qu'ilz demeurassent, et a mieulx creu ce que je luy ay véritablement dit que ce que l'on luy avoit tant enfoncé dans la teste. A la vérité tous les autres visirs trouvoyent estrange son obstination et trouvoyent que je faysois bien de ne me relascher; et le second vizir, qui demeure gouverneur en son absence, et le général de mer luy en ont diverses foys parlé, mais sans advancer rien. Ces jours passéz je feiz entendre tout cet affaire à Aly Bascha, qui estoit bascha de Bude et qui à son arrivée fut faict visir de la porte, et s'est marié avec la fille du dit premier Bassa[1]; lequel a tellement agréé à ce S^{gr} que, parmy tous les autres visirs il le choisit pour estre le compère de sa fille, qu'il a mariée avec le bascha du Caire, bien qu'elle n'aye pas encores six ans. Il prit très bien ce que je luy ditz, me conseilla d'en escrire au premier Bassa encores une foys, et s'offrit de présenter ma lettre et y faire tous les offices qu'il pourroit; qui ont esté tels qu'il a fait ce que j'ay désiré; et par la grâce de Dieu les ditz Pères sont bien establys, s'il n'arrive quelque changement que je ne puis prévoir et à quoy je ne voy nulle apparence. Je ne puis m'empescher de redire souvent à V. M^{té} qu'elle doibt avoir un grand contantement en son âme d'avoir faict un si bon œuvre : Toute la crestienté le sçait ainsy. Seulement la crainte de ne pouvoir vaincre l'obstination de ce premier bascha, fait que je luy ay tousjours dit que j'estois seul cause de leur venue, ayant beaucoup aymé les ditz religieux pour les cognoistre fort gens de bien, mais me fiant bien davantage au

---

1. Il a déjà été question de ce mariage (voir page 348).

jugement de V. M^{té}, qui les aymoit particulièrement, pour les en cognoistre dignes. Je pense Sire, que s'il plaist à V. M^{té} luy escrire un mot à ce qu'il cognoisse qu'elle agrée ce qu'il a faict en cela, avec quelque recommandation d'eulx, il en sera très contant ; et V. M^{té} aussy de les avoir favoriséz de cela. Une autre de ses lettres est presque nécessaire pour Aly Bascha : il m'a tesmoigné honorer extresmement V. M^{té}, promis de favoriser tout ce qu'elle recherchera, et m'a promis beaucoup de belles choses ; et je çay très bien qu'il recepvra à très grand honneur l'une de ses lettres qui pourra luy dire quelque chose de ce qu'il a faict pour les ditz Pères [1]. C'est affaire estoit tellement mené, qu'il y alloit presque de l'honneur, d'en venir à bout ; car ceux qui le traversoyent, le faysoient plus pour monstrer qu'ilz peuvent tout icy, que pour autre chose. Si je n'eusse creu, veu l'estat des choses présentes, nécessaire de dissimuler parmy leurs dissimulations, et de ne leur debvoir donner nul subject de se plaindre, je leur pouvois bien rendre leur mauvais offices, et les faire doulloir de n'avoir mieulx pensé, avant que s'opposer aux intentions si sainctes de V. M^{té} ; car c'est l'envye qui les a picquéz, de la veoir [2] l'autheur et le promoteur de ce bon œuvre. Je croy que n'ayant peu venir à bout de leur dessain, ilz tascheront de faire croire qu'ilz n'y ont pas pensé ; aussy ce sont les sermens de ce baile de Venize icy. Je luy fais semblant de croire, bien que je sois très certain du contraire, le sçachant de tant de sortes, que je n'en puis nullement doubter. Si, maintenant qu'ilz (*les jésuites*) sont establiz, qu'ilz (*les Vénitiens*) sçavent ne le pouvoir empescher, V. M^{té} trouvoit bon de leur faire dire par son ambassadeur à Venize, que pour la gloire de Dieu, elle a désiré ceste mission en ce lieu et qu'elle les prie de la favo-

---

1. Henri IV fut assassiné avant d'avoir pu faire ce que lui demandait M. de Salignac ; mais Louis XIII écrivit à Aly Bassa la lettre suivante dont nous avons retrouvé la copie dans le manuscrit Fr. 16171, fol. 305 v° :

« Illustre et magnifique Seigneur, nous avons esté informés par le S^r de
« Salagnac nostre Ambassadeur, de ce que vous avez contribué à l'establissement
« des Pères Jésuites, et combien vous pouvez encore pour leur protection ; c'est
« pourquoy nous luy avons commandé de vous en remercier de nostre part, et
« vous prier de leur vouloir encore cy après tesmoigner cette bonne volonté qu'ils
« ont cy devant esprouvée, assuré que vous n'en aurez que tout contentement,
« et que nous aurons à plaisir de vous gratifier aux occasions qui se présenteront
« et que vous confirmera nostre dict Ambassadeur, priant Dieu etc... »

« Escrit à Paris le XIIIe jour de juillet.

« LOUIS. »

2. *De voir que le roi est l'auteur*, etc...

riser, cela se pourra faire ; leur faisant veoir tant de raysons de le debvoir voulloir ainsy, que je m'asseure qu'ilz ne pourront le refuser[1]. Et de vray il ne leur importera pas peu de faire veoir que c'est pour leur estat particulier qu'ilz les ont ostéz de parmy eulz, et non pour autre occasion. On en jugeroit de bien étrange de les persécuter jusques en ces lieux ; et ce qui à mon advis les y convyera le plus, sera n'oser luy refuser une chose si juste ; et espère par là couvrir ou effacer ce qu'ilz ont faict icy. Je croirois avoir grand tort Sire, si sur ce sujet je ne luy disois les mérites du révérend père Canillac, duquel la piété, le courage, le jugement et la sainteté de vie estonnent et ravissent les âmes de ceulx qui ne le peuvent veoir sans remarquer tout cela. Cest affaire estant finy et bien réussy, je ay creu en debvoir rendre particulier et véritable compte à V. M[té] ; ce qui fait que je la supplye très humblement m'en pardonner la longueur du discours. Tout cecy estoit passé lorsque je présentay les lettres pour le bastion d'Alger. Au commencement le premier Bassa me dit assez brusquement que nous voulions là bastir une forteresse ; mais depuis ayant bien esclaircy cest affaire, il me donna bonne espérance qu'il réussiroit. L'autre dépesche de V. M[té] Sire, est du IXe febvrier. Dieu mercy j'ay fait et fais tous les jours ce qu'elle m'y commande. J'ay eu tous les commandemens nécessaires pour le vaisseau hollandois[2]. Lorsqu'ilz arrivèrent en Alexandrie, ilz trouvèrent que le dit vaisseau pressé de la peur que l'on luy faisoit que je ne pourrois rien obtenir pour eux, s'en estoit fuy, laissant le Consul et tous les Françoys qui estoient là, bien estonnés pour avoir respondu pour eulx. J'ay encores remédyé à ce fascheux accident : Messieurs des Estats et le prince Maurice m'en ont escript et m'ont envoyé de leurs lettres pour le G[d] S[gr] sur ce sujet. La chose estoit desjà accommodée, et ay creu ne debvoir point parler de leurs lettres. Je leur

1. Sur l'avis de M. de Salignac, le roi écrivit à la S[ie] de Venise :
« Très chers et grands amys, alliés et confédérés, ayant recommandé au S[r] de
« Champigni, nostre Ambassadeur, de vous repeter les tracasseries qui ont esté
« données par aulcuns vos ministres aux Pères Jésuites qui sont à Constanti-
« nople, depuis qu'ils y ont esté establis par nostre autorité, noùs vous prions
« l écouter, et cela favorablement, y apporter le remède convenable à la bonne
« et parfaicte amitié qui est entre nous, et croire que c'est chose qui regarde
« nostre contentement ; nous le tiendrons aussy à plaisir, ainsi que vous dira
« nostre Ambassadeur, et nous prions Dieu, etc. »
« HENRY. »
(Lettres missives d'Henri IV, vol. 8, p. 972).

2. Il a déjà été question de cette affaire (voir page 326).

ay escript et pryé Messieurs des ditz Estats de voulloir commander
à leurs vaisseaux venans en ces mers, de n'arborer autre bannière
que celle de V. M^{té}, selon l'antienne coustume, et leur fais veoir
que c'est le plus seur et le plus honnorable pour eux. De vray
Sire, toutes telles choses coustent beaucoup ; puisque c'est de son
service, je le fay gayement malgré toutes incommodités ; et tout
ce que fait et juge son conseil ne peult refroidir mon affection. Je
la voy croistre de mesme œuil, que diminuer les moyens de continuer tels services, estant à la vérité tout accablé de tels debtes.
C'est assez que V. M^{té} le cognoisse et l'agrée ; elle y remédyera
quand il luy plairra, et ma ruine de toutes choses ne luy sçauroit
que déplaire, je m'en asseure.

Il est malaisé Sire, que l'humeur du Prince de Condé passe si
soudain : si elle est venue de luy mesme, il fault bien du temps
davantage à la digérer ; si par autres, ceulx qui l'ont causée l'entre-
tiendront tant qu'ilz pourront et par toutes sortes d'artifices qui ne
pourront estre cachés à V. M^{té}. J'ay sceu qu'il s'estoit embarqué à
Dunquerque avec un bon vent pour Espagne. Je croy que c'est le
meilleur, Sire : Où il estoit il y avoit mille moyens de tirer en
longueur leur résolution, ce qu'ilz n'auront pas estant là ; et fauld-
dra que bien tost ilz se découvrent. Leurs moyens et ceulx de
V. M^{té} les feront bien penser à mon advis, avant que prendre une
délibération qui puisse leur mener beaucoup de ruine ; et le princé
de Condé verra de là beaucoup mieulx de quoy sont remplis les
ballons ; et diverses choses luy pourront faire juger et cognoistre
voz bras assés longs pour l'atteindre dans ces pais la. J'espère Sire,
que V. M^{té} agréera que je luy dye que tout cest affaire conciste à
ne le laisser nullement croupir : toutes choses et au ciel et en terre
favorisent ce que vous désirés : le reste n'est que faiblesse et injustice, qui quelquefois par le temps, se masquent et prennent force.
J'osay encores luy en parler par ma dernière du 2e de ce mois ;
c'est tout ce que je puis d'icy, mais Dieu a voullu que j'aye encores
de la force et de la vigueur pour joindre à mon affection et pouvoir
rendre et d'effect et de parole, du service. Ma vye s'est commencée
et continuée en cest exercice, elle y finira s'il luy plaist ; et je
l'ayme plus pour cela que pour autre chose, et la tiens bien heureuse puisque V. M^{té} est satisfaicte de moy, etc.

Salagnac.

1610 (29 MAI).

Orig. fol. 119.

AU ROY

SOMMAIRE : *Permission pour la pêche du corail.* — *Départ de l'armée turque pour l'Asie.* — *Dépenses qui en résulteront.* — *Guerre entre les Polonais et les Moscovites.* — *Faux Demetrius.* — *Le Grand Maréchal de Pologne recommande à M. de Salignac dés religieux allant en Terre Sainte.*

Sire, ce Seigneur a accordé la pesche du corail et de refaire le bastion d'Alger. Ainsy le me dit jeudy dernier le Vizir; tout hier il fut empesché au (*par le*) payement des Janissaires, il le sera encores ce jour d'huy; et j'envoieray demain pour retirer le dit ordre donné du G^d S^gr pour quant et quant faire faire toutes lettres et commandemens nécessaires, ce qui à mon advis sera bientost fait. J'estime qu'il sera beaucoup plus aisé que par le passé, de les faire exécuter, tant par ce qu'ilz commencent à recognoistre en Barbarie que la dite pesche et bastion leur portoit beaucoup d'utillité, que parce qu'il ne se parle plus de Linche[1] duquel le nom leur est si odieux, ce disent ilz, qu'à peine eut-on jamais peu rien faire si on n'eut changé. Je croy qu'ilz le disent bien autant pour excuser ce qu'ilz abatirent le bastion, que pour autre chose; car ce sont corsaires d'Alger qui me l'ont dit, et me parlant de façon que je tiens la chose toute asseurée. Si ceux qui en pourchasseront l'exécution le sçavent bien faire, avant que ceulx, qui pour cest effect sont icy, en partent, j'espère leur bailler la chose si bien commencée qu'il y aura peu de difficulté à la bien parachever. L'armée de terre ira dans dix ou douze jours au plus tard, celle de mer non pas si tost. C'est une depence infinye, que faire partir ceste armée. Elle aprochera bien de quatre millions d'or, dont les deux marcheront quand l'armée et le reste se départira avant partir d'icy. Il y a soixante et dix ou quatre vingts françois, lesquelz seuls en emporteront bien près de dix mille; et si, n'en mettront ilz guières dans leurs bourses, tant ilz se trouvent engagéz icy de tous coustés. L'armée de mer ne peult partir sans deux cens mil sequins, oultre ce qui a esté desjà baillé pour cest effect; et a-on remis d'en parler après le partement de l'armée de terre, de sorte que je me tromperay si elle peult partir que bien sur la fin du

---

1. *Thomas Lenche*, l'ancien capitaine du Bastion de France.

moys prochain. Le premier Bassa se monstroit un peu fasché à cause des pères Jésuites, maintenant il me tesmoigne plus d'amityé que jamais, et d'estre fasché de ce qui s'est passé : de sorte que Dieu mercy, ilz sont très bien establis, et font tel fruict que l'on en prie tousjours Dieu pour V. M^té.

Le Roy de Pologne est bien avant dans la Moscovye, et est maintenant au siège d'une grande ville remplye d'un grand nombre de personnes. Le dit roy est fort de cavallerye, mais a si peu de gens de pied qu'il est bien empesché à ce siège. Cependant les Moscovites sont assembléz près de là en très grand nombre et disent qu'ilz le veulent combatre. C'est une chose horrible de la haine de ces deux nations et des cruautés avec quoy ilz se traittent : ilz inventent les uns et les autres des suplices nouveaux pour donner plus de tourmens et d'efroy. Celuy qui, soubs le nom de Démétrius, avoit amassé bien douze ou quinze mil hommes, a esté descouvert pour ce qu'il est ; il marchoit avec le roy de Pologne, logeant à part en un camp voisin de celluy du dit Roy. Il s'est retiré ayant encores avec luy bien cinq ou six mil hommes, mais on ne sçavoit pas encores le chemin qu'ilz avoient pris[1]. J'ay apris tout cela d'homme bien asseuré, qui ne faict que venir de Pologne, qui m'a aporté les lettres du grand mareschal de ce royaume se louant infiniment de l'honneur que V. M^té luy a faict en France, et me recommandant deux religieux qui veullent aller en Jérusalem, que j'essaieray y faire passer commodément, affin que tous en tant que je pourray se ressentent des faveurs qu'ilz recepvront par le moyen de V. M^té ; mon soing est son service, et mon désir sa prospérité et contantement. Aussy suis-je, etc.

SALAGNAC.

---

1. Le faux Demetrius (*André Nagii*) vint en 1609 mettre le siège devant Moscou et répandit la terreur dans la capitale. Il eut d'abord pour allié Sigismond, roi de Pologne. Mais ce prince tourna bientôt ses armes contre son protégé, et revendiquant lui-même le trône de Moscovie pour son fils Vladislas, il fit marcher ses troupes sur Moscou et mit en fuite l'usurpateur. Nagii fut assassiné quelque temps après, à Kalouga.

1610 (12 JUIN).

Orig. fol. 120.

AU ROY

SOMMAIRE : Honneurs rendus au prince de Condé à Milan. — En cas de guerre les Turcs sont tout disposés à prêter secours à Henri IV. — Retard dans la permission pour la pêche du corail. — Vaisseaux français pris par les Corsaires de Barbarie. — L'ambassadeur d'Angleterre a été injurié par le premier Bassa et menacé d'avoir la tête tranchée.

Sire, ma dernière dépesche est du XXIXe du passé. J'ay eu depuis, le déplaisir de veoir arriver deux ordinnaires de Venize sans nulle depesche de V. M^{té}, ni une seule lettre de son ambassadeur qui est là, ni aucune autre. Cela me fait soupçonner ou que l'on me retient des lettres, ou que l'on se cache de M. de Champigny lorsque l'on dépesche icy. En tout temps cela me seroit merveilleusement fascheux ; mais sur le point où les choses sont maintenant, ce m'est une mort. Toutes les nouvelles qui viennent de dehors ne parlent que guerre, des honneurs que l'on fait à Milan au prince de Condé, des préparatifs que l'on y fait pour la guerre, ce que de là on traite aves les Souisses, et des levées d'Alemans, tant pour ce costé là que pour Clèves. Icy on s'en resjouist beaucoup, et veulent bien me faire croire qu'ilz seront beaucoup promptz à l'ayde qu'ilz pourront donner à V. M^{té}. Ilz n'ont laissé pour cela d'arrester bien ferme leur accord avec le roy de Hongrie, duquel les Ambassadeurs ont obtenu ce qu'ilz ont désiré ; et leur a-on fait tant de carresses, qu'ilz ont bien monstré combien ilz ont agréable de demeurer en repos de ce costé là. Enfin le premier Vizir est party ; mais sur son partement, je sçeus qu'il m'avoit trompé de ce qu'il m'avoit dict de la pesche de corail et de rebatir le bastion de France d'Arger, que j'avois escript à V. M^{té} par ma dernière ; car voulant en avoir l'ordre, il me dict qu'il avoit esté si pressé de divers affaires, qu'il avoit oublyé celuy là qu'il remit à faire à celluy qui prend sa place en son absence, qui est un eunuque visir nommé Mehemet, qui est bon homme auquel je n'en ay point parlé encores. Nous avons divers advis que ceulx de Barbarye ont de nouveau pris deux ou trois vaisseaux françoys fort riches revenans de Sirye. Cela s'accorderoit avec la recherche de négotier avec eux ; mais je n'en ay nulles nouvelles de quoy j'en puisse prendre certitude, et cela n'empeschera point que je ne recherche ce qu'Elle me commande touchant la dite pesche. L'ambassadeur d'Angleterre estant allé veoir le premier Bassa en ses tentes, pour certaines marchandises que l'on avoit arrestées à quelques Anglois, fut extrêmement injurié du dit premier Bassa, et avec de si estranges parolles qu'il ne se peult dire ; luy ayant donné divers démentiz, l'ayant appelé : meschant, trompeur, desloial, et dict qu'il s'en allast au diable, et qu'il ne sçavoit qui le retenoit qu'il ne luy fist trencher la teste ; qu'il savoit bien qu'il estoit un Polaque[1], bastard, homme de néant, qui par diverses tromperies estoit venu où il est. Le dit ambassadeur qui parle turc ne demeura point muet, et luy respondit assez ferme. Tout cela s'est finy par le bruslement de cinq ou six quintaux de tabac apartenans aux marchandz anglois, que le premier Bassa, pour faire dépit au dit ambassadeur, feist brusler devant ses tentes ; et est bien venu à propos pour le dit ambassadeur et les Anglois qu'il fut si près de son partement et qu'il s'en soit allé ; car ce qu'ilz eussent eu à faire fut allé bien à rebours. Jusques icy on n'a veu autre chose ni en ressentiment des dites injures qu'aye tesmoigné le dit ambassadeur, ni rien de l'autre part. Le dit ambassadeur a creu que les Vénitiens en ont esté cause et s'en est plaint un peu aigrement. Le Baile de Venize l'a fort nié ; mais qu'il (*l'ambassadeur anglais*) ne le croye encores. Voilà les beaux exercisses que nous avons, Sire, etc.

SALAGNAC.

1610. (24 JUILLET).

Orig. fol. 122.

A LA ROYNE

SOMMAIRE : *La nouvelle de la mort du Roi parvient à Constantinople. — Immense douleur de M. de Salignac. — Etablissement définitif des Jésuites. — Délivrance de M. de la Feuillade.*

Madame, le XXIᵉ du présent, j'eus l'honneur de recepvoir la depesche de V. Mᵗᵉ du XIXᵉ may. Ce malheureux parricide avoit

---

1. *Polaque*, nom d'un peuple qui habitait la Polaquie (Pologne). — On le disait quelquefois, en plaisantant, d'un homme malpropre. (*Dict. de Trévoux.*)

esté porté icy trente-cinq jours après avoir esté exécuté, et dès
l'heure mesme Dieu me priva de toute conssolation de pouvoir
immaginer qu'il ne fust pas, bien que dix jours se passassent sans
que la maudite nouvelle vint confirmée de nulle autre part, ce
qu'elle fut par la voye de Venise ; et lors se perdit toute celle que
quelques uns avoient peu trouver [1]. J'espère avec l'ayde de Dieu,
de n'y en trouver jamais aucune que celle que je pourray tirer des
très humbles et très fidelles services que, tant que j'auray de vie
je rendray, Madame, et au Roy et à V. M^té ; très asseuré que, si
en ce debvoir quelqu'un me passe en dextérité et suffisance, il se
contentera de cela sans pouvoir le faire ni en l'affection ni en la
fidellité. J'espère que les actions de ma vye passée en seront si
suffisantes cautions que V. M^té en restera toute certaine. Je suis
cependant, Madame, après à rendre tous les pieus debvoirs que je
doibs à un si misérable accident, n'ayant creu le debvoir faire
avant l'honneur de vos lettres. Toutes sortes de nations dont se
remplit ceste grande ville, toutes quallitéz de personnes joignent
de sorte leurs larmes aux miennes et leurs vœux aux miens, que
j'ay creu debvoir vous dire Madame, que je ne crois pas que
depuis que la mort a commencé de moissonner toutes sortes de
personnes, nul soit jamais esté de ce nombre dont les plaintes et
les regrets soient esté jettés si loing ni si sensiblement. Ce prince
en a monstré une trés grande doulleur, et tous les plus grands de
cest empire m'ont voulu faire entendre la leur [2].

1. Nous avons donné dans le premier volume de l'*Ambassade en Turquie*, page
119, de nombreux détails sur les incidents amenés par la nouvelle de la mort du
Roi.

2. C'est dans le Manuscrit de la Bibliothèque nationale Fr. 16171, fol. 304, que
nous avons trouvé la copie de la lettre suivante écrite par la Reine Régente
au G^d Sgr, pour lui annoncer la mort du Roi :

« Très haut, très excellent, très magnanime et invincible Prince le Grand
« Seigneur Empereur des Moussulmans, sultan Amat, en qui tout honneur et
« vertu abonde, nostre très cher et parfait amy, Dieu veuille augmenter vostre
« grandeur et hautesse avec fin très heureuse.

« Le sieur de Salagnac, conseiller au conseil d'Estat du Roy monsieur mon
« fils représentera à vostre dicte Hautesse, le malheur survenu au feu Roy Mon-
« seigneur, et luy confirmera, en luy rendant ses lettres, son affection à observer
« les traictés de bonne et parfaicte amitié qui ont sy longuement et heureuse-
« ment esté continués entre les Roys ses prédécesseurs, au bien commun de
« leurs pays, roiaumes et sujects. Il déclarera aussy à Vostre Hautesse la charge
« qui m'a esté commise de l'administration des affaires du Roy, mon dit sieur et
« fils, avec le gouvernement de sa personne et le désir que j'ay de le faire nourir
« et eslever en la mesme bonne volonté du dict feu Roy Monseigneur envers la
« Maison Othomane, et d'en tesmoigner tous bons et utiles effects aux occasions
« qui s'en présenteront. Dè quoy je m'en remettray au dict ambassadeur pour
« prier Dieu, très hault, très excellent, très magnanime et invincible Prince, le

Il n'y a maintenant icy rien qui mérite l'escrire. Je continueray le soing des Pères Jésuites que V. M^té continue à me commander, comme faisoit mon grand roy. J'espère que ce saint désir qui a donné un tel tesmoignage de sa piété et qui à tant de gloires passées a encores jointé ceste cy, luy en donnera encores de plus heureuses et glorieuses dans le ciel. Son authorité a tellement peu que Dieu mercy, ils sont establis, ayant estoufé tous les dessaings contraires, lesquels je ne voy nullement paroistre tels, bien que quelques langues malicieuses veullent faire croire que la chose n'en demeurera pas là : C'est à Venise, Madame où ceste racine se coupera, où S. M^té (que Dieu favorise au Ciel, comme en terre) y avoit fait porter la coignée ; et la lettre y fera donner le coup, s'il luy plaist, ne pouvant me persuader qu'après cela ils veullent s'opiniastrer à vous desservir où ils sachent trouver plaisir ni commodité dont la M^té divine ne soit asseurée.

Le Chevalier de la Feuillade est hors le malheur de sa captivité. Les commandemens que j'ay eus de luy assister, m'ont fait trouver plus de bonne fortune à l'exécution que je ne peus prévoir. Ainsy me promets-je des autres dont je serai honoré de V. M^té, auxquels je rendray toute la plus prompte et fidelle obeissance qu'il me sera possible ; plain d'espérance que Dieu luy continuera les grâces et faveurs dont il honnorait la M^té deffunte, de sorte que la plus grande consolation de la France sera qu'elle en aye le timon en la main. Si j'en supplie très humblement, et avec tout ce que peult d'affection celuy qui ne ceddera jamais à personne d'estre

Madame,

son très humble, très obéissant é très fidelle sujet et serviteur,

Salagnac.

« Grand Empereur des Moussulmans, nostre très cher et parfait amy, qu'il vous « ayt en sa très saincte et digne garde. »
« Escrit à Paris, le premier jour du mois de juin mil six cent dix.
« Vostre bonne et parfaicte amye
« Marie, Régente de France. »

1610 (24 JUILLET.)

Orig. fol. 123.

AU ROY (Louis XIII)

SOMMAIRE : M. de Salignac exprime au roi Louis XIII la profonde douleur que lui a causée la mort d'Henri IV.

Sire, je n'avois pas espéré que la première que j'aurois l'honneur d'adresser à V. M^té fust forcée de n'estre peinte que de doulleur ; mais n'avoir jamais servy autre maistre que celluy qui me la donne, Roy qui a donné naissance à V. M^té et qui, le plus grand Roy du monde pour touttes quallitéz dignes des Roys, en aura par tous les siècles à venir la réputation, mérite bien qu'avec les larmes éternelles de ses sujets, les miennes fussent rouges de mon sang. Mais sa mémoire, Sire, doibt bien tirer autre chose de V. M^té. La chère souvenance de luy doibt estre son plus cher contantement dont le seul exemple luy ostera la peine d'aller rechercher les vertus dignes d'imiter[1] de tous les autres Roys qui furent jamais. Tous les autres, à peine ensemble, en peuvent ils tant fournir de vraye magnanimité, mesprisant toutes sortes de peines et de dangers, que luy seul. Tous ensemble n'en pourroient tant donner qu'il a fait, pour tesmoigner une clémence toute nue qui ne puisse avoir autre respect qu'elle mesme. Il a cognu que Dieu l'aymoit, et de sorte que tant d'exemples de sa ferveur et dévotion tesmoignant aussy combien il l'honoroit et son église aussy dans laquelle il vivoit. L'amour dont il a aymé ses sujets se verra, (je l'augure ainsy de la divine bonté) mieux que par nulle autre chose, par le leur qu'ils donneront tout à V. M^té et par leur affection qui n'aura autres vœux que l'honneur de son service. Parmy ces quatre vertus proprement royales, marchoient perpétuellement toutes les autres. Elles ne veulent point abandonner ce sacré tumbeau que pour V. M^té seule. Elles ne se feront nullement tirer l'oreille à l'aller trouver, et yront l'une après l'autre selon le temps qu'elles avanceront, en V. M^té plus tost qu'en nul autre prince qui fust jamais. Elles sont bien de si bonne maison Sire, qu'elles mériteront d'estre apelées et caressés. V. M^té trouvera bon que je l'en face ressouvenir, s'il luy plaist ; et ce pendant que

1. D'être imitées.

dans peu d'années elles desseignent de se trouver toutes avec Elle. J'obéiray au commandement qu'elle me fait Sire, d'adresser mes lettres et tout ce qui sera de son service à la Royne, de laquelle je recepvray les commandemens pour y apporter la mesme obéissance, affection et fidellité que j'ay tousjours faict à ceux qui viennent de précéder ceux là. Je ne m'estois pasréservé de pouvoir y adjouster davantage, qui me faict ne pouvoir rien promettre de plus. C'est un très grand sujet, Sire, de recognoistre la faveur dont la M^{té} divine veult aymer la Vôtre, luy laissant une telle personne pour la conduite de son âge et de son royaulme. L'un et l'autre yront prospérant Dieu aydant, soubs si prudente main. Ce sont les seuls vœux que je puis maintenant pousser au ciel pour les choses vivantes, mais avec plus d'affection que je n'ay de main pour l'escrire ni pour me dire véritablement, etc.

SALAGNAC.

1610 (6 AOUT).

Orig. fol. 124.

A LA ROYNE

SOMMAIRE : *Service funèbre en l'honneur d'Henri IV. — Renouvellement de l'alliance entre la France et la Turquie. — Le visir propose d'envoyer une ambassade en France pour féliciter le nouveau Roi. — Départ de l'armée turque contre la Perse. — Lettre de la Régente. — Elle se loue de ses sujets. — Elle désire que M. de Salignac continue à protéger les Jésuites. — Elle veut suivre en Turquie la politique d'Henri IV. — Affaire de Clèves.*

Madame, la depesche que j'ay reçeue de V. M^{té} est du XIXe may. Elle me fust rendue le XXIe de juillet, et trois jours après j'y fis responce. Depuis j'ay faict rendre icy tous les plus pieus debvoirs qui m'ont esté possibles [1]. Si mon sang estoit nécessaire à quelque chose qui y servit, je le plaindrois moings que je n'ay jamais faict en le servant. Soudain que cela fut faict, Madame, j'ay esté veoir le premier vizir, et luy ay dit que j'ay reçeu des lettres du Roy et de V. M^{té}, qui me commandent advertir le G^d S^gr de ce misérable accident et luy faire entendre par mesme moyen, vos

1. Nous avons donné, d'après la Chronique de Bordier, tous les détails relatifs au service funèbre qui eut lieu à Constantinople. (Voir le premier volume de *l'Ambassade en Turquie*, page 121.)

volontés d'entrettenir chèrement l'amytié commencée et entretenue
de si longtemps, et le prier de donner ordre de sa part que la
sienne continue aussy de bonne foy ; et sur cela me suis plaint de
diverses occasions que nous en avons et en Barbarye et en divers
autres endroits, et luy ay dit encores que V. M^{té} me commandoit
de poursuivre les mesmes choses que sa feue M^{té} me commandoit,
mesme de remettre la pesche du corail avec le bastion en Alger.
A tout il m'a respondu le plus honnestement qu'il a esté possible,
et m'a promis qu'ils se rendront plus soigneux qu'ils n'ont
jamais esté à faire que tout allast bien, et m'a promis ce que j'ay
recherché pour Alger. Ce sera maintenant à veoir ce qu'ils feront.
De ma part Dieu aydant, je n'oublierai rien que je doibve à son
service. Il m'a parlé d'envoyer quelqu'un de la part du G^d S^{gr} pour
se condoulloir avec le Roy et V. M^{té} de cest accident. Il me semble
qu'il sera bon que la chose alle ainsy, et qu'il n'en pourra
venir que bien. Toutesfois je tascheray de laisser aller la chose en
long pour sçavoir ce que V. M^{té} en jugera bon, mais si ne m'osé-je
promettre de le pouvoir tant différer ; car il a monstré en avoir
envye, et il m'a semblé que je ne pouvois que louer cest office et
monstrer qu'il estoit particulièrement deub et aux grandeurs et
grandes quallités passées, et encore au Roy et à V. M^{té}. Si feray-je
tout ce que je pourray pour pouvoir attendre ce qu'elle en désireroit. Cependant Madame, V. M^{té} me permettra de luy dire qu'une
lettre du Roy et une de V. M^{té} à ce S^{gr} seroit bien employée et à
propos. Je m'en remets à tout ce qu'elle en jugera, beaucoup
mieux.

Il n'y a rien du tout icy de nouveau à dire[1]. Nous attendons ce

---

1. Dans le manuscrit *Fr.* 16145 de la Bibliothèque nationale, qui contient une
partie des lettres de M. de Salignac, se trouve, *fol.* 87, une copie de celle que
la Régente écrivit à l'Ambassadeur le 1er juin 1610. En voici un extrait :

1er juin 1610.

M. de Salagnac,

Depuis le decedz du Roy mon seigneur, les subgetz du Roy monsieur mon filz
de tous les ordres et estats, en toutes provinces et villes du Royaume ont recogneu
l'obéissance qui luy doibvent et luy ont juré toute fidellité, ce qui nous a grandement consolée en nostre afliction. Je veoy aussi tous les grandz du Royaume
de l'une et l'autre religion bien disposez à m'assister et servir en la direction et
ordonnance des affaires publicques, tellement que j'espère en Dieu qui nous fera
la grace de maintenir toutes choses en quiétude dedans et dehors le Royaume ;
car les rois et princes nos voisins, qui désirent la conservation de la paix
publicque et que chacun se contienne dedans les bornes de ce qui leur apartient,
nous ont faict ofre depuis nostre desastre, de la continuation de leur amitié et
assistance, avec tant de cordialité et affection, que nous avons grande occasion

qui se fera en Perse où l'armée d'icy marche en toute dilligence,
et par icelle fait juger ce qu'il en est de besoing ; mais on n'en
sçait rien de particullier. Je ne fauldray de la tenir avertye de
tout, etc.

SALAGNAC.

de nous en louer. Dieu, s'il luy plaist, bénira doncques nostre administration et
gouvernement, affin qu'il y soit honoré et servi comme il doibt estre. Nous
avons vostre bonne lettre du IIIᵉ d'avril par laquelle nous avons sceu la peine
que vous avez prinse à deffendre les pères Jésuites et les garentir des assaultz
que ilz reçoipvent journellement à l'instigation des Vénitiens, envers lesquels
ayant faict l'office que l'on a désiré et jugé convenable, nous n'avons rien profité,
nostre ambassadeur (a) aiant recogneu que ilz ont conçeu une telle haine et deffiance des ditz pères que ilz ne peuvent atendre d'eulx, quelque part qu'ilz
soient, des... actions favorables, tellement que c'est peine perdüe d'espérer de
rechercher à présent la Républicque de changer de conseil pour ce regard. Je
continueray neantmoins à protéger et favoriser les dits pères comme je avay
commancé. Surtout vous adviserez ce qu'il fault que nous facions avec ce Seigneur et ses ministres pour assurer l'observation et entretènement des traictéz et
capitulations que nous avons avec luy et y donner l'ordre nécessaire. Mais ceulx
de Barbarie continuent à piller et despreder les subgetz du Roy mon seigneur
et filz, plus licentieusement et turpinéement que jamais, encores que nous
aions permis aux Morisques chasséz d'Espagne avec grande rigueur, de se retirer en France et passer en Barbarie en toute liberté et sécurité, et mesmes faire
réparer et chastier par justice quelques extortions et avanies qui leur ont esté
faictes en leur passage par aucuns subgectz du Roy nostre seigneur et filz contre
noz commandemens et deffenses, ce que ce Seigneur debvroit mettre en considération plus à présent que jamais que ce royaume a besoin d'estre assisté et favorisé des alliéz d'icelluy qui sont intéressez à sa conservation, affin que les
envieux de sa prospérité ne l'opriment durant le bas âge du Roy mon seigneur
et filz, de la part duquel comme de la mienne vous visiterez ce Seigneur et son
premier Bassa sur la 1ʳᵉ occasion, et verrez d'eulx les assurances de la continuation de l'amitié que vous jugerez estre à propos, en luy renouvelant et confirmant celles de la nostre aux termes que vous jugerez estre les plus convenables
en estre.

Nous ne sçavons pas encores comment les Espagnolz useront de la personne
du prince de Condé qui s'est trouvée à Milan, et partant, en leur pouvoir et disposition, quand le malheureux et infortuné accident nous a surpris. Je vous tiendray adverty de ce qui s'en ensuivra. Pour le regard des affaires de Clèves et
Juliers, les impérialistes auroient commancé à capituler de la redition de la ville
et forteresse de Juliers qui est la seulle place qu'ilz occupent aux ditz pais
quant nostre malheur est arrivé, de façon que la crestienté seroit à present deslivrée de la crainte de la guerre que aportoit le different qui continura maintenant, puisque le remède qui s'en fust ensuivy est demeuré imparfaict ; et nean-
moins le Roy mon seigneur et filz continura d'en favoriser l'acommodement par
les voies que nous jugerons estre les plus propres en nostre condition présente,
et serez adverty de ce qui en succédera.......

(a) M. de Champigny, ambassadeur à Venise.

1610 (24 AOUT).

Orig. fol. 125.

A LA ROYNE

SOMMAIRE : *Mauvais traitements infligés aux Mores réfugiés en France.* — *M. de Salignac demande justice pour ces malheureux.* — *Lettre du Gᵈ Sgr au roi et à la régente à ce sujet.* — *L'empereur envoie des troupes dans le duché de Clèves.* — *Compétition au trône de Tartarie.* — *Opinion de M. de Salignac sur le caractère du Gᵈ Sgr.* — *Continuation de la mosquée.* — *Permission pour la pêche du corail.*

Madame, Depuis mes dernières du 17ᵉ du présent, il est venu icy de très grandes plaintes de ces pauvres gens que l'on a chassés d'Espagne, qui passant en France et s'asseurant y trouver toute sécurité, selon l'intention qu'ils sont asseurés que en avoit la feue Majesté, au contraire y ont reçeu de merveilleux dommages et outrages. Les lieux dont ils se plaignent principallement sont de la coste de Provence, de Bayonne et Sᵗ Jehan de Luz. Si le centiesme de ce qu'ils en disent est vray, leurs plainctes sont très justes, dignes de compassion et de remèdes[1]. Leurs plainctes s'addressent principalement à moy, ne désirant autre chose sinon que V. Mᵗᵉ le sçache, asseurés tant de la justice qu'elle y sçaura bien pourvoir. Puis après, ils ont faict les choses beaucoup moindres aux Grands de cette Porte, qui n'ont pas laissé pourtant de m'en parler et comme de choses qu'ils ont bien fort à cœur. J'ay respondu tout ce que j'ay jugé à propos. Entremestant les occasions qu'ils nous donnent de nous doulloir, leur bien fait veoir que cela pourroit bien estre la cause du malheur de ces pauvres gens. Ils promettent assez; mais quoy qu'ils facent Madame, si ne puis-je m'empescher de dire à V. Mᵗᵉ que les outrages et pilleries que l'on faict à ces pauvres Mores, est un brigandage si cruel et horrible, qu'il n'y a prétexte capable d'en excuser d'en faire faire

---

1. *Les Mémoires de La Force* (t. IIᵖ., 288 et suiv.) nous ont laissé la trace des indécisions de la Régente à propos du passage des Grenadins en France. La crainte qu'ils ne commissent des dégâts sur la terre française, ou qu'ils ne fussent eux-mêmes victimes de la haine des peuples, fit prendre des mesures qui n'empêchèrent aucun désordre; et l'on a vu plus haut comment furent traités ces malheureux Morisques. Le Gᵈ Sgr s'émut de ces mauvaises nouvelles, et fit appel aux sentiments généreux des Français. La lettre qu'il écrivit à la Régente en cette occasion a été conservée dans le manuscrit fr. 16171 de la Bibliothèque nationale. On la trouvera aux *Pièces justificatives XX*.

justice. Et ceste licence ne s'arresteroit pas là et oùvriroit le chemin à mille meschans desseings que la punition arrestera. Ce n'est ni pour l'amour des Mores, ny pour ces gens cy qu'il me semble très nécessaire d'y pourvoir, c'est à votre occasion principalement Madame, et pour l'honneur de la justice du Royaulme si uny à la Royauté. J'ay aussy fermément asseuré que, dès lors que la plaincte en aura esté portée à V. M^{té}, le remède y aura esté donné, et que la justice leur sera favorablemt rendue contre ceux desquels ils se plaindront. C'est tout ce qu'ils désirent. Et j'oseray encores luy dire qu'il me semble que le meilleur est de les faire transporter hors du Royaume en payant honnestement le plus tost qu'il sera possible, sans les y laisser crouppir, et donner ordre que cela se face bien et fidellement, sans leur retirer leur bien ou par tromperye, ou les contraignant à payer pour leur passage, pour que l'on peult imaginer qu'ils ayent vaillant comme l'on fait. V. M^{té} me pardonnera je m'en asseure, si je luy en parle ainsy librement, lorsqu'elle considèrera que rien ne me le faict dire que la très humble affection que j'ay au service du Roy et sien ; pour l'un et pour l'autre je dédye ma vye, et l'employeray pour cela bien plus volontiers que je ne le sçaurois dire.

Bien que je ne doubte pas que V. M^{té} ne soit très bien advertye de ce que faict l'Empereur, si né layssserois-je à luy dire qu'il y a desjà assez longtemps qu'il a faict faire levée de neuf mil hommes de pied et de trois mil chevaux pour envoyer vers Clèves. Il a tiré tout ce qu'il a peu des hommes qui estoyent en garnison vers la frontière du Turc, et toute la dite levée est faicte en ces quartiers là et est déjà, ce crois-je, acheminée. Celluy que le G^d S^{gr} avoit envoyé pour estre Roy en Tartarie, n'y pas été reçeu, comme l'on a voullu faire croire icy ; un autre plus proche du sang de leurs Roys, soustenu de la pluspart du pays, s'y est opposé, qui a empesché que l'autre n'ayt peu encore mettre pied à terre dans le pays. Ce pendant, il a envoyé icy et avec beaucoup de submission, et de belles offres et beaucoup de présens qui ont esté bien reçeus ; et ne laisse pas pourtant de faire veoir qu'il aymeroit mieux mourir que supporter que l'on lui feit un tel outrage, de sorte que je ne doubte nullement que cestuy cy n'ayt ce qu'il demande, et que l'autre qu'on y avoit envoyé d'icy n'aura du tout rien que, possible, la teste tranchée, pour donner une entière asseurance à l'autre. C'est la foy que l'on peult prendre de ces gens cy qui n'en ont que celle de leur commodité.

L'armée qui va en Perse faict telle dilligence que celle cy est bien près ; nous n'en avons toutes foys nulles nouvelles. Tout le reste du pays est en grand repos et obéissance. Nul rebelle n'y paroist. A la vérité ce S^{gr} ayme le bien et la justice et tient son Empire en un estat bien tranquille et modéré ; et plus il va avant, plus tesmoigne-il de la prudence ; mais il y a quelque apparence que la gresse du corps suffocquera bientost toutes les vertus de l'âme. Il n'a pas vingt-deux ans accomplis et est presqu'aussy gros qu'un tonneau[1]. On dirait que tout son soing est pour principalement à une mosquée qu'il faist bastir à quoy il faict faire une merveilleuse dilligence. Mesmes pour presser davantage, il s'est allé loger sur les lieux depuis sept ou huict jours, et désire fort la veoir achever. Les dernières de Constantinople disent qu'il ne le fera pas. Sa taille me le feroit plustost croire que leur dire, quelque grand conte qu'ils en facent.

J'ay obtenu, Madame, les commandemens pour la pesche du Corail d'Alger et pour y rebastir le Bastion comme m'avoit commandé sa feue Majesté. Un de ceux qui estoient venus pour cest effect est passé en Barbarye dans une Galliote pour voir l'humeur de ces gens là pour ceste affaire. Je fis que le Général de ces mers en escrivit fort amplement et avec affection, et ne doubte point qu'ils n'y conssentent, car ils commencent à cognoistre qu'ils en recevront du proffit, et puis le prétexte qu'ils prévoyent contre ceux de Linche n'est plus, et j'ay dit icy que pour l'amour d'eulx on avoit faict un changement. L'autre partira au premier jour avec tous les commandemens nécessaires, droit à Marseille, et j'attends tous ceux qu'il plaira à V. M^{té} de me faire pour y rendre toute la plus humble obéissance, etc.

Salagnac.

---

1. La postérité a ratifié ce jugement de M. de Salignac sur Achmet I. — Cependant sa corpulence ne l'empêcha pas de vivre jusqu'en 1617.

1610 (4 septembre).

Orig. fol. 126.

AU ROY

SOMMAIRE : M. de Salignac s'honore d'avoir servi Henri IV pendant 42 ans avec fidélité et dévouement. — Les Jésuites continueront à être protégés par le nouveau Roi.

Sire, J'eus l'honneur de recepvoir le dernier du mois d'aoust celles de V. M^{té} du dernier de juing et 14e juillet, et avec quelque conssolation que Vos M^{tés} soient asseurées et de ma fidellité et affection. Il me seroit bien mal aisé de me le persuader autrement, ayant servi quarante deux ans sans intermission le feu Roy votre Père sans que la contagion du siècle m'aye, tant soit peu, peu esbranler, non pas mesmes à jetter les yeux sur un autre maistre. J'ay encores ce contantement d'estre très asseuré qu'il ne s'asseura jamais de personne plus que de moy, et que c'est de mon malheur et non de sa volonté que j'en suis demeuré sans autre recognoissance que celle là. Dieu a voullu que la doulleur que sa perte me donne, reçoive conssolation de V. M^{té}, auquel je voue tout ce peu de dextérité que me peult avoir acquis d'avoir servy ce Grand Roy en tant de diverses occasions et sy longuement. Je l'employerai avec ce qui me reste de vye, pour son très humble service; et en quelque part que je sois, Elle s'en trouvera Dieu aydant, bien servye. J'ay desja fait icy ce que j'ay creu pour l'entretènement des alliances qui sont entre sa Couronne et ceste cy; et tout, Dieu mercy, a succédé comme je l'eusse peu désirer. Je présenteray au premier jour les lettres que V. M^{té} m'a envoyées pour le G^d S^{gr}, et ne crains point de l'asseurer qu'elles seront très bien reçeues, et qu'il tesmoignera de sa part la bonne volonté qu'il luy porte. Il ne paroist rien Dieu mercy, qui ne puisse faire doubter que les Pères Jésuites ne soient maintenant bien establis malgré tant de traverses que l'on y a donné, et je loue Dieu de tout mon cœur de veoir l'affection que V. M^{té} leur porte. Elle en recevra contantement en ce monde et gloire au Ciel quelque jour; et la piété naturelle de V. M^{té} prenant force par leurs enseignements, n'aura pas moings de bonheur que celle de son grand Ayeul de son mesme nom. Excusez Sire, si mon affection me donne quelque liberté, elle ne sera jamais qu'à son honneur, grandeur et prospérité, etc.

SALAGNAC.

1610 (4 SEPTEMBRE).

Orig. fol. 127.

A LA ROYNE

SOMMAIRE : Les Turcs sont prêts à prêter secours au roi en cas de guerre. — Déprédations commises par les corsaires de Barbarie. — Conseils donnés à la Reine par M. de Salignac. — Pour gouverner, il importe de bannir toute irrésolution. — Protestations de fidélité. — L'établissement des Jésuites à Constantinople est un succès pour la France.

Madame, J'eus l'honneur de recepvoir le dernier du moys passé trois depesches de V. M^{té} : du premier et dernier juing et 14e juillet, et avec elles toutes les depesches et pour ce S^{gr} et pour ses Visirs qu'il luy a pleu de m'envoyer. J'ay desjà faict ce que j'ay creu nécessaire pour l'affermissement des alliances qui sont de si longue main entre ces deux Couronnes, et en ay eu les responces telles que j'eusse peu désirer ; de sorte que je serois beaucoup trompé si je ne leur faisois faire un grand coup s'il en estoit besoin pour rendre tesmoignage de leur bonne volonté. Au premier jour je présenteray les lettres qu'il luy a pleu m'envoyer par ce S^{gr} et son premier Bassa. Elles seront très bien reçeues je m'en asseure, et à mon advis feront advancer le partement de celuy qu'ils ont envye d'envoyer devers Vos M^{tés}. Je feray ce que je pourray comme desjà je luy ay escript, pour pouvoir faire attendre sa volonté avant son partement. Mais je ne voy rien qui doibve faire prendre un si grand soin de cela. La chose est honorable, la despence ne vault pas le conte, et celuy qui ira ne peult rien aprendre qui nuise. Seulement il est nécessaire de pourvoir à Marseille qu'il ne s'y arreste nullement. Car à la vérité, ils prennent tousjours là de mauvais advis. Encores tascheray je de faire, si on y envoye comme ils me disent, que ce soit un homme asseuré ; et Dieu aydant, je ne seray pas trompé comme l'on le fut de Mustapha Aga. C'est une pitié des maulx que font aux négotians françoys les Corsaires de Barbarie. Je ne puis m'imaginer que si les Gallères qui sont à Marseille se faisoient un peu veoir, ce ne fut un grand remède de les empescher. C'est un grand cas qu'elles n'ont faict encores choses du monde, de sorte que l'on en faict aussy peu de compte que s'il ny en avoit pas une seule. Je prendrois grand plaisir qu'elles me feissent quelques fois changer mes plainctes ord^res en deffence de celles qu'elles contraindront que l'on me fist. Il me semble que je le ferois bien de meilleure grâce. La vérité est que tout cela se faict sans que l'on le veuille icy, d'où je retirerois tant de commandemans que je voudrois pour l'empescher; mais nous en avons desjà tant eu, que je juge qu'il ne se fault point amuser à choses si innutilles. J'ay travaillé à faire que le Général de mer passât l'année prochaine en Barbarye. Il le désire et m'a promis de s'y employer de bien bon cœur. Ce seroit l'unique remède à mon advis à ce mal. Car ce Général de Mer est homme de bien qui honore comme il dit l'amitié de France. Mais je ne puis encore asseurer V. M^té, si je pourray acheminer ce voyage, tant il y a de diverses pièces à adjuster.

Je ne sçauray m'empescher Madame, de dire à V. M^té que la bonasserie du Royaulme et la bonne volonté au bien qu'elle recognoist à tous les sujets du Roy et siens, est un très clair tesmoignage combien Dieu a agré qu'Elle en aye la Régence. Il falloit qu'il nous conssolast de ce grand bien, avec espérance que ceste mesme prudence et bon cœur qui a fait que V. M^té a trouvé toutes choses paisibles après un si horrible coup, fera continuer ce calme auquel il ne fault toutes fois jamais avoir trop de fiance, disent les bons mariniers. Et ce qu'elle a voulu secourir ceux de Clèves, est un coup qui fera craindre le courage de V. M^té à ses plus dangereux ennemis; et ne doubte nullement que ceste guerre ainsy conduicte, ne se termine bien tost par un bon accord à la gloire de V. M^té, ny que le secours dont M^r le Duc de Savoye voit que l'on le veult ayder, ne luy face prendre le plus seur et honorable party après les choses qui se sont passées. Mais je ne scauray m'empescher de luy dire qu'il me semble qu'il ne se fault point laisser croupir irrésolu, croyant plus de danger à cela qu'il n'y auroit qu'il eust rompu tout à fait.

Pour la fin Madame, je mercieray très humblement V. M^té de l'honneur qu'elle me fait de s'asseurer de mon affection et fidellité. J'ay servi quarante deux ans passés ce Maistre que je viens de perdre, sans que la contagion des saysons m'aye pu jamais tant soit peu esbranler. J'avois ce contentement pour remède à d'autres déplaisirs, ausquels je ne puis doubter que S. M^té n'eust voulu remédier. Mais l'honneur qu'il vous plaist de me faire de m'en asseurer et d'avoir ceste volonté de parfaire ce qu'il n'a peu, ne me peult pas rendre plus fidelle ni plus affectionné, mais bien de tant plus obligé que je ne rougis point de dire que j'en ay très

grand besoing; et possible doit ce estre un signe et de ma preud-
homye et de la façon que j'ay servy. Quoi que ce soit Madame,
V: M^té peult faire très certain estat de moy qui ne manqueray,
Dieu aydant, à nul debvoir par aucune occasion qui se puisse
présenter, qui sa créature, veuld dépendre d'elle et de ses commandemens.

Les Pères Jésuites sont, Dieu mercy, tellement establis que je
ne puis prévoir nul danger qui les menace. Les Venitiens auront
cogneu par là que ny leurs présans, ni leurs artifices ne font pas
oublyer le respect qu'on rend icy aux alliances qui sont entre les
couronnes, lorsque l'on s'y porte comme il fault, et Dieu mercy,
j'ay bien fait veoir à leur Bayle que nous leur pouvons plus nuire
que nous ne les devons craindre. Mes dernières depesches vous
auront dit Madame, ce que nous avions de nouveau lorsqu'elles
furent faittes. Il n'est rien survenu depuis lors. J'escripvis si
amplement pour ces Grenadins chassés d'Espagne, que je m'en tai-
ray maintenant; seulement requerray je V. M^té voulloir un peu
conssidérer cest affaire que l'on prend fort à cœur icy. Le remède
qu'il m'a semblé qui s'y peult donner, est tel, ce me semble, que
je ne doubte point qu'il ne se face, et on s'en contentera icy, etc.

SALAGNAC.

1610 (17 SEPTEMBRE).

Orig. fol. 128.

AU ROY

*SOMMAIRE : M. de Salignac accablé par la douleur ne peut survivre au Roi. —
Ses touchants adieux. — Il confie l'ambassade à son frère du Carla. — Il recommande son fils au Roi.*

Sire, ces lettres me laissent bien indisposé. Et me semble que le
destin ne veult pas que je survive plus de beaucoup au feu Roy
mon bon maistre, père de V. M^té. Possible qu'ainsy que je le
juge, l'amour qu'il luy pleust de me monstrer tandis qu'il fust çà
bas, continue-il encores en luy en ces lieux bienheureux où il
pleut à Dieu de l'appeller, et que là il prye sa divine bonté de
vouloir me retirer des misères de çà bas et que je lui alle tenir
compagnye. Pour cela je n'apréhende point ma fin, mais plus tost
la réputeray-je désormais bien heureuse, puisqu'en quelque temps

qu'elle puisse venir, elle me trouvera toujours plein de contantement, qui me donne la certitude que j'ay de n'avoir jamais ceddé
à qui que ce fut durant quarante deux ans que je l'ay continuellement servy, sinon en suffisance, au moings en affection et fidellité pour exécuter ses commandemens, et depuis l'advennement de
V. M^{té} à sa couronne en désir d'achever mes jours de mesme.
Pour le jugement que je puis faire de ma malladye, je n'ay pas
voullu attendre davantage à donner ordre à mes affaires, après toutesfois avoir penssé à ce qui regarde icy les siennes, la charge desquelles ainsy que je l'avois, je remets et recommande, après qu'il
aura pleu à Dieu faire sa volonté de moy et en attendant la sienne
sur cela, au sieur du Carla mon frère, lequel selon que j'en puis
asseurer V. M^{té}, s'en acquittera avec non moings de suffisance que
de dextérité et affection, selon que le requiert ce qui regarde et son
honneur et son service ; ayant oultre ce que je luy en ay peu
donner d'enseignemens, continuellement demeuré près de moy
icy depuis que j'y suis. Le respect que je porte à V. M^{té} et mon
estat présent ne me permettent de la destourner d'une plus
longue lettre ; aussy la finis-je en luy recommandant mon fils[1]
qu'il luy a pleu de retirer près d'elle. J'ay du regret de n'avoir eu
plus de moyen de le dresser selon mon désir pour le rendre plus
digne de la servir. Mais je me console aussy de ce qu'il a pleu à
Dieu de le faire naistre d'un si bon naturel, que je m'asseure qu'il
recouvrera avec le temps ce qui luy manque, avec ceste commodité qu'il a pleu à V. M^{té} de luy donner de se pouvoir mirer dans
le cristal des vertus et perfections qui jà reluisent en Elle.

Je supplie très dévotieusement le divin Créateur de les luy
voulloir augmenter avec tel comble d'honneurs, de grandeur et de
prospérités que le luy souhaite de tout son cœur, etc.

Salagnac.

1. *François de Gontaut* qui mourut en 1624, et dont nous avons raconté brièvе-
ment la vie dans le 1er volume de l'*Ambassade en Turquie*, page LXXIII.

1610 (17 septembre).

Orig. fol 129.

A M. DE PUISIEUX

SOMMAIRE : *Résignation de M. de Salignac.* — *Il est content de mourir puisqu'il a toujours bien servi sa patrie et son Roi.*

Monsieur[1], c'est une vye trop pénible que celle qui n'est point contente. Je l'ay bien éprouvé à mon grand regret depuis la perte du feu Roy mon bon maistre ; aussy cela a fait que dès lors je n'ay plus désiré de vivre, et me suis comme hay çà bas ; Dieu qui tout pitoyable, est tousjours prest de souslager les affligés, a exaucé, ce croys-je, mes continuels soupirs, luy ayant pleu de me visiter maintenant d'une telle malladye, que je ne voy nul espoir d'en pouvoir estre libre que par la mort. Aussy y suis-je tout préparé puisque je recognoy que c'est sa sainte volonté, contant de la recevoir après avoir fait pour le service de mon Roy et de ma patrye, tout ce qu'un bon et fidelle serviteur pouvoit. J'ay pryé le sieur du Carla mon frère, lequel a tousjours esté avec moy depuis que je suis icy, qu'après qu'il aura pleu à la Divine M^{té} de faire de moy comme je m'y attends, de voulloir prendre le soing de ceste mesme charge, en attendant la vollonté de leurs M^{tés} ou de la luy confirmer, ou de luy donner un successeur. Je m'asseure qu'il l'exercera et s'en acquittera si dignement, et selon que le requiert l'honneur et le service de leurs M^{tés}, que je n'ay point craint de les en asseurer ; veillez me seconder en cela Monsieur, si recognoissez qu'il en soit de besoing. Votre amytié dont il vous a pleu me faire toujours offre, me promet bien cela de vous, et davantage ; aussy m'en sens-je tellement votre obligé, que je ne pensse point de la pouvoir suffisamment recognoistre, sinon qu'en priant Dieu continuellement, comme je fays, qu'il luy plaise de bien heurer vos jours, etc.

Salagnac.

---

1. La maladie de M. de Salignac l'avait tellement affaibli qu'il ne put même pas tracer les derniers mots de sa lettre comme il le faisait habituellement. La signature presque illisible sur l'original, fait assez voir dans quel état d'accablement se trouvait alors l'ambassadeur.

1610 (17 septembre).

Orig. fol. 130.

A LA ROYNE

SOMMAIRE : M. de Salignac, au moment de mourir, recommande ses enfants à la Reine. — M. du Carla aura soin des affaires de l'ambassade.

Madame, il me desplaist extresmement que la malladye qui m'atterre me contraigne à remuer les doulleurs que reçeut V. M^té en la perte du feu roy mon bon maistre, en luy disant que celles que j'en ay senties en mon particullier m'ont tellement saisy le cœur que depuis ceste malheureuse nouvelle, il n'a peu ni voullu recepvoir aucune conssolation, et en suis réduit à un tél estat, que je juge que la vollonté de Dieu est que bien tost je sorte de ces callamités mondaines aussy bien que luy pour l'aller revoir. Je m'y suis résolu avec sa sainte grâce, de sorte que j'en réputeray tousjours l'heure très heureuse, puisque je ne pourray estre surpris sans le contantement que je sens d'avoir eu l'honneur de le servir si longtemps sans intervalle, et oseray-je dire, sans cedder à nul autre en fidellité et affection, et qu'aussy bien tous mes beaux jours ternirent avec luy. Par mes dernières, Madame, je remertiay très humblement V. M^té, de l'asseurance qu'il luy avoit pleu me donner qu'elle avoit la volonté de parfaire ce que n'avoit peu le feu roy pour récompencer mes si longs services; maintenant comme je croy pour la dernière fois, je la supplye très humblement de s'en voulloir ressouvenir et d'en faire veoir les effets s'il luy plaist, si elle ne pourra à moy, au moings à ces petites miennes créatures que je laisseray sur les bras de Femme[1]. Dieu sçait le besoing qu'elles en ont. Je me promets que V. M^té le sçaura bien recognoistre, et que, comme elle est du tout remplye de piété et compassion, elle y voudra bien remédyer. En tout évennement qu'il pleut à Dieu de faire à ce coup sa volonté de moy, j'ay pryé le sieur du Carla mon frère, qui m'a tousjours tenu compagnye depuis que je suis icy, de voulloir prendre le soing de ma charge après moy, en attendant la volonté de Vos Majestés, ou de la luy voulloir confirmer, ou de luy envoyer un

---

1. M. de Salignac avait épousé Marguerite de l'Hopital dont il eut deux fils et cinq filles.

successeur. Je puis asseurer V. M^{té} qu'il s'en acquitera tousjours, tant qu'il leur plaira de la luy laisser exercer, dignement et avec tout l'honneur et le soing qui est deub à leur service, avec ceste certitude que je luy en donne. J'achèveray, crainte de trop destourner V. M^{té}, et aussy que mon mal m'invite au silence : mais je ne le puis sans envoyer encores une fois mes vœux au ciel, etc.

SALAGNAC.

1610 (18 septembre).

Orig. fol. 131.

LE S^r D'ANGUSSE, secrétaire de M. le baron de Salignac,
A M. DE PUISIEUX

SOMMAIRE : Le secrétaire d'Angusse fait part à M. de Puisieux de l'état désespéré de M. de Salignac.

Monseigneur,

Monseigneur de Salagnac, au retour des Baings[1] qu'il fut prendre cy près ce mois dernier, se trouva mal, et ceste indisposition luy ayant continué jusques à cest heure et ne luy permettant pas de vous pouvoir escrire, avec ce qu'il n'y a pour le présent rien autre de nouveau à vous dire que ce qu'il vous manda par sa dernière depesche du IVe de ce mois, il m'a commandé de vous faire ceste cy de sa part pour vous pryer de l'excuser pour ce peu, et pour vous asseurer que s'il y eut eu quelque chose qui méritast l'escrire, il se seroit efforcé de le vous faire sçavoir comme il l'a accoustumé, et comme il espère, Dieu aydant, de le pouvoir faire, et pour quelque nouveau sujet par les premières, puisque l'on est attendant de jour à autre quelque advis de ce qui se sera passé vers la Perse entre ce Roy et le premier Vizir. Ceste indisposition de Monseigneur m'afflige en mon particulier extresmement ; et ce qui me donne en cela quelque consolation, est l'espérance que son estat présent nous donne qu'il en sera, si Dieu plaist, bien tost deslivré, et (s'il se peult par bien séance) ce qui me l'augmente, qu'elle m'aist fait naistre ceste seule occasion depuis six ans que je sers assiduelement en ceste charge, de vous faire, Monseigneur,

---

1. Voir ce que nous avons dit de ces bains, dans le 1er volume de l'*Ambassade en Turquie*, page 126.

ceste très humble révérence et de vous asseurer que j'oseray bien me vanter que nul ne s'en pourroit estre acquité (sinon avec plus de suffisance) au moings avec plus de fidellité, d'affection et respect d'honneur que moy, qui n'eus neantmoings pendant ce temps de mon service, autre plus désirée espérance de rescompence que d'avoir ceste réputation près de S. M^{té}, de monseigneur de Villeroy et de vous, Monseigneur, affin qu'ainsy que maintenant, je pensse avoir quelquefois la faveur et le bonheur d'estre employé et de donner par mes services quelque meilleur tesmoignage de ceste mienne bonne volonté. Ceste ambition m'a donné la hardiesse d'allonger ainsy ceste cy pour la vous descouvrir et pour vous supplyer très humblement, Monseigneur, etc.

ANGUSSE.

1610 (17 OCTOBRE).

Orig. fol. 134.

LE S^r DU CARLA (Jacques de Gontaut) A LA ROYNE

SOMMAIRE : M. du Carla annonce à la reine la mort de son frère le baron de Salignac. — Funérailles à Saint-Benoît. — Le visir a été affecté par cette perte. — M. du Carla demande la charge qu'occupait son frère. — Le G^d S^{gr} déplore la fin du baron de Salignac et demande son remplacement par M. du Carla. — Permission pour la pêche du corail. — L'armée turque a été défaite par le roi de Perse. — Exploits d'Aly, général de mer. — Alliance de la France et de l'Angleterre.

Madame, Je croy que quelque sainte inspiration prédisoit à Monsieur de Salagnac mon frère, que sa malladye luy finiroit ses jours, ayant fait ceste lettre[1] que V. M^{té} trouvera avec celle cy comme pour prendre congé d'Elle et luy faire une dernière révérence. Car il pleust à Dieu de l'apeller de ce monde mardy dernier vers le déclein du soleil, après avoir languy quarante jours au lict d'un malheureux catharre qui enfin l'estoufa, causé, ce croit on, de l'ennuy qui le saisit quand la malheureuse nouvelle de la perte du feu Roy son bon Maistre, et qu'il a tant regretté avec ses larmes de sang, luy arriva. Je souffre un desplaisir extresme de sa mort, pour avoir leurs M^{tés} ainsy perdu en luy un autant bon,

---

1. Nous avons donné cette lettre à la reine, qui est datée du 17 septembre (voir page 379).

fidelle et affectionné serviteur, qu'autre qui peut vivre de son
temps. Les regrets qui s'entendent icy pour luy de toutes sortes
de nations font bien recognoistre combien il y estoit aimé, honnoré et respecté d'un chacun ; chose que luy a acquis, oultre son
affable et courtois naturel, la dignité et l'honneur avec quoy il
éxerçoit sa charge et faisoit leur service. Il voulut estre enterré au
Monastère de Saint-Benoist où est la résidence des Pères Jésuites ;
je croy voulant ainsy que ses Mânes fussent tousjours prestes pour
la garde de ceulx qu'il a protégés sans nulle espargne ni de
fatigue, ni de despence durant sa vye. Les Sieurs Ambassad[rs]
d'Angleterre et Baile de Venise voullurent acister en personne à
son enterrement, et en conssideration de Vos M[tés] et l'amityé
qu'ils avoient avec feu mon dit frère, n'oublièrent aucunes sortes
d'offres pour m'assister et subvenir de leur pouvoir en toutes
occurences [1] ; chose que j'ay creu de debvoir dire à V. M[té], ainsy
que je les asseuray que je le ferois, pour ainsy leur donner plus
de sujet de consserver en eux ceste volonté, et de vivre avec moy
comme ils faisoient avec feu mon frère en toute bonne intelligence.
Je fis sçavoir au Vizir qui tient la place du Premier icy [2], et la
malladye de feu mon dit frère et sa mort ; et comme il me laissoit
sa charge en attendant la volonté de leurs M[tés]. A toutes les deux
fois il me dit fort bonne et favorable responce, me mandant qu'il
advertiroit de tout, le G[d] S[gr], et que l'amityé et bonne intelligence
qui est entre vos Couronnes rendroit tousjours des effects de leur
costé, qui réussiroient à l'honneur et satisfaction de Vos M[tés].
Avec la charge, Madame, que m'a laissée mond[t] frère pour ce qui
est de cest Ambassade (à la quelle j'entendray avec tout le soing et
dilligence qu'il me sera possible, et pour en maintenir l'honneur
et faire ce qui en despend pour le service de leurs M[tés], en attendant leurs volontés ou de m'y continuer ou de me rapeller, mais
les osant bien asseurer que, tant qu'il leur plaira de me la laisser
exercer, je m'en acquiteray avec autant d'honneur, de fidellité et
de zelle qu'autre qu'Elles y voudroient commettre), il m'en a laissé
une autre bien pesante sur les bras, c'est de ce que je le trouve
engagé pour les dépences qu'il luy a convenu faire en présens,
tant depuis le commencement de ceste année que durant les précédentes, pour le service de leurs M[tés]. Je croy qu'Elles doibvent

1. Voir de nombreux détails sur ces funérailles dans le 1er volume de l'*Ambassade en Turquie*, page 135.
2. Le Visir *Mehemet* qui remplaçait Morath alors à la guerre contre la Perse.

estre si contentes ·de. ses si longs services qu'Elles ne permettront
point que cela paroisse icy, et qu'il leur plaira d'y avoir esgard,
commandant que l'on aye le moyen d'y remédier, et aussy que la
penssion qu'Elles font assigner pour cest Ambassade, soit desbour-
cée à qui aura la commission de moy de la retirer. Car je n'ay
aucun moyen de subvenir autrement à l'entretien et despence de
ceste maison [1].

Depuis sa dernière depesche, Madame, qui fut le 4ᵉ du passé, il
eut encores l'honneur et le contantement de recepvoir en un coup

1. Nous donnons ici quelques extraits de la lettre que le Gᵈ Sᵍʳ écrivit à la
Régente en réponse à celle par laquelle Marie de Médicis lui apprenait la mort
du roi. Le sultan déplore, dans cette même lettre, la fin du Bᵒⁿ de Salignac et
demande que l'Ambassade soit confiée au sieur du Carla.
  « A la glorieuse entre les femmes etc... Régente et gouvernante de tous ses
  « affaires, Marie, la fin de laquelle soit heureuse.
  « A l'arrivée de la très haute marque impériale, sçachez comme les très affec-
  « tionnées lettres du Roy vostre fils et vostres arrivèrent à nostre sublime et
  « excelse Porte... par la teneur desquelles nous avons sceu la mort par le voul-
  « loir de Dieu, de vostre cher mary Henri Empereur de France, et comme vostre
  « dict fils Louis Roy a, par grâce du· Tout Puissant, succédé à l'Empire de
  « France... et qu'il estoit nécessaire que fussiez Régente et procuratrice de tous
  « les affaires de vostre dict fils...; et solliciter que l'ancienne amitié et bonne
  « intelligence qui est depuis tant de temps entre nos prédécesseurs et les Empe-
  « reurs de France soit tenue en révérence et réputation... Et nous avons sceu
  « comme pour l'amour que vous portez à vostre heureux fils et pour la bonne
  « volonté et affection que vous avez vers nostre excelse Maison et Sublime Porte,
  « vous usez tousjours de diligence pour l'instruire et l'apprendre à veiller tous-
  « jours à la conservation de la dicte parfaicte et sincère amitié... Nous avons
  « entendu le tout et considéré d'un sain jugement; et pour l'amitié parfaicte qui
  « est fondée d'ancienneté entre nos prédécesseurs, nous ressentons en nostre
  « cœur sacré beaucoup d'aise et de consolation de quoy l'Empire de France est
  « venu au Roy vostre fils... Nous luy avons envoié nostre lettre impériale pour le ·
  « consoler de la mort·du Roy son père et nous conjouir avec lui de la succession
  » et dignité impériale qui luy est venue : à l'arrivée de la quelle, il est besoing
  « que suivant la grande affection et amitié ancienne d'entre vos prédécesseurs
  « les Empereurs de France et nostre excelse Porte, vous advertissiez vostre dict
  « heureux fils d'estre ferme et constant en la dicte amitié fondée par ses prédé-
  « cesseurs avec nostre dicte excelse Porte et qu'usiez de diligence à l'apprendre
  « à exécuter et observer le contenu de nostre imperiale capitulation... Enfin
  « tandis que de son·costé n'apparoistra chose qui contrevienne à la dicte capitu-
  « lation, il sera tousjours ·impossible qu'il se face ·rien du nostre, qui puisse
  « préjudicier ou causer altération au contenu d'icelle sacrée capitulation.
  « Scachez le ainsi, et que pour estre mort, comme il a pleu à Dieu, le *Baron de*
  « *Salagnac* vostre Ambassadeur icy, nous avons agréé que son frère le *Sieur de*
  « *Carla* servit en cette charge, lequel s'efforce à son possible, à faire que l'on
  « demeure satisfaict de son service, auquel il se doibt avoir quelque égard pour·
  « ce qu'il mérite; et ainsi l'espérons nous, nous rapportant de tout le reste à
  « l'amplitude de nostre lettre impériale.
  « Escrit en la Résidence de Constantinople au commencement du Ramazan.
  « l'an 1019. C'est le... novembre 1610. » (Bibl. nat. Fr. 16171 fol. 319.)

celles de V. M^{té} du 27e Juillet et 11e Aoust, pour responce desquelles, luy ne l'ayant peu faire, je luy diray qu'il y a près de trois semaines que celluy qui estoit demeuré icy pour attendre le commandement de ce S^{gr} pour la permission de la Pesche du Corrail et de rebastir le Bastion d'Alger, en est party avec led^t commandement pour s'en retourner, de façon qu'il ne tient plus pour cest affaire qu'à le faire bien valloir et obéir, estant fait en la meilleure forme qu'il se pouvoit. Il y a 4 jours que ce S^{gr} Baile reçeut des lettres de Venise. J'envoyay veoir s'il n'y en avoit point parmi pour nous. Il me manda que non, et que ce n'estoit qu'un extraordinaire mais qu'il espéroit que la Depesche entière seroit dans peu icy. Il nous fault contenter de telles responces puisque nous n'y pouvons faire autre chose, et qu'il est en eux de retenir ou distribuer nos depesches comme il leur plaist, et ne pouvons veoir plus clair en ce mal que par conjectures, qu'ils les retardent quelquefois à Cataro pour causes qu'ils croient leur importer.

Pour les nouvelles qui courent icy, je diray à V. M^{té} come il y a quelques jours qu'il en court icy que un des Capitaines de ce G^d S^{gr} qui ne bouge de la frontière de Perse vers Erzeroum, nommé Chil Aga, homme qui a la réputation d'estre vallant, accompagné de quelques Beglerbeis de ces provinces là, avec de bonnes troupes, s'estoient rencontrés avec le Persien, et qu'il s'en estoit suivy entr'eux une rude meslée, mais qu'elle s'estoit achevée avec égale perte. Ceux qui connaissent mieux la coustume de ces gens cy jugent de là que ils ont eu du pire; car autrement ils s'en vanteroient comme ils font tousjours aux moindres occasions. Maintenant s'est sceu comme Nassin Bacha avoit joint le Premier Bassa avec quarante mil hommes, et que à cause de ce renfort, led^t premier Bassa s'acheminoit vers la frontière pour attaquer le Roy de Perse s'il le trouvoit à son avantage; et à ceste occasion, manda icy que l'on y fist les prières publiques pour prier Dieu de voulloir favoriser ses desseings et armes. Pour ce qui est de la mer, le Capitaine Pacha a pris une galliote de corsaires de quelque 20 bancs et quelques brigantins vers ces côtes de la Morée, et en a fait pendre les hommes, et maintenant est allé vers Cypre pour y chercher les gallions corsaires qu'il avoit ouy dire qui y estoient, et a envoyé dix de ses gallères sur les voltes de l'Archipelague pour en tenir le passage net.

Je ne fauldray, Madame, à tenir V. M^{té} advertye par toutes occasions, des occurences de deça. Je la supplye très humblement aussy de voulloir commander que l'on m'informe tousjours des nouvelles, pour n'estre point en peine pour les faulx bruits que l'on sème bien souvent icy à notre désadvantage.

Je supplye très humblement V. M^{té}, Madame, de me pardonner la longueur de ceste lettre ; et si je la supplye de rechef de voulloir commander le payement de la penssion et ne permettre que l'on m'empesche la levée des deux pour cent que l'Ambassadeur du Roy icy a permission de prendre sur ce que négotient par les Eschelles du Levant les Françoys et autres nations qui y viennent soubs l'adveu de n° Bannière, mais de m'en voulloir s'il luy plaist, faire renouveller la permission. J'asseure V. M^{té} que les despences sont si grandes icy pour leur service, qu'il fauldroit un bon mesnager pour s'en sauver avec tout cela.

J'espère au premier jour de veoir ce Visir, et luy présenteray les depesches de Vos M^{tés} qu'Elles envoyèrent pour ce S^{gr}, lesquelles mon feu frère ne peult pour cause de sa malladye.

Je prye Dieu, Madame, qu'il luy plaise de faire que la Ligue que leurs M^{tés} sont pour contracter avec le Roy d'Angleterre, puisse réussir à leur honneur et grandeur, repos et splendeur de leurs Couronnes, et tout ce qu'Elles pourront jamais entreprendre. Ce sont les vœux les plus dévots que luy addresse nuict et jour,

Madame

Son très humble, très obéissant et très fidelle sujet et serviteur.

CARLA.

1610 (17 OCTOBRE).

Orig. fol. 135.

A M. DE PUISIEUX

SOMMAIRE : *M. du Carla annonce à M. de Puisieux la mort du baron de Salignac. — Il continuera jusqu'à nouvel ordre à s'occuper des affaires de l'ambassade.*

Monsieur, je me répute bien disgracié puisque le premier sujet que j'ay de vous escrire est pour vous faire ouir la mort de M. de Salagnac, mon frère, et que je sçay quel desplaisir ceste nouvelle vous donnera pour la mutuelle amytié qui estoit entre vous. C'est une perte qui m'a bien touché au vif, et qui me donne d'autant cruelles pointes qu'il est possible. Mais la plus grande affliction que j'en sens, est qu'à peine leurs Majestés pourront-elles recouvrer un plus prudent, zellé et fidelle serviteur qu'il leur estoit ; de quoy je ne craings point de le vanter, puisque telle est la vérité et qu'il en a acquis icy tellement la réputation, que toutes sortes de nations l'y regrettent et comme ayant perdu en luy un refuge très asseuré de justice et de protection. Ce que l'on peult bien mieux recognoistre mercredy dernier en son enterrement, ou avec l'acistance des sieurs ambassadeurs d'Angleterre et Baile de Venise, une infinité de peuple y accourut pour y apporter leurs larmes. Avant que partir, il voulut faire ceste despesche à leurs Majestés, et avec, ceste pour vous[1]. Il les advertit, comme leur disant le dernier à Dieu, de la recommandation qu'il m'a faite d'entreprendre le soing de la charge après luy ; ce que j'ay fait, et espère de m'en acquitter en ce qui sera de leur service avec tout le soing, dextérité et honneur qu'il me sera possible, attendant de la volonté de leurs Majestés, ou de me la continuer, ou d'en donner la charge à un autre. Et pour ce qu'elles n'ont point possible telle cognoissance de moy comme il le fauldroit pour croire ce que je leur en dis, et que cela les pourroit faire doubter de s'y fier, je recours à la faveur de Monsieur de Villeroy et la vôtre pour me voulloir ayder à leur en oster le scrupule. Je me promettrois bien qu'elles le perdroient s'il luy plaisoit de m'y aider et vous aussy. Je vous en supplye particulièrement comme je le fay, et de vous asseurer, Monsieur, que je recognoistray toute ma vye par toutes sortes de services ce que vous y apporterez.

Vous verrez en celle que j'escris à la Royne, tout ce que nous avons icy de nouveau de Perse, qui nous donne plus de désir de sçavoir ce qui y sera, etc.

Carla.

1. Voir ces lettres plus haut.

1610 (17 octobre).

Orig. fol. 136.

AU ROY

SOMMAIRE : Douleur causée à M. du Carla par la mort de son frère. — Protes-
tation de dévouement et de fidélité. — Lettre de Louis XIII au Grand Visir au
sujet de la mort de M. de Salignac et de son remplacement par M. du Carla.

Sire, il a pléu à Dieu d'appeller à soy Monsieur de Salagnac
mon frère. Une cruelle malladye que luy a causée la mellancolye
qu'il prit de la misérable perte du feu Roy son bon maistre, père
de V. M^{té}, l'a suffoqué au bout de quarante jours. La doulleur est
extresme que j'en sens pour la perte que V. M^{té} a faite en luy
d'un des meilleurs, plus fidelles et plus affectionnés serviteurs
qu'Elle eut sçeu avoir, et aussy pour ce qui m'en touche en mon
particulier, cest accident surpassant de beaucoup à mon advis
toute autre affliction que Dieu m'eut peu envoyer. Il me laissa
avant sa mort ceste lettre pour Elle [1], qu'il fit, comme prévoyant
sa fin, par laquelle V. M^{té} verra comme il m'a recommandé ce qui
est icy de son service, dont je prendray tel soing en attendant sur
ce ses commandemens, qu'avec l'ayde de Dieu je me veux bien
promettre qu'Elle aura tout sujet de s'en tenir bien contant;
l'asseurant qu'Elle trouvera tousjours en moy pour tout ce qu'il
luy plairra de me commander, une telle volonté, accompagnée de
toute fidellité et affection pour luy obéir [2] que le temps luy donnera
à cognoistre que c'est avec raison que j'ose me dire, etc.

Carla.

1. Voir cette lettre plus haut, page 376.
2. Le roi Louis XIII, après avoir reçu la nouvelle de la mort du baron de Salignac écrivit au Grand Visir la lettre suivante, dont nous avons trouvé la copie
dans le Manuscrit de la Bibliothèque nationale, fr. 16171, p. 325 :
« Très illustre, etc..... Nous avons fait perte du *baron de Salignac*, d'un bon et
« affectionné serviteur qui estimoit vostre mérite, et qui nous a souvent rendu
« compte de vos bonnes intentions à l'entretènement des traités d'amitié d'entre
« nous et la Maison Otthomane, comme aussy de l'affection particulière que
« vous avez souvent tesmoigné à nos sujets. De quoy nous vous savons très bon
« gré et désirons nous revancher, ainsy que vous dira le *sieur du Carla*, frère du
« dit baron de Salignac. Auquel ayant commandé de prendre la suite et la
« direction de nos affaires, en attendant que nous ayons fait choix de celuy qui
« remplira doresnavant ceste charge, nous vous prions de l'assister auprès de sa
« Hautesse et luy départir vos bons offices aux occurrences qui se présenteront.
« Vous asseurant que nous le reconnoistrons, ainsy que vous entendrez du dit

1610 (30 OCTOBRE).

Orig. fol. 137.

A LA ROYNE

SOMMAIRE : Réduction de Juliers. — Regrets témoignés par le Visir à l'occasion de la mort de M. de Salignac. — Ses bonnes dispositions envers les Jésuites. — Arrivée des Grenadins à Constantinople. — Le roi de Perse demande la paix.

Madame, depuis le XVIIᵉ du présent que j'escrivy à V. Mᵗᵉ, je n'ay eu l'honneur de recepvoir aulcunes de ses lettres quoy que mercredy dernier arrivast un ordinaire de Venise. Par icelluy, j'appris la réduction de Julliers[1] chose qui a bien sonné icy et qui me donna beaucoup de conssolation en ma tristesse, voyant ainssi réussir heureusement les entreprises de V. Mᵗᵉ à l'honneur de son nom, et bien et advantage de ceux pour le support desquels Elle les a faites : je prye le divin Créateur de la voulloir toujours favorir de mesme, à la honte et confusion de qui voudra nous inquiéter.

Depuis ma dite dernière, Madame, je fus veoir ce Pacha ainsy que je l'avais desseigné, lequel me fit tout l'honorable et gracieux accueil qui se pouvoit désirer, m'asseurant qu'il avoit senty beaucoup de doulleur de la mort de mon frère, et que son Maistre auquel il l'avoit fait entendre et comme il m'avoit laissé la charge de cest ambassade, avoit eu ce laiz pour agréable, et luy avoit commandé de me recepvoir et traitter avec moy en toutes occurrences comme ambassadeur du Roy en attendant que viendroit la volonté de leurs Majestés. Je luy présentay leurs lettres du premier juing et treiziesme juillet, lesquelles il reçeut avec tout honneur; les remerciant pour son particullier de celluy qu'Elles luy ont fait de luy escrire ceste là, et de la gratuité qu'Elles monstrent pour les bons offices qu'il nous a peu rendre pour aider

« sieur du Carla, qui vous confirmera nostre bonne volonté. De quoy, comme de « tout ce qu'il vous dira de nostre part, vous le croirez entièrement. Priant « Dieu, etc.

« Escrit à Paris, le XVᵉ jour de décembre 1610. »

« Signé LOUIS. »

Le même jour la Régente écrivait au Gᵈ Sgr et au Gᵈ Visir des lettres semblables qui sont conservées dans le même manuscrit de la Bibliothèque nationale.

1. Voir la note 2 de la page 317.

à afermir l'establissement de ceste mission des Pères Jésuites, et m'asseurant qu'il les continuroit tousjours en toutes occasions que nous aurions besoing de secours pour cella et pour toutes choses qui seront du service de leurs Majestés à sa faveur et protection. Et aussy qu'il rendroit au G^d S^gr celles qui estoient à luy, et qu'il me feroit sçavoir ce qu'il y auroit respondu ; qui a esté comme me l'a depuis mandé que le G^d S^gr escriroit à Vos Majestés et me feroit donner leurs lettres pour les faire tenir. Car ils ne parlent plus de le faire par quelqu'un des leurs, et me semble ne le debvoir rechercher ainsy que cella doibt venir d'eux. Les ayant, j'adviserai par leur teneur à ce que je debvroi faire, ou de les garder icy ou de les leur envoyer. Mais en tout cas Vos Majestés en auront la traduction que je feray faire.

Il y a en ce port un vaisseau de Marseille dont le patron s'apelle Guillaume Léon qui en a apporté icy quantité de ces Grenadins. Ils se louent extresmement du dit patron et de nous, et du courtois traitement qu'il leur a fait ; et mesmes luy en sont venus faire les tesmoignages en ceste chancellerie.

Ce qui se dit maintenant de nouveau icy, est que le Roy de Perse a faict envoyer ses ambassadeurs à Erzeroum trouver le premier Bassa pour y traicter de la paix avec luy, auxquels il avoit fait responce qu'il sçavoit bien que leur venue n'estoit qu'à desseing de l'entretenir pour ainsy faire eschapper la saison et l'empescher de rien faire contre luy ceste année, et qu'ils rapportassent à leur maistre qu'il s'en alloit entrer en son pays pour luy faire sentir ses armées ; que si le sujet de leur légation estoit sans fraude ; que là il s'en pourroit traicter tout à cheval, et qu'il seroit toujours pour favoriser à la raison.

Je croy qu'il aura desjà fait ce qu'il aura peu pour ceste année, car les [pluies] qui tombent maintenant le debvront bien contraindre à se retirer, pour remettre la partie à la prochaine année. L'on nous escrit d'Alep qu'un orfebvre François qui y estoit arrivé venant de Perse disoit que l'armée du Persien estoit fort puissante en cavallerie, et qu'il estoit allé en Tauris, attendant là le premier Bassa pour le combatre s'il peult par surprise, comme il fit feu Cigalle, etc.

CARLA.

PIÈCES JUSTIFICATIVES

I (page 2).

Voici comment le Chroniqueur *Bordier* raconte l'avènement au Visirat et la mort de Sinan Bassa :

« Or est-il que durant le règne de *Mehemet Pacha* quy dura assé de temps, estoit en l'Arabie Heureuse de la province d'Aiman un pacha appellé *Sinan*, quy par violantes extortions et tyrannies s'estoit tellement acquis l'inimitié du peuple par ses insupportables invasions, qu'ils furent contraincts par diverses fois de former leurs plintes et les faire entendre du G^d S^gr, à ce qu'il plust à sa Hautesse leur lever ceste sansue quy leur tiroit le bon et mauvais sang ensemble par son insatiable cupidité. A quoy le G^d S^gr voulant remédier, luy manda plusieurs fois de venir à la Porte ; ce qu'il avoit toujours différé par belles excuses, jusques à ce qu'il eust promesse du G^d S^gr de le faire Grand Visir. A quoy soudin il presta l'oreille et s'achemina à Constantinople avec grands dons et présents, tant pour sa Hautesse que pour les sultanes, et arriva justement à point pour succéder au susdit Mehemed Pacha ; estant le bien veneu et reçeu en apparence tant du G^d S^gr que des plus grands de sa Porte, faisant de beaux et riches présents, quy ne luy avoient cousté qu'à prendre, tant au G^d S^gr qu'aux sultanes. Car il estoit petit-fils de l'une d'icelles ; à raison de quoy elle avoit prié Sa Hautesse de le provoir du G^d Visirat : ce qu'il leur promit de faire à la première occasion, à quoy il ne manqua aussy. Car sur ces entrefaictes venant à mourir le susdit Mehemed Pacha, le dimanche suivant le G^d S^gr le fit proclamer G^d Visir et luy permist qu'il luy baisast la veste en ceste qualité suivant la coutume, recevant ses riches présents estimés un million d'or. Car il estoit fort riche et avoit grandement fait sa bourse aux despens du peuple de son Pachaly, qui est des meilleurs. Et me souvient que ce mesme jour de dimanche nous fusmes six ou sept du logis de M. l'ambassadeur à Scutary et Calcédonie nous promener en la Part d'Asie, qu'au retour sur le soir, montant le courant du canal de la Mer Noire pour prendre avantage et pouvoir plus facilement prendre terre à Topana, nous passasmes le long du rivage d'un plaisant et beau jardin, où lors estoit Sinan Pacha à se resjouir et faire feste avec quantité de ses amis, pour avoir esté reçeu G^d Visir, de sorte que tout retentissoit là autour du son de tambours, flûtes et clerins, et autres instrumants : ce quy nous fit mettre en terre en ce lieu pour avoir cette galantise, nous promenant par jardin fort délectable et plaisant, où nous vismes à loisir Sinan Pacha, homme grand et droit et de belle apparance. Le lendemain de son Visirat quy fut le lundy, le G^d S^{gr} luy fit tenir le divan quy fut son premier et dernier. Car au lever d'icelluy, s'estant jà acheminé en la court ou place du divan, il se vit innopinément entouré de capygis et ajamoglans, qui sans respec ou cérémonie luy ostèrent la teste. Et furent pris tous ses biens pour le G^d S^{gr} quy s'estoit aquité de sa promesse envers les sultanes et de luy aussy. Mais les plaintes de ses malversations et tirannie le réduirent à ce mauvais sort. »

(Ambassade en Turquie de Jean de Gontaut Salignac, livre II, chap. 78).

II (page 9).

Transport des dépêches de Turquie en France.

« Le Pachá et le S^r ambassadeur après avoir l'un et l'autre convenu et résolu des affaires du roy et du G^d S^{gr}, le Visir remet la depesche de Sa Hautesse qu'il envoye à S. M^{té}, en main de son ambassadeur, qui soudin fait la sienne au roy que l'on porte bien ployée et empactée en mains du Bayle ou ambassadeur de Venise. Lequel avec son secrétaire font le pelit de la Seigneurie dans lequel est celuy du Roy ; et le tout envoyé sûrement ensemble par certins nombres d'hommes que les Vénitiens appellent *Fantes* qui sont messagers ou porte-lettres, gens dispos, forts et robustes, la plus part Ragusiens, Esclavons et Serviens, quy ordonnés en quatre troupes, savoir de vingt pour brigade : l'une à repos qui atand la depesche au logis du Sr Baile ou Ambassadeur à Constantinople ; l'autre à repos à Venise attendant pareillemant la depesche pour Constantinople ; les deux autres brigades sont en chemain et se rencontrent à moitié d'ycelluy, l'une allant, l'autre venant. Lesquels estant arrivés à mesme temps, les uns à Venise et les autres à Constantinople, se reposent aussy ; et les autres brigades reposées marchent en campagne. Tous les quinze jours se fait ce partement des porte-lettres aux frais de la Seigneurie. Lesquels vont par terre de Constantinople jusques à Raguse, où la susdite brigade trouve la frégate toute leste quy les atand, comme aussy fait celle de Venise qui part pour porter sa brigade à Raguse. De manière que par ce bel ordre, l'on a ordinèrement lettre nouvelle tous les quinze jours. Et faut entendre que le paquet est porté à rechange d'hommes tous les jours afin que l'un ne soit plus grevé que l'autre. Et sy par hazard se trouvoit quelque obstacle par le chemin, duquel le paquet courust fortune de se perdre, pour obvier à cest accident il y a tousjours quatre ou cinq avant coureurs qui cheminent deux ou trois cent pas devant pour descouvrir sur le chemin ; de manière que s'ils redoutent quelque sinistre malheur, soudain deux retournent arrière avertir la troupe, quy promptement enterre le paquet, ou le cache en lieu pour le sauver. Ce quy n'arrive en dix ans une fois. Tant y a qu'estant arrivé à bon port, la Seigneurie à quy s'adresse le tout, fait délivrer la depesche de l'Ambassadeur de Constantinople qu'il envoye au Roy, au Sr Ambassadeur du Roy quy réside à Venise ; quy en eschange aussy, ayant fait sa depesche au Roy prend celle de la Seigneurie avec la sienne, et fait porter le tout aux frais du Roy où se trouve S. Mté. Sy bien qu'en ce faisant, l'un est quite de l'autre ; ayant nouvelles tous les quinze jours, bien que les lettres soient datées de cinq ou six semaines, ou un mois et demy. Voylà le principal expédient à quoy l'Ambassadeur est tenu quant aux affaires du Roy. »

(Ambassade en Turquie de Jean de Gontaut.)

III (page 12).

Nous empruntons à la *Chronique de Bordier* de nombreux détails sur l'origine de Cigale, sur la valeur militaire de ce Bassa et sur la bataille qu'il perdit à Tauris :

« Je raconterai la prise d'un gentilhomme Cicilien avec son fils, nommé *Cigale* que l'on tient estre de noble famille de Messine. Lequel avec son jeune fils furent pris sur un vaisseau de guerre en mer Tyrenne par les Turcs, et mené en Constantinople, du temps du sultan Selim second, à quy le père et le fils furent présentés, pour estre de fameuse et renomé famille. Et voyant Sultan Selim, que ce jeune Cigale estoit beau, dispos et de belle espérance, soudin il le fit persuader d'ensuivre sa loy ; luy faisant entendre qu'il donneroit liberté à son père. Mais le père sachant la ruse l'admonesta de n'en rien faire ; l'assurant que quand il seroit Turc, ils ne luy donneroient liberté ainsy qu'ils luy promettoient ; de manière qu'il luy convint souffrir plusieurs assaults tendant à le persuader d'entrer en leur créance. A quoy il résista courageusement jusques à ce que le Gd Sgr le fit contraindre de ce faire, par fières menaces quy furent inutiles. Dont s'ensuyvit après quelques soufflets et menaces de mort, en sorte que plus par force et contraincte que de volonté qu'il en eust, il luy falust subir aux fières lois mahométanes. Au moyen de quoy le Gd Sgr le fist norir au sérail et instruire en la loy, le faisant *Ychoglan* (quy est page de la Chambre) où il se rendist des plus gentils et adroits de tous ceux quy fussent lors au sérail. En sorte que Sultan Selim l'afectionna et favorisa, et tout ce qu'il désiroit. Mais le père de Cigale, fut de desplesir de se voir captif ou de regret de voir son fils forcé en la loy, fut tellement atteint de desplesir et tristesse que la mort en peu de temps s'en ensuit, et peu de temps après celle de Sultan Selim, auquel succéda son fils Murath III. Duquel puis il ne fut moins aymé et favorisé; car le voyant beau, jeune et aventureux il le prit en affection, et l'avança de temps en temps, l'emmenant à la guerre de Hongrie avec luy, où il avoit merveilleuse réputation pour sa valleur et dextérité, qu'il fist fort heureusement reconnoistre à la bataille d'*Agrie* que le Turc avoit perdue sans luy. Quy, voyant les Chrestiens plus eschauffés au pillage qu'à maintenir leur victoire, il rallia une grosse troupe de chestifs gens de bagage quy jà estoient en proye des Chrestiens, qu'il augmenta de plusieurs fuyars et autres : avec lesquels il chargea sy à point les picoreurs, que toute l'armée chrestienne en fut en routte : Et leur leva la victoire des mains. De manière que Sultan Murath estant à Constantinople le fist Janissaire Aga, pour compensation de son service, et peu de temps après luy donna le Bachalic d'une ville de Géorgie et pays d'autour. Durant lequel temps intervint la mort de Sultan Murath auquel succéda son fils Mehemet III. Lequel l'employa à la guerre de Perse, le faisant Pacha de Reyvan (*Erivan*), ville d'Arménie frontière de Perse, où il se comporta sy bien que l'on ne parloit que de sa valeur et réputation. Quy fit que Sultan Mehemet le fit retourner à Constantinople où il le fit Capoudan Pacha (quy est grand amiral de mer), qu'il exerça dix-sept ans, quy est plus qu'aucun de ses devanciers ait jamais faict. Durant lequel temps il fut faict Vizir Azan, et quelque temps après fut hors de charge et envoyé en Perse, laissant un Caymacan ou Lieutenant de l'Amirauté en sa place. Mais estant Pacha de *Van* ville de la Médie sur le grand lac *Actamar* non loing de *Tauris*, avint que le Sultan Mehemet mourut. Et luy succéda son fils puisnay *Hamet* en l'an 1603. Lequel confirma Cigale en ses Etats, et de plus le fit *Serdar* (général en chef) de l'armée de Perse, sans permettre qu'il retournast à Constantinople; d'autant que les afaires de Perse ne batoient que d'une aile pour le Turc. Au moyen de quoy Cigale dessand une puissante armée quy tint l'hyvert sur la frontière comme *Chars, Van, Reyvan, Erzerum,* et autres lieux.

Cigale ne manqua au printemps de l'an 1604 de se mettre en campagne, tantost campant et logeant en plaine, et ore en montagne par bon et mauvais temps. Mais esl Persiens quy toujours estoient aux aguets et quy souvent ont battu les Turcs, bien que plus par stratagesme qu'autrement, ayant esté bien advertis que l'armée cheminoit et de la routte qu'elle prenoit, et sembloit estre vers *Tiflis* principale ville de Géorgie, *Cha Abbas* roi de Perse, très brave et généreux prince, n'ayant que vingt mille chevaux, se resolut de taster son ennemy, non pour venir aux mains avec eux, n'estant la partie égale, mais pour le reco- noitre et prendre son party à point sy l'occasion se présentoit à leur donner quelque échec. »

« Arriva donc qu'estant l'armée Turquesque passée les montagnes Caspiée, et entré fort avant dans l'Atropatie, pays mélangé de plaines et montagnes, *Cha Abas* les allant cherchant çà et là, estant campé sur la summité d'une très haute montagne, voyant l'ennemy dans la plaine quy d'autre costé recherchait son avantage, pensant d'atirer le Persien en son piège, avoit dressé quelque grande embuscade de Janissaires sous- tenus de grosses troupes de spahis. Mais *Cha Abas* ayant descouvert ce dessin, tira de sa cavalerie deux mille chevaux d'élite pour les descou- vrir; lesquels s'acheminèrent par lieux couverts et inconnus aux Turcs, qui descouvrirent à l'instant sur les pantes et costaux des montagnes, toute l'armée persienne quy faignoit de leur aller encontre : ce que ce ne recherchoit pour l'inégalité. D'autant que Cigale avoit plus de soixante mille hommes. Néanmoins les deux mille chevaux persiens furent accom- pagnés d'un sy avantageux progrès que les troupes d'Espahys, mandées pour le soutien de l'infanterie, embusquées furent attaquées par lieux inpensés et furieusement repoussées proche leur armée, qui voyant à l'instant paroistre toute l'armée persienne sur la pente de la montagne, et jà leurs gens en fuitte, chascun se pensa que le Persien estoit jà mélé parmy eux. Ce quy causa une si prompte et si chaude alarme par tout le camp othoman, qu'en un instant il n'y demeura que les tantes et pàvillòns. Et ne fut possible au Serdar Cigale de pouvoir retenir plus de cinquante chevaux près sa personne, qui fut lâchement abandonné de tous. Ce quy luy causa un tel trouble et desplésir qu'à l'heure mesme il perdit ses fonctions naturelles sans pouvoir remédier à cette terreur panique, comme il fit sy heureusement à la bataille d'Agrie; pour ne luy toucher au vif comme en ceste desroute cy pour estre le chef de l'armée. Quy s'évanouist de telle sorte que tant qu'ils eurent haleine ils ne regar- dèrent derrière eux; laissant à l'abandon tantes, pavillons, chevaux, chameaux et toutes autres choses d'atirail de guerre, sinon quelques soixante zarbazans, ou petites pièces qui jettent le gros d'une orange, qu'ils trainèrent légèrement partie à Chars, Van et partie à Ezerum; puis tant y a que Cigalle se voyant abandonné des siens, fut contrainct de se retirer honteusement avec cinquante ou soixante chevaux. D'autre costé le roy de Perse voyant ceste soudaine retraicte et puissante armée s'esvanouir, aresta coy, ne voulant passer outre, voyant les tantes et pavillons sur pied, et non l'armée quy jà estoit couverte des tortueux costaux et vallons caspiens. Quy fit juger aux Perses que ce devoir estre quelque prévoyante amorce pour les atraire en la plaine et les engager à quelque sinistre combat. D'autre costé les deux mille che- vaux persiens quy avoient donné la chasse aux troupes d'Espahys jusques presque dans leur camp, se retirèrent pour ne tumber en quelque sclandre, et ne sceurent rien de la fuite, voyant tousjours les pavillons en pied. Et se

retira le roy de Perse en la montagne, résolu d'en taster le lendemain.
Pendant, Cigalle fuioit tousjours avec le plus grand désordre que l'on
eust encor point veu parmy les Turcs, ne voyant pourquoy n'estant suivis, tant la peur a de pouvoir sur les âmes craintifves. Je laisse à juger
quelle nuict eust lors Cigale, quy jusques alors avoit esté en tous lieux
invincible. Et néanmoins cette seule espouvante et fausse alarme luy
causa la fin de sa gloire et sa vie ensemble. »

« Mais venons à *Cha Abas* quy, voyant le matin les tantes et pavillons
des Turcs en mesme lieu que le jour précédant, sans descouvrir autre
chose que chevaux, chameaux et autres animaux errant çà et là autour ;
ne sachant que penser ny juger de ce faict, balançant sur l'imagination
d'avancer ou retarder le progrès de son dessein quy estoit en supens ;
finallement par l'induction de ses capitaines, il fut conclu de faire monter
à cheval de rechef quelques troupes d'eslite pour aller taster le poux de
l'armée turqesque, sans rien hazarder que bien à point. Où estant dans la
plaine, leur fut dit qu'assurément l'armée du Turc s'estoit hâtifvement
retirée, ayant abandonné le bagage, tentes et pavillons : dont fut soudin
donné avis au Roy persien ; lequel promptement depescha quelques
troupes légères au chef desquelles il commanda de donner jusques dans
le camp et reconoitre assurément ce quy en estoit. Pendant, il fit décendre
son armée en la plaine, où luy fut assurément raportée la fuite de
l'armée turquesque, par les siens mesmes quy avoient esté jusques aux
pavillons. Quy fit que se voyant hors de suspect de quelque stratagesme,
toute l'armée s'achemina aux pavillons, avec tel ordre que dix mille
chevaux furent tousjours aux aguets prets à rendre combat, tandis que
les autres butinoient en commun. Ce quy n'estoit à craindre ; car les Turcs
estoient jà espars à grandes troupes, les uns prenant la route de Chars,
et autres lieux de surte. Pour Cigale il se rendit à Erzerum, tout remply
de tristesse et mélancolie, d'autant que *Cha Abas* non contant de ce butin,
sachant assurément par ses espions que l'armée turquesque estoit en tel
désordre qu'elle ne s'en pouvoit relever, il se résolut de leur donner
chasse ; sy, qu'en trois jours il atignit plusieurs troupes fuyardes qu'il
chargea sy à point qu'il en demeura six ou sept mille sur les chemins. »

(*Ambassade en Turquie de Jean de Gontaut.*)

IV (page 20).

« Un certain *Zambolat*, nous dit Bordier, fameux et vaillant Cavaillier
se disant prince d'extraction, sy aucun y en a en Turquie, grandement
puissant en terres et Seigneuries par la Sirie, d'entre le mont Liban et la
cité de Damas, ayant assemblé sept ou huy mille de ses subjects bien en

ordre et à sa solde, en cest équipage s'acheminast en Perse pour joindre
l'armée de Cigalle dont les desbris estoient espars partie à Erzerum, Chars,
Arapta, Orfa et autres lieux circonvoisins de Diarbec, où il fut trouver
Cigalle. Lequel feignit le bienvenir et d'estre joyeux de son arrivée et bon
secours, luy disant qu'en peu de temps il rallieroit son armée pour retour-
ner en Perse au printemps où il espéroit d'avoir raison de l'accident quy
luy estoit inopinément avenu. De manière qu'il le tint quelque temps à
Diarbec envoyant ses troupes à l'escart hyverner par la Mésopotamie.
Tandis il se forgeait mille chimères pour treuver excuse de sa faute et la
faire entendre au G^d S^{gr}. A quy il envoya un courrier faisant entendre à
Sa Hautesse que les Spahis ne l'avoient voulu obéir, et mesmes que
Zambolat ne l'avoit joint qu'après son désastre : que s'il fut venu à temps
lorsqu'il luy avoit mandé, il ne luy fut arrivé telle perte; qu'il estoit
besoin affin de ranger les autres à leur devoir, de luy faire subir peine de la
mort, avec plusieurs autres choses quy ne se sont sceues. Tant y a que fut
ou non, qu'il reçeut le commandement du G^d S^{gr} pour le faire mourir, il
ne laissa de le faire avant que d'en recevoir responce, tant il avoit crainte
qu'il luy eschapast. Cette vilaine et lasche mort ne fust sans estre grandement plainte et regrettée non seulement des siens qu'il avoit amenés avec
luy, lesquels se retirèrent tous dès lors, mais bien aussy de tous les Agas
ou capitaines de l'armée quy jugèrent bien ceste seconde faute n'estre
moindre de la première. D'autant ce fut la base et fondement des *Gelalis* ou
rebelles de la Syrie, quy depuis ruinèrent partie de la Natolie, Sirie,
Arménie et tant d'autres lieux que ce fut pitié et merveille ensemble. De
ceste mort Cigalle se forgea une très grande indignation parmy les siens; et
sa réputation ainsy que sa santé de jour en autre en fut amoindrie. Il se
remarque icy de Zambolat une chose presque incroyable, quy est selon le
commun dire des gens du pays, qu'il avoit eu de plusieurs femmes huytante
six enfants et luy en naquist sept en un jour et une nuyct, de plusieurs
femmes. Son aisnay fut appellé *Ousin Beg*, brave et généreux homme,
lequel fut admis avec Cigale *(le fils de Cigale)* à la garde de Reyvan, ville de
Perse par Ferat Pacha, Visir et Serdar (ou général en chef) de l'armée. —
Ceste mort donc, comme a esté dit, desplut grandement à beaucoup, et en
fut Cigale tousjours depuis blasmé. Les troupes qu'il avoit amenées, voyant
la mort de leur chef qu'ils avoient aymé extresmement, ne voulurent onc
puis recevoir commandement ny obéir à Cygale, lequel l'on voyoit de jour
en autre définir, tant de gens de guerre que de forces corporelles, quy luy
manquoient pour la mélancolie et tristesse quy luy avoient outré le cœur;
et trainant un peu de temps sa languissante vie, la finist avec sa tristesse
à Diarbec, ville de Mésopotamye. »

(*Ambassade de M. de Salignac à Constantinople*, livre II, chap. 73.)

V (page 39.)

Soldats français au service de la Turquie.

En 1597, l'empereur Rodolphe ayant demandé à Henri IV quelque secours contre les Turcs, un régiment français de trois mille hommes, sous la conduite du baron de Bonparc, fut envoyé en Hongrie, et contribua à la prise de plusieurs villes et places importantes. Mais les Allemands usèrent de mauvais procédés envers ces hommes, refusèrent de payer leur solde, les laissant dans la misère et les menaçant de mort lorsqu'ilz présentaient de justes réclamations. Ils prirent alors le parti des Turcs, et ceux-ci promirent de payer tout l'arriéré dû par l'empereur et d'augmenter considérablement leurs appointements. Le traité qui les mettait au service de la Turquie fut signé le 15 septembre 1600, et *Bordier* en a donné la teneur d'après l'original qui, dit-il, lui a été communiqué par le colonel Maurice commandant à cette époque ces soldats français. Voici quels en furent les principaux articles : « 1º Nous demandons de vivre selon nostre religion, « 2º nous demandons paiement pour dix-huit mois que nous doit l'empe- « reur en mesme paye qu'il nous payait... 5º Nous demandons pour nostre « entretien, d'estre payé tous les mois. 6º Lorsque nous aurons fait quelque « temps service au Gᵈ Sᵍʳ et que le traitement que nous recevons ne nous « sera pas agréable, nous sera permis de nous retirer..... 10º Nous « demandons et voulons estre vestus suivant nostre nation et porter nos « armes en tout lieu que bon nous semblera..... 14º Nous demandons « qu'aucun ne vienne rechercher autre justice qu'à celuy qui sera colonel, « que tout luy soit remis entre mains sy d'adventure il y a quelques mal- « fecteurs dans ses compagnons..... »

Le pacte conclu, le régiment qui ne comprenait plus alors que quinze cents hommes se mit en marche pour rejoindre l'armée turque, non sans être obligé de se défendre contre les impériaux qui les harcelèrent continuellement jusqu'à leur arrivée au camp des Ottomans. Un grand nombre de Français qui hésitaient à servir les Turcs retournèrent alors en France; les autres restèrent sous les ordres du colonel Montcler et se signalèrent dans toutes les occasions où il leur fut donné de combattre. — « Après la « paix de Hongrie ils revinrent à Constantinople, où le Gᵈ Sᵍʳ les voulut « voir, ne pouvant estre que cinq à six cents soldats fort lestes et en bon « équipage, car ils avoient tant d'or et d'argent qu'ils ne savoient qu'en « faire, d'autant que leur paye estoit montée au quadruple de ce qu'ils « avoient de l'empereur. En ceste monstre qui estoit en bel ordre, ils pas- « sèrent devant le sérail où le Gᵈ Sᵍʳ se met en un lieu, quand il veut voir « quelque magnificence ou l'entrée de quelque Pacha sans estre veu, et « parce que le Gᵈ Sᵍʳ n'avoit veu de sy bons mousquetaires et arquebu- « siers, qui tous firent une salue devant Sa Hautesse d'autre manière que

« les Turcs ne savent faire, qui contenta grandement les Turcs, principa-
« lement le G^d S^{gr} qui leur envoya une bonne somme d'argent de présent,
« leur faisant donner un cartier pour loger par la ville puis à Galata où
« ils se faisoient craindre grandement. Aussi estoient-ils lors en bon ordre
« portant tousjours leurs espées avec le grand penache blanc au chapeau,
« ce qui les faisoit reconnoistre partout où ils estoient. Mais puis le temps
« et les débauches les ruinèrent..... »

Le régiment se désorganisa : quelques soldats se firent mahométans,
pensant être mieux traités par les Turcs, mais leur espoir fut bien déçu. Le
plus grand nombre, les meilleurs et les plus honnêtes rentrèrent en
France [1]. « Le reste de ceux qui demeurèrent n'estoit que le rebut, tous
« gens de peu de valeur qui n'avoient autre bien que la pance pleine, la
« teste tousjours abruvée de vin, et la langue, de blasfèmes..... et furent
« emmenés de rechef en Hongrie l'an 1602 où ils ne firent que mal pour
« les Chrestiens et peu de bénéfice pour le Turc, et retournèrent hyverner
« à Constantinople..... puis changèrent de trois ou quatre colonels (tant ils
« avoient la teste légère et de peu de jugement) qu'ils dégradaient eux-
« mesmes lorsqu'ils estoient pleins de vin, et le plus souvent, les faisoient
« mourir pour un rien; au moyen de quoy ils se rendirent si odieux des
« Turcs et des Chrestiens que l'on ne les vouloit ni voir ni ouir en neul
« lieu; et me souvient que quand nous arrivasmes à Constantinople avec
« Monseigneur de Salignac..... estoit lors leur colonel un d'entre eux
« appellé La Fontaine qui n'avoit peu de peine à gouverner ce monstre à
« tant de testes légères et faroches. »

VI (page 161).

Démélés entre le baron de Salignac et l'Ambassadeur d'Angleterre.

« Ayant désir de longue main de faire le voyage du Caffa et voir la court
du Roy de Tartarie, j'estois souvent en profonde pensée du moyen que je
devois prendre d'obtenir permition de M^r l'Ambassadeur d'y aller, veu que

---

1. Henri IV n'avait pas été satisfait de voir le régiment français abandonner l'armée impériale pour prendre le parti des Turcs. Nous en trouvons la preuve dans une lettre du Roi à M. de Brèves, en date du 13 mai 1603, que Monsieur Schefer, l'éminent membre de l'Institut, directeur des Langues orientales, a eu l'obligeance de nous communiquer. Cette lettre provient du Manuscrit Monmerqué dont M. Schefer fit l'acquisition à la mort de ce Bibliophile : « Je serois très aise, écrit le Roi, que les « Françoys qui sont par delà finissant la guerre à la solde de ce Seigneur, s'en retirâssent pour « retourner en mon royaume. Car il est malséant et de mauvaise odeur qu'ils continuent à porter « les armes contre les Chrestiens. La nécessité qui les y a portés les a aucunemans rendus excusables « jusques à présent, mais leur persévérance, ayans moyen et permission de s'en retirer, les diffame-« roit et condamneroit leur mémoire à jamais; de quoy admonestez les de se retirer. S'ils ne le « peuvent faire tous ensemble, qu'ils le facent séparément. Toutefois traitez cela de vous-mesme sans « y mesler mon nom, s'il est possible, et en tous cas de façon que ce Sgr. et ses ministres ne s'en « offensent et yrritent, et vous me ferez service. »

j'estois tousjours près de luy et ne vouloit que je m'en esloignasse. Considérant qu'il ne auroit tant affaire de moy durant le mois de may et juin que l'on met les oyseaux à la mue, je le priay donc humblement me vouloir permettre de faire ce mien voyage quy ne pouvoit estre que de deux mois; ce qu'il m'accorda volontiers, louant ma curiosité. Mais voicy un obstacle quy s'oposa à mon dessain : quy fut que le S^{gr} *Thomas Glauwer* quy lors fut Ambassadeur du roy d'Angleterre, arriva à Constantinople en l'an 1606. Lequel après quelque temps de son arrivée, ayant faïct son baise-main au G^d S^{gr}, ainsy qu'est la coutume, et au Visir et autres principaux de la Porte, il sceut sy bien gaingner le Visir qu'il luy fit entendre tout ce qu'il voulut, tendant à faire séquestrer ou retrancher les marchands flamands et holandois quy, de tout temps, trafiquoient sous la banière de France, et les en lever pour les mettre sous celle d'Angleterre ; ce qu'il ne put obtenir que par grand et riche présent : car les Turcs ne font rien pour rien. Et fut ce Traité brigué et mené sy acortemant entre le Visir quy avoit jà les mains garnies du susdit ambassadeur d'Angleterre, que celuy de France n'en savoit rien, combien qu'il s'aydast effrontémant de ses chevaux mesmes pour aller au Visir traicter de cette affaire contre luy à son inçeu. Et m'avoit comandé Monseigneur l'Ambassadeur de luy faire bailler de ses chevaux lorsqu'il en demanderoit, d'autant qu'il estoit nouveau venu, et n'avoit encore fait achapt de chevaux. De manière donc qu'ayant obtenu comandemant du Visir, ainsy qu'il désiroit, il envoya en Alep au Sr *Paule Pinder* quy lors estoit consul pour la nation anglaise, afin qu'il les fit signifier au Sr *Savornin* lors consul de France, à ce qu'il eust à se désister ou démettre de la protection des dits Flamands et Holandois, à ce qu'il ne se mélast plus de leurs affaires, pour avoir, par bons avis et considération du Divan de la Porte, esté osté de la bandière de France, et mis de leur consentement à celle d'Angleterre : ce quy estonna fort le Sr Consul Savornin, quy jusques alors n'en avoit eu de nouvelles de son Ambassadeur ny autre. Et demanda deslay jusqu'à ce qu'il en eust nouvelles du Sr Ambassadeur de France : ce quy luy fut octroyé à condition que l'argent quy proviendroit des droits des Ambassadeurs, qu'ils tireroient durant ce temps des Flamands et Holandois, seroit mis en dépôt en main tierce : comme fut fait. Cependant le Sr Consul fit convoquer et assembler tous les négotians d'Alep de la nation françoise pour aviser à ce que l'on devoit faire là dessus. Et fut conclu d'envoyer promptement un messager au Sr Ambassadeur pour l'aviser de tout ce que dessus. De sorte que voyant ceste depesche, il ne se peut dire de combien il se trouva perplex et offencé, tant du procédé de l'Ambassadeur d'Angleterre que du Visir, lequel avoit légèrement concédé une telle chose à son préjudice, sans l'en avoir averti pour se défandre. Et dès lors fit venir ses quatre truchemans auxquels il demanda s'ils avoient point oui parler de cette affaire au divan; et dirent tous que non. Et leur fit grandes réprimandes sur le peu de soing qu'ils avoient de savoir ce quy se passoit au divan et ailleurs touchant ses affaires, ayant laissé passer celle sy importante à l'honneur du Roi et de sa charge.

Et dès lors dressa sa plainte aù Visir, avec telle forme qu'il n'y eut à
redire (car il estoit grandement disert) le faisant translater puis, et mettre
en caractaires turcs, pour la présenter au Visir, où nous fusmes tous, et
après luy avoir fait savoir par son premier interprète le suject de sa plinte
quy estoit hardie, l'accusant d'impertinence et peu d'expérience aux
affaires d'Estat et vulgaires de son Maistre, à quy il auroit recours quand
il seroit sy mal avisé de ne révoquer, rompre et casser tout ce qu'il avoit
inconsidérément concédé et traicté avec l'ambassadeur d'Angleterre, sans
l'avoir fait appeller pour défendre sa cause et contrevenoit aux Capitulations
d'entre Sa Hautesse et Sa Majesté, qu'il luy monstra lors, luy faisant
entendre qu'elles avoient esté de tout temps observées de part et d'autre.
Plusieurs autres pertinantes raisons furent alléguées par le Sr Ambassadeur au Visir, lequel se trouva au rouet, nonostant mille éxcuses par luy
alléguées ; rejetans le tout sur celles de l'Ambassadeur d'Angleterre quy
luy avoit faussement fait entendre ; dont il se ressentiroit. Et promit dès
lors au Seigneur Ambassadeur de retirer toutes les expéditions qu'il luy
avoit délivrées touchant cette poursuite, à ce qu'il n'eut sujet de s'en
plaindre au Gd Sgr, comme il l'en menaçoit ; quy estoit ce qu'il craignoit
le plus. De manière que le Sr ambassadeur luy promit, qu'ainsy faisant, il
n'en feroit instance. — Et retournasmes à Galata, plus satisfaicts et contants que nous n'en estions partis. — Sur ce, le Visir envoya quérir
l'Ambassadeur d'Angleterre auquel il fit entendre les raisons et plaintes de
l'Ambassadeur de France, lesquelles luy dit-il, il avoit trouvés sy justes et
bien fondées, quy luy faisoient juger que tout ce qu'il luy avoit fait
entendre à son desçeu, estoit sans apparence de vérité ; et que par conséquent, il reconnoissoit avoir fait un pas de Cler, à quoy il vouloit remédier, luy demandant les expéditions et patentes qu'il luy avoit fait délivrer pour ce sujet. Mais l'ambassadeur d'Angleterre quy estoit assé fin et
rusé pour estre fort pratic aux affaires de Turquie, ayant esté secretaire de
deux Ambassadeurs d'Angleterre ses devanciers, et outre qu'il avoit la langue
turquesque à commandemant, n'estant sujet à estre trompé aux affaires
par les interprètes ou autres, respondit qu'il n'avoit rien en mains de tout
ce qu'il avoit obtenu de luy, ayant jà envoyé les copies en Alep et autres
lieux où se traficquoit. Que pour les originaux, il les avoit pareillement
envoyés en Angleterre, d'où n'y avoit moyen de les retirer ; avec plusieurs
autres propos quy themoignoient assé une artificieuse malice. Ce que
oyant, le Visir fut de tant plus irrité contre luy, luy disant qu'il pouvoit
donc bien prendre le mesme chemain ; qu'aussy bien depuis que leur roy
avoit recherché l'alliance du Gd Sgr, le pays où ils hantoient ne s'en estoit
jamais bien treuvé, y venans comme marchands et retournant comme
Corsaires : sy bien qu'après toutes contestations, l'Ambassadeur voyant
que ceste affaire brouilleroit toutes les siennes et celles des marchands, il
demanda terme de trois moys pour renvoyer quérir, disoit-il, les expéditions du Visir qu'il faignoit avoir envoyées : ce quy luy fut octroué. Durant
lequel temps, le Sr Ambassadeur de France poursuivit chaudement ceste

26

révocation, quy luy fut concédée, non sans quelques petites despances qu'il convient toujours faire en telles contestations.

Et envoya le Sr ambassadeur, en restablissement en Alep et autres lieux trafiquants. Durant ce terme les Ambassadeurs ne se voyoient point, ny ne se parloient que par personnes interposées, quy briguoient par tous moyens d'apaiser ce garbouille par le moyen de donner la protection des Flamands à l'un et les Holandois à l'autre. Mais le Sr Ambassadeur de Salignac, quy n'aprit jamais à subir aux lois de ses haineux, ne voulut entendre, sinon à terminer cette affaire par armes et non par parolles. Et sans doute qu'il estoit tout résolu d'en venir là à la première rencontre, comme l'on avoit jà failli à faire proche Topana, où fut osté deux espées et un poignard de haute luste aux Anglois par les nostres qui n'avoient nulles armes. Et passa ceste affaire en silance les trois ou quatre moys de délay que l'Ambassadeur avoit demandés au Visir. En sorte que l'on pensoit que le tout fut apaisé. — En ce mesme temps s'aprochoit la saison du naviguage de la Mer Noire quy estoit le mois de may, que tous vaisseaux quy y vont, montent le canal quy est de dix-huy mil de long, pour faire voille au premier bon vent. Or est-il qu'il y avoit au port de Constantinople un très grand gallion de Lindo, (quy est une ville de l'ile de Rhodes) dont estoit patron un marchand grec appellé *Jacome*, quy ne manquoit tous les ans d'apporter d'Alexandrie où il trafiquoit, les provisions pour la maison du Sr Ambassadeur. Lequel patron m'ayant asseuré qu'il alloit faire un voyage à la Mer Noire, je me pansay que ce devait estre mon faict de m'ambarquer avec luy, à quy j'en parlay en particulier, dont il fut très joyeux. M'estant donc resolu secrettement avec luy de faire ce voyage, il m'avisa de me tenir prest dans dix ou quinze jours; ce quy me pressa d'en parler de rechef à Monseigneur l'Ambassadeur affin de ne perdre l'occasion de ce vaisseau; luy disant que le manquant, je n'en pouvois recouvrer un semblable, veu que c'estoit un serviteur de sa maison qui en estoit le chef, et duquel je ne pouvois espérer que toute faveur et courtoysie en ce voyage. A quoy il me respondit assé froidement qu'il le vouloit bien et qu'il y aviseroit. Je patientay donc impatiemment, tant j'avois ce voyage à cœur, jusques à deux jours prest à partir, que je priay de rechef Son Excellence me permettre de faire ce voyage quy ne pouvoit estre que de deux mois, durant lequel temps elle n'avoit affaire de moy. Ce fut donc lorsqu'il me dist que j'en trouverois près de luy plus que je ne pensois, et que je n'avais affaire d'en aller chercher ailleurs, d'où je n'estois asseuré de retourner; avec plusieurs autres propos quy me faisoient assé reconnoitre qu'il n'avoit nulle volonté de me laisser aller. Et n'est besoing de demander sy j'estois outré de desplesir, estant résolu de ne perdre ceste occasion, quoy qu'il eust deu arriver. — Ce quy me fist aller à Galata treuver un mien amy avec lequel je me conseillay sur ce que je devois faire pour m'embarquer secrettement en une barque et aller joindre le vaisseau quy estoit party pour aller à l'embouchure de la Mer Noire, où en ce lieu il devoit séjourner quelque peu de temps; ce que je faisois avec extresme regret, sachant qu'à mon retour, il ne me verroit de bon œil, aymant mieux faire ce voyage et encourir cette disgrâce que d'y manquer et estre bien avec luy, tant ceste ardeur me dominoit. Quoy que ce soit, je ne puis dire autremant sy le Sr Ambassadeur fut averty de mon dessain que j'avois divulgué à plusieurs de mes amis, me plaignant fort de cette rétention, sans me vouloir concéder chose, ce me sembloit, de sy peu d'importance ; ce que je ne pouvois comprendre pour n'en savoir le suject. De manière que Monseigneur l'Ambassadeur me voyant persister en cette dureté, m'envoya son Maistre d'hôtel en ma chambre, où il me treuva tout pensif et désolé, pour me faire savoir la raison pour quoy je devois différer ce voyage, quy estoit que dans quatre ou cinq jours expiroit le temps que le Sr Ambassadeur d'Angleterre avoit eu du Visir pour luy rendre les expéditions qu'il faignoit avoir envoyés en Angleterre. Ce que ne faisant, il estoit résolu de venir aux mains avec luy, fut en particulier d'homme à homme, ou par rencontre, chascun avec ses gens ; et qu'il avoit plus de confiance en moy qu'en nul des siens : qu'il ne me seroit jamais louable de le quitter en ceste extrémité où il falloit par honneur vincre ou mourir plus tost que de souffrir chose qui préjudiciast à l'honneur non seulement du Sr Ambassadeur, mais du Roy, à quy le tout se référoit. Que mon voyage ne se pouvoit différer que d'une année, y pouvant aussy bien aller l'autre suivante qu'alors, et avec plus de contentemant que je ne pourrois désirer. Chose à la vérité qui me toucha tant au cœur, oyant ce que dessus, qu'il ne fust jà besoing m'en dire davantage pour me dissuader de ce voyage. Et puis dire sans mentir qu'il est incroyable de combien je me ressentis à l'instant honoré, sachant ce que dessus : et sy par avant j'avois extresme passion de suivre mon project, ce fut lors que tout à coup j'en fus tellemant refroidy. Je dis de telle sorte que quy m'eust donné Constantinople pour me faire partir, je n'eusse passé outre ; et priay le maistre d'hotel d'assurer Monseigneur l'Ambassadeur, qu'autant j'avois esté porté à ce désir, d'autant plus en avois je perdu la volonté, ayant extresme desplesir de n'en avoir plus tost sceu la cause, quy eust fait que je n'en eusse fait instance pour ne le fascher.

Cela demeura donc en silence, qu'il ne m'en parla, ne moy à luy, me préparant à plesir de bien mener les mains, sy l'on en fut venu là. Mais Dieu voulut qu'il allast autremant par le moyen des Anglois mesmes, dont le principal entremetteur de ceste affaire fut un très honeste homme de marchand appellé *Neyden*, quy m'estoit très bon amy, assisté d'autres de mesme nation, tous amis du Sr Ambassadeur de France, quy aportèrent tous les moyens nécessaires où il sembloit n'y en avoir point, pour vuider ce différant. En sorte que dans trois jours ceste affaire se termina. Et demeurèrent les Ambassadeurs bons amys, ne restant qu'à se visiter l'un l'autre, comme ils faisoient par avant ; ce qu'ils différèrent de faire peu de temps, pour quelque suject à nous inconnu. Tout ce discord estant acoysé, chascun des Maisons des deux Ambassadeurs se visitoient librement avec toute sorte de bienveillances et honestes caresses. »

VII (page 165).

Lettres du Roi, concernant la mission de Mustafa Aga.

LE ROI À MOUSTAFA AGA (vers le mois d'avril 1607).

Sr Moustafa Aga, votre lettre du Xe febvrier m'a esté rendue et par ceste cy vous sçaurez que j'ay esté bien aise d'entendre du Sr de Brèves, la peine que vous avès prise de vous acquitter du commandement qui vous avoit esté fait par Sa Hautesse tant pour favoriser la seureté du passage du dict Sr de Brèves, que pour la délivrance de mes subjects qui estoient retenus esclaves en Alger. Mais estant bien marry qu'il n'en ayt réussi selon vostre désir et la bonne intention de Sa Haultesse, je n'ay pas estimé à propos que vous poussiez plus avant, et ay commandé au Sr de Salignac, mon Ambassadeur, de luy en renouveler l'instance et de l'asseurer que j'auray à plaisir de faciliter la delivrance dé ceux que l'on prétend estre en mes galères et y pourveoir selon le bon et favorable traictement qui sera faict à mes subjects esclaves au dict Alger et ailleurs, etc.

(Lettres missives, vol. VII, page 213.)

LE ROI À M. DE SALIGNAC (vers le mois d'avril 1607).

Monseigneur de Salignac, n'ayant pas estimé à propos de faire passer jusqu'icy Moustafa Aga, qui estoit venu en Alger avec le Sr de Brèves, qui estoit venu en Alger par le commandement du G^d S^gr, pour la liberté de mes subjects qui y sont détenus, je l'ay renvoyé de ma ville de Marseille, et m'asseure qu'il s'en retournera sy très satisfaict de moy. Mais je ne le suis pas beaucoup du succès de son voyage ; c'est pourquoy vous luy en renouvelierez l'instance qui luy en a esté cy devant faicte pour la dellivrance de mes dicts subjects esclaves, afin qu'il y soit pourveu en conformité des traictés d'amitié qui sont entre nous, et que j'aye occasion de faire le semblable pour ceux que l'on prétend estre en mes galères, pryant Dieu, etc.

(Lettres missives, vol. VII, p. 214.)

1607, 3 mai.

LE ROI À MONSIEUR DE SALIGNAC.

Monsieur de Salignac, j'ay reçeu vostre lettre du XIIIe mars dernier, et m'estonne de l'advis que vous m'avez donné de la défiance qu'a le G^d S^gr de la continuation de la paix de Hongrie, en laquelle il pense avoir esté trompé, comme vous me mandés; estant certain tout au contraire que la dicte paix a esté de nouveau confirmée par l'empereur et ratifiée par ses lettres patentes, de sorte que cela n'apportera aucun dommage à l'estat présent des affaires de delà, quelque réjouissance que vous croyiés qu'ayent faict les rebelles, pour l'espérance qu'ils avoient conçeue de la rupture de la dicte paix. Au contraire elle s'affermira et donnera moyen à ce Seigneur de tourner ses armes contre les Persiens et les dicts rebelles. Je croyois, suivant votre precédente depesche, que les affaires de delà iroient en améliorant, et se pourroient remettre ; mais la dernière défaite de Nassin par le Bassa de Babylone n'y peut apporter que du desavantage.

J'ay esté adverty du Président du Vair, que Moustafa Aga est tousjours à Marseille, continuant de faire instance de passer icy, pour s'acheminer en Angleterre, encores que j'eusse esté bien aise qu'il se fut embarqué en ma ville de Marseille pour continuer son voyage par mer, au lieu d'en entreprendre un si long par mon royaume. Mais il n'a voulu consigner la dite lettre dont il est porteur, au Sr du Vair, moins recevoir le présent de mil escus que j'avois commandé luy estre faict ; au contraire il s'est roidy en plainctes et résolutions de tesmoigner qu'il est mal traicté, encores que ne luy aye fait proposer son retour sans venir icy que pour le soulager de fatigues, n'estimant pas qu'il eut chose si importante à me dire qu'elle méritast qu'il passast jusques à moy. C'est pourquoy comme il a esté recogneu ferme en ce désir et en créance que son maitre n'est affectionné par deçà selon les traictés d'amitié qui sont entre nous, vous préviendrez par delà les plainctes qu'il en pourroit faire, et estant informé de ma bonne intention en ce faict, respondrez à ce qui pourroit estre alégué au contraire d'icelle sur sa relation, et pourrez vous tesmoigner que je n'ay été meu à le renvoyer de ma dicte ville de Marseille que sur ceste considération. En cas qu'il en face maintenant autre instance, je permettray qu'il passe jusqu'icy et le traicteray le plus favorablement, qu'il me sera possible, de sorte qu'il aura juste occasion d'en demeurer content et satisfaict, etc.

(*Lettres missives*, vol. VII, page 227.)

LE ROI A MOUSTAFA AGA (7 mai 1607).

Seigneur Moustafa Aga, nous avions cy devant commandé au Sr du Vair conseiller en nostre conseil d'estat et premier président en nostre court de Provence, de vous faire entendre le contentement que nous avions de vostre arrivée en nostre ville de Marseille, et l'estime que nous faisions qu'il seroit plus à propos que delà vous continuàssiez vostre voyage en Angleterre, pour vostre soulagement et commodité, que de vous résoudre à passer en notre royaulme, pour la distance des lieux et la longueur des chemins ; mais depuis ayant sceu que vous désirés passer vers nous pour nous rendre vous même les lettres dont vous estes porteur de la part du

G^d S^{gr}, nostre grand et parfait amy, nous vous escrivons ceste lettre pour vous dire que vous serez le très bien veneu, ainsi que vous cognoistrez par effect. Je prie Dieu, etc.

(*Lettres missives*, vol. VII, page 234.)

LE ROI A M. DE SALIGNAC.

Monsr de Salagnac, j'ay veu et entendu par deça Moustafa Aga, et ay reçeu de luy les lettres que son maistre luy avoit. donné charge de me rendre de sa part ; mais comme il a pris la résolution de passer en Angleterre pour affaires, et que j'ay recogneu que son voyage pouvoit estre long et incertain, je me suis remis à y faire response et à vous aussy par une aultre voye, par laquelle vous serez particulièrement informé de mes intentions sur ce qu'il m'a représenté. Je prie Dieu, etc.

HENRY.

(*Lettres missives*, vol. VII, page 265.)

VIII (page 181).

Révolte d'Aly Zambolat.

« J'ay cy devant fait entendre, dit Bordier, la cause de la rebellion d'Aly Zamboulat, l'un des plus fameux et renomés pachas du pays de Sirie, qui lors estoit Pacha d'Alep, et qui pour quelque mécontentemant, s'estoit révolté contre Sultan Acmeth, ayant atiré plusieurs autres pachas, begs, sanjacs, agas du pays à son party, dont le pays de Sirie, Caramanie, Natolie, Bithynie estoit grandemant opressé, et tout l'Etat du G^d S^{gr} troublé. Or estoit *Zamboulat Pacha* comme Seigneur d'Alep, ligué ave l'Emir *Yusuf*, Pacha de Tripoly, le plus inhumain, perfide et déloyal vilain que jamais la secte mahométane ait produit en sa misérable escolle ; lesquels s'estoient l'un et l'autre, retirés en leurs pachalis : ayant assé bien fait leurs affaires peschant en eau trouble, d'autant qu'ils n'avoient encore eu aucun obstacle. Mais *Murath Pacha*, dont a esté cy devant fait mention, ayant acheminé les affaires de guerre de Hongrie par sa prudance et sage conduite estant Grand Visir, fit tresve et paix ensemble avec l'Empereur Rodolphe et les Hongres, et s'estant asseuré de ne recevoir aucun trouble qui peut empescher son dessein d'ailleurs, tourna donc tout son penser de s'oposer et remédier aux malversations et mauvais desportemants des rebelles d'Asie, qui jà s'estoient tellemant acrus et amplifiés par la Sirie, que tout le pays estoit en leur sujection. Et ne pouvoit estre qu'une puissante armée impériale qui les peut faire desmordre. A raison de quoy ce bon vieillard Murath Pacha, ayant instruit Sultan Acmeth, qui ne l'apelloit que « *Son*

Pére », du moyen qu'il devoit tenir pour l'extirpation des rebelles, le G^d S^gr lui commande de faire ainsi qu'il aviseroit estre pour le mieux, luy comettant la charge suprême de toute cette entreprise, qui n'estoit petite. Ce que voyant Murath Pacha que je nommerai « *Serdar* » (quy veut dire Général d'armée) depescha les *bouyurdis* (ou commandemants du G^d S^gr) tant en Grèce qu'en Egypte, Damas et autres lieux de Sirie, à ce que les Beglerbegs, Pachas et autres gens de milice se trouvàssent à point nomé en Natolie, où estoit le rendez-vous de toute l'armée, pour aller en Perse où feignoit le Visir d'aller. Mais Zamboulat qui avoit bon nez, le sentit venir et se doutant où se vouloit descharger ce nuage, pensa lors en ses affaires, comme cault et avisé qu'il estoit. Sachant donc la nouvelle de la paix faite en Hongrie entre l'Empereur et le G^d S^gr, il s'assura que le tout tourneroit à luy. Par quoy faisant venir l'emir Yusuf à luy et l'autre chef des rebelles appelé *Tacnid beg* pour aviser entre eux le moyen qu'il y auroit de prévenir le dessein du Visir ou Serdar de façon ou d'autre, sy bien qu'ils résolurent de depescher gens vers yceluy et le G^d S^gr, luy faisant éntandre que ce que luy avoit fait prendre les armes n'estoit que contre ses ennemis particu-liers, desquels il avoit reçu de grandes indignités : qu'il savoit le respect, honeur et devoir qu'il devoit à Sa Hautesse, duquel il ne se sépareroit jamais de son esclavage pour quelque chose qu'il luy deust arriver. La res-ponce ne fut autre sinon que l'on ne pensoit point à luy, que l'on avoit bien d'autre chose à faire en Perse; qu'en Sirie, on y avoit un autre ennemy à quy l'on en vouloit et non à luy; mais que par nécessité, il failloit que l'armée passast par là; et pour ce n'en devoit il prendre alarme. Ce pendant le Visir s'achemina en Natolie où se faisoit le corps d'armée accompagné de *Haly Pacha* quy fut lors Janissaire Aga, de Chahergy bachy qu'il estoit, et très grand amy du Seigneur Ambassadeur, dont j'ay cy devant parlé, qui par sa valeur et bonne conduite, assista tous-jours fort heureusemant le Visir en toute ceste guerre où il aquit grande reputation. Zamboulat donc ne doutant plus de la venue du Visir, sachant qu'il prenoit la route d'Alep, bien qu'il disoit qu'il prendroit le chemin de Perse, et voyant clèremant le dessein du Serdar, prévoyant comme grand Capitaine qu'il estoit, envoya de rechef vers luy, avec grands excuses et présants, l'assurant de noùveau qu'il n'avoit pris les armes que contre ses ennemis particuliers et non contre le G^d S^gr, duquel il estoit humble esclave ; luy ayant fait tousjours payer ses tailles et revenus de tous les pays de son gouvernement sans en rien retenir, avec plusieurs belles per-suasions qu'il adressoit en particulier au Serdar qui n'eurent grand effect ny pouvoir de le dissuader de son dessein; ains continuant de s'avancer avec l'armée sur la route d'Alep. Par quoy Zamboulat se voyant pressé sans espérance de salut, après avoir laissé bonne et forte garnison en la ville et Chasteau d'Alep, tout résolu de combattre le Serdar, sortit en cam-pagne, se joygnant avec les autres Chefs des rebelles, savoir *Juma beg*, *Tacmid beg* et autres, faisant ensemble de quarante à cinquante mille hommes. Lesquels se sésirent de quelques passages et montagnettes qui fermoient le pas de Sirie, où là ils s'atendoient d'aréter le Serdar pour le combattre à son avantage. Mais le Serdar, soit qu'il fut averti du progrès de Zamboulat ou qu'il changea de dessein, prit une autre brisée et soudin fut à eux : qui de plein abord les estonna. Toutefois Zemboulat, pour couvrir ce deffault et ne faire paroistre aucun signe de lâcheté, s'oposa valureusement à ce rencontre par plusieurs belles et signallées escarmouches qui arrestèrent le Serdar et luy donnèrent à penser. Et fit que ce jour là samedy 26 et dimanche 27 de juin 1608 [*le chroniqueur s'est trompé d'année en plaçant en 1608 ce combat qui eut lieu en 1607*], il se campa dans un vallon à frond de l'armée rebelle, laquelle estoit campée proche un bourg appellé *Quilis*, et s'estoit couvert de deux petits monts. De manière que le jour suivant lundy 28, l'avant garde de Serdar qui estoit de trois à quatre mille chevaux natoliens, s'avancèrent et passèrent une plaine sans descouvrir l'ennemy. Ce que voyant Zamboulat estre temps de paroistre, soudin fit-marcher sa cavallerie et infanterie à couvert d'une montagnette, le longt du vallon, ou de plain abord très valeureusement s'oposa à eux ; venant aux mains de part et d'autre sy obstinémant qu'en peu de temps Zamboulat poursuivant vigoreusemant sa pointe, fit ployer l'avant garde du Serdar, qui furent repoussés et malmenés par les arquebusiers : ce que voyant le Serdar ni voulant venir pour ce jour à la bataille, envoya renfort de cavallerie et infanterie pour arrester les courses de l'ennemy. Mais ce ne fut qu'huyle en braise pour s'enflammer de plus ; d'autant que ceste nouvelle charge et rencontre fut de tant plus vigoreusemant poursuivie et heureusemant exécutée par Zamboulat qui, voyant le bon succès de son affaire, se promettoit jà la victoire : chose commune aux grands et courageux capitaines de croire qu'il n'y a obstacles qui puissent renverser leurs desseins. Mais le Serdar, bien qu'il perdist de quatre à cinq mille hommes ce jour là, ne s'esbranla, ny desplaça de son champ de bataille ; ains rallia les esperdus sans estre esperdu ; disposant, de sens rassis, de l'ordre du combat pour le lendemain mardy 29 : quy fut de mettre à la teste de son armée, la cavallerie de Rumélie ou Grèce avec celle de Sirie qui faisoit la pointe ; parce que les gens de guerre du pays où elle se fait, sont tousjours préférés aux autres troupes. Et avoit le Serdar, mis ces deux puissantes nations ensamble pour se secourir les uns et autres, cas avenant qu'ils fussent forcés. Outre plus, le Janissaire Aga autant sage et prudent que valeureux, ordonna et disposa merveilleusemant bien des gros bataillons de Janissaires ; de façon que Zamboulat, Juma beg, et leurs gens, voyant l'armée du Serdar en bataille, ne marchandèrent davantage, estant la leur pareillemant en ordre de combat. Qui commença furieusemant de part et d'autre avec grand violance, pour estre la cavallerie des deux partis bonne et bien menée, où Zemboulat n'oublia chose qui fut du devoir d'un généreux Capitaine qu'il estoit. Lequel de prime abord, traita mallement la cavallerie du Serdar, qui jà commençoit de s'esbranler et faire place aux plus forts. A ce défaut donc s'oposa courageusement la milice de Damas, qui est la fleur de la cavallerie Siriaque, laquelle n'avoit combattu le jour précédant. A ce deur rencontre, y eut peine de part et d'autre à soutenir ce impétueux choc, qui fut, quelque espace de temps, égal : estant la cavallerie de Zemboulat extresmemant bonne, pour estre composée de plusieurs belliqueuses nations, outre la Siriaque et Natolienne, comme Mésopotamiens, Arméniens, Curdes, Turcomans, Parthes et quelque peu de Persiens, avec le roy desquels il s'estoit ligué. Voyant donc le Serdar, ceste ferme résistance, et que l'ennemy n'estoit en point de céder à sa cavallerie, doutant de sa bonne aventure, n'eut recours que sur la généreuse solidité des puissants bataillons de Janissaires, ordinaire et dernière espérance des combats turquesques. Après continuelles charges et surcharges, on ne manqua de ruses, force et dextérité de part et d'autre. Mais enfin, estant l'infanterie du Serdar beaucoup meilleure que celle de Zemboulat, qui n'avoit que des *Semaines* (arquebusiers) ramassés et malmenés, et les généreux janissaires ayant Haly Pacha pour chef, l'infanterie rebelle commença à ployer : ce qui ravigora la cavallerie du Serdar qui n'estoit de beaucoup moindre que l'autre. Le Serdar donc, ayant deux mille cavaliers *Acquingi* (qui est la fleur des aventuriers) n'ayant encore ensanglanté leurs espées ou cimetaires, leur commanda de charger promptemant la cavallerie ennemie qui jà avoit jecté son ardeur : ce qu'ils firent avec telle animosité, que lors Zemboulat et les siens s'estonèrent de cette puissante et rude secousse qui, à la vérité, après une longue et obstinée résistance, commençèrent les rebelles à leur tenir sur la défencive, joint qu'au mesme temps Haly Pacha, qui estoit Janissaire Aga, s'estoit avancé avec ses puissants bataillons, lesquels peu de temps après quelque résistance, mirent au rouet celuy des rebelles ou Gelalis. Au moyen de quoy Zemboulat fut contrainct, nonobstant toute sa valeur, de cedder à l'impétuosité de cette multitude et non à la vertu. Car tout ce qui se peut désirer de la valleur et générosité d'un très grand Capitaine, fut par luy courageusement éxécuté et mis à effect. De sorte que le Visir ou Serdar d'un costé et le Janissaire Aga de l'autre, se voyant avantagés, poursuivirent chaudement l'occasion de la victoire : laquelle fut aussy courageusemant disputée par la cavallerie des Curdes, Siriaques, Parthes et peu de Persiens : qui n'eussent point fléchy, si leur infanterie eut correspondu à leur valleur. Mais Haly Pacha, voyant le faict en contraste de la cavallerie, soudin se résoulut d'enfoncer Juma beg avec ses janissaires et Semaines, et les ataqua avec telle audace et assurance, qu'il les fit ployer, et retirer à la faveur de deux petits costaux dont ils se vouloient targuer. Mais le Janissaire Aga reconoissant la ruse, soudin ordonna un très puissant scadron de janissaires de la Porte, qu'il fit couler derrière le pied de la montagnette, qui est de la part du ponant ; de manière que n'ayant grand circuit à faire, ils se treuvèrent en teste des Gelalis, qui ne demandoient qu'à faire retraicte. A ce rencontre, fut obstinémant combattu dans le vallon, où Juma beg fit son possible d'assurer et retenir ses gens, mais se voyant forcé en queue et en teste, s'esbranlèrent à la fuite. Ce que voyant, Zemboulat pensant remédier à ce défaut, envoya quelque troupe de cavallerie pour soutenir l'effort des janissaires et remettre son infanterie en ordre. Mais tous ses devoirs ne sceurent tant faire de l'assurer, ains se voyant pressé furieusemant par le Janissaire Aga, qui mit pied en terre, et avec merveilleux cris que font ordinairement les Turcs aux combats disant : « *Ala, Ala, Ala, Vour, Vour, Vour,* » qui veut dire : *Dieu, Dieu, Dieu, frape, frape, frape,* enfoncèrent courageusemant les semaines, qui ne pouvant soutenir ce choc terrible, sans aucun remède et s'abandonnèrent à la fuite, où fut fait un merveilleux carnage : car il en demeura douze ou quinze mille au champ de bataille. D'autre costé, le Serdar pressoit fort la cavallerie de Zemboulat, qui n'estoit moins que la sienne, que les Spays Alquingis susdits avoient jà malmenée et mis en désordre ; voyant leur infanterie en route, sans espoir de se remettre, lors Zamboulat pense à la retraicte avec Tacmil beg qui n'ensanglanta guère son espée, et rallia le plus qu'il peut de son infanterie et cavallerie ensemble que Juma beg lui amena bien désolé ; et Tacnild. beg de sa part, rassembla le plus qu'il peut de la cavallerie avec laquelle Zemboulat se joingnit, faisant retraicte plus viste que le pas, vers Alep où il arriva avec les desbris de ses gens le mercredy 29. Le Serdar se voyant maistre du champ de bataille et l'ennemy luy faire place, envoya quelques trouppes de cavallerie pour reconoistre leur route ; et sachant que c'estoit à Alep, fit halte sur le champ de bataille pour faire recueillir le butain à ses soldats : qui ne fut pas petit, estant morts sur la place des Gelalis environ douze à quinze milles que janissaires et semaines, et près de deux milles Spays. De ceux du Serdar, ne mourut que de trois à quatre mille, que Spays et Janissaires. Qui fit que le Serdar demeura deux jours pour donner sépulture aux corps morts : durant lequel temps Aly Zemboulat fit promptemant munitionner le Chasteau d'Alep, tant de gens de guerre que de munitions et victuailles nécessaires à un longt siège qu'il prévoyoit arriver ; laissant dans le Chasteau pour chef de la garnison le susdit Juma beg, chef des Semaines et Janissaires du dit Zemboulat, auquel il promit de garder cette place jusques à l'extrémité, et l'autre de le bien tost secourir.

Le Serdar s'achemina à Alep où Zemboulat fut contrainct luy faire place, le vendredy premier de juillet, et se retira après avoir donné ordre à toute la garnison du Chasteau et de la ville vers Antep (*Aïntab, sur l'Euphrate*), ville d'Arménie sur le chemin d'Erzerum pour aller en Perse. Duquel lieu, il expédia couriers au Roy de Perse qui lors estoit *Cha Abas*, luy faisant entendre sa disgràce. Cependant le Serdar tout contant et satisfaict de si belle et heureuse victoire, alla de cartier en cartier du champ de bataille, faisant couper les testes des corps morts que les Spahys puis mettent au bout de leurs mezaras ou piques qu'ils portent puis à cheval en triomphe en une entrée de ville. En cest équipage en fut porté quatre ou cinq milles devant Alep où ils campèrent, après avoir donné ordre aux sépultures de leurs morts. Car les Turcs ont merveilleux soing de leurs enterremants, principalemant de ceux qui meurent en guerre pour le service de leur Prince : qui à la vérité est une chose très louable parmy les Infidèles : ce que nous n'avons pas non seullemant vers nos ennemis

comme eux, mais de nos amys qui meurent en guerre; ainsy que j'ay vu
maintes fois, durant les guerres civiles de France, quantité de pauvres soldats morts aux assaulx, escarmouches ou autres combats, où ils restent le
ventre au soleil, sans les daigner couvrir de terre, peu ou prou, tant
l'humanité est peu recommandable parmy nous; et plus tost que de leur
rendre le bon et pïeux office de la sepulture, l'on leur oste jusques à la
chemise; qui est une honte inréparable aux Chrestiens.

Ainsy donc le Serdar s'approchant d'Alep, se campa autour durant le
mois de juillet de la même année 1608 [*le Chroniqueur auroit dû dire :
octobre 1607, comme l'indique la lettre de M. de Salignac*]; au moyen de quoy
il rechercha d'avoir ville et chasteau, jugeant ne pouvoir longuemant
résister, comme ne fit la garnison de la ville qu'en trois jours se rendirent
au Serdar. Zemboulat donc voyant qu'il ne pouvoit plus tenir la ville,
ayant eu nouvelles que la garnison avoit saccagé et pillé presque toutes les
maisons des Chrestiens du pays, pour leur dernière main, et quitté son
party; qui est l'ordinaire de ceux qui vont plus à la guerre pour faire leur
bource et dérober, que pour y aquérir de l'honneur ou deffendre leur
patrie, il revint donc à Juma beg qu'il avoit laissé au chasteau, à ce qu'il
ne perdit courage, et qu'en peu de temps il le secourroit avec sy puissantes
forces que leurs ennemis seroient contrints de leur retirer; ce qu'il luy promit de faire. Or est-il que les habitants de la ville, voyant qu'ils estoient
sacagés par ceste canaille de Semaines qu'ils se voyoient contraincts de
quitter la ville, avertirent le Serdar de leur fuicte, qui soudin y envoya
force infanterie et quelque peu de cavallerie pour les suivre en leur occulte
retraicte. Mais estant prévenus par les troupes du Serdar et le peuple de la
ville qui leur ouvrit une porte, ce fut lors, qu'il se fit un terrible carnage
de tous ces Gelalis que les habitants menoient par troupes, liés et garrottés,
aux places publiques, où ils estoient égorgés et leurs corps entassés dans
des grottes et cavernes deux ou trois cens ensamble. Le Serdar ayant la
nouvelle de la prise de la ville, ne voulut toutefois y entrer, ains se campa
à un mille loing dans le vallon, où est une maison de plesir du G^d S^{gr},
attendant la prise du Chasteau qui fut de vingt-cinq jours après. Durant
lequel temps ne se passoit jour quelconque que l'on n'amenast cent ou deux
cents Gelalis de tous les lieux d'autour Alep; ce quy dura l'espace de deux
mois. Durant lequel temps fut fait mourir de sept à huy mille Gelalis; le
reste ayant suivy Zemboulat qui tantost alloit d'un costé et aure de
l'autre, atendant la responce du Roy de Perse, à qui il avoit écrit pour se
retirer vers luy. Et l'autre partie suivit Talnic beg par la Natolie et Bithynie, où il fit encore de grands ravages.

Le Visir se voyant assuré de la ville, fit sommer le Chasteau de se
rendre, à quoy Juma beg respondit qu'ils ne pouvoient pas s'ils n'estoient
desgagés de leurs promesses vers Zemboulat; mais que s'il plaisoit au
Visir leur donner terme de vingt-cinq jours, pour tirer responce de Zemboulat, de ce qu'ils avoient à faire sur ce point, que puis ils aviseroient à le
contenter. A quoy s'accorda le Pacha. Le temps expiré, le Serdar les fit de

rechef sommer de leurs promesses, de sorte que, se voyant eslognés de secours, firent leur traicté, à condition de leurs vies sauves avec leurs facultés, hors celles qui se retreuveroient estre de Zemboulat : ce qui fut accordé par Juma beg et autres des siens. Le chasteau d'Alep estant donc en mains du Serdar, il fit tenir avec luy le dit Juma beg et quatre ou cinq Capitaines des siens, à qui il comist des gardes pour les mener à Constantinople, disposa entièrement des grands biens et facultés qui estoient au Chasteau, règla et assura par sa prudence avec Haly Pacha, toute la ville et contours d'icelle, la remetant avec tout le pays en l'obéissance du G^d S^{gr}, à qui fut mandé l'heureux succès qui se passa en tout cest affaire. Et ne veud ycy obmettre que Haly Pacha, Janissaire Aga, comme très grand amy de Monseigneur l'Ambassadeur qu'il estoit, luy escrivit d'Alep tout le succès de cette guerre, sachant qu'il se réjouiroit de tout ce progrès ; d'autant que le Seigneur Ambassadeur luy donna de bonnes instructions pour l'ordre des combats : ce qu'il n'eut fait sy ce fut esté contre les Chrestiens. Dont il se trouva bien, ainsy qu'il luy manda. Et de fait, il aquist telle réputation, que le G^d S^{gr} depuis, l'ayma et chérit autant que neul autre de son empire, et fut honoré puis des plus belles et grandes charges d'iceluy. »

(Ambassade en Turquie du baron de Salignac, livre IV, chap. 2.)

IX (page 186).

Révolte de Calender Ogli.

« En mesme temps de la routte d'Aly Zemboulat, s'esleva un certain *Calander Ogly*, chef et conducteur des Gelalis tant dudit pays de Phrygie, Pamphillie et autres provinces voysines. Lequel commença de se mettre en resputation et aux champs, accompagné de plusieurs nations diverses et troupes ramassées de part et d'autre : de sorte que, prenant son temps à point pour n'y avoir personne du pays qui se peut oposer à ses armées; au moyen de quoy, il luy fut facile de surprendre et s'emparer de l'ancienne cité de Bourcia, capitale ville de Bithynie, éloignée de Constantinople de 25 lieues du costé du midy, laquelle il prit et pilla sans résistance aucune lorsque *Murath Pacha* estoit occupé par la Sirie après le susdit Zemboulat, et non content du sac, brulla la plus part de la ville. Et ne faut demander sy l'improviste nouvelle de cette prise et embrasement alarma et estonna non seulemant le peuple de la ville et contours d'icelle, mais bien le G^d S^{gr} qui n'avoit accoustumé d'être chastouillé de sy près, sinon des Sultanes avec lesquelles il estoit lors. De manière que, sy les Gelalis eussent suivy leur pointe et donné à Constantinople, infailliblement, il luy eust esté facile d'y faire un terrible échec ainsy qu'à Boursia, n'y ayant lors aucun Chef d'entreprise qui peut dresser et conduire une armée aux champs contre l'ennemy. Par quoy le ·G^d S^{gr} se résolut d'y aller en personne Quy eust esté son coup d'essai, n'ayant passé les limites de ses promenoirs ordinaires du Sérail, Scutary et Daout Pacha au plus loing, qui est à deux lieües de Constantinople, et quelques autres lieux sur le canal de la Mer Noire. Mais les Sultanes qui ne désiroient point son eslongnemant, eurent plus de pouvoir sur luy pour le distraire, que les Gelalis n'eurent d'instigations à l'esbranler d'aller à eux : alléguant qu'il n'estoit loisible à Sa Hautesse d'aller chercher, ni venir aux mains avec gens inconnus et désespérés, lesquels inconsidérémant n'estoient poussés de ceste impétuosité que pour briguander le peuple, et non disputer l'Empire avec luy; joint qu'il n'aquierroit grande gloire de vincre telle canaille, dont le chef n'estoit qu'un chétif esclave inconneu, qui n'estoit digne de baiser la poudre de ses pieds; qu'il se trouveroit gens de guerre assez à Constantinople, pour rafréner l'audace de ces esgarés. A ces douces et persuasives paroles, le G^d S^{gr} ne fut difficile à se désister de son entreprise, laquelle il transmit à *Assan Pacha* qui lors estoit Caïmacan, ou Lieutenant de Murath Pacha Visir, qui estoit lors en Sirie contre Aly Zemboulat. Ce Pacha donc, ayant cette charge, se diligenta au possible d'assembler et dresser son armée pour secourir le Chasteau de Boursia qui n'estoit encore aux mains des Gelalis, mais de jour en autre envoyant à Constantinople, afin d'obtenir secours le plus promptemant qui se pouvoit faire. Bien que les armées turquesques se dressent en un instant, sy est ce qu'il y eut bien du deffaut, d'autant qu'il n'y avoit Spays ny janissaires qu'il ne fallut aller chercher chascun en particulier jusques en leurs maisons, comme nous vismes faire en plusieurs lieux de Galata, que l'on les poussoit par derrière pour les faire cheminer à l'armée qui se dressoit. Et n'y alloient de bon courage, fut pour ce que le G^d S^{gr} s'estoit distraict de s'y acheminer, ou qu'ils n'avoient un chef tel qu'ils désiroient. Tant y a qu'avec toutes peines et difficultés que l'on sauroit dire, cette armée restifve passa le trajet de Constantinople en Asie, estant de quarante à cinquante mille hommes. Au bruit duquel acheminamant vers Boursia, les Gelalis firent place, se retirant assurémant avec leur butin par la Natolie, sans estre ataqués, combien que tout leur fut contraire, d'autant que la nouvelle de la défaite de Zemboulat commençoit à s'espandre : ce qui causa tost après la ruine et désunion de telles gens que l'on couroit puis comme chiens fous : de sorte qu'Assan Bassa n'eust grande fatigue en cette guerre où ne se donna un coup d'épée; et en fit le G^d S^{gr} faire des feux de joye en général et en parcullier dans son Sérail, avec joye et magnificences accompagnées de gros tambours, clerins et autres instrumants. »

(*Ambassade en Turquie de Jean de Gontaut, baron de Salignac*, livre IV, chap. 2.)

X (page 152).

1607 (SANS DATE).

(*Lettres Missives d'Henri IV*, vol. VII, page 426.)

HENRI IV AU PAPE.

Très Sainct Père, comme nous n'avons rien en plus singulière recommandation que l'exaltation du sainct nom de Dieu et la propagation de la religion Chrestienne, aussy n'espargnerons jamais ce qui despendra de nostre entremise et cresdit pour l'estendre et faire recognoistre aussy loin que nous le désirerions pour la gloire de sa divine bonté. En quoy ayant assez heureusement réussy par la permission que nous avons obtenue du G^d S^gr de pouvoir establir un collège ou congrégation des Jésuites en la ville de Constantinople, nous avons commandé au S^r d'Halincourt nostre Ambassadeur de le faire entendre à Vostre Saincteté, estimant que le chemin estant ouvert à un si bon œuvre, Vostre Saincteté ayant fait considéraration sur le mérite d'icelluy, Elle contribuera volontiers à la perfection de chose si importante et utile ce qui despendra de sa paternelle bienveillance et sollicitude, comme nous l'en prions et requérons, et adjouter sur ce subject toute foy et créance à nostre dict Ambassadeur. A tant nous prions Dieu, Très Sainct Père, etc.

Vostre dévot fils : HENRY.

1607 (SANS DATE).

(*Lettres Missives d'Henri IV*, vol. VII, page 427.)

HENRI IV AU GÉNÉRAL DES JÉSUITES.

M. le Général, ayant commandé au S^r d'Halincourt, mon Ambassadeur de faire entendre à nostre Sainct Père le Pape, comme par le moyen de mon entreprise et crédit, le G^d S^gr a accordé la permission d'establir en la ville de Constantinople un collège ou congrégation des Jésuites, afin que Sa Sainteté estant informée du mérite et conséquence d'un si bon œuvre, elle favorise aussy la perfection d'iceluy; saichant combien vous y pouvez en vostre particulier, je vous en ay bien voulu escrire ceste lettre, afin que vous y apportiez tout ce qui despendra de vous en la charge que vous avez en l'ordre des Jésuites, et participiés par ce moyen à la gloire qui en réussira au bénéfice de la Chrestienté, etc.

HENRY.

XI (page 141).

Bibliothèque nationale. Fr. 16172, f. 277 (Copie).

Lettre du Grand Seigneur Sultan Acmet à Henry IV, Empereur des François
du 10ᵉ may 1015. Envoiée par l'ordinaire du douziesme du moy de
may 1607.

Au glorieux et magnanime de la foy de Jésus, honoré parmy les Grands
de la nation du Messie, juge de tous les débats qui arrivent parmy les
nations chrestiennes, possesseur de grandeurs, richesse et Majesté,
Seigneur et guide de gloire, l'Empereur de France Henry quatriesme de
qui la fin soit heureuse.

Vous serez adverty recevant nostre très heureuse lettre, comme l'Ambassadeur venu de la part du Roy d'Angleterre à nostre fortunée et eslevée
Porte, qui est le recours de tous Roys et grands Seigneurs, a faict entendre
comme par le passé, les nations estrangères estoient soubs leur protection
et à leurs besoins et affaires leur rendoient obéissance et sujection ; et ainsy
renouvelant leurs capitulations, y ont faict joindre cest article : ce que
vostre Ambassadeur résident en ceste nostre Porte, éxaltée jusques aux
Cieux, nous a faict scavoir et comme les dᵗᵉˢ nations estrangères de fort
longtemps venoient soubs la protection de vos Ambassadeurs et Consuls, et
que ce que les dits Angloys ont faict entendre est du tout faux et contre
la coustume ancienne et les capitulations antiques liées, conclues et
signées par nos prédécesseurs. Et ayant désiré et recherché d'en scavoir la
vérité par les plus entendus, nous avons trouvé leur relation conforme à
celle de Vostre Ambassadeur. Et parce que c'est nostre volonté et désir de
fortifier le fondement de nostre confédération et amitié, et afin que puissiez
véritablement reconnoistre que ce n'est ni nostre volonté, ny nostre consentement qu'il soit faict aucune innovation ny chose contre nostre dicte amitié et capitulation, nous avons accordé et donné nos ordres et nostre lettre
impériale à ceste occasion et faict renouveller nos dictes capitulations, y
faisant adjouster bien amplement ce faict, et vous en envoions une copie.
Et oultre cela avons envoié à tous les Gouverneurs des Eschelles de nostre
Empire, de très puissans commandemens par lesquels nous leur commandons bien expressément qu'estant portée par qui que ce soit de la part de
l'Ambassadeur d'Angleterre la dicte capitulation qu'il a obtenue par tromperie, elle soit prise de ses mains et soudain envoiée à nostre très heureuse
Porte, pour en estre biffé le dict article. Et de nostre part, avec l'aide de
Dieu très hault, il n'y aura jamais aucun manquement en toutes les choses
qui regardent l'amitié qui est entre nous. Et ainsy en serez vous asseuré à
l'arrivée de ceste nostre puissante lettre impériale.

Et survenant quelque occasion concernant l'amitié et bonne intelligence
qui est liée et estreinte parmy nous, nous nous asseurons que vous ne

manquerez aussy de vostre part à faire le semblable et par ceux qui viendront de delà nous adviser avec vos lettres (quy nous sont de très bonne
odeur et très agréables) le bon estat de vostre santé et de vos affaires. Pour
la fin, tant pour le faict des nations estrangères que des autres choses
appartenant à l'ancienne amitié liée et affermie par nos predecesseurs, elles
seront tousjours de nostre part observées, honorées et respectées. Et
n'ayez aucun doubte que de nostre part, il se face aucune chose contre la
dicte nostre amitié et bonne intelligence. Et partout n'aiez à desplaisir ce
que les dicts Anglois ont par tromperie faict adjouster à leur capitulation.
Mais soiez constant et ferme à continuer le chemin de nostre bonne et parfaicte amitié avec parole ferme et véritable, comme vous scavez aussi que
c'est nostre intention de nostre part. A Constantinople ce dixiesme jour de
may 1015.

XI (suite).

Bibliothèque nationale, Fr. 16171, fol. 251 (Copie).

*C'est icy ce que Monsieur de Salagnac a faict adjouster aux Capitulations que
le Roy a avec le Grand Seigneur, lesquelles il a fait renouveller, et est cest
acte daté du 20ᵉ jour d'avril 1607.*

Nostre Majesté venant à succeder à l'Empire, nous avons donné la sus-
dicte capitulation à l'Empereur de France, conforme à celle qu'avoit donnée
nostre bisaïeul Sultan Soliman et celles aussy que depuis nos prédécesseurs
ont tousjours confirmées, afin qu'il n'y fust desrogé en aucune façon; et
ainsy estoient elles observées.

Il est arrivé que l'an présent 1015, l'Ambassadeur venu de la part du
Roy d'Angleterre à nostre heureuse Porte, nid de félicité et de richesse,
nous présenta une requeste de diverses choses, et nous fit entendre par une
fausse information que par le passé les nations estrangères, lesquelles
n'avoient point d'Ambassadeur résidant en nostre Porte, donnoient obéissance selon leur volonté à qui il leur plaisoit, et la rendoient d'ordinaire
aux Consuls Anglois; que depuis, les François ont faict mettre dans leurs
Capitulations qu'ils viendroient soubs leur bannière et protection, et
demandoit que les choses fûssent comme elles souloient estre, et renouvel-
lant la leur Capitulation y a fait adjouster cela.

Le Seigneur et Baron de Salignac Ambassadeur de l'Empereur de
France, de présent en cette Porte, la fin duquel soit en bien, nous fait au
contraire entendre que du temps de Sultan Soliman (d'heureuse mémoire),
il fut requis de l'Empereur de France que toutes les nations estrangères
venant à trafisquer par nostre Empire, n'y peussent venir que soubs sa
bannière, rendant obéissance à ses Ambassadeurs et consuls; ce qui luy

fut accordé en considération de la bonne et ancienne amitié qui estoit entre eux et leurs Empires, ainsy qu'il est desclaré par les Capitulations accordées par Sultan Selim et Sultan Amurath de bonne mémoire, aux amis desquels le Dieu très hault donne bien heureux repos. Et encore lors les Anglois estoient du nombre des nations estrangères et venoient soubs la bannière de France, et l'année 988 du temps de nostre ayeul Sultan Murath de bonne mémoire, un Anglois qui estoit icy soubs la dicte bannière et protection, fut reçeu Ambassadeur; et les Anglois furent séparés des autres nations estrangères, et leurs consuls furent mis aux Eschelles de nostre Empire. Et après quelques années, par la tromperie de quelques malins, et par un faux donner à entandre, ils obtinrent quelques commandemens, afin que les estrangers deussent aller soubs leur bannière et rendre obéissance à leurs Consuls, ce qui causa une grande confusion aux marchands; de sorte que ce différend fut desbattu par trois ou quatre fois en nostre Divan en la présence de nos excellents Visirs et Cadilesquiers; et là furent produites informations des Gouverneurs du Caire, d'Alexandrie et d'Alep comme depuis LX ans les nations estrangères venoient soubs la bannière et protection des françois. De quoy estant faict relation à nostre Père de bonne mémoire, l'âme duquel soit heureux, il donna ses puissans commandemens aux gouverneurs de toutes les Eschelles de nostre Empire, leur ordonnant que selon leur ancienne coustume, les estrangers deussent rendre obéissance aux Consuls de France, et qu'ils eussent à prendre de la main des Anglois tous les commandemens qu'ils avoient obtenus en ce subject, qu'ils renvoieroient en nostre sublime Porte, et fit mettre la chose aux Capitulations accordées aux François. Et lorsque nous avons succedé à cest heureux Empire, scachant la bonne intelligence et ancienne amitié de l'Empereur de France avec nostre très heureuse Porte, nous avons déclaré et accordé les choses susdites, ce qu'il vérifia par les Capitulations anciennes et par la nostre dernière et autres escritures sur ce subject; remonstrant que, ce qui estoit faict de nouveau, estoit et contre nostre Capitulation et contre celle de nos predecesseurs. De quoy ayant esté faict ample rapport à nostre Hautesse, et n'aiant nostre Majesté nullement à gré ce qui a esté adjousté à la Capitulation des Anglois, nous avons par nostre lettre imperiale, de nouveau accordé cette nostre sublime Capitulation aux François et commandons ainsy que, depuis ce jour d'huy (hors les Vénitiens et les Anglois) toutes les nations estrangères, lesquelles n'ont point d'Ambassadeur à nostre heureuse Porte, venans à trafiquer en nostre Empire, ayent à y venir soubs la bannière de France selon l'ancienne coustume, et ayent à rendre obéissance aux Ambassadeurs et Consuls de France, et que les Capitulations et commandemens obtenus des Anglois sur cette matière, qui se trouveront contraires à cette nostre sublime Capitulation, ne soient observés en aucune façon en quelque Eschelle de nostre Empire qu'ils soient présentés, et que les Gouverneurs des dicts lieux ayent à s'en saisir et les renvoyer à nostre heureuse Porte, et ayent pour jamais à observer le contenu de ceste nostre sublime

27

Capitulation, ne permettant à qui que ce soit en façon du monde, faire aucune chose contre les articles et promesses de la présente Capitulation. Car tant que l'Empereur de France sera constant et ferme en l'amitié et bonne intelligence qu'il a avec nostre Majesté, nous de nostre part, serons ferme et constant en la nostre ; promettant et jurant, par la vertu du très grand et omnipotent Dieu Créateur du Ciel et de la Terre et par les âmes de nos bisaieuls et ayeuls et de feu nostre Père, d'observer et maintenir ce qui est contenu en la présente Capitulation, autant et sy longtemps que l'Empereur de France demeurera ferme et constant en nostre amitié, acceptant son amitié avec volonté d'en faire cas et honneur, Et ainsy est nostre intention et promesse imperiale faicte et escrite le 20e d'avril l'an 1015 de l'avènement de Mahomet.

Envoié par l'ordinaire du douziesme may 1607.

XI (suite).

Bibliothèque nationale, Fr. 16171, fol. 255. (Copie.)

Acte de la fin d'avril ou environ l'an 1607.

Traduction des commandemens du Grand Seigneur qu'il a envoiés aux gouverneurs et juges des Eschelles de son Empire, depuis que les Anglois ont renouvellé leurs Capitulations ; les dits commandemens révoquans les dictes Capitulations des Anglois, comme subreptices.

Aux valeureux Seigneurs des Seigneurs, clémens, magnanimes et suprèmes en toute prééminence et honneur, comblés de félicités et renommée ; laquelle vous est donnée de la grande et divine Providence ; les très suffisans, très prudens et honorés Beglerbeys de nostre heureux Empire auxquels la félicité soit perdurable et perpétuelle ; et aux vénérables et justes juges qui prononcent les jugemens ; aux parfaicts Moussulmans comblés de science, doctrine et éloquence ; les magnanimes Cadis, lesquels se trouvent en nostre Empire, desquels la vertu et l'éloquence aille tousjours augmentant.

A l'arrivée de ceste nostre très haute et eslevée marque, vous scaurez comme l'Ambassadeur de France nous a informés comme de fort longtemps les nations estrangères, lesquelles n'ont point d'Ambassadeurs à nostre heureuse Porte, venans pour negocier en mon Empire bien fortuné, ont accoustumé d'y venir soubs la bannière de France, rendans l'obéissance à l'Ambassadeur de France. Les Anglois mesmes estoient encores du rang des estrangers jusques en l'an 988, qu'un d'iceux venu icy soubs la bannière de France, y fut reçeu Ambassadeur, et furent les dicts Anglois séparés des autres nations étrangères. Quelque temps après, par la malice de quelques meschans, il fut mis en avant que les Estrangers souloient trafiquer en cet Empire, rendans obéissance à qui il leur plaisoit, et avec cette fausse information, obtindrent quelque commandement à cet effect. Et parce que cela porta beaucoup de confusion, ce débat fut veu par diverses fois en nostre Divan en la présence de nos Visirs et Cadilesquiers, où furent présentées relations des Gouverneurs du Caire et d'Alep, disant comme depuis soixante ans toutes les nations estrangères trafiquent en cest Empire soubs la bannière de France, de quoy estant donnée information à mon père, l'âme duquel suit en repos, ses commandemens très puissans furent envoiés par tout, ordonnant que, selon la coustume ancienne, les dites nations rendent obéissance par toutes les Eschelles de nostre fortuné Empire, aux Consuls de France, et que tous les commandemens que les Anglois avoient obtenus au contraire, leur soient pris des mains et renvoiés à nostre heureuse Porte.

Et lorsque avec toute fidelité cest Empire est succedé à nostre Grandeur, nous avons accordé la même chose à l'Empereur de France, déclarant par la Capitulation que nous avons avec luy, que toutes les nations estrangères eussent à négocier en cest Empire soubs la bannière de France, selon l'ancienne coustume; et que de la part de l'Ambassadeur d'Angleterre, il n'y soit donné aucun empeschement (en disant que depuis quelque temps cet article estoit inséré dans les Capitulations de France); et que partant tous commandemens sur ceste matière tant obtenus que ceux que pourroient obtenir par cy après les Anglois, fussent pris de leurs mains et envoiés en nostre heureuse Porte. Et depuis, cela a esté toujours ainsi observé. Que toutesfois cette année 1015, l'Ambassadeur venu de la part du Roy d'Angleterre, a de nouveau proposé que les dictes nations estoient libres pour venir en cest Empire soubs l'obéissance de qui il leur plairoit, et qu'ils avoient accoustumé de la rendre à leurs Consuls par les Eschelles de nostre Empire, donnant faucement à entendre que les François, contre ceste coustume, les ont enclos dans leurs Capitulations, et ainsy par quelque mauvaise voie, ont faict mettre dans la leur, que les dictes nations rendroient obéissance à leurs Consuls.

Or nous, deuement informés que depuis le temps du Sultan Soliman d'heureuse mémoire, l'âme duquel soit en bon repos, toutes les nations estrangères ont accoustumé de venir négocier en cest Empire soubs la Bannière de l'Empereur de France, rendans obéissance aux Consuls françois, et voians aussy les Capitulations qui leur ont esté accordées depuis ce temps là; et à la vérité n'ayant nullement à gré ce qui a esté adjousté à la Capitulation des Anglois, ayant faict commander à l'Ambassadeur d'Angleterre de rapporter la dite Capitulation pour en biffer cet article; et luy, aiant respondu avec obstination qu'il ne l'avoit point en ses mains; et l'Ambassadeur de France, nous pressant d'entretenir la Capitulation que nous avons avec le dict Empereur et faire que les dictes nations estrangères negocient en nostre heureux Empire selon qu'elles ont accoustumé, et que les Anglois ne puissent se prévaloir de cet article adjousté à leurs capitulations :

Nous ordonnons par ce nostre très puissant commandement, qu'en quelque part que leur Capitulation soit présentée, elle ne soit en façon du monde, observée ; ains qu'elle soit prise de leurs mains et envoiée à nostre heureuse Porte, et que pour jamais on aye à maintenir et observer la capitulation de nouveau accordée à l'Empereur de France, et les commandemens donnés conformes à elle. Ainsy nous l'avons ordonné avec nostre lettre impériale, et par cestuy nostre puissant commandement, que toutes nations estrangères négocians en nostre heureux Empire, soient soubs la bannière de l'Empereur de France rendans obéissance à son Ambassadeur et Consuls, selon qu'il est porté par la Capitulation et par le dit commandement de présent renouvellé. Partant, arrivant qu'en l'estendue de vos Charges, les Anglois voulussent pour cette occasion travailler les Estrangers et se servir de leur Capitulation ou de quelque commandement obtenu ou de quelqu'autre qu'ils puissent obtenir pour l'advenir, vous vous opposerez entièrement, prenant de leurs mains et leurs capitulations et tous leurs commandemens et escritures qui seront contre cette nostre intention, déclarée et par nostre capitulation et commandemens tout de nouveau accordés à l'Empereur de France ; et ne faudrez pour jamais observer ce qui est porté par la dicte Capitulation et commandement, qui sont selon la coustume ancienne. Telle est nostre volonté et sublime commandement auquel vous aurez à obéir sans faire aucune chose au contraire. Ainsy vous le scaurez, et après avoir veu le présent commandement, remettez les ès mains du Consul de France. Vous donnerez foy à ce sacré signe.

Faict et escrit à la fin d'avril de la ville de Constantinople, lieu de nostre résidence l'an 1015. (C'est 1607.)

XII (page 178).

Bibliothèque nationale, Fr. 16171. fol. 282. (Copie.)

Lettre de Mustapha Bassa Caïmacan au Roy Trés Chrestien Henry IV, escripte sur la fin d'octobre 1607. Envoiée par l'ordinaire du IIII novembre de l'an 1607.

Au glorieux, etc..... Henry quatriesme Empereur de France, duquel la fin soit heureuse.

Après infinies salutations deues à Vostre Majesté, convenables aux tesmoignages de vostre vraye intelligence et amytié, on vous fait scavoir et entendre, comme le valeureux parmy les Grands Seigneurs de la nation de Jésus, le Roy d'Angleterre, duquel la fin soit en bien, ayant envoyé à la Sublime Porte du Très heureux et Très puissant Empereur qui pourvoit aux affaires des Roys et Grands Princes, unique et magnanime Seigneur de la maison et famille Ottomane que Dieu tout puissant face prospérer et conserve perpétuellement, son Ambassadeur *Thomas Glower* avec ses présents avoit trouvé, à son arrivée *Assan Bassa*, Gouverneur des affaires de l'Empire de son Altesse. Lequel par la poursuite et requeste du dict

Ambassadeur, se laissa aller à consentir que les Estrangers negociant en cest Empire peussent venir sous la Bannière d'Angleterre ; de quoy quelques desbats et contentions nasquirent en ce temps. M'estant donnée par divine providence la charge en ceste Porte, bien conservés les registres des Capitulations accordées par les prédecesseurs de son Altesse aux Princes confederés de cet Empire, lesquels ayant esté visités par le Conseil du très prudent Mouphty et de tous les Visirs, et ne s'y trouvant rien de semblable, nous avons remis les choses ainsy qu'elles estoient auparavant, sans innover ny changer une seule lettre tant à votre Capitulation qu'à celle accordée aux Anglois ; estant sorty un ordre exprès de son Altesse que l'on aye à se conformer selon ce qui estoit par le passé. Ainsy, suivant le dict ordre et commandement, a esté faict que la Capitulation des Anglois fut de nouveau escrite, et avons pourveu à ce que les nations estrangères ne deussent negocier en cest Empire que sous la bannière de France, selon la coustume ancienne, sans que les Anglois y puissent porter aucun empeschement ny fascherie. Et sur ce subject cy escrit une bien ample lettre au Roy d'Angleterre et avec la grâce de Dieu, il ne se fera jamais rien plus qui soit contre l'ancienne amitié et bonne intelligence. Et estant chose accoustumée et nécessaire en escrivant et advisant de ce qui arrive, affermi les biens de la parfaicte et bonne amitié ; à ceste occasion, nous vous avons escript et envoié la présente nostre lettre bien affectionnée, à l'arrivée de laquelle nous espérons que de vostre part de jour à autre sera augmentée la conservation de la dicte parfaicte amitié et bonne correspondance, et aussy avec la grâce divine, elle sera aimée et honorée auprès de son Altesse, et trouvera de son costé une pareille amitié et correspondance.

Escrit à la résidence de Constantinople sur la fin du mois d'octobre de l'an 1016 du Prophête.

XII (suite).

Bibliothèque nationale, Fr. 16171. fol. 284. (Copie.)

Lettre de Moustafa Bassa Caïmacan, escrite le vingtiesme d'octobre, envoiée par l'ordinaire du quatriesme novembre de l'an 1607 au Roy d'Angleterre.

Au glorieux et magnanime Grand Seigneur de la foy de Jésus, eleu parmy les Puissans de la nation du Messie, Terminateur des différends qui arrivent parmy le peuple chrestien, Guide de grandeur et Majesté, le Roy d'Angleterre Estuard, la fin duquel soit bonne.

Estant la coustume des grands Princes de faire tout ce qu'il est possible et faire toute diligence afin que ce qu'ils promettent soit observé, ce qui est notté au Registre du jour et de la nuit ; comme aussy est la voie publique et la langue du monde tant des grands que des petits ; et ainsy le fait particulièrement celuy qui à présent est le très puissant et magnanime Empereur, très fortuné et unique Seigneur de la Maison Ottomane, puissant d'armées infinies comme les estoiles, lequel Dieu tout puissant conserve perpétuellement. C'est chose fort publique que à ceux qui se sont humiliés et adressés à ceste Porte dès le temps de ses prédecesseurs jusques à présent, il leur a esté octroié des grâces et honneurs, et ont esté exaltés et honorés parmy leur pareils et de son amitié accordée : laquelle, outre qu'elle est le repos de leur esprit et connue de tous, est encore pour le bénéfice commun de tous ceux qui sont au monde. De sorte que, valeureux parmy tous les Seigneurs de la nation du Messie, le plus eslevé et exalté de tous les chefs de la nation de Jésus, l'Empereur de France, lequel désire le bien et la prospérité de l'Empire Ottoman et uni de bonne intelligence d'amitié avec les Empereurs nos predecesseurs depuis trois cens ans en ça. Lesquels luy ont accordé par leurs Capitulations, que les Estrangers nesgocians en cest heureux Empire y deussent venir soubs la bannière de France, et ainsy a esté observé jusques à présent. Ceux qui sont vos subjects et ceux à qui il est permis y venir soubs vostre bannière pour y negocier y seront honorés et caressés des capitaines et autres gouverneurs et des Emirs des Eschelles, leur usant de toute faveur qu'il leur est possible en ce qu'ils demandent, et négocient partout seurement, sans recevoir dommage aucun ; et estant chose claire, il n'est besoin d'en dire davantage. Or vostre Ambassadeur *Thomas* [*Glauwer*] arrivant à la résidence de Constantinople, il luy fut donné le disner selon la coustume et selon la grandeur de nostre Très fortuné Empereur, et après les compliments accoustumés qui luy furent faict par l'entremise des Grans Visirs, il baisa les mains à son Altesse et présenta les présens qu'il porta, lesquels furent bénignement receus, et luy fut faict bonne chère, de sorte qu'il fut honoré parmy ses pareils. Et lors estoit commis et Lieutenant de son Altesse, Assan Bassa, avec lequel vostre dit Empereur fit telle instance et tant de requestes à ce que les nations estrangères deussent venir et trafiquer soubs la bannière d'Angleterre, que le dict Bassa, ne recherchant point quelle estoit la coustume ancienne, y consentit. Dont peu après, naquirent scandales et desbats. Et pour y remédier, avec le conseil du très prudent Mouphti et de tous les Visirs, visitant les registres (qui sont entiers et bien conservés en cette Porte) de toutes les Capitulations accordées par le passé à tous les Roys et princes confédérés de cette Porte, il s'y est trouvé notté que les nations estrangères y doivent venir soubs la Bannière de France. Et partant, la clause a esté remise comme elle estoit dès le commencement. Et cela convient à nostre loy et Religion d'observer tant la capitulation qui vous est accordée que celle qui l'est à l'Empereur de France. Il n'a esté du tout innové à la vostre, ains tout ce qui y estoit premièrement escrit et notté a esté confirmé de son Altesse ; et par ordre exprès de sa dicte Altesse, ont esté de nouveau escrites les Capitulations de part et d'autre, et données ès mains des dicts Ambassadeurs pour estre observées à tousjours ; et ainsy pour l'advenir ne se fera chose contre les dictes Capitulations, sans quelque cause. Mais vostre Ambassadeur est jeune et n'observe les coustumes de nostre amitié, ne tenant compte de la droicte voie de cette bonne intelligence ; mais s'amuse à choses qui sont contre la volonté de part et d'autre et qui sont illicites et pour porter dommage aux fondements de la dicte amitié et bonne intelligence. De vostre costé jusques à maintenant, il ne s'est faict chose contre la bonne correspondance et vous estes tousjours bien gardé des choses qui peuvent porter scandale comme c'est chose claire du bon chemin que vous tenez ; et les pactes et capitulations de la parfaicte amitié, qui jusques à présent ont esté honorés et observés, sont sans doubte cause du repos de tous les peuples du monde, et a amorty tout mal et tout dommage. Et en considération de cette parfaicte amitié et intelligence, et estant telle la volonté de son Altesse, nous vous avons escrit et envoié la nostre présente bien affectionnée à l'arrivée de la quelle nous espérons que vous ne changerez pas le bon chemin auquel vous avez cheminé jusques à présent ; et sans changer visage, serez amy des amys et ennemy des ennemis de cet Empire. Et l'union et bonne intelligence, qui est aux deux costés, estant observée et augmentée du vostre, sera cause que auprès de nostre très heureux Empereur vous serez honoré et estimé de sorte que le monde en parlera. Nous désirons aussy que sur la mer il n'y aye point de guerre et de débat entre les vaisseaux d'Angleterre et de France, ains qu'ils puissent venir négocier et s'en retourner seurement. Cependant selon la coustume de cette heureuse Porte, on faict honneur à Vostre Ambassadeur, et ne patist d'aucune chose ; et pour le vent de ces paroles deshonnestes, le fondement de l'amitié ne souffrira point de dommage. Sy seroit-il bon et honneste de commander à vostre Ambassadeur qu'il aye à se gouverner comme se sont gouvernés les Ambassadeurs venus auparavant, employant diligence d'observer la volonté des deux parts et adviser et attendre à l'augmentation de la dicte bonne amitié.

Escrite le 20 à la Résidence de Constantinople.

XIII (page 188).

« La ville d'Alep estant entre les mains du Serdar, la plus part des Gelalis, ne sachant où donner de la teste furent treuver Aly Zemboulat qui, après la routte de son armée, au partir d'Alep, fut à Damas, puis se retira en Mésopotamie et Arménie d'où il fit entendre au Roy de Perse sa disgrâce, s'offrant de le servir avec bon nombre de gens quy luy estoient restés de son débris. Mais le Roy, quy lors estoit *Cha Abas*, ne se voulant fier en la promesse des Turcs pour estre de tout temps inréconciliables ennemis des Perses, qu'ils appellent *Rafagis*, qui veut dire hérétiques, le remercia honnestement, luy faisant savoir qu'estant sur la défencive, il n'avoit besoing d'autres gens que de ses subjects, qu'il estimoit plus que suffisants pour s'oposer aux armes de ses ennemis. Ceste responce estonna Zemboulat et les siens, qui se promettoient d'avoir retraicte en Perse ; par le moyen de la quelle ils pourroient mieux faire avec avantage leur apointemant à la Pòrte du G^d S^{gr}, où n'avoit Zemboulat, ennemy quy luy fut contraire, ny quy luy eust voulu manifestemant nuire vers le G^d S^{gr}. D'autant qu'il s'estoit aquis telle réputation et bienveillance parmy les visirs, pachats, begs, agas et toute sorte de gens d'autorité, qui tous plaignoient sa mésaventure, tant il estoit valureux et grandement estimé pour sa naturelle générosité. Donc il s'avisa pour le mieux, de rechercher le pardon du G^d S^{gr}, au moyen de quoy il employa la faveur du Serdar, tandis qu'il estoit encore en Sirie à restablir et policer les désordres des Gelalis, et envoya gens de qualité au Visir, qui luy estoit particulièrement amy, pour traiter d'accord et quelque apointement. Ce qui contenta grandement le Visir, de pouvoir pour comble de sa victoire, gaingner un homme de telle valleur. De faict qu'il luy promist qu'assurémant il feroit tant vers Sa Hautesse, que toutes choses seroient anéanties, et le feroit restablir en ses biens et facultés, pourveu qu'il demeurast coy, et se gardast de n'egrir les affaires : ce quy fut promis de part et d'autre. »

(Ambassade en Turquie du baron de Salignac, livre IV, chap. VI.)

XIV (page 210).

Bordier nous apprend quel fut le sort de Zemboulat et de ses principaux lieutenants :

« Aly Zemboulat, dit-il, ayant obtenu son pardon et abolition du G^d S^{gr} par le moyen du Visir et autres amis sur l'assurance desquels il s'achemina à Constantinople, mais non avec tel trin qu'il souloit avoir ; et luy fut donné logis assé beau et spacieux fort proche le Sérail du G^d S^{gr}, où peu de jours après, il eut audiance de Sa Hautesse et luy baisa les mains, estant le bien reçeu pour lors. Et après il se retira en son logis, attendant quelque faveur royale, qui fut peu de temps après d'un Pachaly en Grèce, ce qui fut faict, comme je croy, à dessin de l'eslongner de son bien et patrie qui estoit en Levant, et ce Pachaly en Ponant, où il ne connoissoit personne, afin de luy oster les moyens de se plus eslever contre son Prince naturel. Chascun avoit désir naturel de voir cet homme, pour la fameuse renomée et générosité de son courage. Il estoit Prince d'extraction des premiers de Sirie, de manière qu'il y avoit tousjours grand compagnie chez luy à le visiter : Et mesme le Sr Ambassadeur eust désir de le voir ; quy, je croy, ne fut sans suject, fut pour ses affaires d'Alep ou pour celles du Pachalic de Grèce où il devoit aller. De cela ne puis-je rien dire, tant y a que nous fusmes en son logis où il fit mille caresses au Sr Ambassadeur, avec tous les complimants que l'on eust sceu désirer ; quy luy fust rendu de mesme du Sr Ambassadeur. Là où ayant demeuré quelque temps ensamble à parler d'affaires, fît venir le Cerbet, quy est parmy les Turcs grand faveur et honeur à ceux à qui ils le présentent. Et me souvient, le voyant, qu'il estoit facille de reconoistre la fiute joye qu'il simuloit avoir en apparence; mais en l'intérieur estoit cachée la tristesse et mellancolie qu'il pouvoit secrettement avoir, se voyant réduict au simple trin d'un Pacha.

Pour l'Emir *Yusuf*, il fut remis en son Pachaly de Tripoly par le moyen de ses amis et du temps qui ne requéroit sy éxacte recherche, estant le G⁸ S⁸ʳ opressé de tous costés de son Empire, et avoit besoin de toutes sortes de gens. *Tacnil beg* fut pareillemant remis en son office de Sanjact. Et n'y eust que *Juma beg* quy avoit gardé le Chasteau d'Alep et fit la capitulation avec le Serdar, qui le mena à Constantinople où le G⁴ S⁸ʳ le fit puis mourir.

Tant y a que le Sʳ Ambassadeur prit congé du Sʳ Zemboulat, lequel le convoya jusques à la décente de l'escallier. Et se retirèrent l'un l'autre comme grands amys. C'est la vérité que chascun plaignoit l'infortuné désastre de ce Prince, s'il est loysible de l'appeller ainsy. Et lorsqu'il fut prest à partir pour aller dans son Pachaly, de rechef le Sʳ Ambassadeur le fut voir. Lequel il bienvénia de tant plus d'affection ; et furent plus d'une heure ensamble à discourir, n'y ayant qu'eux deux et le truchemant du Sʳ Ambassadeur, lequel se retira ; et le fut conduire le dit Zemboulat jusques à la porte du logis ; qui fut la dernière fois qu'ils se virent l'un l'autre. Car estant Zemboulat en son Pachaly, jà il y avoit 5 ou 6 mois, pensant que toutes choses fussent assoupies, ce fut lors qu'il se vit assaillir et entourer de vingt ou trente capigis de la Porte qui l'estranglèrent, par secret commandemant du G⁴ S⁸ʳ qui n'oublie jamais les fautes passées. Telle fut la mort de ce généreux Ály Zemboulat, qui fut grandement plaint de ses amis. Mais les rebelles sont tousjours odieux aux grands Princes leurs supérieurs, lesquels ne se pouvant venger en un temps, le font en l'autre, quoy qu'il tarde : car il est très dangereux d'offencer un Prince souverain sur son Estat. »

(*Ambassade en Turquie de Jean de Gontaut, baron de Salignac*, livre IV, chap. 8.)

XV (page 234).

Arrivée à Constantinople de l'Ambassadeur de l'Empereur. — Incident à propos de la préséance.

« Sur le commencement de l'automne de l'année 1608, l'Empereur Rodolphe envoya son Ambassadeur vers le G⁴ S⁸ʳ en qualité d'ambassadeur de Roy de Hongrie : lequel s'appeloit *Adam fon Herbestan*, gentilhomme de la Chambre de Sa Majesté Impérialle, homme véritablemant de très belle apparence, ne ressentant en rien l'Allemant, mais bien le naturel

françois. Aussy estoit-il vestu tousjours à la Françoise, et en savoit naturellement bien la langue. Et l'envoyoit pour satisfaire à ce qui avoit esté
accordé par le traicté de paix fait en Hongrie. Sy bien qu'ayant nouvelle à
Constantinople de son arrivée au *Ponte Picolo*, qui estoit sur son chemain.
Monseigneur l'Ambassadeur pria le *Sr de Montglats St Aubin*, qui lors estoit
à Constantinople, de l'aller recevoir de sa part sur le chemain d'Andrino-
poly, estant accompagné du *Sr Gédoin Sr de Belain*, gentilhomme ordinaire
de la Chambre de Monseigneur frère du Roy, et moy aussy ; qui tous trois,
le treuvasmes à deux lieues près de la ville, où à la rencontre, il fit faire
halte à tous ses chariots qui estoient 18 ou 20 ; et nous voyant, mit pied à
terre du sien pour nous recevoir et bien vénier ; ayant mis pied à terre là
où après l'avoir salué et faict tous les complimants de bienveillance de part
et d'autre, ayant presque demeuré demy heure en ce lieu de rencontre,
nous nous acheminasmes tous vers la ville, d'où sortoient plusieurs gens
tant de l'Ambassadeur d'Angleterre, qui estoit lors le *Sr Thomas Glauvert*,
que du Baillio de Venise et autres qui luy venoient à la rencontre ; où se
faisoit halte pour les complimants de la réception. Après les quelles arrivoit
quantité de Turcs qui, pour le bien vénier, luy racontoient la deffaite des
Gelalis ; et ce, disoient ils, exprès pour l'intimider et faire qu'il ne persis-
tast opignatremant en ses demandes. Mais toutes ces artifices ne
l'estonoient point. Et fut conduict du Chaoux bachy et Capigy bachy au
meilleu desquels il estoit, en son logis quy luy avoit esté préparé, où il
demeura quelque espace de temps à repos, pour se rafreschir et préparer
pour le baise main du Gᵈ Sᵍʳ, qui fut cinq semaines après son arrivée :
qu'il eust audiance dans le Sérail où il fit porter tous les présants de
l'Empereur, qui à la vérité estoient excellants et admirables, y ayant 70
personnes à porter chascun sa pièce, qui estoient : grands vases et
bassins d'argent doré, coupes aiguières et tant d'autres hanats d'argent
doré à leurs eusages que merveille, plusieurs belles, grandes et moyennes
orloges de très grand prix avec grands miroirs et cabinets d'Alemaigne,
enrichis de pierreries et orfèvrerie de tous costés, et tant d'autres choses
exquises d'argenterie dorée. Qui se peut dire que l'Allemagne s'estoit
despouillée de ses plus rares et exquises belles pièces d'ouvrage, pour les
porter à gens qui croyent que tout leur est deu, tant les Turcs sont auda-
cieux et insatiables. Le présant particullier du Sʳ Ambassadeur fut de six
des plus beaux et merveilleux grands dogues que l'on eust sceu voir. Et ne
puis croire que jamais Empereur fit sy beau présant, ny Gᵈ Sᵍʳ ne reçeut le
semblable. Mais le pis fut aussy d'une grande somme d'argent monnayé
qui fut livré au *Hazenadar bachy* de la Porte (qui veut dire le Grand
Thrésorier de la Court), lequel recevoit cest argent comme Tribut, bien que
l'Ambassadeur le dit estre de présant. Et font les Turcs, gloire insuportable
de tels présants, disant que cela leur est deu. Qui est une honte aux
Princes chrestiens de faire présant à ce Prince, qui prend fort bien, pour luy
estre deu de tribut, ce leur semble, sans ce que jamais il donne aucune chose
que quelques vestes de légère toille d'or et d'argent, de la valeur de 50

piastres les plus belles. Car les Turcs ne savent ce que c'est de donner ;
mais bien ont-ils à toute heure les harpes ouvertes pour prendre tout ce
qu'ils peuvent. Tant y a que les cérémonies finies où y avoit grand peuple,
l'Ambassadeur se retira puis en son logis, où trois jours après il voulut voir
les Ambassadeurs chrestiens qui jà l'avoient visité suivant la coutume. Mais
parce que Monseigneur de Salignac estoit lors malade, n'y pouvant aller,
y envoya le *Sr du Carlat* son frère, bien accompagné : ce que l'Ambassadeur de l'Empereur remarqua, croyant que ce fût finte pour n'y aller en
personne. Ce qu'il fit qu'il alla visiter l'Ambassadeur d'Angleterre le premier, s'estant connus ensemble en Allemagne, et estoient grands amis. De
manière que le Seigneur Ambassadeur de France, estant averty de ce pas
de cler, comme sage et fort avisé qu'il estoit, résolut de ne le vóir en qualité d'Ambassadeur, lorsqu'il viendroit le visiter ; comme avint deux ou
trois jours après, que le dit Sr Ambassadeur de l'Empereur voulut faire,
luy envoyant deux ou trois de ses gentilshommes pour prendre jour et
heure de visite ensemble. Mais le Sr de Salignac leur dit qu'il s'esmerveil-
loit de cette demande, et comme le Sr Ambassadeur leur maistre ne savoit
encor, ou ne faignoit de savoir le rang et qualité de l'Ambassadeur de
France, ayant préféré en visite celuy d'Angleterre, à raison de quoy il ne
le pouvoit, ny ne devoit le recevoir en qualité d'Ambassadeur de l'Empereur, sans faire tort au Roy son maistre, à quy toute prééminence estoit
deue ; mais que pour le contanter, sy il le vouloit voir en qualité d'amy
particulier, il seroit le bienvenu, et autrement il ne le pouvoit voir. Ne
faut demander sy ces gentilshommes restèrent confus et fâchés tout
ensemble d'avoir cette froide responce, qui estoit d'acuser le Sr Ambassadeur leur maistre , d'ignorance ou malice , et retournèrent à leur maistre
référer ce que dessus. Lequel ne vint point visiter le Sr Ambassadeur :
bien y envoya-il deux ou trois jours après, quelcun des siens pour s'excuser
et dire qu'il ne pensoit point avoir failly en ceste visite de l'Ambassadeur
d'Angleterre, d'autant qu'il n'y avoit esté qu'inconnu et sans cérémonie ;
et qu'il savoit le rang et qualité de l'Ambassadeur de France sur tous les
autres après celuy de l'Empereur, duquel il portoit la qualité d'ambassadeur : qu'il ne laisseroit pour ne le voir qu'en ceste qualité, d'estre son bon
amy en particullier. A quoy le Sr Ambassadeur los assura le semblable. Et
se retirèrent en leur logis. »

(*Ambassade en Turquie du baron de Salignac.*)

XVI (page 246).

« La charge de Capoudan Pacha ou Amiral de mer, dit Bordier, laquelle
estoit vacante par la mort de *Dervis Pacha,* fut donnée à un certain ajamo-
glan du Sérail quy estoit appellé *Afix Mehemet Pacha,* plus homme de lettres
que d'espée, plus savant en poisie qu'en l'art de marine et militaire.

Aussy n'y fit-il guères bien les affaires de son maistre ny les siennes. Il
n'ayma point notre nation, non pour autre suject que pour ce que Dervis
Pacha nous avoit aymés et favorisés. La première année de son Capoudan-
lic, il mena l'armée maritime en course, ainsy qu'est la coutume de faire
tous les ans. Il partit avec soixante et dix gallaires en bel ordre du port de
Constantinople, environ le mois de juin. Et le vit le G^d S^{gr}, qui l'aymoit,
sortir du port en ce bel apparat, après luy avoir baisé les mains en son
Quiosque, suivant la coutume, et s'acheminant par les ports et isles de
l'Archypelle et autres lieux de la mer Méditerranée, pour la rendre libre
de corsaires. Or est-il que ce *nouveau Capoudan Pacha*, ou plus tost
Pedant Pacha, n'estant sorty du Sérail depuis qu'il y fut mis, trouva l'air
des champs et de la marine tout autre que celuy du Sérail. Au moyen de
quoy estant arrivé en Alexandrie où les gallaires donnèrent fond, il eut
désir de voir Le Caire, quittant armée et tout ce quy estoit de son devoir,
pour voir les magnificences quy s'y font tous les ans à l'ouverture du *Calis*,
lorsque le Nil s'enfle et desborde : où je le laisse promener et composer
des vers sur l'inondation du Nil, sur les ruisnes de Menphys et merveilles
des Pyramides, tandis que les Florentins scroquoient les Gallions de la
Sultane en mer. Car au mesme temps qu'il arriva à Alexandrie, la cara-
vane des Gallions de la Sultane (quy sont 10 ou 12 gros vaisseaux quy font
tous les ans 2 ou 3 voyages de Constantinople à Alexandrie pour porter les
provisions) lesquels estant près de faire voille pour le retour de Constantinople, les Capitaines et patrons luy demandèrent scorte de quelques
gallaires; d'autant, disoient-ils, qu'ils avoient eu nouvelles qu'il y avoit
des vaisseaux ennemis en mer. A quoy il ne voulut entendre, disant
qu'ils apprissent à estre vaillants, et qu'ils ne craindroient point les corsaires, non plus que luy. Ayant cette inepte réponse, jugèrent qu'il n'avoit
jugemant ny expérance, firent voille en mer, où ne manquèrent 5 ou 6
jours après leur despart de faire rencontre de quatre ou cinq vaisseaux du
Grand Duc de Florence, dont estoit Général le Sr *de Beauregard*, Chevalier
de Malte des plus signalés de son temps, accompagné plus de François que
d'autre nation. Lequel les attaqua sy à propos, et les mena sy rudemant
qu'il en prit deux des plus gros et un moyen : dont l'un d'iceux gros, peu
après la prise, coula à fond, quelque diligence que l'on peut faire pour le
sauver. Quy fut grand perte pour les Turcs et grand butin pour les autres.
Car ces vaisseaux sont ordinairement chargés de quantité de marchandises
et de mille à 15 cent personnes, quy furent menées à Livorne. Les autres
vaisseaux quy eschappèrent furent terriblement battus et endommagés du
canon : de manière qu'il n'y en eust pas un quy ne se ressentit grandemant de cest orage; ayant les uns la poupe rompue, les autres la proue,
autres le mast. De sorte que c'estoit chose désolée de voir ainsy ces
vaisseaux stropiés et brisés de tous costés. Lorsqu'ils arrivèrent, neuf d'eux
quy estoit dessus, ne monstroit bon visage. Et me souvient que, lorsqu'ils
entrèrent dans le port, j'estois avec trois ou quatre de mes amis à Constantinople, ne sachant encor ceste nouvelle, que les Turcs, passant par les

rues, nous regardoient de travers nous donnant du *bray guydy giaours*, qui veut dire : cornards infidelles : ce quy me fit juger qu'il y avoit quelqu'Echec et mat sur eux, et par conséquent très nécessaire de nous retirer promptemant à nostre Galata, devant que ce bruit de ce fracas fut plus esventé. Car de 15 jours il ne fit bon aller par la ville pour les chrestiens ponantins, veu la perte et desplesir qu'ils reçeurent de ceste prise : quy causa grand cherté de riz, lentilles et toute sorte de lesgumes, epicerie et autres marchandises. Et croy que si le *Pedant Pacha* à quy ils atribuoient ceste mésaventure, pour ne leur avoir fait scorte de quelques gallaires, eust esté lors à Constantinople, c'est sans doute qu'il n'y eust eu élégance de vers ny prose quy l'eust peu garantir d'estre mangé des vers. Mais il n'eust pas haste de retourner. Car ses devanciers souloient rentrer dans le port avec grand fanfare et aparast, en plein jour pour faire voir leurs prises ; mais cestuy cy voulut laisser passer ceste esmotion colérique, retournant au mois de janvier, que les humeurs les plus chaudes sont refroidies. Et fut son entrée nocturne et sans bruit, que les Turcs appellèrent *bay gouch quiby gurmich*, quy veut dire : Entrée de chahuan ; ne voulant estre veu ny ouir, pour esviter les injures du peuple, quy luy estoient préparées. »

(Ambassade en Turquie du baron de Salignac, livre II, chap. 77.)

XVII (p. 253).

Extrait d'une lettre d'Henri IV à M. de Brèves, ambassadeur à Rome,
en date du 23 juillet 1608.

« J'ay esté, dit le Roi, un peu estonné et mal édifié de ses premiers discours (*de Don Pedro de Tolède*), pour ce qu'il les a commencés par une grande plainte du dernier traicté que j'ay faict avec les Estats des Provinces Unies des Pays-Bas et de l'assistance qu'ils ont tirée de moi et de mon Royaume depuis la paix de Vervins, et au préjudice ainsy qu'il prétend, de la foy par moy donnée par icelle à son Roy, et des recherches qu'il m'a voulu faire croire que j'ay fait faire en mesme temps par Sa Saincteté ou l'alliance d'icelluy, par le moyen des mariages de nos enfants, m'ayant demandé raison de ladicte assistance, et dict que le moyen de parvenir auxdicts mariages estoit que je me départisse tout à faict de l'amitié desdits Etats qu'il a nommés rebelles à son Roy. Je luy ai respondu que le dict Roy et ses ministres estoient seuls cause de la dicte assistance que j'avois donnée aux dicts Etats. . . . .

D'autant que sans les menées et pratiques qu'ils avoient faites dedans mon Royaume pour faire soulever mes principaux serviteurs contre ma personne et mon Estat, et le secours qu'ils ont tout ouvertement donné au Duc de Savoie en la guerre que je fus contrainct de luy faire pour luy faire observer l'accord que nous avions faict ensemble.............. je me fusse contenté de rendre simplement aux dits Estats, l'argent qu'ils m'avoient presté en ma nécessité, comme j'estais tenu de le faire........

....

Et quant au dernier traicté que j'ay faict avec les Etats, j'ay dict audit Don Pedro, que tant s'en faut que j'estimasse que son dict Roy s'en deust plaindre, que je m'attendois d'en estre remercié, attendu que je l'avois fait exprès pour faciliter la paix ès dicts pays, laquelle les Archiducs de Flandre m'avoient prié de favoriser, après avoir déclaré aux dicts Estats les tenir pour gens libres sur lesquels ils ne prétendoient rien..................

.... et que la dicte déclaration de liberté avoit esté confirmée par ledict Roy d'Espagne. — Mais que je n'avois jamais requis ny faict requérir Sa Saincteté de proposer et poursuivre aucunes nouvelles alliances avec ledict Roy d'Espagne pour mariage ou autrement................

.... Je luy ay déclaré que je m'assurois que Sa Saincteté confirmerait ceste vérité, mais ledict Roy d'Espagne, ledict Don Pedro ny autres ne devoient espérer que, pour parvenir aux dicts mariages, je fusse pour faire chose qui fut indigne de moy, comme seroit que je me départisse de l'alliande desdicts Hollandois..............................

Et comme j'ay sur cela pressé le dict Don Pedro de me déclarer de quels mariages il entendoit parler, il m'a dict avec protestation qu'il n'avoit charge d'en proposer aucun; et toutefois le Sr de Barrault (ambassadeur en Espagne) m'a escript le contraire. .... Et comme il s'est passé plusieurs et divers propos sur ce subject entre moy et le dict Don Pedro, sans aucune discussion, je luy ay dict enfin qu'il me baillast par escript sa proposition, et que j'y respondray de mesme, de quoy il a demandé temps de se résoudre.

Or les choses tombent là, que lesdicts Espagnols voudroient que dès à présent j'abandonnasse du tout lesdictes Provinces Unies aux armes de leur Roy et desdicts Archiducs pour gagner et mériter les dicts mariages, etc.

....

Par ainsy, comme les dicts Espagnols prétendent fonder les dicts mariages sur ma séparation d'avec les dits Estats, pour en ce faisant, me leur faire manquer honteusement de foy au préjudice irréparable de ma réputation et de mes affaires, je diray au contraire que s'il faut que nous contractions ensemble telles alliances, il est nécessaire que telle paix les précède............ Les Espagnols font contenance d'avoir aussy peu d'envie de parfaire la paix, que j'ay volonté de trahir les dicts Estats; partant nous nous trouvons appointés contrairement; ils ont leurs raisons et j'ay aussi les miennes qui sont conjoinctes à ne rien despartir, quoy qu'il puisse succéder.

Le dict Roy d'Espagne et les dicts Archiducs ont passé l'article de la souveraineté, qui est le principal et fondamental de la dicte paix; ceux qui restent à vuider concernant la religion et navigation des Indes, dont je suis content de faciliter l'accord d'iceux..................................

....

Et s'il advient que les dicts Estats, contre mon espérance, refusent des conditions honnêtes et justes pour la dicte paix, il me sera lors loisible de traiter en autres termes avec le dict Roy d'Espagne; car le tort sera du costé des dicts Estats, etc...... »

(*Lettres missives*, vol. VII, page 579 et suiv.)

XVIII (p. 254).

Entrée triomphale du Visir Morath à Constantinople.

« Or le Visir ayant assuré toutes choses par les pays de Sirie, Mésopotamie, Arménie, Natolie et autres provinces, il s'achemina pour le retour à Constantinople, avec le Janissaire Aga, qui estoit son grand confidant, et qui eust grosse part à la victoire, et du quel il s'assuroit pour l'expérience et sage conduicte qui estoit en luy. Approchant donc de Constantinople, qui estoit au commencement de l'hyvert, le G^d S^r le voulut gratifier, selon son mérite, d'une honorable entrée; car il l'aymoit extrêmemant jusques à l'appeler d'ordinaire « *benum baba* », qui veut dire : mon père; ce qu'il ne faisoit à autre. Pour ce, fut-il diligemment observé de tout ce qui fut requis à telle cérémonie; et furent les plus grands de la Porte, le recevoir et bien vénier, les uns à Nicomédie, qui est à 3 journées de Constantinople, les autres jusqu'à Nicée, 5 journées de Constantinople, avec tout l'honneur et contentemant qu'il eust sceu désirer. De manière qu'estant arrivé à Scutary, où il faut passer le trajet du canal de la Mer Noire, ne manqua galaires, mahones, barques, permes, ny autres vaisseaux pour passer tout l'atirail tant du Visir que du Janissaire Aga et de tous ceux de l'armée. Et ne passa le Visir que fort tard à cause qu'il voulut voir passer tout son train et bagages et celuy de l'armée; ne voulant estre veu que le lendemain, qu'il retourna une heure avant jour de sa maison à Scutary. Tant y a que le lendemain 27 ou 28 de décembre 1608 de grand matin, les Compagnies de tout ordre de spahys et gens de pied de tout ordre de la Porte, tant de ceux que le Visir avait ramenés que des outourats de Constantinople (sont ceux qui tirent sur l'âge et restent aux chasteaux et place) se trouvèrent en bel équipage aux Eaux Douces, qui fut le rendé vous de toutes les troupes; après lesquelles s'acheminèrent les Visirs, Pachats, Beglerbegs, Sanjacs, Chaoux, Mutafertagas, Bouloucgis et autres officiers de la Porte en grand nombre. Et voulut le Sr Ambassadeur, voir cette cérémonie, luy ayant ses truchemants treuvé une chambre haute sur la rue passante, d'où se pouvoit voir toutes les magnificences, comme nous vismes sur les neuf heures que : Premièrement passa près de deux mille spahys Alquingys, qui sont aventuriers cavalliers de l'armée, et presque autant de Thimarats, qui sont cavalliers en très bon ordre. Passa puis mille spahis Oglans de la Porte,

qui portent livrée rouge du G^d S^gr; et après suivoit les Chelictars portant
livrée jaulne, puis les spahys Sagofigy portant livrée blanche, et après les
Solofigi portant livrée jaune et rouge, puis les Sagnourabas ayant livrée
vert et blanc, et ensuite les Solnourabas portant livrée toute verte. Et faut
entendre que de toutes ces compagnyes ycy, y a chacune quatre à cinq
mille chevaux. Vray est qu'en cette entrée du Visir ou Serdar, il n'y avoit
que mille ou douze cents chevaux de chasque régiment de cavalerie pour
esviter la confusion par les rues. Après toutes lesquelles susdites troupes,
passa deux mille spahys thimarats qui sont, ceux de tous, les plus renom-
més et fameux de la Porte. Suivit puis les officiers du G^d S^gr en tel
ordre, ou peu manqua sinon quand Sa Hautesse va en apparast, savoir :
Grand nombre de janissaires de la Porte, et après les Topgis, Sebegis,
Semaines, Asapi qui sont gens de pied. Tout ce que dessus étant
passé en très bel ordre, passa puis plusieurs belles compagnyes de spahys
quy avoient esté avec le Visir en Sirie, dont la plus grande part de ces
cavalliers portoient au bout de leurs messaras ou piques, les Beiracs ou
Benderolles qu'ils avoient gagnés sur les ennemys : Et en comptasmes près
de deux mille, les uns encore ensanglantés, et autres rompus et deslabrés,
avec quantité de zagayes, arcs, flèches, jacques de maille, cymetaires et
boucliers. Tout ce atirail du Serdar ou Visir estant passé, marchoient puis
deux à deux les Chaoux de la Porte, les Moutaferagis, Agas, Sanjacs, Begs,
Pachats, savoir par troupes séparées de deux ou trois cents, marchant
tousjours deux à deux richement vestus. Après toutes lesquelles troupes
marchoit le Janissaire Aga, accompagné du Chaoux bachy, ayant le dit
Janissaire Aga quelques cent esclaves richement vestus qui marchoient en
files de deux à deux à pied devant luy. Après passa les Atabelles ou Taba-
cans, qui sont petits tambours, clarins et autres instrumants à leur eusage ;
lesquels alloient souvant devant le Pacha ou Grand Visir, qui marchoit
quelques cent pas après, accompagné du Capigy bachy. Après le Visir, suit
quantité de spahys bien montés et armés de chemises de maille, avec les
messaras ou piques au bout desquelles sont leurs banderolles ou livrée.
Toutes lesquelles troupes passoient outre le Sérail, pour donner libre
passage du Sérail au Visir ; lequel va mettre pied à terre à la seconde porte
qui luy fut ouverte, y entrant avec le Janissaire Aga : Qui trouvèrent le
G^d S^gr en son throsne assis en la chambre de l'Hazoda, qui veut dire du
plesir.

Ainsy donc le Visir s'incline devant Sa Hautesse, à qui quelque favory
qui luy est proche, baille le bout de la veste à baiser, se retirant puis en
arrière sans dire un seul mot. Et fit le semblable, le Janissaire Aga, avec
quelques fameux capitaines qui puis se retirent avec grand respec : car lors
ne se donne audiance que le lendemain en particulier.

M. l'Ambassadeur se disposa d'aller voir le lendemain le Janissaire Aga,
son grand amy ; envoyant dès le matin un truchemant pour prendre
heure de visite, qui fust sur les deux heures après midi. Et ne se puit ycy
dire la joye et contentemant que l'un receut de l'autre. Car c'est la vérité

que Haly Pacha est un vray homme de bien suivant sa loy, qu'aucun autre qui se voyent en Turquie : Tant y a qu'il se passa un grand discours et plaisant devis : Et le remercia fort le Sr Ambassadeur de la bonne souvenance qu'il avait eue de luy en sy lointins pays, que de luy avoir mandé le succès de la guerre, où il avoit sy bien fait qu'il estoit admirable à chascun. Sur ce discours, fut apporté le *cerbet* excélant qu'ils beurent plus par civilité que par besoing, puis fut aporté à tous nous autres de la suite : Et se retira le Sr Ambassadeur, très joyeux et contant l'un de l'autre, disant le Janissaire Aga qu'encor vouloit il aller à la chasse quelque jour ensamble, et qu'il n'en pouvoit oublier le mestier. A quoy répondit le Sr Ambassadeur, qu'il l'accompagneroit partout quand il luy plairoit. Ainsy donc il se retira à Galata, très satisfaict et contant du Janissaire Aga. »

(*Ambassade en Turquie du baron de Salignac*, livre IV, chap. 6.)

XIX (page 286).

Bibl. nat. Fr. 16146, fol. 109. (Copie.)

Extrait des Lettres patentes du 28 décembre 1609.

Henry par la grâce de Dieu Roy de France et de Navarre, comte de Provence, Forcalquier et terres adjacentes, à n^{re} amé et féal conseiller en nostre Conseil d'Estat et Premier Président en nostre Court et Parlement au dict Provence Mre Guillaume du Vair sallut, Nos chers et bien amés les Consuls et depputés du Commerce, Manans et habitans des villes de Marseille, Toullon, Saint-Trouppez, Antibes, La Ciotat, Sixfours et aultres lieux de la Coste de notre dict Païs de Provence. Nous ayant par le 8e article du Cayer à nous présenté de leur part, recquis d'esteindre et supprimer l'imposition de deux pour cent qui se lève par tout le Levant sur les marchandises qui entrent et sortent des dicts Païs par nos Ambassadeurs au dict Levant, nous avons, auparavant que de desclarer sur ce nostre intention, voullu estre informés plus amplement de la dicte levée et imposition, comment elle se faict et à quoy les deniers en sont employés, en avoir vostre advis. A ces causes, nous vous avons commis et commettons par ces lettres, et vous mandons et ordonnons, que suivant la responce par nous faicte sur le dict article dont l'extraict est cy attaché sous le contressel de nostre chan^{rie}, et appellés les députés du Commerce et aultres que vous verrez estre besoing, vous ayez à verifier en quelles parts et endroicts du Levant se lève la dicte imposition de deux pour cent, sy c'est par commission de nous ou aultrement, ce qu'elle peult monter par chascun an, ce quy en a peu provenir depuis quatre ou cinq années, par quy les deniers en ont esté reçeus et à quoy ils ont esté emploiés. Pour le tout, nous donner vostre advis et icelluy nous envoyer clos et scellé en la forme et manière accoustumée, pour iceluy veu, y estre après par nous pourveu, comme nous verrons bon estre et à faire, vous avons donné et donnons pouvoir et commission, mandons à tous nos officiers et subjects qu'à vous en ce faisant soit obéy et à tous huissiers et sergents de faire les exploicts quy seront nécessaires pour l'exécution des présents sans demander *placet visa, ny parietis*. Car tel est nostre playsir.

Donné à Paris le 28e jour de l'an de grâce mil six cent huict et de nostre règne le vingtiesme. Signé : Henry. Et plus bas : par le Roy Comte de Provence : Forget

Extraict de son original, etc.

XX (page 370).

Bibliothèque nationale, Fr. 16171, fol. 297. (Copie.)

Lettres du Grand Seigneur du cinquième octobre 1610 au Roy et à la Royne Régente pour les prier de favoriser et permettre le passage par la France des Mores Grenadins Mussulmans chassés d'Espagne.

Au plus glorieux, magnanime et Grand Seigneur de la créance de Jésus, élu entre les Potentats de la nation du Messie, médiateur des différends qui surviennent entre les peuples chrestiens, Seigneur des grandeurs, Majestés et richesses, et guide honorable des honneurs et grandeurs, l'Empereur de France Loüis, que sa fin soit heureuse.

Et a l'Esleue entre les honorables femmes illustres de la nation des chrestiens, choisie entre les fameuses d'honneurs et sincérité, et qui ne méditent que le bien, appuy et Emperière du Cordon et Religion du Messie, Dame de bonne renommée et réputation, très honorable et chère mère du susdict nostre amy l'Empereur de France, Marie Régente de toutes ses affaires, dont la fin soit heureuse.

« Vous scaurez à l'arrivée de la très haute et sublime marque, que par le passé les Empereurs de France ont eu pure et parfaicte amitié avec l'excelse Porte de la maison ottomane, et ont cherché avec bonne affection et grand désir de complaire aux volontés et désirs de nos fameux et très honorables prédecesseurs ; honorans d'un bon cœur la dicte ancienne amitié, et s'efforcans tousjours de lever les occasions desquelles il eùt pu naistre quelque dégoust et refroidissement en la dicte bonne intelligence ; et recherchans de mesme d'accomplir et effectuer ce que requéroit la dicte ancienne et parfaicte amitié ; et que de nostre part nous avons bien sceu combien ils furent tousjours très prompts à conserver nostre honneur à l'esgal du leur, tousjours estimant et cherissans la dicte amitié et bonne intelligence. »

« En ce temps estant impossible aux Moussulmans (nommés Mores Grenadins, qui habitent aux païs qui anciennement estoient de l'Empire Moussulman, qui depuis furent conquis par le Roy d'Espagne et réduits sous sa puissance) de supporter les tyrannies et injustices du dict Roy de mal faire, et de ses ministres et Gouverneurs, un chascun d'eux rechercha de jour en jour de s'enfuir aux terres Mussulmanes, abandonnant leur patrie ; et quelques uns d'eux se retirans aux païs de la France, soubs espérance d'y prendre leur chemin pour passer seurement par ce moien (comme se confians en la bonne amitié qu'elle a avec nostre excelse Porte) selon qu'ils le désiroient, en nos terres ; et n'aiant le moyen pour pouvoir changer leur habit et mine, les gouverneurs de vos Estats et les Capitaines ou autres ministres de vos villes et passages, en leur disant qu'ils ne paroissoient point Moussulmans ny en leurs mines ny en leurs vestements, les renvoièrent mal traictés prisonniers au païs du dict Roy d'Espagne, leur faisant ainsy de très grands torts et dommages, au préjudice de l'amitié et bonne foy et bonne intelligence qui se conserve entre nous. Ce qui s'estant sceu à nostre excelse et sublime Porte ; et nous, désirans que conformément à la dicte ancienne amitié et bonne intelligence fondée d'ancienneté avec notré excelse Porte, nid et refuge de tous les Potentats, vous usassiez de toute dilligence pour remédier à ce mal en commandant très expressément à tous les Gouverneurs de vos provinces et estats et particulièrement à tous les Capitaines, chefs, consuls et autres vos ministres establis aux Gouvernemens des frontières, ports de mer et autres lieux où s'adresse leur passage, qu'ils eûssent à avoir soing que ceux desdicts moussulmans qui viendroient à se retirer en vos terres, y fussent secourus, aydés et pourveus (en paiant leur naulis) de vaisseaux seurs, pour estre portés fidèlement vers Alger en pais mussulman avec faveur et caresse. Et espérant en cela de vous toute courtoisie et diligence, nous vous envoiasmes exprès pour cest effect avec nos lettres impériales, *Agi Ibrahim* Mutaferraga de la Compaignie de nos mutaferragas du Caire, l'honneur duquel se puisse augmenter. Et depuis peu, le Roy d'Espagne par forme d'accord avec les dicts Grenadins, leur ayant octroyé et donné permission de sortir de ses païs avec serment et promesse de les envoyer seurement aux pais mussulmans sans permettre qu'il leur fut faict tort ou dommage de personne ; et ainsy faisant, qu'ils creussent à ses dictes promesses, eux sortant de leur patrie, maisons et possessions et arrivés aux terres et ports de mer d'où ils debvoient estre transportés où ils désiroient par commandement et adveu du dict Roy et au préjudice des promesses et foy qui leur avoit esté donnée, y avoient esté despouillés de tout ce qu'ils avoient par les Gouverneurs des lieux, plusieurs d'eux mis à mort, et autres d'iceux auroient esté de mesme cruellement traictés par les Capitaines et patrons des vaisseaux qui les transportaient, et autres laissés en lieux déserts et inhabités, après leur avoir esté, par les dicts patrons, osté tout ce qu'ils avoient, et leurs enfants et famille retenus pour esclaves. Et ayant entendu que le reste des dicts Grenadins, qui s'est peu sauver de ces persécutions, se seroit retiré tout confus et ruiné en France et Angleterre, nous selon l'ancienne amitié qui est entre nous et nos estats, et suivant le contenu en nostre dicte première lettre impériale, avons voulu de nouveau reccommander à vostre affection et bonne volonté envers nous le saufconduict des dicts Moussulmans aux pais et terres de nostre Empire; et pour ce nous vous envoions de nouveau cette nostre lettre impériale par le dict Mutaferraga *Aggy Ibrahim*. Désirons que conformément à l'ancienne amitié qui est entre nous, vous usiez de toute diligence en cette affaire. Et selon qu'avec toute affection nous vous en requérons, commandans expressément aux Gouverneurs, Capitaines, Consuls et autres ministres et officiers des lieux, ports et passages de vos pais où arrivent les dicts Grenadins désireux de vostre faveur, aide et secours, que suivant nostre ancienne alliance et bonne intelligence, ils ayent à leur trouver de bons et fidèles patrons et mariniers de vaisseaux, obéissant à vos commandemens, qui les lèvent sur leurs vaisseaux et les transportent seurement avec leurs familles, biens et facultés, aux terres de nostre Empire, en leur paiant les naulis; et faisant donner par les dicts patrons bonne caution et seureté qu'ils ne leur osteront le leur, ny ne les maltraicteront, ny ne les jetteront en pays désert (comme faisoient les Espagnols), ains qu'ils les transporteront à droicture aux cartiers d'Alger et en autres de nostre Empire, et ce le plus seurement qu'ils pourront, à ce qu'ainsy les fruicts de l'ancienne amitié qui est entre nous et nos Empires soient connus et approuvés, et aussy la bonne volonté et diligence que vous démontrerez à nous complaire et gratiffier en chose raisonnable et digne d'une sy ancienne et parfaicte amitié. En somme nous désirons de vous que les dicts Grenadins mussulmans puissent seurement et sans empeschement passer aux Terres mussulmanes; et en cecy nous espérons de vous toute faveur et aide, en remettant tout le soing et diligence à vostre bonne volonté et affection envers nous. Et nous tiendrons ce service en compte d'un particulier plaisir que vous aurez faict à nous mesmes; et avec la grâce de Dieu tout puissant, vostre bonne diligence sera par nous récompensée aux occasions qui s'en offriront, et avons pour agréable que vous nous donniez advis par vos amiables lettres, du temps que sera arrivée celle cy et de la diligence en effect que vous aurez rendu en chose si digne de compassion entre une sy ancienne amitié; et aussy de vostre bonne santé et estat, afin que sy en quelque occasion il en est de besoin, de nostre costé, nous y correspondions avec toute promptitude et affection; n'ayant que dire de plus en cecy, sinon qu'on ne doibt point doubter de nostre affection. Sachez le ainsy, et tenez le chemin ouvert des advis digne de sy bonne intelligence, nous escrivant et nous advertissant de ce qui se passe et qui importe à la dicte parfaicte amitié; et ainsy nous penserons de jour en jour à l'augmentation et accroissement de la dicte amitié.

« Escrite le quinze de la lune de Regep l'an 1019, qui est le cinquiesme jour du mois d'octobre mil six cens dix en la Résidence de Constantinople. »

TABLE ANALYTIQUE

RELATIVE

A LA MISSION DU BARON DE SALIGNAC

TABLE

A

B

C

D

E

F

I

Q

R

S

T

V

Y

Z

MACON, IMPRIMERIE PROTAT FRÈRES

www.ingramcontent.com/pod-product-compliance
Lightning Source LLC
Chambersburg PA
CBHW060951280326
41935CB00009B/689